Ecrire en pays assiégé
Haïti
Writing Under Siege

FRANCO *POLY* PHONIES 1

Collection dirigée par/
Serie editors:

Kathleen Gyssels
et/and
Christa Stevens

Ecrire en pays assiégé
Haïti
Writing Under Siege

Edité par

Marie-Agnès Sourieau et
Kathleen M. Balutansky

Amsterdam - New York, NY 2004

Cover design: Pier Post

The image is made available courtesy of Arts of Haiti Research Project and Laetitia Schutt.

The paper on which this book is printed meets the requirements of 'ISO 9706: 1994, Information and documentation - Paper for documents - Requirements for permanence'.

Le papier sur lequel le présent ouvrage est imprimé remplit les prescriptions de "ISO 9706:1994, Information et documentation - Papier pour documents - Prescriptions pour la permanence".

ISBN: 90-420-1753-8
©Editions Rodopi B.V., Amsterdam - New York, NY 2004
Printed in The Netherlands

Table des Matières

I: Ecrire en pays assiégé/Writing under Siege

Epilogue

Bibliographie

Biographie des contributeurs

Ecrire en pays assiégé

Introduction

Marie-Agnès Sourieau et Kathleen M. Balutansky

La métaphore du siège figurant dans le titre de ce recueil renvoie à l'idée d'attaque armée, de résistance, de blocus, de dépossession. L'état de siège évoque un peuple pris au piège par des forces de domination irrépressibles mais déterminé à persévérer, d'un peuple privé de ses droits fondamentaux mais acharné dans son combat et résolu à vivre. Le siège évoque aussi la réalité d'une nation abattue derrière les murs massifs d'une citadelle-prison, celle d'une nation occultée du monde entier et abandonnée à mourir d'inanition dans l'indifférence générale. En reliant l'idée du siège militaire à la création littéraire, nous voulons faire ressortir l'un des rôles de la littérature qui est celui d'être le lieu d'une critique sociale et d'un activisme découlant de l'oppression politique. Ainsi, les essais rassemblés dans ce recueil cherchent à explorer un imaginaire littéraire qu'un milieu social entravé par deux siècles de régime tyrannique a façonné. L'idée de siège est donc entendue ici au sens large, c'est-à-dire à la fois politique, économique et psychologique. L'acte de création littéraire révèle des stratégies linguistiques et formelles qui transmettent la réalité tout en cherchant à transcender les forces mêmes de la tyrannie.

Si l'année 2004 marque à la fois le bicentenaire de la déclaration d'indépendance d'Haïti et de la naissance de la première république noire dans l'histoire du monde, cet anniversaire glorieux s'est trouvé assombri par une nouvelle crise politique et un délabrement de la situation économique. Une fois de plus, le pouvoir en place s'est montré incapable d'améliorer les conditions de vie de la vaste majorité. L'insurrection violente qui a entraîné le départ soudain de Jean-Bertrand Aristide, en février 2004, n'a fait qu'aggraver l'inquiétude pour l'avenir d'Haïti. Le grand courant d'espoir des années 1980 qui avait inspiré la tentative d'instauration des valeurs démocratiques comme base de la société haïtienne, s'est effondré lorsque le respect des droits humains fondamentaux et la recherche du progrès économique ont cédé le pas à la corruption et à la répression.

Ecrire en pays assiégé vise à rendre hommage à l'extraordinaire prouesse des Haïtiens qui ont réussi à se libérer des pouvoirs coloniaux alors que toutes les forces d'opposition se liguaient contre eux. En même temps, ce volume est un hommage à tous les Haïtiens qui ont subi avec un courage infaillible deux siècles d'oppression, tant à l'intérieur du pays qu'à l'extérieur. Les essais et entretiens de ce recueil offrent donc un choix de perspectives critiques sur des écrivains haïtiens du vingtième siècle dont les oeuvres témoignent de l'héritage complexe de domination et de libération de leur nation. Ils explorent entre autres l'esthétique de ces écrivains qui dans des contextes politiques et économiques singuliers racontent leur pays assiégé.

Une nation assiégée

Le désordre, la fureur et la violence ont ponctué la naissance de la première république noire. La lutte féroce de douze années (1792-1803) qui devait aboutir au succès unique dans les annales de cette partie du monde d'une révolte d'esclaves, a laissé l'infrastructure du pays ravagé, l'économie paralysée, les ressources naturelles épuisées, tandis que la plupart des citoyens récemment libérés se sont retrouvés assujettis à un système de gouvernement tyrannique qui a perduré jusqu'à nos jours.

D'après la légende, une cérémonie vodou à Bois-Caïman aurait initié la lutte pour l'indépendance. Cette histoire, quelle qu'en soit son authenticité historique, constitue le mythe fondateur de la nation haïtienne. Aux alentours de 1792 et dans des circonstances les plus intolérables, des esclaves, hommes et femmes, ont entrepris le processus de libération. Ces révolutionnaires qui se sont battus à mort ont inspiré à jamais la fierté dans le cœur et l'esprit de leurs compatriotes. L'épopée de Toussaint Louverture, premier héros national à l'aube de la révolution, a joué tout à la fois le rôle de mythe primordial de la jeune nation et de catharsis dans le processus de prise de conscience nationale. Mais Toussaint, le libérateur des esclaves et premier gouverneur général « à vie » de la nouvelle république, représente aussi le premier échec pour la jeune nation lorsqu'il tombe dans le piège ourdi par le général Leclerc, beau-frère de Napoléon. Fait prisonnier et expédié en France, il mourra dans des conditions infâmes derrière les murs massifs du *Fort de Joux*. Cependant, malgré les tentatives de la France de l'éliminer de l'histoire, la mort en martyr du héros révolutionnaire n'a fait qu'aviver sa gloire, nourrissant sans relâche l'histoire populaire haïtienne. Aimé Césaire, dans l'analyse historique qu'il lui a consacrée, remarque que la grandeur héroïque de Toussaint vient de ce qu'il a suivi au pied de la lettre la déclaration française des droits de l'homme. Selon Césaire, Toussaint a démontré que n'existaient ni « race paria », ni « pays marginal », ni « peuple d'exception » ; « le Précurseur » conçu comme « l'opérateur et l'intercesseur » de son peuple, « s'inscrit et inscrit la révolte des esclaves noirs de Saint-Domingue dans l'histoire de la civilisation universelle ».[1]

Aujourd'hui encore, les Haïtiens éprouvent une immense fierté pour le rôle héroïque du Précurseur et pour sa place dans l'histoire du monde. Jean Métellus l'illustre remarquablement dans sa pièce de théâtre, *Toussaint Louverture*[2], publiée deux cents ans après la mort du héros. A la fin de la pièce, le directeur du *Fort de Joux* confisque encre et papier à son célèbre prisonnier afin d'éliminer toute trace historique (51). Mais si Toussaint se trouve réduit au silence, empêché de transmettre sa parole par l'écriture, son héroïsme demeure à jamais inscrit dans la conscience collective de la nation. Ses mots, alors même qu'on le transporte en France après sa vile capture, transcendent son silence final et continue à parler aux Haïtiens.[3]

De nombreux critiques et observateurs de la nation haïtienne ont remarqué que celle-ci, incapable de se débarrasser de son passé glorieux, a été dès l'origine pénétrée par ce qu'ils appellent le « phénomène de l'héroïsme ». Jacky Dahomay remarque à ce propos

---

[1] Césaire, Aimé, *Toussaint Louverture. La Révolution française et le problème colonial,* Paris, Editions Présence Africaine, 1981, 344.
[2] Métellus, Jean, *Toussaint Louverture ou Les Racines de la liberté,* Paris, Editions Hatier International, 2003.
[3] « En me renversant, on n'a abattu à Saint-Domingue que le tronc de l'arbre de la liberté mais il repoussera car ses racines sont profondes et nombreuses » (Métellus, 48).

que « le pouvoir héroïque est toujours un pouvoir de mort » car l'essence du pouvoir héroïque est essentiellement illégitime et despotique. Seule la volonté arbitraire du chef importe et, parce que ce dernier personnifie la volonté de son peuple, « il *est* la nation ».[4] Ainsi, en Haïti, la pratique gouvernementale ne s'est pour ainsi dire jamais basée sur l'autorité de la loi mais sur le modèle primitif des rapports de pouvoir coloniaux, modèle que symbolise non seulement Toussaint Louverture mais aussi ses successeurs Henry Christophe et Jean-Jacques Dessalines. Le héros est « héroïque » tout simplement parce qu'il échappe à la servitude en prouvant que non seulement il ne craint pas la mort mais qu'il peut à sa guise la « donner à voir », c'est-à-dire l'asséner à quiconque (Dahomay, 22). Dès lors, le héros individuel est essentiellement libre jusqu'au moment où un adversaire lui arrache le pouvoir. Dans ce contexte, la vaste majorité du peuple se trouve incessamment confrontée à la mort, tant réelle que symbolique.

Depuis son origine, Haïti a été menacée tant à l'intérieur qu'à l'extérieur de ses frontières. Les premiers chefs craignaient les représailles de l'ancien pouvoir colonial. Ils redoutaient surtout une invasion militaire menée par un Napoléon humilié cherchant à reprendre sa lucrative colonie. Pour défendre leur nouvel état, Jean-Jacques Dessalines et Henry Christophe ont procédé à des travaux massifs de fortification parmi lesquels la construction de la célèbre *Citadelle La Ferrière*, une énorme forteresse située sur une montagne d'une hauteur de plus de mille mètres. Christophe projetait d'y installer une garnison de trente mille soldats. Au cours des dix ans de son édification réalisée par l'imposition du travail forcé sous l'autorité implacable de l'armée, des milliers d'ouvriers ont perdu la vie. Tandis que le *Fort de Joux* symbolise pour les Haïtiens l'emprisonnement de leur conscience collective émergente, la *Citadelle* représente, certes, leur volonté inébranlable de défendre leur liberté, mais aussi la tyrannie impitoyable d'un cruel dictateur, l'un d'une longue série. Christophe ne survivra pas à ses exactions. Il se suicidera pour échapper à une mort certaine aux mains d'une foule en révolte contre sa législation tyrannique. Ainsi, peu de temps après la fin pitoyable de Toussaint Louverture incarcéré au *Fort de Joux*, et peu de temps après l'assassinat de Jean-Jacques Dessalines par ses propres partisans, la mort du « père » de la nation est rejoué dans un autre drame.

---

[4] Dahomay, Jacky, « La tentation tyrannique haïtienne », dans *Chemins Critiques*, V. 1, janvier 2001, 21.

En fait, le peuple haïtien a vécu et continue de vivre dans un monde saturé de tragédies tellement réelles que leur imaginaire a créé un monde symbolique aussi complexe que celui de la mythologie grecque, avec ses cycles de traumatismes et de conflits universels. L'assassinat de l'empereur Dessalines, le père fondateur de la république, suivi au cours de l'histoire des assassinats de nombreux leaders politiques, semblent structurer la psyché des Haïtiens tel un Œdipe collectif. Ceci expliquerait pourquoi Haïti est souvent représentée comme une nation orpheline en quête d'un 'père' juste et aimant capable de libérer une fois pour toutes ses enfants de leur misère. Ceci expliquerait aussi pourquoi la masse des démunis se laisse facilement séduire par les politiciens qui prétendent être leur *papa* légitime. En outre, il paraît évident que cette désignation familière allie le pouvoir politique à celui du voudou, les prêtres voudou s'appelant *papalwa* (papa loa) et de nombreux *lwa* voudou portant le nom de *papa* (*papa Legba* et *papa Loco*, par exemple). Ainsi, toute une succession de 'pères' nationaux a émané des héros originels, quelques-uns d'entre eux méritant ce terme affectueux donné volontiers par le peuple lui-même, tandis que d'autres se sont appropriés habilement le pouvoir patriarcal du chef « suprême » en se donnant le nom de *papa*.

Le critique haïtien et poète Joël Des Rosiers se joint à d'autres exégètes de l'histoire haïtienne quand il remarque qu'« une espèce de disgrâce de la fatalité, une sorte de stratégie de l'échec » paraît diriger le destin d'Haïti dès l'origine.[5] La mort s'insinue dans l'inconscient des Haïtiens, se manifestant d'une manière obsessionnelle tant dans leur vécu que dans leur fiction. Elle apparaît sous forme de vengeance, de pénitence, de transcendance ou de métamorphose, toujours violente et excessive dans son expression. A partir des premières révoltes d'esclaves jusqu'aux dictatures les plus récentes, des règnes de terreur qui n'en finissent pas ont emmuré la conscience nationale dans le silence. Et cette terreur, tel un code génétique irréparable et aux effets continus, incite une peur et une méfiance perpétuelles. C'est pourquoi la figure du zombi est une métaphore puissante pour traduire la réalité de servitude et de misère – telle une condition de mort-vivant – qu'a connue ce pays d'un bout à l'autre de son histoire. La peur de la « zombification » est bien réelle dans le contexte politique et économique de toute l'histoire d'Haïti.

---

[5] Des Rosiers, Joël, *Théories Caraïbes. Poétique du déracinement,* Montréal, Triptyque, 1996, 94.

Un autre spectre hante aussi l'imaginaire haïtien : celui de la couleur de la peau. Depuis l'abolition de l'esclavage en 1793 jusqu'à nos jours, la servitude et la misère en Haïti ont été liées à la question de la couleur. Alors que les *anciens libres,* les mulâtres instruits pour la plupart, sont restés propriétaires terriens et ont dirigé l'économie du pays, les *nouveaux libres,* la vaste majorité des noirs, se sont trouvés dépourvus de terres et, par conséquent, exploités par les nouveaux planteurs. Les conflits entre ces deux classes économiques basés sur la différence de pigmentation de la peau seraient au cœur de l'incapacité du pays de développer des institutions démocratiques fondées sur une société civile égalitaire et stable. Par conséquent, la lutte du peuple haïtien pour la justice, l'égalité et la liberté reste aussi essentielle aujourd'hui qu'au temps où l'Espagne régnait sur Hispaniola et la France sur sa colonie de Saint-Domingue.

Ayabonmbé! Libète ou lanmò!

La liberté ou la mort! Ces mots jaillissant du désespoir des Taïnos – les indigènes originaires d'*Ayti* – quand ils se sont rendu compte que les Espagnols étaient venus prendre leurs terres et les asservir. Cet appel a été repris par les esclaves africains lorsqu'ils ont compris leur sort dans le nouveau monde. *Libète ou lanmò* est devenu ensuite le cri de ralliement pendant la révolution. Aujourd'hui encore, le choix entre la liberté et la mort demeure la réalité quotidienne pour des milliers d'Haïtiens misérables et persécutés qui ont tenté au tout début du vingtième siècle de trouver refuge dans d'autres pays. Dans les premiers temps de la migration, d'abord à Cuba et en République Dominicaine, puis sur toute l'étendue de la Caraïbe, il s'agissait de quitter un pays surpeuplé où les ressources naturelles s'amenuisaient. Mais les conditions de vie des paysans haïtiens « Braceros » et de leurs familles dans les pays voisins, loin de s'améliorer, se sont avérées être une nouvelle forme d'esclavage. Les émigrés subissaient un autre type d'assujettissement, comprenant toutes sortes de menaces et d'humiliations, comme la marginalisation sociale et, parfois, la déportation et la mort. Dans les années 1950 et 1960, c'est l'élite haïtienne qui s'est enfuie en masse, échappant aux massacres de François Duvalier. Il s'agissait cette fois de membres de la classe intellectuelle, des professionnels qui emportaient avec eux leurs talents et compétences multiples pour s'installer en Amérique du Nord, en

France ou dans les pays en voie développement de l'Afrique francophone. Puis, à partir des années 1970, la persistance de la répression politique et l'aggravation de la pauvreté ont donné lieu pour des milliers de malheureux à une migration maritime – celle des *boat-people* – aux Etats-Unis et aux Bahamas. L'histoire se répète, donnant aux mots de la révolution, « La liberté ou la mort », de nouvelles significations : liberté à l'étranger ou mort au pays.

C'est ainsi que l'indépendance d'Haïti si glorieusement gagnée a cédé le terrain dès ses débuts à un appareil d'État basé sur l'exploitation extrême de la majorité noire. Ce dirigisme étatique perpétré par une élite économique à peau claire et un petit groupe d'escrocs militaires usant de la force armée et de la corruption ont exploité les paysans et les pauvres des villes en s'emparant de leurs maigres ressources et de leur main d'œuvre bon marché. Après que le système de plantation a été détruit par la révolution, les commerçants et les politiciens, tout comme les employés administratifs, ont spolié les paysans en prélevant une taxe d'état sur tous les produits agricoles et vivres alimentaires importés, étouffant à mort le cœur de la nation.[6] Ce système de gouvernement basé sur une injustice fondamentale a résulté en une instabilité politique persistante. Jusqu'à récemment, les membres des élites militaires et économiques n'ont eu de cesse de se disputer le pouvoir et les richesses du pays. Après les premiers mandats présidentiels plus ou moins stables d'Alexandre Pétion (1807-1818) et de Jean-Pierre Boyer (1818-1843), des vingt-deux présidents qui ont gouverné Haïti entre 1843 et 1915, quinze ont été renversés et trois ont été assassinés. Plus récemment, si la « présidence à vie » de Jean-Claude Duvalier a été interrompue de façon pacifique en 1986, elle a été suivie par le régime répressif du Conseil National de Gouvernement (CNG). Cette junte de cinq hommes profitant de la complicité de l'armée et de quelques *makout* clé ont annulé les élections démocratiques de décembre 1987 pour en organiser d'autres frauduleuses en 1988. Trois ans plus tard et après une époque de confusion extrême, Jean-Bertrand Aristide a été élu président d'Haïti au mois de février 1991. Cependant, quelques mois plus tard, l'armée et les élites économiques – avec l'appui financier des Etats-Unis – ont réussi à orchestrer un coup d'état l'expédiant en exil. Paradoxalement, ce sont les Américains chassant les mêmes leaders militaires qu'ils

---

[6] Trouillot, Michel-Rolph, « Haiti's Nightmare and the Lessons of History », dans *NACLA Report on the Americas*, XXVII, 4, 1994, 48.

avaient mis à la tête du gouvernement en 1991 qui ont rétabli Aristide au pouvoir en 1994. Réélu en 2000, Aristide a présidé à une période d'instabilité politique et de désordre économique croissants, marquée à nouveau par la violence, la corruption et la malnutrition de la masse du peuple. A l'aube du vingt-et-unième siècle, les Haïtiens demeurent opprimés et réduits au silence, entassés dans de sordides bidonvilles urbains à tentacules croissantes, ou enlisés dans des régions rurales aux sols épuisés.

La lutte pour la liberté a été exacerbée au cours de l'histoire haïtienne par les interventions successives de l'Europe et des Etats-Unis. Le désir américain d'influer sur la politique d'Haïti et de contrôler son économie s'est très tôt manifesté dans la tactique de la diplomatie armée appelée *gunboat diplomacy*. Il est certain que dans les premières années du dix-neuvième siècle les Etats-Unis rivalisaient de pouvoir avec la France, l'Angleterre, l'Allemagne, et même l'Espagne. Lorsque le contrôle du pays par les forces américaines est devenu officiel, en 1862, après que le Congrès des Etats-Unis a reconnu Haïti comme état indépendant, la diplomatie « à la pointe du canon » a persisté. A partir du moment où les investissements américains se sont accrus, Washington a employé tout son pouvoir pour les protéger contre l'instabilité politique récurrente. Ainsi, les instances de *gunboat diplomacy* en même temps que les interventions directes sont devenues de plus en plus fréquentes au début des années 1900 : « Au tournant du siècle, les Marines ont débarqué huit fois en terre haïtienne pour 'protéger la vie des Américains et leur propriété' ».[7] L'intervention américaine la plus odieuse et la plus longue a commencé en juillet 1915 quand les Marines ont débarqué en Haïti pour ce qui allait être une occupation brutale de dix-neuf années. Au cours de cette période d'exploitation éhontée, le peuple haïtien a tenté maintes fois de se révolter. Parmi les épisodes les plus sanglants, la révolte des *kako*, une version du vingtième siècle d'une bande de paysans du dix-neuvième siècle originaire du Plateau Central, est restée à jamais inscrite dans la mémoire. Comme leurs précurseurs, les *kako* ont livré une guérilla sans merci contre les forces d'occupation qui leur avaient imposé un système de travail obligatoire pour la construction

---

[7] Renda, Mary A., *Taking Haiti. Military Occupation and the Culture of U.S. Imperialism, 1915-1940*, Chapel Hill & London, The University of North Carolina Press, 2001, 30. Notre traduction.

de routes et de ponts destinés à servir leurs exigences économiques et militaires.

L'occupation américaine d'Haïti a établi de fait une autorité coloniale qui était ouvertement raciste de par sa politique, ses projets économiques et ses prises de position. En plus de la *kòve* ou travail forcé, elle a imposé la censure de la presse, des impôts prélevés sur les produits agricoles exportés, et la loi martiale. L'occupation a aussi contribué à élargir l'écart entre les élites mulâtres, tenants d'une partie de l'économie, et la masse des *moun andeyò,* c'est-à-dire des paysans et autres errants venus de l'extérieur et vivotant en marge des structures sociales et économiques urbaines. D'année en année la résistance à cette occupation s'est durcie et les confrontations avec les Américains sont devenues de plus en plus intenses, résultant en des meurtres et autres atrocités. Le massacre de 1929 dans la ville du sud-ouest des Cayes où les Marines ont ouvert le feu sur une foule de 1500, a tué douze personnes et en a blessé beaucoup d'autres.[8] Bien que le massacre ait suscité toute une série de condamnations de la part des Etats-Unis mais aussi de la communauté internationale, les forces américaines ne se retireront pas avant cinq autres années. Comme la période coloniale de trois cents ans qui avait précédé l'indépendance haïtienne, l'occupation américaine de dix-neuf ans devait exercer une influence profonde et durable sur la conscience des Haïtiens. Cette influence se révèle de nos jours dans les arts, principalement la musique, la peinture et la littérature. Pourtant, en dépit des sentiments anti-impérialistes persistants, l'influence américaine sur les affaires économiques et politiques intérieures d'Haïti se poursuit aujourd'hui encore sous des formes multiples, comme par exemple l'assistance militaire et financière à certains leaders politiques, l'imposition d'accords commerciaux et de réformes structurelles à travers les prêts du Fonds Monétaire International et de la Banque Mondiale, et le gel de l'aide financière en guise de représailles contre les élections contestées de 1999. Plus récemment, le mouvement d'Aristide, *Fanmi Lavalas*, – dont le nom même [la Famille Lavalas] évoque la structure patriarcale des premiers mouvements révolutionnaires d'Haïti auquel s'ajoute la notion d'un raz-de marée irrésistible des démunis charriant au loin le passé honteux – a reproduit la figure paternelle du père/héros en présidant aux abus des *grands mangeurs,* de ce qu'on appelle *la*

---

[8] Heinl, Robert D., Jr., and Nancy G. Heinl, *Written in Blood: The Story of the Haitian People, 1492-1971*, Boston, Houghton Mifflin, 1978, 463.

politique du ventre. Il s'agit pour le Chef de l'État d'inviter ses partisans « à manger avec lui à sa table », c'est-à-dire à partager les richesses du pays (Dahomay, 22). L'histoire d'Haïti reste celle d'une nation assiégée. Si les forces extérieures et intérieures luttent entre elles pour la prise du pouvoir, elles se conjuguent pour exploiter et réduire le peuple à la misère.

Ecrire en pays assiégé

Deux cultures ont émergé de l'évolution de l'histoire haïtienne : une culture intellectuelle urbaine associée à une élite dont la formation est française, et une culture orale principalement d'origine rurale, associée à une population dont la langue est le *kreyòl*. Malgré l'instabilité politique de la république à ses débuts, les Haïtiens cultivés se sont adonnés très tôt à une intense activité littéraire. Si les premiers écrits en français étaient insufflés de la conception française des « valeurs universelles », la création d'une littérature nationale distincte, reflétant l'originalité de l'identité haïtienne et son histoire les a vite éclipsés. Les poètes Emile et Ignace Nau, les frères Ardouin, et plus tard Oswald Durand et Massillon Coicou qui faisaient tous partie du mouvement « patriotique », ont cherché à rallier les Haïtiens aux idéaux de l'indépendance et à obtenir la reconnaissance d'un monde généralement hostile. A côté de ces poètes, des pamphlétaires et essayistes sont apparus, produisant des œuvres polémiques qui vilipendaient le colonialisme en plaidant en faveur de la décolonisation ou s'opposaient aux théories philosophiques de l'infériorité raciale émanant d'Europe. Dans les premières années de la république, les chroniqueurs de la vie quotidienne, comme Justin Lhérisson et Fernand Hibbert, ont créé un genre très populaire en composant des *audiences,* petits textes satiriques comportant une intrigue captivante et décrivant quelque aspect singulier des coutumes et des mœurs. Il est intéressant de remarquer que quoique l'histoire d'Haïti ait été « écrite dans le sang », comme le titre du livre de Robert et Nancy Heinl le signale (voir note 8), les Haïtiens ont toujours eu le désir de raconter leur propre histoire, nonobstant la nature despotique des gouvernements successifs. En effet, comme Michael Dash le souligne, « l'idéal de l'expression libre n'a jamais été complètement toléré par la vaste majorité des régimes politiques en Haïti, et les écrivains se sont souvent trouvés persécutés par l'Etat qui, en fin de compte, voyaient leurs idées comme une menace à son existence ».[9] Qu'elles soient écrites ou orales, racontant le passé ou le présent, les histoires des conteurs et chroniqueurs haïtiens reflètent thématiquement et esthétiquement le siège constant qui a toujours menacé de les réduire au silence. Les essais de ce recueil traite de la métaphore du siège non seulement telle qu'elle apparaît dans l'écriture, mais aussi dans la démarche difficile à laquelle les écrivains haïtiens ont dû faire face pour découvrir et libérer leur voix.

Dans ce contexte il est capital de rappeler que pendant longtemps les dichotomies de la vie haïtienne ont eu pour effet d'effacer, tout au moins en ce qui concerne la littérature, la langue de la plupart des Haïtiens. Du dix-neuvième siècle au début du vingtième, toute la littérature – celle qui se voulait cultivée et destinée à des lecteurs choisis – était publiée en français. Quoique le poète, Oswald Durand, ait écrit son célèbre poème « Choucoune » en *kreyòl* dans les années 1860 et que Georges Sylvain ait traduit les *Fables* de La Fontaine en *kreyòl* sous le titre de *Cric Crac*, il a fallu attendre les écrivains radicaux du mouvement indigéniste, dans les années 1920, pour que le *kreyòl* devienne une langue littéraire. Bientôt, cependant, les questions de classe et de culture, scellées pour ainsi dire, par l'usage de la langue littéraire, ont subsumé l'ensemble des problèmes politiques du pays. Les indigénistes étaient des nationalistes qui réagissaient tout à la fois contre l'élitisme français des générations précédentes et contre les humiliations et la violence de l'occupation des Etats-Unis. Confrontés aux abus des Marines néocolonialistes, soldats blancs pour la majorité, les intellectuels haïtiens se sont unis au nom de la nation et de la race. Ils ont mis au premier plan la richesse de la culture haïtienne, surtout son passé africain, et insisté sur son authenticité, déclenchant une renaissance littéraire qui allait se répandre au-delà du pays jusqu'en Amérique latine, aux Etats-Unis, et en Europe. Carl Brouard, Emile Roumer, Jacques Roumain et Philippe Thoby-Marcellin, sont parmi les principaux auteurs d'œuvres dites indigénistes et les fondateurs des journaux littéraires tels que *La Nouvelle Ronde* (1925), *La Trouée* (1927) et *La Revue Indigène* (1927-1928). Ces militants ardents, à la recherche de l'authenticité culturelle d'Haïti, ont été fortement influencés par l'ethnologue Jean Price-Mars qui, dans son célèbre essai *Ainsi parla l'oncle* (1928), critiquait

---

[9] Dash, J. Michael, *Culture and Customs of Haiti*, Westport, Ct & London, Greenwood Press, 2001, 96. Notre traduction.

l'admiration excessive de l'élite pour l'esprit' français. Plus important encore, Price-Mars prenait dans son ouvrage la défense de la culture paysanne haïtienne, de sa langue et de sa religion, reconnaissant la dimension incontournable de l'héritage africain (Dash, 102). C'est de cette oeuvre que devait surgir le mouvement idéologique appelé *noirisme* qui préconisait une politique d'authenticité raciale, c'est-à-dire fondée sur la reconnaissance de la pureté noire essentielle d'Haïti. Le journal *Les Griots* (1938-1940), créé avec la collaboration de François Duvalier, ethnologue de formation, a propagé les idées du *noirisme* qui allait devenir l'idéologie officielle sous la dictature Duvalier. A partir de cette époque, l'emploi littéraire du *kreyòl*, dorénavant prôné par un grand nombre d'intellectuels, est devenu de plus en plus courant dans la poésie et le théâtre haïtiens. Mais on évitait de l'employer dans le roman. De fait, les écrivains de la diaspora, romanciers dans la grande majorité, devaient nécessairement publier en français ou en anglais pour attirer les lecteurs étrangers. Frankétienne et Félix Morisseau-Leroy, par exemple, deux dramaturges et poètes qui ont acquis une renommée internationale pour leurs pièces et poèmes en *kreyòl* ont néanmoins traduit leurs oeuvres principales en français. Frankétienne a traduit son roman *kreyòl*, *Dézafi* ['Défiance'] (1975) et lui a donné un autre titre, *Les Affres d'un défi* (1979), afin de toucher un plus large public. Aujourd'hui, certains créolistes insistent sur la nécessité d'user le *kreyòl* – la langue de 90 % de la population – dans les textes littéraires.

Dans les années qui ont suivi la Seconde Guerre mondiale, Haïti a connu une période d'activité intellectuelle intense principalement sous l'influence des mouvements de la Négritude et du Surréalisme. Aimé Césaire et Léopold Senghor pour la Négritude, et André Breton pour le Surréalisme, ainsi que les artistes cubains Wilfredo Lam, Nicolas Guillén, et Alejo Carpentier, ont insufflé aux arts et aux lettres haïtiens une vitalité et un espoir que le pays n'a jamais plus connus depuis. René Depestre et Jacques Stephen Alexis, co-fondateurs du journal militant *La Ruche* (1945), ont été les intellectuels les plus visibles de cette génération. Tous deux, idéalistes révolutionnaires et fortement influencés par le Surréalisme, se sont engagés dans une politique radicale de résistance : Alexis appliquant les thèses marxistes à la situation déplorable des paysans et des réfugiés des villes, tandis que Depestre promouvait la révolte et finalement l'exil. Cette période littéraire florissante qui promettait l'éclosion de nombreuses oeuvres littéraires s'est interrompue brusquement au moment où François Duvalier a pris le pouvoir. Pendant une courte période, des vestiges de cette littérature radicale ont subsisté dans les pages du magazine *Haïti Littéraire* « où des poètes tels que Anthony Phelps et René Philoctète soutenaient de grands idéaux humanistes pour la littérature haïtienne » (Dash, 107). Mais bientôt ils ont été réduits au silence : Jacques Stephen Alexis tué par la milice de Duvalier, tandis qu'Anthony Phelps, René Depestre, Gérard Etienne, Jean Métellus, Emile Ollivier et de nombreux autres intellectuels fuyaient à l'étranger le règne de la terreur. En poursuivant leur oeuvre magistrale en exil, ces écrivains sont devenus des représentants éloquents de la diaspora haïtienne. Pendant la dictature de Papa Doc, et dans une moindre mesure pendant celle de Baby Doc, la répression politique a étouffé presque toute expression littéraire et politique : les revues étaient censurées, la publication des livres jugés subversifs réprimée. Malgré tout, un petit groupe d'intellectuels qui était resté en Haïti a produit des oeuvres anti-duvaliéristes. Ainsi, Frankétienne, l'une des figures intellectuelles les plus importantes de cette période, avec ses contemporains René Philoctète et Jean Claude Fignolé ont développé l'esthétique littéraire du Spiralisme. Poète, romancier, dramaturge et peintre, Frankétienne a publié un grand nombre d'œuvres reflétant la nature oppressive du climat politique. On peut lire *Dézafi* comme un récit allégorique de résistance politique. Marie Chauvet, une autre écrivaine majeure de cette période, a dépeint dans ses romans l'intolérance et la violence de l'état terroriste. Sa grande trilogie *Amour, colère, folie* (1968) est une attaque directe contre le duvaliérisme et offre une analyse percutante de la psychologie des oppresseurs tout comme de leurs victimes.

Depuis les années 1970 jusqu'à aujourd'hui, la littérature haïtienne produite tant à l'intérieur du pays qu'à l'extérieur est remarquable par son foisonnement et sa représentation de l'oppression sous des formes les plus diverses. Des auteurs qui ont vécu à l'étranger pendant un temps puis sont rentrés au pays, tels que Jean-Claude Fignolé, Pierre Clitandre, Jan J. Dominique, Lyonel Trouillot, et Yanick Lahens, ont écrit des oeuvres de fiction qui représentent, dans une large mesure, l'expérience individuelle et collective de l'enlisement haïtien dans un chaos politique et un appauvrissement économique de plus en plus profonds. Les écrivains de la diaspora, ceux qui avaient contribué au magazine *Haïti Littéraire*, sont longtemps restés attachés au contexte politique tragique d'Haïti, explorant leurs obsessions sur l'impossibilité de leur retour. Des auteurs comme Emile Ollivier, Gérard Etienne, Jean Métellus, Anthony Phelps, et plus récemment, Georges Anglade, se sont par la suite dégagés de leur histoire personnelle et ont varié leurs thèmes. En outre, la jeune génération d'écrivains haïtiens éparpillée un peu partout dans les Amériques et en Europe, contribue à élargir la définition de la littérature haïtienne. Nombreux d'entre eux écrivent en anglais ou en d'autres langues, et s'écartent de leurs aînés tant du point de vue théorique que thématique. Mais en dépit de ces nouveautés, les écrivains d'*Haïti Littéraire* et de nombreux exilés de la jeune génération continuent à créer des œuvres qui reflètent une réalité haïtienne assiégée par des forces multiples et immuables.

Ce recueil rassemble donc des essais et entretiens qui explorent une imagination littéraire façonnée par deux siècles de régime tyrannique. Si les entretiens permettent aux auteurs individuels de parler de leur propre voix, les essais offrent une lecture critique des thèmes de l'exil, de l'aliénation, et de la lutte contre des forces étouffantes. Tandis que la plupart des essais se concentrent sur un seul auteur, certains adoptent une perspective plus large en analysant des écrivains dont les œuvres définissent un moment littéraire. Il est à noter que ce recueil n'est pas une histoire littéraire haïtienne du vingtième siècle, c'est-à-dire que son intention n'est pas d'apporter une vue d'ensemble exhaustive des écrivains considérés comme canoniques selon un ordre chronologique.

Le recueil débute avec l'essai de Renée Larrier, « DuSable, Douglass, and *Dessalines*: The Haytian Pavilion and the Narrative of History », une étude sur le pavillon haïtien à l'occasion de l'Exposition Universelle Colombienne à Chicago en 1893. Larrier met en évidence le contexte historique dans lequel la jeune nation haïtienne se situait au seuil du vingtième siècle. Le corps du livre est divisé en trois parties, chacune traitant d'un thème précis – le siège, la terreur, l'exil – qu'annonce une brève introduction. Dans la première partie, intitulée « Ecrire en pays assiégé », sont groupés « Les Lodyanseurs du Soir : Il y a 100 ans, le passage à l'écrit » de Georges Anglade, « Roger Dorsinville en trois temps » de Max Dorsinville, « Une approche politique de *Gouverneurs de la rosée* de Jacques Roumain » de Mac-Ferl Morquette, « Le peuple assiégé : l'écriture romanesque de Jacques Stephen Alexis » de Carrol F. Coates, « René Depestre par lui-même :

dérive politique et synergie esthétique », un entretien mené par Franz-Antoine Leconte et « 'De l'autre côté de mes murs' : le désir de l'engagement dans l'écriture de Yanick Lahens » de Joëlle Vitiello. Ces essais examinent les auteurs dont les écrits inscrivent une critique politique au sein d'une critique sociale plus générale. Dans la deuxième partie, intitulée « Ecrire la terreur », sont réunis des auteurs qui se sont élevés contre la terreur sévissant à leur époque. Il s'agit de « Doctrines littéraires et climats politiques sous les Duvalier » de Joseph J. Ferdinand, « Physical Internment and Creative Freedom: The Spiralist Contribution » de Kaiama L. Glover, « Entretien avec Frankétienne, créateur souterrain » de Jean Jonassaint, « From Confinement to Freedom: Jan J. [Gigi] Dominique's *Mémoire d'une amnésique* » d'Irline François, « 'No Giraffes in Haiti': Haitian Women and State Terror » de Myriam J. A. Chancy, et « The End of the Committed Intellectual: The Case of Lyonel Trouillot » de Marie-José N'Zengou-Tayo. Les écrivains de ce groupe témoignent directement ou indirectement de la violence des années Duvalier ou, comme dans le cas de Trouillot, des années de répression et de violence qui ont sévies après 1986. La troisième partie, « Ecrire l'exil », comprend « *Oyez Ayiti*! de Mimi Barthélémy » de Christiane Makward, « Jean Métellus ou l'écrivain en partage. Une esthétique de vie et d'écriture », un entretien réalisé par Ginette Adamson, « Writing Memory in Alien Places: Becoming a (Quebecois?) Subject » d'Eloise A. Brière, « L'écriture aux abois : assiègement et résistance dans l'œuvre de Gérard Etienne » de Mark Andrews, « Dany Laferrière, "Primitive" Writer: A Haitian Esthetic » de Dennis F. Essar et « *Ou libéré?* History, Transformation, and the Struggle for Freedom in Edwidge Danticat's *Breath, Eyes, Memory* » de Helen Scott. Les essais de ce groupe privilégient les auteurs dont les écrits abordent la complexité de la question de l'exil, celui-ci pouvant résulter d'une menace directe du gouvernement envers un individu ou de l'exode massif des classes moyennes pendant le régime Duvalier. Le recueil se termine par une méditation sur un thème essentiel à toute littérature écrite en état de siège, c'est-à-dire qui émerge d'une réalité effroyable mais qui, malgré tout, exprime un espoir nourri par le souvenir d'un passé mythique. Dans « De la littérature haïtienne : travers de mémoire ou allégorie contemporaine », Sarah Davies-Cordova examine le rôle de la mémoire dans de nombreux textes contemporains d'écrivains haïtiens.

Writing under Siege

Introduction

Marie-Agnès Sourieau and Kathleen M. Balutansky

The title of this anthology suggests military attack, resistance, blockade, and loss of freedom. It conjures an image of people trapped by hostile forces of domination, but determined to persevere, of people deprived of their basic rights, but strong-willed and enduring. It also projects the bleak image of a nation behind the massive walls of a fortress turned into a prison, occulted from the rest of the world, and left to die of hunger and neglect. By linking a literal siege with a literature under siege, we would like to emphasize that role of literature that serves as the locus for social criticism and activism under political oppression. The essays collected here explore a literary imagination engendered and fed by its relationships with the social environment that has resulted from two centuries of political oppression. Thus, the notion of siege is to be taken here in a broader political, economic, and psychological sense. Indeed, the Haitians writers presented in the essays that follow reflect both the many creative ways in which they have exposed tyranny in all its forms as well as their unending struggle to overcome it.

If the year 2004 marked the bicentennial of Haiti's glorious declaration of independence and the birth of the first black republic in history, it also signaled yet another crisis in Haiti's political process coupled with a further loss of faith in the possibility of improving the lives of the country's vast majority. The violent rebellion that provoked the departure of Jean-Bertrand Aristide in February 2004 illustrates all that much more the grim prospects of this embattled country in its two hundredth year. The great hope of the 1980s for the establishment of democratic values as the new foundation for Haitian society vanished when the search for basic human rights and economic progress gave way to greed and repression.

Writing under Siege is intended as a tribute to the magnificent achievement of those Haitians who fought against all odds for freedom from colonial powers. At the same time it is a tribute to all the Haitians who have endured with astonishing fortitude two centuries of oppression from within and outside the nation. The essays and interviews included here offer critical perspectives on Haitian writers from the Twentieth Century whose works reflect their nation's complex legacy of domination and liberation. They explore the distinctive voices of Haitian writers in the historical and political contexts that have shaped their esthetics and engendered the telling of the stories of a people under siege.

A Nation under Siege

Chaos, anger, and agony presided at the birth of the world's first black republic. The fierce twelve-year struggle (1792-1803) that culminated in the only successful slave revolution in history left the nation's infrastructure in shambles, its economy crippled, its resources depleted, and the mass of its newly liberated citizens enchained by an oppressive political system that persists to this day.

A Vodou ceremony at Bois-Caïman supposedly initiated the fight for independence. Whether it is historically true or not, this story is Haiti's founding myth. By all accounts sometime in 1792 and under the most oppressive circumstances, enslaved men and women started the process of liberation. These revolutionaries fought to their death and yet survived forever in the hearts and minds of the Haitians. The epic of Toussaint Louverture, the first national hero to emerge in the early years of the revolution, has functioned both as a founding myth for the nation and as a catharsis in the process of self-recognition. Toussaint was the slaves' liberator and the island's first governor general "for life." Tricked by General Leclerc, he was captured and sent to France where he died of starvation and exposure behind the massive walls of *Fort de Joux*. But Toussaint's martyred death would forever fuel popular history in spite of France's attempt to silence him. Aimé Césaire remarks that Toussaint carried out the French

Declaration of the Rights of Man to the letter, showing that there is no pariah race, population, or land. "The Precursor" as "operator and intercessor" for his people, "inscribes the rebellion of the black slaves of Saint Domingue in the history of universal civilization."[1]

Toussaint's heroic role and his place in world history have instilled a profound pride in Haitians. Jean Métellus successfully captures this pride in his recently published play, *Toussaint Louverture* [2] At the end of the play the warden of *Fort de Joux* confiscates paper and ink from his famous captive in an attempt to silence him (51). But if Toussaint is literally prevented from writing, his heroism is nonetheless inscribed in the national consciousness. His words, upon being shipped to France after his treacherous capture, transcend his final silence and continue to speak to Haitians.[3]

A number of political scientists have observed that the Haitian nation, unable to disengage itself from its revolutionary past has been plagued since its origin by the "phenomenon of heroism." As Jacky Dahomay writes, "heroic power is always a power of death," which means that the essence of heroic power is essentially illegitimate and despotic; only the chief's arbitrary will matters, since he embodies his people's will, "he *is* the nation."[4] Thus, in Haiti, governance is not founded upon the authority of the law but modeled after the original colonial power relations that not only Toussaint but also Henry Christophe and Jean-Jacques Dessalines symbolize. The hero is "heroic" because he escapes servitude by showing that he does not fear death and that he can bestow death according to his wishes (Dahomay, 22). The individual hero is essentially free until a competitor seizes power from him; most people deal with death on a daily basis – real and symbolic. Indeed, this model has generally been true of Haitian heroes, both before and after the revolution.

---

[1] Césaire, Aimé, *Toussaint Louverture. La Révolution française et le problème colonial*, Paris: Editions Présence Africaine, 1981, 344.

[2] Métellus, Jean, *Toussaint Louverture ou Les Racines de la liberté*, Paris: Editions Hatier International, 2003.

[3] "En me renversant, on n'a abattu à Saint-Domingue que le tronc de l'arbre de la liberté mais il repoussera car ses racines sont profondes et nombreuses [In overthrowing me here in Santo Domingo you have only cut down the trunk of the tree of liberty, but it will grow back again for its roots are numerous and deep] (48). All translations from the French are our own.

[4] Dahomay, Jacky, "La tentation tyrannique haïtienne," in *Chemins Critiques*, V. 1, janvier 2001, 21.

From its beginnings Haiti was threatened from outside as well as within the island. The early leaders feared retaliation from the colonial powers, especially a military invasion from a humiliated Napoleon. To protect their country Dessalines and Christophe proceeded to build defensive forts, and Christophe started the famous fortress known as the *Citadelle La Ferrière* on a mountain more than three thousand feet high where he intended to quarter thirty thousand soldiers. During the ten-year construction, carried out with compulsory labor and under harsh military supervision, thousands of workers lost their lives. For Haitians, while *Fort de Joux* symbolizes the imprisonment of their emerging collective consciousness, the *Citadelle* stands as a symbol of both the Haitian will to defend its freedom and a Haitian dictator's ruthless domination over his own people. Christophe took his own life to escape death at the hands of a mob attacking his palace in a revolt against his tyrannical labor laws. Thus, a few years after Toussaint's death in prison and Dessalines' assassination by his own people, the death of the "father" was replayed in a dramatic act.

Indeed, Haitians have lived and continue to function in a world saturated with tragedies so real that their imaginary has created a symbolic world as convincing as Greek mythology with its series of universal traumas and struggles. The assassination of the Emperor Dessalines, the founding father of the independent nation, and the subsequent assassination of many of Haiti's political leaders and presidents seem to haunt the nation as a collective Oedipus. This explains why Haiti often appears as an orphan nation in search of a just and loving "father" who will finally liberate his children from their misery and why the Haitian poor are so often seduced by leaders who claim to be their legitimate "papa." It is also clear that this designation conflates political power with the power of Vodou in that Vodou priests are called *papalwa* and many of the Vodou *lwa* are called "papa" (Papa Legba and Papa Loco, for instance). From the original heroes proceeded a succession of national "fathers," some of whom were indeed deserving of the familiar title affectionately given to them by the people themselves, while others were shrewdly appropriating the "supreme" chief's patriarchal powers by naming themselves "papa."

The Haitian critic and poet Joël Des Rosiers joins other observers of Haitian history when he remarks that it appears as if "a kind of a calamitous fate, a sort of strategy of failure" controlled

Haiti's destiny from the start.[5] Death permeates the Haitian unconscious, obsessively appearing both in reality and in fiction as vengeance, penitence, transcendence, or metamorphosis, always violent and excessive in its display. From the first slave rebellions to the latest dictatorships recurring reigns of terror have besieged the national psyche, and this, like an unalterable genetic code, has incited natural fear and distrust. The Zombi is a powerful metaphor for the reality of servitude and abject poverty. It reflects the living-death condition that has characterized the nation throughout its history. The dread of "Zombification" is genuine in the present political and economic context of the country as it was in the past.

However, the Haitian imagination is haunted by another specter: skin color. From the abolition of slavery in 1793 to this day servility and poverty in Haiti have been linked to an issue of color. While the *anciens libres,* mostly educated mulattoes, retained the ownership of the land and control of Haiti's economic structure, the *nouveaux libres,* the vast majority of the blacks, have remained destitute and exploited. The conflicts between these two economic classes with readily identifiable color differences have also been viewed as the root of Haiti's inability to develop the democratic institutions of a workable civil society from the time of its independence. In this light, the Haitian people's struggle for justice, equality, and freedom remains as vital today as it was during Hispaniola's Spanish rule and Saint-Domingue's French colonial subjugation.

Ayabonmbé! Libèté ou lanmo!

Freedom or death! These words formed the desperate cry of the Taïnos – the indigenous Haitians – when they realized that the Spaniards had come to take over their land and enslave them. *Libèté ou lanmo* was also the cry of the African slaves when they took full measure of their enslavement in the New World. These words became the rallying call during the Revolution. Sadly, the choice between freedom and death remains to this day a daily reality for thousands of poor and persecuted Haitians who have attempted, from the early years of the twentieth century, to seek refuge in other lands. Migration, first

---

[5] Des Rosiers, Joël, *Théories Caraïbes. Poétique du déracinement,* Montréal: Triptyque, 1996, 94.

to Cuba and the Dominican Republic, then later to the larger Caribbean, meant fleeing an overpopulated country with fewer and fewer resources. The life of the peasant Haitian "Braceros" and their families in Cuba and the Dominican Republic led to exploitation under a new form of slavery, subjugation under all sorts of threats, marginalization from local populations and, at times, deportation and death. In the late 1950s and 60s it was the Haitian elite who left *en masse*, escaping the massacres of François Duvalier. These were professionals who took their expertise to North America, France or the developing countries of francophone Africa. Then, from the 1970s onward, deepening poverty and continuous political repression started a new phase of maritime migration for thousands of the most deprived, principally to the Bahamas and the United States. History, then, has indeed repeated itself, giving the old words, "Freedom or Death," new meanings: freedom abroad or death at home.

Haiti's glorious achievement has given way to a state structure based on the extreme exploitation of the black majority, perpetrated by a small group of military strongmen using force and corruption to maintain power and by a relatively lighter-skinned economic elite. Both have exploited the peasantry and the urban poor for their meager resources and their cheap labor. After the destruction of the plantation system during the revolution, traders and politicians, as well as state employees took advantage of the peasants' labor by heavily supporting a state system that taxed all crops and basic imported food, thus "squeezing the nation to death."[6] This system of governance has produced a persistent political instability, as members of the military and economic elites have competed unremittingly for power and wealth. Following the first "stable" presidencies of Alexandre Pétion (1807-1818) and Jean-Pierre Boyer (1818-1843), of the twenty-two presidents who ruled Haiti between 1843 and 1915, fifteen were overthrown and three assassinated. More recently, Jean-Claude Duvalier's "presidency for life" ended peacefully in 1986, but it was followed by the repressive rule of the Conseil National de Gouvernement (CNG). This five-man junta used the complicity of the military and some key *makout* to abort the democratic elections of December 1987, and organize fraudulent ones in 1988. It would take another three years of great unrest and abuse of the people before Jean-

---

[6] Trouillot, Michel-Rolph, "Haiti's Nightmare and the Lessons of History," in *NACLA Report on the Americas*, XXVII. 4, 1994, 48.

Bertrand Aristide could be elected and assume the presidency in February 1991. However, it only took a few months for the military and the economic elites – with U.S. financial support – to come together and orchestrate a coup d'état that forced Aristide into exile. Aristide returned to Haiti in 1994 with the help of a U.S. military intervention that forced out the very military leaders it had helped to place in power. Re-elected in 2000, Aristide has presided over such conditions of political instability and economic chaos that the majority of the Haitian population has lived in continuous eroding living conditions, including increasing violence, illiteracy, malnutrition, and health threats. In the Twenty-First Century Haitians remain an oppressed and silenced people, living in squalid, ever-expanding urban slums or trapped in increasingly eroded rural areas.

The struggle for freedom has been exacerbated throughout the course of Haiti's history by successive interventions from Europe as well as the United States. The United State's pursuit of political influence and economic control in Haiti was made manifest by its "gunboat diplomacy", during the early years of the Nineteenth Century, when it vied for power with France, England, Germany, and even Spain. However, even when U.S. control of Haiti became official, after the U.S. Congress formally recognized Haiti as an independent nation in 1862, the use of gunboat diplomacy did not end. When American investments became substantial, the U.S. government sought to shield them from the island's recurring political instability, and gunboat diplomacy as well as direct intervention became more frequent: "By the turn of the century, U.S. marines had landed on Haitian soil eight times 'to protect American lives and property.'"[7] The most infamous and lengthy attempt to protect American interests in Haiti started in July 1915 when U.S. marines landed in Haiti for what would be a nineteen-year violent occupation. Among various forms of resistance to the U.S. occupation, the most violent was that of the *kako*, a twentieth-century version of an old nineteenth-century band of peasants from the Central Plateau. The *kako* waged a guerilla war against the U.S. marines who enforced a compulsory labor system employed for the construction of roads and bridges that the occupying forces built

---

[7] Renda, Mary A., *Taking Haiti. Military Occupation and the Culture of U.S. Imperialism, 1915-1940*, Chapel Hill & London: The University of North Carolina Press, 2001, 30.

throughout the country to fit their strategic military and economic requirements.

The American occupation of Haiti established a *de facto* colonial rule with overtly racist policies, economic projects, and attitudes. In addition to the *kòve* or forced labor, it imposed press censorship, harsh taxation of export crops, martial law, and widened the existing gap between the mulatto urban elites and the vast majority of the *moun andeyò* – the peasants, or outside people – who eked a living outside of urban economic and social structures. Intense resistance to the occupation increased over the years, and confrontations with American forces became fiercer, leading to murders and atrocities – among them, the 1929 massacre in the southern city of Les Cayes where marines opened fire on a crowd of 1,500, killing twelve and wounding many.[8] Although the massacre aroused both U.S. and international condemnation of the American occupation, it would take another five years for the U.S. forces to withdraw from the island. Like the 300-hundred-year colonial period that preceded Haiti's independence, the nineteen-year U.S. occupation had a profound and lasting impact on Haitians' psyche; it is reflected in Haitian music and painting, as well as its literature. However, in spite of enduring anti-imperial sentiments in Haiti, U.S. influence in Haiti's internal political and economic affairs has continued in many different forms (i.e. U.S. support of certain political leaders through financial and military assistance, its imposition of trade agreements and structural reforms through IMF and World Bank loans, and the freeze on aid to Haiti in retaliation for the contested elections of 1999). As the situation stands today, Aristide's movement, *Fanmi Lavalas*, – whose very name (the Lavalas Family) suggests the original patriarchal structure of Haiti's revolutionary movements added to the notion of an irresistible flood of the destitute that could sweep away the shameful past – has managed to duplicate and deepen the father/hero paternal figure while presiding over the abuses of the *grands mangeurs* (big eaters) in what in Haiti has been called *la politique du ventre* (politics of the belly). Haiti's history remains that of a nation under siege. External forces of exploitation and internal power struggles have relentlessly starved the Haitian people.

---

[8] Heinl, Robert D., Jr., and Nancy G. Heinl, *Written in Blood: The Story of the Haitian People, 1492-1971*, Boston: Houghton Mifflin, 1978, 463.

Writing under Siege

Two cultures have emerged through the evolution of Haiti's history: an urban and literate culture produced by the French-educated elite and an oral culture produced by the *kreyòl*-speaking, mostly rural population. In spite of the political instability that pervaded Haiti's early years the Haitian educated elite engaged in intense literary activity. Although some early writings in French were infused with the "universal values" of France's conception of culture, these writings were quickly overshadowed by the creation of a distinctive nationalist literature that stressed the uniqueness of Haitian identity and the documentation of the new nation's history. The poets Emile and Ignace Nau and the Ardouin brothers, and later Oswald Durand and Massillon Coicou were part of this "patriotic" movement that sought to rally the Haitians to the ideals of independence and to gain respect from a generally hostile world. Alongside these creative writers, pamphleteers and essayists authored polemical works that intensely criticized colonialism, argued for decolonization or defended theories that opposed the philosophies of racial inferiority that came from Europe. Also, in the early years of the republic, chroniclers of everyday life, like Justin Lhérisson and Fernand Hibbert, produced *lodyans*, short satirical narratives with a strong penchant for good storytelling, geared to a local public. Indeed, while Haiti's history is said to be "Written in Blood," as Robert and Nancy Heinl have entitled their history of Haiti, the determination by Haitians to tell their story has continued over the years, notwithstanding the chaotic and despotic nature of Haiti's politics. As Michael Dash writes, "The ideal of free expression has never really been tolerated by the vast majority of political regimes in Haiti, and writers have often found themselves persecuted by the state, which has invariably seen their ideas as a threat to its existence."[9] Whether textual or oral, past or present, the stories that Haitians tell and retell reflect thematically and aesthetically the constant blockade that threatens to silence the storytellers amongst them. In this collection of essays, the siege metaphor refers not only to the act of writing under oppressive conditions but also to the difficulty that Haitian writers have experienced in freeing their voice.

---

[9] Dash, J. Michael, *Culture and Customs of Haiti*, Westport, Ct & London: Greenwood Press, 2001, 96.

In this context it is important to note that for many years the dichotomies of Haitian life resulted in the exclusion, in literature at least, of the language of most Haitians. From the Nineteenth Century to the early part of the Twentieth, all literature – highly cultured and intended for a select readership – was published in French. Although Oswald Durand, in the 1860s, wrote his famous poem "Choucoune" in *kreyòl*, and Georges Sylvain translated La Fontaine's *Fables* under the title *Cric Crac*, *kreyòl* was not considered an acceptable literary medium until the 1920s when the radical writers of the *Indigéniste* movement used it in their works. Soon, however, the class and culture issues imbedded in the use of a literary language became subsumed within Haiti's larger political issues. The *Indigénistes* were nationalists who reacted against both the French elitism of the previous generations and the humiliations and the violence of the U.S. occupation. Faced with the abuses of the white neocolonial marines, Haitian intellectuals united in the name of nation and race. They foregrounded the richness of Haitian culture, especially its African past, and proceeded to celebrate it, thus launching a literary renaissance that would reach beyond the island to Latin America, the United States, and Europe. Carl Brouard, Emile Roumer, Jacques Roumain and Philippe Thoby-Marcellin, among others, produced *Indigéniste* works and created such journals as *La Nouvelle Ronde* (*The New Round*, 1925), *La Trouée* (*The Breach*, 1927) and *La Revue Indigène* (*The Indigenous Review*, 1927-1928). These ardent militants for Haiti's cultural authenticity were influenced by the work of the ethnologist Jean Price-Mars, who in his famous study, *Ainsi parla l'oncle* (*Thus Spoke the Uncle*, 1928), criticized the elite's excessive Francophile attitudes. More importantly, Price-Mars presented a defense of Haitian peasant culture, language, and religion in a celebration of the island's African heritage (Dash, 102). The ideological movement named *noirisme* sprang from this work, calling for a politics of racial authenticity – that is, a recognition of Haiti's essential blackness. The journal *Les Griots* (1938-1940), co-founded by François Duvalier, an ethnologist by profession, propagated the views of *noirisme*, which became the state ideology when Duvalier assumed power in 1957. While *kreyòl* had become popular in Haitian poetry and theater, its use in the novel had been avoided. Indeed, the novel form was favored by writers of the diaspora who needed to publish in French or English to attract a foreign audience. Franketienne and Felix Morisseau-Leroy, for instance, two playwrights and poets who gained international recognition for their plays and poetry in *kreyòl* nonetheless had to translate their major works to French. Franketienne, for instance had to translate his *kreyòl* novel *Dézafi* ["Defiance"] (1975) into French, under the title *Les Affres d'un défi* ["Defiance and Dread"] (1979), to reach a wider readership. In contemporary Haiti, however, a number of Creolists have become increasingly vocal in promoting the use of *kreyòl* — the language of 90 percent of the population — in all literary texts.

   In the years following World War II Haiti lived a period of intense intellectual immersion in the worldwide expression of *Négritude* and Surrealism. Inspired by Aimé Césaire and Léopold Senghor's *Négritude* and André Breton's surrealist movement, as well as by the works of Cuban artists such as Wilfredo Lam, Nicolas Guillén, and Alejo Carpentier, Haitian arts and literature expressed a sense of urgency and hope that the country has not experienced since. René Depestre and Jacques Stephen Alexis, the co-founders of the militant newspaper *La Ruche* (*The Beehive*, 1945), were the major intellectuals of this generation. Both were revolutionary idealists, greatly influenced by Surrealism, and engaged in active resistance. Alexis focused on such Marxist themes as the plight of the peasantry and urban poor, while Depestre focused on revolt and exile. This literary period came to an abrupt end under François Duvalier's repressive regime. For a short time, vestiges of this radical literature were found in the ephemeral magazine *Haïti Littéraire* [Literary Haiti] "in which poets such as Anthony Phelps and René Philoctète argued for broad humanist ideals for Haitian literature" (Dash, 107). Soon, these writers were silenced: Jacques-Stephen Alexis was murdered by Duvalier's militia, and Anthony Phelps, René Depestre, Gérard Etienne, and Jean Métellus were among the many who fled Duvalier's reign of terror. These exiles soon became the most visible members of the Haitian diaspora. During Papa Doc's dictatorship, and to a lesser extent during Baby Doc's presidency, state repression muffled political and literary expression, banning books, censoring magazines, and stifling book publishing. Nonetheless, a few intellectuals who remained in Haiti managed to produce anti-Duvalierist works. For instance, Franketienne, one of the major intellectual figures of this period, developed with his contemporaries René Philoctète and Jean Claude Fignolé the literary esthetics of *Spiralisme*. A poet, novelist, playwright, and painter, Franketienne published a number of books reflecting the oppressive nature of the political climate. *Dézafi* can be read as an allegorical narrative of political resistance. Along with Frankétienne, another major writer of this period, Marie Chauvet, depicted in her novels the intolerance and violence of the terrorist state. Her famous trilogy, *Amour, colère, folie* (*Love, Anger, Madness*, 1968), is a direct attack on Duvalierism while at the same time examining the psychology of oppressors and their victims.

From the 1970s onward Haitian literature produced both inside and outside the island has been remarkably prolific and has continued to evoke various symbolic forms of writing under siege. Several writers who lived abroad for a while and returned to live in Haiti – Jean-Claude Fignolé, Pierre Clitandre, Jan J. Dominique, Lyonel Trouillot, and Yanick Lahens – have produced novels that represent, to a large extent, the individual and collective experience of Haiti's descent into greater political chaos and economic impoverishment. In the diaspora the generation of writers of *Haïti Littéraire* remained for a time profoundly attached to Haitian predicaments and settings while expressing their obsessions over the impossibility of their return. Writers like Emile Ollivier, Gérard Etienne, Jean Métellus, Anthony Phelps, and more recently, Georges Anglade, have broadened the issues they address in their works. The younger generation of Haitian writers in the Americas and Europe often stretch the old definition of Haitian literature by writing in English and other languages. In addition they offer thematic or theoretically challenging experimentations. Yet, both the *Haïti Littéraire* generation and the younger generation of exiles continue to produce works that constantly mirror the reality of life under siege.

This collection brings together essays that explore the distinctive voices of Haitian writers in the historical and political context that shaped those voices. Some contributions are interviews with individual authors who speak for themselves, while others give close readings of texts that speak of exile, alienation, and the struggle against the silencing forces of oppression. While most contributions focus on single authors, several essays offer a broader view of writers whose works have defined a literary moment. The collection is not intended as a literary history of the Twentieth Century. Moreover, the essays and interviews that follow are not arranged in chronological order, nor do they offer a comprehensive overview of the authors who may be considered canonical.

We begin the collection with Renée Larrier's narrative about the Haytian pavilion at the 1893 World's Columbian Exposition in Chicago. In "DuSable, Douglass, and *Dessalines*: The Haytian Pavilion and the Narrative of History" Larrier's essay frames the historical context in which the young Haitian Nation was entering at the beginning of the Twentieth Century. The collection has three foci: siege, terror, and exile. These constitute the unifying theme for the three parts of the collection, each of which begins with a brief introduction to the section.

In Part I, we group essays concerning authors who wrote about living in a besieged country. We cluster "Les Lodyanseurs du Soir : Il y a 100 ans, le passage à l'écrit" by Georges Anglade, "Roger Dorsinville en trois temps" by Max Dorsinville, "Une approche politique de *Gouverneurs de la rosée* de Jacques Roumain," by Mac-Ferl Morquette, "Le peuple assiégé : l'écriture romanesque de Jacques Stephen Alexis" by Carrol F. Coates, "René Depestre par lui-même : dérive politique et synergie esthétique" an interview by Franz-Antoine Leconte, and " 'De l'autre côté de mes murs' : le désir de l'engagement dans l'écriture de Yanick Lahens," by Joëlle Vitiello. These essays examine the authors whose writing inscribe their political critique within a more generally social critique. In Part II we group authors who give voice to the terror of their time. We cluster "Doctrines littéraires et climats politiques sous les Duvalier," by Joseph J. Ferdinand, "Physical Internment and Creative Freedom: The Spiralist Contribution" by Kaiama L. Glover, "Entretien avec Frankétienne, créateur souterrain" by Jean Jonassaint, "From Confinement to Freedom: Jan J. [Gigi] Dominique's *Mémoire d'une amnésique*" by Irline François, "'No Giraffes in Haiti': Haitian Women and State Terror" by Myriam J. A. Chancy, and "The End of the Committed Intellectual: The Case of Lyonel Trouillot" by Marie-José N'Zengou-Tayo. These essays examine authors whose works describe directly or indirectly the violence of the Duvalier years or, as in the case of Trouillot, the post 1986 years of struggle and repression. Finally, Part III groups works by members of the Haitian diaspora. We cluster "*Oyez Ayiti*! de Mimi Barthélémy" by Christiane Makward, "Jean Métellus ou l'écrivain en partage : Une esthétique de vie et d'écriture" by Ginette Adamson, "Writing Memory in Alien Places: Becoming a (Quebecois?) Subject" by Eloise A. Brière, "L'écriture aux abois : assiègement et résistance dans l'oeuvre de Gérard Etienne," by Mark Andrews, "Dany

Laferrière, "Primitive" Writer: A Haitian Esthetic" by Dennis F. Essar, and "*Ou libéré?* History, Transformation, and the Struggle for Freedom in Edwidge Danticat's *Breath, Eyes, Memory*" by Helen Scott. These essays focus on authors whose works speak to the complex issues of exile. In some cases the exile is the direct result of a personally felt threat from the government, while in others the exile is part of the exodus of Haiti's middle class during the Duvalier regime. The collection ends with a reflection on a theme that is central to all literature under siege, all literature emerging from a dire present, yet still managing to tell of a hope nurtured by the memories of a mythical past. In the epilogue, titled "De la littérature haïtienne : travers de mémoire ou allégorie contemporaine," Sarah Davies-Cordova explores the role of memory in many texts written by Haitian authors today.

DuSable, Douglass, and *Dessalines*:
The Haytian Pavilion and the Narrative of History[1]

Renée Larrier

Résumé : Cet essai examine la signification du pavillon haïtien à l'exposition colombienne universelle de 1893 à Chicago, ville fondée par Jean-Baptiste Pointe DuSable, commerçant affranchi de Saint-Domingue. Ce pavillon incarna les multiples tensions entre l'image qu'il souhaitait donner, et sa fonction d'espace de résistance à la mauvaise réputation d'Hayti et de rapprochement avec la diaspora. A l'encontre des récits négatifs de journaux, le pavillon haïtien représenta l'histoire opprimée du pays plus que tout texte écrit ne pouvait le faire à l'époque. En effet, Le pavillon haïtien s'avéra être davantage qu'un lieu d'exposition de produits locaux dans un cadre de musée. Renée Larrier montre comment le rôle de l'abolitionniste Frederick Douglass, la représentation de la pièce *Dessalines* de William Edgar Easton, la distribution de tracts, parmi d'autres événements, permirent de récuser les croyances en l'infériorité raciale, et de protester contre le racisme et l'oppression.

Summary: This essay examines the Haytian pavilion at the 1893 World's Columbian Exposition in Chicago, a city founded by Jean Baptiste Pointe DuSable, the *affranchi* trader from colonial Saint-

---
[1] This project was supported by the Rutgers University Faculty Academic Leave Program, the research assistance of Sarah Pedlow, and the technical assistance of Elizabeth Folk.

Domingue. The pavilion not only embodied the tensions between external perception and self-representation, but the ways in which it operated as a space of resistance to Hayti's "bad press," and of diasporic re-connection as well. Countering newspaper stories chronicling instability and unrest, the Haytian pavilion did more for an image under siege than any written text could hope to do at that time. The Haytian pavilion was much more than a place where local products were exhibited in a museum-like setting. Renée Larrier shows how the roles of abolitionist Frederick Douglass, the staging of William Edgar Easton's play *Dessalines*, the distribution of pamphlets, among other events, challenged assumptions about racial inferiority, and acted as a protest against racism and oppression

* * *

"I express the opinion of the thousands who visited the Haitian pavilion when I say that her participation in the World's Columbian Exposition was highly creditable to that republic. Haiti was a surprise to those who visited her pavilion. The American people had been led to believe that Haiti was barbarous; that she was descending deeper and deeper into barbarism. When they say [sic] pictures of her towns and cities; the dwellings of her people; the public buildings, such as the bank of Port-au-Prince and the great iron market house, and learned – as they did from me – of the additions made to her educational forces, the surprise and admiration increased." Frederick Douglass, *Washington Bee* 16 December 1893.

"Chicago doit se réserver chez nous une place spéciale" (Chicago has to have a special place in our hearts). Joseph Jérémie, *Haïti et Chicago,* Port-au-Prince: Editions Henri Deschamps, 1950, 38.

HAYTI BUILDING.

On January 2, 1893, at a lecture at the African Methodist Episcopal Quinn Chapel, a former underground-railroad station, Frederick Douglass declared: "Haiti is the black man's country, now forever."[2] This late nineteenth-century articulation of diaspora occurred during the World's Columbian Exposition in Chicago, the city founded by Jean Baptiste Pointe DuSable, the *affranchi* trader from the Artibonite region of colonial Saint-Domingue. In fact, for a while, Chicago was known as Pointe Sable or de Sable, after its first settler who, respecting Haitian custom, gave his name to the area in which he first built a house: "à la pointe où il jetait sa tente" (the place where he pitched his tent)[3]. Nevertheless, in 1893, in this city founded by a person of African descent, African Americans were excluded from the

---

[2] "A Talk with Frederick Douglass," *Washington Bee* 16 Dec. 1893, 2, microfilm.
[3] Jérémie, Joseph, *Haïti et Chicago,* Port-au-Prince: Editions Henri Deschamps, 1950, 1-2.

main planning and management of the World's Columbian Exposition.[4]
Frederick Douglass, however, did secure a head administrative position
at the fair, ironically, as a representative of a foreign government.
Appointed commissioner of the Haytian Pavilion (along with Charles
A. Preston) by President Hyppolite, Douglass became a conspicuous
presence during the exposition. This former United States Resident
Minister and Consul General to Haiti between 1889 and 1891
represented the young republic at its first freestanding building at a
world's fair.[5]

The Haytian pavilion[6] was much more than a place where local
products were exhibited in a museum-like setting. As Michel-Rolph
Trouillot reminds us in *Silencing the Past: Power and the Production
of History*[7] artifacts and archives participate in the narrative of history
in that they are *selected* to represent the past. The items on display as
well as the live events carefully constructed Haiti's past and
development since the revolution. Toussaint Louverture's sword, for
example, projected heroism in the long fight for freedom. William
McFeely's comment that white-haired, seventy-eight year-old
Frederick Douglass fit in well among the other relics supports my
argument that the pavilion was an important site in the narrative of
history.[8] The staging of the play by William Edgar Easton, *Dessalines:*

---

[4] For a discussion of blacks and the World's Columbian Exposition see Reed, Rudwick
and Meier, Paddon and Turner, Bontemps and Conroy (68-88) and Wells.

[5] Between 1869 and 1892 five African Americans served as resident minister and
consul general to Haiti. Ebenezer Don Carlos Bassett (1833-1908), an educator, was
the first black diplomat appointed by President Grant and served in Haiti from 1869-
1877. Lawyer John Mercer Langston (1829-1897) accepted the appointment for 1883-
1885, followed by Brooklyn-born John E.W. Thompson (1855-1918) in 1885-1889,
who had graduated from Yale Medical School. Frederick Douglass (1817-1895),
appointed by President Benjamin Harrison, served between 1889 and 1891. The
journalist John S. Durham (1861-1919), a civil engineer and reporter, served one year,
from 1891-1892 (Christmas). Langston devotes several chapters in his autobiography
From Virginia Plantation to the National Capitol to his experience in Haiti.

[6] The illustration of the pavilion presented at the beginning of this essay is from
William E. Cameron's book, *The World's Fair, Being a Pictorial History of the
Columbian Exposition,* Intro. Thomas W. Palmer, Philadelphia: Thompson Publishing
Co., 1893, 548.

[7] Trouillot, Michel-Rolph, *Silencing the Past: Power and the Production of History*,
Boston: Beacon Press, 1995.

[8] McFeely, William S., *Frederick Douglass*, NY: W.W. Norton, 1991, 369.

A Dramatic Tale, A Single Chapter in Haitian History,[9] was another factor that constructed a past that challenged assumptions about racial inferiority. In fact, the Haytian pavilion was a site that reflected, represented, and articulated the country's desired identity, an identity embodied by the upper class, which modeled itself after the French, although the success of the revolution was due to the coalition of all groups. Still, the pavilion projected leadership, pride in the past, and confidence in the future. It was important that the building representing the nation at a world's fair overseas be a cultural, educational, and social space and not a military fortification associated with a country under siege.

While Haiti's place in history was firmly incorporated into the pavilion's exhibitions, the location of the building reflected Haiti's progress, according to Western standards. It was *not* situated on the Midway with the other "ethnic" displays, but near the Canadian and German pavilions, "situated upon one of the finest avenues of these grounds" (*Frederic Douglass*, 504). This assigned space attested to Haiti's acceptance by the other European nations. However, it did not prevent the republic from endorsing the African American struggle for equality. It was from inside the Haytian Pavilion that Ida B. Wells distributed copies of *The Reason Why the Colored American Is Not in the World's Columbian Exposition,*[10] a pamphlet protesting racism and oppression. The Haytian pavilion, therefore, functioned as a site of resistance and diasporic re-connection as well. At the same time, it embodied the tensions between self-representation and external perception. Haiti wielded power over its own image for the duration of the fair, from June to October 1893. Frederick Douglass was more than conscious of the residual impact that Haiti's presence at the World's Columbian Exposition had on the world: "I think her exhibits tended very much to raise the estimation in which colored people generally are held" ("A Talk").

The 1893 World's Columbian Exposition marked the first time that Haiti had its own free-standing building, one among nineteen supported by an individual country. The pavilion was described at the

---

[9] Easton, William Edgar, *Dessalines: A Dramatic Tale: A Single Chapter in Haiti's History*, Galveston: J.W. Burson, Co., 1893.

[10] Wells, Ida B, Frederick Douglass, Irvine Garland Penn, and Ferdinand L. Barnett, *The Reason Why the Colored American Is Not in the World's Columbian Exposition*, ed. Robert W Rydell, Urbana: University of Illinois Press, 1999.

time as "a very handsome little structure, built entirely of wood, a story and a half high, and topped in the center by a small dome. A veranda entirely surrounds it and gives it a very pleasant cool appearance [...]. The interior of the building is fitted up in beautifully polished woods, of which Hayti has a very large store."[11] Architect E. S. Childs and contractor John H. Kelley of Brooklyn designed and constructed the building in a southern colonial style above which Haiti's red and blue flag flew. On the front portico "République haïtienne" in gold lettering was engraved along with the coat-of-arms, motto "L'union fait la force," and the years 1492, 1892, and 1804.[12] Visitors or mere passers-by encountered these unequivocal signs narrating Haiti's history, which not only paid homage to Columbus's landing on the island of Hispaniola in 1492, but to the four-hundredth anniversary of that visit: 1892. Given equal status as those dates connecting the nation to "New World" history is the year marking Haitian independence.

Still a young nation, the former French colony of Saint Domingue had fought successfully to become a republic in 1804 to stand alongside France, its former colonizer.[13] In the words of Brenda Plummer, Haiti then "had to create itself [...]. Haiti's mission of survival in a hostile world involved cultural and ideological as well as economic issues."[14] Fearing that the successful slave rebellion would spread to other areas, Europe's actions or rather neglect had contributed in part to the new republic's failures. Haiti's triumphant revolution was all but erased from Western historiography, the country isolated from the rest of the world, and its shortcomings blamed on the innate inferiority of the people. Gobineau and others used Haiti's failings to justify their theories about the inequality of the races. Thus, under siege and ill equipped to counter that massive smear campaign, President Hyppolite relished the opportunity to reach a potential global

---

[11] Shepp, James W. and Daniel B. Shepp, *Shepp's World Fair Photographed*, Chicago: Globe Bible Publishing Co., 1893, 408.

[12] *The Frederick Douglass Papers*, Library of Congress Manuscript Division. Microfilm, reel 7. For a detailed physical description of the pavilion and its layout, see Johnson, Rossiter, ed., *A History of the World's Columbian Exposition Held in Chicago*, Vol. 2, New York: Appeton & Co., 1897, 422-423 and Cameron, William E., *The World's Fair, Being a Pictorial History of the Columbian Exposition*, Intro. Thomas W. Palmer, Philadelphia: Thompson Publishing Co., 1893, 547-8.

[13] See James, C. L. R., *The Black Jacobins*, London: Allison & Busby, 1994.

[14] Plummer, Brenda, *Haiti and the United States: The Psychological Moment*, Athens: University of Georgia Press, 1992, 26.

audience that the fair could provide. Haiti's official catalogue for the World's Columbian Exposition articulates the following desired result: "pour attirer l'attention universelle sur un pays jusqu'à présent inconnu de la plupart ou, ce qui est encore pire, mal connu par les autres : l'Exposition de Chicago montrera la République sous un jour nouveau" (to bring to the attention of the world a country until now unknown by most or what is even worse, known poorly by others. The Chicago Exposition will show the Republic in a new light).[15]

Towards that end, President Hyppolite appointed a commission — with two divisions: one internal, one external — composed of stellar professionals: Dalbémar Jean-Joseph, former Secrétaire d'Etat des Travaux Publics et de l'Agriculture, Dr. Dehoux, former director of the Ecole de Médecine, and François Coro, an engineer. Dulciné Jean-Louis, agronomist and former senator, served as vice-president of the commission. Because his mother Marie-Françoise Théramènes Dessables was a descendant of the founder of Chicago, journalist and former president of the Association du Centenaire de l'Indépendance Nationale, Joseph Jérémie, was also named to the commission (*Haïti et Chicago*, 13-14). The external division of the commission consisted of abolitionist Frederick Douglass and Charles A. Preston, a Haitian whose father Charles François Stephen Preston was minister to Washington. Paradoxically, at a time when blacks were denied access to influential positions at the fair, Douglass, in his role as the representative of a foreign government, received invitations to exclusive events reserved for high-ranking officials: a complimentary pass to the dedication ceremonies on October 11, 1892, to the inaugural reception on October 19, 1892, to the parade, and a seat on the platform at the dedication ceremonies October 21, 1892, along with justices of the Supreme Court, former President Hayes, cabinet officials, congressmen, commissioners and consuls of foreign governments.[16] Other invitations included one to the opening ceremony on May 1, 1893, to the opening ceremony of the Women's Building later that afternoon, to a banquet given by the president of the World's

[15] Gentil, Robert and Henri Chauvet, *Haïti à l'exposition colombienne de Chicago avec une liste de ses produits exposés et des notices de M. Dulciné Jean-Louis ancien Sénateur de la République Vice-Président de la Commission de l'Exposition haïtienne*, Port-au-Prince: Vve J. Chenet, 1893, 12.

[16] Badger, Reid, *The Great American Fair: The World's Columbian Exposition & American Culture*, Chicago: Nelson Hall, 1979, 83-4.

Columbian Commission on May 2, 1893, and one given by the Executive Commissioners of the United States on June 5, 1893. Douglass was also invited to the dedication ceremony of the Manufacturers Building, to inspect the French and Japanese sections of the Fine Arts Building, and to the closing ceremony in October 1893 (*FD Papers*, reel 31).

Historical objects on exhibit in the pavilion emphasized Haiti's origins as a country born of revolution. Representations of Toussaint Louverture were numerous, reminding visitors of his martyrdom: his sword and a portrait of him by African American artist John G. Chaplin (Bearden, 111). Louverture's image was also found opposite the title page of Anténor Firmin's book on display *De l'égalité des races humaines* (1885). A portrait of the military leader and revolutionist, Alex Pétion, by Haitian artist Colbert Lochard-père was also prominently displayed in the pavilion. Along with those objects asserting Haiti's self-determination and creativity was an anchor from the Santa Maria, which was wrecked off the coast of Cap Haitien on December 24, 1492. The anchor directly connected Haiti to Columbus' voyages, thereby again reinforcing the rationale for the country's presence at the fair.[17]

While some artifacts on exhibition chronicled Haiti's glorious past, most items centered on the present, illustrating the progress made since the founding of the republic: various flags and banners, portraits of presidents – including a life-sized one of current President Hyppolite; paintings of market scenes, cities (Port-au-Prince, Jérémie, Saint-Marc, Mirogoâne, Gonaïves, Cap Haïtien, Jacmel, Les Cayes), a village (Milot), prestigious parochial schools (the Collège Saint Martial, Saint Louis de Gonzague), churches and cathedrals (Eglise de Saint-Joseph, Eglise Anglicaine, Cathédrale du Cap Haïtien), the Palais Sans Souci, the Citadelle, a factory, private homes, and government buildings; and pictures of the Palais National, Chambre des députés, five ministries, and the Banque Nationale. It is significant that many of the paintings and photographs are of sites in which the executive, legislative, and other branches of government administer and manage the country. The educational and religious institutions pictured also contributed to the perception that Haiti had shifted from the siege

---

[17] Not only did Columbus establish the first permanent European settlement on the island of Hispaniola, Trouillot argues that the transformation of Columbus into a "yankee" hero occurred during the World's Columbian Exposition (135).

atmosphere of its beginnings to an environment more conducive to addressing peacetime matters. Newspapers like the *Moniteur haïtien* and books by local authors on politics, history, economics, law, and geography accentuated the staid, the intellectual, and the scholarly. Not coincidentally, Anténor Firmin's recently published six-hundred-page opus, *De l'égalité des races humaines,* was among the studies on display, providing a response to Gobineau's four-volume work. While Gobineau's text was already available in English translation, Firmin's was not translated until 2000.[18] In fact, all of the Haitian publications on display were in French, a language that most of the American visitors to the pavilion could not read. The materiality of the books, however, articulated Haiti's mission at the fair: to change its negative image to one of erudition, maturity, and productivity. To that end, many private citizens lent their own personal items so that their country would be perceived differently.

Agricultural products like coffee, cocoa, cassava, ginger, sesame, millet, rice, beans, bananas, honey, and corn, along with mahogany and other woods, aromatic and medicinal plants, and thermal water manifested the nation's wide variety of crops and rich natural resources. In fact, cups of Haitian coffee were sold in the pavilion for ten cents. Samples of needlework and linens made at specialized schools for young women along with drawings, paintings, sculptures, hammocks, textiles, canoes, and woodwork not only confirmed Haitian industry, but they put a human face on a defamed and maligned culture (*Haïti à l'exposition colombienne de Chicago,* 69).[19] What appears to be conspicuously absent from the pavilion, however, are representations of the cultural practices of the majority of

---

[18] Firmin, Anténor, *The Equality of the Human Races,* trans. Asselin Charles, Introduction by Carolyn Fluehr-Lobban, New York: Garland Publishing, 2000.

[19] Reel 13 of the *FD Papers* contains inventories of furniture from the pavilion's main room, offices, and reception area; documents and bills for cartons shipped from Haiti on April 1st and April 15th; and descriptions of paintings and photographs lent by the government, institutions, and individual citizens. Haiti's participation in the fair included exhibitions at the Horticulture, Mines and Mining, and Forestry buildings, as well. For a discussion of Haiti's bad press, see Dash, J. Michael, *Haiti and the United States: National Stereotypes and the Literary Imagination,* 2nd ed., New York: St. Martin's P, 1997; Farmer, Paul, *AIDS and Accusation: Haiti and the Geography of Blame,* Berkeley: University of California Press, 1992; Gold, Herman, *Best Nightmare on Earth: A Life in Haiti,* New York: Prentice Hall, 1991; Hurbon, Laënnec, *Le Barbare imaginaire,* Paris: Cerf, 1988; Lawless, Robert, *Haiti's Bad Press,* Rochester, VT: Schenkman Books, 1992.

the population, for example, the Vodun religion, popular music, and self-taught art. Haiti consciously distanced itself from such manifestations, constructing instead an identity rooted in the European culture of the tiny elite minority.

The stationary exhibitions in the Haytian Pavilion, the first national building to be completed, were complemented by live performances. On January 2, 1893, as part of the building's dedication ceremonies, which also coincided with Haiti's National Day of Independence Heroes, William Edgar Easton's (whose mother was Haitian) play, *Dessalines: A Dramatic Tale, A Single Chapter in Haitian History*, was produced and staged by Henrietta Vinton Davis for her theater troupe.[20] Narrating one moment in Haiti's military history, the play centers on General Jean-Jacques Dessalines, who was usually represented in Western discourse as a violent, bloodthirsty man. This hero of the revolution, however, a former slave himself, was responsible for uniting the various factions into the rebel army that defeated Napoleon's troops at the decisive battle at Vertières after which the French army withdrew. The Dessalines in Easton's play is a mixture of fact and fiction. He is a brilliant tactician who falls in love with Clarisse, the sister of his enemy Rigaud, the leader of the "affranchis." She finds him "rude in manner" (104), yet a "courteous gentleman" (102). This Dessalines manifests admirable masculine qualities in keeping with the self-image that Haiti wanted to project.

In the play Dessalines appropriates for himself the title of "Monsieur," a designation to which, as a black man in Saint-Domingue, he has no claim. Defining himself as "the freedman by my own hand and proclamation," an "escaped slave," and "self-freed," he emphasizes his own agency. It is important to note that he does not

---

[20] Henrietta Vinton Davis (1860-1941) was an important theater figure in Chicago in the late 1880s. She settled there after working in Washington, D.C. as a clerk in the Recorder of Deeds Office between 1878 and 1884, before and during Douglass's tenure there. She had known Douglass for many years; her mother and grandmother were his life-long friends (*FD Papers*, reel 5). Douglass became an ardent supporter of her career, even introducing her at her first recital in 1883. She resigned her job in the Recorder of Deeds Office in order to pursue a career as an elocutionist that entailed traveling around the country. See Serailie, William, "Henrietta Vinton Davis and the Garvey Movement," *Afro-Americans in New York Life and History* (July 1983), 7-24; Majors, Monroe A., *Noted Negro Women: Their Triumphs and Activities*, Chicago, 1893, Donohue and Henneberry, 1971, 102-108; and Hill, Errol, *Shakespeare in Sable: A History of Black Shakespearean Actors,* Amherst: University of Massachusetts Press, 1984, 67-76.

refer to himself as a runaway, a word that is associated with children and slaves. In addition, Dessalines objects to his refuge being called a "hiding place"; rather, it is a castle "on the mountains, where dwells no will save mine, and no slave dare breathe the air and refuse to be a free man" (8). He exhorts the slaves to throw off their chains and warns that an enslaved mind is worse than an enslaved body (10). The other main characters in *Dessalines* are multi-dimensional, dignified, and whether schooled or illiterate, (except for two comic characters Petou and Dominique) speak the same stilted language.

Easton's interpretation of the revolution is consistent with and reflects the nineteenth-century African American *imaginaire* concerning Haiti.[21] Patriotism, integrity, and masculinity intersected in the struggle for freedom. In basing his play on a historical figure Easton put into practice his belief that black creative writers had the obligation to immortalize their ancestors such as Saint Augustine, Alexandre Dumas père *et* fils, and Puskin, as well as the greatness of ancient African kingdoms like Ethiopia. In a letter to Paul Laurence Dunbar in May 1894, Easton praises the dignity he lends to his portrayal of Dessalines:

> You have no idea how well pleased I am to know you will act the part of Dessalines. I have listened entranced to your reading of your own lines. Dessalines is in good hands. The big [?] source of eloquence is feeling. With your natural ability and training, Dessalines must be a success in your hands. Remember he is the Negro, [sic] we need in the future; loving Dessalines as I do [sic]. Blind to his faults and cognizant of his virtues [sic]. Be a Negro – be a man who has wrongs to avenge and you are an ideal Dessalines.[22]

That Easton, born in New York City of a Haitian woman who was herself the descendant of a hero of the revolution, wrote a play about that same revolution for the Haitian pavilion at the World's Columbian

---

[21] Toussaint Louverture does not appear as a character in this play, but his presence is felt as the enslaved men await his arrival with ten thousand soldiers. Subsequent to the January 2, 1893 performance of *Dessalines: A Dramatic Tale, A Single Chapter in Haiti's History*, the play was published in a volume along with other texts paying homage to Haiti. For a thorough discussion of Haiti in the African American "imaginaire" see Bethel (1992).

[22] Dunbar, Paul Laurence, *Correspondence, 1873-1898*, Rutgers University Libraries, Microfilm. 2707, reel 1.

Exposition in Chicago is quite fitting in that in narrating a heroic past, the play reconnects African Americans and Haitians.[23]

The speech Frederick Douglass delivered on the occasion of the dedication of the Haytian pavilion on January 2, 1893, the same day Easton's play was performed, echoed the themes in the play *Dessalines*. In it Douglass defends Haitian soldiers against the often-heard charges of brutality and justified their resistance to re-enslavement. Given the troops' lack of military training and resources compared to their formidable opponent, "the achievement of their independence is one of the most remarkable and one of the most wonderful events in the history of this eventful century; and as I may say, in the history of mankind" (*Dessalines: A Dramatic Tale*, 136). According to Douglass, "Haiti dared to wage war for her freedom and her independence. Her success was a surprise [...] to the world" (136). Douglass' address was, in effect, a history lesson focusing on Haitian valor. Appropriately, the dedication ceremonies on January 2, 1893 coincided with National Day of Independence Heroes, the day following the commemoration of the anniversary of Haitian independence.[24]

Welcoming the invited guests to the official opening of the Haitian pavilion on Saturday, June 24, 1893, a month after the official opening of the exposition at Jackson Park, Frederick Douglass spoke on behalf of President Hyppolite. The *Chicago InterOcean* reported the following day that a mandolin orchestra performed and John Hutchinson sang "Millennium," the song about freedom from bondage and God that he had sung at the one-hundredth anniversary of the Pennsylvania Society for Promoting the Abolition of Slavery in 1875 at which Douglass was in attendance. The lyrics to the song, written by

---

[23] Easton named his daughter Athenais Marie, a French name bringing together Haiti and Athens, the cradle of democracy. Ironically, his mother's name was Marie Antoinette Leggett Easton. For more information about his background, see the profile in Beaslely, *The Negro Trailblazers of California*, 258-259. Reviews of the published play appeared in *African Methodist Episcopal Church Review* 10.1 (July 1893), 206; Detroit *Plaindealer*, April 21, 1893.

[24] Douglass would give a lengthier speech that evening before fifteen hundred people at Quinn Chapel. It is reproduced in its entirety in *Frederick Douglass Papers: Series One, Speeches, Debates and Interviews*, Vol. 5, 1881-95, 509-534. Charles Preston, the other commissioner, did not attend the ceremonies because of the death of Hannibal Price.

twins Joshua and Caleb Hutchinson, are especially appropriate in that they also narrate Haiti's history:

> What do I see? Ah, look, behold,
> That glorious day, by prophets told,
> Has dawned, and now is near,
> Methinks I hear from yonder plain
> The shouts of gladness loud proclaim
> 'The Millenium' is here!
> See Freedom's star that shines so bright!
> It sheds its ray of truth and light
> O'er mountain, rock and sea,
> And like the mighty march of mind,
> Has sought and blessed all humankind,
> And set the bondmen free.
> Salvation to our God proclaim!
> This is a glorious peaceful reign;
> The nations now shall know
> The kingdoms of this world are given
> To Christ, the Lord of earth and heaven,
> Predicted long ago.[25]

John Hutchinson, the last surviving member of the singing Hutchinson Family, forerunners of the 1960s-type protest vocalists, considered Douglass "my true friend. I rejoice that I was allowed to be a participant with him in so many stirring scenes that are a part of American history" (*The Story of the Hutchinsons,* Vol. 2, 228). His January 2, 1893 performance in the Haitian pavilion was the site of one such scene in which United States and Haitian histories intersected.

Douglass hired poet Paul Laurence Dunbar to work as his clerk in the pavilion, paying him from his own pocket, thus introducing another African American to the Haitian space. Dunbar had come to Chicago to work at the fair, but before being hired by Douglass worked as a hotel waiter, cleaner, washroom attendant, and stockman in another pavilion (Cunningham, 93-101). The Haitian building provided him with the opportunity to advance his career and to interact with other artists. Dempsey Travis elaborates:

---

[25] Hutchinson, John Wallace, *The Story of the Hutchinsons*, ed. Charles E. Mann, introduction by Frederick Douglass, Boston: Lee and Shephard, 1896; New York: Da Capo, 1977, Vol. 2, 51-52.

Chicago's 1893 World Columbian Exposition was the magnet that attracted hundreds of black itinerant musicians, entertainers, intellectuals, and hustlers to its doorsteps. They all came to Abraham Lincoln's city by the lake in search of opportunities to display their talents. Talented individuals, such as W.C. Handy, the father of the blues, Scott Joplin, the king of ragtime composers, Frederick Douglass, the abolitionist and author, Bert Williams, the master comic, Ida B. Wells, the freedom fighter, James Weldon Johnson, author and musician, W.E.B. Dubois, author and black liberation leader, Paul Lawrence Dunbar, the poet, and Jesse Biriga, Chicago's first black banker, left their footprints on the steps of the Haitian pavilion, the center of black entertainment on the Columbian Exposition grounds – what today is Jackson Park.[26]

Ida B. Wells goes further, noting the pavilion's role as an international site of exchange: "Needless to say, the Haitian building was the chosen spot, for representative Negroes of the country who visited the fair were to be found along with the Haitians and citizens of other foreign countries."[27] The Haytian pavilion provided employment for African Americans, a performance space for artists, and facilitated encounters among visitors, audiences, and local and national leaders.

To celebrate Haiti Day on August 16th Douglass and Charles A. Preston hosted an informal reception from two to six o'clock that six hundred people attended. The entertainment was dominated by European classical compositions as the *Chicago InterOcean* reported the next day. The August 17th article reproduced the program listing the selections played the Iowa State band: Overture to "Semiramide," Rossini's melodrama in two acts based on a play about revenge and murder by Voltaire which had premiered at the Met in New York in 1893; Carl Maria von Weber's (1786-1826) "Invitation to [sic] Dance," a piece for piano; Potpourri by Offenbach; Southern songs by Brooks; Columbian march by Smith; selection from "Bohemian Girl," the nineteenth century's most successful opera by Michael William Balfe, who was born in Dublin; Fantasie on "My Old Kentucky Home" by Wendell Phillips Dabney (1865-1952), an African American violinist and composer; Potpourri of National Melodies; and Trip to Coney Island by David Wallis Reeves (1838- 1900). In one sentence, almost

---

[26] Travis, Dempsey J., "Chicago Jazz Trail, 1893-1950," *Black Music Research Journal* 10.1 (Spring 1990), 82.

[27] Wells, Ida B., *Crusade for Justice: The Autobiography of Ida B. Wells,* ed. Alfreda M. Duster, Chicago: Chicago University Press, 1970, 116.

as an afterthought, the *InterOcean* mentions the entertainers of color, "gifted colored singers" provided piano music and songs and a quartet from Guatemala, whose instruments included the marimba, performed. Unfortunately, the identity of the singers and the titles of their songs were not acknowledged and remain a mystery.[28] On the other hand, the banquet held later in the evening in the Richelieu Hotel was a sumptuous affair combining pseudo-Haitian cuisine with house specialties: stuffed squash à la haïtienne, sorbet Hyppolite, white fish cutlets à la Michigan with fresh cucumbers, an appetizer of vegetables and nuts à la Russe, rotis à l'Illinois.[29] The hotel chefs probably named these dishes in honor of the occasion. However, the coffee and rum served were authentically Haitian, imported for the occasion.

Although African Americans struggled to have a presence at the World's Columbian Exposition, and were relegated, for the most part, to low-paying service jobs, black newspapers carried notices encouraging their attendance.[30] Travel companies advertised special rail fares from the big cities to Chicago. The May 14, 1893 edition of the *Topeka Weekly Call,* for example, carried an ad from the Santa Fe Route Company praising its "luxurious palace sleeper, fine dining car service and free chairs" and pointing out that the company provided the "shortest line between Kansas City and Chicago by thirty-six miles."[31] In the June 10, 1893 edition of the *Topeka Weekly Call* there was an announcement about the availability of renting rooms in private Chicago homes. The Louisiana Hotel Company, building a new hotel which would be located two blocks from the fair, wrote directly to Douglass to solicit business, assuring him that it would not

---

[28] *Haiti Day* did not involve any of the controversy as would *Colored People's Day* on August 25th. For a discussion of the issues surrounding *Colored People's Day*, see for example, *Washington Bee* April 1, 1893, Chicago *Daily InterOcean* June 27, 28, 29, 1893; Rudwick and Meier; Wells, *Crusade*; Bontemps and Conroy 68-72, and Reed 131-139.

[29] The Frederick Douglass Papers Manuscript Division Library of Congress has a copy of the menu for the banquet of August 16, 1893.

[30] Blacks were not completely excluded. The *Detroit Plaindealer* of 6 January 1893 wrote: "Mrs. A. M. Curtis was appointed to the secretaryship of colored interests of the world's fair. Mrs. Curtis will have a desk in Mrs. Palmer's office and will prepare news matter throughout the country. Correspondence will be had with all newspapers of the colored race. Mrs. Curtis' principal and essential duty will be to secure fair play for colored exhibitors in the matters of space and position. The appointment was the first of its kind."

[31] There were similar ads in the July 15, 1893 edition of the *Topeka Weekly Call.*

discriminate and urging potential visitors to make advance reservations (*Frederick Douglass Papers*, reel 7). Once on the fairgrounds, however, according to Phil Patton, blacks were confronted with discriminatory practices; the Haytian Pavilion provided a haven in that it was there that blacks were able to use restaurant and restroom facilities.[32] Christopher Reed comes to the opposite conclusion; he feels that segregation was not a problem at the fair.[33]

The African American press took pride in tracking the progress of the construction of the Haytian Pavilion. It was the second foreign structure to be started and first to be completed, costing approximately $20,000. On the first page of the Saturday, August 13, 1892 edition of the St. Paul/Minneapolis *Western Appeal* there was a report that Haytian commissioner Charles A. Preston had arrived in Chicago with the plans for the construction of the building and that interest in the fair was high on the island nation. The article also mentioned Haiti's concern to do a good job, especially given its friendly relations with its northern neighbor: "she looks upon the United States as an older sister. Hayti having been the second country in the new world to shake off European rule, and because her commerce with the United States is more than twice than she has with all other countries combined."

While Haiti promoted its kinship with North America and other nations of the world, it also positioned itself as a leader of the African diaspora, not only welcoming those of African descent to its shores, but inscribing the invitation in its constitution of 1816, conferring citizenship on those who resided there for a year: "Tout Africain, Indien et ceux issus de leur sang, nés dans les colonies ou en pays étrangers, qui viendraient résider dans la République seront reconnus Haïtiens, mais ne jouiront des droits de citoyen qu'après une année de résidence."[34] The Haitian pavilion in Chicago became an extension of that location: "All Haytiens, and in fact all members of the colored race throughout the world, are heartily welcomed there." (*Shepp's World Fair*, 408). According to the *World's Columbian*

---

[32] Paddon, Anna R., and Sally Turner, "Douglass's Triumphant Days at the World's Columbian Exposition," *Proteus* 12.1 (1995), 43-47.

[33] Reed, Christopher Robert, *"All the World is Here!" the Black Presence at White City*, Bloomington: Indiana University Press, 2000, 118-120.

[34] Janvier, Louis Joseph, *Les Constitutions d'Haïti (1801-1885)*, Port-au-Prince: Les Editions Fardin, 1977 [1886], 117.

Exposition Illustrated: "It is expected that many exhibits by the colored race throughout the country will be in this building."[35]

In the last few months of the fair the pavilion became "a platform for protest" for African Americans who were "a people without a nation," according to Barbara Ballard.[36] From inside the building Ida B. Wells distributed copies of *The Reason Why The Colored American Is Not in the World's Columbian Exposition*, a pamphlet chronicling the experience of oppression as well as achievement. Intended to reach a broad audience, the *Reason Why* was originally planned to be available in several languages. Due to lack of funds, however, the text itself was published in English on August 30, 1893, with a preface in French, German, and English, appearing in that order. *The Reason Why*, a printed document, sought to achieve for African Americans what Haiti was granted at the fair, that is, an opportunity to show itself in a new light, "sous un jour nouveau." The pavilion, although a temporary structure, gave voice to African Americans as well as Haitians.

While the pavilion's exhibitions and activities inscribed Haiti's history for a global audience, its concurrent financial problems remained largely hidden from view. Douglass' cordial correspondence with the President Hyppolite slowly turned to concerns about serious irregularities. By November 1893, Douglass wrote to Ultimus St. Amand, the Secrétaire d'Etat de l'Agriculture in Port-au-Prince, that creditors "were furious" and had begun legal proceedings and the contents of the building were ready to be seized by the sheriff despite the fact that the pavilion had won sixty medals. The following week, Douglass complained that a lawsuit was brought by the Richelieu Hotel for an outstanding banquet bill and voiced his suspicions surrounding his co-commissioner Charles A. Preston's financial record keeping. E.S. Childs, the architect of the pavilion, and John H. Kelly, the general contractor from Brooklyn, wrote directly to Douglass requesting

---

[35] "Haiti at the Exposition," *World's Columbian Exposition Illustrated* 3.1 (March 1893), 301.

[36] Ballard, Barbara J., "A People Without a Nation," *Chicago History* (Summer 1999), 27. See also, "African-American Protest and the Role of the Haitian Pavilion at the Chicago World's Fair," *Multiculturalism: Roots and Realities*, ed. C. James Trotman, Bloomington: Indiana University Press, 2002, 108-124.

payment for overdue bills. Douglass himself finally received a payment of $2000 owed to him in March 1894.[37]

The Haytian pavilion at the World's Columbian Exposition, located in the city founded by Jean-Baptiste Pointe DuSable from Saint-Domingue, united two communities under siege, the Haitian and the African American. Haitian officials chose local commodities and staged activities that emphasized the young country's agency, productivity, erudition, and legacy of French culture. Paradoxically, the building also hosted live performances by popular black American entertainers. Naming Frederick Douglass as one on-sight commissioner empowered Haiti to capitalize on the leader's international reputation, guaranteeing the republic a higher profile. At his funeral two years later in 1895, Douglass was likened to Louverture: "In his way and under different weekly conditions, Frederick Douglass was the Toussaint L'Ouverture of the negro [sic] race in the South [...]. In the place of the lion-like bravery of Tousssaint L'Ouverture [...] wherever he went his leonine mane, long since grown silvery, was the badge of his mental power and a character that compelled respect" (*Frederick Douglass Papers*, reel 11). Haiti, in turn, lent its status as an independent nation to African Americans who wished to advance the cause of liberty. It is appropriate then that William Edgar Easton's drama *Dessalines,* which translated the hero's humanity to a wider public, was performed at the pavilion. Subsequently, Paul Laurence Dunbar included it in his repertory as he traveled around the country. The producer of the play, Henrietta Vinton Davis, would later tour the French Caribbean and Jamaica, where she became acquainted with Marcus Garvey. She eventually ascended to the vice-presidency of the Black Star Line and sailed on the initial trip of its first ship, the S.S. Frederick Douglass (*Garvey Papers*, 164). Haiti welcomed those of African descent to share in its past glory and potential as a modern nation. By its very presence in Chicago the Haytian pavilion at the World's Columbian Exposition participated in the narrative of history. Housing an archive of the revolution and articulating its ideals, the building was the site of exhibitions and activities that served to counter images of inferiority, poverty, and instability. The intersection of DuSable, Douglass, and *Dessalines* in 1893 gave voice to two communities under siege.

---

[37] See the *Frederick Douglass Papers*, reel 7: November 9, 1893; November 15, 1893; February 14, 1894; February 20, 1893; March 29, 1894.

I. Ecrire en pays assiégé / Writing under Siege

Introduction

Français : Si le début du vingtième siècle est une période relativement calme de l'histoire haïtienne en comparaison des autres époques, le pays demeure pourtant assiégé par des forces multiples. Comme Renée Larrier le montre dans son essai sur le pavillon haïtien à l'Exposition Universelle Colombienne de Chicago en 1893, Haïti demeure une nation à la recherche de son identité. Les essais de cette section centrés sur Fernand Hibbert et Justin Lhérisson, Jacques Roumain, Jacques Stephen Alexis, Roger Dorsinville, René Depestre et Yanick Lahens s'efforcent de comprendre les désaccords, souvent violents, qui ont toujours marqué la vie haïtienne. Georges Anglade expose comment à travers la *lodyans*, deux jeunes journalistes, au début des années 1900, ont redéfini l'art du conte. Fernand Hibbert et Justin Lhérisson, parmi d'autres, ont su divertir leurs lecteurs avec d'amusants petits tableaux de la vie politique haïtienne tout en visant les vicissitudes d'une société assiégée. Suit alors l'essai de Mac-Ferl Morquette sur *Gouverneurs de la rosée* qui situe l'œuvre géniale de Jacques Roumain dans son contexte politique tout en soutenant qu'elle n'est pas un manifeste marxiste comme on l'a souvent interprétée. Selon Morquette le roman transcende l'idéologie pour capturer l'esprit haïtien. Carrol F. Coates analyse ensuite comment les trois romans de Jacques-Stephen Alexis, tous axés sur les réalités politiques des années 1930 à 1950, représentent la condition déplorable du peuple haïtien face à la misère économique, la corruption politique et l'impérialisme américain. Ensuite, Max Dorsinville se consacre à la trajectoire de Roger Dorsinville, l'un des premiers écrivains dont la carrière effectuée hors du pays l'a conduit à se redéfinir dans le contexte d'un pan-africanisme grandissant. De même, l'entretien de Franz-Antoine Leconte avec René Depestre révèle comment l'œuvre de ce dernier est le résultat tout à la fois de son exil et de son refus de se définir par une identité haïtienne étriquée. Finalement, dans le dernier essai de cette section, Joëlle Vitiello montre que les répétitions de l'histoire, les révolutions déçues des élites et les espoirs transformés en cauchemars sont au cœur de la fiction de Yanick Lahens. Vitiello souligne qu'au-delà des échos de l'histoire, « le bruit et la fureur » de la révolte de divers personnages, c'est le désir même de plonger dans l'histoire et la culture d'Haïti qui s'avèrent politiques.

English: The beginning of the Twentieth Century may have been a relatively quiet time in Haitian history in comparison to other times, but the country was still under siege. As Renée Larrier shows in her essay on the Haytian pavilion at the 1893 World's Columbian Exposition in Chicago, Haiti is still a nation in search of its identity. In their focus on Fernand Hibbert and Justin Lhérisson, Jacques Roumain, Jacques Stephen Alexis, Roger Dorsinville, René Depestre, and Yanick Lahens, the essays in this section concentrate on some of the authors whose writings grappled with the polarizations that were the hallmark of Haitian life. Georges Anglade shows how through the *lodyans*, two young journalists redefined the art of story telling in the first decades of the Twentieth Century. Fernand Hibbert, Justin Lhérisson and many others delighted their readers with amusing vignettes of Haitian life that entertained their audiences while pointedly showing the vicissitudes of a society under siege. Mac-Ferl Morquette places Jacques Roumain's *Gouverneurs de la rosée* in its political context but he argues that the novel is not, as has been claimed, a Marxist manifesto. Morquette shows the ways in which the novel transcends ideology to capture the Haitian spirit. Carrol F. Coates shows how Jacques Stephen Alexis's three novels, focusing on the political realities of the years between 1930 and 1950, represent the Haitian people's struggle with miserable economic conditions, corrupt governments, and the impact of U.S. imperialism. Max Dorsinville shows us the trajectory of Roger Dorsinville, one of the early writers whose career-in-exile led him to redefine himself in the context of a growing Pan-Africanism. Similarly, Franz-Antoine Leconte's extensive interview with René Depestre reveals how the latter's work is the result of his exile and his refusal to be imprisoned by a narrowly defined Haitian identity. Finally, in the last essay of the section, Joëlle Vitiello shows how the repetitions of history, the disappointed revolutions of the elites, amorphous hopes transformed into nightmares and so on, are at the heart of Yanick Lahens's fiction. Vitiello argues that beyond the echoes of history, "the sound and fury" of the revolt of various characters, it is the very desire to plunge into the history and culture of Haiti that constitutes a political gesture.

Les Lodyanseurs du *Soir* : Il y a 100 ans, le passage à l'écrit

Georges Anglade

Résumé : Georges Anglade, théoricien et praticien lui-même de la *lodyans*, explique l'originalité et l'importance de cette forme narrative propre à la littérature haïtienne, qui a marqué, il y a cent ans, la création d'un nouveau genre. Anglade montre comment cette forme littéraire s'est forgée tout au long de l'évolution d'Haïti pour devenir tout à fois un instrument de critique politique et sociale, et une forme de divertissement. A l'aide d'exemples tirés principalement du célèbre quotidien, *Le Soir*, Anglade perçoit cinq caractéristiques de la *lodyans* qui sont, selon ses propres termes, la miniature, la mosaïque, la jouvence, la voyance, et la cadence.

Summary: As a practitioner and theoretician of the *lodyans*, George Anglade, explains the originality and the importance of this indigenous narrative form in Haitian literature, which marked, one hundred years ago, the creation of a new literary genre. Anglade shows how this literary form evolved throughout the evolution of Haiti to become both an instrument of political and social criticism, and a form of entertainment. Using examples drawn mainly from the famous daily newspaper, *Le Soir*, Anglade perceives five characteristics of the *lodyans* that he identifies as miniature, mosaic, youth, clairvoyance, and cadence.

* * *

Allez-y carrément ; ce genre nouveau plaira.
Fernand Hibbert et Hermann Heraux à l'auteur, en 1904[1]

L'apport de Lhérisson est comparable à celui du jazz à la musique universelle.
Lhérisson introduira dans le roman une mystérieuse note bleue, quelque chose comme un afro-haïtien et le narré sera soutenu par une percussion endiablée, secrète, inaudible, comme si des dizaines de mains rythmaient la phrase par des battements sur des temps forts et des temps faibles que seul un sixième sens peuvent retrouver.
Jacques Stephen Alexis[2]

L'un des grands genres d'avenir pour notre littérature est l'audience
Pierre-Raymond Dumas[3]

Justin Lhérisson est le plus original de nos écrivains. Son visage est unique dans l'histoire de nos lettres, non pour ce qu'il raconte, mais pour la manière dont il raconte. Il n'a pas inventé cette manière qui faisait déjà partie de nos traditions orales, mais le premier il a eu cette merveilleuse idée de l'immortaliser par l'écriture.
Dieudonné Fardin[4]

Ce sera tout simplement une « audience » à la vieille manière haïtienne, à la bonne franquette. Ça t'amusera, ça te fera méditer, et j'espère que ça te consolera de bien des choses.
Tic Tac Golimin[5]

Le Soir, du lundi 8 mai 1899 au samedi 18 avril 1908

Deux jeunes hommes de 30 ans en 1903, Fernand Hibbert et Justin Lhérisson, et un journal, *Le Soir*, vont être à l'origine de ce qui s'imposera peut être un jour comme l'un des événements les plus

---

[1] « Florilège du romanesque haïtien », janvier 1959, repris dans *Etincelles*, no 8/9, Montréal, mai-juin 1984, 13-21.
[2] « Florilège du romanesque haïtien », janvier 1959, repris dans *Etincelles*, no 8/9, Montréal, mai-juin 1984, 13-21.
[3] Préface à *La morte* de J-B Cinéas, Collection *Le Texte Court*, no.7, Haïti, 25 décembre 1988, 8.
[4] Préface à *Zoune*, (rééd), Port-au-Prince, Les Editions Fardin, 1993, 3.
[5] *Pitite-Caille*, *Le Soir* (quotidien de Port-au-Prince), mercredi 19 octobre 1904.

significatifs de l'histoire littéraire haïtienne : le surgissement au tout
début du XXe siècle, en moins de 10 ans, de la *lodyans* comme forme
narrative mise à l'essai dans au moins cinq genres traditionnels, le
journalisme, le roman, la nouvelle, le théâtre et la chronique. Cette
forme littéraire locale aura suffisamment d'originalité et de caractère
pour prétendre faire apport à la littérature universelle.

En naissant tous deux en 1873, Fernand Hibbert et Justin
Lhérisson sont arrières-petits-fils de la génération qui fit
l'indépendance d'Haïti en 1804, et en étant aux affaires avant
l'occupation états-unienne d'Haïti de 1915 à 1934, ils sont de la
quatrième génération d'Haïtiens. Cette ouverture par les générations est
importante en matière de *lodyans*, tant chaque génération a ses façons
différentes d'aborder la même vieille intrigue du blocage du pays
depuis l'indépendance, avec les mêmes personnages du blanc, du
paysan, du politicien, du militaire, du militant, et des classes moyennes
avec la petite domestique, la femme, et les bourgeois grands, moyens,
petits, tout-petits et très-petits.

Il aura fallu tout un siècle d'indépendance, le XIXe, et surtout
le passage de la régionalisation à la centralisation port-au-princienne
qu'a campé *L'Atlas Critique d'Haïti*, avant que soit véritablement
atteinte à Port-au-Prince une masse critique d'écrivains et qu'explose
ainsi la question littéraire haïtienne dans la première décennie du XXe
siècle. Il est devenu une clause de style que de citer en référence la
soixantaine de signatures des tables des matières de *La Ronde*,[6] le
mensuel littéraire et critique à avoir tenu pendant quatre ans, de mai

---

[6] J'ai relevé des tables de la revue *La Ronde* les noms des contributeurs suivants :
Bellegarde Clément, Bellegarde Dantes, Blot Probus, Borno Louis, Bouchereau
Charles, Boyer Victor, Brun A, Brun M, Carrié T, Chévry Arsène, Coicou Masillon,
Déjean Maurice, Dévieux Jules, Dévoy Justin, Dorsainvil J.B., Dorville Charles Pierre,
Durand Oswald, Duval Amilcar, Ethéart Emmanuel, Firmin Anthénor, Godefroy
Justin, Graziella, Hébel Melle, Hibbert Fernand, Hobbes Servey, Innocent Antoine,
Jérôme Pétion, Laforest Edmond, Lataillade Nerva, Lavelanet F., Leshaud Charles,
Lespès Emile, Lespès Pasher, Lhérisson Justin, Liane Melle, Lochard Paul, Louhis
Léon, Magloire Clément, Magloire Félix, Manigat Thales, Mayard Constantin, Mc
Donald Alexandre, Moravia Charles, Murat Claude, Myriette, Narshall Louis,
Pommayrac Alcibiade, Pouilh, Pradel Seymour, Price Hannibal, Rita Melle, Rousseau
A, Sampeur Virginie, Sannon Pauléus, Scott Auguste, St. Aude Denis, Sylvain
Georges, Sylvain J., Tessier Périclès, Valdret J.,Vieux Damocles, Vieux I.
A noter que des écrivains de tout premier ordre et d'envergure mondiale comme
Frédéric Marcelin ou Semexant Rouzier n'y figurent pas ; c'est dire la masse critique
atteinte à ce moment !

1898 à avril 1902, pour dire qu'un seuil littéraire, tous genres confondus, est franchi autour du centenaire de la Nation. Avec toutes les cassures du vingtième siècle que sont l'occupation par les Etats-Unis de 1915-1934, les grandes vagues d'émigration duvaliérienne de 1965 à 1985, il faudra encore 100 ans pour que la sixième génération haïtienne puisse aligner autour du bicentenaire de 2004 une centaine de contributeurs (de plus de soixante ans) du calibre de ceux du premier centenaire. L'une des perspectives d'étude les plus fécondes de la connaissance d'Haïti est celle des entraves au processus d'accumulation intergénérationnelle au long de deux siècles et de sept générations ; c'est aussi un mécanisme de blocage d'une société. De l'effervescence d'alors, dont on est très loin d'avoir exploré toutes les promesses, nous intéresse l'aventure particulière de la *lodyans*.

Les nombreuses histoires de la littérature haïtienne, et les non moins nombreuses anthologies de littérature haïtienne à avoir été publiées ce dernier quart de siècle, par des Haïtiens, mais aussi par des Allemands, des Canadiens, des Français, et des Américains ont très probablement répertorié l'essentiel des oeuvres courantes et très certainement fondé une classification acceptable pour les chapitres des manuels scolaires actuels. C'est une étape quand on songe que ma promotion du lycée Firmin au baccalauréat de 1961 n'avait pas de littérature haïtienne au programme. Je crois cependant avoir été de la toute dernière promotion de ce type et que l'année d'après on allait rattraper le temps perdu au pas de charge, la littérature haïtienne étant devenue obligatoire à tous les niveaux d'enseignement. Quarante ans donc après cette juste et féconde décision, que de mémoires de maîtrise et de thèses de doctorat, de communications et de colloques, de spécialistes et de professeurs de la matière sont apparus partout dans le monde ! Même en Pologne où il n'y a pas à proprement parler de communauté haïtienne ou d'étudiants haïtiens pour justifier cet enseignement, qui se donne pourtant à Varsovie, la littérature haïtienne y rayonne, mêlée aux échos des légions polonaises restées en Haïti après 1804.

Cependant, quelque chose de spécifique, sinon de consubstantielle, à cette littérature haïtienne est encore à sortir de l'invisibilité, c'est ce genre narratif « à la vieille manière haïtienne » comme dit l'exergue. Non réductible à aucun autre genre et réceptacle d'un romanesque de haut niveau, la *lodyans* s'est forgée tout au long de l'évolution de ce peuple, en même temps d'ailleurs que le vodou haïtien ou le créole haïtien dont elle serait la contre-partie fictionnelle et littéraire. La *lodyans* haïtienne n'a pas encore donné lieu à une étude systématique, quoique beaucoup de notes éparses puissent être glanées ici ou là, comme chez certains des sept préfaciers des sept volumes de la série Fernand Hibbert parue chez Deschamps en 1988 (G. Alexandre, M.L. Chancy, J. Desquiron, P.R. Dumas, M. Gardiner, Y. Lahens, M. Laroche). Mais il reste que de nombreuses oeuvres, et même quelques chef-d'œuvres, qui sont d'authentiques *lodyans*, n'ont pas été répertoriées dans les inventaires dressés à ce jour, faute de cadres d'analyse adéquats en réponse à « qu'est-ce qu'une *lodyans* ? » et « qu'ont donc en commun toutes les *lodyans* ? », et faute aussi du dépouillement des journaux d'époque qui regorgent, littéralement, d'œuvres non republiées, et même de courants littéraires au complet jamais édités (comme par exemple, les récits de voyages).

J'ai dû donc me forger sur le tas mes propres outils, dans la plus pure tradition des apprentis artisans astreints à fabriquer les instruments de travail qu'exigent leurs oeuvres de création. Cependant, tireur de *lodyans* je suis et je reste écrivain : très peu pour moi la critique littéraire qui est un autre métier.[7] Et si je laisse parfois

---

[7] Le début et la fin de l'année 2001 ont été pour moi l'occasion de deux expériences complètement nouvelles, en ce que je me suis trouvé confronté à une réflexion systématique sur ma pratique d'écriture de *lodyans*. Je connaissais bien ces salutaires exercices d'épistémologie en sciences humaines pour m'y être soumis trente années durant comme une haute exigence de théorie et de méthode des reproblématisations mais dans le domaine littéraire j'y allais pour la toute première fois.

Jusque-là, un prologue aux *Blancs de mémoire* chez Boréal en 1999, et un épilogue aux *Jupons dépassent* chez Editions du CIDIHCA en 2000, tenaient lieu de repères minimums à qui voulait aller plus loin que le seul plaisir des textes et le seul grand goût des mots auxquels conviaient soixante *lodyans* en deux volumes. Une invitation à résidence au *Saint Michael's College* de Winooski Park, Vermont, à la session d'hiver 2001, allait me permettre, entre autres rencontres fructueuses, de collaborer intensivement avec la traductrice vers l'anglais des *lodyans*, le professeur Anne Pease McConnell, une Arizonienne douée de l'impressionnante subtilité littéraire que réclame la traduction de ce genre narratif. La Bourse Recherche & Création 2001-2002 du Conseil des Arts et des Lettres du Québec m'ouvrait trois mois de fréquentations assidues de la bibliothèque de Saint Louis de Gonzague, au 180 de la rue du Centre, à Port-au-Prince, où le Frère Ernest, une vieille connaissance de cinquante ans, mon ancien professeur de cinquième, m'a aimablement guidé dans les labyrinthes de notre mémoire de la *lodyans*. J'y ai fréquenté notamment les douze volumes centenaires du journal *Le Soir*. De plus, pour comprendre toute la chance que j'ai eu pour faire le point sur ma pratique d'écriture, l'intégrale de Maurice Sixto en six CD sous étiquette *Le Mélomane*, les 27 performances totalisant 7h21 minutes, est devenue ainsi accessible au dernier trimestre 2001.

l'impression de m'aventurer en lisière de ce territoire ennemi, c'est vraiment pour n'avoir pas pu faire autrement face à de si troublantes questions. Pourquoi cette forme de fiction originale, efficace et pleine de plaisirs textuels a-t-elle si peu d'adeptes écrivains à s'en réclamer explicitement, et n'a connu que dix ans de grande fécondité dans toute notre histoire littéraire ? Qui a ainsi peur de la *lodyans*, de ses thèmes, de la matière première dont elle se fabrique et du terreau romanesque qu'elle exige pour s'épanouir alors que des centaines d'auteurs haïtiens se sont essayés au texte court au point d'en faire la manière la plus pratiquée du littéraire haïtien ? Serait-ce que la *lodyans* soit si menaçante pour le groupe clair et précis qui sait s'y reconnaître ?

Ma manière ici sera de livrer un peu plus de ma technique d'écriture que je ne le fais d'ordinaire ; le mode de recherche prenant ainsi le pas sur le mode d'exposition.[8] C'est qu'il est riche pour un public de voir ainsi jaillir la grille qui lui permettra ensuite de ranger les *lodyans* lues, de les ordonnancer, de les hiérarchiser et de les classer finalement. Aussi, pour la circonstance, j'aborderai deux parties : d'abord illustrer le genre par des textes significatifs d'il y a cent ans et ensuite fournir la grille qui en découle ou du moins celle que j'extirpe de ce matériau. Ainsi suis-je arrivé à définir approximativement les cinq éléments qui caractérisent *ce genre d'un nouveau genre, genre unique en son genre* : miniature, mosaïque, jouvence, voyance, cadence.

J'adopte le créole pour dire *lodyans* comme je dis toujours *vodou, madansara,* etc., et j'adopte la graphie créole pour *lodyans* comme dans *lamwa, lakansyel, lakayè, latibonit,* etc., tant ces construits de culture haïtienne sont *sui generis*, natif-natal dirait le créole. D'ailleurs, à l'écrire en français, « audience » ne fait aucun sens pour moi, et tous les bons auteurs actuels sans aucune exception le mettent entre guillemets pour en bien montrer les limites, et ceux d'il y a cent ans mettaient déjà les guillemets tellement le terme français faisait problème, et plus d'un, bien avant moi, ont sauté le pas en

---

Et puis il y a M. (dont le grand père Neptune fou de Mistral ne nommait qu'en langue provençale) qui m'a aidé à dépouiller tout cela (sans jamais rater un jour ouvrable de la bibliothèque !) en plus de veiller sur mes moments d'écriture sous les arbres, mais, « à part la chère enfant et moi, je ne vois pas qui cela peut bien intéresser », a un jour écrit Fernand Hibbert dans une situation semblable.

[8] J'ai souvenance qu'Althusser en son temps, dans *Lire le Capital,* avait consacré quelques solides pages introductives à cette nuance de méthode que les coquetteries de l'époque obligeaient à germaniser en *Darstellungsweise* et *Forschungsweise !*

passant à *lodyans*. Alors, j'écris *lodyans*, sans guillemets. Et j'écris aussi mes *lodyans* en français, ma langue première d'écriture depuis toujours. Je suis par ailleurs impliqué profondément dans leur traduction en anglais, espagnol et créole.[9] Il va aussi de soi qu'à tous moments, cet exposé sur les origines du passage à l'écrit autour du Centenaire de 1904 est en écho aux recueils de *lodyans* du Bicentenaire de 2004.

Reste à dire maintenant que tirer des *lodyans* c'est raconter des histoires lorsqu'une assistance s'y prête et qu'un conteur se lance, le tireur de *lodyans*.[10] Il n'est pas rare qu'en plein jour et en pleine réunion, comme un dimanche à la plage ou dans une fête quelconque, quand les femmes se mettent d'un côté et les hommes de l'autre, il se crée dans l'un ou l'autre groupe une atmosphère propice aux *lodyans*. Car il y a aussi des tireuses de *lodyans*. Et de fameuses ! Mais c'est surtout le soir, quand tout le monde fait la ronde sur des galeries faiblement éclairées et que des voix tout en inflexions s'animent. Et chaque fois que retombe la voix d'un tireur ou d'une tireuse pour la chute de son histoire, des rires qui ne sont jamais semblables décernent finement une note à la performance aussi sûrement que le ferait un jury. Il y a, pour reprendre Pradel Pompilus, trois choses dans les *lodyans* : les histoires (récits qualifiés de burlesques, mais à cette épithète de cadence nous allons rajouter celles de jouvence et de voyance), et dont il m'intéresse de comprendre ici la mécanique de base, le *lodyanseur* (conteur qualifié de professionnel), et enfin un auditoire défini de familier, ce que nous interpréterons plus loin grâce à

---

[9] Vous vous rendez sans doute compte que depuis le début de ce texte je m'applique à répondre à toutes les questions soulevées depuis trois ans par « Le retour de la *lodyans* » avec *Les Blancs de mémoire*, *Leurs jupons dépassent*, et *Ce pays qui m'habite*.

[10] Il faut distinguer *bay lodyans*, dans le sens de se parler et de s'échanger les nouvelles du jour, « donner des *lodyans* » en mot à mot, de faire une jasette, de papoter de tout et de rien, de « tirer des *lodyans* » qui est de raconter une histoire structurée du début jusqu'à sa chute, une miniature, un « récit burlesque fait par un conteur professionnel à un auditoire familier » précise ainsi Pradel Pompilus, le maître à avoir de très haut dominé la critique littéraire haïtienne dans la deuxième moitié du vingtième siècle. Ce ramassé de trois des dimensions principales du genre, dans son manuel de *Littérature haïtienne*, précise bien que c'est dans ce second sens seulement que la *lodyans* peut être un genre littéraire. Du côté de chez moi, on a toujours dit « tirer des *lodyans* », comme tirer des contes, tirer des devinettes. Je me rappelle très bien, encore tout petit, que dans « tirer des *lodyans* » je percevais au premier degré l'impact du verbe « tirer » qui dégaine et fait feu, car chacune des histoires était toujours effectivement chargée !

l'analyse générationnelle. La *lodyans* « met en scène un auteur, conteur et griot, pédagogue omniscient et manipulateur, essayiste et styliste qui rumine une écriture scandée par les mots du répertoire créole », déclarait Françoise Naudillon en octobre 2001 en préambule de son analyse du conteur de *lodyans* dans *Les Blancs de mémoire* et *Leurs jupons dépassent.*[11]

Le tireur de *lodyans* se donne presque toujours comme étant présent au moment de l'histoire. Le tireur de *lodyans* va ainsi se mettre en scène toutes les fois que cette fiction de présence de l'auteur comme narrateur ne contrevient pas à la vraisemblance. Il y a un véritable ballet narratif entre auteur et personnages, public et lecteur, tour à tour embarqués comme narrateurs. C'est un chassé-croisé qui a aussi à voir avec la sécurité toujours menacée du tireur de *lodyans.*[12] Et puis il y a le haut lieu de la *lodyans*, la veillée funèbre, là où viennent rivaliser les tireurs des alentours, et même venant de plus loin. Il s'y entreprend à voix basse une relecture, pas toujours complaisante, de la vie du défunt à coup de petites histoires à rires étouffés. La veillée funèbre est le champ clos dont on s'empresse d'occuper les parterres, avec la certitude qu'il va s'en raconter de bonnes toute la nuit, jusqu'au petit jour. Il y a, dans toutes les circonstances où l'on tire des *lodyans*, quelque chose d'un rite des moments forts de la vie haïtienne.

Les manières de classification littéraire actuelle ont accrédité des expressions qui font consensus depuis un demi-siècle, comme « génération de la Ronde » ou encore « romanciers réalistes » pour analyser les œuvres de Frédéric Marcelin, Fernand Hibbert, Justin Lhérisson, Antoine Innocent. Mais, ne pourrait-on pas affiner un peu plus car Hibbert et Lhérisson portent en commun une chose que Marcelin ou Innocent ne portent pas, la *lodyans*, et que c'est plutôt le journal *Le Soir*, de belle et grande facture, qui a été pendant neuf ans, de1899 à1908, le réceptacle du romanesque en feuilletons ? C'est bien pourquoi « Les Lodyanseurs du soir » m'a paru un titre polysémique tout à fait digne pour introduire la manière des *lodyans* d'il y a 100 ans !

---

[11] Communication sur les *lodyans* de Georges Anglade présentée lors de la treizième conférence annuelle de l'Association des Etudes Haïtiennes, à Saint Michael's College, au Vermont, en octobre 2001.

[12] Pour plus de détails, voir « Fiction et subversion dans la *lodyans* », dans *Leurs jupons dépassent*, Montréal, Editions du CIDIHCA, 1999, 199-203.

C'est d'abord dans le journalisme que le texte court, d'humour et de subversion de Lhérisson va adopter la *lodyans* telle qu'elle se raconte, depuis au moins quatre générations de peuple indépendant, car certaines de ces histoires du dix-neuvième siècle nous sont parvenues. Lhérisson fonde à 26 ans, le 8 mai 1899, le journal *Le Soir*, et huit ans après, à sa mort, il aura écrit environ deux mille textes sur une base quotidienne. Il avait souhaité dans son testament[13] que les « mieux venus » de ses textes fassent l'objet d'une publication en volume. Avec raison, tant ils sont de haute tenue. Mais il ne me semble pas que ce souhait ait été encore exaucé. Nous présentons les quatre premiers textes de la première semaine du journal, *Le Soir*, pour bien montrer que, dès les débuts du journal, l'esprit et la manière de la *lodyans* imprègnent déjà non seulement les textes de Lhérisson, mais aussi ceux de beaucoup d'autres signataires à figurer dans *Le Soir*.

Justin Lhérisson aura milité 18 ans dans le journalisme au cours d'une vie de 34 ans. Quand il fonde *Le Soir*, il pouvait se targuer de presque dix années d'écriture journalistique. Son nouveau journal aura toujours été de quatre feuillets. Quelque deux mille cinq cents numéros plus tard, c'est dix mille pages reliées en 12 volumes d'un peu plus de 200 numéros chacun que l'on peut consulter à la Bibliothèque des Frères de Saint Louis de Gonzague. A 100 ans d'âge, cet unique exemplaire complet que nous avons vainement cherché ailleurs dans le monde, mérite une urgente et rapide intervention de conservation si on veut que ce monument survive. En choisissant dans les quatre premiers numéros, de la première semaine du journal, les quatre articles signés Justin Lhérisson, nous avons voulu montrer ce qu'avait à offrir le directeur du nouveau journal. Son écriture a déjà suffisamment d'assurance pour que se révèlent ses trois caractères principaux : l'humour, la critique et l'actualité, qui sont justement les trois composantes de la *lodyans* ; le rire qui fait cadence, la critique toute de voyance et l'actualité comme jouvence.

Les quatre thèmes choisis sont de pertinente actualité : Port-au-Prince le soir, locataires et propriétaires, le nouveau président de la Chambre, pauvre petit jardin ! On peut même dire que d'aligner coup sur coup quatre textes de cette variété montre pourquoi Lhérisson pouvait se permettre, parmi ses contemporains, de tenir journal. Le

---

[13] Je n'ai pas vu ce testament dont ont parlé L. C. Lhérisson en 1907 au lendemain de la mort de son frère Justin et Dantès Bellegarde en 1927 dans une préface à « Pitite Caille ».

premier texte est un survol de la ville. A 7 heures du soir, la basse-ville
s'anime, à l'exemple du terre-plein dit Devant Cathédrale, alors que la
Haute ferme ses portes et barrières pour une veillée dans ses salons. De
ce contraste défilent, à l'économie de mots, misères et croquis des
miséreux de la capitale dont le fond sonore nocturne s'éveille ; 10
heures du soir, la nuit profonde débute en ne laissant plus place qu'aux
forces du noir, d'en haut et d'en bas, loup-garou itou ; 500 mots pour
cette première pièce de jouvence, de voyance et de cadence.

No 1, Lundi 8 mai 1899/495 mots.
Port-au-Prince le soir

Sept heures - Et mélancolique, l'Angélus résonne à tous les
clochers de la ville. Déjà il fait nuit ; déjà les rues se vident ; déjà
les portes se ferment ; déjà le ... qui vive !...

Un à un les quelques rares becs de gaz s'allument ; on dirait
des yeux fatigués clignotant dans l'obscurité.

Devant la cathédrale — et à quelques encoignures s'installent
des marchandes de gâteaux, de pains d'épice et de poissons frits.
Autour d'elles, se pressent vieillards, femmes, enfants, achetant,
débattant le prix, s'impatientant. Quelques-uns disent : « Il est
tard ».

Et pourtant la demie de sept heures vient de sonner à peine !
A Port-au-Prince, après l'Angélus, il est toujours tard : à partir de
ce moment, de tous les postes de la ville selon l'usage colonial,
s'envole cette petite note traînante et monotone qui ne s'éteint
qu'au lever du jour : « Qui vive ! »

Les chiens commencent à aboyer, sans doute pour aider les
sentinelles et les rendre plus vigilantes... Une bonne femme qui
passe, prétend, elle, que l'aboiement de ces bêtes est provoqué par
la vision de quelques âmes en peine qui, ne pouvant voir Dieu, se
promènent parmi nous.... Hélas ! l'œil au guet, s'arrêtant au
moindre bruit de pas, se promènent aussi par nos rues à demi-
éclairées, les vendeuses de plaisir dont les « pssit, pssit »
traditionnels attirent, comme l'aimant, les chercheurs d'aventures.
Prenez garde de les confondre avec ces pauvres qui ne sortent que
la nuit, et dont quelques-unes, sous leurs vieilles robes noires,
cachent des plaies nauséabondes.

Et ces enfants, et ces soldats, et tous ces meurt de faim qui
vous arrêtent au passage pour vous demander deux sous ! Oh ! Ils
sont légion à présent. Parfois notre cœur saigne horriblement de ne
pouvoir soulager un peu ces misères errantes et inconnues.
Cependant, regardez, tandis qu'on souffre en bas — en haut, l'on
fête.... Voyez, comme cafés et tavernes regorgent de monde ! L'on

joue, l'on boit, l'on se querelle et l'on rentre chez soi en titubant, sauf à recommencer le lendemain cette bestiale existence.

Dix heures. — Clairons, tambours, et cloches l'annoncent à toute la ville — avertissement précieux pour ceux qui ne veulent rien avoir à démêler avec les maîtres de la nuit.

Quelques becs de gaz, à bout de force, ferment l'œil... De rares piétons pressent le pas... les chiens redoublent leurs aboiements ; les bœufs font leur entrée en troublant les échos par de lugubres mugissements... Des bas-fonds et des hauteurs de la ville la brise charrie des lambeaux de chants de Martinique ou de Bamboula, de vagues bruits de *kata* et tambourins, — des sons de flûte en fer-blanc — ou des notes dolentes d'accordéon...

Dans certains quartiers des odeurs d'encens et d'assa foetida, — dans d'autres, des exhalaisons pestilentielles ; enfin, à cette heure, dans toutes les rues généralement quelconques, l'oreille ne perçoit que des bruits d'eau qu'on jette.

Puis, rien.... Le règne du silence commence... — un silence de cimetière que trouble par intervalles, la voix des sentinelles....

Maintenant, seuls circulent patrouilles, ouvriers de nuit, voleurs, animaux et loups-garous.

J. Lhérisson

No 2, Mardi 9 mai 1899/560 mots.
Locataires et propriétaires

Locataires et propriétaires se font à présent ouvertement la guerre. Ils ne peuvent se rencontrer sans se dire des mots désagréables ou sans se regarder de travers. Et ceux qui ont le sang à fleur de peau ne reculent même pas devant les dangers d'un combat singulier.

La semaine dernière beaucoup se sont battus crânement, à coups de coco-macaques ; deux se sont servis de manchette ; mais grâce à l'intervention des amis et des passants, ils sont sortis sains et saufs de la lutte. Deo gratias !

Jusqu'à présent, les revolvers n'ont pas reçu d'invitation à cette danse. Comme ils peuvent y entrer inopinément, — il faut donc souhaiter de tout cœur qu'ils gardent le plus profond mutisme dans ces questions de loyers : leur voix fatale ne fera que susciter des malheurs regrettables et irréparables.

Mais comment réconcilier locataires et propriétaires ? Comment faire fléchir ce monstre : l'Intérêt ?

En raison de l'état actuel des choses, nous ne voyons aucune entente possible. Les mauvais arrangements qui, au dire des sages, valent mieux qu'un bon procès, ne font ici que déplacer les difficultés sans les détruire. Le locataire qui déloge tranquillement sans laisser de souvenir monnayés à son propriétaire, ira loger ailleurs, car il lui faut un abri pour lui et sa famille. Ce nouvel abri, il l'abandonnera comme devant. Il promènera ainsi son mobilier et sa bonne foi dans mille gîtes différents, donnant, au lieu d'argent, du fil à retordre et aux farouches et aux taciturnes propriétaires.

Le seul propriétaire qui, en ces temps d'épreuves, reste impassible : c'est l'Etat. Il a de nombreux locataires ; il a d'immenses biens occupés par des particuliers. Il ne dit mot, il ne trouble le repos de personne. Il ne vit pas pour les biens de la terre ; c'est le type le plus parfait du vrai chrétien, dans ce siècle d'argent et d'égoïsme.

Parcourez mers et pays et tâchez de trouver un exemple aussi achevé, aussi pur d'abnégation et de désintéressement !

Pourtant ce que l'Etat haïtien ne fait pas aux autres, hélas ! on le lui fait. — Lui qui possède tant de belles maisons, on le chasse comme un premier venu ; on le ferait prendre par la police s'il n'était pas — heureusement — une personne morale. En me souvenant des mauvais traitements subis par ce stoïcien de l'Ecole de Diogène, bien souvent des larmes furtives jaillissent des fissures de mes souffrances contenues et je me surprends à dire des choses qu'on ne dit qu'à soi-même...

Autrefois, avoir une maison signifiait avoir une source de revenus. De nos jours la source de revenus est devenue, par l'opération de quelques mauvais esprits, une véritable source de soucis.

Comme il entre dans les idées du gouvernement de s'occuper prochainement de l'exploitation des mines, carrières et sources du pays, nous lui signalons bien respectueusement notre modeste découverte.

La Source des soucis, à en croire chimistes à qui nous en avons parlé a des vertus merveilleuses.

N'étant pas homme de l'art, nous donnons ces renseignements pour ce qu'ils valent. Cependant nous serions heureux si, de l'analyse de cette source, on pouvait sortir avec le moyen... de réconcilier propriétaires et locataires...

Ils ne peuvent être ennemis éternellement. N'est-ce pas ?

J. Lhérisson

No 3, Mercredi 10 mai 1899/325 mots.
Le nouveau président de la Chambre

Le fauteuil qu'occupe actuellement M. Henri Prophète a été occupé, il y a environ vingt-deux ans par les Delorme et les Bazelais, et tout dernièrement par les Dartiguenave et les St-Rémy.

Ces souvenirs, assurément, ont dû revenir à la mémoire du jeune président de la Chambre dont la carrière politique, quoique courte, est pourtant si remplie et si glorieuse.

Comment se tirera-t-il d'affaire, chuchotent tout bas quelques sceptiques blasés ? – Oh ! ma foi, je ne crains rien pour lui. Il se débrouillera. Il est vrai qu'il n'est pas un orateur, qu'il a même la langue un peu embarrassée parfois, mais armé ou aidé de sa clochette, il dominera les orages parlementaires et saura conduire ses collègues comme un bon pasteur conduit son troupeau.

M. Henri Prophète n'est pas un néophyte en politique. Il a appartenu à la vingt et unième législature dont les travaux considérables nous étonnent et étonneront même nos arrière-neveux. Il a eu maintes fois, l'honneur insigne, d'être nommé rapporteur de quelques comités. C'est en cette qualité qu'il fit un jour, – je ne sais pas si je me trompe – un rapport très fouillé et très documenté sur le papier-monnaie.

Pour rechercher les ancêtres de ce papier qui donne actuellement tant de tracas au ministère des finances, le député du Trou remonta le cours des âges, – n'arriva pas jusqu'au déluge, – mais s'arrêta à l'époque de Gengis Khan où il trouva le... mûrier etc.

Ce voyage du rapporteur fut des plus intéressants ; je relirais avec plaisir, en ce moment même, son rapport si je n'avais pas à m'occuper du nouveau Président de la chambre : il permettrait à ma personne de s'exiler bien loin, dans le silence du passé que les lamentations du présent ne peuvent troubler mais cela me privera du plaisir de complimenter M. Henri Prophète d'avoir su mériter les suffrages de ses collègues – eux qui toujours se montrent si exigeants dans leurs appréciations des services rendus.

J. Lhérisson

No 4, Vendredi 12 mai 1899 /285 mots.
Pauvre petit jardin !

Notre ancien Magistrat Communal, M. Etienne Mathon, a laissé, entre autres souvenirs à la bonne ville de Port-au-Prince, le petit jardin qui se trouve sur la Place Geffrard. Il l'avait placé là, sans doute pour tempérer le prosaïsme mercantile des environs et marquer le point de départ de nos futurs jardins publics.

Son successeur semble être un chaud partisan de la prose. Il n'apprécie pas [...] à en juger par le peu d'attention qu'il accorde aux lilas, aux belles-de-nuit de Mathon. Ces fleurs se meurent faute de soins et bientôt, à la place du petit jardin, hier si coquet, si pimpant avec son svelte jet d'eau, l'œil indigné des promeneurs ne verra que des ronces...

Si on peut comparer les petites choses aux grandes, que de belles oeuvres, que de belles idées écloses au soleil d'Haïti ont ainsi disparu sous les broussailles ou dans la boue !...

Oh ! vous tous qui travaillez dans le vaste champ de la vie nationale, aujourd'hui plus que jamais, redoublez d'ardeur ; accordez plus de soins à la part qui vous est dévolue. Ne la laissez

pas envahir par les ronces ; au contraire plantez-y de beaux arbres
sous lesquels viendront se reposer vos enfants.

Quant à vous, Monsieur le Magistrat Communal, ne laissez
pas périr le petit jardin de la place Geffrard car – qui sait ? – si
pour vous récompenser de vos peines, des lauriers n'y pousseront
pas d'eux-mêmes et ne serviront pas à orner votre front ?... Et puis
il nous faut des fleurs, beaucoup de fleurs à présent car seuls leurs
parfums sont capables de chasser les puanteurs ambiantes et
d'entretenir en nos cœurs ces illusions et ces chimères qui
trompent et qui pourtant font vivre.

J. Lhérisson

Suivront des centaines et des centaines de miniatures de ce
genre, faufilées d'humour, au cœur de l'actualité, et toujours
rouspétantes et griffantes. Ce sont, à n'en point douter, des textes
littéraires qu'il a dû faire bon de lire la première semaine de parution
du nouveau quotidien. Ils sont empreints d'une rhétorique, d'une
esthétique, d'une poétique qui renvoient à la *lodyans*, vieille manière
haïtienne, à la bonne franquette, au sujet local pris sur le vif. L'humour
et la subversion (cadence et voyance) me semblent les deux grandes
caractéristiques de ces quatre pièces (la mosaïque de la semaine) qui
varient d'un essai (Port-au-Prince le soir) à un éditorial (locataires et
propriétaires) à un compte rendu (Le nouveau président de la Chambre)
à une interpellation (Pauvre petit jardin !), pour dire en peu de mots
(miniature) l'actualité et le moment présent (jouvence).

Cette manière de faire introduit un important point de méthode
en *lodyans* : le détournement littéraire des genres du bref,
l'investissement d'autres formes brèves par les façons de la *lodyans*.
L'essai, l'éditorial, le compte-rendu et l'interpellation précédents[14]
livrent la voie : celle de tout traiter comme une histoire à raconter.
Leurs quatre chutes caractéristiques – les loups-garous de la nuit, les
ennemis éternels aux intérêts contraires, l'effet des services rendus en
politique, les lauriers à tresser une couronne au magistrat –, de grande
risibilité témoignent qu'elles ont toutes subi le même traitement en
devenant une histoire à raconter à la manière des *lodyans*. Cette
capacité de tout transformer, options, positions et propositions, en
histoire à raconter me semble le premier défi de tous tireurs de *lodyans*.
Cela passe ou cela casse !

---

[14] Il existe 101 différentes formes brèves recensées actuellement par Alain Montandon
dans *Les formes brèves,* Paris, Collection Contours Littéraires Hachette, 1992, 167-
168.

Qu'il y ait d'autres matières à extraire de ces textes, et de savantes manières je suppose, ne fait point de doute. Les écoles et tendances littéraires s'essayant sur la *lodyans* au long de ce XXIe siècle s'y appliqueront sans aucun doute. Mais pour un tireur ordinaire de *lodyans*, comme moi, cette première leçon de Lhérisson fait amplement l'affaire pour lui éviter de quitter les rails dans sa pratique d'écriture : avant tout bien raconter une bonne histoire.

Les « Lodyanseurs du Soir » furent nombreux, en plus de Lhérisson et Hibbert sur lesquels on porte pour le moment l'attention. Ne serait-ce que pendant les six premiers mois du journal, donc avant l'an 1900, on retrouve sous la signature d'un certain Serfolat la série les « Sensations port-au-princiennes » dont nous reproduisons la treizième livraison en date du 8 décembre 1899. Les signatures dans *Le Soir* sont nombreuses car le directeur devait varier de personnage pour remplir chaque jour que le *bon dieu* fait son journal ! Tic Tac était bien lui pour Pitit Caille et Zoune, Z était Hibbert, mais il reste Vlap, Flic-Flac, Populo, Falstaff, RIP, Un reporteur, Un lecteur, Un abonné, Un nouvel abonné, et je passe de nombreuses autres signatures anonymes. Il serait exagéré de tout attribuer à Lhérisson, mais il ne devrait pas être trop difficile – pour un chercheur ou une chercheuse, qui se mettrait au *Soir* systématiquement – de les identifier.

Vendredi 8 décembre 1899
Sensations Port-au-Princiennes
XIII – La rue Quatre-Escalins et son chalet de nécessité

Ma première pensée – pour rester toujours, dans le voisinage du Marché Zherbes ou « Marché Saint Louis » – était de brosser – oh ! mille pardons !... de silhouetter la compatissante, la bonne Rose Pimpin ; la vaillante plébéienne, généralement affectionnée, combien affectueuse aussi ! et dont le petit café propret, paisible, imprégné de la plus complète sécurité, ne compte pas moins de 32 années d'existence, et toujours ferme sur ses ergots continue gaillardement son petit bonhomme de popularité.

J'y reviendrai. En attendant, je me laisse fasciner par la rue Traversière ou plus communément appelée Quatre-Escalins ou Quatre-Calins. C'est la jolie petite avenue, aux constructions quelque peu cossues, qui étale ses charmes, du coin de Roux et Delinoix et Demeuran, à la maison de la rue du Centre où se trouvait il n'y a pas longtemps, le notariat de Me Valcour Frédérique. A peine une centaine de maisons peuvent revendiquer l'honneur d'y appartenir. C'est coupé par la Place Vallière, laquelle est rehaussée du monumental Marché couvert, dont la charpente métallique, flanquée, au milieu, de quatre tourelles, (supportant une passerelle incrustée de deux horloges muettes) – on ne sait trop pourquoi ? abrite pas mince de saletés, serpentées de ruisselets d'urine et dégageant des odeurs point suaves tant s'en faut ! Du Lubin ? Nenni ! pour sûr... Toujours les hiatus de la proverbiale incurie, grimaçant même dans une petite avenue, aussi gentille que Quatre-Calins et où il y a du monde « chouette », sans calembour !...

Cette dénomination de Quatre-Escalins date de loin : du temps de Pétion, et provient, probablement, du petit négoce qui se faisait dans le quartier, ou le menu échange se pratiquait sur une large échelle, par les matrones,... vendeuses de sucreries de pains d'épices, de poissons frits, de *labédégoum* et de tout le fretin du commerce bâtard. L'escalin, pièce de monnaie des Pays-Bas, vaut 0.65 de franc : 12 1/2 centimes haïtiens, en ne comprenant pas le change actuel, qui n'existait pas, jadis. Les articles de commerce s'écoulaient, ainsi, par escalin.

De nos jours, c'est tout une autre paire de sabots. La monnaie s'est aristocratisée : jusqu'aux vulgaires billions – les cobs – qui se permettent de faire la moue et, malgré leur tunique empoisonnée et empoissée de vert-de-gris, ont des velléités d'orgueil american gold ! Ah ! Comme les temps sont changés !... Pauvre escalin, requiescat in pace ! Tu n'es plus qu'un pâle souvenir, malgré la survie consacrée en l'originale et... significative expression de « To té di qautre calins tou ! » appliquée à la situation d'un citoyen... systématiquement considéré comme étant en fausse posture !...

La petite rue populaire conserve encore ses fritures de poissons et de bananes, ses étalages de brimborions, en plein vent, surtout, depuis que la gent syriaque y foisonne et y a dressé sa tente. Mais la perle, la petite invention capable de dérouter même les savantes investigations d'un Privat d'Anglemont, l'auteur si estimé de « Paris anecdote », c'est le Chalet de nécessité édifié par une quasi-folle, la célèbre et si connue Chapounoune. Je n'ai pas besoin de dire qu'on n'y fait point de fromages, comme en Suisse ; ah ! ça non par exemple ! Pas de fromages s'il vous plaît. Ce chalet de nécessité n'est tout simplement que le bureau d'enregistrement du tribut que les abonnés payent chaque jour à dame Nature en versant la taxe entre les mains de Chapounoune et laquelle est de 2 cobs.

Toute la racaille commerçante – ambulante, bien entendu – vient là. Les campagnards, eux, payent recta car ils ne sont que de passage. La paie se fait en nature : deux ou trois bananes, quelques piments ou des patates. Mais il y a les abonnées, ce sont les revendeuses, celles qui sont les habituées du quartier. Celles-la acquittent leurs comptes hebdomadairement.

Vous êtes pressé par un besoin qui réclame célérité. Entrez ! C'est ici la boîte à satisfaction. Mais n'y restez pas trop longtemps car un autre frappe à la porte et est tout aussi... pressé ! Ainsi du reste... Mais hélas ! si c'est une affreuse colique ? Oh ! alors, ce doit être rudement gênant avec la masse des solliciteurs... ne pouvant pas attendre.

En somme, il faut avouer que Chapounoune n'est pas si folle que cela et qu'elle vit très grassement de son petit métier, de son ingénieuse, quoique pas suave spéculation.

Décidément, la rue Quatre-Escalins ne manque pas de charme !...

Serfolat

Cette description à la manière de la nouvelle qui convoque la miniature du feuilleton et la mosaïque en nombreuses livraisons, la jouvence et la cadence, tire le texte du côté de la *lodyans*. Cependant, l'absence de voyance, ce regard critique qui porte des pointes sociales explicites, des échappées d'espérances, empêche à la fois de le classer comme *lodyans* à part entière, aux cinq parts entières, et à la fois me fait douter, pour le moment, de son attribution à Hibbert, par exemple. Il me semble qu'il en aurait profité pour charger, et ce récit ne reflète ni vraiment son écriture ni son humour plus retenu. Quant à Lhérisson, il serait capable, lui, d'écrire sur ce thème, mais je doute là encore que ce soit lui car son style est autre, et il faudrait alors dire pourquoi il n'aurait pas rassemblé toutes les livraisons du feuilleton comme il l'a fait pour *Pitite Caille* et *Zoune*. A moins que sa requête testamentaire à Dantes Bellegarde de publier ses meilleures pièces du *Soir*, inclut justement « Sensations port-au-princiennes ». Bref, j'essayerai d'identifier ce Serfolat avec certitude à ma prochaine campagne aux Archives de la rue du Centre, et d'éditer éventuellement ces « Sensations port-au-princiennes », que je n'ai encore retrouvées nulle part d'autre publiées que dans les numéros du *Soir* d'avant 1900.

C'est ensuite dans la nouvelle que la tentative du passage à l'écrit devient le plus patent. Et c'est Fernand Hibbert qui ouvre magistralement la série avec « Le mariage d'Otto ». Le numéro du lundi 19 septembre 1904 annonçait une innovation, celle d'un feuilleton, en ces termes : « Dans quelques jours nous commencerons par la publication d'une intéressante nouvelle dont le sujet est local et pris sur le vif, due à la plume d'un de nos romanciers encore inconnu ». Soulignons que le sujet est local et pris sur le vif. Neuf livraisons du lundi 3 octobre au mercredi 12 octobre 1904 assureront le succès de la signature « Z », Hibbert encore sous pseudonyme. Et lorsque Hibbert ramasse et publie en 1910 ses 29 nouvelles de *Masques et Visages* écrites à partir de juin 1903, les quatre premières (Le mariage d'Otto, Chacha, Soir de Carnaval, Inter Procula, et même la terrible 6, Orphise) sont construites comme des *lodyans*, tandis que les pièces de 19 à 22 (La poule aux oeufs d'or, L'intellectuelle, La cigarette, L'Eve éternelle) sont des compositions théâtrales de type *lodyans*, introduites d'ailleurs toutes les quatre par des indications scéniques, et parsemées de notes de mise en scène à chaque tableau. C'est que la *lodyans* se prête très bien au théâtre. En effet, l'animation scénique de personnages et de dialogues pour raconter une *lodyans* telle que Hibbert (qui a une solide culture théâtrale parisienne) nous a laissée dans une dizaine d'essais relève clairement du passage au théâtre de la *lodyans*.

C'est enfin dans le roman et la chronique, qu'en cinq ans, de 1904 à1908, Lhérisson et Hibbert publient cinq oeuvres, *Pitite-Caille*, *Séna*, *Zoune*, *Thazar* et *Romulus*, dans lesquelles on est pris sous un feu roulé de *lodyans* qui se succèdent à une cadence d'enfer, avec des effets dramatiques du début à la fin du récit pour le charpenter et le vertébrer, le faire exploser sur un dehors sociétal et l'imploser dans un dedans littéraire. Citons cet exergue lyrique et endiablé de Jacques Stephen Alexis : « mais qu'est-ce donc que 'l'audience' et à quoi correspond-elle ? 'L'audience' parbleu, c'est le narré en liberté » (Alexis aussi met audience entre guillemets !). Ils en ont assez fait, Lhérisson et Hibbert évidemment, mais pas seulement eux, Serfolat et les autres, pour que plus tard quand viendront les chercheurs de la *lodyans* (mais cela fait 100 ans que ce temps est attendu !), ces derniers puissent trouver dans ces brillants débuts du passage de l'oral à l'écrit, premières matières aux reproblématisations et rethéorisations de ce genre. Heureusement que cette longue attente académique n'a jamais empêché en ce siècle les tireurs de tirer à haute voix.

Au commencement est donc le « rire haitien » à exhiber comme s'exhibe une carte d'identité. Identité littéraire s'entend. Grâce à la *lodyans*. Presque tous les Haïtiens sont des tireurs occasionnels de *lodyans* aux histoires à rire, et très rares sont ceux qui n'ont jamais raconté, mais quelques-uns ont à l'évidence reçu le don qui permet de constituer un corpus qui va fonder leur réputation de veillées en pique-niques, de galeries en tonnelles. Des professionnels ceux-là de la *lodyans*. Mais on ne rit pas pour rire d'une *lodyans*. On rit pour beaucoup d'autres choses, dont ne pas pleurer entre autres. On rit de soi et des autres comme unique façon de rêver de l'ailleurs dans une société bloquée depuis deux siècles. Rire, risette, rictus face à la chute toujours dramatique de chaque *lodyans*. Ceux et celles qui plus tard, venant des Lettres et des Sciences humaines, travailleront en profondeur sur le rire haïtien n'échapperont donc pas à la mise en relation immédiate de ce rire à la *lodyans*, car ces deux entités, le rire et la forme fictionnelle *lodyans*, me semblent intimement articulées l'une à l'autre depuis leur genèse commune trois fois centenaire.

Prenons *Romulus*, par exemple, la chronique par Fernand Hibbert d'un épisode tragique de notre histoire politique, celui du débarquement de Boyer Bazelais à la tête de moins de cent Libéraux (dont 3 Cubains) à Miragoâne, dans la nuit du lundi au mardi 27 mars 1883. Ce débarquement est immédiatement suivi d'un long siège de la ville par les forces gouvernementales de Salomon. Hibbert place cette *lodyans* quelques jours seulement après la plus violente et la plus sanglante des attaques générales des positions des assiégés (« Des centaines de cadavres jonchèrent les chemins »), le 22 septembre 1883.

Le cochon de Miragoâne[15]

Ce fut alors qu'un moyen local vint s'offrir aux assiégeants pour mettre fin à cette guerre affreuse qui semblait ne plus devoir se terminer.

Un *houngan* nommé Ti Blanc proposa ses services à Anselme Prophète. Il se faisait fort d'entrer à Miragoâne tout seul et d'assassiner Bazelais – et Bazelais mort, c'était la fin de la guerre.

— Mais comment ferez-vous pour pénétrer la place ? demanda Anselme Prophète intrigué.

— C'est mon secret, dit finement Ti Blanc.

On lui promit la forte somme, et Ti Blanc se retira en s'engageant à donner suite à son projet la nuit suivante. En effet, vers minuit, il quitta le rempart au pied du Fort Brice, tenant à la main un de ces grands triangles en bois qu'on met comme entrave au cou des animaux domestiques pour les empêcher de pénétrer par les clôtures privées. Au bout de quelques pas, Ti Blanc se passa le tribart autour du cou, et marchant à quatre pattes, se dirigea vers le rempart du Quartier Général, en poussant des grognements significatifs. Le *houngan* se disait qu'en le prenant pour un cochon, les exilés ne s'occuperaient pas de lui, et qu'ainsi il lui serait aisé de gagner la demeure de Bazelais et de le poignarder. C'est là que Ti Blanc se fourvoyait. A ce moment, un cochon avait plus d'importance pour les insurgés qu'un homme : aussi, dès que le factionnaire du rempart du Quartier-Général – que commandait

---

[15] *Romulus*, Port-au-Prince, Editions Henri Deschamps, 1988, 76-77, (393 mots).

Brave Béliard depuis la mort de Désormes Gresseau – eut perçu le grognement lointain d'un porc s'avançant de son côté, il courut réveiller doucement ses compagnons en leur annonçant l'excellente aubaine qui leur arrivait comme un secours inespéré du ciel. Les meilleurs tireurs parmi les exilés du rempart armèrent sans bruit leurs carabines et déjà dans leurs imaginations d'affamés, ils se voyaient savourant des saucisses et des côtelettes, des « grillots » et du lard exquis. A dix pas du rempart, les trois meilleurs tireurs parmi les exilés, distinguèrent en effet un quadrupède qui cherchait à gagner le passage avoisinant la maison du Chef d'exécution. Ils firent feu et l'animal s'abattit en poussant un cri humain. Le poste entier se précipita vers la bête, et se trouva en face du cadavre de Ti Blanc baigné dans son sang, le tribart toujours à son cou.... Quelle déception !

Les pauvres exilés avaient cru abattre un cochon, hélas ! Ils n'avaient tué qu'un homme de plus.

F. Hibbert

En moins de 400 mots tout y passe. Un véritable tour de force. Le vodou et ses grands mythes des *pwen* (pouvoirs occultes) pour se changer en animal, et être à l'épreuves des balles, le recours au surnaturel pour gagner la bataille, la sacralisation du chef politique qui personnifie le groupe des insurgés au point que sa mort signifie la fin des hostilités, le prix du sang à payer au mercenaire, et surtout pour l'auteur, l'audace d'une *lodyans* à propos d'un événement historique de tout premier ordre, sensible encore aujourd'hui, voire en ce temps-là ! Il se peut que cette histoire dans la foulée du 22 septembre 1883 à Miragoâne soit le deuxième moment fortement symbolique en matière d'assassinat, dans une histoire qui en est pourtant pleine. Dans l'imaginaire coloriste du siècle, ce pourrait être l'écho de l'assassinat de Dessalines le 17 octobre 1806 au Pont-Rouge : la mise à mort du chef noir par les mulâtres en 1806 et du chef mulâtre par les noirs en 1883. Le 22 septembre 1883 sera encore la référence clé du duvaliérisme dans sa lecture binaire mulâtre-noir de la dynamique des 2% élites haïtiennes et de leur rôle vis à vis des masses noires à 98%. Bref, une *lodyans* aussi fondamentale est l'honneur du genre.

Et puis l'écriture qui d'un bout à l'autre ose jouer de la métamorphose (et de la métaphore) du cochon à l'homme au cochon (Ils firent feu et l'animal s'abattit en poussant un cri humain. Le poste entier se précipita vers la bête, et se trouva en face du cadavre de Ti Blanc baigné dans son sang, le tribart toujours à son cou). C'est très probablement une histoire qui avait fait le tour du pays, avec tout ce qui se colportait d'autre au temps de cette guerre. Hibbert ne l'a probablement pas inventé, mais il l'a bel et bien passé de l'oral à l'écrit en *lodyanseur*. (Le titre « Le cochon de Miragoâne » est de moi). A signaler de plus, que beaucoup des histoires de cette facture-là, racontées dans les cinq romans, se retrouvent dans des œuvres non fictionnelles, d'histoire notamment, comme dans les 2164 pages des sept volumes de la chronique documentaire sur la période, *Les Blancs débarquent,* de Roger Gaillard.

Pour notre propos, dans les cinq romans publiés dans ce lustre de 1904-1908, on retrouve un corpus de l'ordre de deux centaines de *lodyans* de cette même façon. Elles émaillent les deux centaines de livraisons de ces romans parus en feuilleton dans *Le Soir*, à raison d'au moins d'une bonne *lodyans* par livraison. La manière de coudre ensemble ces miniatures, avec plus ou moins de bonheur, constitue le fond de commerce de ces romans, ce qui n'épuise évidemment pas les autres dimensions indispensables à leur réalisation en tant que roman. Il se trouve, mais là est un jugement tout personnel, que l'œuvre la plus achevée de la transposition des *lodyans* en roman au cours de cette période est une sixième oeuvre, par Fernand Hibbert, *Rue Dupré*. Ecrite en 1908, mais publiée augmentée deux ans plus tard dans *Le Matin*, cette oeuvre fait partie du temps du *Lustre*, 1904-1908. La présentation de cette oeuvre magistrale vaut à elle seule les plus complets développements.

Il est une recherche à entreprendre, de l'ordre de celle qui se réalise bien en atelier d'écriture : le dépouillement collectif des romans du *Lustre*, avec l'objectif d'identifier, de classer et de traiter toutes les miniatures qu'ils contiennent. La pièce que je reproduis ci-dessous, « Vôlè vôlè vôlè »,[16] pourrait s'intituler « Le voleur a volé le voleur », ce que le créole rend avec trois mots identiques à l'écrit, mais dont l'accentuation varie, sur *lè* de voleur et *vô* de voler. Cette histoire de voleur volé, où d'arroseur arrosé, connaît une infinité de variantes dans la culture de chaque génération.

Vôlè vôlè vôlè

Il y a encore des gens simples dans ce pays. J'ai reçu ce midi, dans mon cabinet, la visite d'un nommé Martial Graton qui depuis longtemps se dit mon ami, malgré que je lui aie toujours montré

---

[16] *Rue Dupré*, 1908.

froide mine, le sachant un parfait coquin. J'adopte pour ce mot la définition qu'en a donnée La Bruyère : « Un coquin est celui à qui les choses les plus honteuses ne coûtent rien à dire ou à faire ».

Voici ce que m'a raconté le sieur Martial Graton, – cela vaut la peine d'être noté...

« Il y a huit mois de cela, dit-il, le gouvernement voulant faire quelque chose pour moi, m'a envoyé à Petit-Goâve comme contrôleur. En cet espace de temps, – trop court, hélas ! – je suis arrivé à gagner trois mille dollars. Des malveillants, par pur esprit d'envie, se mirent à intriguer pour porter le Chef à me révoquer, et comme je n'avais personne pour me défendre sérieusement en haut lieu, des poursuites furent ordonnées contre moi. Force me fut de me cacher. Et un ami qui m'est cher, Me Fénelon Fénélus, qui par parenthèse, m'a dit très bien vous connaître, m'a gardé chez lui trois longues semaines. Je croyais la cabale contre ma personne apaisée quand un soir Fénélus m'a dit qu'on allait cerner sa demeure pour me prendre et que je ferais bien d'aller passer la nuit chez un oncle à lui et que le lendemain, il se chargeait de me faire partir pour Port-au-Prince où avec un peu d'habileté (une gratification à Hermogène Granfond, par exemple) je parviendrais facilement à faire cesser les poursuites dont j'étais l'objet. Trouvant le conseil bon, je remerciai Fénélus, et comme pour ne pas éveiller l'attention, j'étais obligé de sortir les mains vides, je confiai à Fénélus, en le quittant, ma malle et une valise qui contenait mes trois mille dollars... Et sur les instances de mon ami, je lui laissai mon domestique Tercius qui m'est très dévoué, toujours pour ne pas éveiller de soupçon sur mon changement de domicile ....

Le lendemain soir, au moment où je venais de m'embarquer, Tercius arriva à bord avec la malle, mais sans la valise contenant mes trois mille dollars .... Seulement il me remit un billet ainsi libellé :

« Mon cher Martial,

J'ai vu l'homme et je lui ai remis la chose. Tercius vous expliquera avec quelle correction tout s'est passé la nuit dernière.

A vous de cœur.

CF. Fénélus »

— Que s'était-il passé ? demandai-je, intrigué, à mon interlocuteur.

M. Martial Graton, avec un flegme parfait, reprit son récit au point où il l'avait laissé :

— Tercius m'a dit qu'après mon départ, vers minuit, quelqu'un a frappé à coups redoublés à la porte de mon ami ; celui-ci, de son lit a ordonné à mon domestique d'aller ouvrir. Tercius s'empressa d'obéir et un prêtre demanda à voir le maître de la maison.

— Me Fénélus est couché, dit mon fidèle serviteur.

— Allez lui dire que je viens de la part de Monsieur Martial Graton.

A ces mots, Tercius se précipita dans l'escalier et informa Fénélus de ce qui se passait ; celui-ci ordonna que le prêtre fût introduit immédiatement auprès de lui. Tercius fit monter le religieux qui, s'adressant à Fénélus, s'exprima ainsi : « Monsieur Martial Graton m'a chargé de vous réclamer une valise renfermant une somme de trois mille dollars, or américain ».

— Ah ! très bien, répliqua Fénélus, qui prit sous son oreiller la valise qu'il remit en main propre à l'ecclésiastique qui s'en alla, après avoir salué honnêtement.

— Diable fis-je, mais voilà un coup diligemment imaginé et exécuté. Et depuis ?

— Depuis lors, reprit ingénument M. Martial Graton, malgré toutes les recherches de Fénélus et de moi, le prêtre est demeuré introuvable.

Je ne pus m'empêcher de pouffer.

— Pourquoi riez-vous ? me demanda M. Martial Graton avec une grimace niaise.

— Comment ! m'écriai-je, vous n'avez donc pas compris que c'est Fénélon Fénélus qui vous a volé ?

M. Graton se troubla.

— Mais... mais... et le prêtre ? Tercius l'a vu.

— Il n'y a pas de prêtre ! Votre Tercius a vu – et Fénélus l'avait gardé chez lui à cette fin ! – Votre Tercius a vu un compère de Fénélus déguisé en prêtre pour la circonstance. Je me représente la scène comme si j'y étais.

M. Martial Graton se recueillit une minute, puis sa figure s'illumina.

— Mais voulez-vous croire, s'écria-t-il !, que vous avez raison ! Je me rappelle certains petits détails à présent... Oh ! le voleur... le voleur... Quel pays de voleurs !

A faire le compte de toutes ces tentatives sus-nommées entre oral et écrit, de l'oral dans l'écrit, de l'écrit oral et de l'oral écrit – mais surtout de l'écrit d'origine orale comme on dit des identités – il apparaîtra que la forme de base de la *lodyans* est un art du récit bref se réalisant dans une miniature dotée, comme le sont les miniatures, de toutes les caractéristiques des oeuvres de grands formats, mais en modèle réduit : enluminures du Moyen Âge ? Bonzaï japonais ? Roman-fleuve en miniature de Giorgio Manganelli dans *Centurie*, 100 romans-fleuves d'une page environ ? Tout ce qui rejoint d'ailleurs au plus près l'art de la voix du tireur de *lodyans*, une histoire de mille mots qui se raconte en dedans de dix minutes. Et ce constat est celui de l'expérience haïtienne commune à toutes les personnes de toutes les générations : on tire des *lodyans* qui sont des histoires en miniature. Quel que soit le genre de support de l'histoire, roman, chronique, théâtre, journalisme, nouvelle, etc., c'est toujours à la miniature que l'on revient dès qu'il faut trouver le plus petit dénominateur commun. Au point que l'on doive ainsi d'abord définir la première caractéristique de la *lodyans* : une miniature.

Plusieurs histoires sur un même thème, comme dans une veillée funèbre dans laquelle tout ce qui se raconte tourne autour du défunt, formeront une mosaïque, ici celle de scènes de la vie du gisant. Comme la métaphore de l'enfance peut être une mosaïque du type Paradis perdu (Quina) dans laquelle domine le risible des situations, et celle des années d'initiation et de formation s'appeler Port-aux-Morts en fonction de la dominante d'une époque que seules les métaphores de la prison et de la mort pouvaient en exprimer le tragique en cette première moitié des années 1960 à Port-au-Prince. Mais les unités de base des mosaïques restent toujours les miniatures, que celles-ci soient montées en grappe ou enfilées en collier, en structures linéaires ou aréolaires. Ainsi, Léa Cocoyer de Maurice Sixto est une mosaïque qui se décompose en treize *lodyans* distinctes de cinq minutes chacune et que la même mosaïque peut se raconter en suivant des montages différents de ces treize *lodyans* ; ce qui ferait alors porter l'insistance sur tel ou tel aspect en fonction de la séquence retenue.

Dire en méthode de la *lodyans* que c'est un art de la miniature et de la mosaïque, c'est effectuer la mise en évidence de ces deux coordonnées du genre : une entité structurante (miniature, une histoire racontée) que l'on retrouve toujours sous cette forme et son mode d'agrégation (mosaïque qui peut être un roman, une nouvelle, une pièce de théâtre, etc.). Ce qui est tout à fait conforme à cet art de la voix qui raconte une histoire après l'autre, quitte à les enchaîner ensuite de chaînons différents. C'est, à ce jour, la lecture qui me semble la plus capable de rendre le passage à l'écrit. Dire ensuite en quoi la *lodyans* peut être à la fois un genre unique en son genre et un genre d'un nouveau genre c'est mener la quête (dont nous devons à Kundera dans *L'Art du roman* la formulation la plus précise à ce jour) de ce qui a été irréalisable en dehors de la *lodyans* par tous les autres genres littéraires et que seule la *lodyans* a pu réaliser. La réponse nous a semblé de plus en plus tenir dans une articulation complexe et unique de trois termes : jouvence, voyance et cadence.

Jouvence de la *lodyans*. Jamais forme littéraire ne s'est autant prêtée à l'analyse générationnelle. C'en est frappant. La *lodyans* est un témoignage puissant des questions qui se posent à chacune des générations. Et même si d'une génération à l'autre, la même question revient, le traitement donné au thème, la perspective adoptée, la conception vont varier à chaque génération. Par exemple, pour la quatrième génération, celle du Lhérisson de *Zoune*, il fallait éduquer la paysannerie ; pour la cinquième génération, celle de Maurice Sixto dans « Le jeune agronome », il est urgent de tenir compte, à côté du discours de la science, de la pratique paysanne ; et la perspective de la sixième génération, la mienne dans « L'Espace haïtien », a été d'apprendre d'abord et avant tout les logiques du savoir-faire paysan pour penser la rupture à partir d'elles. Une même question, trois générations, trois postures scientifiques différentes. Et il est ainsi de la question des blancs en Haïti, des curés, de la domesticité, de la paysannerie ou de la politique que l'on retrouve toujours dans les *lodyans* mais abordés différemment par chaque génération en fonction de la logique du moment. La *lodyans* est ainsi toujours témoin du moment, toujours d'actualité, toujours moderne, toujours contemporaine, d'éternelle jeunesse : c'est l'effet de jouvence.

Voyance de la *lodyans*. Il faut partir de ce que la *lodyans* est maintes fois une fiction critique, voire subversive. C'est même le label du genre. Aussi retrouve-t-on à longueur de *lodyans* des ébauches de solutions alternatives au statu quo social et économique d'une société bloquée depuis sept générations. Il est donc probable, quand les chercheurs s'y mettront, que la genèse de la *lodyans* devra se chercher du côté des rêves d'échappées dans une société emmurée vive depuis son invention caraïbéenne voilà trois siècles. Cette fonction normative de voyance d'un monde meilleur qu'assument les *lodyans* n'est pas sans leur poser de gros problèmes littéraires, car à souvent prendre pour cadre la scène politique, et pour cible favorite les personnages qui s'y meuvent, la *lodyans* se retrouve avec une matière première dangereuse contre laquelle la littérature doit effectivement se garder : au mieux le politique et la politique, et au pire les bons sentiments, les bonnes intentions, les vœux pieux et autres bondieuseries avec lesquelles on fait de très mauvaises *lodyans*. Le défi du genre (venant de son talon d'Achille) est de ne jamais renier le plaisir du texte et le grand goût des mots pour raconter avec humour les tribulations de la vie vieux-nègre et ses espérances universelles d'homme qui sont fenêtre sur un Monde un et divisible, et son recours aux sources qui est tout sauf le reTour aux sources. Voyance que ce pessimisme de fond que la *lodyans* doit trouver moyen de transcender en littérature.

Cadence dans la *lodyans*. C'est avant tout le rire qui module cette cadence. Ce « rire haïtien » qui serait de la même nature que d'autres grands lieux-communs littéraires tels « l'âme russe », « l'humour juif new-yorkais », « l'esprit français », « le Réalisme merveilleux latino » etc., qui valent ce qu'ils valent comme généralités, mais qui caractérisent probablement des tendances lourdes encore capable de jouer de marqueurs dans la littérature mondiale. C'est qu'il n'y a aucun doute sur ce « rire haïtien », régulièrement signalé depuis les tout débuts lointains de la littérature scientifique sur l'Haïtien, sans qu'aucune réponse satisfaisante n'ait été formulée à ce jour. En attendant les sommes de nos philosophes à venir qui entendront de ce rire dans tous ses éclats, la manière proprement haïtienne de lire les événements sous l'angle de leur plus grande risibilité fournit le principe d'ordonnancement de la construction et du rythme de la *lodyans*, car la *lodyans* est un genre du rire, de toute la gamme du rire, de la jovialité de la risette à la jubilation de la rigolade ; et des rictus et rires jaunes aussi quand cela grince. Optimisme de la forme que cette cadence.

Miniature et mosaïque de la *lodyans*. Et pour terminer ce point par une particularité d'importance qui m'a souvent frappé dans les pérégrinations de mon métier de géographe au pays et dans sa diaspora, chaque classe sociale, chaque groupement de la stratification de la société tire ses propres *lodyans* qui renvoient à son propre univers. Une veillée paysanne et une veillée bourgeoise n'abordent pas les mêmes thèmes. Les *lodyans* de contre-maîtres ont d'autres contre-maîtres pour objet. Évidemment, a-t-on envie de rajouter, mais les conséquences en sont énormes. Le passage à l'écrit ne peut s'opérer que dans le groupe qui écrit – les autres sont rivés à l'oralité – et comme la *lodyans* ne parle que des siens, les clercs se retrouvent objet de *lodyans*. Pour la toute première fois un genre littéraire se dédicace à cette gente écrivante. Il n'est plus question de ces morceaux de bravoure sur les paysans qui ont fait recette autrefois ou sur les travailleurs, prolétaires mal connus par ailleurs ; ni d'intrigues libératrices de bas-fonds populeux fantasmés à donner bonne conscience, mais bien du professeur politicien mon frère, de la notaire du coin ma sœur, du curé qui a tant à cacher mon voisin, de l'avocat en action mon beau-frère, tous de la même *extrace* que l'écrivain. Et c'est cela qui fait de la *lodyans* un genre à hauts risques de la miniature et de la mosaïque.[17] Il suffit d'aller voir la manière dont Hibbert a été lu, dénigré et frappé d'ostracisme par ses contemporains de même milieu pour s'en convaincre.

---

[17] Georges Anglade, *Les Blancs de mémoire,* Montréal, Boréal, 1999, Prologue, 7-11.

Une approche politique de *Gouverneurs de la rosée* de Jacques Roumain

Mac-Ferl Morquette

Résumé : Situant *Gouverneurs de la rosée* dans le contexte socio-économique de l'époque de son écriture, Marc-Ferl Morquette montre que si ce roman témoigne de l'engagement politique de Jacques Roumain, il est indépendant des motivations marxistes d'aucuns auront voulu l'y enfermer. Morquette s'attache à analyser comment cette oeuvre littéraire brillante, oeuvre d'imagination par excellence, réussit à exposer de façon lucide et courageuse les conflits innombrables affectant la société haïtienne et les possibilités de leur résolution. La dimension humaniste de *Gouverneurs de la rosée* transcende l'idéologie pour saisir l'humain – ici l'individu haïtien – dans la pluralité de ses combats.

Summary: Situating *Gouverneurs de la rosée* [*Masters of the Dew*] in the socio-economic context of its time, Marc-Ferl Morquette shows that although this novel testifies to Jacques Roumain's political commitment, it is nonetheless free of the Marxist didacticism that some critics have claimed. Morquette attempts to analyze how this brilliant literary work succeeds in exposing lucidly and courageously the innumerable conflicts affecting Haitian society as well as offering the possibilities for their resolution. The human dimension of *Gouverneurs de la rosée* transcends ideology as it captures what is human – here the Haitian individual – in the plurality of his or her struggle.

* * *

Il est apparu tout à fait normal de cataloguer *Gouverneurs de la rosée* de Jacques Roumain dans la catégorie des oeuvres à caractère politique. Il ne pouvait en être autrement, pense-t-on, d'une production — même romanesque — dont l'auteur fut le fondateur du parti communiste haïtien dans les années 1930, et a connu l'emprisonnement et le martyre pour ses idées, sous la présidence de Louis Borno (1922-1930). Il allait donc de soi de prêter au roman les idées et l'engagement de l'auteur dans sa vie courante, de l'imprégner en quelque sorte, à tort ou à raison, de gré ou de force, de l'idéologie du militant politique dans son existence pratique. Il paraissait naturel de prétexter de l'œuvre pour se souvenir des études de Roumain en Europe à une époque où le Marxisme fleurissait comme idéologie opposée au Capitalisme, pour évoquer le rejet de son milieu social de privilégié, et son option en faveur des défavorisés, et pour rappeler enfin que le monde est divisé en catégories antagonistes, exploiteurs contre exploités, capitalistes contre prolétaires.

Mais peut-on réduire une oeuvre de fiction, un roman — même paysan — au particularisme dogmatique d'une idéologie ? Doit-on l'enfermer dans les limites appauvrissantes d'un système ? Dans quelle mesure, le romancier lui-même s'est-il libéré, à travers l'œuvre, du carcan idéologique ?

Autant de questions que nous essaierons d'aborder, après une brève esquisse de la conjoncture ayant favorisé l'éclosion de l'œuvre, dans le cadre d'une double problématique : d'abord la part du Marxisme, ou de ce qui en tient lieu, celle du limitatif, de l'unilatéral, et ensuite, la part relevant moins de l'idéologie que d'une saisie plurielle de l'humain c'est-à-dire dans sa diversité, ses richesses, en un mot son universalité.

Une conjoncture particulière

Le sujet de *Gouverneurs de la rosée* n'est pas sans rapport avec la conjoncture économique et politique des années dix neuf cent quarante en Haïti. En effet, ce roman paysan s'inscrit dans un contexte particulier, celui d'une crise économique sans précédent provoquée par la politique agricole du dictateur haïtien de l'époque, Elie Lescot (1941-1946), pour soutenir l'effort de guerre américain lors du deuxième conflit mondial. Haïti fut déclarée « zone stratégique », et en 1941, licence pleine et entière fut accordée à une compagnie américaine, la Société Haïtienne-Américaine de Développement Agricole (SHADA) pour l'introduction des plantations de sisal et de caoutchouc pour les besoins de l'armée américaine, au détriment de la production vivrière traditionnelle et des denrées d'exportation. La pénétration du capital monopoliste américain à la faveur de la seconde guerre mondiale ($ 5.000.000 prêtés par la Export-Import Bank comme bases financières de la société) a provoqué l'expropriation d'une couche importante de la paysannerie. En même temps, elle a permis l'acquisition par la SHADA de 58.499 hectares pour la culture du caoutchouc et de 75.000 hectares de la forêt des pins pour l'exploitation du bois de construction, soit un total de 133.400 hectares qui représentaient 21.55 % de la superficie totale des terres cultivés en Haïti.[1]

Les conséquences économiques et politiques ne tarderont pas à se manifester. « Les changements importants intervenus en 1943 dans la structure agraire devaient influencer les relations sociales à la campagne ainsi que la production agricole. L'agriculture constituant la sphère prédominante de la production matérielle, ces transformations trouvaient leur écho dans toutes les autres branches de l'économie nationale » (82). Ainsi l'exode des paysans, et en conséquence, leur désaffection pour les travaux agricoles conduisent à la baisse de la production, à la pénurie alimentaire et d'autres produits de première nécessité, à l'augmentation des prix et au durcissement des relations sociales.

Cette situation économique désastreuse résultant du remplacement de la culture des vivres par celle du sisal, qui a touché au fur et à mesure les autres couches de la société haïtienne, a fini par ruiner la crédibilité du gouvernement de Lescot déjà en délicatesse avec sa base sociale (la petite bourgeoisie et la bourgeoisie des villes) lésée par son népotisme et son favoritisme en faveur d'une poignée de profiteurs. Les conditions étaient donc réunies et « constituaient objectivement la poudre d'une explosion révolutionnaire sous la direction idéologique et politique de n'importe quelle classe ou force sociale active » (86).

---

[1] Cité par Gérald Brisson dans « Fondements économiques de la situation révolutionnaire de 1945-1946 en Haïti », paru dans *1946-1976 : Trente ans de pouvoir noir en Haïti*, *Collectif Paroles* (Dossier spécial), Tome 1 (1976), 81.

La petite-bourgeoisie intellectuelle de l'époque n'aura aucune peine à récupérer à son profit cette atmosphère de mécontentement dont elle fera d'ailleurs quelques années plus tard le terreau d'un mouvement quasi insurrectionnel appelé à tort la révolution de 1946. Mais, bien avant, c'est-à-dire au début des années quarante, elle avait défini les modalités et le cadre de son combat : réunions clandestines, conspirations contre le gouvernement en place et surtout articles critiques dans deux revues, *La Nation* et *La Ruche* influencées par Jacques Roumain, fondateur du parti communiste haïtien. Dans ces revues, de jeunes intellectuels dénonçaient le scandale de la SHADA, exprimaient les revendications paysannes, celles des travailleurs urbains et des petits commerçants frappés par la crise et même des membres de la bourgeoisie écartés des dividendes et des avantages du pouvoir politique par le népotisme de Lescot.

Il y eut donc une véritable effervescence intellectuelle et un vent de contestation alimentés par le passage à Port-au-Prince d'intellectuels de grande valeur qui donnaient des conférences auxquelles assistait une jeunesse avide d'idées nouvelles. Les nombreuses interventions de Nicolas Guillén, Alejo Carpentier, Aimé Césaire, Langston Hughes, André Breton eurent un impact considérable en ces années de bouillonnement idéologique et d'agitation politique. Mais, c'est surtout l'influence de Jacques Roumain, futur auteur de *Gouverneurs de la rosée*, qui sera déterminante comme l'écrivit plus tard René Depestre dans une retentissante interview à *Collectif Paroles* sur la « Révolution » de 1946 : « Roumain eut une polémique inoubliable avec le Révérend Père Froisset, à propos de la 'Campagne anti-superstitieuse' que Lescot déclencha contre le vodou. Le tyran s'était associé au clergé breton d'Haïti pour détruire les *houmforts* vodou. Roumain, dans *Le Nouvelliste* riposta vigoureusement. Il exposa avec une maîtrise rare sa vision matérialiste de la religion et de la société. Il montra d'où venaient les croyances religieuses, leurs rapports avec l'histoire, leurs liens avec la lutte des classes. C'est là aussi les sources intellectuelles de 1946 : la jeune pensée de Roumain montant à l'assaut des mythes de l'oligarchie haïtienne ! »[2]

---

[2] Depestre, René, « La Révolution de 1946 est pour demain… », dans *Collectif Paroles*, Tome 1 (1976), 36.

L'expression des revendications et des contestations politiques à l'aune du Marxisme

Gouverneurs de la rosée[3] n'est pas étranger à cette conjoncture de crise qui appauvrit la paysannerie haïtienne ni à cette vague de protestations et de dénonciations dont ou retrouve les éléments tout au long de ses chapitres : expropriation du paysan, famine sur fonds de misère, de sécheresse et de désolation de l'environnement attisant les divisions entre les membres de la communauté, exode vers les centres urbains, présence persistante et inquisitoriale de l'officier de police rurale, chien de garde du statu quo, et autres plaies sociales. Les revendications politiques des jeunes réunis autour de *La Nation* et de *La Ruche* y ont trouvé le plus large écho, en une approche qui comblait leurs aspirations progressistes.

Pourtant rien, encore moins le récit, ne prédisposait ce roman à être le champ du développement et de l'épanouissement d'une thèse à caractère politique. L'histoire est celle de l'amour qui lie Manuel Jean-Joseph, de retour au bercail après quinze années passées à « tomber la canne à Cuba » et une belle paysanne de Fonds-Rouge, Annaïse. L'état de délabrement général de la localité entretenu par une atmosphère de haine, la mentalité superstitieuse des paysans fermés au progrès, ont nécessité un discours et une praxis qui enlèvent à l'œuvre ce romantisme à l'eau de rose qui aurait dû être son destin tout en l'entraînant, comme malgré elle, dans une logique de résolution des problèmes sociaux et économiques par des voies politiques : 'conscientisation', dilution des antagonismes, réconciliation des protagonistes, solidarité, projet de développement à partir de la recherche et de la découverte de l'eau en vue de l'amélioration des conditions de vie dans la localité. Les traits de ce vaste programme mâtiné d'idéologie apparaîtront comme des thèmes récurrents à travers toute la trame du récit.

Ainsi en est-il du terme de contradiction, par exemple. Il participe non plus d'une volonté de dénonciation et de contestation mais d'affrontement, de violence pour aboutir à l'étape constructive de la création de la vie nouvelle dans une société renouvelée de fond en comble. En effet, pour les marxistes, la contradiction est un ferment de progrès. L'opposition des contraires et l'affrontement permanent sont

---

[3] Roumain, Jacques, *Gouverneurs de la rosée*, (Préface de Jacques Stephen Alexis), Port-au-Prince, Les Editions Fardin, 1999. Toutes les citations et toutes les références relatives à ce roman sont tirées de cette édition.

d'autant plus violents qu'ils seront un gage d'évolution, de dépassement.

Gouverneurs de la rosée a une structure dualiste, opposite même, qui entre dans ce moule idéologique. Véritables moteurs de l'action, les oppositions, les divisions, les antagonismes, les contradictions, sous formes de comparaisons ou d'affrontements donnent au roman son dynamisme interne. La misère réelle s'oppose à la richesse, à l'abondance, même si celle-ci n'est que virtuelle par la possibilité qu'a Manuel de trouver l'eau et de la conduire « la corde d'un canal au cou » dans les jardins des paysans. Partout s'affrontent la sécheresse et l'humidité dans des rixes sans fin dont l'ampleur est révélée non seulement grâce à la magie des mots et au réalisme des expressions sous la plume du romancier mais aussi par la juxtaposition de paysages absolument contrastés :

> Des racines mortes [qui] s'effritèrent entre ses doigts [de Manuel]... la terre grenue, sans consistance ... qui coulait comme de la poudre.
> ... Une étendue torréfiée, d'une sale couleur rouillée
> ... le morne décharné, ravagé de larges coulées blanchâtres, là où l'érosion avait mis ses flancs à nu jusqu'aux roches... Sur les hauts cactus... des volées de corbeaux qui, à son approche, s'enfuyaient dans un noir remous, avec des croassements interminables (25).

Cette vision d'enfer d'un environnement hostile n'est pas évoquée pour elle-même, ni pour on ne sait quel parti pris morbide de se complaire dans la description d'un univers dantesque et répulsif. Elle procède d'un prétexte, de ce choix tactique de mise en valeur des idées, des situations et même des personnages en les opposant à leurs contraires. Rien de mieux que le délabrement du paysage pour mieux faire sentir, vivre, voir (comme en songe !).

> l'eau courante dans les canaux comme un réseau de veines charriant la vie jusqu'au profond de la terre ; les bananiers inclinés sous la caresse soyeuse du vent, les épis barbus du maïs, les « carreaux » de patates allongés dans les jardins... (25).

L'opposition (le mariage, pourquoi pas ? tant ces deux termes se complètent dans la trame du roman, s'appellent l'un l'autre dans la conception marxiste comme deux aspects antinomiques, deux faces opposées d'une même réalité) entre l'aridité et la luxuriance dépasse l'antagonisme pour devenir un côtoiement, mieux une convergence des contraires. Loin de l'idée que l'hostilité apparente entre une chose et son contraire est négative, il s'avère que la contradiction qu'ils recèlent devient au lieu d'une exclusion et d'un rejet réciproque, un faire-valoir (l'eau n'aura de valeur que là où sévit la sécheresse et la richesse sera d'autant plus désirée que la misère et la pauvreté ont été pénibles) et une solidarité (les contraires s'interpellent et par un jeu et un rapport de complicité non seulement font l'unité du roman en ce sens qu'ils le construisent du début à la fin, mais encore créent par un constant dépassement du terme négatif de la contradiction (la pauvreté, par exemple) l'illusion de pouvoir automatiquement atteindre, par sa seule évocation, l'autre pendant, le terme positif (la richesse) :

> – Que dirais-tu, Anna, [demande Manuel], si la plaine se peinturait à neuf, si dans la savane, l'herbe de Guinée montait haute comme une rivière en crue ?
> – Je dirais merci pour la consolation.
> – Que dirais-tu si le maïs poussait dans la fraîcheur ?
> – Je dirais merci pour la bénédiction.
> – Est-ce que tu vois les grappes de petit-mil et les merles pillards qu'il faut chasser ? Tu vois les épis ?
> Elle ferma les yeux :
> – Oui, je les vois.
> – Est-ce que tu vois les bananiers penchés à cause du poids des régimes ?
> – Oui
> – Est-ce que tu vois les vivres et les fruits mûrs ?
> – Oui, oui
> – Tu vois la richesse ?
> Elle ouvrit les yeux.
> – Tu m'as fait rêver. Je vois la pauvreté… (65).

Cette opposition des contraires est ici une anticipation. Elle procède de l'appropriation quasiment magique du « beau » et du « bien » par l'étalage sans complaisance du « laid » et du « mal ». Cette approche manichéenne s'observe quel que soit l'angle sous lequel on l'aborde, de l'antagonisme entre le passé et le présent, de celui des lieux à celui des individus en passant par celui des sentiments et des mentalités.

Au niveau temporel, c'est l'opposition entre « le temps [passé] des combites (*konbit*), du chant viril et joyeux des hommes, du balancement étincelant des houes au soleil, le temps bienheureux où… les voix insouciantes des jeunes négresses jaillissaient comme une fontaine dans la nuit, [le] temps de la grâce et de la miséricorde » au temps [présent] du tarissement de la vie à Fonds-Rouge, de la mort, de la torpeur (86). C'est l'opposition géographique campagne-ville, symboles l'une de la désolation et du dépérissement, l'autre du bien-être factice, de la prostitution, de l'exploitation pour les jeunes paysannes et de la domesticité originaire des milieux ruraux. Il n'est pas jusque dans les rapports humains que ces contradictions n'existent, là où continue de s'appliquer la méthode antérieurement observée de mise en valeur [juxtaposition des contraires] qui oppose maintenant les individus sur le plan esthétique [même !] et qui les fait s'affronter dans leurs sentiments et leurs mentalités.

Annaïse et Manuel, son fiancé, personnifient la beauté physique. Une évocation combien suggestive de la première nous la présente « la gorge haute et pleine et sous le déploiement de sa robe, la noble avancée des jambes déplaçant le dessein épanoui de son jeune corps » (65). De son côté, Manuel est décrit comme « un nègre de grande taille », « un nègre bien fait » (33, 34, 87). De rares échantillons à opposer à cette sous-humanité abîmée par la misère, au corps altéré par les privations, au faciès quelconque quand ceux-ci ne sont pas tout simplement l'expression de la laideur. Telle Rosélia, la cousine d'Annaïse dont la poitrine est « sèche et flétrie » et qui « regarde avec envie les seins gonflés d'Annaïse, leurs pointes mauves comme du raisin » (112). Tel encore Gervilen [le rival haineux de Manuel], ce « nègre épais et comme foulé sous le pilon [dont] les mains énormes pendaient au bout de ses bras ainsi que des paquets de racines [et dont] les cheveux lui descendaient sur le front buté par petits buissons enroulés et clairsemés » (41-42).

La même structure opposée explique aussi le contraste des sentiments et des mentalités. Elle est manichéenne en ce sens qu'elle exprime le combat acharné entre les protagonistes, ceux qui d'un côté symbolisent le bien et de l'autre, le mal. Dans la première catégorie, nous retrouvons Manuel, l'homme qui a vécu pendant quinze ans dans les *bateys* à Cuba, et qui depuis son retour à Fonds-Rouge n'a de cesse de prêcher aux paysans divisés la paix et la réconciliation ; ce « gouverneur de la rosée » qui s'impose comme objectif de trouver l'eau (vaste programme à connotation politique et à retombée économique et sociale immense), d'organiser un grand rassemblement des paysans pour l'amener jusqu'à la plaine afin qu'« une haleine fraîche [disperse] l'odeur maligne de la rancune et de la haine…[et que] la communauté fraternelle [renaisse] avec les plantes nouvelles, les champs chargés de fruits et d'épis, la terre gorgée de vie simple et féconde » (61).

Dans la deuxième catégorie, sévissent Hilarion, le chef de section, gardien du statu quo de la domination politique et économique, et surtout Gervilen Gervilus, symbole, lui, comme réunis en un seul faisceau humain, de l'envie, de la haine et du nihilisme. Et comme pour les sentiments, les mentalités divergent dans la mesure où ce sont, à leur niveau, les mêmes rivalités qui continuent de départager les protagonistes du roman. Là où s'affrontaient beauté et laideur, amour et haine, s'opposent désormais en une lutte tout aussi implacable solidarité et individualisme, modernité et archaïsme : d'une part l'idée d'un grand rassemblement pour la conquête de l'eau, sa distribution équitable, sa gestion rationnelle, gages de la transformation et de la modernité de la localité de Fonds-Rouge, d'autre part le refus obstiné de l'union, le culte haineux de l'isolement comme de puissants ferments de maintien de la tradition dans ses aspects négatifs. D'un côté, les idées et les comportements favorables au progrès comme le volontarisme, l'endurance au travail incarnés par Manuel, de l'autre une mentalité archaïque prônant la résignation, la démission, la soumission aux forces surnaturelles.

La structure contradictoire du roman liée au parti pris idéologique de l'auteur devra nécessairement nous amener à une opposition ultime (contradiction non pas fondamentale parce que ne constituant pas, dans la perspective marxiste, le moteur de l'action dans *Gouverneurs de la rosée*), essentielle même parce que révélatrice de l'engagement social de Manuel et de l'option politique de Jacques Roumain. Il s'agit de l'opposition entre exploiteurs et exploités, entre l'oligarchie traditionnelle et la couche la plus démunie de la population haïtienne : la paysannerie.

Une contradiction essentielle

Les critères qui régissent cette opposition ne sont ni normatifs, ni esthétiques. De nature économique, ils induisent un rapport de domination comme celui observé par Manuel lors de son séjour à Cuba et dont le romancier a reproduit, à une moindre échelle certes, les manifestations dans les compartiments sociaux de la petite localité de Fonds-Rouge. On n'y trouve pas l'infrastructure capitaliste agraire déjà avancée de l'île voisine aux contradictions beaucoup plus accentuées entre une petit nombre de propriétaires détenteurs de très grandes propriétés[4] et d'innombrables ouvriers agricoles travaillant à couper la canne et qui « n'ont que le courage de leurs bras ». On n'assiste pas non plus à Fonds-Rouge à ces méthodes et moyens de luttes, le meurtre contre l'oppresseur et la grève par exemple, qu'exaspère une exploitation à outrance de la force de travail ouvrière (37). Mais on y touche la trame des conflits futurs dans les contradictions entre les « habitants des mornes et des plaines » et « les bourgeois de la ville [qui les] appellent... nègres-pieds-à-terre, nègres-va-nu-pieds, nègres-orteils », ou dans celle raciale, bien réelle dans la société haïtienne de l'époque, recoupant ses antagonismes socio-économiques, transposée au ciel par dérision, entre « ces anges nègres pour faire le gros du travail de la lessive des nuages ou balayer la pluie et mettre la propreté du soleil après l'orage, pendant que des anges blancs chantent comme des rossignols toute la sainte journée ou bien soufflent dans de petites trompettes comme c'est marqué dans les images qu'on voit dans les églises » (65).

Ainsi, sans avoir l'ampleur des contradictions entre grands propriétaires terriens et ouvriers agricoles dans le Cuba du début du 20ème siècle, les rapports entre les paysans de Fonds-Rouge et l'oligarchie traditionnelle haïtienne sont tout aussi conflictuels, même si c'est de manière larvée. Car les rivalités n'opposent pas directement les acteurs dans le même face à face sur le terrain de la production agricole et industrielle. L'affrontement se fait plutôt au second plan, si l'on peut dire, entre le paysan et ces intermédiaires, représentants véritables de l'oligarchie, que sont le chef de section ou officier de police rurale, le juge de paix, le spéculateur en denrées, l'inspecteur des marchés. Dans *Gouverneurs de la rosée*, le vécu, le fonctionnement et la réalité de ces agents de l'ordre, « en service commandé » en font les symboles de la domination politique et économique.

Tout ce monde se retrouve dans un projet commun de spoliation du paysan dans ses terres et ses ressources. De l'inspecteur de marché qui extorque sans vergogne le produit de la vente de la vieille Délira à l'officier de police qui se propose de rafler jardins et « carreaux » de terres en passant par le lieutenant et le juge de paix

---

[4] « Tu pourrais marcher d'*isit* à la ville, sans rien voir d'autre que la canne, raconte Manuel à quelque paysans réunis, la canne de tout côté, sauf, de temps à autre, un palmiste sans importance comme un balai oublié », 36.

avec lesquels il compte partager ses rapines, tous ces comparses, solidaires entre eux, tiennent leur rôle dans la grande chaîne d'exploitation de la paysannerie, dont ils confortent les fondements chacun à son niveau spécifique (55, 108).

On comprend qu'en chien de garde du statu quo, Hilarion surveille Manuel dans ses faits et gestes, et surtout dans ses propos et conversations. Il juge son discours subversif :

> – Comme quoi tu causes aux habitants, n'est-ce pas ? (lui demande Hilarion)
> – Tu causes toutes sortes de paroles, il paraît… Un éclair de malveillance passa dans ses yeux plissés.
> – Et bien, elles ne sont pas du goût des autorités, ce sont des paroles de rébellion (41).

On n'a jamais rien entendu de pareil à Fonds-Rouge. Ce sont des paroles qui menacent de déranger les paysans dans leurs croyances, leurs façons de pensée, leurs habitudes et qui, à terme, finiront par devenir dangereuses pour l'ordre établi. Il s'agit d'un discours qui prend parti pour les démunis et qui appelle à la 'conscientisation' pour renverser cet ordre. Chez Manuel, ce discours se développe en deux temps, se proposant pour chacun d'eux un objectif précis.

Ce discours est d'abord dénonciation de l'injustice dont sont victimes les paysans, de la malfaisance des autorités à leur égard, du parasitisme de tous ceux qui vivent à leurs dépens ; mais aussi dénonciation de leur accoutumance à la résignation et à la soumission. Car Manuel ne prend pas seulement en compte les torts causés par les autres. Dans une saisie globale du paysan en tant qu'homme, avec ses actions éventuellement fastes ou néfastes, il considère aussi les préjudices dus à son insouciance et à sa légèreté, refusant ainsi toute angélisation d'un être qu'il entend responsabiliser et qu'il convie à forger puis à assumer son destin. Au spectacle désolant qu'offrait Fond-Rouge, où l'eau était tarie depuis les entrailles du morne, où la terre était réduite à des mottes durcies « pleines de brindilles et de détritus de racines desséchées qui s'écrasaient sous les doigts », Manuel n'a eu aucune peine à trouver les auteurs véritables de cette catastrophe, ces « nègres inconséquents, ces nègres sans mesure » qui ont coupé chênes, acajous et « tout ce qui poussait là-haut » (43).

Donc, des hommes et des femmes sont responsables en partie de leur propre malheur. Du courage ! Il en a fallu certainement à

Jacques Roumain pour prendre à rebrousse-poil les attitudes et les opinions marquées au coin de la sensiblerie idéologique, généralement émises et défendues dans les milieux de gauche de l'époque (nous sommes dans les années quarante). En effet, le fait d'être démuni faisait bénéficier d'une perception favorable, dédouanant de toute responsabilité dans l'échec personnel ou collectif des individus appartenant à un secteur socialement et économiquement défavorisé ; comme, à l'inverse, les privilèges des nantis peuvent alimenter des préjugés défavorables à leur encontre. Deux attitudes contrastées répercutées de manière tranchée, à travers une vision manichéenne des choses, par deux situations socio-économiques opposées : être ipso facto irresponsable de ses déboires économiques parce que démunis et être automatiquement responsable des malheurs d'autrui parce que privilégiés. *Gouverneurs de la rosée* qui est un acte d'amour à l'égard du paysan haïtien et un vibrant plaidoyer en sa faveur ne saurait sombrer dans ce travers idéologique, ce populisme facile. Il est un appel à sa responsabilisation, exprimant ainsi la volonté de lui faire assumer éventuellement son échec pour mieux l'impliquer dans la construction de l'avenir.

C'est la raison pour laquelle le discours de Manuel/Roumain n'était pas seulement subversif contre l'ordre établi. Il se devait aussi de l'être contre le moi profond du paysan chez qui la superstition, « les idées de résignation et de soumission s'étaient formées avec une rigidité traditionnelle et fatale » (65). Ce discours prend ici les dimensions d'une véritable subversion culturelle qui s'insurge contre les croyances et dénonce l'inanité des cultes y relatifs :

> La récolte a péri, il n'y a plus d'espoir. Comment vivez-vous ? Ce serait un miracle si vous viviez, mais c'est mourir que vous mourrez lentement. Et qu'est-ce que vous avez fait contre ? Une seule chose : crier votre misère aux loas, offrir des cérémonies pour qu'ils fassent tomber la pluie. Mais tout ça, c'est des bêtises et des macaqueries. Ça ne compte pas, c'est inutile et c'est un gaspillage (67).

Ainsi le changement politique, économique et social implique d'abord celui des mentalités. Se départir de la superstition, du fatalisme, faire siennes les idées positives, tel sera le deuxième objectif du discours de Manuel dans le but de compléter l'œuvre qui passe ainsi du stade de la critique et de la dénonciation à celui des idées, des propositions constructives. L'unité des paysans pour résister à l'oppression politique et économique, la fraternité pour conjurer les divisions et les affrontements, et le dialogue sont les trois étapes devant conduire au projet prométhéen de prise en main par les paysans de leur propre destinée. Ou, pour être plus précis, à la proposition concrète (après tant d'abstractions : unité, fraternité…) d'aller à la recherche de l'eau, de s'ériger en véritables « gouverneurs de la rosée » pour le plein épanouissement de la vie future.[5]

Une oeuvre universelle

Les quelques références choisies pour aborder *Gouverneurs de la rosée* politiquement et le situer idéologiquement (les contradictions, la division de la société en classes antagonistes, la domination économique, politique et sociale, l'option de l'auteur en faveur des opprimés, le discours de Manuel contre l'ordre établi) si elles témoignent de l'engagement politique du romancier, ne paraissent pourtant pas suffisantes pour autoriser la classification de cette oeuvre dans la catégorie des ouvrages résolument marxistes. Bien qu'étant une oeuvre à thèse, ce roman d'inspiration progressiste aura laissé à son auteur une très grande marge de liberté par rapport au schéma dogmatique d'une idéologie figée. Les innombrables contradictions qui constituent l'armature même du roman n'apparaissent dans leurs rapports entre elles que comme des faire-valoir dans une sorte de solidarité réciproque. Ces contraires « se médiatisent non dans leur dépassement mais dans leur conciliation. Ou pour mieux dire, dans leur réconciliation en donnant l'illusion de la cohérence et de l'harmonie. »[6] Jean-Claude Fignolé que nous venons de citer aura beau jeu de démontrer l'inexistence, dans ces conditions, d'un projet de dépassement. Selon lui, le roman ne contiendrait aucun choc des contraires, aucun éclatement des contradictions qui déboucherait sur un changement révolutionnaire, mais des oppositions sans conséquences réelles, un replâtrage du présent et du futur sur le passé, dans un anti-mouvement perpétuel de retour, de répétition. Continuant de mesurer

---

[5] C'est par la métaphore du poing fermé que Manuel représente l'union des travailleurs en grève à Cuba : « il serra le poing : - Et maintenant, est-ce que c'est assez solide, assez massif … ? » (69).

[6] Fignolé, Jean-Claude, *Sur « Gouverneurs de la rosée »* (*Hypothèse de travail dans une perspective spiraliste*), illustrations de Franketienne, Port-au-Prince, Les Editions Fardin, 1974, 27.

Gouverneurs de la rosée à l'aune idéologique, cet analyste dit ne pas constater d'objectif révolutionnaire de remplacement de l'ordre socio-économique de Fonds-Rouge, ni de projet de réforme agraire qui changerait la condition des paysans,[7] mais une « individuation des intérêts » de ceux-là qu'aura exacerbée la découverte de l'eau amenée dans leurs jardins par le biais d'un canal aménagé à cet effet. Et de conclure : « Il [Roumain] aboutit à légitimer, en la perpétuant, la propriété privée. C'est la faillite totale de son idéologie » (29).

Pourtant, à la fin de ce même texte, Fignolé reconnaît que *Gouverneurs de la rosée* demeure indépendant des motivations idéologiques de Jacques Roumain, qu'il y a divorce entre « le projet idéologique » de l'œuvre qui « n'est ni de droite ni de gauche » et qu'il s'agit là d' « un grand et beau roman parce qu'il ne reflète pas mécaniquement la réalité... Tout compte fait, poursuit-il, le mieux pour juger Jacques Roumain et son oeuvre est de ne pas enfermer l'un et l'autre dans les limites de leur idéologie » (87, 88). Voilà qui est bien dit et qui conduit à s'élever en un bel éclair de lucidité et d'équilibre analytique, des procès d'intention[8], des extrapolations idéologiques propres au gauchisme des années soixante, à la dimension extraordinaire d'une oeuvre libre de toute contrainte (sinon littéraire), immense de sa liberté et de son universalité.

Car, toute analyse, pour brillante qu'elle soit, qui mesure une oeuvre littéraire à l'aune de l'idéologie est dangereuse. Elle est appauvrissante. Autrement dit, littérature et idéologie ne font bon ménage que pour accoucher du stalinisme ou de tout autre fascisme qui embrigade l'inspiration et limite la création. Fort heureusement Jacques Roumain et son roman échappent à ces limitations. Comme pour l'œuvre, ce qui importe chez son auteur, c'est la liberté de l'inspiration par rapport à toute entrave censée définir à l'avance les sujets à aborder et les contours à leur imprimer. C'est le refus de la grille idéologique de référence comme élément d'orientation et d'attestation de la valeur littéraire.

---

[7] Omettant d'accorder le projet idéologique de l'œuvre à sa propre idéologie, Roumain ne pose pas le problème de la réforme agraire, problème capital s'il en est, dans un pays où 68% des familles paysannes, d'après Paul Moral, posséderaient moins de deux carreaux de terres (Fignolé, 77).

[8] Fignolé avait reproché à Roumain de n'avoir pas posé le problème de la réforme agraire, 77.

Pourquoi, par exemple, reprocher à Roumain d'avoir omis de poser le problème de la réforme agraire si telle n'était pas son intention ou si l'unité de son texte devait s'en ressentir ? Pourquoi penser que la problématique de la violence révolutionnaire devait obligatoirement être abordée dans le cadre d'un roman qui n'est ni un livre d'Histoire ni un manifeste du parti communiste ?

En réalité, la part de création que recèle tout roman, oeuvre d'imagination par excellence, fait que le romancier y apporte sa touche personnelle loin des réponses et des interprétations exclusivistes. Ce n'est pas éluder les conflits sociaux, la situation critique du paysan et la problématique du changement que les poser autrement ; ce n'est pas non plus s'en écarter que d'imaginer des solutions en dehors des normes officielles. D'abord, en ce qui a trait aux conflits qui ruinent la communauté de Fonds-Rouge et aux contradictions auxquelles ils donnent lieu, Jacques Roumain joue inlassablement la carte du dialogue au détriment de celle de la violence supposée conduire par la lutte armée à l'éclatement social et aux progrès pour les générations futures. Manuel, son porte-parole, n'a de cesse de réunir les paysans, malgré leur opposition en clans antagonistes et hostiles :

> Je suis parti pour les pays étrangers [dit-il] et quand je suis retourné, j'ai trouvé Fonds-Rouge saccagé par la sécheresse et plongé dans une misère sans pareille... Et j'ai trouvé les paysans dispersés par le désaccord (*Gouverneurs*, 115).

Et il les convie à la réconciliation, à l'union :

> Tous les habitants sont pareils, tous forment une seule famille. C'est pour cela qu'ils s'appellent entre eux : frère, compère, cousin, beau-frère. L'un a besoin de l'autre. L'un périt sans le secours de l'autre (116).

Même au plus fort de la lutte des classes dans les *bateys* cubains, de l'exploitation forcenée des coupeurs de canne dans les plantations sous le soleil implacable et sous la menace de la férule des gardes ruraux, Manuel s'est souvenu des vertus du dialogue. Il y a d'un côté les ouvriers agricoles qui font la grève pour réclamer le juste prix de leur courage, qui tiennent bon malgré la faim et l'intervention brutale de la police ; il y a de l'autre le patron dont « la canne pourrit sur pied », dont la « Centrale attend avec les dents désœuvrées de ses moulins », le patron qui, en fin de compte, sera bien obligé de composer : « Alors quoi, qu'il dit, on ne peut pas causer ? » (69).

On pourrait objecter qu'il s'agit ici d'un dialogue musclé qui préfigure déjà l'affrontement violent pour le changement révolutionnaire ; que la répugnance de Manuel pour la violence (même s'il avait tué un garde à Cuba) ne l'a pas épargné des coups de poignard de son assassin, Gervilen. A ces deux objections, on répondrait d'abord qu'un dialogue réussi est le plus court chemin des problèmes à leur solution. Et que la mort de Manuel est une semence génératrice de vie nouvelle (l'enfant que porte Annaïse) et de prospérité (l'eau comme élément de fertilisation des jardins des paysans).

On le voit, il existe d'autres voies pour résoudre les problèmes nés des conflits sociaux. Les solutions à leur apporter ne sauraient être unilatérales. Jacques Roumain ne s'est pas fait faute de les dénombrer et d'en proposer pour l'amélioration de la situation économique de l'ouvrier et du paysan. Loin du chambardement total que les marxistes ont toujours appelé de leurs vœux, et qui est la panacée, ont-ils cru, à l'exploitation, à la misère et à l'inégalité (la fin de l'Histoire, quoi !), il a exploré d'autres pistes comme le sont la solidarité, le sens des responsabilités, la guerre au fatalisme, la protection de l'environnement et surtout l'amour, « un amour encore plus vaste que celui du sermon sur la montagne parce que plus inséré dans le contexte de l'action pratique ».[9]

Il existe d'autres voies, non pas singulières, unilatérales ou exclusives, mais au contraire plurielles et ouvertes, ces pistes donnent à ce roman l'envergure de ces productions qui transcendent l'idéologie, le temps, l'espace. Elles lui confèrent un humanisme et une universalité qui permettent à chaque homme, à chaque femme, à chaque peuple de s'y retrouver, soit en vibrant à l'unisson des joies et des peines d'Annaïse et de Manuel, soit en maudissant le sort des paysans de Fonds-Rouge, ou encore en espérant que la découverte de l'eau et son exploitation dans la solidarité amélioreront la vie des hommes et des femmes de cette localité.

---

[9] Alexis, Jacques Stephen, *Jacques Roumain vivant. En guise de préface à 'Gouverneurs de la rosée'*, Port-au-Prince, Les Editions Fardin, 1999.

Le peuple assiégé : l'écriture romanesque de Jacques Stephen Alexis[1]

Carrol F. Coates

Résumé : Les intrigues des trois romans de Jacques Stephen Alexis – *Compère Général Soleil* (1955), *Les arbres musiciens* (1957) et *L'espace d'un cillement* (1959) – se déroulent dans le cadre de la réalité politique et sociale d'Haïti, entre les années 1930 et 1950. La corruption des gouvernements successifs, l'indifférence des politiciens devant la misère du peuple et l'influence économique néfaste des Etats-Unis sont les thèmes fondamentaux qui lient les romans. Carrol Coates montre comment à travers les pratiques religieuses, la musique populaire, particulièrement les chansons, et l'emploi de langues multiples, dont le *kreyòl* et l'espagnol, le peuple s'efforce d'échapper aux forces d'oppression qu'il subit en subvertissant l'ordre des choses.

Summary: The intrigues of the three novels of Jacques Stephen Alexis - *Compère Général Soleil* [*General Sun, My Brother*] (1955), *Les arbres musiciens* (1957) et *L'espace d'un cillement* [*In the Flicker of an Eyelid*, 2002] (1959) – unfold within the framework of Haiti's political and social reality between 1930 and 1950. The corruption of successive governments, the indifference of politicians to the people's misery, and the harmful economic influence of the United States are the fundamental topics that bind these novels together. Carrol Coates shows how, through religious practices, popular music, particularly

---

[1] Je tiens à remercier vivement mon ami et collègue, Robin Orr Bodkin, d'avoir revu le manuscrit de cet article.

every day songs, and the use of multiple languages (both *kreyòl* and Spanish) the Haitian people subvert the *status quo* in order to elude the forces of oppression.

* * *

Dans ses trois romans – *Compère Général Soleil* (1955), *Les arbres musiciens* (1957) et *L'espace d'un cillement* (1959)[2] – Jacques Stephen Alexis a réalisé une « radiographie » de trois régimes présidentiels d'Haïti, donnant ainsi une perspective approfondie de l'histoire haïtienne à travers une vingtaine d'années, de 1930 à 1950. Chaque roman décrit les difficultés que connaît le peuple haïtien pour survivre alors qu'il est continuellement ballotté par des désastres naturels (les cyclones, les inondations, l'érosion continuelle), par des actes criminels (la brutalité excessive de la police, les incendies et les vols) et, finalement, par la corruption et l'indifférence d'une succession de gouvernements: celui de Stenio Vincent (1930-1941), d'Elie Lescot (1941-1946) et de Dumarsais Estimé (1946-1950).[3]

Dans chacun des trois romans, certains éléments parallèles se retrouvent.[4] Il y a d'abord l'amour d'un couple d'origine populaire. Dans *Compère Général Soleil*, Hilarion Hilarius, ancien *restavek* et *vakabon*, tombe amoureux de Claire-Heureuse qui, elle aussi, a été *restavek*. Les difficultés de l'existence quotidienne du couple forment la trame principale de l'intrigue. Dans *Les arbres musiciens*, Gonaïbo, d'origine Taïnos, s'éprend d'Harmonise, l'arrière-petite-fille de Bois-d'Orme Létiro, un *oungan* qui organise la résistance à la Campagne antisuperstitieuse. Juste avant de mourir, le *oungan* bénit le jeune

---

[2] *Compère Général Soleil,* Paris, Gallimard, 1982 [1955] ; *Les arbres musiciens,* Paris, Gallimard, 1957 ; *L'espace d'un cillement*, Paris, Gallimard, 1983 [1959].

[3] On remarque qu'Alexis a passé une bonne partie de son enfance et de son adolescence sous les régimes de Vincent et de Lescot. Après le *dechoukaj* de Lescot, il partira en France avec une bourse et ne voit que de loin le régime militaire de 1946 et celui d'Estimé.

[4] Elisabeth Mudimbe-Boyi a raison de relever « une certaine similitude » dans la structuration des romans : « on a d'abord, écrit-elle, soit une présentation des héros principaux et du cadre dans lequel ils vont se mouvoir, soit une mise en place des différentes factions entre lesquelles se dérouleront les débats ». *L'œuvre romanesque de Jacques-Stephen Alexis. Une écriture poétique, un engagement politique*, Montréal, Humanitas, 1992 [1967], 71.

couple sur lequel il fonde son espoir de voir se perpétuer la culture traditionnelle perturbée par l'arrivée des Américains. Quant à *L'espace d'un cillement,* l'intrigue tourne autour de l'étonnante progression de « la belle amour humaine » entre les deux exilés cubains, El Caucho et La Niña Estrellita qui se rencontrent à Port-au-Prince.

La culture haïtienne et les problèmes du peuple sont les éléments principaux du monde diégétique des romans d'Alexis dont les intrigues sont toujours campées dans un contexte historique bien réel. *Compère Général Soleil* est rempli d'allusions au régime de Sténio Vincent. Deux chapitres au centre du roman ont pour cadre, l'un, une soirée chez Jérôme Paturault, ministre et confident de Vincent (II, iv)[5], l'autre, une conversation intime entre Vincent et son ministre (II, vi). L'action principale du roman se déroule vraisemblablement à partir de 1936, bien que la date ne soit pas spécifiée, jusqu'au début d'octobre 1937, l'époque des « Vêpres dominicaines ». Cet épisode se rapporte au massacre, sur les ordres du président Trujillo même, de quelques milliers d'ouvriers haïtiens qui travaillaient dans la République Dominicaine. L'intrigue du roman, *Les arbres musiciens,* se déroule en 1941, après la prise de pouvoir par Elie Lescot, jusqu'à Pâques 1942. Dans ce roman, Alexis évoque les manœuvres de la SHADA (Société Haïtienne-Américaine de Développement Agricole) pour exproprier les terres des paysans dans le but de planter la *cryptostegia grandiflora*, ou *kòn kabrit*, une mauvaise herbe australienne destinée à produire du caoutchouc pour l'armée américaine. A la même époque, comme par hasard, Rome montait une nouvelle campagne antisuperstitieuse pour contrecarrer la religion populaire, le vodou. Ainsi, Alexis se concentre sur deux complots manipulés de l'extérieur d'Haïti avec la collaboration intéressée du président Elie Lescot. En outre, le romancier ne se prive pas de souligner le complot du vol des terres des paysans grâce à un accord entre l'ambassadeur américain et le nouvel archevêque des Cayes, Monseigneur Joseph Collignon (Oblat de Marie Immaculée), le modèle étant dans la réalité l'archevêque, Monseigneur Jean-Louis Collignon. La politique pro-américaine d'Elie Lescot est visée dans l'ensemble du roman. Finalement, *L'espace d'un cillement* se situe au printemps de 1948, sous le régime de Dumarsais Estimé. Dans ce roman, Alexis laisse le personnage d'Estimé à l'arrière plan,

---

[5] Elie Lescot a servi de modèle à ce ministre « fictive » ; voir mon introduction à la traduction du roman, *General Sun, My Brother*, Charlottesville, University Press of Virginia, 1999, xix.

mais les ouvriers en parlent et s'en plaignent. Ils le voient comme un président qui ne fait pas grande chose pour résoudre les problèmes du chômage et de la misère du peuple. Le seul espoir d'emploi reste celui d'être embauché pour les travaux de l'Exposition Internationale, projet de grande envergure par lequel Estimé espérait attirer l'intérêt des touristes et rétablir l'économie affaiblie. L'événement historique d'une importance capitale dans *L'espace* est l'assassinat de Jesús Menéndez à Cuba, le 22 janvier 1948. Quand Rafaël — El Caucho — reçoit, après un délai, le message lui communiquant la nouvelle de la mort de son mentor, il est atterré et va se soûler au bar où travaillent La Niña et les autres prostituées. [6]

Deux thèmes fondamentaux lient chacun des trois romans: l'indifférence du gouvernement haïtien devant la misère et la souffrance du peuple et les ambitions des notables de chaque gouvernement de cultiver le pouvoir dominant dans la sphère des Caraïbes, soit celui de Washington. Dans les deux premiers romans, le président haïtien est coupable non seulement d'indifférence à la situation du peuple, mais aussi d'associations criminelles. Vincent et le ministre Paturault ont reçu de l'argent du dictateur Trujillo qui désirait acheter l'indulgence du régime haïtien. En conséquence, Vincent n'a pas osé protester contre le massacre des Haïtiens sur ordre de Trujillo en octobre 1937. Lorsque Lescot passe président en 1941, il affiche ouvertement sa collaboration avec les Américains, déclarant la guerre à tous ceux qui s'opposent à eux, et surtout donnant le feu vert à la SHADA pour exproprier des terres aux paysans. D'ailleurs, le gouvernement cubain de Ramón Grau San Martín suit une politique similaire, particulièrement de résistance aux agitateurs « communistes » qui revendiquent des droits et des gages plus importants pour permettre aux ouvriers du tabac et du sucre de nourrir leur famille. Du côté haïtien, dans *L'espace*, le Président Estimé, comme le Président San Martín à Cuba, fait de son mieux pour déjouer les efforts des organisateurs en faveur des ouvriers. Dans les années suivant la deuxième guerre mondiale, la crise économique s'installe avec pour conséquence un chômage d'une ampleur considérable. Chacun des trois romans, pourtant, se termine par une lueur d'espoir.

---

[6] Il s'agit d'un certain Capitaine Joaquín Casillas Lumpuy qui traquait Jesús Menéndez et qui, le 22 janvier 1948, le blessa mortellement à la gare de Manzanillo. Voir mon commentaire suivant la traduction du roman, *In the Flicker of an Eyelid*, Charlottesville, UP of Virginia, 2002, 259.

Mortellement blessé, Hilarion propose à Claire-Heureuse le devoir de continuer la lutte:

> Tout à l'heure tu devras t'en aller toute seule, va ton chemin, sans tourner la tête. Il faut que tu crées un autre Hilarion, d'autres Désiré [leur enfant mort pendant leur fuite], toi seule peux les recréer.... Va vers d'autres matins d'amour, vers d'autres jours de la Saint-Jean, vers une vie recommencée (*Compère*, 350).

Créer un autre Hilarion et un autre Désiré, c'est prévoir l'éventualité de créer l'« homme de maïs »[7] et de relever le défi de la lutte des droits du peuple.

Dans *Les arbres musiciens*, l'amour qui naît entre Gonaïbo et Harmonise semble n'avoir qu'une importance secondaire par rapport à l'intrigue principale du roman qui tourne autour des agissements du gouvernement Lescot et de l'église catholique menaçant l'existence des paysans. C'est seulement vers la fin du roman que la relation des jeunes gens prend de l'importance car ils symbolisent la survivance de la culture populaire et des valeurs paysannes.

La clôture provisoire de *L'espace d'un cillement* envisage un avenir vague pour le couple amoureux, même si l'espoir les nourrit. En effet, dans les deux dernières « Mansions », Rafael (El Caucho) et Eglantina (La Niña) finissent par être attirés l'un par l'autre, et la jeune femme, prostituée jusqu'alors, découvre que la sensualité saine n'est pas morte en elle, comme elle le croyait. La surprise de la coda, c'est l'ouverture vers l'avenir qu'annonce le départ subit et inattendu de la Niña. Celle-ci ressent la nécessité de se « nettoyer » des souillures de sa vie de prostituée et de mériter l'amour inespéré d'un homme « total ». Il est clair que le romancier entend conclure son roman par cette ouverture vers un amour possible et une existence humaine dans la dignité. Il s'agit là de valeurs sociales et psychologiques incertaines ou inconnues dans la réalité quotidienne du peuple haïtien en 1937, en 1942, en 1948 – époques où la main de l'Oncle étoilé manipule les dictateur-présidents, non seulement d'Haïti, mais des autres îles du bassin des Caraïbes.

---

[7] Dans *L'espace d'un cillement*, El Caucho parle de Jesús Menéndez comme d'un « homme d'eau et de maïs », une allusion transparente au roman de Miguel Angel Asturias, *Hombres de maíz*, publié en 1949, et à l'idée de l' « homme authentique » créé du maïs par les dieux selon la légende du Popol-Vuh.

Dans ses romans, Alexis met en valeur un grand nombre
d'éléments de la culture populaire : la religion, la musique, la danse, les
jeux d'enfants, la sagesse par l'intermédiaire de proverbes, la cuisine,
la médecine, la géographie, la botanie, la faune, et l'agriculture. Alexis
montre combien ces manifestations naturelles de l'être haïtien – son
discours – sont incessamment assiégées et réprimées.

La religion

Ghislain Gouraige voit une « évolution » dans le caractère des
protagonistes des romans d'Alexis : « Le personnage de Caucho est en
effet l'aboutissement d'une recherche entreprise depuis Hilarion qui
marque l'étape première d'une évolution ».[8] À son tour, Yves Antoine
va dans le même sens quand il remarque que dans *Les arbres musiciens*
« Carles Osmin, Gonaïbo, Carméleau font [...] profession
d'athéisme ».[9] Somme toute, Hilarion est un *ounsi kanzo*, un initié du
vodou qui est capable de prendre dans sa main un tison du four de la
cuisine de Fort Dimanche pour porter du feu à Pierre Roumel qui n'en
a pas pour allumer ses cigarettes. Dans le *kamyon* en route pour Ça-Ira,
Hilarion est peu enthousiaste quand il songe aux dépenses de sa mère
qui organise une cérémonie pour remercier les *lwa* de sa libération
après le mois qu'il a passé en prison. Mais au cours de la cérémonie,
Hilarion reprend goût au rituel en retrouvant divers membres de sa
famille. Le soir, il commence à retrouver sa foi d'autrefois:

> Voilà longtemps que les tracas et les soucis de la vie des villes
> avaient obscurci en Hilarion la foi brûlante dans les mystères du
> Vaudou. La bataille quotidienne pour manger lui avait enlevé tout
> loisir de penser au vieil héritage de l'Afrique. Il était venu à
> Léogane par condescendance ; toutes ces choses étaient étrangères
> à son cœur. La puissance d'une culture aussi vieille que le monde
> avait perdu tout pouvoir sur lui. Mais brusquement, dans la chaleur
> de cette pièce, tous les fantômes de sa jeunesse étaient revenus
> l'assaillir. Il brûlait avec eux, d'un feu frémissant. Il sentait dans la
> pièce la souffle des dieux-fauves de son enfance, exigeants, jaloux
> et cruels, les dieux-plantes, les dieux de l'eau, des carrefours et du
> vent, tous les rois-loas du culte de la couleuvre présents dans

---

[8] Gouraige, Ghislain, *Histoire de la littérature haïtienne. De l'indépendance à nos jours*, Genève, Slatkine, 2003, 295.
[9] Antoine, Yves, *Sémiologie et personnage romanesque chez Jacques Stephen Alexis*, Montréal, Éditions Balzac, 1993, 209.

l'atmosphère puante du *cacadiable* [*kakadyab*] qui brûle (*Compère*, 125).

Sous l'influence du docteur Michel et des autres communistes, Hilarion apprend à lire et à étudier l'histoire. Il prend conscience de l'oppression à laquelle lui et les siens sont assujettis. Il se met alors à ressasser les mauvais traitements de son passé de *restavek*, la misère de sa famille, ses difficultés à trouver du travail, et la corruption et la cruauté des gardiens de la prison. A la fin du roman, juste avant de mourir, il décrit à Claire-Heureuse les malheurs qu'il a subis, mais aussi sa vision d'un avenir plus heureux et plus juste sous les ordres de Compère Général Soleil.

La question de l'asservissement du peuple haïtien et de ses tentatives de libération par l'intermédiaire de ses ressources culturelles fondamentales, comme la religion, infiltrent tous les romans d'Alexis. Mais à la fin du roman, *Les arbres musiciens*, le nouveau gouvernement est toujours corrompu, les paysans continuent à vivre dans la misère tandis que les fonctionnaires haut placés jouissent de l'opulence. Les Nord-Américains sont à nouveau présents, mais cette fois avec leurs tracteurs pour planter la *cryptostegia* afin de récolter du caoutchouc pour leur équipement de guerre. Ce deuxième roman est composé autour du thème de la religion et de la culture populaire. Les 16 chapitres se répartissent en deux grandes parties (non numérotées par Alexis). Chacune de ces deux parties (non-numérotées) est sous-divisée en quatre chapitres. La première partie (les chapitres I à VIII) se concentre sur les préparatifs de la double campagne pour éjecter les paysans de leurs terres et sur l'organisation de la résistance des paysans. Papa Bois-d'Orme Létiro, le plus respecté des *oungan* est maître de la grande cérémonie au cours de laquelle le Tonton Pierre est enterré.

> Le courage s'était raffermi dans la campagne. Les dieux étaient tous venus. Ti-Dangni s'était réincarné. Les dieux étaient tous venus. Ti-Dangni s'était réincarné. Les dieux restaient donc fermement attachés à leurs enfants. Ils pouvaient venir, les nouveaux inquisiteurs (*Les arbres*, 205).

Alexis attache une telle importance à la cérémonie du chapitre VIII qu'elle est placée au centre textuel du roman.

Le maire de Fonds Parisien est fort inquiet des bruits qui courent sur la SHADA. Lui et ses concitoyens comprennent immédiatement que les Américains ne leur apporteront rien de bon. Mais la SHADA et la campagne antisuperstitieuse de l'Eglise ne sont pas les seuls obstacles des paysans qui servent les *lwa*. La sorcellerie l'est aussi. Symbolisée par le personnage de Danger Dossous, celui-ci a pour but de miner l'influence de Bois-d'Orme afin de devenir le maître de tous les *ounfò*. Deux scènes de confrontation entre le *oungan*, Bois-d'Orme et le *bòkò*, Danger Dossous révèlent la tension politique qui règne dans la région, sous couvert de domination religieuse. Dans un premier temps, Bois-d'Orme confronte Danger à l'entrée du *ounfò* où les *oungan* sont rassemblés pour dresser leur stratégie contre le gouvernement et les Américains (ch. VII). Bois-d'Orme maîtrise Danger par la force même de son regard, tel un hypnotisme. Le sorcier veut recréer une antique société satanique qui lui permettra de dominer tous les paysans une fois que la campagne antisuperstitieuse aura triomphé des *ounfò* (ch. X). Dans la deuxième confrontation entre Bois-d'Orme et Danger, celui-ci relève le défi de boire le gobelet d'eau que lui offre Bois-d'Orme qui a trempé la pointe de sa barbe dans le gobelet. Danger succombe à l'empoisonnement (ch. XV). Ainsi triomphe la religion traditionnelle contre les forces d'oppression.

L'action principale du roman, *Les arbres musiciens*, comme celle de *L'espace d'un cillement,* se passe au cours de la Semaine Sainte du rite de l'église catholique romaine (1942 et 1948).[10] En choisissant de placer les événements romanesques majeurs au cours de la Semaine Sainte, l'auteur permet à ses personnages de transgresser les rituels de cette religion imposée, de commettre des sacrilèges, en superposant, notamment, la célébration carnavalesque qui constitue une sorte de contre-cérémonie. Dans la première Mansion, La Niña, dégoûtée de sa profession, renvoie l'un de ses clients, le jeune *marine* qui ne voulait pas partir, et sort se promener au soleil. Peu après, elle demande un rameau à l'une des filles qui vient de sortir de la Grande Messe du Dimanche des Rameaux. Ce dimanche-là et les jours suivants, la Niña et El Caucho s'observent, puis finissent par se parler, et le jeudi saint (cinquième Mansion), ils se touchent. Ayant découvert l'amour, ils passent tout le Vendredi Saint dans la chambre de La Niña pour se lever enfin samedi matin (sixième Mansion). La découverte du cadavre de La Rubia, qui s'est pendue, a un tel effet sur La Niña

---

[10] Dans le premier chapitre du roman, *Les arbres musiciens*, des bruits courent à propos de la campagne antisuperstitieuse et du programme de la SHADA, peu de temps après l'élection d'Elie Lescot au printemps 1941.

qu'elle fausse compagnie au Caucho pour partir à la recherche d'elle-même. A la fin, installé au bar, Rafaël attend avec confiance le retour de la Niña et le début de leur vie de couple.

En bon travailleur communiste, El Caucho a confiance en son propre jugement et aux valeurs humaines qui le dirigent. Il n'est pas croyant, et pourtant, la religion est omniprésente dans la vie qui l'entoure. La Niña a créé un petit autel consacré à la Vírgen del Pilar.[11] « O Vírgen del Pilar, aquí está tu Niña Estrellita » [30, ô Vierge du Pilier, voici ta petite Estrellita]. Mais, à un moment donné, au bord du désespoir, elle crie à la Vierge :

> Sans arrêt, nuit et jour, je t'ai suppliée, Vierge !... Qu'as-tu jamais fait pour moi ?... C'est donc toi qui veux que je sois foulée aux pieds, tourmentée, honteuse de moi et incapable de me relever ?... Tu n'es pas une vraie vierge !...Non ! Tu ne l'es pas !... Toutes les femmes sont des putains ! Tu n'es pas vierge ! D'ailleurs, de quel droit le serais-tu ?... (264).

Elle crache. Elle insulte la Vierge del Pilar qui lui sourit, et pour finir, La Niña déchire l'image en quatre morceaux (345) avant de partir seule à la recherche de la vraie Eglantina. Ici, Pâques apparaît comme le moment de la résurrection de la conscience authentique d'Eglantina, en parallèle avec la résurrection mystique du Christ, mais libérée des contraintes de la religion catholique.

La musique

Alexis connaît la musique savante et religieuse de l'Europe aussi bien que la musique populaire des Amériques du Nord et du Sud et des Caraïbes. Dans chacun de ses trois romans, les allusions à la musique, surtout chantée et dansée, opèrent un déplacement des points de repère musicaux. Dans *Compère Général Soleil*, on trouve de

---

[11] Selon la tradition, la Vierge a paru la nuit du premier au 2 janvier de l'an 40 dans la ville de Zaragoza (Espagne), avant l'Assomption, pour réconforter les premiers convertis qui allaient partir pour évangéliser l'Espagne. En son honneur, on a placé une petite statue sur un pilier dans la basilique. Bien après la publication de *L'espace d'un cillement*, le 9 janvier 1958, le président Franco déclara que « le 12 octobre sera une fête nationale sous le nom de 'Journée de la Hispanidad' ». Le 6 novembre 1982, le Pape Jean-Paul II déclara que María del Pilar serait la « Patrona de la Hispanidad » (« María del Pilar, Reina de la Hispanidad ». http://members.es.tripod.de/caballeros NSdelPIlar/hispani.htm).

nombreuses évocations de la musique folklorique haïtienne: les formes musicales (la martinique, 10 ; la merengue, 15), des chansons de travail telles que « *Woy ! Woy ! / Fanm nan kwit youn pwa kongo / Zandolit vèt tonbe ladedan* » [la femme cuisine des pois congo, le lézard est tombé dedans] (47) ; « Hilofèn, maman pa la, vini m pale ou ! » [Hilophène, maman n'est pas là, viens me parler] (60) ; des chansons-jeux et des récits d'enfants comme « *Zonbi bann mannan / Wa ma kenbe ti poulèt* » [Les zombies, une bande de paysans, le roi veut prendre le petit poulet] (118)[12] ; ou encore « *Waya-waya, baton amè / Waya-waya, bourik blanch gen chagren* » [Woy, le bâton est amer, la bourrique souffre] (220) ; des complaintes comme « *Rivyè debòde* » [la rivière a débordé] (177). Alexis souligne surtout les chansons et les danses haïtiennes et latino-américaines, avec quelques allusions à la musique religieuse comme « A la mort ! », un hymne adventiste sur la souffrance des pêcheurs en enfer (252). Chansons et danses sont les seuls moyens d'expression du peuple démuni de toute autre parole. Alexis évoque aussi la musique européenne, le « Lambeth Walk » de « Me and My Girl », la comédie musicale d'Arthur Rose et de Douglas Furber dont la première eut lieu à Londres en décembre 1937 (191). Ces références indiquent évidemment les goûts européens de la bourgeoisie et non du peuple.

Dans *Les arbres musiciens*, la lutte entre les chrétiens conservateurs de la campagne antisuperstitieuse et les paysans traditionnels qui servent les *lwa* est reflétée par des renvois, d'un coté, à la musique chrétienne, et de l'autre, à la musique du vodou et des *rara*. Diogène Osmin, qui cherche à attirer des vodouisants à l'abjuration de leurs croyances « païennes », trouve le thème de son sermon dans le « vieux cantique composé jadis par Fénelon »: « Qu'ils sont aimés grands Dieux tes tabernacles...» (167). La grande procession a lieu à Ganthier, le quatrième dimanche de carême (227). Au cours de la procession, la chorale des Enfants de Marie entonne le cantique « Retire-toi, retire-toi, Satan ! » (228) et un peu plus tard, tous les élèves chantent « avec force et une détermination vengeresse le vieux

---

[12] Claude Dauphin donne une variante de cette chanson/jeu : « *Zonbi ban-n mannan / Ouoi [Woy] ma kinbe ti poulèt* » (« Bande de paysans / Woy, tiens le petit poulet... »). Les variantes entre la version d'Alexis et celle de Dauphin seraient dues soit à des différences régionales soit à la mémoire inexacte de ce qu'Alexis enfant aurait entendu. Voir *Musique du Vaudou : fonctions, structures et styles*, Sherbrooke, Editions Naaman, 1986. La version française des chansons est celle de l'auteur de cet article-là où elle n'est pas attribuée à Alexis.

cantique de douceur et de sérénité »: « Plus près de toi, mon Dieu ! »
(231).

Du côté des paysans, on entend des chansons politiques qui
satirisent souvent les politiciens. Au moment des législatives, au début
du roman, les partisans de Desoiseaux chantent « Nevers Desoiseaux,
[*Nevè Dezwazo*], *depite ! / Se li nou vle / Se li na pran !* » (47, 49).[13]
Dans la célébration des rues, des « accortes faubouriennes » dansent le
« Sur ce ton-ci » (48), une chanson du *koudjay*, une cérémonie
importante du vodou. Bientôt après la prise de pouvoir par Elie Lescot
en mai 1941, l'homme de la rue comprend rapidement que les accords
entre les régimes de Washington et de Port-au-Prince ne porteront pas
bonheur au peuple haïtien. Revanche du peuple sans voix dans le
processus politique, une « chansonnette » populaire se moque de la
SHADA :

> *Si ou manje lajan SHADA,*
> *Ou a peye li !*
> *Ou a peye li !*
> *Fo peye li !* (65)

> [Si tu manges l'argent de SHADA,
> Tu vas le payer ! (2 fois)
> Il faut le payer !]

Plus tard, les gens de Fonds Parisien se moquent de leur *chèf seksyon*,
Joseph Boudin qui est haï des gens de la région pour son incompétence.
La chanson ci-dessous se moque de lui :

> *Ou achte kleren, madan nan,*
> *Ou pa peye Madan nan,*
> *Josèf, papa, peye fam nan !* (126)

> [Tu as acheté le clairin de la dame,
> Tu n'as pas payé la dame,
> Joseph, papa, paie la femme ! (2 fois)][14]

---

[13] « Nevers Desoiseaux, depute ! / C'est lui que nous voulons / C'est lui que nous
prenons... » (version française d'Alexis). Là où il est clair qu'Alexis cite des paroles en
kreyòl (chanson, dialogue), je transcris en orthographe standard du *kreyòl*, une
convention qui n'existait pas encore à l'époque d'Alexis. Mon but est de souligner
l'existence du *kreyòl* comme langue à part entière, à ne pas confondre avec le français.
[14] Traduction d'Alexis, *Les arbres*, n. 126.

Dans le chapitre VI du roman, *Les arbres musiciens*, à la veille du début de la campagne antisuperstitieuse, Alexis tourne en dérision le « climat d'ordre, de tranquillité et de travail instauré par le bienfaisant régime du président Lescot » (153). Les gros commerçants du Bord-de-Mer sont inquiets de l'ébauche de la « grande croisade anti-hitlérienne » (153) parce qu'ils vont perdre le marché européen. Cependant, ces gens astucieux découvrent très vite les bénéfices du marché noir et bientôt voient en Lescot « un homme providentiel » (154). Mais le chômage s'accroît, « les vieilles luttes traditionnelles entre libéraux et nationaux du siècle dernier » reprennent, et « l'objectif essentiel, la reconquête de l'indépendance nationale aliénée par l'étranger, [passe] au deuxième plan » (156). Dans cette fermentation politique, le peuple s'amuse à déformer des chansons nord-américaines très populaires. Les paroles de la célèbre chanson enregistrée par les sœurs Andrews, « Drinkin' Rum and Coca-Cola » sont adaptées comme suit :

> Dans tous les bals et les pique-nique,
> Dans toutes les cérémonies
> Eisenhower et ses soldats
> Ne boivent que du coca-cola !
> (refrain) Roosevelt Coca-Cola !
> Churchill Pepsi-Cola !
> Acheson Soya-Cola !
> Lescot est un papa-caca ! (156)

Alexis ne cite pas les paroles originales de la chanson américaine, mais le refrain indique que les Haïtiens comprenaient le caractère satirique de la chanson :

> *Drinkin' rum and Coca-Cola*
> *Go down Point Koomahnah.*
> *Both mother and daughter*
> *Workin' for the Yankee dollar.*

> [Tout en buvant du rum et du Coca,
> Va au Point Koomahnah,
> Toutes deux, mère et fille,
> Travaillent pour le Yankee-dollar.][15]

---

[15] Comme souvent, Alexis n'est pas trop préoccupé par la chronologie historique : « Rum and Coca-Cola » fut enregistré seulement en octobre 1944 (et non en 1941-1942), mais dans le contexte du roman, ce qui compte est la satire du Président Lescot.

Selon les sœurs Andrews, c'était le rythme qui les attirait et elles n'avaient pas prêté attention aux paroles.[16] En fait, si les Nord-américains ne voyaient dans la chanson qu'une fantaisie légère et gaie sur un rythme antillais, on comprend facilement qu'Alexis comptait sur la popularité de la chanson et des sœurs Andrews pour faire passer un message révolutionnaire.

Alexis cite, grosso modo, la première strophe d'une chanson de la révolution russe. Il s'agit du « Chant des survivants » dédié à l'étudiant Tchernichev, mort en prison sous la torture. Il laisse tomber les deux premiers mots et poursuit :

> [Usé et] tombé à la tâche,
> Vaincu, tu terrasses la mort.
> Lié et tué par des tâches,
> Victoire, c'est toi le plus fort, plus fort... [2 fois] (288)[17]

On trouve aussi des chansons satiriques sur le mariage:

> – *Bonjou, madan Chanbò*
> – *Bonjou, Rosalvo !*
> – *Men Sara menen ba ou.*
> – *Pou ki sa Bobo ?*
> – *M trouve Sara granmoun !*
> – *Pa di sa Bobo !*

Les paroles originales de la chanson furent attribuées au comédien Morey Amsterdam sur une musique de Jeri Syllavan et Paul Baron. En fait, il s'agit de « L'année passée », une chanson calypso de Lionel Belasco, qui aurait lui-même trouvé son inspiration dans une chanson martiniquaise. (http://berdina.tripod.com/runmancoca.htm; http://ntl. matrix.com.br/pfilho/html/lyrics/r/rum_and_coca_cola.txt). Les traditions du calypso de Trinidad se rapportent aux traditions carnavalesques d'Haïti : satire des riches et des politiciens, des histoires d'infidélité et d'amour malheureux, des rappels des croyances et de la culture africaine (voir les notes de Philippe Zani, « Music from Trinidad : the Golden Age of Calypso », EPM Musique No 995772).

[16] « The rhythm was what attracted the Andrews Sisters to 'Rum and Coca Cola'. We never thought of the lyric. The lyric was there, it was cute, but we didn't think of what it meant; but at that time, nobody else would think of it either, because we weren't as morally open as we are today and so, a lot of stuff-really – no excuses – just went over our heads » écrit John Sforza dans *Swing It! The Andrews Sisters Story*, Lexington, University of Kentucky, 2000, 76.

[17] Les paroles viennent du début de la chanson, le « Chant des survivants » de G. Matchet : http://drapeaurouge.free.fr/survivants.html ; http://home.plante.nl/~elder180 /strijdlied/chantsurvivants.html.

– Bonjour, madame Chambord !
– Bonjour, Rosalvo !
– C'est votre fille Sara que je vous ramène...
– Pourquoi donc Bobo ?
– C'est que je ne l'ai pas trouvée jeune fille..
– Ne dites pas ça , Bobo ! (189)

Puis, suit une série d'évocations de la musique populaire, souvent faisant partie de la cérémonie pour les *lwa*. On invoque Grande Ayizan, en tant que femme de Loko (197). On « signale » Ti-Dangni, « Loa enfant, chef de police de l'Olympe » (195, 200) qui est une manifestation de Loko, le patron des *ounf* : *A ti Danhi ibo Loko.*[18] Ti-Dangni fut réincarné dans le corps de feu Tonton Pierre (205).

La dernière chanson dans le roman s'entend au moment où le lieutenant Edgard Osmin se croit attaqué par des bêtes infernales :

M pap pran youn fanm
Malfini beke, o !
M pap pran youn fanm
Malfini beke, o !
Topi !
Topi !
Dè fant bounda, topi ![19]

Danger Dossous est l'auteur du sortilège. Bois-d'Orme sort du bois à cet instant et lance le défi à Danger (370-371).

Dans le troisième roman, *L'espace d'un cillement*, il y a deux renvois à la musique populaire nord-américaine : au Sensation Bar, où travaille La Niña, quelqu'un a mis le disque de « Sentimental Journey » de Bud Green, Les Brown et Ben Homer (1944 ; 70). Un peu plus tard, on entend le riff de Lionel Hampton, « Hey ! Barberry bop » (75).[20]

Dans son essai « Où va le roman ? », Alexis déclare : « trois artistes qui ne sont pas des romanciers ont toujours exercé sur moi un grand attrait. Chez Shakespeare, Michel-Ange et Beethoven, j'ai puisé

---

[18] Selon Rigaud (dans *Secrets*), Ati Dan Hi Bo Loko (Ati-Dan I-Bo Loko) est le principe de l'arbre (l'arbre du bien et du mal) et, par conséquent, le *poto-mitan* du *ounfò*.

[19] Alexis traduit en note : « Je ne prendrai pas une femme / Que le vautour a marquée de son bec ! / Je ne jetterai pas mon dévolu sur une proie / Qu'une bête de haut vol aura marquée ! / Toupie ! / Toupie ! / Frappons nos derrières ! Toupie ! » (368).

[20] Il s'agit du riff « Hey, ba ba rebop » de Lionel Hampton, joué pour la première fois à Los Angeles, le 1er décembre 1945.

le goût de la mise en scène de masses d'hommes, de sociétés entières »
(99). Dans la cinquième Mansion de *L'espace d'un cillement*, La Niña
court à l'église pour poser une question exceptionnelle à la Vierge:
« Quand on est putain, est-ce qu'on est né pour ça ? Est-ce qu'on peut
cesser de l'être ? » (278). Au moment où La Niña reste
« désespérément accrochée au balustre » (279), le narrateur se laisse
aller à un développement musico-philosophique qui ne peut pas
représenter la méditation de la simple fille sans instruction qu'est La
Niña. L'homme moderne, *homo faber* (279), à la dérive sans but et
sans port d'attache, ne se sent pas rassuré par « la voix onctueuse des
prêtres qui inlassablement répètent que la terre doit être une vallée de
larmes...».

> L'imploration est-elle la seule voie du salut ? L'attente résignée de
> la félicité éternelle est-elle la seule attitude ? Beethoven le
> demandait déjà dramatiquement dans la *Missa Soleminis* de Grau,
> la Messe en *ré* : *Dona nobis pacem !...* (280)

Visiblement, Beethoven avait le génie de comprendre et de faire sentir
dans sa musique l' « attente résignée de la félicité éternelle » des gens
simples et sans instruction, telle que La Niña.

Quand El Caucho pense à la mort de Jesús Menéndez, il se
remémore l'enterrement d'un paysan de la plaine du Cul-de-Sac dont il
a été témoin. L'assemblée chantait :

> *M di kriye pa leve mò*
> *Si kriye tè leve mò*
> *Ounsi kanzo yo ta mouri leve !* [21]

Il y a encore une *rabòday*, une chanson/danse satirique des
rara, qui se moque du président Estimé :

> *Viv Liksa [liks a] ! Viv Liksa*
> *Balanse dè bò,*
> *Balanse Mayòt !*
> *Viv Liksa ! Viv Liksa !*

[Vive le luxe ! Vive le luxe

---

[21] Alexis réécrit en français (dans le texte) : « Pleurer ne réveille pas les morts, si
pleurer pouvait réveiller de la mort, nous tous, et elles, ces jeunes vierges initiées, sans
cesse, nous nous allongerions pour nous dresser » (130).

Secouez des deux bords
Secouez Mayòt !] (181)

La merengue qu'El Caucho entend au bar juste après cette chanson semble reprendre le même thème de *rara* : « Balancez des deux bords ! »

Dimasè Estime, roule [woule] m dè bò !
Roule m dè bò !
Roule m dè bò !

[Dumarsais Estimé, secouez-le des deux côtés...] (184).[22]

Dans *L'espace,* Alexis souligne naturellement la musique cubaine et latino-américaine puisque les deux personnages principaux sont des exilés cubains et qu'un certain nombre de prostituées viennent de Cuba, de la République Dominicaine et d'Amérique du Sud. Il y a des tangos, des boléros, des sons, des boléro-sons, des sambas, des merengues. L'une des chansons favorites de La Niña est « Desesperación » (31). Elle danse aux paroles d'une rumba « Soy como soy..., / Y no como tu quieras » [je suis comme je suis et pas comme tu veux] (45). La Niña est surtout au désespoir quand elle pense à sa vie de prostituée. Un boléro « couleur de flamme, de désespoir et d'or solaire anime la sale » alors qu'elle est restée à sa table :

¡No quiero verte llorando !
¡No quiero verte su-u-ffrir !...
Porque te adoro tanto...

[Je ne veux pas te voir pleurer !
Je ne veux pas te voir souffrir...
Parce que je t'adore tellement...] (67)

La langue

La langue dans ses multiples composantes caractérise le discours d'Alexis et engendre sa signification. Je laisserai de côté les

---

[22] Alexis ne traduit pas cette chanson. Après des consultations (non définitives) avec des Haïtiens, je crois comprendre « Liksa » comme « le luxe » plutôt que comme un nom. Le verbe dans l'autre strophe « roule » peut bien être ambivalent : « battre et tromper Estimé ».

mots ou allusions historico-culturelles comme les fragments de liturgie catholique, les cantiques en latin, ou les mots Taïnos/Arawak qui parsèment son écriture. L'anglais a une certaine importance, moins par la fréquence de son utilisation que par le fait qu'il manifeste le pouvoir de l'ambassadeur américain qui dicte la politique de Washington au président haïtien en fonction.

Le fait que le français est la langue de base du discours dans les trois romans ne doit pas occulter le trompe-l'œil verbal qu'opère l'écrivain en insérant dans le dialogue une certaine quantité d'expressions et de bribes de dialogue en *kreyòl* et en espagnol. Dans *Compère Général Soleil,* toute conversation entre ouvriers et paysans dans les deux premières parties du roman se déroule vraisemblablement en *kreyòl.* Un exemple de cette « réalité » à moitié masquée est la conversation entre Josaphat et Hilarion après la cérémonie vodou. Josaphat est un peu mécontent en pensant qu'Hilarion exerce une mauvaise influence sur son frère cadet, Félicien, qui est plus attiré par la vie en ville que par les travaux durs des champs. Josaphat dit : « Écoute, Hilarion, Félicien et moi on est des jumeaux, on est nés ici un matin de soleil. On a ici nos plats *marassas,* nos cruches et tout. Tu as vu tout ça au cours du 'manger les anges' », (133). Pour l'Haïtien, la mention du mot « jumeaux/jumelles » évoque immédiatement l'idée des *marasa.*[23] La « cruche » serait le *govi* dans lequel on place des cheveux, des coupures d'ongles de l'individu. Le *govi* devient la résidence consacrée du *lwa* (du *mèt tèt* de la personne – l'esprit ou le saint gardien). La cérémonie spéciale d'où sortent Hilarion et Jospahat était le *manje zanj*, le repas consacré aux enfants, aux orphelins et peut-être aux *marasa,* en l'occurrence, puisqu'ils ont droit à leur fête spéciale.

Dans les trois romans, le *kreyòl* est posé comme véhicule épistémologique de la vision, de la foi, et des connaissances des paysans. Alexis choisit, le plus souvent, d'insérer des proverbes, des chansons, des jeux, des extraits des cérémonies vodou en *kreyòl.* Ainsi, à la fin de la deuxième Mansion dans *L'espace d'un cillement,* on passe le disque « le congo-méringué » que chante Celia Cruz. En fait, c'est une chanson traditionnelle sur l'Araignée qui tisse notre destin :

---

[23] Pour être sûr d'attirer l'attention du non-Haïtien sur l'importance des jumeaux, Alexis insère une note : « les jumeaux dans le culte vaudou sont l'objet d'une vénération spéciale, étant donné les 'pouvoirs' qu'on leur attribue ainsi qu'au '*dosou*', leur cadet. On fait des cérémonies spéciales en leur honneur » (n. 131).

Gede Zarenyen
Woy woy
Gede Zarenyen
Gede Zarenyen
Yap fè konplo
Pou yo touye mwen.[24]

L'espagnol joue un rôle très important comme troisième langue en Haïti, surtout le long de la frontière entre Haïti et la République Dominicaine. Dans la troisième partie de *Compère Général Soleil*, où Hilarion et Claire-Heureuse essaient de gagner leur vie après l'incendie à Port-au-Prince, c'est la langue des Dominicains qu'on entend. C'est la langue du *watch-man* qui surveille les ouvriers de la canne à sucre : « ¡*Ven acá, aguadora, y dame tu botijo !* » [viens ici, porteuse d'eau, et donne-moi ta gourde] (262) ; celle du discours officiel : « *'le généralissimo doctor Raphael Leonida Trujillo y Molina, benefactor de la patría, salvador del pueblo'...*», [le généralissime docteur Trujillo, bienfaiteur de la patrie, sauveur du peuple...] (264) ; celle des organisateurs communistes, les « compañeros » [les compagnons] (383) ; et c'est, bien sûr, la langue des Dominicains qui aident Hilarion et Claire-Heureuse à s'évader au moment du massacre : « ¡*La boca !* *Arroyo !* » [ferme ta gueule !], dit Cocozumba à son chien (321).

L'une des scènes la plus importante du roman, *Les arbres musiciens*, se passe au pays des lacs, entre le lac Azuëi (l'étang Saumâtre) et le « Lago » (lac) Enriquillo du côté dominicain. Le lieutenant Edgard Osmin ramène Mariasol, une jeune dominicaine, de l'autre côté de la frontière après avoir rendu visite à un collègue dominicain. Venu chez Edgard pour le piéger, le *bòkò* Danger Dossous a toute une conversation en espagnol (traduite en note) avec la maîtresse :

– ...*Qué pasa hombre ?...*

---

[24] En plus de son rôle d'interprète de musique cubaine, on sait que Celia Cruz recueillait aussi des chansons traditionnelles et rituelles. « Gede Zarenyen » a été recueilli par le musicologue haïtien, Claude Dauphin dans *Musique du Vaudou : fonctions, structures et styles*, Sherbrooke, Naaman, 1986, 125. Il en donne une version libre en français : « Gede Zarenyen / La mort est une araignée patiente / Tissant sa toile jour après jour / Comme on prépare un piège / Dans le secret du complot ».

– ...Me dijeron que se podría hallar trabajo aquí... Por ejemplo,
yo podría limpiar el corral de todas esas malas hierbas que
arroyan de todas partes...

[... Qu'est-ce qui se passe, l'homme ?
    ... On m'a dit que je pourrais trouver du travail ici... Par exemple,
je pourrais nettoyer le corral de toutes ces mauvaises herbes qui
coulent de partout...] (210).

Quand Edgard revient à la maison, Danger veut qu'il renvoie
Mariasol pour que les deux hommes puissent se parler seuls. Edgard dit
à Mariasol : « *Quisiera practicar con este hombre, Mariasol...*
Espérame en el cuarto... A horita...» [J'aimerais parler avec cet
homme, Mariasol. Attends-moi dans la chambre...] (218). Alexis rend
compte de la réalité linguistique haïtienne. Ceux qui habitent près de la
frontière dominicaine parlent *kreyòl* et espagnol. Le militaire, comme
le sorcier, usent de l'espagnol comme moyen de domination, et les
pauvres travailleurs haïtiens pour chercher leur salut.

Dans *L'espace d'un cillement*, comme dans le Prologue de
Compère Général Soleil, l'espagnol est la langue des prostituées
dominicaines et cubaines qui travaillent à Port-au-Prince. Dans
L'espace, la présence hispanophone est doublement mise en évidence
puisque les deux personnages principaux, La Niña et El Caucho, sont
cubains. El Caucho a appris à parler plus ou moins le *kreyòl* des
Haïtiens. La narration est parsemée des paroles de chansons cubaines
ou latino-américaines, des exclamations (« *¡Qué calor ! ¡Dios !* », 22),
des jurons (« *¡La mierda !* », 27). Quand El Caucho se bagarre avec les
marines dans le Sensation Bar, il compte ceux qui tombent ivres morts:
« *¡Cuatro !....¡Cinco !.....¡Seis !....¡Siete !* » (208). La Niña prie en
espagnol : « *¡O mi cielito del Cáribe !... ¡O Virgen del Pilar, aquí está*
tu niña Estrellita !...» [ô chérie de la Caraïbe !... ô Vierge du
Pilier !...] (222). Ce langage se rattache au jeu complexe de l'épigraphe
en tête de chaque Mansion: un extrait de « L'Élégie à Jesús
Menéndez » de Nicolás Guillén (Troisième Mansion, 259) ; un extrait
de la « Granada » de *Platero y yo*, de Juan Ramón Jiménez (Quatrième
Mansion, 213) ; et un extrait de la « Canción desesperada » de Pablo
Neruda (Cinquième Mansion, 257). Le texte original des deux extraits
poétiques, modifié plus ou moins par Alexis, est présenté avec une
version française. Le texte en prose de Jiménez est donné seulement en
français.

Conclusion

Selon Silvio Torres-Saillant, une poétique des Caraïbes peut se définir comme étant le contre-discours d'une culture marginale et spécifique selon le contexte spatial où il se produit.[25] Le discours de Jacques Stephen Alexis appartient à une poétique qui est tout à la fois haïtienne et caribéenne. Celle-ci se compose en premier lieu des éléments socio-historiques particuliers qui ont résulté de l'occupation des Etats-Unis de 1915 à 1934 et de ses multiples interventions subséquentes. En deuxième lieu, cette poétique se définit par les tendances politiques d'Alexis favorables aux activités du mouvement socialiste qui s'efforçait de soutenir les ouvriers haïtiens en cherchant des appuis à travers le monde. De plus, l'écrivain a été influencé par les travaux ethnologiques de Jean-Price Mars, lesquels ont été sans aucun doute à la base d'un renouveau de la conscience des intellectuels haïtiens de leur patrimoine. Jacques Roumain qui fit des recherches ethnologiques, notamment sur la pré-histoire de l'île, et qui fonda le Parti communiste haïtien a exercé un certain ascendant sur l'écrivain.

Il faut sans doute associer le « Réalisme merveilleux » d'Alexis aux idées d'Alejo Carpentier qui fit une conférence intitulée « L'évolution culturelle de l'Amérique latine » à Port-au-Prince en 1943.[26] Alexis a sans doute assisté à cette conférence et il est possible qu'il ait lu le roman *El reino de este mundo* (publié à Mexico en 1949 et en version française en 1954) avant la publication de *Compère Général Soleil* en 1955. Le livre de Carpentier fait de la vision du merveilleux une partie intégrante de la « réalité » quotidienne des paysans et une source d'inspiration littéraire. Etant donné son propre

---

[25] « Caribbean poetics, seen as the localized occurrence of the counter-discourse of cultural marginality, constitutes a discrete, sociohistorically specific, regional manifestation of the poetics of the marginal » écrit Sivio Torres-Saillant dans *Caribbean Poetics. Toward an Aesthetic of West Indian Literature*, New York, Cambridge, 1997, 12-13).

[26] Dash reproche à Alexis de ne pas avoir mentionné Carpentier dans ses écrits « théoriques » (*The Other America: Caribbean Literature in a New World Context,* Charlottesville, University Press of Virginia, 1998, 94). Personnellement, je trouve cela moins « curieux » puisque qu'il n'y pas seulement l'idéologie et les écrits de Jean Price-Mars et de Jacques Roumain derrière les idées du jeune Alexis, mais aussi sa propre culture haïtienne (savoir des connaissances paysannes et notamment du vodou). Sa propre grand-mère avait son *ounfò* Nan-Souvnans près de Gonaïves. (Voir Georges Jean-Charles, *Jacques Stéphen Alexis, combattant et romancier d'avant-garde*, West Palm Beach, LQ Editions, 1993, 139).

héritage culturel, Alexis était prêt à recevoir la conception de Carpentier.

Dans chaque roman, Alexis présente des aspects particuliers de la religion en Haïti, montrant ainsi la richesse de ses manifestations et son importance fondamentale dans la vie du peuple. Dans *Compère Général Soleil*, Hilarion assiste à la cérémonie vodou pour remercier les esprits. Vers la fin de la deuxième partie, les deux *vakabon* soûlards, Badère et Épaminondas, perturbent le service adventiste en exécutant des marches traditionnelles avec un clairon. Dans *Les arbres musiciens*, on est témoin d'une guerre à l'échelle nationale entre les catholiques (appuyés par des protestants et le gouvernement) qui veulent sauver les brebis de l'influence « magique » du vodou. D'un côté il y a les bons chrétiens qui entonnent des cantiques pendant la Semaine Sainte (1942) et, de l'autre, le rassemblement des *papalwa* et la cérémonie vodou finale. Et si dans *L'espace d'un cillement*, la Semaine Sainte (1948) encadre l'intrigue marquée de cantiques pascaux, en dehors des églises, ce sont les chansons satiriques du *rara* qui s'en donnent à cœur joie. Le communiste El Caucho n'est pas religieux tandis que La Niña perd sa foi chrétienne et se décide à chercher sa propre identité en quittant le Sensation Bar.

Le thème de la musique est intrinsèquement lié aux scènes des manifestations religieuses dans les trois romans. Alexis cite assez souvent le texte de chansons folkloriques ou du vodou, la musique classique haïtienne, la musique populaire des Etats-Unis ou de l'Europe et même des chansons révolutionnaires. On remarque aussi une série d'allusions à la musique populaire des Caraïbes, de l'Amérique du Sud et de l'Espagne – « Desesperación », le boléro, le son, le tango, etc. Pour une certaine génération, la seule mention de ces titres suffit à évoquer des airs qui s'entendaient sans trêve à l'époque. Si les célébrants du *rara* ont pu prendre « Rum and Coca Cola » pour y insérer de nouvelles paroles par lesquelles l'on se moque du président Lescot, c'est que tout le monde connaissait la chanson vers la fin de la Seconde Guerre mondiale. Dans *L'espace d'un cillement*, Alexis ne se prive pas de mentionner la « Messe en ré » de Beethoven au moment d'une crise religio-psychologique de La Niña.

La prose narrative d'Alexis est multilingue. Elle comprend des bribes de conversations en *kreyòl*, en espagnol et en anglais. Plus intéressant quant à l'originalité de son écriture est le fait que les mots français cachent souvent des vocables et une pensée populaire en *kreyòl* ou en espagnol. En ce sens, on peut dire que le français « traduit » des conversations, des pensées des personnages qui auraient lieu vraisemblablement en *kreyòl* ou en espagnol.

Ce qu'Alexis a réalisé, c'est l'incorporation de la culture populaire et caribéenne dans tous ses aspects, y compris la base de cultures africaines, dans un contexte historique assez précis, même s'il prend parfois des libertés avec la chronologie. Il fait vivre Haïti à travers des personnages crédibles et représentatifs. Il crée des scènes se passant dans diverses couches de la société: milieux bourgeois, ouvriers, paysans et marginaux. Il couvre l'histoire haïtienne à partir du régime de Vincent (1930-1941), en passant par le régime de la deuxième Guerre mondiale de Lescot (1941-1946), jusqu'au régime d'Estimé (1946-1950). Dans une certaine mesure, Alexis décrit ce qu'il a connu personnellement, les réalités des années quarante jusqu'à son départ pour la France après le *dechoukaj* du président Lescot en janvier 1946. Il y insère la culture traditionnelle de sa famille (embourgeoisée, remontant jusqu'à Dessalines), ses études médicales, et ses connaissances de la lutte des classes qu'il a découvert en fréquentant Jacques Roumain, au début des années quarante. Il a vraisemblablement vu la misère du peuple, y compris l'existence marginale des prostituées et des ouvriers pour pouvoir évoquer avec justesse leurs réactions devant la corruption et l'acharnement des politiciens haïtiens à se laisser manipuler par Washington. En créant des personnages opprimés mais déterminés à lutter pour sortir de leur misère matérielle et morale, Alexis a donné sa voix rayonnante au peuple assiégé de son époque.

Glossaire :(forme française entre parenthèses)

bòkò (bocor) : un sorcier ; un *oungan* qui travaille des deux mains, c.-à-d., qui est à la fois prêtre et sorcier.

chèf seksyon (chef de section) : un agent de la police rurale ayant pleine autorité pour sa région.

chwal (cheval) : dans le vodou, une personne qui est possédé par un *lwa*.

dechoukaj : l'acte d'expulser un président (le verbe « *dechouke* » signifie « arracher des racines »).

govi : une cruche dans laquelle on place des cheveux et des coupures d'ongles d'un individu.

kakadyab (cacadiable) : l'assa-foetida.

kalalou djondjon (calalou djon-djon) : le *kalalou* c'est le gombo ou une soupe au gombo ; le *djondjon* est un champignon noir.

kamyon (camion) : un véhicule (parfois mais pas toujours avec des bancs) utilisé pour le transport public bon marché.

kanari (canari) : une cruche pour garder de l'eau ; dans le vodou, une cruche où réside l'esprit ou le *mèt tèt* d'un individu.

kòn kabrit : le *cryptostegia grandifloris*.

koudjay (coudaille) : une cérémonie vodou importante.

kreyòl (créole) : l'orthographe standard du *kreyòl* est utilisé pour désigner la langue haïtienne et pour empêcher la confusion avec les acceptions multiples du mot « créole » en français.

lwa (loa) : un esprit ou un « saint » du vodou.

mabi : la bière paysanne selon Alexis; dans certaines régions, il s'agit d'une boisson non-alcoolique.

manje zanj (manger des anges) : un repas rituel consacré aux enfants et aux orphelins.

marasa : des jumeaux/jumelles. Les *marasa* sont particulièrement à l'honneur dans le *vodou*.

mèt tèt (maître de la tête) : l'esprit protecteur d'un individu.

odyans (audience) : surtout, une assemblée informelle où quelqu'un raconte des blagues, des contes traditionnelles et des histoires d'épouvante.

ounfò (hounfort) : un sanctuaire vodou.

oungan (houngan) : un prêtre du vodou.

ounsi kanzo (hounsi) : un(e) initié(e) du vodou du deuxième niveau.

papalwa (papa loa) : un *oungan* (*papa* est un terme de respect pour un *oungan* dans le *vodou*).

poto mitan (poteau mitan) : le poteau ou arbre qui est au centre d'un sanctuaire vodou (symbole de l'arbre, spécifiquement du *mapou* qui relie le monde des esprits avec le monde naturel).

rabòday (rabodaille) : une espèce de tambour utilisé pendant Carnaval; un rythme de Carnaval.

rara : une fanfare formée pour célébrer Carnaval et, surtout, pendant la Semaine sainte. Les *bann rara* (fanfares *rara*) sont souvent de formation populaire dans des intentions satiriques (politique, religion) mais ils jouent parfois un rôle plus sérieux quand ils sont patronnés par des esprits du vodou.

restavèk (reste-avec) : un enfant confié par une famille pauvre à une famille aisée; le *restavèk* doit travailler pour la famille pour être logé et nourri, mais il est souvent un quasi-esclave.

vakabon (vagabond) : un vaurien, un fainéant.

Roger Dorsinville en trois temps

Max Dorsinville

Résumé : Max Dorsinville évoque l'itinéraire littéraire de Roger Dorsinville dans le contexte d'Haïti, son pays natal, et de l'Afrique, lieu de son exil et de sa « re-naissance ». Dans un premier temps, Dorsinville montre comment l'écriture prolifique et diverse de son oncle reflète son engagement social. Dans un deuxième temps, Max Dorsinville reproduit « Lili Marlene : Voyage en Yougoslavie », le récit d'un voyage dans les Balkans qui illustre la préoccupation de Roger Dorsinville pour la solidarité humaine. Dans un troisième temps, Max Dorsinville séjournant dans un village du Québec qui lui rappelle le paysage montagneux de Fermathe, en Haïti, qu'affectionnait son oncle, évoque la mémoire de ce dernier à l'aune d'une oeuvre empreinte de justice et de tolérance.

Summary: Max Dorsinville reflects on Roger Dorsinville's literary itinerary within the historical and political context of Haiti, his native land, and of Africa, the land of his exile and "re-naissance." First, Dorsinville shows how his uncle's prolific and polyvalent writings reveal his concerns with the solidarity of mankind. Dorsinville illustrates this concern by reproducing in the second section of his article "Lili Marlene: Journey in Yugoslavia," a narrative of a trip in the Balkans. Finally, Dorsinville muses on his uncle's legacy in a village in Quebec, recollecting Fermathe, the Haitian mountain village that nurtured Dorsinville's imaginary. Max Dorsinville shows that in spite of his many disillusions, Roger Dorsinville's quest for a world of justice and tolerance endures.

* * *

I

Homme politique et écrivain, né à Port-au-Prince le 11 mars 1911, décédé le 12 janvier 1992, Roger Dorsinville a été militaire, évangéliste, enseignant, journaliste, chef de cabinet présidentiel, ainsi que consul, ministre et ambassadeur dans différents pays d'Amérique du sud et au Sénégal, avant de mettre fin à sa carrière politique en 1965. Il vécut en exil au Libéria et au Sénégal jusqu'en 1986, année de son retour en Haïti, rapportant avec lui des travaux d'ethnologie sur l'Hinterland libérien et une oeuvre littéraire considérable rédigée à Dakar recouvrant la critique et la création.

Issu d'une famille de journalistes, d'historiens et de fonctionnaires, Roger Dorsinville fut initié à l'écriture sous la tutelle de son père Hénec, directeur-fondateur du journal et de la revue *L'essor*. Il débuta sa carrière littéraire avec *Barrières* (1945), une pièce de théâtre dont le sujet, le préjugé de couleur, fit scandale à l'époque. Cette première oeuvre, reflétant les préoccupations sociales de l'auteur, déjà manifestées dans sa pratique d'un journalisme de combat, introduit un lien entre le social et le littéraire qui parcourt son oeuvre entière. Un long poème lyrique, *Pour Célébrer la terre*, suit en 1955. Animé par un rythme incantatoire et syncopé, ce poème est un hymne à la terre et aux hommes et femmes qui la fécondent. Puisant son inspiration dans l'attachement charnel du paysan à la terre, « Pour Célébrer la terre » est une invitation à la fête et à la danse, une forme d'acte propitiatoire servant à exorciser à l'avance l'avènement de la dictature des Duvalier, deux ans plus tard.

Loin de son pays natal, Roger Dorsinville fait paraître *Le Grand Devoir* (1962), un long poème épique qui, en évoquant l'histoire tragique du Nouveau Monde marquée par l'esclavage et la dépossession, situe Haïti désormais sous la férule duvaliériste. Le thème de la terre y est repris, mais comme lieu de promesses dégradées ; la voix du poète se fait messianique, inscrivant le langage dans la mouvance d'un bien collectif à préserver. L'image de la terre, devenue paradis perdu, mythe dévalorisé, constitue la trame sous-jacente de l'essai qu'il consacre au père fondateur d'Haïti, *Toussaint*

Louverture (1965). L'analyse que Dorsinville mène de cette icône du patrimoine haïtien a pour objet de retracer un présent dégradé à sa source par la symbolique de la « trahison du père ». S'autorisant d'une métaphore à la fois biblique et biologique récurrente dans son oeuvre romanesque, l'auteur attribue les malheurs d'Haïti, entre autres, à un héritage dévoyé depuis ses origines par la faute de ses pères fondateurs.[1] Si, dans un premier temps, l'œuvre littéraire de Roger Dorsinville porte sur la formation sociale haïtienne vue du dedans et, progressivement, de l'extérieur, un deuxième temps, de 1973 à 1986, déplace, sinon élargit, cet éclairage vers l'Afrique où l'auteur établit résidence dès 1961. Il y renouvelle son inspiration ; il y trouve une nouvelle naissance : « That is where I was born », dit-il en entrevue.[2] Cette période est la plus féconde de son oeuvre. Jean Jonassaint la qualifie de « retrouvailles ».[3] Roger Dorsinville confirme : « Il est tout à fait évident qu'en tant qu'écrivain, par exemple, un nouveau Dorsinville se perçoit à partir des livres de la série africaine » (*Marche arrière*, 18). De 1973 à 1980 paraissent cinq romans et un recueil de nouvelles. A une exception près (*Mourir pour Haïti*, 1980), ces romans et ces nouvelles (*Gens de Dakar*, 1978) interpellent l'Afrique profonde des tribus confrontées à celle des 'rois', épinglée par l'auteur dans une dialectique des contraires bousculant l'Afrique moderne. Fort de sept ans d'expérience acquise dans l'Hinterland libérien à étudier les cultures traditionnelles, l'écrivain peint, de *Kimby* (1973) à *Renaître à Dendé* (1980) — y compris *Un Homme en trois morceaux* (1975) et *L'Afrique des rois* (1975) — des portraits de sociétés propulsées du passé au présent, de la tradition à la modernité, de la campagne à la ville, sur fond d'une quête de valeurs préservant la continuité. Cette quête repose sur des personnages, hommes et femmes, jeunes et vieux, produits de situations conflictuelles qui en font des êtres problématiques (Cassan, dans *Un Homme en trois morceaux* ; Martha dans *Renaître à Dendé*) mais, néanmoins, porteurs d'espoir (Cassel, dans *Kimby* ; Auntie, dans *L'Afrique des rois* ; ou encore Ousmane, dans *Renaître à Dendé*).

---

[1] Pour un plus ample développement, voir « Roger Dorsinville ou le langage des commencements », Postface à *Marche arrière*, Montréal, Collectif Paroles, 1986, 195-216.

[2] « Interview », *Callaloo*, vol. 15, no. 2 (Spring 1992), 544.

[3] Jonassaint, Jean, « Les Retrouvailles africaines », dans *Le pouvoir des mots, les maux du pouvoir*, Montréal, P.U.M., 1986, 13.

L'Afrique est au centre de l'éthique et de l'esthétique de ces textes ; la résonance qui se dégage d'une thématique de la remise en question de valeurs sociales et individuelles n'est pas sans évoquer l'Haïti natale de Roger Dorsinville. De plus, l'image de l'Afrique représentée sous un jour concret, à la fois élargie et réaliste par le *mythos* d'une quête des origines révise et corrige les stéréotypes prévalant dans les lettres haïtiennes au temps fort de l'Indigénisme. En contrepoint d'une Afrique utopique, l'œuvre produite du vécu de Roger Dorsinville en Afrique comporte en elle-même un caractère original et innovateur dans l'histoire littéraire d'Haïti. Conscient du dédoublement de son oeuvre faisant problème pour la critique qui s'interroge sur l'identité de l'œuvre et de l'auteur placés dans des circonstances asymétriques, l'écrivain conclut :

> Nul ne peut empêcher que je sois un écrivain haïtien, né là, ayant acquis là ses techniques, ses armes, ayant formé là sa sensibilité première, même si cette sensibilité s'est élargie au contact de l'Afrique, rien ne peut, du point de vue haïtien, m'empêcher de me situer dans le courant haïtien (Jonassaint, 36).

Qu'Haïti, au demeurant, ait été présente dans la pensée de Roger Dorsinville tout au long de son exil est une donnée manifeste de l'essai qu'il publie sur Jacques Roumain, en 1981 ; du récit historique, *De Fatras Bâton à Toussaint Louverture* (1983) ; et, surtout, de ses mémoires, *Marche arrière* (1986), qui paraîtront la veille de son retour en Haïti, et *Marche arrière II* (1991) dans la foulée de son retour. Ces mémoires représentent un dépassement de soi par leur forme adaptée de la tradition orale africaine, et leur contenu mûri par la mémoire décantée de la terre natale. Le recours à la parole, par comparaison avec le questionnement de l'écriture, sert de pierre d'assise à une conception du langage éprouvée sur le terrain en Afrique et enracinée dans les grands courants mythiques universels : « L'objet n'existe que par le mot qui le convoque, et le sentiment que par celui qui le qualifie. Le mot littéralement 'crée' la situation ».[4] Il paraît comme rite de passage.

Un troisième temps consécutif au retour de Roger Dorsinville en Haïti, de 1986 à 1991, recoupe et unifie les lieux doubles de son oeuvre. Quatre romans, un recueil de nouvelles, un deuxième volume

---

[4] *Jacques Roumain*, Paris, Présence Africaine, 1981, 97.

de *Marche arrière* (1991), et un livre d'ethnologie sur l'Hinterland libérien (*L'Homme derrière l'arbre*, 1991) la caractérisent. Des romans, la critique retient *Accords perdus* (1987), monologue intérieur d'un narrateur abîmé par le temps et le destin mais luttant dans les ténèbres de la cécité pour la lumière, métaphore de l'espoir d'une Haïti nouvelle, libérée du duvaliérisme. Et elle loue *Les Vèvès du Créateur* (1989) comme une oeuvre-maîtresse où l'imagination libre s'approprie le Réalisme merveilleux, déborde ciel et terre, agite rêves, fantasmes et obsessions pour livrer une Haïti transformée sinon dans les faits du moins sous la pulsion de l'imaginaire régi par un narrateur-créateur souverain. Pour Weber Lahens, il s'agit d'un « chef d'oeuvre ».[5] Jean Fouchard y voit « le meilleur livre de Roger Dorsinville ».[6] Pour ma part, ayant rassemblé l'ensemble de son oeuvre littéraire dans la collection *Rites de passage* (1990), je propose une vision globale.

L'itinéraire, long de plus d'un quart de siècle (1957-1986), menant Roger Dorsinville de l'exil à son pays natal en appelait d'un juste répondant dans le titre de la collection. La polarisation entre les thèmes de l'innocence et de l'expérience dans l'œuvre entière ; le dialogisme du garçonnet rêveur et du vieil homme dans *Un Homme en trois morceaux* et *Accords perdus* ; la structure symétrique des vieux sages irriguant les générations autant dans *Kimby* et *L'Afrique des rois* que dans *Ils ont tué le vieux blanc* (1988) et *Les Vèvès du Créateur* ; le leitmotiv de l'anti-sexisme dans *Renaître à Dendé* et *Le Mâle de l'espèce* (1990) ; l'alternance des lieux africain et antillais, des temps nocturne et diurne ; bref, le cumul de récurrences thématique, typologique et symbolique accouplé aux variations de la voix narrative (dans les nouvelles regroupées dans *Le Mâle de l'espèce*, par exemple) imposaient en toute logique la métaphore symbiotique du « passage » pour signifier ces rites évolutifs.

Rites de passage distingue donc une oeuvre inscrite dans un registre universellement mythique. L'expérience humaine se marie du point d'origine (*Pour Célébrer la terre*) au point d'achèvement (*Les Vèvès du Créateur*) avec l'antériorité tellurique, le profane et le sacré. La parole de l'écrivain puise dans « le langage des commencements » et fait fonction de signe abolissant toute distinction entre signifiant et signifié lorsqu'elle scande l'image clé de l'aube rythmant l'élan vital : fluidité, glissement, gestation et maturation. Oeuvre rebelle à

---

[5] *Le Nouvelliste*, 17 juillet 1989, 1.
[6] *Le Nouvelliste*, 4 juin 1989, 1.

l'enfermement ethnologique ou idéologique, il en émane ouverture, mouvance et partage.

La « commande sociale », c'est-à-dire le thème de l'engagement socio-politique incontournable dans l'histoire des lettres haïtiennes depuis Jacques Roumain et *l'école indigéniste*, est ici revue et corrigée. Le souci du pays natal s'étend à un espace continental, sinon international et tiers-mondiste. Le personnage du paysan ou de l'ouvrier, « gouverneur de la rosée » ou « général soleil », selon l'iconographie de Jacques Roumain ou de Jacques Stephen Alexis, ce héros libérateur est approfondi dans la typologie de l'« Etranger » de Roger Dorsinville.

L'être de l'ailleurs, de nulle part et de partout à la fois, met en relief liberté et disponibilité. Transmis par Cassel (*Kimby*), Cassan (*Un Homme en trois morceaux*), Martin (*L'Afrique des rois*), Aldo (*Mourir pour Haïti*), et Ousmane *(Renaître à Dendé)*, ce diptyque de la solidarité paraît comme préface au redressement social ou collectif au sein duquel le personnage de l'Etranger joue un rôle de catalyseur. Celui-ci n'est pas un Messie ou un quelconque démiurge dont l'histoire d'Haïti est pleine de sa démesure (Christophe, Dessalines et même Toussaint). Il ne se place pas au-dessus des siens ; il s'insère plutôt parmi eux, comme Ousmane, de retour dans son village natal qui entre « avec confiance au cœur de la danse » (*Renaître à Dendé,* 122). Ce même Étranger se retrouve dans les romans qui suivent le retour d'exil de l'écrivain : le narrateur d'*Accords perdus* ; Lodinski, le « Vieux Blanc » ; et, bien sûr, le créateur des *Vèvès du Créateur*. Contrairement à Cassel, homme de Foi (« *aimer* est la plus grande des lois », 189), Cassan, homme de Loi (« Dans quelque direction que ce fût il y avait un ordre, et il fallait obéir », 92), Martin, homme de Parti (« Opération-Salut », 43), et Ousmane, homme de Partage :

> Dans d'étranges villes, dans des campus d'écoles, ce compagnon des livres avait été curieux des hommes, cherchant les signes qui, après la défaite de l'ombre, disent à nouveau que des mères sont penchées sur des berceaux, que des hommes vont parler à d'autres hommes, que la détresse ou la joie va passer d'une fenêtre à une autre encore grise que l'aurore attend (*Renaître à Dendé*, 109).

L'Etranger d'*Accords perdus*, du *Vieux Blanc* et des *Vèvès* se découvre impuissant dans une « vallée des morts » (*Accords perdus*, 18), « percé à mort par un essaim de guêpes d'acier » (*Vieux Blanc*,

203), ou il voit un « escadron de mort » *(Vèvès,* 53) s'avancer vers lui. Entre le héros revenu d'exil, et porteur de « catéchisme » de Roumain et d'Alexis, et celui vaincu et prenant la route de l'exil des oeuvres plus récentes d'Emile Ollivier (*La Discorde aux cent voix*, 1986) et de René Depestre (*Hadriana dans tous mes rêves*, 1988), celui de Roger Dorsinville unit viscéralement les contraires du déracinement et de l'appartenance.

Le vieil homme condamné des trois romans post-1986 prend un tout autre relief à le rapprocher de sa face inverse dans l'œuvre antérieure où les Kéta, Kimby, Auntie et Martha sont actifs et fécondants. Comprise dans son plein développement, la symbolique de l'étranger traduit un personnage double à la mi-temps des oppositions, tel le dieu romain Janus ou le dieu vodou Legba, gardien des allées et venues, sécularisé ici dans le clivage de la balkanisation historique Afrique-Antilles. L'étranger de Roger Dorsinville est donc un signe propitiatoire des commencements ; la corrélation avec l'image de l'aube se fait évidente :

> L'aube était présente dans « Pour Célébrer la terre », et elle signifiait déjà naissance... Reprise dans un contexte africain ... l'aube représente une naissance à la vie concrète telle qu'éprouvée par l'homme. La naissance est alors une métaphore pour exprimer l'appréhension de l'ordre des choses ; elle symbolise l'acte initiatique, le rite de passage à la vie d'homme rappelé à chaque lever du jour (*Marche arrière*, 215-216).

La mort annoncée du narrateur d'*Accords perdus*, ainsi que celle subie par Lodinski et celle revendiquée par le créateur des *Vèvès*, comporte une catharsis immanente au cycle vital des alternances : la mort précède une nouvelle naissance. Si dans *Kimby* la tradition est campée et acceptée par les vieux Kéta et Kimby, et dans *Un Homme en trois morceaux* et *L'Afrique des rois*, elle est assumée et dépassée par Cassan et Auntie (« Sa mort fait de votre vie pour elles un commandement ... elles vous souhaitent la vie », *L'Afrique des rois*, 118), les romans qui suivent réaffirment la noblesse du sacrifice. La mort de l'étranger, par conséquent, représente une constance dans la symbolique ainsi qu'un point d'aboutissement ou d'équilibre entre l'Afrique et les Antilles, la jeunesse et la vieillesse, l'innocence et l'expérience, et, certainement, la mort et la vie.

Roger Dorsinville fut un écrivain prolifique, pratiquant tous les genres littéraires, mariant oeuvres d'imagination et travaux de réflexion. Polyvalente et polyforme, nationale et internationale, son oeuvre appartient autant à son Haïti natale qu'à l'Afrique, sa terre d'exil et de « re-naissance ». Elle reflète une vie marquée par les exigences et les aléas d'un engagement social dont il sortit victime plutôt que vainqueur au terme d'un long itinéraire. En politique, comme en littérature, il fit usage de la parole pour transformer la vie. De part et d'autre il laisse une foi, même mal éclairée à l'occasion, dans un rapport liant l'humain et son environnement dans l'échange et la solidarité.

II

Il me paraît nécessaire de reproduire le récit de voyage de Roger Dorsinville en Yougoslavie, en 1980, un an avant le décès de Tito, pour illustrer dans un deuxième temps les mots « échange » et « solidarité » qui concluent le texte précédent. Nul doute, ces mots recoupent les expériences de vie et d'écriture de l'écrivain partout au monde. Pour moi, il s'agit d'un texte remarquable pour la maîtrise de la langue et la vision prophétique qui émane du temps d'un père fondateur des Balkans qui n'est pas sans évoquer à dessein pour Roger Dorsinville les montagnes et les pères fondateurs de la nation haïtienne :

Lili Marlene : Voyage en Yougoslavie[7]

Il peut y avoir n'importe où des paysages que l'on trouve beaux. Et je connais dans le pays le plus plat du monde, tel point de vue qui, apprécié d'un regard oblique entre Toubab Diallaw et Yène, offre, après des kilomètres de baobabs poussiéreux, l'inattendu de la beauté. Mais ici étaient les Balkans où chaque tour de roue avait paru nous rapprocher du ciel, et où nous étions entrés dans une carte postale : un chalet de bois vernis, sa terrasse et ses fenêtres en face d'un cirque de montagnes boisées, cassées au sud par le dévalement de collines laineuses vers une plaine d'où des fumées grises montaient à la rencontre de la ouate des nuages bas.

Un moment suspendu du monde dans le bonheur d'exister pleinement, appréhendé en même temps que dans sa plénitude, dans son caractère provisoire.

---

[7] « Lili Marlene : Voyage en Yougoslavie », *Africa* 144, 1982, 61-62.

Deux heures. Nous avions seulement deux heures ici d'un horaire trop minuté. C'est tout ce que nous avions, alors qu'on aurait voulu s'installer pour l'éternité dans cette fraîcheur où tous les éléments du décor, au près et au loin, miroitaient dans un soleil éclatant.

« Voici un troupeau de vos moutons... » me dit un de nos guides, le plus discret, aussi le plus convaincu, un patriote doctrinaire à la parole passionnée et qui savait éviter le catéchisme. Habitué au méchoui, au couscous et à la brochette, j'avais, tout au long des derniers repas pris ensemble, manifesté mon intérêt pour les multiples et délicieuses manières dont la cuisine yougoslave accommode le mouton, y compris la côtelette presque aussi onctueuse que celle qui, des années durant, avait fait la célébrité du Theresa de Harlem, une recette et un tour de main qu'avec leurs millions les Waldorf n'avaient pas pu acquérir.

« Voici vos moutons ». Un troupeau sans berger. Des moutons dodus broutant en groupe compact dans un coin de la carte postale.

« Que voulez-vous ? Nous ne sommes pas le Texas et il n'y aurait nul endroit pour paître mille bovins. Nous en faisons un peu l'élevage sur parquet. Ni par la quantité, ni par le prix, cela ne pourrait nourrir toute la population. Alors on fait son deuil du bœuf quotidien... comme du poisson. Pensez ! Nous sommes dans les Balkans avec une étroite ouverture sur l'Adriatique. Le poisson est devenu un luxe. Pourquoi se fatiguer ? Certains pays voudraient exporter leur bœuf chez nous. A quoi bon ? Vive le mouton, la volaille, le porc ».

Nous étions justement en train de prendre du jambon en gelée avec le Schlivovitz de l'apéritif.

« Moi je suis végétarienne, dit une jeune sportive. Végétarienne totale. Ni oeufs, ni lait. Nous sommes nombreux à l'être, jeunes et vieux, hommes et femmes ».

La veille, en jupe et chaussures de tennis, elle avait si bien interprété ma conférence sur la culture que les étudiants vers la fin applaudissaient avant qu'elle n'eut terminé ses phrases.

Et puis tout naturellement on parla culture et société. Nous étions au petit vin du pays, à la volaille, passé le velouté de légumes et le soufflé au fromage, et la conversation avait pris un tour très sérieux.

« La révolution vous la vivez ici sans la comprendre entièrement. Nous étions aussi attardés dans le charabia des traditions que n'importe quel pays du Tiers-Monde. Les objets que vous avez vus au musée, les châles, les fichus, n'appartenaient pas à nos aïeules mais à nos mères. Nous étions cent peuples comme vous dites, cent tribus, chacun portant de plus l'héritage d'avoir été colonisé par dix étrangers, Russes, Turcs, Italiens, Allemands, etc... jusqu'à l'extinction de cette fameuse identité que vos peuples africains ont si bien conservée, alors que vos élites se sentent prises d'une nostalgie qui est souvent, excusez-moi, de la mauvaise conscience ».

« Il a suffi d'une langue, pas même d'une langue, chacun de nous a gardé la sienne, mais d'un alphabet, répétez bien cela chez vous, pas une langue mais un alphabet unique permettant la transcription unifiée de tous les sons. Il suffit de cela, puis de la guerre, mais il avait fallu cela pour nous préparer à la guerre. Vous comprenez ? A partir d'un alphabet unique une guerre nationale devenait possible parce qu'une conscience nationale avait été créée. On ne comprendra rien de Tito si on ne comprend pas ce qui est parti de lui : le mot d'ordre pour une lutte nationale. A partir de là tout devenait caduc, tous les petits tabous de nos mini-cultures frappées de mesquinerie.

Les jeunes filles ne partaient pas pour l'armée à douze ans. Quel parent aurait osé dire : « Reste à la maison, ne va pas promener ta virginité dans les montagnes ».

« Ma femme est partie à treize ans. Elle a revu ce qui restait de ses parents quatre ans plus tard. Pensez-vous qu'ils auraient demandé à l'héroïne en armes si elle était restée fille ? Et qu'importe qu'elle se fut donnée un soir à la veille d'un combat pour aimer ou au retour d'un combat pour récompenser un héros ».

« Et moi qui étais rentré de mon propre combat et suivais la mise en route de notre université, quand elle est venue comme une sauvageonne mal peignée dans une vieille robe de sa mère, dire timidement qu'elle revenait du combat, et qu'elle avait fait ses classes dans le maquis, et pourrait-elle dans cette université se qualifier en histoire ? Quand je me fus mis à l'aimer, pensez-vous que je me serais mis à la soumettre à un interrogatoire de moralité ? J'étais Serbe et elle Croate, nous avons uni nos alphabets, nos langues et nous avons vécu heureux, fonctionnaires tranquilles aujourd'hui, mais nos enfants militent pour les mêmes libertés que notre guerre. Et je crois qu'ils sont prêts à mourir non pas pour une doctrine mais pour le visage humain et libre de notre société. Oui la guerre a eu ceci de bon. Elle a littéralement forgé notre Yougoslavie ».

Puis ils parlèrent de Tito, alors à l'article de la mort, ceux qui l'avaient approché, les plus jeunes qui ne savaient de lui que la légende. Une volonté entêtée de liberté.

Puis ils dirent ce qu'était pour eux le non-alignement. Et je pensais à la distance qui sépare notre service des lèvres et ce qu'est cette doctrine ici : l'ultime espoir. « Tôt ou tard l'URSS nous frappera ; elle ne peut permettre à ses frontières notre esprit de liberté. Notre première dissuasion est qu'il faudra qu'ils se battent, et durement, dans des montagnes dont nous connaissons tous les détours. Notre deuxième espoir est le Tiers-Monde des non-alignés. Qu'ils se lèvent et disent non, l'URSS reculera ».

J'essayais de garder des yeux attentifs sans étonnement. Se pourrait-il que ce grand homme que nous nous apprêtions à pleurer fût le dernier des utopistes ? Miser sur le non-alignement ! Quel non-alignement ?

A ce moment précis, l'attaché du protocole, homme grand, tranquille, discret et toujours « disponible », comme on dit ici, défit la fermeture du petit sac noir qu'il portait religieusement depuis le commencement de la promenade, des heures plus tôt, et étala sur la table son contenu : des harmonicas de tailles diverses, et souffla courtement dans chacun d'eux comme pour s'en rappeler le son. Puis il choisit l'un d'entre eux et dit : « A la guerre et à la paix, le chant des partisans ! »

Le temps dans ce décor de montagnes s'arrêta. Il jouait et les gens chantaient, ceux de notre escorte, puis ceux venus des autres salles, et la propriétaire, et les serveurs. Tous chantaient, et une femme sanglota, puis une autre, et les larmes coulaient sur les visages burinés des anciens guerriers. Ma sportive grave songeait.

Puis on changea de chanson. L'attaché jouait maintenant ce qu'on lui demandait, changeant à l'occasion d'harmonica. Puis, comme on approchait de la limite de nos deux heures, il me dit : « Pour vous, une chanson que vous connaissez ». Je connaissais l'air, je ne l'identifiais pas. Cela dut se voir à mon visage. Désappointé, il me souffla : « Lili Marlene ! » C'était le chant venu d'Allemagne vers la fin de la dernière guerre, et que tous les camps avaient adopté. « On aurait dû en faire, dit mon ami, le chant international de la paix ».

Il leva son verre de Schlivovitz et le vida en me regardant dans les yeux : « Prosit ! A la paix ! »

III

Ce qui suit a été conçu sur un mode pastoral pour faire contrepoint aux travaux laborieux d'édition et de traduction de l'œuvre de Roger Dorsinville. Onze ans après son départ, je revis ce texte ancré dans un petit village sur les bords du fleuve Saint-Laurent juxtaposé au coin montagneux de la Yougoslavie célébré dans « Lili Marlene : Voyage en Yougoslavie » comme le troisième temps obligé d'une grande valse. Au Québec, comme en Yougoslavie, résonnent les accents de Fermathe, village montagneux d'Haïti, qui marqua profondément l'imaginaire de Roger Dorsinville, de Pour Célébrer la terre *aux* Vèvès du Créateur.

Souvenirs de Roger

Ce matin à Kamouraska il fait chaud et humide. Il y a un silence dans l'air rythmé par le gazouillement des oiseaux, le hoquet des insectes et un sentiment d'apesanteur d'où s'élève une odeur d'herbe sauvage sous la lente cuisson du soleil. Ici, il y a un rappel de la touffeur des tropiques, de Dakar à Port-au-Prince. Je la ressens en me rappelant la véranda de Roger là-bas, à Dakar comme à Port-au-Prince, et, surtout, son discours intarissable figé maintenant dans ses mémoires qui paraîtront en anglais des années après qu'il nous ait quittés.

L'éditeur s'attend à recevoir une préface sous forme de présentation de l'œuvre et de l'homme pour un public anglophone qui ignore tout de lui. Me voilà donc sollicité par la mémoire de l'oncle répartie sur une vingtaine d'années de retrouvailles tant en Afrique, en Amérique et aux Antilles serties de conversations, de collaborations et de convivialités.

Chaleureux, attentif, curieux de tout, grégaire, le rire généreux, Roger était un homme d'idées et d'action. Il avait exercé un tas de métiers et vécu plus que les neuf vies du chat pour avoir survécu à plus de deux séjours en prison – dont le premier à vingt-six ans, jeune militaire accusé de complot contre l'Etat, qui faillit se terminer devant un peloton d'exécution – et puis aux exils et aux ravages du temps incluant la cécité et la paralysie. Il avait pris femme plus d'une fois et laissa une progéniture répartie sur plusieurs continents. Il aimait la vie et celle-ci lui rendit son amour tout au long des échecs, des désillusions et des quêtes utopiques de ses quatre-vingts ans. Il prit congé de nous toujours nourri d'espoir et luttant pour l'avènement d'un monde meilleur pour son pays natal.

Roger perdait déjà la vue à son départ de Dakar en 1986 après vingt-cinq années d'exil. De retour dans son pays natal, il ne le vit que sous couvert de brume. Je le retrouverai cloué au lit ou en chaise roulante suite à une insuffisance cardiaque, entouré d'assistantes qui se relayaient jour et nuit pour l'aider à faire quelques pas, le nourrir ou pour prendre ce qu'il appelait ses « dictées », c'est-à-dire l'aidant à rédiger ses manuscrits qu'il corrigeait après leur transcription du magnétophone devenu son instrument principal de travail.

Je fus un de ses assistants. Je participai à la mise en forme de ses « dictées » depuis Montréal où parurent trois de ses livres. J'étudiai son oeuvre, je l'analysai, j'en fis ma mouture de travail de « scholar ». Mais il y a plus : son oeuvre me servit de modèle de discipline et d'attachement à l'écriture, et d'apprentissage au travail de création littéraire. Lorsque après son départ viendra le temps pour moi de poursuivre son travail il m'arrivera souvent de penser qu'il fut un « maître » et moi son « disciple » qui n'oubliera jamais cette phrase venant de lui, entendue tant à Dakar qu'à Montréal et ailleurs, lorsque prenant congé de la compagnie il disait : « Bon ! Il est temps maintenant de donner un coup de plume ».

Je connaissais Roger aussi dans ses limites. Elles étaient celles d'un personnage shakespearien qui avait beaucoup aimé mais pas toujours avec discernement. Sous un autre jour, il pouvait être enveloppant, « père-couveur » autoritaire et exigeant. La formation militaire de sa jeunesse reparaissait non seulement dans son sens de la discipline au travail, mais celle qu'il imposait aux autres comme allant de soi. Ce qui veut dire qu'il n'était pas toujours facile à vivre. Il n'était pas un saint homme, mais il était sain dans ses excès, un Othello « that loved not wisely, but too well »[8] pour avoir beaucoup aimé mais pas toujours avec les yeux grands ouverts, comme il le dira de son aventure avec Duvalier (*Marche arrière*, 161-173).

Ce matin, à Kamouraska, je pense à lui. Il aurait aimé ce village comme il aima la simplicité et la bonté des gens et des lieux de Fermathe, village montagneux qu'il me fit découvrir et apprécier « à sa place », disait-il, à son retour d'exil. L'air y était bon, c'était vrai, à l'époque, malgré les soubresauts de l'après-Duvalier. Roger aurait aimé Kamouraska, village côtier sur les bords du Saint-Laurent vaste et salin comme une mer des Antilles qui le sépare de la lointaine Côte Nord, rive opposée dentelée de montagnes. Sans même y penser, il se serait cru en Haïti. Il aurait dit : « J'aimerais y rester pour écrire en toute liberté et en paix ... et sans souci d'argent », aurait-il ajouté en ricanant doucement. Lui, dont le souci du bien-être des siens l'avait forcé à « galoper » avec les mots à Dakar comme éditeur, critique littéraire et journaliste caché derrière multiples pseudonymes (John Angulu, Jervish Bah, Agathon, etc.) dans la revue *Africa* pour boucler ses fins de mois tout en poursuivant le travail solitaire et chichement rémunéré de la création.

Son oeuvre d'imagination fut abondante même si elle souffrit par moments au niveau de la forme, faute de temps pour le lent travail de polissage, ciselage et peaufinage que le temps lent et serein de Kamouraska lui aurait accordé. Elle restera dans une large mesure en-deça de ce qu'elle aurait dû être : pur produit de la liberté créatrice

---

[8] William Shakespeare, *Othello*, New York, Signet Classic, 1963, V, ii, 340.

qu'il rechercha depuis l'enfance (voir le prologue d'*Accords perdus*, l'image du garçonnet sur la Place Boyer noyé dans les nuages qu'il se promet de posséder). Liberté qu'il atteindra dans les dernières années de sa vie dans son oeuvre-maîtresse, *Les Vèvès du Créateur*. Là, il noie son narrateur dans le Réalisme merveilleux où se mêlent sortilèges, métamorphoses, rêves et réalités, tous traversés par un sinistre « Père Fou » (115) acoquiné à des GIs de la nouvelle traite coloniale tandis que d'autres marionnettes et poupées batifolent sur la scène d'un vaste théâtre que serait devenue la vie. Il en tira sa révérence derrière le masque d'un créateur frustré, fatigué, revenu de tout, mais qui se retrouve étonné, ému, d'être encore capable d'amour. Il en tira sa dernière romance.

Roger avait souhaité le prolongement de notre compagnonnage. Le partage et la solidarité étaient les maîtres-mots de son code individuel et politique. Ils furent aussi les signes d'une grande illusion quichottesque qui lui fut comptabilisée dans les avatars de la vie publique le menant de jeune officier rebelle, condamné aux travaux forcés, à l'évangéliste-mystique ; du journaliste de combat au politique engagé se retrouvant piégé par tous les chefs qu'il aura servis, de Dumarsais Estimé à François Duvalier, en Haïti, et de William Tolbert au Libéria aux patrons d'édition à Dakar. Roger, sa vie durant, fut victime de sa nature fougueuse et passionnée dont des compagnons de route froids et calculateurs firent beau jeu. Il en tirera revanche par l'écriture et la parole qui les figera pour la catharsis sinon personnelle du moins celle des générations futures :

> Sur la crête de l'autre côté du rideau de fumée, parut l'avorton sorti de l'ombre. Il ajusta à ses yeux la lorgnette, comme s'il pouvait y voir ou comme s'il avait appris à libérer, à partir des morceaux de verre roulant dans un kaléidoscope, les richesses sans mesure de l'imaginaire.
> Avec un geste de dépit, il rejeta loin de lui ces objets sans usage pour l'incirconcis, lorgnette et caméra [...]. Glissant d'un mouvement félin, il prit dans un buisson épineux bordant le sentier de crête la pose d'un carnassier à l'affût (*Les Vèvès du Créateur*, 172).

Ma mère, de son vivant, répétera comme un leitmotiv que son beau-frère « parlait trop ». Mon père, son frère, ne disait pas un traître mot. Elle voyait en Roger un mélange contradictoire de naïveté et de ruse. Mon père plongeait le nez plus profondément dans ses lectures ou dans ses mots croisés. Edith, sa femme qui sera enterrée au Sénégal, disait simplement « Roger... » puis elle riait câlinement de la gorge, le regard encore brillant après toutes ces années de mariage ; depuis que, jeune secrétaire-dactylo de dix-huit ans, elle s'était éprise du tribun de trente-cinq ans, recyclé en alphabétiseur, délaissant l'évangélisme, en attente d'insertion en journalisme et en politique.

Un soir à Dakar, Roger dira en réponse à une question de ma part : « Papa Doc me fit cadeau de ma vie ! » Ceci dit sur un ton doucement sarcastique. Je me souviens du regard courroucé d'Edith laissant la pièce, tandis que Roger poursuivait :

> Nous avons été floués, nous avons tous contribué à créer un personnage à la mesure de nos ambitions, de nos frustrations et de nos obsessions, nous des événements de 1946 : *Pouvoir noir* ! Nous voulions changer l'histoire de ce pays et nous avons récolté un cauchemar ... ceux d'entre nous qui avons vécu pour s'en rendre compte, faut-il dire. Papa Doc a été l'aboutissement de la logique ou de l'illogisme « noiriste ». Nous payons pour tout cela et, malheureusement, vous aussi nos « fils » et « filles ».

L'oncle se tut et ne revint plus sur le sujet, sauf lorsque je le retrouvai sur sa véranda à Bourdon des années plus tard, de retour d'exil, encerclé par le bruit et la fureur de l'après-duvaliérisme qui s'annonçait pire que le duvaliérisme. Là, comme survivant et témoin de plus d'un demi-siècle de turpitudes de la vie politique haïtienne, il s'étendait dans de longues analyses sur la responsabilité collective entraînant la durée et, semble-t-il, la pérennité du désordre public dont Duvalier devenait la sinistre mais obligée métaphore. Celui-là même, vieux, malade, à deux pas de la mort, à qui il fait dire : « Le pays ? [...] Il me survivra bien, le pays » (*Les Vèvès du Créateur*, 141).

La parole est en veilleuse ce matin à Kamouraska, respectant le silence de l'ordre des choses immanentes comme un soleil éclatant, une mer infinie et des montagnes éternelles en elles-mêmes, comme en d'autres temps avec Roger, aux Almadies, non loin de Dakar, à Ste-Agathe, non loin de Montréal, à Fermathe, non loin de Pétionville. Rien n'est loin, pas même la mer des Antilles puisqu'elle est là, même si elle s'appelle le Saint-Laurent par ici. L'eau et le ciel sont bleus comme là-bas, le soleil se lève aussi bien dans le ciel, et il fait chaud comme partout ailleurs : « Summer is the same / everywhere ».[9] Les lieux se confondent.

Roger est toujours parmi nous.

---

[9] Derek Walcott, *Midsummer* VIII, New York, Farrar, Straus and Giroux, 1984, 9-10.

Dérive politique et synergie esthétique : Un entretien avec René Depestre

Franz-Antoine Leconte

Résumé : Au cours de cet entretien, René Depestre révèle comment son oeuvre multiple a été conçue de ses errances et exils successifs que le lien viscéral à Jacmel, sa ville natale, a constamment nourrie. L'itinéraire existentiel de l'écrivain s'est constitué dans le refus de l'enfermement identitaire, la lutte contre la démagogie, et la lucidité face aux dérives politiques de son pays. Selon l'écrivain, les multiples composantes de son écriture – Réalisme merveilleux, Négritude, Erotisme solaire, Indigénisme haïtien – ont produit une synergie esthétique qui donne une cohérence à son oeuvre. Toutes ces composantes ont jailli de son désir de dénoncer les formes multiples du totalitarisme – fascisme, socialisme, racisme, censure, et autres obscurantismes – qui ont façonné son itinéraire d'écrivain engagé.

Summary: In this interview René Depestre reveals how his work stems from his endless wanderings and exile and how it has been nourished by his visceral bond with the Haitian village of Jacmel, his birthplace. The existential itinerary of this writer has been the result of his rejection of a limiting identity, his fight against demagogy, and the clarity of his insights into the political tendencies of his country. According to the writer, the multiple components of his work — Magic Realism, Negritude, Solar Eroticism, Haitian Indigenism — have produced an aesthetic synergy that gives coherence to his work. All these components have emerged from his desire to denounce the numerous forms of totalitarianism — fascism, socialism, racism, censure, and other obscurantisms — that have shaped his journey as a committed writer.

* * *

Quand René Depestre m'accorde cet entretien le 28 octobre 1995 à New York, je suis pleinement conscient de la place prépondérante qu'il occupe dans les lettres haïtiennes, caraïbéennes et francophones. Il a à son actif de brillantes réussites littéraires dans les genres les plus divers : poésie, essais, romans, nouvelles et traductions d'écrivains célèbres. Certaines de ses oeuvres ont été traduites en plusieurs langues et ont fait l'objet de thèses. Des prix littéraires d'importance ont couronné son talent. Depestre, il n'y a pas de doute, est un grand écrivain haïtien, un intellectuel contemporain capital qui s'est engagé, à partir de sa tumultueuse adolescence au pays natal et malgré ses errances et exils successifs, dans la lutte pour le progrès des Haïtiens, des Caraïbéens et des infortunés de tous les pays. Si je connaissais quelques pages éparses de sa biographie, j'allais enfin apprendre de lui-même, ses aventures extraordinaires, la genèse de son oeuvre multiple, les courants qui la traversent, ses déceptions ainsi que ses projets d'avenir.

Tout commence à Jacmel, ville natale de l'écrivain et berceau de cette formidable odyssée qui devait le conduire aux quatre coins du globe où il connaît tour à tour l'extase et l'agonie. Malgré une longue absence d'Haïti de trois décennies et des aventures qui font de lui tout à la fois un citoyen du monde et un homme de nulle part, la mémoire qu'il conserve des multiples moments heureux d'une enfance modeste, humble même, étonne. S'agit-il là d'un curieux cas d'osmose durable ? Car, même dans les moments de danger les plus évidents, par exemple dans des espaces politiques ou idéologiques où règnent l'intolérance, la censure, l'interdiction de tout déviationnisme, et où il a même risqué de longues incarcérations, il s'est perçu à Jacmel, l'inspiratrice ou la génitrice protectrice. Jacmel pour Depestre n'est plus un point géographique qui s'insère dans une échelle d'ordre spatial et temporel : Jacmel fait partie de son être. Elle gît, lovée dans l'esprit, le cœur et les fibres, avec sa mission d'inoculation immunisante, imprenable et imperméable à l'espace et au temps. Cette unicité affective gomme d'une façon permanente les blessures, les échecs et l'ostracisme dont l'écrivain a souffert. L'impression se dégage d'un Depestre qui aurait volontairement choisi le nomadisme pour échapper à l'ancrage, à l'immobilisme ou à la prostration dans un monde indifférent livré à toutes les horreurs imaginables. Chez Depestre, les aventures de l'errance ne concourent pas à la démission, elles ne sont que les manifestations de la quête incessante qui aspire à un humanisme entier et universel, négation absolue du particularisme sectaire et intéressé. L'écrivain, citoyen du monde, sensible et généreux, en allant aux autres et à l'autre, refuse l'enfermement identitaire. Ce Depestre que je retrouve en 1995 est pourtant bien loin de son enfance et de son active adolescence où il s'était totalement engagé aux luttes du peuple haïtien, à la grande mutation de 1946, date charnière dans l'histoire du pays qui marque la tentative du peuple à participer au processus politique. Ce fameux coup de balai auquel il a participé devait changer à jamais l'échiquier politique du pays, même si l'objectif premier ne put être atteint, ayant été détourné et accaparé par les politicards et prévaricateurs traditionnels. La problématique de 1946 contenait avant tout une dynamique égalitaire visant à éliminer les préjugés de couleur et de classe ravivés sous l'occupation américaine du pays (1915-1934). Sur fond de chômage exacerbé, il s'agissait d'éviter à tout prix la rupture du fragile équilibre entre le peuple et la petite bourgeoisie et d'arrêter le processus déjà avancé d'une désinstitutionnalisation systématique du pays. Cette atmosphère de confrontation et d'affrontement — cette « révolution » — avait été initiée par une explosion juvénile, celle des étudiants et des jeunes de *La Ruche*, le célèbre journal auquel Depestre collaborait.

  Depestre fascine dès sa première publication. Ce jeune homme qui se présente un beau jour à l'imprimerie d'État pour exiger d'un directeur de presse gouvernementale de publier son premier recueil de poèmes n'a pas froid aux yeux. Ce coup de dés initial témoigne d'un courage certain. Le poète engage désormais son destin individuel dans la lutte universelle. En effet, ce citoyen des Antilles, ce fils de l'Afrique ne fera pas que pleurer et déplorer le génocide perpétré sur la terre d'origine. Si comme il l'écrit dans *Etincelles* (1945) cette malheureuse terre a connu « Vingt siècles de piétinement / D'embargo sur les masses », le poète militant placera l'écrasement de sa race dans un contexte historique international, sinon global. Les douleurs de sa terre sont aussi celles de tous les parias de l'univers et sa mission est de faire entendre les cris de souffrance de la terre entière : « la grondante symphonie des abandonnés ». Pourtant son courage semble faillir. Devant les injustices effroyables du monde, la déception s'installe et bientôt la douleur du poète se transmue en une virulence extrême teintée de cynisme qui frise le morbide. Ce retournement, tel un hymne pathologique à l'anarchie et au nihilisme constitue une véritable inversion des valeurs. Désespoir et sentiment d'impuissance ? Peut-être. Ce syndrome en tout cas semble provoquer une réorientation radicale de sa pensée. S'agit-il d'une démission existentielle devant l'incapacité de changer l'individu autant que la société ? S'agit-il du désespoir devant le malheur immuable d'Haïti ? Tant de questions qui méritent réponse du volubile Depestre.

Frantz-Antoine Leconte : *René Depestre, parlez-nous de cette ville où vous êtes né et avez vécu votre enfance et adolescence, et de son importance dans votre oeuvre.*

René Depestre : Je n'ai rien oublié. C'est comme si j'avais eu dès le départ le sentiment que j'allais passer le reste de ma vie à l'étranger. Jacmel est toujours présente dans ma mémoire. Même quand j'écris très loin de Jacmel, que ce soit à la Havane, à Paris, à São Paulo, à Santiago du Chili, enfin partout, j'ai toujours le sentiment que ma table se trouve à Jacmel.

F-AL : *Alors vous avez un peu emporté une partie du territoire dans votre cœur ?*

RD : C'est ça. J'ai emporté avec moi Jacmel, mon enfance. C'est ce qui fait d'ailleurs — comme je l'expliquais lors de ma conférence à l'Université de New York, hier — qu'au fond je n'ai jamais eu le sentiment d'être un exilé, c'est-à-dire que je n'ai jamais souffert de mon expatriation parce que depuis la plus haute antiquité comme vous le savez, il y a eu une sorte de dolorisme attaché à la notion de l'exil, à la notion de nostalgie, à la notion de *saogari* comme au Brésil. Moi, je n'ai jamais connu cette sorte de malaise existentiel dû à l'exil, parce que j'emporte Haïti avec moi partout où je vais, mon chez-soi haïtien, mon chez-soi insulaire. Mon natif natal fait partie de mon nomadisme si je peux dire.

F-AL : *Remontons maintenant à 1946. Lorsqu'on parle de la problématique de 1946, quelles sont, d'après vous, les composantes de la crise ? Doit-on parler d'un préjugé de couleur détestable après l'occupation ? Y a-t-il eu un choix entre le chômage et la politique ? A-t-on voulu édifier une société plus égalitaire ?*

RD : Oui, je crois que tous les éléments que vous venez de citer sont des ingrédients, si je peux dire, qui ont contribué à cette explosion de 1946. Cela a été une explosion d'abord juvénile, celle des étudiants, des jeunes de *La Ruche...*

F-AL : *... dont vous faisiez partie.*

RD : Oui, notamment des jeunes de *La Ruche*. Nous avons été le détonateur de tous ces événements. On a parlé, d'une façon métaphorique, de révolution de 1946, mais en réalité, il n'y a pas eu de révolution en Haïti depuis 1804. Il n'y a jamais eu d'autres révolutions. C'est un mot qu'on a beaucoup employé dans l'histoire haïtienne, surtout au XIXe siècle. Chaque passe d'armes et chaque coup d'Etat étaient considérés comme une révolution. Mais 1946 a eu sa particularité, parce que, quand même, c'était le résultat d'une vieille crise, une crise sociale et profonde dont il faudrait chercher les origines en remontant jusqu'à l'occupation américaine de 1915 à 1934. La crise de 1930 n'avait pas été résolue par la présidence de Sténio Vincent (1930-1941), et Elie Lescot (1941-1946) n'a fait qu'aggraver les conditions de vie du peuple haïtien après les années de Vincent. Certainement, la question de couleur avait pris une plus grande importance puisque Lescot s'était carrément appuyé sur le secteur dit mulâtre de l'oligarchie haïtienne pour en faire son personnel administratif et politique. Tous les cadres supérieurs étaient mulâtres. Il y a eu vraiment une attitude antidémocratique très marquée dans la politique de Lescot. De plus, du fait de la guerre, il y avait un accroissement du chômage, et les conditions de vie, notamment à la campagne, s'étaient détériorées.

F-AL : *Mais on a dit que c'était le départ des Américains qui avait provoqué cette crise parce que, même pendant l'occupation, il y avait* *encore cet équilibre entre la petite bourgeoisie et le peuple, tandis qu'après le départ des Américains, le chômage s'est aggravé.*

RD : Oui, tout s'est aggravé parce qu'au fond, Vincent, lui, dans ses discours démagogiques avait promis une seconde libération. C'est comme ça qu'il avait caractérisé le départ des Américains. En fait, il n'y a pas eu de seconde libération car les choses ont empiré après le départ des Américains. Cette crise avait commencé dès début du XXe siècle accompagnée d'une succession d'autres crises dans les années 1910-1911 qui ont abouti ou ont été le prétexte à l'intervention américaine en Haïti avec la mort du président Villebrun Guillaume Sam (mars-juillet 1915). Haïti est en crise permanente, chronique. C'est l'une des caractéristiques politiques de l'histoire haïtienne. Il y a même des observateurs — peut-être un peu durs — qui ont été jusqu'à considérer que Haïti, sur le plan politique, depuis sa fondation en 1804 jusqu'à nos jours a vécu dans une sorte de parenthèses vides. Il est certain que la nation haïtienne s'est constituée sur le plan culturel, sur le plan littéraire, sur le plan esthétique, sur le plan religieux. Haïti s'est constituée en tant que communauté originale, historiquement constituée de particularités qui lui sont propres, mais sur le plan politique, nous n'avons pas beaucoup avancé. Ce qu'il fallait faire, depuis Christophe, depuis Pétion — sans parler de la fin du XIXe siècle — c'était créer un Etat organisé. On a eu parmi les plus belles constitutions du monde. Peu de pays ont eu autant de constitutions qu'Haïti, et de bonnes constitutions d'ailleurs. J'ai rencontré un historien polonais qui avait fait une étude brillante sur les constitutions d'Haïti et il en a conclu que ce sont des modèles de vie constitutionnelle. Mais cette vie constitutionnelle n'a jamais eu de racine dans la vie quotidienne et dans les institutions du pays. Donc, on n'a jamais eu un Etat véritable.

F-AL : *On parle très souvent d'une sorte de processus de désinstitutionnalisation en Haïti c'est comme s'il y avait un génie du mal qui s'affairait simplement à détruire, à effacer, à annuler.*

RD : Je pense que ce n'est pas la gomme qui est au crayon de Dieu qui efface les réalités démocratiques du peuple haïtien, mais le fait qu'on n'a pas su constituer de société civile.

F-AL : *Haïti a toujours été militarisée.*

RD : C'est ça. Le pays dès le début a été le champ clos de rivalités militaires entre des groupes qu'on disait féodaux — ce n'est peut-être pas le mot juste — mais des groupes d'intérêts, soit à Port-au-Prince, en province, entre les régions. Quand on regarde Haïti de ce point de vue, cela a l'air d'une histoire militaire.

F-AL : *Au sujet de cette mésalliance ou plutôt de cette dérive traditionnelle, c'est-à-dire ce processus assez curieux de coloration de la politique, de la politisation de la couleur, est-ce que vous pensez que cela joue encore dans l'Haïti contemporaine ?*

RD : Je pense que cela a laissé des traces parce qu'en Haïti, plus que partout ailleurs, il y a eu dans l'histoire de la colonisation une épidermisation de la lutte des classes, une épidermisation des conflits sociaux comme l'une des conséquences directes de l'esclavage et de la colonisation puisque nous, Haïtiens, même après notre indépendance, aussi bien chez les noirs que chez les mulâtres, il y a eu une tendance à donner à la peau une signification politique, une signification esthétique, une signification culturelle et même une signification religieuse puisque souvent les mulâtres étaient considérés d'emblée comme des catholiques et les noirs comme des vodouisants. Donc même sur le plan religieux il y a eu ce décalage de la couleur qui est l'un des avatars de la colonisation.

F-AL : *Cela me rappelle en politique qu'il y a eu deux partis communistes en Haïti dont l'un était essentiellement mulâtre.*

RD : Oui, c'est l'histoire de la gauche haïtienne. En principe, la théorie marxiste devait permettre de transcender la question de couleur, mais cela n'a pas eu lieu. C'est comme une donnée, une constante enracinée dans la conscience du pays, dans l'imaginaire haïtien, et cela est dû à la formation historique d'Haïti du fait qu'il y a eu un métissage génétique entre Français et Haïtiens, entre colons et esclaves. Mais ce n'est pas une fatalité historique, c'est une situation que l'on va surmonter, puisque les Haïtiens se sont rendu compte depuis ces dernières années que quel que soit le pouvoir, noir ou mulâtre, Haïti continue à être l'un des pays les plus sinistrés de la planète où continuent les mêmes gâchis, la même absence d'Etat. Certains croyaient que des hommes, du fait qu'ils avaient la peau noire, comme Estimé, Magloire et Duvalier, seraient peut-être plus proches du peuple haïtien, seraient plus à l'écoute des intérêts majeurs de la paysannerie et des travailleurs d'Haïti. Mais ce n'a pas été le cas, parce qu'au fond la couleur de la peau n'est pas le facteur déterminant de l'évolution d'un pays. Cela fait partie des représentations de l'imaginaire d'un peuple. J'ai essayé d'expliquer dans mon livre *Bonjour et adieu à la négritude* (1980) comment le mythe racial s'est constitué à partir de Christophe Colomb, puisque c'est à cette époque qu'on a commencé à avoir une perception de soi, non pas à partir des aspects fondamentaux de l'être, mais à partir du signifiant le moins important qui est la couleur de la peau. Les différences épidermiques expriment la grande diversité d'adaptation des ethnies de la planète aux conditions climatiques, aux conditions historiques, mais la couleur de la peau n'a aucune signification morale ou esthétique. Au contraire elle exprime l'heureuse diversité de la condition humaine. On voit dans la nature aussi que toutes les couleurs sont présentes. Je n'imagine pas qu'il y ait un conflit entre les arbres parce que certains donnent des fleurs rouges ou mauves ou bleues. La question de couleur est l'une des aventures de la conscience dans l'histoire de la perception puisque antérieurement à la colonisation, dans les époques les plus éloignées, dans les sociétés antiques, notamment en Grèce et à Rome, le Romain ou le Grec ou le Phénicien ou l'Egyptien n'avait pas une conception de soi qui était liée à la couleur de la peau. Elle était liée à la religion, à la culture en général.

F-AL : *Parlons maintenant de votre oeuvre littéraire. Ghislain Gouraige[1] a perçu votre littérature comme une sorte de littérature de révolte, Pradel Pompilus[2] de son côté a vu en vous un accusateur public, et Max Dominique dans* L'arme de la critique littéraire[3] *a parlé de votre militance révolutionnaire, active et inlassable. Voulez-vous toujours changer le monde ou simplement le décrire ?*

---

[1] Gouraige, Ghislain, *Histoire de la littérature haïtienne*, Port-au-Prince, Editions de l'Action Sociale, 1982, 417-421.
[2] Pompilus, Pradel, et Raphael Berrou, *Histoire de la littérature haïtienne illustrée par les textes*, Port-au-Prince, Editions Caraïbes, 1977, 257-302.
[3] Dominique, Max, *L'arme de la critique littéraire*, Montréal, Editions du CIDIHCA, 1998, 52-54.

RD : Je vous remercie pour cette question. Je suis entré dans la vie comme un jeune homme en colère. Dès l'âge de 15 ans j'étais en colère. J'étais révolté par les malheurs que j'avais autour de moi en commençant par ceux de ma famille, par la situation des paysans. Je fréquentais beaucoup la campagne haïtienne ; c'était poignant déjà, la situation de nos paysans. Donc j'ai eu un esprit de révolte. Mais c'était d'abord une révolte métaphysique, une révolte de jeune poète, une révolte qui s'inspirait plus d'Arthur Rimbaud, de Lautréamont et des poètes français avancés du XIXe siècle que de Marx dont j'ignorais l'existence ou de Lénine ou d'une révolte bien structurée. J'étais en révolte contre tout ce qui était injuste en Haïti, contre le régime de Lescot, contre tous les abus qu'on avait sous les yeux à ce moment-là.

F-AL : *Mais ce qui est étonnant c'est que c'est pas resté dans le rêve et dans les nuages, c'est descendu sur terre.*

RD : A un moment donné j'ai pu avoir accès à certaines lectures, j'ai lu un livre qui m'a beaucoup marqué, c'est *La condition humaine* d'André Malraux. Quand j'ai lu ce livre je pensais que la révolte pouvait déboucher sur l'action, donc j'ai voulu être un homme d'action. Après Malraux, j'ai lu Maxime Gorky, puis j'ai lu les poètes de la Résistance française comme Aragon, Paul Eluard et Robert Desnos. Après, j'au lu des oeuvres théoriques. J'ai essayé donc de structurer ma révolte, de lui donner un contenu précis, c'est comme ça que j'ai rencontré le Marxisme. Même à l'époque de *La Ruche*, notre révolte était une révolte existentielle, aussi bien chez Jacques Stephen Alexis que chez Bloncourt, Théodore Baker et moi.

F-AL : *Arrêtons-nous là un moment. Vous citez souvent Jacques Stephen Alexis, mais je n'entends pas Jacques Roumain, je n'entends pas Jean Brierre non plus. Jacques Stephen Alexis, Jean Brierre, Jacques Roumain et René Depestre sont considérés par plusieurs critiques comme les quatre grands monstres sacrés de la littérature haïtienne. Est-ce qu'il y a eu des rapports étroits entre vous quatre ?*

RD : Mais oui, il y a eu des rapports entre nous. Je vais vous en parler. Je cite le plus souvent Alexis parce que nous sommes de la même génération, nous avons fait notre baptême du feu ensemble au moment des grèves contre le président Lescot. Mais notons que ce qui m'a conduit à rencontrer Alexis, ce sont Roumain et Brierre, parce que je connaissais très bien Jean Brierre qui était très jeune. Il m'a aidé dans ma poésie, il m'a donné beaucoup de conseils. Il était l'un de ceux que j'admirais quand j'avais entre 15 et 16 ans, avec Jacques Roumain et Price-Mars. J'aimais beaucoup Price-Mars, même si sur certains points je n'étais pas d'accord avec lui parce que je me méfiais de certains aspects de sa pensée que les noiristes ont par la suite exploitée. Mais, il n'y était pour rien car, c'était un homme d'une grande rigueur intellectuelle. C'était un grand esprit, un homme très bien. Je l'ai beaucoup apprécié quand bien même je l'ai critiqué sur cette idée de la Négritude qui devait déboucher sur le duvaliérisme. Des gens sans scrupules comme René Piquion, Duvalier, Lorimer Denis, des gens peu préparés, sans foi ni loi ont détourné les idées de Price-Mars d'une idéologie de revalorisation de l'Afrique vers la papadocratie, vers le noirisme, vers des théories absolument fumeuses et meurtrières, puisqu'on a eu une trentaine d'années d'ignominie duvaliériste.

Pour revenir à Roumain, pour ma génération, il était au centre de tout, surtout pour Alexis qui lui a consacré des pages admirables. J'écrirai sur Roumain. Je ne l'ai pas encore fait, mais c'est un projet qui me tient à cœur. J'ai toutes les notes qu'il me faut. Il faut que je fasse un texte cohérent sur Jacques Roumain à qui je rendrai hommage, comme je le ferai pour d'autres auteurs qui m'ont intéressé ; bien sûr, il y aura Jean Brierre, et Carl Brouard dont j'ai beaucoup aimé la poésie, Magloire St-Aude, les frères Marcelin, Edris St-Amand. Ma génération a eu de la chance parce qu'on a été précédé de gens intéressants, parmi lesquels des journalistes éminents comme Max Hudicourt, Etienne Charlier, Anthony Lespès, Max Sam. Il ne manquait pas d'hommes dans les années 40 qui pouvaient guider notre révolte en Haïti.

F-AL : *Est-ce que vous avez rencontré dans les années de votre révolte quelqu'un que vous avez vraiment aimé plus que les autres ?*

RD : C'était Jacques Roumain. Je ne l'ai rencontré qu'une seule fois. Il m'a fasciné. Je faisais de l'auto-stop sur la route de Pétion-ville. Il m'a pris en voiture. C'était peu de temps avant sa mort ; il était sûrement déjà malade. Il rentrait du Mexique où il était chargé d'affaires à Mexico. On a parlé et il s'est intéressé à moi parce que je lui posais des questions qu'il trouvait étonnantes. Il m'a conduit chez lui et m'a prêté quelques livres parmi lesquels des romans de Faulkner et Hemingway.

Roumain m'a donc initié à la grande littérature contemporaine. Il mourut peu de temps après et j'ai rapporté les livres à sa veuve. Roumain m'avait dit que sa bibliothèque était à la disposition des jeunes. J'ai trouvé ça extraordinaire parce que c'était la première fois de ma vie que j'avais accès à une véritable bibliothèque. J'étais aux anges. Sa maison était celle d'une grande famille haïtienne : les Roumain au Bois Verna. J'étais très impressionné et il s'en est rendu compte. C'est la première fois que je voyais tant de livres de ma vie. Il m'a dit qu'il devait retourner au Mexique mais que son épouse pouvait me prêter des livres. En très peu de temps j'ai compris que j'avais affaire à un être extraordinaire bien que *Gouverneurs de la rosée* n'était pas encore publié. Je connaissais quelques poèmes et quelques nouvelles parus dans les années 30. C'était un Haïtien exceptionnel. Il y avait chez lui une rigueur, une sensibilité, une tendresse, une sorte de bonté qui émanaient de toute sa personne. Bien sûr, il y a eu aussi Price-Mars qui m'a fasciné. Mais c'est peut-être à cause de ma rencontre avec Roumain que je suis allé vers le Marxisme. Il est mort en août 1944. Par fidélité à Jacques Roumain, on sentait le devoir de le continuer, d'aller dans la même direction. Si quelqu'un d'une si grande culture et qui, par-dessus le marché, appartenait à une grande famille haïtienne, mulâtre — c'est-à-dire quelqu'un qui aurait pu s'enrichir, devenir un homme politique éminent dans la société haïtienne — avait pris des risques à gauche et même à l'extrême gauche et avait fondé un parti communiste en Haïti, on se disait que c'était vraiment la voie qu'il fallait suivre. C'est comme ça que j'ai suivi Jacques Roumain. Et puis, dès la fondation de *La Ruche* nous avons, Théodore Baker et moi, fait appel à Alexis. En effet, ce sont Baker et moi qui avons été les initiateurs de ce journal et je tiens ici à souligner le nom de Théodore Baker parce qu'on a tendance à l'oublier. On a décidé de créer *La Ruche* après la publication de mon livre *Etincelles* puis celle de *Gerbe de sang* qui avaient reçu un accueil exceptionnel dans la presse et dans l'opinion publique d'Haïti. Ce n'était pas facile de faire un journal sous Lescot où sévissait une censure terriblement pesante. On a donc dit à Gontran Rouzier quand il nous a convoqués, Baker et moi, qu'on allait faire un journal d'enfant. Après, il nous a insultés, en tenant en main un exemplaire de *La Ruche* : « C'est ça votre journal d'enfant ? Bande de voyous ! » Bien sûr, ce n'était pas un journal d'enfant, c'était un brûlot qu'on avait sorti contre le régime. Heureusement qu'on avait averti Ballin le sous-secrétaire d'Etat, le seul noir du gouvernement de

Lescot, et Ballin est intervenu car il était notre voisin au Bas-peu-de-chose, et Rouzier a reproché amèrement à Ballin de nous avoir présentés comme des enfants, comme des adolescents qui voulaient faire un petit journal de divertissement.

F-AL : *Bernadette Crosley dans "René Depestre, la défense et l'illustration de la créolité-haïtianité dans* Bonjour *et* adieu à la négritude *et* Hadriana dans tous mes rêves" *a parlé de cette grande aventure.*[4] *Vous avez fait publier dans les presses nationales un réquisitoire contre le gouvernement Lescot. C'était déjà révolutionnaire, n'est-ce pas ?*

RD : C'était un coup de maître. C'était presque impossible de publier à l'époque. Quand j'ai réuni mes premiers poèmes, j'étais en première au lycée. J'étais très précoce, j'ai commencé à écrire mes premiers poèmes à l'âge de 15 ans, mais je les ai jetés, parce que quand j'ai découvert la poésie moderne avec Apollinaire, Cendras, Langston Hughes, Nicolas Guillén, Jacques Roumain et des poètes haïtiens comme Brierre, Carl Brouard et Magloire Saint-Aude, j'ai renoncé à la rime. Je connaissais bien la poésie française du XIXe siècle ; j'aimais beaucoup Musset, Hugo, Nerval, Baudelaire. J'aimais les très grands poètes français du XIXe siècle, mais j'ai vu qu'il y avait eu une nouvelle aventure du vers en lui-même, donc je me suis mis au vers libre, c'est comme ça que j'ai écrit *Etincelles* avec une expérience d'adolescent. Le livre a été très bien reçu et a donné lieu à des articles remarquables, notamment un article de Roger Dorsinville dans *Le Nouvelliste* qui occupait plusieurs colonnes. Il y a eu un article, et une longue lettre que Léon Laleau m'a adressée. Malheureusement, j'ai perdu le texte, mais ça doit exister dans les bibliothèques en Haïti. C'était à l'époque l'un des hommes les plus éminents sur la scène littéraire haïtienne. Bellegarde m'a envoyé un mot ainsi que Price-Mars, enfin tous ceux qui comptaient dans l'intelligentsia haïtienne à l'époque, y compris Magloire Saint-Aude et Carl Brouard. On m'a célébré, on m'a cajolé, on m'a fêté. Quand j'allais dans les bals, je pouvais danser avec les plus belles filles du pays. C'est une joie qu'on n'a pas tous les jours. Pour un jeune homme, d'être reconnu par une mince plaquette de poèmes, c'était un fait extraordinaire. Cela ne s'est

---

[4] Crosley, Bernadette Carré, *Haïtianité et mythe de la femme dans* Hadriana dans tous mes rêves *de René Depestre*, Montréal, Editions du CIDIHCA, 1993.

plus reproduit d'ailleurs en Haïti, et je me demande si avant moi, il y avait eu un tel événement dans la littérature. J'ai fait une entrée, si je puis dire, fracassante et j'ai aussi attiré l'attention des Français, puisque Pierre Mabille qui était en Haïti m'a lu et m'a invité à dîner. C'était la première fois que je dînais avec un éminent intellectuel européen, c'était la première fois tout court parce que personne ne m'avait jamais invité à dîner dans un grand restaurant. J'ai dîné en compagnie de Mabille et il m'a donné des conseils. Il m'a dit : « J'ai lu avec beaucoup d'intérêt vos poèmes. Je ne dirais pas que ça annonce un nouveau Rimbaud, mais ça promet beaucoup. Il y a un ton nouveau dans la poésie haïtienne, vous avez trouvé un créneau à vous ». Il m'a demandé ce que je voulais faire. Je lui ai dit que je voulais étudier et je lui ai fait des confidences à propos des difficultés à avoir des livres et il m'a dit : « Ne vous en faites pas. Aussitôt la guerre terminée (c'était au début de 1945 avant la fin des hostilités en Europe, pendant le débarquement de Normandie), je vous fais avoir une bourse. Si les Haïtiens ne vous aident pas, moi je vous aiderai ». Puis, il m'annonça qu'il inviterait Breton en Haïti et il m'a introduit d'ailleurs auprès de Breton. Donc, *Etincelles*, cette mince plaquette de poèmes, a ouvert mes horizons. C'est là que tout a commencé, et je suis né dans ces circonstances-là, une deuxième fois, à Port-au-Prince, après ma naissance de Jacmel, quand j'ai publié *Etincelles*. L'année suivante, j'ai publié *Gerbes de sang*, et ces deux publications sont à l'origine du journal *La Ruche*, parce que j'avais déjà un nom. C'est pour cela que Baker a voulu que je sois le rédacteur en chef de *La Ruche*.

F-AL : *Est-ce qu'il y a eu entre* Etincelles *et* Gerbes de sang — *publiés à quelques mois d'intervalle — une sorte de réorientation ?*

RD : Il y a eu réorientation parce que *Gerbes de sang* est venu après le mouvement de 1946 où j'ai fait l'expérience d'un échec. Les militaires ont fait un coup d'Etat pour nous couper l'herbe sous les pieds, c'est-à-dire pour faire avorter les aspirations démocratiques du mouvement de 1946 et préparer le terrain à la prise du pouvoir par ceux qu'on a appelé les « authentiques ».[5] Nous étions des jeunes démocrates, nous n'étions pas encore communistes ou marxistes, seulement de jeunes démocrates

---

[5] « Les authentiques » : politiciens haïtiens et noiristes qui professaient l'importance de la couleur en politique dans les années 1945-1946. Cette idéologie politique n'a pas encore disparu de la scène politique haïtienne.

avancés, un peu radicaux, un peu libertins sur les bords. On voulait un changement en Haïti : plus de justice, un Etat, une société civile, une presse libre, des syndicats. On a obtenu certaines choses d'ailleurs, on a eu des syndicats à partir de ce moment-là pour défendre les travailleurs haïtiens de la campagne et de la ville. Au départ, c'était ça nos doléances, mais les noiristes sont intervenus tapageusement et ont détourné le mouvement. Il y a eu un détournement d'idéal en 1946. Et vous me demandez ce que j'en pense aujourd'hui, en 1995. Je pense que ce qui est arrivé est plus complexe que ma génération ne le pensait. Je m'étais frotté au Surréalisme grâce à Breton et à Césaire. Je n'ai pas cité Césaire jusqu'ici, mais c'est une autre personnalité qui nous a marqués parce qu'il a fait un séjour en Haïti en 1944 où il a donné des cours à l'université d'Haïti. Le passage de Césaire a été un événement dans notre vie. Avant Césaire, il y avait eu Alejo Carpentier qui nous a aussi marqués. Ces rencontres ont été peut-être la seule chose positive de cette époque étouffante de Lescot. Mais Lescot n'y a été pour rien. C'était Pierre Mabille qui invitait des gens importants, étant donné son ouverture d'esprit. C'était un très grand homme. C'est grâce à Mabille que des Français importants, des intellectuels comme Carpentier qui avait précédé des gens comme André Maurois, Geneviève Tabouis, et d'autres de la France Libre, nous ouvraient des fenêtres dans l'étouffoir qu'était le système de Lescot, l'obscurantisme des gens de Lescot. Donc, on voulait changer la vie, on voulait aller plus loin, pas seulement changer la société, mais changer le mode de vie comme les surréalistes le voulaient aussi dans les années 1920. Et puis, finalement, on n'a rien changé du tout, ni la société, ni la vie. Certes la vie change mais lentement, et rien n'est jamais acquis. Pensons à l'expérience de l'effondrement du socialisme. Il y a eu un détournement d'idéal et pas seulement en Haïti. Rien n'est acquis. La vie sociale peut régresser lorsque les systèmes politiques ne respectent pas les fondements mêmes de leur raison d'être et s'embarquent dans des aventures despotiques, comme c'est le cas du socialisme. Donc aujourd'hui, je suis plus prudent, plus sage, sans être pour autant conformiste. J'ai gardé en moi un fond de révolte, mais de révolte réfléchie. J'ai vécu, j'ai connu des épreuves et je me suis beaucoup battu. J'ai le sentiment qu'il faut toujours se battre, mais avec un peu plus de rigueur peut-être, un peu plus de sérieux intellectuel, avoir une autre vision. Je crois aujourd'hui encore à l'importance des grandes réformes.

F-AL : *Mais cette frustration, ou du moins une partie de cette frustration qui est restée après le détournement d'idéal de 1946, vous ne croyez pas que cela se reflète un peu dans* Végétation de clarté *(1951) ? Est-ce que* Végétation de clarté *a marqué votre vie d'une façon plus spéciale ?*

RD : Non, parce que *Végétation de clarté* est plutôt un livre où se trouvent peut-être les textes les plus engagés que j'ai écrits, consacrés à tous les lutteurs et les révolutionnaires. J'étais en plein sectarisme si je peux dire. *Minerai noir* (1956) marque un tournant dans ma poésie qui est devenue beaucoup plus diversifiée, c'est, je peux dire, l'œuvre d'un poète de la Négritude. D'ailleurs le titre *Minerai noir* l'indique.

F-AL : *J'ai l'impression que vous êtes passé par des modèles de pensées ou bien des facettes de l'esprit tout à fait différents, je ne dirais pas opposés, mais d'ordre paradoxal, c'est-à-dire de la chrétienté, au vodou, aux valeurs du socialisme, aux valeurs de la Négritude, etc.*

RD : Oui, c'est parce que je suis un homme qui se cherche, c'est pourquoi j'ai eu des sincérités successives du fait même des changements qui s'opéraient sous mes yeux dans la société. Souvent même j'ai été victime des inconséquences de la société et j'ai dû me réadapter, réajuster mon tir, rectifier ma trajectoire en raison de ce que je voyais sous mes yeux. C'est pour ça que j'ai été, à mes risques et périls, un homme à sincérités successives. J'étais chrétien. A un moment donné je n'ai plus été satisfait de ce que je voyais dans le clergé haïtien et le clergé étranger aussi. Je pensais que les prêtres géraient la religion chrétienne en Haïti comme une entreprise commerciale et moi je n'étais pas un homme de gestion, donc j'ai cherché autre chose, dans le Marxisme notamment. Et puis, j'étais pour la décolonisation, or les grands ténors de la décolonisation étaient les hommes de la Négritude comme Senghor et Césaire, donc je suis devenu proche d'eux.

F-AL : *En somme c'est une addition d'humanités.*

RD : J'aime bien ce que vous dites là. Maintenant vous touchez le noyau même de mes préoccupations actuelles quand vous dites que c'est une addition d'humanités, parce que moi je pense en terme d'humanités au pluriel. Vous voyez, il y a les humanités de la planète et ces humanités apportent chacune une contribution, inventent des idéologies, des esthétiques, des poétiques si vous voulez. Moi je voulais absolument inonder toutes les rives, faire des expériences. Naturellement il y a des idéologies qui ne m'ont jamais attiré de par leur nature même. Mais aujourd'hui, ce que vous appelez les additions d'humanités c'est une sorte de mutation d'identité qui s'opère en moi, qui essaie de constituer une espèce de synergie. La synergie c'est un terme médical qui signifie que diverses fonctions contribuent dans l'organisme humain ou animal à un effet unique. On peut faire une transposition de cela sur le plan de la création, c'est-à-dire que dans ma formation je suis d'abord tributaire du Réalisme merveilleux que je dois à Alejo Carpentier et à Jacques Stephen Alexis. Il y a eu ensuite la Négritude qui a été un grand mouvement esthétique. C'est pour cela que je suis resté l'ami de Senghor et de Césaire. Tous deux ont fait un usage purement esthétique de la Négritude, ils n'ont pas fait de la Négritude une idéologie politique.

F-AL : *Vous avez relevé chez Senghor et chez Césaire une révolution esthétique ?*

RD : Oui, esthétique. Quand j'ai eu des polémiques avec Césaire à Paris au moment de *Présence Africaine* en 1955, c'est parce que, étant Haïtien, j'avais des craintes qui, d'ailleurs, se sont justifiées avec Duvalier puisqu'il a versé carrément dans la Négritude totalitaire. Duvalier a fait de la Négritude du noirisme, une théorie absurde de l'Afrique dont il avait une vision crochue.

F-AL : *Comme si la Négritude devait avoir une application politique.*

RD : C'est ce qu'il a fait. Il a détourné complètement de ses origines la notion de la Négritude, il est tombé dans une sorte de racisme, de gobinisme renversé, donc une aberration idéologique. Césaire et Senghor sont des hommes de culture, ce que n'était pas Duvalier. Il n'a jamais été un homme de culture. C'est un très pauvre type finalement dans l'histoire de notre pays, ce François Duvalier. Un jour, peut-être, je règlerai des comptes avec lui d'une façon plus systématique.

F-AL : *Puisque nous parlons de Duvalier, il y a des périodes de notre histoire qui méritent d'être éclairées. Des historiens et des psychanalystes essaient d'appréhender la personnalité de Duvalier. Quelle serait votre contribution à la compréhension de cet homme ? Vous l'avez rencontré ?*

RD : Oui, je l'ai rencontré, j'ai eu même des conversations très approfondies avec lui, je pense que c'est un peu une sorte de cristallisation de tout ce qu'il y a eu d'obscurantiste dans l'histoire d'Haïti. Je pense à des gens comme Soulouque, je pense même à Salomon parce qu'il y a eu un mythe de Salomon aussi. Avec tous ces gens-là, ça a fini par déboucher sur la papadocratie, c'est-à-dire que ce sont de vieux satrapes qui ont dirigé Haïti — noirs ou mulâtres, d'ailleurs — pendant tout le XIXe siècle. C'étaient des militaires sans foi ni loi, qui n'avaient pas d'idées, qui n'avaient aucune conception de l'Etat, qui n'avaient aucun sens de la notion du citoyen ou de la République, c'est-à-dire qu'ils n'avaient rien retenu de l'héritage de la Révolution française. Ils n'ont pas su tirer un discours politique de l'expérience de 1804 et de la Révolution haïtienne. Tout cela s'est transformé en idées absolument fumeuses et prétentieuses, mais articulées avec des armes à la main, terrorisant le peuple haïtien pendant toute cette époque. Duvalier est l'aboutissement de cette longue crise politique dans l'effort pour construire un Etat, ce pour quoi les paysans haïtiens se sont battus. Ceux-ci ont mis l'Etat — ce qu'on appelle abusivement l'Etat en Haïti — sur le même plan que le cyclone, que la sécheresse, que les maladies, que le paludisme, que tous les fléaux. Donc l'Etat a été un fléau.

F-AL : *Quelqu'un qui a fait une étude politique sur les Antilles a dit que Duvalier était justement un cyclone.*[6]

RD : Un cyclone politique, peut-être le plus meurtrier qui se soit abattu sur Haïti, notamment dans la Caraïbe. C'est un cyclone caraïbe parmi les pires dans l'histoire des cyclones ravageurs et destructeurs depuis des siècles. Pour revenir à notre synergie, il y a eu le Réalisme merveilleux, la Négritude. Moi-même j'ai inventé pour mon usage esthétique la notion d'érotisme solaire par rapport aux femmes, par

---

[6] Gingras, Jean-Pierre O., *Duvalier, Caribbean Cyclone*, New York, Exposition Press, 1967.

rapport à l'amour, par rapport à mon expérience. J'ai accordé, comme les surréalistes d'ailleurs, une grande importance à l'amour, à l'acte d'amour — pas à l'amour platonique seulement — à la fête que représente la rencontre de tout homme avec une femme, et la réciproque est encore plus vraie. Donc, aujourd'hui, à la fin de ma vie, j'essaie de soumettre à un seul mouvement pour aboutir à un effet unique ce que j'appelle les fonctions de l'imaginaire : la fonction du merveilleux et la fonction de révolte raciale qui s'est cristallisée dans la Négritude. Au fond c'était une façon de nous réaffirmer face au racisme blanc. Mais il faut éviter de tomber dans l'inverse d'une tendance qu'on veut combattre car on lui restitue sa nocivité. C'est pour cela à propos de Duvalier que j'ai parlé de gobinisme renversé. Mais on peut montrer, comme l'ont fait les grands poètes nord-américains — des gens comme Langston Hughes, Countee Cullen, le professeur DuBois — qu'à un moment donné il faut bien assumer sa condition. Puisqu'une condition noire a été créée dans les plantations américaines, ces poètes l'ont changée en esthétique.

F-AL : *Parlez-moi de vos projets d'avenir.*

RD : Je reviens à cette notion de synergie. J'ai beaucoup cherché, surtout après l'effondrement de l'Union soviétique. J'ai rompu avec le socialisme dès le début des années 70. Vivant à Cuba, j'avais été profondément déçu par les choix fondamentaux de la révolution cubaine, notamment dans ses rapports avec ce qu'on appelait le camp socialiste. J'ai commencé à ruer dans les brancards à partir de 1971 au moment de l'affaire Padilla à la Havane. Cela m'a conduit de fil en aiguille à une rupture pure et simple avec Cuba, avec le « castrofidélisme ». Et j'ai profité pour faire d'une pierre plusieurs coups : j'ai rompu également avec l'Union soviétique, avec le maoïsme, avec les Vietnamiens où j'avais des amis, j'ai rompu avec le mouvement communiste haïtien. J'ai rompu avec tout le monde à un moment donné. J'ai fait une seule rupture.

F-AL : *Les causes de cette rupture ?*

RD : J'avais des griefs contre la gestion socialiste en URSS et en Tchécoslovaquie notamment, et aussi en Yougoslavie. On voit ce à quoi ce type de socialisme a abouti maintenant. Ce qu'on ignore, c'est qu'après mes études universitaires à Paris, j'ai étudié crayon à la main les textes fondamentaux du Marxisme — je ne m'étais pas contenté d'un Marxisme par ouïe-dire. J'étais allé aux textes de Marx, de Engels, et puis, je suis remonté à l'Antiquité. J'étais un garçon très curieux de tout. Donc j'ai lu, j'ai étudié et j'ai passé des examens à l'Institut d'études politiques de Paris. J'avais une idée de l'histoire du droit, de l'histoire des idées politiques et quand j'ai été expulsé de France à la fin de 1950 et que j'ai été à Prague, je m'attendais donc à trouver une application des choses que j'avais lues et j'ai trouvé qu'il y avait un divorce, un hiatus dramatique entre les textes et la réalité.

F-AL : *Pourquoi aviez-vous été expulsé de France ?*

RD : Pour mes activités anticolonialistes. On me reprochait de me mêler des affaires françaises en Afrique du Nord, en Afrique noire, au Vietnam. Au fond c'était une affaire d'étudiants. On militait, on protestait, on faisait des manifestations d'étudiants à Paris. Donc pour moi c'était normal d'y participer. C'était dans l'esprit de *La Ruche* et c'est ce qui m'a permis de créer des liens solides avec des Africains, des Antillais, des Martiniquais, des Guadeloupéens, des Sud-Américains, d'autres gens de la Caraïbe. Enfin, Paris était un vivier extraordinaire au lendemain de la deuxième guerre mondiale où vraiment a commencé, dès 1946, le processus de décolonisation. Donc j'ai participé activement, avec la même fièvre de 1946, à tout ce qui se passait dans les facultés à Paris dans ces années-là. J'ai attiré l'attention sur moi. Un jour on m'a demandé de quitter le territoire français. Je me considérais un peu comme un Français, mais on m'a dit que je m'immisçais dans les affaires de la France, que j'étais venu pour étudier, et qu'au lieu de cela je m'adonnais à des activités parallèles extrêmement dangereuses qui portaient atteintes à la sûreté de l'Etat français. On m'a donné 24 heures pour vider les lieux. On m'a envoyé en Tchécoslovaquie et dès le début j'ai été déçu par le système, qui était un système pesant, lourd, bureaucratique, où l'on avait des formalités à remplir en arrivant pour être admis comme exilé politique. Cela a été la croix et la bannière. Je ne veux pas entrer dans les détails, mais cela m'a déçu profondément. Mais quand même, je me suis mis à l'étude, j'ai appris le tchèque, j'ai même voulu faire un doctorat dans une faculté marxiste, être docteur en philosophie ou en politique dans une faculté de Prague qui avait une grande renommée universitaire. Il y a, en effet, une longue tradition universitaire en Tchécoslovaquie. Ou bien, je pensais pouvoir couronner tout ça par un doctorat à Moscou un jour. Mais ça n'a pas marché parce que j'ai attiré l'attention de la police tchèque par mes critiques. Je fréquentais un groupe d'étudiants, italiens notamment, et on posait des questions qu'il ne fallait pas poser. On disait que ça ne nous regardait pas. Donc, je me suis retrouvé en porte-à-faux par rapport à mon propre système. Après avoir été expulsé de France, j'ai été pratiquement expulsé de Tchécoslovaquie à la fin de 1951. Je me suis trouvé dans de beaux draps : expulsé en pleine guerre froide, derrière le rideau de fer et de l'autre côté aussi. J'étais pris entre deux feux. Je n'avais ma place ni à Paris ni à Prague. Que faire ? C'est comme ça que j'ai cherché une issue en allant à Cuba. Mais alors que j'étais en mer, il y a eu le coup d'Etat de Batista, et quand je suis arrivé, Batista était au pouvoir à la Havane. Sa police a consulté l'ambassade d'Haïti pour savoir qui j'étais, car on ne me connaissait pas. La dictature avait commencé à Cuba. On m'a même menotté avec ma femme, à peine débarqués, et naturellement l'ambassade d'Haïti a dit que j'étais un agitateur associé au mouvement de 46. C'était Magloire qui était au pouvoir à ce moment-là. Ils m'ont accablé et ont demandé mon extradition de Cuba vers Haïti. Mais j'ai pris un avocat cubain et les socialistes cubains ont fait de l'agitation, ainsi que les syndicats. Il y a eu une mobilisation en ma faveur, ce qui fait qu'ils se sont contentés de nous emprisonner pendant quelques semaines et de nous expulser de Cuba. Donc j'avais derrière moi l'expulsion de France, l'expulsion de Tchécoslovaquie et l'expulsion de Cuba. On nous a mis de force sur un bateau en partance pour l'Italie. Arrivés en Italie, à Gênes, le capitaine du bateau a déclaré aux autorités italiennes que j'étais quelqu'un d'indésirable à Cuba, que j'étais un agitateur international. A l'époque de la guerre froide, ça suffisait pour vous rendre absolument indésirable partout. Et les autorités italiennes ont pris aussi un décret d'expulsion contre nous. Donc, j'avais quatre expulsions sur le dos en peu de temps.

F-AL : *C'est un record.*

RD : Oui. Alors j'ai été refoulé vers la France où je suis rentré clandestinement, et de là je me suis arrangé pour aller en Autriche. J'ai vécu quelque temps à Vienne où j'ai commencé à apprendre l'allemand. L'aventure commençait pour moi. J'avais quelques contacts. J'avais rencontré à Prague des écrivains importants comme Jorge Amado et Pablo Neruda. J'avais connu beaucoup de personnalités de passage à Prague qui m'ont aidé à gagner l'Amérique du Sud. C'est comme ça que j'ai échoué au Chili. J'ai vécu au Chili, j'ai travaillé aux côtés de Neruda, puis j'ai vécu en Argentine et après au Brésil. Et c'est ainsi que j'ai été prof. de français à São Paulo. Ma femme et moi nous avons ainsi réussi à gagner notre vie en menant une double-vie d'ailleurs. J'avais un faux nom. Je rentrais dans une sorte de clandestinité et c'était très dangereux au Brésil parce que l'on risquait gros. On torturait les intellectuels de gauche. J'ai donc décidé de retourner à Paris où j'ai mené une vie très précaire. On me rappelait sans arrêt que j'étais en résidence surveillée puisque j'avais été l'objet d'un décret d'expulsion. Mais grâce à mes amis Césaire et Senghor, j'ai pu vivre à Paris à condition de ne pas me mêler de nouveau des affaires de décolonisation. Mais j'ai participé quand même à des débats intéressants autour de la revue *Présence Africaine*.

F-AL : *Au fond vous n'avez pas changé.*

RD : Si on regarde ma vie, il y a quand même une cohérence, une fidélité à mon idéal un peu libertin ; j'aime la vie, j'aime les gens, finalement je ne suis pas un homme de haine, pas du tout. Je souhaitais qu'il existe une société plus juste à l'échelle mondiale, que des relations vraiment humaines s'établissent. C'est que je cherchais en tant que poète. Puis, je suis rentré en Haïti dans ces circonstances pour tomber sur Duvalier.

F-AL : *Duvalier, quelle impression vous a-t-il fait ?*

RD : Il m'a laissé l'impression d'être un psychopathe.

F-AL: *Vous savez, j'ai vu un documentaire daté de 1968 où il a accordé une très longue interview à un journaliste de la radio-télévision suisse et il a dit : « Vous savez, j'ai une déformation mentale, il faut que je sorte la nuit pour surveiller, pour voir les rues de Port-au-Prince », et tout un tas de choses comme ça.*

RD : Il était fou. Pourtant je l'ai connu comme un médecin tranquille avec qui je jouais aux cartes au Bas-peu-de-choses, à la rue Capois. En

1957, il a fait un coup d'Etat électoral, puisque dans un pays où il n'y a pas d'Etat, un coup d'Etat c'était simple. Il s'est imposé et c'est lui qui a introduit en Haïti des méthodes de terrorisme d'Etat. Parce que le duvaliérisme, c'est un terrorisme d'Etat. C'est l'un des terrorismes les plus meurtriers du siècle après le nazisme qui avait d'autres moyens, le fascisme de Mussolini, et peut-être Franco. Mais lui, il a développé le fascisme tropical, le fascisme de sous-développement comme Leslie Manigat a dit. Le duvaliérisme, c'est une forme de fascisme sui generis, une catastrophe politique avec une extrême vulgarité dans ses méthodes, dans sa pensée, dans ses oeuvres dites essentielles ; une sorte d'impudeur qui relève de la démence pure et simple. Le duvaliérisme est démentiel. Quand je suis rentré en 1958, j'ai rencontré des *tontons macoutes*, qui allaient le devenir en tout cas, s'ils ne l'étaient pas déjà. Ce sont des individus les plus méprisables que j'aie jamais rencontrés dans ma vie. Sur la scène politique haïtienne, en 1945-46, les gens les plus évolués, étaient peut-être les gens du parti socialiste populaire, noirs et mulâtres, comme Hudicourt, Régnor Bernard, Edris St Amand, Christian Beaulieu et un journaliste remarquable de *La Nation* dont je ne me rappelle pas le nom. Il y avait donc une équipe de gens, Etienne Charlier, Anthony Lespès parmi d'autres qui avaient un esprit très démocratique, qui étaient modérés, expérimentés, instruits, alors que Duvalier ne l'était pas. Il n'avait qu'un petit vernis d'anthropologie et d'ethnographie. Et puis, la mort de Jacques Roumain a été une perte considérable parce qu'il lui aurait donné du fil à retordre, et peut-être, Jacques Roumain allié à Price-Mars aurait pu mieux résister au phénomène duvaliériste. Donc, il y avait noirs et mulâtres qui luttaient. Cette affaire de couleur, il faut la prendre avec des pincettes. Il est certain qu'il y a eu une partie de l'oligarchie haïtienne mulâtre qui a essayé d'exercer une certaine hégémonie dans la vie du pays, de propager des préjugés, mais on ne peut pas réduire l'évolution de notre histoire ni les conflits sociaux à un seul facteur de couleur. C'est d'une plus grande complexité. Aujourd'hui, on est bien placé pour une analyse exhaustive de l'ensemble des données originales du phénomène.

F-AL : *Les critiques littéraires ont essayé de mettre ensemble dans un cadre théorique plusieurs oeuvres haïtiennes, particulièrement les romans les plus récents, mais on n'a pas pu trouver autre chose que le Réalisme merveilleux.*

RD : Moi, je pense que le Réalisme merveilleux est l'une des composantes d'une esthétique du roman et de la poésie en Haïti. Il faut, bien sûr, tenir compte du Réalisme merveilleux, mais il y a aussi la composante de la Négritude, et aussi d'autres courants théoriques et esthétiques.

F-AL : *Mais il faut remarquer que vous n'y échappez pas non plus.*

RD : Je n'échappe à aucun des courants sauf qu'aujourd'hui je les soumets à une action synergique. Je pense qu'il faut aboutir à un effet unique à la fin de ma vie et que ce n'est pas de trop d'utiliser le Réalisme merveilleux, la Négritude, l'Erotisme solaire, l'Indigénisme haïtien, tout ce que vous voulez.

F-AL : *Une sorte de pluralisme théorique, esthétique ou d'éclectisme ?*

RD : Au-delà de l'éclectisme, parce que l'éclectisme suppose un mélange pas trop organique, pas trop harmonieux, tandis que la notion de synergie me donne une idée de transmutation où l'on retrouve tout dans cette esthétique. Il y a beaucoup d'éléments que l'on peut réduire à une seule composante. Le résultat sera plus qu'une addition, ce sera un bond qualitatif, ça fera penser au Réalisme merveilleux, à la Négritude, mais ce n'est pas le résultat qu'il faut juger parce que je ne suis pas un théoricien. On ne peut pas tout rentrer dans une simple formule. Si j'ai encore quelques années devant moi, vous verrez, puisque vous êtes bien plus jeune que moi, si je tiens ma promesse, si cette synergie, cet ensemble de fonctions esthétiques dans l'histoire de l'imaginaire haïtien aura réussi à aboutir à une oeuvre avec un degré d'unité, si j'arrive à transmuer en flambées d'inventions mon itinéraire existentiel.

F-AL : *Votre but final est donc d'aboutir à une cohésion esthétique.*

RD : Mon but c'est de faire de ce désordre un ordre esthétique, de transformer les "maladies" de ma vie et de mon parcours en suprême santé de l'art. C'est ça que je veux, parce que l'art c'est la santé de l'esprit et de la sensibilité.

« De l'autre côté de mes murs » : le désir de l'engagement dans l'écriture de Yanick Lahens

Joëlle Vitiello

Français : Dans cet essai, Joëlle Vitiello montre que les dernières convulsions de l'actualité en Haïti ressemblent étrangement à d'autres temps forts de l'histoire haïtienne. Les répétitions de l'histoire, les révolutions déçues des élites, les espoirs qui se transforment en cauchemars se retrouvent soulignés, à plusieurs reprises, dans l'ensemble de l'œuvre de Yanick Lahens. Au-delà des échos de l'histoire, « le bruit et la fureur » de la révolte de divers personnages, c'est le désir même de plonger dans l'histoire et la culture haïtienne qui s'avèrent politiques. La fascination de la ville d'en haut, à laquelle appartient Lahens, pour la ville d'en bas, dans le sillage d'auteurs comme Marie Chauvet, Jan J. Dominique et Paulette Poujol-Oriol, permet à ses personnages de commenter l'histoire de ce siècle en Haïti.

English: In her essay Joelle Vitiello shows that the latest convulsions of Haitian politics strangely resemble other times in Haiti's history. The repetitions of history, the elite's disappointing revolutions, the hopes that turn to nightmares are often featured in the work of Yanick Lahens. Beyond the echoes of history, "the sound and the fury" of the revolt of various characters, it is the very desire to plunge into the history and culture of Haiti that constitutes a political gesture. Vitiello explores the ways in which Lahens's fascination for the city on the hill, to which she belongs, and for the city below, echoes that of authors like

Marie Chauvet, Jan J. Dominique, and Paulette Poujol-Oriol, and
enables her characters to comment on Haiti's history in the Twentieth
Century.

* * *

Yanick Lahens est aujourd'hui une des écrivaines haïtiennes
contemporaines les mieux connues. Née en 1953, elle fait partie de la
génération d'Haïtiens qui, ayant grandi sous la dictature des Duvalier
père et fils (1957-1971 et 1971-1986), ont vécu non seulement leur
petite enfance, mais aussi leur adolescence et une bonne partie de leur
vie d'adulte sous ce régime. Les dix-huit années qui séparent le départ
de Jean-Claude Duvalier et sa femme Michèle Bennett du départ du
Président Jean-Bertrand Aristide ont été par ailleurs ponctuées de
coups d'états, de deux occupations étrangères (1994-2000 et 2004), et
tissées d'espoirs suivis de déceptions. Il me paraît inévitable que cette
période ait marqué tout-e Haïtien-ne et qu'elle transparaisse sous une
forme ou une autre dans l'œuvre de création, qu'il s'agisse de
l'exorciser pour pouvoir sinon l'oublier du moins la dépasser, ou pour
faire oeuvre de mémoire. L'écriture ne me paraît pas a priori
« assiégée » dans le cas de Lahens comme elle peut l'être dans le cas
de Marie Vieux Chauvet lorsque sa trilogie *Amour, colère, folie* est
détruite à sa parution. (Il faut attendre 2003 pour la réédition de
l'ouvrage en français par un groupe de femmes albanaises).
Néanmoins, il transparaît que l'Histoire est bien présente dans l'œuvre
de Lahens, en toile de fond souvent, de manière discrète, surtout dans
les premières nouvelles, par touches successives qui permettent au
lecteur de tirer ses propres conclusions, et que l'écriture laisse deviner
un profond désir d'engagement dans la société civile.

Après une brève présentation du paysage littéraire dans lequel
situer Yanick Lahens, je vais tracer son itinéraire et dégager les
principaux axes de son oeuvre de romancière, de critique et
d'intellectuelle engagée dans l'action citoyenne. Au-delà des ouvrages
de Lahens, littéraires et critiques, je m'appuie sur quelques textes
critiques, dont l'article pionnier de Ginette Adamson,[1] une
communication d'April A. Knutson qui porte en grande partie sur

---

[1] « Yanick Lahens romancière : pour une autre voix/voie haïtienne », *Elles écrivent des
Antilles (Haïti, Guadeloupe, Martinique)*, sous la direction de Susanne Rinne et Joëlle
Vitiello, Paris, L'Harmattan, 1997, 106-118).

l'œuvre de Lahens[2], et deux entretiens que j'ai enregistrés en 1997, le premier datant du 31 mai 1997 (avec Yanick Lahens, Georges Castera, Lyonel Trouillot et Claude Pierre), le second du 6 juin 1997 avec Yanick Lahens.

Dans son essai *L'exil : entre l'ancrage et la fuite, l'écrivain haïtien*[3] Lahens trace la généalogie de la littérature haïtienne du vingtième siècle. Le début des années soixante marque un tournant avec la fin des deux courants dominants, l'Indigénisme, dont Lahens écrit « [c]e deuxième versant de la Négritude nourrira l'idéologie duvaliériste jusqu'en ses plus obscures dérives »,[4] et le Marxisme, qui s'inscrit dans une certaine continuité de la pensée indigéniste, selon Lahens, et se traduit par un Réalisme socialiste, voire par le Réalisme merveilleux théorisé par Jacques Stephen Alexis. En dehors du groupe Haïti Littéraire, en rupture avec ces deux courants dominants, pendant la majeure partie de la dictature, la littérature haïtienne s'exprime essentiellement à travers les écrivains de la diaspora. Jean Métellus, Emile Ollivier, Gérard Etienne, René Depestre, Alix Renaud, Marie Vieux Chauvet après son départ pour New York, Félix Morisseau-Leroy, Roger Dorsinville, Georges Castera, Gérard Chenet, Georges Anglade et Dany Laferrière écrivent depuis des continents et des pays divers. Parmi les exceptions, on trouve Frankétienne et Paulette Poujol-Oriol, par exemple. L'émergence d'une nouvelle génération d'auteurs haïtiens qui résident dans l'île, ne se fait pas dans les meilleures conditions :

> Pendant une trentaine d'années les conditions de création seront rendues encore plus difficiles par la censure, l'isolement des écrivains dû à l'impossibilité de se réunir librement, l'urgence d'exercer plusieurs métiers, l'inexistence des structures d'édition et l'obligation de publier à compte d'auteur des ouvrages de médiocre présentation et finalement l'absence de toute perspective de voir s'élargir le champ des lecteurs (*L'exil*, 61).

---

[2] « The Weight of Memory in Contemporary Haitian Literature », communication présentée à la conférence du Midwest Modern Language Association à Minneapolis, novembre 2003. Je remercie April d'avoir eu la gentillesse de me communiquer son texte.
[3] *L'exil : entre l'ancrage et la fuite, l'écrivain haïtien*, Port-au-Prince, Editions Henri Deschamps, 1990.
[4] « Littérature haïtienne », *Conjonction* 206, 2001, 36.

Malgré les difficultés de toutes sortes depuis les conditions dans lesquelles se font la gestation puis l'écriture d'une oeuvre, la recherche de supports de publication, la diffusion de l'objet-livre, une génération d'auteurs s'est imposée. Parmi eux, Lyonel Trouillot, Evelyne Trouillot, Jan J. Dominique, Jean-Claude Fignolé, Rodney Saint-Eloi, Kettly Mars et Yanick Lahens, en parallèle avec une deuxième génération d'écrivains migrants dont Marie-Célie Agnant, Joël Des Rosiers, Stanley Péan, Fabienne Pasquet, Edwidge Danticat, entre autres. Ce foisonnement, qui vit aussi la publication posthume en Haïti des *Rapaces* de Marie Vieux Chauvet dès 1986, témoigne de la volonté de poursuivre une oeuvre littéraire dans plusieurs langues et plusieurs genres, à partir de plusieurs lieux, parfois même dans le nomadisme, d'un lieu à l'autre, ou entre plusieurs.

Par ailleurs, certains auteurs, dont fait partie Yanick Lahens, au même titre que Lyonel Trouillot par exemple, sont désormais publiés en France (Le Serpent à Plumes pour Lahens, Actes Sud pour Trouillot), ce qui leur assure un lectorat plus large que le seul public haïtien. L'existence des éditions Mémoire en Haïti à partir de 1992, du CIDHICA à Montréal, et des éditions Mémoire d'encrier lancées à Montréal en 2003, diversifie les possibilités de trouver des éditeurs. Les traductions (en anglais récemment pour Lyonel Trouillot et en allemand pour Yanick Lahens) assurent également un lectorat transnational.

Yanick Lahens a grandi à Port-au-Prince et a fait une partie de ses études en France. Elle a quitté Haïti à l'âge de treize ans et demie pour la France où elle a vécu une dizaine d'années. Elle attribue sa découverte de certains aspects de la culture haïtienne au fait même d'avoir quitté Haïti : « C'est dans l'altérité que j'ai découvert Haïti », dit-elle.[5] On lui demande à l'école de faire des exposés sur son île natale, ce qui la rendra curieuse d'en découvrir certains aspects à son retour. Elle suit en France des études supérieures de Lettres puis retourne en Haïti où elle enseigne à l'Ecole Normale Supérieure. Au-delà de l'enseignement, elle a aussi travaillé au projet de la route de l'esclave en 1998 (pour le Ministère du Tourisme), après avoir travaillé au Ministère de la Culture. Elle est membre fondateur de l'Association des Ecrivains Haïtiens. Elle a fait également partie du comité de lecture des éditions Henri Deschamps en Haïti pour l'attribution de leur prix

---

[5] Entretien du 6 juin 1997.

annuel. Elle a publié dans des revues haïtiennes (*Conjonction, Cultura, Boutures*), haïtiano-caribéennes (*Chemins critiques, Portulan*), et française (*Notre Libraire*). En 1997, elle définissait ses deux formes de recherches, l'une « individuelle, intimiste », l'autre « intellectuelle ».[6] Lors d'une rencontre au salon du livre de Montréal en octobre 2003, Lahens a également insisté sur son engagement dans l'activité citoyenne, en particulier son engagement dans la société civile, au sein du groupe des 184.[7] Aujourd'hui, Yanick Lahens contribue à l'élaboration d'un contrat social en vue de développer un projet de démocratie durable en Haïti, sous la direction du gouvernement Latortue.[8]

> Le premier livre de Yanick Lahens, l'essai sur l'exil, s'achève sur cette question : Dans un monde voué par le progrès des communications à une interpénétration des cultures, le métissage et le syncrétisme peuvent constituer indéniablement une longueur d'avance. Nos écrivains sauront-ils ouvrir le champ du territoire imaginaire, en intégrant ces mutations et en acceptant d'abord l'exilé, l'étranger, en eux ? (*L'exil*, 72)

Question importante qui vise à réconcilier les écrivains haïtiens travaillant depuis Haïti dans des conditions difficiles et les écrivains de la diaspora, donc à effacer les barrières qui identifient les écrivains du dedans et ceux du dehors. La question est d'autant plus pertinente qu'après 1986, les frontières se sont révélées beaucoup plus poreuses. Des écrivains exilés sont rentrés au pays (Morisseau-Leroy par exemple), tandis que d'autres sont venus constater l'impossibilité du retour pour diverses raisons. D'autres encore sont venus découvrir leur pays et celui de leurs parents avec un regard d'adulte, tandis que les écrivains du pays pouvaient également traverser les frontières menant à « l'autre côté » pour participer à des débats et rencontres, leur donnant

---

[6] Entretien du 31 mai 1997.

[7] Le groupe des 184 est un regroupement d'associations représentant divers secteurs de la société civile. Ce groupe, avec le collectif Non ! a organisé les premières séries de manifestations demandant le départ du Président Aristide, à partir de la mi-octobre jusqu'à son départ précipité par les exigences des gouvernements français et états-uniens, et le retour de membres du FRAPH qui avaient déjà sévi lors du coup d'état de 1991-94, également contre le Président Aristide. Le groupe des 184 a un site web où ses documents sont accessibles : http://group.184.org.

[8] Concernant l'élaboration de ce contrat social, voir le site http://group.184.org.

accès à un public plus large.[9] Il reste à savoir ce qu'une troisième occupation américaine assortie d'une occupation française et canadienne, et surtout ce que le retour d'anciens militaires armés oeuvrant pour soutenir un gouvernement non élu vont générer. La question me semble d'autant plus pertinente que l'on attribue généralement à la première occupation américaine (1915-34) la genèse d'une littérature haïtienne véritablement nationale : « Le mouvement indigéniste haïtien proprement dit se consolida sous l'occupation américaine (1915-1934) autour de la revue *La Nouvelle ronde*.[10] Une littérature du retour a d'ailleurs vu le jour après 1986, avec notamment *Les Urnes scellées* d'Emile Ollivier (1996), *Pays sans chapeau* de Dany Laferrière (1996) et *L'Archevêque* de Jean Métellus (1999).

On peut sans doute répondre à la question posée par Yanick Lahens à la fin de son essai en faisant une lecture suivie de ses oeuvres de fiction. Lahens a publié deux recueils de nouvelles, *Tante Résia et les Dieux* (L'Harmattan, 1994), *La petite corruption* (mai 1999 aux éditions Mémoire en Haïti, 2003 aux éditions Mémoire d'encrier à Montréal, dans une édition augmentée de la nouvelle « Corossol, orange, citronnelle »). Le roman *Dans la maison du père* (2000) a paru aux éditions du Serpent à Plumes et aux éditions Mémoire.

Le seul fait de continuer à résider, écrire, et publier à partir d'Haïti relève de l'engagement. Même s'il n'a pas existé, à ma connaissance, de menace, de « siège » pour reprendre un terme du titre de l'ouvrage dans lequel s'inscrit cet article, contre l'écriture des auteurs ayant publié en Haïti au cours des années quatre-vingt-dix, cela ne signifie pas qu'il n'y a pas d'engagement de leur part. Benoît Denis, dans son livre *Littérature et engagement,*[11] tente de cerner l'historicité du concept d'engagement avant de lui reconnaître une dimension transhistorique. Tout en discernant une littérature engagée d'une littérature de l'engagement, il permet d'élargir son champ d'étude du corpus strictement français à la littérature du monde. Les théories de Denis s'appliquent presque trop parfaitement à la littérature de la décolonisation et postcoloniale. Elles semblent définir la majeure partie

---

[9] A l'exception de la période 1991-94 où des auteurs n'ont pas pu quitter leur pays ou n'ont pas pu y rentrer. Aujourd'hui, Jan J. Dominique est exilée à la suite de tentatives d'assassinats sur des membres de sa famille, quelques années après l'assassinat de son père.

[10] Lahens, « Littérature haïtienne », 36.

[11] Denis, Benoît. *Littérature et engagement : de Pascal à Sartre*, Paris, Seuil, 2000.

de la littérature haïtienne du vingtième siècle. La responsabilité de l'écrivain engagé telle que la définit Denis évoque inévitablement le rôle prophétique et collectif du poète d'Aimé Césaire dans *Cahier d'un retour au pays natal,*[12] celui de Jacques Roumain avec son didactique *Gouverneurs de la rosée,*[13] Jacques Stephen Alexis, et Marie Vieux Chauvet, non seulement dans sa trilogie, mais aussi dans *Les Rapaces* où le rôle de l'écrivain dissident va jusqu'au sacrifice de sa vie.

Lorsque Lahens, dans son essai, constate les limites d'une littérature engagée par l'Indigénisme et le Marxisme, avec donc des contraintes esthétiques et de contenu, elle revendique la liberté de création. Cela ne signifie pas qu'il n'y a pas d'engagement possible. Elle insiste au contraire sur l'engagement d'une écriture de femme : « Les romanciers haïtiens se sont souvent abrités derrière les remparts des grandes constructions idéologiques ou politiques pour ne pas prendre de risques. Les romancières se sont au contraire tenues au plus près de la vie quotidienne donnant ainsi une toute autre dimension, un tout autre éclairage de l'histoire, loin de toute rhétorique ».[14] Ce « marronage romanesque » des femmes pour reprendre une de ses expressions, est un engagement, un choix de regarder et de rendre l'Histoire autrement, comme le souligne Myriam Chancy.[15] De nombreuses nouvelles de Lahens et son roman rendent compte de cette forme d'engagement, qu'il s'agisse du regard de la petite fille dans « La Chambre bleue » ou de celui de Tante Résia dans la nouvelle qui donne son titre au recueil. C'est ce que Jean-Paul Sartre appelle le « dévoilement » : « Ne travaillant que sur du donné et du déjà existant, l'écrivain avait pour tache de mettre au jour ce qui est là, mais restait inapparent ou caché » (Denis, 66). En ce qui concerne Haïti, ce qui est dévoilé par les personnages de Lahens, à leurs propres yeux, l'est peut-être encore davantage pour un public non-haïtien que pour un public qui a partagé une même histoire collective. L'engagement est ici de dévoiler ce qu'est une prise de conscience. Dans cette perspective, Lahens s'inscrit dans une lignée de femmes écrivant et dévoilant sans

---

[12] Césaire, Aimé. *Cahier d'un retour au pays natal*. Paris, Présence Africaine, 1939, 1960.

[13] Roumain, Jacques, *Gouverneurs de la rosée*, Port-au-Prince, Imprimerie de l'état, 1944.

[14] Lahens, Yanick, « L'apport de quatre romancières au roman moderne haïtien », *Notre Librairie*, 133, Janvier-avril 1998, 36.

[15] Chancy, Myriam, *Framing Silence: Revolutionary Novels by Haitian Women*, New Brunswick, Rutgers U. Press, 1997.

pour autant céder sur l'originalité de la forme. Marie Vieux Chauvet a écrit avec une grande précision à la fois sur la complicité des classes bourgeoises haïtiennes avec la dictature et sur une féminité dérangeante, sur le désir des femmes. Jan J. Dominique innove également avec *Mémoire d'une amnésique*[16] et *Evasion*[17] et *Inventer...* *la Célestine*[18] à la fois dans la forme, avec un style expérimental qui teste les limites de l'écriture, dans le contenu également qui mêle le rapport de la femme à son corps, à sa sexualité et son rapport à l'Histoire, tantôt haïtienne, tantôt transnationale, parfois au-delà même du corps, dans le monde du silence et de l'autisme. Myriam Chancy trace une sorte de généalogie d'écrivaines qu'elle considère comme révolutionnaire, de Virgile Valcin à Edwidge Danticat. Yanick Lahens adopte une écriture apparemment plus conventionnelle quant à la forme et moins dramatique quant au dévoilement. Le génie de son écriture, sa marque, s'imprime « en creux » en quelque sorte, « au seuil » des révélations, laissant à la lectrice le soin de capter ce qui est dévoilé, voire de décider ce qui est dévoilé. L'écriture est sobre. Elle laisse la place au non-dit. Son écriture engage la réflexion du lecteur à travers une esthétique du refus, pour reprendre une de ses remarques dans un entretien :

> As I mention in my book, my own expectations are definite refusals. I refuse facility, the uses of an infantilized Creole, the worn-out exotic themes, the tropical exoticism that a certain type of western reader may still be obsessed with – Noble Savage, Vodou, bananas, coconut trees. On the contrary, I expect from my country a truly innovative literature as to form, and above all, one that accepts human condition in all its fragility, its contradictions – in a word, all its surprises.[19]

---

[16] Dominique, Jan J., *Mémoire d'une amnésique*, Port-au-Prince, Imprimerie Henri Deschamps, 1984.

[17] Dominique, Jan J., *Evasion*, Port-au-Prince, Editions des Antilles, S. A., 1996.

[18] Dominique, Jan J., *Inventer... la Célestine*, Port-au-Prince, Editions des Antilles, S. A., 2000.

[19] Zimra, Clarisse, « Haitian Literature After Duvalier: An Interview with Yanick Lahens », *Callaloo*, Vol. 16, 1, Winter 1993, 90. « Comme je le mentionne dans mon livre, mes propres attentes sont des refus. Je refuse la facilité, les usages d'un Créole infantilisé, les thèmes exotiques surannés, l'exotisme tropical qui obsède peut-être encore un certain type de lecteur occidental – le Noble Sauvage, le vodou, les bananiers et les cocotiers. Au contraire, j'attends de mon pays une véritable littérature innovant quant à la forme, et surtout, une littérature qui accepte la condition humaine dans toute sa fragilité, ses contradictions – en bref, toutes ses surprises ». [Ma traduction].

Cette esthétique du refus diffère de ce qu'elle appelle le groupe de « la parenthèse culturelle », un groupe pour les artistes de moins de vingt-quatre ans à l'époque, qui souhaite se centrer avant tout sur la littérature sans refuser pour autant l'importance du social (*Callaloo*, 89). Elle diffère aussi de ce que Lyonel Trouillot nomme l'« esthétique du délabrement de la génération des poètes Mémoire ».[20] Peut-être est-elle plus proche, dans la nouvelle « La Ville » de ce que Régis Antoine appelle « le Réalisme merveilleux dans la flaque ».[21]

Les thématiques principales qui se dégagent de l'œuvre de fiction de Yanick Lahens sont les suivantes :

- Parmi les nouvelles, certaines abordent le monde rural, et les relations complexes liées aux amours interdites pour des raisons de haines de voisinage ou ancestrales liées le plus souvent à la morale qui entoure la sexualité des jeunes filles. Ce sont des histoires qui expriment le désir féminin, la liberté aussi (« La Mort en juillet », « Bain de lune », « Corossol, orange, citronnelle »).

- Les textes où se fait la découverte du vodou (« Tante Résia et les Dieux », « Le Pays d'eau », *Dans la maison du père*).

- L'engagement politique de la jeunesse à diverses époques, en particulier, mais pas exclusivement l'engagement des jeunes gens (« Les Survivants », « Tante Résia », « Une histoire américaine », « La Chambre bleue », « Le poids de la nuit », « Le désastre banal », *Dans la maison du père*). Certains textes évoquent non seulement l'engagement, mais aussi un regard sur l'histoire du pays, la prise de conscience, le dévoilement de la violence liée au politique.

- Le thème du délabrement de la société contemporaine est lié à de nombreuses émotions, dont la peur, qui soutient le récit dans « Le Jour fêlé », la traversée de « La Ville », l'angoisse qui émerge dans « La Lettre des Cayes », et « La petite corruption » qui donne à lire un autre versant de « Le Jour fêlé ».

Ces catégories sont bien sûr artificielles. Elles se traversent les unes les autres, chaque texte demeurant une expérience unique avec un thème, une esthétique et un regard uniques, mais elles permettent de

---

[20] Trouillot, Lyonel, « Haïti 90 : l'esthétique du délabrement », *Notre Librairie : Littérature haïtienne de 1960 à nos jours*, 133, Janvier-avril 1999, 22-25.
[21] Antoine, Régis, « Le réalisme merveilleux dans la flaque », *Notre Librairie : Littérature haïtienne de 1960 à nos jours*, 133, Janvier-avril 1998, 64-72.

trouver des repères dans l'œuvre. Si l'on prend par exemple la place de la femme, de la jeune fille en particulier, comme centre de l'écriture chez Lahens, ces catégories font se rejoindre les textes différemment (« Bain de lune », par exemple, avec « Le Jour fêlé » ou « Une Histoire américaine »).

Par rapport au contexte politique comme condition ou cadre de structure de production littéraire posé par le présent recueil critique, ces catégories permettent de faire ressortir les contradictions inhérentes à l'engagement de la littérature mises à jour par Jean-Paul Sartre, reformulées par Benoît Denis :

> Dans *Qu'est-ce que la littérature ?* Sartre a formalisé ce déchirement de l'écrivain en proposant la distinction entre *public réel* et *public virtuel* : le premier constitue le public traditionnel bourgeois de la littérature ; le second est celui que l'écrivain engagé cherche précisément à atteindre alors même qu'il ne constitue pas son public « naturel ». [. . .]
> L'écrivain engagé est piégé par la nature de son projet et se trouve contraint à une forme de *déloyauté* constante : il lui faut feindre d'écrire pour des lecteurs qui ne le lisent pas et faire semblant d'ignorer qui le lit vraiment (Denis, 61).

Si l'on considère la littérature de la décolonisation et l'écriture postcoloniale, engagée presque par la définition même du champ, de son existence, on peut aisément concevoir la difficulté encore plus grande de l'écrivain haïtien de trouver son public. Les livres de Lahens ont été publiés en France, à l'exception de l'essai publié par Fardin à Port-au-Prince, et à Montréal, en même temps qu'ils sont distribués en Haïti. Le public réel dépasse les frontières nationales. Si les récits peuvent circuler de façon plus large par le biais de lectures publiques (aux Vendredis Littéraires organisés par Lyonel Trouillot par exemple), enregistrées pour la radio, on peut s'interroger sur la pertinence d'une séparation entre public réel et public virtuel, dans le sens où l'entend Sartre. Ce qui sonne juste pour Marie Vieux Chauvet par exemple dans *Les Rapaces* ou *Amour, colère, folie* (le public virtuel étant celui des exclus du pouvoir et de la bourgeoisie, les femmes aussi) ou bien Gérard Etienne, Marie-Thérèse Colimon, voire Paulette Poujol-Oriol dans *Le Passage*,[22] l'est-il pour le public de Lahens ? Ou bien n'existc-t-il pas une plus grande harmonie entre l'écrivain qui va explorer des

---

[22] Poujol-Oriol, Paulette, *Le Passage*, Port-au-Prince, Editions Le Natal, 1996.

milieux différents du sien ou qui regarde son milieu, son histoire, avec un regard qu'elle peut partager avec son public « réel », ceci malgré des effets différents sur le lecteur français qui découvre Haïti par ses textes et sur le lecteur haïtien à qui elle retourne ses propres peurs, sa propre histoire, et ses propres compromis ? Le désir d'engagement consiste ici à débusquer les interdits d'une société bourgeoise — par exemple les interdictions et l'ignorance de la culture populaire, des danses *yanvalou* et des cérémonies vodou — qui révèlent le reniement de valeurs culturelles nationales. Il consiste aussi à faire apparaître la fascination réciproque, présente chez presque tous les auteurs haïtiens contemporains, de la ville du haut (Pétion-Ville souvent) pour la ville du bas.

Dans la maison du père passe en revue une bonne partie de l'histoire du pays à travers les souvenirs d'une femme née en 1929. Le récit se concentre sur ses souvenirs d'enfance et d'adolescence jusqu'à son départ pour les Etats-Unis en 1948. Le dernier chapitre résume brièvement ce qui est advenu aux personnages entre le moment de son départ et son retour au pays natal quarante ans plus tard. La fin du roman s'avère prophétique :

> Ces images [la nostalgie des paysages lumineux du pays] m'ont poussée à nouveau vers les rives d'ici, exilée cette fois de cette seconde tranche de ma vie. Vers les rives de cette île hantée par la peur et la faim. Ce que j'attends désormais de la vie est-il encore dans cette peur et dans cette faim ? Cette île se défait d'un passé qu'elle a trop longtemps porté comme un vêtement de catin. Elle y met une hâte, une application qui me laissent croire que ce passé reviendra très vite sous de nouveaux masques. La honte et le désordre ont pris trop de place et on appâte encore les dieux.[23]

Elle évoque la répétition de l'histoire haïtienne. Les événements historiques qui sont rappelés dans le roman sont vus à travers les yeux et aussi les oreilles de la petite Alice Bienaimé. Le 21 août 1934, jour de liesse, marque le départ des troupes américaines : « Une part de ma mémoire intime se noue dans ce lieu et une autre est arrachée aux muscles, à la sueur et au visage de ces hommes et de ces femmes. Une part de ma mémoire est déjà anonyme comme leur sang, comme leurs noms » (22). Ce moment fondateur semble donner naissance non seulement à la conscience d'Alice, mais aussi au pays, en contrepoint

---

[23] Lahens, Yanick, *Dans la maison du père*, Paris, Le Serpent à Plumes, 2000, 154.

de la vieille élite, responsable de la venue des Américains et dont la
référence demeure 1804 : « Il [Pierre Labard] appartenait à l'une de ces
familles de la bourgeoisie mulâtre qui ne ratait jamais l'occasion de
rappeler comme une caution ou un label de qualité l'aïeul qui aurait
signé l'Acte de l'Indépendance ou laissé en héritage de vastes étendues
de terres » (23). Cette occupation américaine, « la première », avait
laissé un pays blessé (25). C'est donc non seulement une victoire qui
est célébrée en 1934, mais aussi la possibilité de trahisons à venir qui
est annoncée (25). En particulier celle du massacre de milliers
d'Haïtiens à la frontière dominicaine (49). L'évocation des
événements, une phrase entendue, puis une conversation étouffée
surprise par l'enfant entre son père, cynique, et son oncle Héraclès qui
proteste, contribue à développer plus profondément la conscience
d'Alice. Il est rappelé également la déclaration de guerre à l'Allemagne
en 1941, la campagne anti-vodou de 1942. La révolution de 1946
occupe une place particulière sur trois chapitres (les deux chapitres
vingt-sept et le chapitre vingt-huit). La récapitulation des événements
de 1946 inclut aussi l'histoire littéraire de l'époque. Pour la jeunesse
haïtienne de l'élite, la révolution se fait sous le signe des rencontres
avec Nicolas Guillén, Alejo Carpentier, Jacques Roumain, Aimé
Césaire, Jean-Paul Sartre, André Breton. Deux des participants aux
journées de janvier 1946, René Depestre (avec ses premiers poèmes
d'*Etincelles*), et Jacques Stephen Alexis, engagent la révolution par les
mots. Symboliquement, pour Alice, c'est à ce moment que se produit
sa propre révolution intime, dans l'amour et la découverte des quartiers
populaires du bas de la ville en compagnie du peintre Edgard,
l'amoureux. 1946 est donc avec le départ des troupes américaines, un
moment charnière du récit comme de l'histoire intellectuelle d'Haïti.
La révolution de 1946 porte des espoirs de changement comme on en
verra en Europe et au Sénégal en 1968. C'est une révolution (une
révolte ?) de jeunes intellectuels. Elle va mobiliser des foules
d'étudiants puis de travailleurs, et quelques jours suffisent à faire partir
le Président Lescot. Coup d'état du Général Magloire ? L'échec
s'installa rapidement et eut pour conséquence à court terme l'exil de
René Depestre, Gérald Bloncourt, et d'autres, et à long terme, la
dictature militaire et le duvaliérisme. Lahens signale que « La fin vint
vite, très vite » (125). Dès mars, soit quelques semaines après les
événements, l'oncle Héraclès déclare : « Ce n'est pas ce que j'avais
voulu » (125). Là encore, l'histoire se répète et Lahens est prophétique.

Les événements récents, qui ont vu la société civile faire des alliances avec d'anciens militaires du FRAPH — certains déjà condamnés pour crimes contre les droits civils[24] — et avec les gouvernements américain et français, ont sans doute provoqué les mêmes remarques que celles de l'oncle Héraclès : « Ce n'est pas ce que j'avais voulu ». La seule révolution réussie sera celle d'Alice. Mais elle doit passer par l'exil. Quant au désir de révolution d'Edgard — « La révolution était pour lui la seule façon d'assumer enfin sa mère » (127) — il demeure inachevé, de l'ordre de l'impossible, en Haïti. Lui aussi s'exile à Cuba, dans un pays à la révolution réussie, du moins pour un temps, car Lahens écrit qu'« Edgard voyage désormais entre l'Europe et l'Amérique » (150).

Lahens, qui a écrit sur le parallèle entre Marie Vieux Chauvet et William Faulkner, reproduit avec précision la proximité et l'intimité qui existe entre la bourgeoisie et la domesticité. Dans le roman, Man Bô est la deuxième mère d'Alice, celle qui l'initie à la culture populaire dont elle est séparée par ses parents — d'où la gifle fondatrice de tous les tabous imposés à Alice et l'origine de toutes ses transgressions — lorsque Anténor Bienaimé voit sa fille danser un rythme vodou. Nourrie à deux mondes, d'un côté le rationalisme, l'intellectualisme, de l'autre, les histoires de Man Bô, l'initiation aux danses vodou traditionnelles, l'initiation aux cérémonies. Comme une île coupée en deux que Lahens voudrait rassembler, ces initiations se font à l'insu de la famille. La danse est ce qui permet à Alice de réconcilier les parties dissociées de sa culture. C'est à la fois grâce à l'éducation reçue de ses parents et de Man Bô qu'elle peut développer sa propre féminité et ses propres atouts.

L'oncle Héraclès et Edgard sont à leur tour des ponts qui relient Alice à d'autres mondes haïtiens. Héraclès lui fait découvrir le vodou cérémoniel et la présente à Lise Martin Boural, pianiste et chanteuse de chants haïtiens traditionnels. Edgard lui fait découvrir l'autre côté de ses murs :

> Découvrant ce qu'il ne connaît que trop bien et qui me jaillit au visage pour la toute première fois : les rigoles nauséabondes aux odeurs de vase de nuit, de vomissures, de latrines débordant sous

---

[24] Voir à ce sujet le film co-produit par Christine Cynn, *Pote Mak Sonje : The Raboteau Trial* sur le procès entre autres du criminel Jean Tatoune, le dossier de la commission Justice et Vérité qui a enquêté sur les crimes commis pendant le coup d'état de 1991-94 et les articles de la presse récente qui font le portrait des « rebelles » armés par les Etats-Unis, revenus au pouvoir.

l'effet des eaux de pluie, les odeurs rances des aisselles, celles des
cuisses usées jusqu'à la corde. De ces étroites rues et de ces
corridors sinueux montait le remugle de flaques boueuses et des
végétaux en décomposition (126).

Ce passage développé sur deux pages évoque le contraire du jardin de
la maison d'Alice, le contraire de l'espace, le contraire du jeu
insouciant. Les odeurs de latrine, la boue commune à tous les
bidonvilles du monde, le délabrement des habitations précaires, des
corps aussi, l'animalité renvoient aux descriptions de la nouvelle « La
Ville ». Le paysage découvert par Alice est une découverte, une fenêtre
sur un autre monde, un regard reproduit par bien des bénévoles venus
« soulager » Haïti, une lucarne reproduite aussi par les caméras du
monde qui donnent à voir la misère d'Haïti, des lieux où les semblables
d'Alice ne vont guère. La curiosité d'Alice lui fait découvrir la
complexité de sa culture, ses multiples facettes. Elle lui permet
d'imaginer, même dans l'incompréhension et le dégoût, des réalités
insoupçonnées jusqu'alors, qui demeurent tatouées dans sa mémoire,
dans le texte aussi, par l'auteure. Ces descriptions sont désormais
disséminées.

Lorsque Alice fait connaissance pour la première fois avec la
pauvreté, c'est à travers un personnage de femme, Man Lolo : « Une
image de l'autre côté de mes murs, de mon enfance pieuse et de mes
robes à smocks et dentelles » (31). Cette image, si bien évoquée, de ce
qui se situe de l'autre côté des murs des maisons bourgeoises
protégées, se retrouve presque inévitablement comme un traumatisme
subi par les auteurs. Dans *Inventer... la Célestine*, de Jan J. Dominique,
Mireille devient obsédée par la mendiante Anita Caldon. On suit les
parcours de la jeune femme de Pétion-Ville jusqu'au bas de Port-au-
Prince. Dans *Le Passage* de Paulette Poujol-Oriol on suit également les
stations de la protagoniste du bas vers le haut de la ville et inversement.
Dans *Mémoire d'une amnésique* on vit également la rencontre avec la
pauvreté par une enfant protégée. De l'autre côté des murs, il y a la
pauvreté et la peur de la foule, de la justice de la foule, comme dans la
scène des Gonaïves, où une foule se venge d'un jeune voleur, et où le
dilemme de la famille d'Alice est d'intervenir pour les uns, de ne pas le
faire pour les autres. Alice dévoile ainsi les aspects divers de la société
haïtienne, en rapport étroit avec les échecs répétés de l'Histoire et
l'accomplissement de son destin de danseuse haïtienne. Sa vie aux

Etats-Unis est gommée. Elle pourrait être semblable à celle de la protagoniste de la nouvelle « Une Histoire américaine ».[25]

Cette nouvelle fait s'entrecroiser deux destins similaires dans la mémoire de Jocelyne : celui de Luc, qui rejoint la clandestinité au début des années soixante en Haïti avec ses amis François et Claude,[26] et celui de Scott Bradley, qu'elle accompagne dans une tournée du Sud des Etats-Unis au moment de la lutte pour les droits civils. Au-delà du même engagement dans le combat de deux hommes inscrits dans des contextes différents mais tout aussi meurtriers, l'entrecroisement de deux destins communautaires se dessine. Sur le racisme que Jocelyne découvre aux Etats-Unis, elle remarque : « Je me rendis compte à quel point ces peurs-là avaient été chassées des routes de mon île. Si nous en confrontions d'autres, celles-là, je le savais, avaient été chassées de nos routes » (71). Cette nouvelle encourage à s'interroger sur les relations entre la communauté noire américaine et la communauté haïtienne. Il semble que les événements récents, s'ils ont divisé la diaspora haïtienne en Amérique du Nord, ont du moins permis à la communauté africaine-américaine de découvrir des liens avec Haïti. Si l'histoire des deux communautés est différente, elles partagent néanmoins la même genèse de la traite esclavagiste et des relations au dix-neuvième siècle. Le rapport à l'Amérique, aux Etats-Unis, est nécessairement ambivalent, tandis que le rapport à la France est inexistant, excepté pour la présence de Madame Daveau dans le roman, professeur de danse. Chaque occupation américaine représente un échec national, voire même l'échec de 1804, une remise en question de l'indépendance nationale. C'est donc à chaque fois un traumatisme collectif, quels que soient les désirs de démocratie et les bonnes intentions des troupes américaines.

La deuxième occupation est évoquée dans « Le Désastre banal » (*La petite corruption*). L'histoire n'est pas sans rappeler les

---

[25] En 1997, j'ai lu une version du manuscrit de *Dans la maison du père* au cours d'un séjour en Haïti. Une partie du récit se déroulait à New York et dans les milieux africains-américains. Une bonne partie de l'entretien avec Yanick Lahens le 6 juin 1997 portait sur cet épisode de la migration de nombre de femmes haïtiennes, en particulier aux Etats-Unis où elles rencontrent les milieux militants africains-américains. « Une Histoire américaine » fait partie du recueil *La petite corruption*, Port-au-Prince, Mémoire, 1999 et Montréal, Editions Mémoire d'encrier, 2003.
[26] Il faut noter ici l'ironie de donner à deux dissidents les prénoms du père et du fils Duvalier.

romans de Virgile Valcin et Annie Desroy[27] dans l'évocation du couple Mirna-William. Le titre implique une certaine démission, le constat de l'inégalité du pouvoir de l'argent et du prestige de celui qui se pose en conquérant. Le regard ironique de Lahens sur la réaction à l'occupation se charge d'encore plus de sens aujourd'hui si on lit en songeant au début de la troisième occupation du pays :

> Les salles d'attente des ambassades ne s'étaient pas désemplies de patriotes en cravate, d'artistes engagés et de professionnels de pointe. Tous empressés de se trouver à la bonne place au bon moment. Derrière les micros des radios, des chroniqueurs avaient maquillé la honte de l'occupation de mensonges les plus variés sur un bonheur qui ne tarderait pas à soulever nos cœurs, à gonfler nos âmes (6-7).

Le regard ironique de Lahens sur les personnages mentionnés les expose à nouveau, qu'ils soient les mêmes ou non aujourd'hui qu'en 1994. Dans cette nouvelle, Lahens dévoile les rapports de force qui gèrent les relations : William/Mirna ; la famille de Mirna/Anita la domestique ; les Etats-Unis/Haïti. Que Mirna soit amoureuse ou non de William, celui-ci représente un changement de statut potentiel pour elle et l'accès à des biens matériels qui corrompent d'ailleurs toute la famille à l'exception de la tante Violette. Le désastre est par ailleurs représenté comme la collaboration avec l'occupant et le démembrement de la société haïtienne par la corruption des biens matériels. La vente d'elle-même que la jeune fille « performe » est réfléchie, stratégique. Prémonitoire et emblématique de la politique économique du pays également.

Dans le premier recueil de nouvelles,[28] presque tous les textes évoquent des sentiments de peur, une atmosphère de soupçon, une violence urbaine contemporaine traduite par des émotions. Dans « La Chambre bleue » la technique consiste à vivre du début à la fin du récit une situation vécue à travers le regard et l'imagination d'une petite fille apeurée par la découverte d'inconnus, une famille hébergée par ses parents et grands-parents. « Le Jour fêlé » construit lentement une atmosphère de peur communicative. Martine Durand emprunte la route

---

[27] Voir l'analyse de leurs romans par Myriam Chancy dans « Ayiti çe ter glissé : l'occupation américaine en Haïti et l'émergence de voix féminines en littérature haïtienne », *Elles écrivent des Antilles*, 17-36.

[28] Lahens, Yanick, *Tante Résia et les Dieux*, Paris, L'Harmattan, 1994.

qui la ramène sur les hauteurs de Pétion-Ville. La peur de Martine est constante. Elle relève du traumatisme de l'insécurité, des nuits qui trop souvent ressemblent à la Nuit de l'Abomination représentée dans *La Rue des pas perdus* de Lyonel Trouillot.[29] Pour quiconque a vécu une de ces nuits haïtiennes, la répétition traumatisante transforme la peur en personnage familier :

> Au dehors, souvent la détresse avance, elle aussi, de rafales en rafales, au gré des fusillades retentissant au loin. Toutes les nuits, Martine Durand est désormais occupée à prendre par surprise l'esprit malfaisant et rusé qui s'ingénie à ce théâtre d'épouvante, à déjouer les images, pour que le cri ne franchisse pas la gorge, pour que la peur ne déchire pas ses poumons, pour que la mort ne prenne pas le prétexte de n'importe quel banal accident (100).

Pour oublier le présent, Martine se rabat sur des souvenirs insouciants. L'oubli est un outil, la mémoire une stratégie. La ville, qui annonce celle qui transparaît dans le roman et dans la nouvelle qui porte ce nom, est elle aussi un personnage. Dans « Le Jour fêlé », il n'y a plus de distinction entre la ville haute, plus fraîche que Port-au-Prince, aux grandes bâtisses bourgeoises, aux jardins ombragés protégés de barrières solides, et la capitale. Pétion-Ville a acquis les caractéristiques de la ville basse : « Pétion-Ville arrive à la jeune femme dans le bruit des camions qui montent vers les carrières, des voix des marchands ambulants et un peu plus loin dans le regard éteint des mendiants en haillons » (102). Pétion-Ville est devenue la synecdoque du désordre. Au point que Martine rêve de Tampa, une ville « aseptisée » aux Etats-Unis comme un lieu idéal. Mais la digression sur le délabrement de la ville, qui nie les murs séparant les populations les unes des autres, qui nie les classes sociales, fait écran à la mémoire de la jeune femme. Sa propre histoire est niée par le présent, ses souvenirs ne sont plus que cela. Lorsqu'elle croise sans le savoir une voiture de bandits assassins de surcroît, il suffit d'un regard pour sceller son sort. Un regard sans doute portant encore la trace de la peur ou du refus de la ville transformée par ces individus. Lorsqu'elle s'écarte imprudemment des grandes artères, sa distraction la désigne comme victime sacrificielle. Sans doute, Martine est morte assassinée. Sans doute elle est morte de sa peur. Sans doute elle est morte de ses souvenirs.

---

[29] Trouillot, Lyonel, *Rue des pas perdus*, Port-au-Prince, Mémoire, 1996.

La technique de Lahens, efficace, consiste à laisser le lecteur découvrir l'histoire dans le même temps narratif que Martine. La peur est communiquée et à travers elle, la suggestion qu'il faut agir. La ville détestée joue aussi son rôle dans « La petite corruption ». La cause du délabrement moral de la jeunesse est établie au début de la nouvelle : « Trente années d'une révolution en marche suivie depuis bientôt une dizaine d'années d'une démocratie déchue et restaurée nous ont habitués à tourner en rond, à marquer le pas » (33). L'histoire suit en quelque sorte les petits frères des perpétrateurs de l'attaque sur Martine Durand. Trois jeunes amis qui se droguent, font du trafic, puis, clairement, par des contacts avec des policiers et un comptable corrompus, ces jeunes gens sont entraînés dans de plus grosses affaires de drogue. La reconstitution des événements qui conduisent au meurtre de la tante de Roger, puis au meurtre des trois amis, abandonnés dans une décharge publique implique l'impunité des gros trafiquants de drogue pour qui le reste de la population ne représente que des pions sur un échiquier.[30] « La petite corruption », à un autre niveau, peut aussi être représentée par la contamination des images, comme ce regard masculin désirant une femme, surpris par la narratrice de la nouvelle « Corossol, orange, citronnelle ». Elle décide de tester le désir de son homme, Erminus. A la fin, déçue, elle conclut que « [d]ans la cellule verrouillée de la nuit, Erminus m'a prise ce soir comme on se brosse les dents ou comme on va chez le coiffeur » (99). Là encore, c'est un regard qui se révèle déterminant pour le personnage. Dans ce cas, il s'agit de l'« auto-dévalorisation » du personnage, renforcée par ce qu'elle vit comme l'indifférence de son compagnon, malgré les commentaires positifs de son amie, parce qu'elle utilise une échelle de valeurs différente, imaginaire.

La nouvelle « Les Survivants » dans *Tante Résia et les Dieux* évoque une histoire de trahison sous le régime duvaliériste en mai 1968. La nouvelle évoque les risques pris par de jeunes intellectuels. A travers la nouvelle, Lahens décrit l'aspect dérisoire des provocations des jeunes gens au moment des élections et l'importance disproportionnée de l'appareil d'état qui ne tolère aucune opposition, aussi bénigne soit-elle. Elle dénonce aussi la peur des citoyens ordinaires et par là démontre le contrôle de la population exercé par un pouvoir véritablement dictatorial, avec la complicité de l'armée, de la

---

[30] Inexplicablement, Roger devient David dans la dernière phrase du texte.

presse, et la complicité quasiment totale de la population. Finalement, c'est une série de graffiti qui va précipiter les tortures, la mort, l'exil et l'avilissement des « survivants ». Dans *La petite corruption*, Lahens reprend la question de l'engagement dans la nouvelle « Le Poids de la nuit ». Quelle est la responsabilité du citoyen lorsqu'il a la possibilité de la justice ? Cette question, évoquée déjà par Marguerite Duras dans *La Douleur*,[31] au sujet des épurations qui ont eu lieu à la fin de la deuxième guerre mondiale, se pose de façon aiguë à Pierre Aulard, dont le frère est mort sous la torture dans une prison. Parfois, il met en garde ses camarades contre les excès possibles, « impardonnables », des vengeances arbitraires, mais se retrouve parfois à suggérer des liquidations. Incapable d'agir pour empêcher le meurtre d'un homme meurtri par une foule en colère, arrêté sur « seulement des détails un peu flous. Des impressions, un soupçon » (60). Le texte présente des perspectives multiples : l'ambivalence de Pierre, la violence du jeune Similien qui se venge de sa condition sociale, la peur et l'incompréhension d'Aurèle. Pierre, le jeune bourgeois, doit soutenir à la fois le regard de Similien qui l'appelle à montrer sa virilité dans la violence de la cause juste, et le regard d'Aurèle qui le sollicite à intervenir. En flash-back, Pierre revoit la violence perpétrée sur son frère disparu. Le désarroi de Pierre traduit à nouveau les interrogations tout à fait actuelles de Lahens. Chaque cycle de violence, chaque renversement de régime, est similaire à celui qui l'a précédé, à celui qui va le suivre. C'est donc à la fois un constat d'échec, un encouragement à la réflexion et au changement qui transparaît ici, une exhortation à rompre « l'interminable récit » de l'histoire haïtienne.

« La Ville », dans *Tante Résia et les Dieux*, est sans doute la nouvelle la plus commentée. Ginette Adamson a analysé en détail la trame tissée autour de la reconnaissance de sa ville par Brice, guidé par le fil rouge d'une Ariane arpenteuse de la capitale, lui permettant de remonter le fil de sa mémoire. Comme le démontre aussi April A. Knutson dans une communication sur le poids de la mémoire chez Yanick Lahens et Jan J. Dominique, l'itinéraire un peu zigzaguant de Brice dans la ville lui permet d'évoquer la mémoire du pays à travers le nom des rues par exemple. Knutson de surcroît établit un rapprochement entre la descente de Brice dans Port-au-Prince et la pièce de Sartre, *Les Mouches*, nous donnant à penser que le

---

[31] Duras, Marguerite, *La Douleur*, Paris, P.O.L., 1985.

délabrement et la saleté répugnante sont le reflet de la putréfaction morale des dirigeants du pays. On trouve dans « La Ville » des images qui resurgissent dans le roman et dans quelques autres nouvelles où la foule apparaît comme dévoreuse et dangereuse, où elle est féminisée selon le schéma classique des analyses de foule dans le roman du dix-neuvième siècle. Par là, elle apparaît aussi sous le masque d'une prostituée, sans vergogne. Les bruits mêmes de la ville sont à la fois menaçants et hystériques (120). La foule est aussi bestialisée : « Abandonnée comme un animal errant, elle allait dans tous les sens, disponible à toutes les violences, à toutes les passions » (117). On ne sait pas si les « [c]ris d'animaux suspendus à l'arrière ou à l'avant de véhicules bigarrés » (117) renvoient à des animaux ou à des êtres humains. La ville et la foule sont aussi marines, dans leur violence commune – une autre façon d'évoquer le féminin : « la vague humaine qui déferlait » (120), « [u]ne violence houleuse comme une lame de fond, ou comme le ressac de la mer dans ses anfractuosités » (121), « Brice se noya dans la foule » (124). La ville se putréfie, les références aux immondices, au désordre, au grouillement, aux bruits démesurés, aux fermentations des bidonvilles, se multiplient. La ville est malade, honteuse, envahie. Jusqu'aux enfants qui ne représentent plus le symbole de l'innocence. Les enfants du désastre investissent la ville comme les mouches qui sont partout. La ville se déchiffre aussi selon ses noms de rue, ses repères (le boulevard Dessalines, le marché en fer, Bolosse, la rue des Miracles, les bidonvilles qui portent des noms de ville où se retrouve la diaspora, etc.), les lieux aussi des *dechoukaj*. Les références abondent, se croisent et s'entrecroisent. Outre la référence à la pièce de Sartre indiquée par Knutson, le texte d'une chanson de Manno Charlemagne (ancien maire de Port-au-Prince de 1995 à 1999) côtoie une référence au Psaume 91 qui évoque la protection de tout sujet par la divinité dans une ville gagnée par la pestilence provoquée par les humains. Brice éprouve le choc de tout Haïtien de la diaspora qui trouve les choses changées pour le pire depuis son départ. Il évoque aussi la littérature : « S'agissait-il de cette même pestilence tant de fois idéalisée par la littérature ou magnifiée par la nostalgie qui se serait transformée en une réalité si insupportable ? Brice s'était-il à ce point laissé prendre aux pièges de la nostalgie ou aux mensonges de la littérature ? » (118).[32] Si l'on peut concevoir le texte comme une

---

[32] Ginette Adamson a déjà porté son attention sur ce passage dans « Yanick Lahens romancière ».

tentative de « Brice qui cherche à reprendre pied dans sa ville d'autrefois » à travers « des jalons servant de points de repères » (Adamson, 116), la dernière question que se pose Brice, « Qui est cette femme ? Que me veut-elle ? » (141), peut être une question qu'il se pose au sujet de la ville. Qui est cette ville, capitale de la misère, ainsi décrite ? Ville mortifère, elle est l'opposé de la ville-rire, de la ville-musique que l'on peut aussi découvrir. René Bélance a interprété les nouvelles du premier recueil comme « une chronique de la vie quotidienne au temps de la terreur ».[33] Ginette Adamson a plutôt mis l'accent sur les personnages forts de femmes, transmettrices de savoir et de résistance, des femmes-ressources comme Tante Résia, personnage complet. A son sujet, elle écrit : « Elle ne représente pas seulement le pilier de l'économie du pays, mais aussi le patrimoine culturel puisqu'elle sait préserver les coutumes des ancêtres et la religion vodou tout en pratiquant le catholicisme » (114). On peut se demander si, de tous les personnages de résistants, ce n'est pas cette femme simple, cette « madame sara » comme la nomme April A. Knutson, qui, avec son ingénuité et son irrévérence, son individualité qui ne l'empêche pas de se montrer solidaire à l'occasion, qui sait utiliser le vodou pour transmettre des valeurs sûres à son neveu, lui transmettre des armes de patience aussi, qui s'avère être le meilleur guide.

Ce tour d'horizon des écrits de Yanick Lahens n'est pas complet. Il nous a permis cependant de discerner le rôle de l'Histoire et la position de l'auteure face à l'écriture. En particulier, ce qui se dégage véritablement, sans équivoque, est la répétition de l'Histoire. Nul doute que cela apparaît d'autant plus clairement que l'actualité semble elle-même répéter le passé. Si le rôle de l'écrivain-prophète et de l'écrivain-militant proposé par Marie Vieux Chauvet dans *Les Rapaces* est désuet aujourd'hui, peut-être à cause de sa naïveté que l'écriture peut changer le monde, on peut néanmoins s'interroger sur le rôle de l'écrivain haïtien aujourd'hui. Pour la génération qui a grandi sous la dictature, qui rêve de rompre avec toute prescription sans pour autant renier les aînés qui agissaient par le fait même d'écrire, pour cette génération qui a publié après la chute du régime duvaliériste pour la plupart, que signifient le contexte historique et politique, et l'engagement dans la société civile par rapport à l'écriture ? Une

---

[33] Bélance, René, « Compte-rendu de *Tante Résia et les Dieux* », *Notre Librairie*, 133, janvier-avril 1998, 80.

lecture de Lahens montre que son engagement passe par le dévoilement des situations, dévoilement qui peut se donner à lire et relire selon l'actualité même. Ce désir d'engagement, d'aller voir de l'autre côté des murs des jardins protégés indique que l'on ne peut pas revenir indemne de la transgression de ce voyage. Les murs doivent soit s'ériger encore plus haut soit être abattus. Le dévoilement n'est donc pas que cela. Il informe et transforme l'imaginaire et donc ce qui relève aussi du politique. La question est de savoir de quel côté du mur on revient se poster à l'issue du voyage et de quel côté de l'histoire on bascule.

II. Ecrire la terreur/Writing Terror

Introduction

Français : Les textes de cette section traitent d'auteurs qui ont à la fois vécu au pays même la terreur des dictatures Duvalier et des régimes subséquents et écrit sur cette expérience, soit directement, soit de façon oblique. Joseph J. Ferdinand offre tout d'abord une vue d'ensemble des nombreux mouvements littéraires qui ont émergé pendant les deux régimes Duvalier. Il montre comment les écrivains haïtiens, quoi qu'assiégés — et peut-être précisément en raison de cet état — ont fait preuve d'une extraordinaire vitalité, créant des mouvements tels que Haïti Littéraire, Hounguenikon, le Spiralisme, le Pluréalisme et le Surpluréalisme. A la suite de ce panorama, Kaiama L. Glover offre l'une des premières études en profondeur sur le Spiralisme, mouvement créé par trois auteurs qui, contrairement à beaucoup d'autres, ont refusé de quitter Haïti au tout début de l'ère Duvalier. Elle souligne l'importance de ce mouvement qui revendique une esthétique spécifiquement haïtienne et s'oppose aux conventions littéraires existantes. Illustrant l'étude de Glover, l'entretien de Jean Jonassaint avec Frankétienne présente l'écrivain le plus connu du mouvement spiraliste dont l'œuvre polyvalente est intrinsèquement liée au contexte de la dictature des Duvalier père et fils. Suit l'article de Myriam J. A. Chancy portant sur les romans de Marie Chauvet des années 1960. Ceux-ci témoignent des effets atroces du régime Duvaliérien sur la vie des femmes de la petite bourgeoisie. Dans un élargissement de la perspective littéraire, Chancy lie la persécution des personnages féminins de Chauvet à la réalité vécue des femmes haïtiennes des années 1990. Elle montre que l'état de terreur demeure actuellement une menace constante pour les femmes haïtiennes. Dans la même veine, Irline François s'attache au premier roman de Jan J. Dominique qui, comme *Amour* de Chauvet, expose les effets dévastateurs des années Duvalier sur les jeunes femmes des classes moyennes. Finalement, Marie-José N'Zengou-Tayo examine deux romans de Lyonel Trouillot dont les intrigues situées à la fin des années 1990 marquent la clôture d'une époque, celle où les intellectuels haïtiens pouvaient transcender la réalité de la terreur politique et trouver la liberté à travers l'écriture.

English: The essays in this section focus on authors who wrote in and about the horror of the Duvalier years and the regimes of terror that followed. Joseph J. Ferdinand offers an overview of the numerous literary movements that emerged in the 27 years of the two Duvalier regimes. He shows how, while under siege — and maybe precisely because of this state of siege — , Haitian writers have been remarkably productive, engendering such movements as *Haïti Littéraire, Hounguenikon, Spiralisme, Pluréalisme,* and *Surpluréalisme.* This overview of the period is followed by an essay by Kaiama L. Glover that offers one of the first in-depth looks into *Spiralisme,* the movement created by three authors who refused to flee Haiti when many others did in the early years of the first Duvalier regime. Narrowing the focus even further, Jean Jonassaint's interview with Frankétienne presents the best-known writer of the Spiralist movement, whose work was entirely produced in the context of the Duvalier dictatorship. Myriam J. A. Chancy focuses on the fiction of Marie Chauvet, whose work in the 1960s documented the effects of the Duvalier regime on middle-class women's lives. Chancy connects Chauvet's persecuted female protagonists with the real Haitian women who were victims of the terror of the early 1990s. Moreover, she shows that state terror remains a constant threat for Haitian women. Irline François's essay focuses on Jan J. Dominique's first novel which, like Chauvet's *Amour*, offers an in-depth reading of the devastating effects of the Duvalier years on young, middle-class women. Finally, Marie-José N'Zengou-Tayo examines Lyonel Trouillot's novels and argues that they mark the end of that era when Haitian intellectuals could transcend the reality of state terror to write themselves into a state of freedom.

Doctrines littéraires et climats politiques sous les Duvalier[1]

Joseph J. Ferdinand

Résumé : Pendant les vingt-sept années du règne des Duvalier, l'espace littéraire haïtien va engendrer plus d'une dizaine de sensibilités esthétiques qui se rassemblent en groupements ou écoles dont les plus importants sont Haïti Littéraire, Hounguénikon, le Spiralisme, le Pluréalisme et le Surpluréalisme. Ces mouvements, distincts les uns des autres sur les plans de la performance formelle et du discours doctrinal, ne peuvent se comprendre que par l'influence des théories du siècle (Surréalisme, Structuralisme, Sémiologie, etc.) qui vont déterminer la production d'œuvres selon les normes de la modernité et une esthétique de marronnage essentielle dans le contexte politique de l'époque. La dictature des Duvalier, du fait même de l'état de siège dans lequel elle a maintenu les intellectuels, s'est avérée être un terreau fertile à une production littéraire ample et originale.

Summary: During the twenty seven years of the Duvalier regime, Haitian literary space engendered more than a dozen literary schools, the most important of which were *Haïti Littéraire*, *Hounguénikon*, *Spiralisme*, *Pluréalisme* and *Surpluréalisme*. These movements, which differed in their formal esthetics as well as in their ideological discourse, can only be understood through the influence of the theories of their century (Surrealism, Structuralism, Semiology, etc.) that

---

[1] Version retouchée d'une conférence prononcée le 7 octobre 2001 à New York City, au club Primevère.

determined the production of works according to standards of modernity and an esthetics of marronnage, an esthetics essential in the political context of the time. By the very fact that it maintained intellectuals in a state of siege, the dictatorship of both Duvaliers proved to be fertile ground for a full and original literary production.

* * *

Je hais l'oppression d'une haine profonde.
Aussi lorsque j'entends, dans quelque coin du monde,
Sous un ciel inclément, sous un roi meurtrier,
Un peuple qu'on égorge appeler et crier,
Alors, ah ! Je maudis dans leur cour, dans leur antre,
Ces rois dont les chevaux ont du sang jusqu'au ventre.
Victor Hugo, *Les Feuilles d'Automne*

Le contexte (1957-1986) et les risques du métier d'écrivain

On trouvera dans l'*Anthologie de la poésie haïtienne contemporaine (1945-1999)*[2] de Raymond Philoctète une liste de 13 poètes tombés tous victimes de la répression du régime des Duvalier. L'auteur les répartit en trois catégories : « Poètes tombés les armes à la main », poètes « décédés dans les cachots des Duvalier », « poète assassiné en pleine rue ». Absentes de la liste sont les douzaines d'écrivains, d'artistes et de journalistes qui ont connu eux aussi la rigueur des prisons duvaliériennes mais ont eu la chance d'en sortir vivants, ou qui, pour protéger leur vie, ont dû prendre le chemin de l'exil. On le sait, la dictature torture et massacre aveuglément les écrivains qui ne dorment pas sous sa tente. Anthony Phelps, se souvenant de sa propre expérience, en porte ainsi témoignage lors d'une conférence prononcée en 1983 à l'Université du Vermont : « La vie du Poète sous une dictature n'est pas chose facile, car toute dictature a peur de la Parole, de l'Écriture ».[3] Il faudra évidemment incorporer tous les genres dans le partage des risques du métier

---

[2] Philoctète, Raymond, *Anthologie de la poésie haïtienne contemporaine (1945-1999)*, Montréal, Editions du CIDIHCA, 2000.
[3] Document inédit.

d'écrivain. Mais on a beau soumettre la littérature à l'oppression la plus extrême, on n'arrive jamais à avoir raison d'elle. Elle est dotée d'une souplesse infinie qui lui permet, pour assurer sa pérennité, de s'adapter aux situations les plus dangereuses auxquelles elle se trouve de temps en temps confrontée. C'est ce que l'expérience des vingt-sept années de la dictature des Duvalier révèle.

Dans ce contexte « marqué de sang », comme dirait l'auteur de *Fils de misère,*[4] Marie-Thérèse Colimon-Hall, un contexte où la moindre syllabe mal placée peut coûter la vie à l'écrivain, ce dernier, conscient de l'épée de Damoclès constamment suspendue sur sa tête, n'a d'autre choix que de procéder à la réinvention du langage, articulant son discours selon des systèmes d'écriture propres à déjouer la vigilance du pouvoir tout en garantissant à la littérature un épanouissement continu.

Par conséquent, entre le gouvernement et la littérature s'établit une relation très étroite comme entre crocodiles et hippopotames au sein des rivières. La garde toujours haute, la cuirasse bien ajustée, sans relâche on se surveille mutuellement même quand on laisse l'impression de se laisser aller. Or la stabilité dans la succession sereine des jours et des nuits n'est jamais le propre d'aucun climat politique et encore moins d'un régime totalitaire. De 1957 à 1986, le régime des Duvalier connaît périodiquement de grands remous qui le contraignent à une constante ré-évaluation des moyens à mettre au service de ses fins hégémoniques. Le grand dessein de permanence par la succession héréditaire se profile, comme par une sorte de boomerang dialectique, sur fond de contestations et de répressions continuelles. Sans parler de l'impact des paramètres géopolitiques, dans la mouvance prioritaire des voisins de l'est et du nord, respectivement la République Dominicaine et les Etats-Unis d'Amérique.

Mentionnons quelques moments singuliers de la conjoncture[5] : invasion des Casernes Dessalines le 29 juillet 1958, suivie de la création du corps des Volontaires de la sécurité nationale, plus connus sous leur sobriquet de *tontons macoutes* ; crise cardiaque débilitant pour quelque temps le Président ; triomphe à Cuba de la révolution

---

[4] Colimon-Hall, Marie-Thérèse, *Fils de misère*, Port-au-Prince, Editions Caraïbes, 1973, 196.
[5] Pour compléter l'information fournie ici, consulter, entre autres, l'ouvrage de James Ferguson intitulé *Papa Doc, Baby Doc: Haiti and the Duvaliers*, New York, Oxford University Press, 1989.

castriste ; 1960 : querelle menaçant de dégénérer en affrontement militaire avec le Président Bosch de la république voisine ; 1961 : grève des étudiants, début de l'hostilité ouverte des Etats-Unis ; 1962-1964 : différentes invasions dont celle de *Jeune Haïti*, auxquelles il faut encore associer le coup de force du jeune Riobé et les vêpres de Jérémie ; exécution sur la place publique de Numa et de Drouin ; insurrection de Clément Barbot, ancien chef des *tontons macoutes*, qui tente d'enlever deux des enfants du Président ; répressions brutales du pouvoir ; proclamation de la présidence à vie ; 1969 : visite au Palais national de Nelson Rockefeller, Vice-Président des Etats-Unis ; déclenchement de la guérilla urbaine des cellules de gauche ; exécution sommaire de 19 officiers des Forces armées d'Haïti ; 1970 : mutinerie du Colonel Octave Cayard ; 1971 : décès de Duvalier père et concrétisation du régime héréditaire avec le transfert du pouvoir à vie à Jean-Claude Duvalier ; 1972 : enlèvement de Clinton Knox, l'Ambassadeur américain ; 1976 : élection de Jimmy Carter, le champion des droits de l'homme ; décrispation apparente du climat politique en Haïti ; 1978 : le phénomène des *boat people* va s'intensifiant ; 1980 : triomphe électoral de Ronald Reagan et retour en force de la répression en Haïti ; mariage de Jean-Claude Duvalier avec Michèle Bennett ; 1982 : invasion de Bernard Sansaricq ; 1983 : visite du Pape Jean-Paul II qui prononce sa phrase célèbre « Quelque chose doit changer dans ce pays » ; intensification consécutive du mouvement des *Ti Legliz,* nouvelle force politique qui se révélera déterminante dans les événements à venir ; promulgation d'une nouvelle constitution raffermissant les structures de la présidence à vie ; 1985 : révolte massive menée par les jeunes et conduisant le 7 février 1986 à la chute de Jean-Claude Duvalier et à la fin de la dictature duvaliérienne.

Tel est le contexte politique qui va dicter leur trajectoire aux choix esthétiques de l'époque. Il sera intéressant de voir comment se déroule, au prisme de ces options, le jeu d'un opportunisme subtil d'un côté tout à fait hostile au régime dictatorial et de l'autre, sinon sincèrement, du moins diplomatiquement complaisant à l'égard de ce dernier, pendant que tous, ils naviguent désespérément sur ces ondes houleuses vers le même port de la peur panique du faux pas et des conséquences qui en résulteraient. Ambiance idéale pour la création littéraire. Car s'il est vrai, comme l'a dit André Gide, qu'on fait de la mauvaise littérature avec les bons sentiments, on ne fait pas de littérature du tout quand l'esprit n'est pas occupé par quelque grand souci. Cela doit faire penser à cette déclaration de Victor Hugo : « Les plus grands poètes du monde sont venus après de grandes calamités publiques ».[6] Ou encore au vers célèbre d'Alfred de Musset : « Les plus désespérés sont les chants les plus beaux ».

Mais il y a plus que cela, bien plus que le pseudo-masochisme de romantiques soupirant après des douleurs réelles ou fictives : le marronnage auquel l'écriture se voit contrainte l'incite, en mettant à l'épreuve sa puissance créatrice, à exercer pleinement sa fonction de démiurge, c'est-à-dire à ne reconnaître d'autres lois que les siennes propres, à déterminer en toute souveraineté et ses fins et les moyens pour y arriver, en un mot, à n'exister que pour elle-même. C'est ce que Phelps reconnaît quand il déclare dans la conférence citée plus haut : « Etre Poète sous une dictature n'est pas chose aisée, certes, mais il n'y a là rien de tragique ; cette situation peut même être extrêmement stimulante sur le plan de la Poésie, donnant ainsi lieu à une oeuvre. Donc, s'il y a tragédie, celle-ci est désamorcée, compensée en quelque sorte par la création qu'elle génère ». On peut dire rétrospectivement que cette conception de l'écriture a toujours eu ses adeptes, mais il a fallu attendre le XXe siècle pour lui donner une légitimité sinon incontestée, du moins pratiquement universelle. Ceci étant, c'est tout à fait naturellement, sous les Duvalier, que la quête esthétique s'acheminera vers l'espace de la modernité pour s'en approprier et le langage et les méthodes.

Pourquoi écrire sous la dictature ?

D'où vient que, malgré l'effort de museler la parole, la littérature haïtienne ait vu se produire durant le long règne des Duvalier, ce qui est peut-être, sur le plan générationnel, la plus grande germination d'écrivains et d'œuvres littéraires de toute son histoire ? Dans son *Anthologie de la nouvelle poésie haïtienne*, Christophe Philippe Charles ne recense pas moins de « 200 auteurs de recueils de poèmes [...] rien que pour les deux dernières décennies 70 et 80 ». « Ce qui est considérable, ajoute-t-il, pour un tiers d'île de 27,250 km2 peuplés de 6 millions d'habitants [...] un pays où le taux d'analphabétisme est de 75% et le revenu per capita de 300 dollars

---

[6] *Odes et Ballades*, Paris, Garnier – Flammarion, 1968, (Appendice de février 1824), 297.

l'an ».[7] Considérable ? Incroyable même. Un tel foisonnement, cela va sans dire, charrie beaucoup de médiocrité dans son lit. L'extraordinaire est que de cette gangue pléthorique Charles ait pu tout de même singulariser pas moins d'une soixantaine de poètes dont l'œuvre devrait, de son avis, « résister à l'épreuve du temps ». Et il sera difficile de le contredire après avoir lu son anthologie. Si l'on peut arguer sur les causes de cette vitalité quantitative, il ne faut pas chercher d'explication rationnelle à l'émergence au sein de ce magma d'une pépinière si abondante de textes d'une certaine qualité, et dans un assez grand nombre de cas, d'une qualité certaine.

Ce besoin irrépressible d'écrire, de faire acte de parole, a certes une origine politique, comme le suggère Charles, encore qu'il faille se garder de circonscrire uniformément l'écriture de cette époque sous le label de l'antiduvaliérisme. Le discours métaphorique de la poésie constitue « les hauts-lieux du refus et de la résistance » face à l'énorme machine de propagande du régime qui avait monopolisé tout l'espace de la presse. Cependant, il ne faut pas oublier que, essentiellement, le plaisir que procure l'écriture mis de côté, on écrit pour s'efforcer de dépasser la réalité même quand, cela s'est souvent produit en littérature, on n'arrête pas de protester de son attachement féal à son égard. Jean Giono nous avoue que s'il n'avait pas trouvé le monde misérablement mal fait et éprouvé alors le désir de le rendre vivable en le refaisant à la (dé)mesure de ses phantasmes, il ne se serait sans doute pas découvert une vocation d'écrivain. Gustave Flaubert, plus d'un siècle avant lui, a poussé son dédain de la société jusqu'à refuser systématiquement de contribuer à la survie de cette dernière en mettant à son service ses potentialités de géniteur. Mais que de mondes n'a-t-il pas enfantés avec sa plume !

Pour ces deux éminents romanciers, l'écriture est à la fois exorcisme et parturition. On invente ou réinvente le monde pour être en mesure de pouvoir supporter le fardeau de la vie. On est déjà à moitié guéri de son mal quand on le met en paroles, nous dit le Giono d'*Un de Baumugnes*. Et Proust d'ajouter : « Et quand nous cherchons à extraire la généralité de notre chagrin, à en écrire, nous sommes un peu consolés [du fait] qu'écrire est pour l'écrivain une fonction saine et nécessaire dont l'accomplissement rend heureux, comme pour les

---

[7] Charles, Christophe Philippe, *Anthologie de la nouvelle poésie haïtienne d'expression française*, Port-au-Prince, Centre de recherches littéraires et sociales (C.R.L.S.), 1991, 11.

hommes physiques, l'exercice, la sueur et le bain ».[8] Fonction thérapeutique de l'écriture lui donnant un sens et une existence en dehors, sinon au-dessus, de toute autre motivation. Cela est d'autant plus évident ici qu'un grand nombre des écrivains haïtiens de l'ère duvaliérienne peuvent tout à fait sincèrement être surpris de voir attribuer à leurs écrits des intentions politiques.

Étape de transition : il s'agit donc de combler la vacuité des jours par le moyen de sa plume en attendant des lendemains meilleurs : « Poésie pour la survie / dans cette attente charbonneuse / poésie pour ne pas faillir / ni défaillir / poésie pour ne pas mourir / sans retrouver le chemin des étoiles », déclare Anthony Phelps dans *Mon pays que voici*.[9] Pourquoi pas ? Le Verbe n'est-il pas action ? Le Verbe n'est-il pas supérieur à l'action ? On connaît ces apophtegmes de l'alchimie rimbaldienne. Une action qui en l'occurrence permet de conjurer le spectre de la défaite devant les forces invincibles du macoutisme ; qui donne même l'illusion de se couvrir de gloire dans des affrontements mythiques avec ces dernières. L'essentiel est que l'écrivain sache donner au mythe le visage de la vérité. Et nous ne parlons pas ici de la vérité historique mais surtout de celle des intentions secrètes, des rêves de victoire éclos en secret dans l'épouvante des jours et des nuits, c'est-à-dire celle qui pourrait servir d'illustration à la célèbre déclaration placée dans la bouche des Muses par Hésiode : « Nous savons dire beaucoup de choses trompeuses semblables à des réalités ».[10]

Présenter ainsi cette écriture comme l'exutoire de l'impuissance ne la dénature pas vraiment car il faut comprendre qu'elle avait besoin de cet asile absolument sécurisant pour pouvoir bien jouer son rôle de catalyseur par rapport à la résistance aux forces d'oppression. Grâce à elle, on continue, au fort du plus affreux désespoir, de rêver à l'espoir, de croire l'irréalisable réalisable, enfin d'imaginer, au bout du tunnel, l'apothéose des feux de la victoire finale. Nulle autre force, il faut le reconnaître, n'était capable d'accomplir un tel exploit ; il n'existait pas d'autres moyens d'exorciser l'aura d'invincibilité qu'affichait le régime, aura génératrice de découragement et de démission. Dans son roman, *Le mât de cocagne*, René Depestre met ces paroles dans la bouche du sénateur

---

[8] Proust, Marcel, *Le temps retrouvé*, Paris, Gallimard, 1927, 2ième volume, 57.

[9] Phelps, Anthony, *Mon pays que voici*, Paris, P.J. Oswald, 1968, 15-16.

[10] Cité par Jean-François Durand dans son article « *Un de Baumugnes* : les miroirs du récit », *Jean Giono*, Bulletin N° 39, Printemps – Eté 1993, 104.

Postel que le gouvernement avait condamné à l'inaction pour le punir du crime d'opposition : « J'emmerde les coups de feu que je n'ai pas tirés, et que personne à ma place n'a tirés. Merde pour nous tous. Nous sommes tous là couchés sur des blocs de glace, les bras en croix, les mains vides, l'esprit ramolli par le tafia de la résignation ».[11] Eh bien, ces coups de feu, l'écriture les tirera à sa place et avec une efficacité miraculeuse car infinies sont ses ressources ; en fait, il n'est pas de limite à son pouvoir. Les militants de *Moins l'infini* (1973) et surtout de *Mémoire en colin-Maillard* (1976), deux romans de Phelps, refusant, eux, de se nourrir « du pain collant du miel de la résignation » dont le poète stigmatise ailleurs (dans *Mon pays que voici*) l'effet pernicieux sur ses compatriotes, accomplissent prodiges sur prodiges, hécatombes sur hécatombes aux dépens des forces du dictateur ; et s'ils ne sortent pas vainqueurs de ces affrontements de titans, ils arrêtent la déroute des consciences déjà rendues au seuil de la reddition sans condition, en instillant subrepticement en elles l'idée que tout n'est pas perdu et que l'ennemi est vulnérable.

Évidemment, les cris de guerre ainsi lancés à gorge déployée ne peuvent être le fait que d'une écriture solidement retranchée derrière les créneaux des châteaux forts de la diaspora. La stratégie ne saurait être la même pour ceux qui sont restés au pays, qu'ils aient ou non des messages politiques à nous adresser. La démarcation alors est claire : le discours et les choix esthétiques de l'Ailleurs se concevant dans un espace affranchi de l'intimidation macoute, ils ne sauraient dès lors revendiquer le même statut de marron que ceux produits sur le front. « De tout ce qui est écrit, je n'aime que ce qu'on écrit avec son sang »,[12] fait dire Nietzsche à Zarathoustra. Là, réside toute la différence : là-bas on écrit avec son indignation et ici avec son sang. Clairement, l'écriture à considérer ici doit être celle générée dans les entrailles même de la dictature. Tâche qui ne s'avérera pas aisée particulièrement dans le cas d'œuvres commencées en Haïti mais qui atteignent leur pleine maturité à l'étranger sans guère dévier de leur antiduvaliérisme.

---

[11] Depestre, René, *Le mât de Cocagne*, Paris, Gallimard, 1979, 64.
[12] Nietzsche, *Ainsi parlait Zarathoustra*, Paris, Gallimard, 1971, 54.

Un fouillis de sensibilités esthétiques

Du début des années 60 au milieu des années 80, une dizaine de tendances coiffées d'appellations distinctives se partagent l'espace théorique de la littérature haïtienne. Ce sont dans l'ordre chronologique :

- 1960 : **Samba**.
- 1960 : **Régénération du Nord-Ouest d'Haïti** d'où sortiront trois des intellectuels les plus doués de leur génération : Dieudonné Fardin, Hérard Jadotte et le poète-romancier Cauvin Paul.
- 1961 : **Haïti Littéraire**, qui remplace Samba peu après la création de ce dernier, est certainement le plus célèbre mouvement littéraire de l'ère des Duvalier. Autour des cinq poètes, Anthony Phelps, Villard Denis (Davertige), Serge Legagneur, René Philoctète et Roland Morisseau, par qui « les grands moments du groupe [...] ont [...] été vécus et dynamisés », pour reprendre les paroles prononcées par Phelps à une conférence en 2000 à l'Ambassade d'Haïti à Washington, gravitaient d'importants satellites (ce mot est encore de Phelps) comme Réginald Crosley, Bérard Sénatus, Raymond Jean-François, Jean-Richard Laforest, Wooley Henriquez, Frank Etienne, Emile Ollivier, Jacqueline Beaugé et Jeanine Tavernier. Sans oublier Auguste Thénor qui, lui, a fait partie du noyau central mais a bien vite laissé tomber le groupe pour se consacrer à plein temps à ses activités de syndicaliste.
- 1961 : **Hounguénikon**, fondé par Gérard Campfort, rassemblait une belle collection de poètes dont Jean Max Calvin, Serge Baguidy-Gilbert et Jacqueline Beaugé (oui, elle encore !).
- 1964 : **Merdisme** de Francis Séjour-Magloire, auquel s'associent Jean Merdalor et Margareth Lizaire.
- 1965 : **Spiralisme**, dominé par trois noms proéminents : Frankétienne, René Philoctète (un rescapé d'Haïti Littéraire) et Jean-Claude Fignolé. Notons que c'est en 1968 que Christophe Charles fait débuter le mouvement,[13] tandis que Raymond Philoctète retiendra l'année 1965 (xxiv).

---

[13] *Anthologie de la nouvelle poésie haïtienne d'expression française*, 14.

- 1973 : **Pluréalisme** de Gérard Dougé.
- 1974 : **Cénacle de la revue des Écoliers,** rassemblé autour de Christophe Charles, l'aîné, le professeur de lettres, poète lui aussi à part entière, qui dynamisera l'énergie créatrice des tout jeunes auteurs des divers groupements de la fin des années 70 et du début des années 80.
- 1977 : **Mulâtrisme culturel** d'Adyjeangardy.
- 1979 : **Surpluréalisme** d'Alix Damour et des deux frères Nelson connus en littérature comme Saint-John et Saint-Valentin Kauss.

La plupart des écrivains n'appartiennent officiellement à aucune chapelle littéraire. Officiellement, disons-nous. En réalité, la place étant si exiguë, il leur serait impossible de ne pas savoir ce qui se passait autour d'eux et partant de demeurer imperméables à l'influence de ces dites écoles. A l'intérieur même de ces dernières, la cohésion doctrinale reste floue si bien que les adhérents pourraient émigrer d'un groupe à l'autre (et certains le feront) sans se renier, sans avoir à abjurer leurs convictions esthétiques.

Ce qu'il convient de retenir en fin de compte, c'est le caractère éclectique de la production littéraire de l'époque où, sauf dans des cas particuliers, l'écriture va confusément s'irriguer à tous les courants du signifiant et du signifié. On est à la fois, et souvent en même temps, sensible et insensible à la question politique, on rend hommage en même temps à Eros et à la révolution socialiste (et ce n'est pas de René Depestre qu'il s'agit ici, comme l'association des termes doit le faire penser), on est religieux et voltairien, indigéniste et universaliste, sérieux et plaisant, calme et agressif, enfin la gamme de l'inspiration épuisée à satiété. Et, pour orchestrer la remarquable variété thématique du discours, une variété non moins remarquable du cadre esthétique : on passe du formel à l'informel, du langage construit au langage déconstruit, de l'Automatisme à l'Atticisme, du Classicisme au Surréalisme, du vers rimé au vers libre, enfin du Traditionalisme au Modernisme le plus avancé. Une densité imposante à tous les niveaux de l'écriture. Il n'est pas jusqu'aux protagonistes des théories esthétiques qui ne s'arrangent pour conserver leur indépendance vis-à-vis de ces mêmes théories. D'ailleurs, rares sont les groupes (comme le Spiralisme, le Pluréalisme et le Surpluréalisme) qui se donneront le nom d'école, pensant peut-être, et à tort, que le concept implique l'adhésion à des principes monolithiques. A l'intérieur de ces associations le libre penser comme le libre agir demeure de rigueur. Saint-John Kauss, par exemple, est aussi différent d'Alix Damour, son partenaire surpluréaliste que l'est Legagneur de Morisseau ou de Phelps, ses partenaires d'Haïti Littéraire. Et, parmi les spiralistes, Philoctète est loin de ressembler à Franketienne, et celui-ci à Fignolé.

Sur le plan individuel, l'inspiration très souvent (car il existe des exceptions) exhibe différents visages, non pas selon la succession des œuvres dans le temps d'une maturation enrichissante, comme il arrive normalement, mais simultanément, d'un recueil à l'autre quand ce n'est pas d'un poème à l'autre ; elle doit creuser sa voie au confluent d'un faisceau d'influences qui se complètent les unes les autres, ou pas du tout, ce qui importe peu, car la beauté des textes de qualité ne s'en trouve nullement affectée. Tout au contraire, d'aucuns trouveront ce phénomène de dédoublement tout à fait fascinant. C'est l'écriture recouvrant et exerçant sa pleine liberté, faisant sauter les garde-fous du bon sens et de l'usage et permettant enfin à l'écrivain d'exprimer ses phantasmes selon le rythme de ses émotions. Enfin, c'est comme si l'imaginaire collectif, jaillissant de son labyrinthe parmi la confusion de pensées et de sentiments que la dictature faisait régner dans le pays, refusait carrément de se laisser enfermer à l'intérieur d'un cadre quel qu'il soit qui s'avérerait trop étroit pour lui permettre de témoigner, par la plume de chaque auteur, de ses hantises plurielles. On est pressé de dire ce que l'on a à dire et comme cela vient à l'esprit car, sous le régime du macoutisme, la certitude du lendemain n'est pas garantie à l'existence. De plus, un grand nombre de ces écrivains se trouvaient dans leur prime jeunesse, étant en fait à peine sortis de l'adolescence. Ils étaient pour la plupart intelligents, remplis de vitalité créatrice mais aussi, cela ne devrait pas étonner, de lacunes au niveau de leur formation littéraire. Certains ont continué à écrire et aujourd'hui ont pignon sur rue comme poètes et/ou romanciers, critiques littéraires ou journalistes, mais d'autres ne portaient en eux qu'un seul recueil, un seul poème. Ils y ont mis d'une seule coulée tout ce qui bouillonnait en eux : angoisses existentielles, rêves de volupté, révolte, amour de la patrie, aspirations à l'universel, etc., et puis, comme Rimbaud et Davertige ont pris congé de l'écriture sans se donner la peine de dire adieu, « le logos [s'étant] réfugié dans le mutisme de la pierre », ajouterait le Phelps de *Mon pays que voici*.

Questionner la diversité des doctrines

Dans quelle mesure ces doctrines littéraires se distinguent-elles vraiment l'une de l'autre et par quoi ? En littérature, une idéologie littéraire apparaît normalement sur la scène lorsque l'âge et les avatars de la conjoncture signalent à celle qui l'a précédée qu'il est temps de vider les lieux. Il s'agit généralement entre les deux non d'un recoupement mais d'une remise en question du discours esthétique quand ce n'est pas tout simplement d'une guerre de succession ouvertement déclarée. Or, dans l'Haïti qui fait l'objet de ces réflexions, ce n'est pas tout à fait ce qui se passe. Les regroupements se constituent rapidement et disparaissent non moins rapidement, sans laisser au temps le temps de dresser de vraies balises entre eux, nous donnant ainsi l'impression d'avoir affaire à une fécondité doctrinale artificielle, comme si c'était souvent les mêmes qui réapparaissaient sous de nouveaux noms de baptême. Impression d'encombrement que vient renforcer la réalité du terrain : Haïti est un tout petit pays et, scandale dont on ne sait quand le pays sera enfin exorcisé, l'espace est encore bien plus petit qu'y occupe l'intelligentsia, destinateurs et destinataires des projets d'écriture. De surcroît, le fondement doctrinal d'un grand nombre de ces chapelles est loin de rassurer par sa consistance, soit que leurs tenants, à peine sortis du lycée, se soient révélés incapables, faute de bagages intellectuels adéquats, de concevoir, d'étoffer et de présenter leurs idées avec l'assurance de penseurs chevronnés de la stature d'un Frankétienne ou d'un Jean-Claude Fignolé, soit que l'option doctrinale elle-même n'ait guère de raisons à offrir pour légitimer sa présence et conséquemment susciter l'intérêt de la critique.

Le Mulâtrisme culturel est à percevoir sous cette double réserve. L'intention de ses fondateurs qui est, comme dirait Price-Mars, « de relever aux yeux du peuple haïtien la valeur de son folklore »,[14] en l'occurrence de son langage, est certes digne de considération, comme l'est toujours du reste toute initiative visant à affranchir les peuples des séquelles de leur mentalité de colonisés. Cependant, on ne peut pas se présenter sur la scène avec un bagage théorique vieux de plus d'un siècle et demi, sans même se donner la peine de lui masquer les rides, et espérer s'en sortir avec l'approbation de la critique et des lecteurs.

---

[14] Price-Mars, Jean, *Ainsi Parla l'Oncle*, Ottawa, Les Editions Leméac, 1973 (réédition), 43.

Dans une entrevue accordée en janvier 1978 à Georges Marx Ulcéna, Adyjeangardy proclame l'avènement en Haïti, sous son impulsion, « d'un langage sans turlututu »,[15] c'est-à-dire un langage sans « aucune prétention bénézouelle » (9) et qui par conséquent n'hésite pas à introduire des expressions créoles dans le flux de la phrase française pour retrouver la spontanéité d'un parler proprement haïtien. Il faut « vaincre le copiage malfrézé des grands-pères inconscients » (10), conclut-il. Justin Lhérisson n'a pas fait autre chose dans ses audiences (*La famille des Pitite-Caille* et *Zoune chez sa ninninne*), au début du XXe siècle. Et tant d'autres après lui.

Nous ne pouvons pas, faute d'espace, décrire ici en profondeur les différentes doctrines littéraires qui ont encadré l'écriture durant la dictature des Duvalier ; le plus que nous puissions faire est d'en montrer les grandes lignes avec pour objectif de faire comprendre le rôle essentiel que joue le contexte politique quand il s'agit d'établir leur degré d'originalité. Nos remarques à ce sujet se concentreront principalement sur Haïti Littéraire, le Spiralisme, le Pluréalisme et le Surpluréalisme, ceci pour aller plus vite et aussi parce que ces quatre courants s'inscrivent chacun à l'intérieur d'un corpus doctrinal plus ou moins cohérent qui absorberait facilement les autres tendances. Pourquoi en effet le groupe Hounguénikon n'avait-il pas fait alliance avec Haïti Littéraire ? Entre les deux il n'est guère facile de trouver une véritable démarcation théorique malgré l'appellation folklorique de celui-là, et en dépit de l'attachement de Gérard Campfort, le fondateur de ce groupe, à un formalisme vieillissant, voire dépassé, dont les poètes d'Haïti Littéraire tenaient absolument à affranchir leur écriture. Tribalisme ? Mentalité de quartier ? Ou clivage socioculturel ? En tout cas, d'après Max Dominique, ce serait Haïti Littéraire qui « voue[rait] […] un mépris souverain au groupe parallèle, Hounguénikon ».[16]

Les tenants des quatre tendances, dont nous nous proposons de dessiner le profil, prétendent tous avoir rompu avec la thématique de la littérature pré-duvaliérienne. Et cette rupture, ils l'auraient réalisée en se mettant résolument dans la mouvance du modernisme international mais non sans s'armer de la ferme détermination de protéger leur héritage d'Haïtiens. Equilibre difficile à maintenir pendant longtemps,

---

[15] Voir *Revue des écoliers* (revue mensuelle interscolaire – fondée le 18 nov. 1974), Port-au-Prince, Janvier 78, 8.

[16] Dominique, Max, *Esquisses critiques*, Montréal, Editions du CIDIHCA, 1999, 114.

cela va sans dire. Voyons donc s'ils seront capables de tenir ce double pari tout en se ménageant chacun pour soi un espace d'originalité.

Haïti Littéraire

Les poètes de ce groupe prônent en 1961 un ensemble de refus dont celui de la Négritude. Dans son poème « Père Caraïbe », Phelps osera déclarer : « [J]e ne me ressens point fils de l'Afrique ».[17] Quant au poème au contenu purement politique, il est dédaigneusement relégué au rang de « poésie-slogan », de « poème procès-verbal », c'est-à-dire, explique Phelps, « qui ne va pas au-delà d'une certaine réalité brute, première et en fin de compte qui ne rencontre pas la Poésie ».[18]

Qu'est-ce que c'est que cette Poésie avec P majuscule ? Cela consiste — et c'est le volet positif du discours esthétique — à ne concevoir le poème que trônant sur un piédestal, l'exigence fondamentale étant : faire beau, absolument beau. Par cette formule baudelairienne, les poètes n'entendent certes pas se confiner dans l'esthétique passéiste de l'art pour l'art. Effectivement, il n'existe rien de parnassien chez Legagneur et ses camarades d'Haïti Littéraire dont le penchant pour le lyrisme va à l'encontre du principe même sur lequel a été fondé le Parnasse. De plus, l'expérience du Surréalisme, qui n'a pas eu de scrupule à faire un bon bout de chemin associé avec le communisme, doit mettre en garde contre la tentation de taxer de désengagement toute écriture qui s'écarterait de l'observation de la réalité tangible. Pour ces écrivains, il s'agit plutôt, par cette profession de foi, de manifester leur dégoût du médiocre. Sans donner dans le piège de l'attifement, ils entendent que leur poésie soit toujours parée de ses plus beaux ornements. Ce principe admis, chacun est alors libre d'aller son petit bonhomme de chemin poétique, butinant à satiété dans la rose des vents que l'inspiration fait éclore sous leur pas. Ainsi Phelps choisit de ne pas faire la sourde oreille aux sollicitations de sa conscience politique tandis que d'autres de son groupe favorisent un langage vaguement allusif et, de préférence, marqué au coin de

---

[17] *La Bélière caraïbe*, Montréal, Editions Nouvelle Optique, 1980, 90. Voir aussi la conférence de Phelps, intitulée « Littérature négro-africaine d'Amérique : mythe ou réalité ? », conférence prononcée à Padoue (Italie) en 1983 et publiée dans le numéro 24 (juillet/août 1983) de *Collectif Paroles*, 16-19, 23.
[18] Conférence prononcée en 1983 à l'Université du Vermont, document inédit.

l'évasion quand ce n'est pas de l'hermétisme pur. Du point de vue du contexte esthétique, l'écriture d'Haïti Littéraire ne semble pas aller plus loin que les prescrits du *Manifeste du surréalisme* de Breton, auxquels on ajoutera l'influence de Paul Valéry et de Saint-John Perse, ce qui va s'avérer de moins en moins concevable au cours des années 60.

Spiralisme, Pluréalisme, Surpluréalisme

Si le Spiralisme n'a pas produit de manifeste formel, contrairement aux deux courants littéraires qui le suivent, les idées de ses tenants sur leur esthétique ont connu une large diffusion grâce aux nombreuses entrevues qu'ils ont accordées à des chercheurs ou aux études publiées à leur sujet, parmi lesquelles nous mentionnerons les *Dix nouveaux poètes et écrivains haïtiens*[19] de Christophe Charles et la *Poésie vivante d'Haïti*[20] de Silvio Baridon et Raymond Philoctète, sans oublier les deux maîtres ouvrages théoriques de Jean-Claude Fignolé lui-même, *Sur* Gouverneurs de la rosée, *hypothèses de travail dans une perspective spiraliste*[21] et *Vœu de voyage et intention romanesque.*[22] Les pluréalistes et les surpluréalistes ont eux aussi revendiqué le statut d'école pour leur groupe avec la consignation de leur conception de l'écriture dans un document spécifiquement dénommé *manifeste*. La tentation est donc grande d'observer simultanément ces trois parcours esthétiques d'autant plus que leurs objectifs comportent plus de similarités que de différences.

Soulignons-le en passant, la notion d'école littéraire n'implique pas forcément un large rassemblement d'adhérents réunis sous un parapluie conceptuel ponctué de prescriptions plus ou moins dogmatiques. La première moitié du XXe siècle français a connu, elle aussi, sa théorie d'écoles éphémères. Il ne faut donc pas succomber à la tentation de tourner en dérision l'initiative de ces écrivains haïtiens. Il est vrai que ces écoles ont eu de la difficulté à recruter des adhérents. Trois spiralistes depuis plus de trois décades, une poignée d'à peine

---

[19] Miméographié, sans nom d'éditeur, Port-au-Prince, Collection UNHTI, 1974, 47-62, 101-102.
[20] Baridon, Sylvio F., and Raymond Philoctète, *Poésie vivante d'Haïti*, Paris, Les Lettres Nouvelles – Maurice Nadeau, 1978, 20-24.
[21] *Sur* Gouverneurs de la rosée, *hypothèses de travail dans une perspective spiraliste*, Port-au-Prince, Les Editions Fardin, 1974.
[22] *Vœu de voyage et intention romanesque*, Port-au-Prince, Les Editions Fardin, 1978.

trois ou quatre surpluréalistes ayant survécu au passage du temps, un seul pluréaliste attitré, ce n'est vraiment pas le gros lot. Étant donné ce handicap du nombre (si c'en est un !) qui suggère en corollaire que ces derniers n'ont pas su exercer une influence réelle sur la littérature de leur génération, on les prendrait plutôt pour des membres de petits clans inaccessibles, d'entités marginales, n'était la pertinence du discours esthétique et son adéquation par rapport à la conjoncture nationale ; n'était aussi le prestige des auteurs, l'indiscutable qualité de leurs publications. Effectivement, l'appellation d'école est justifiée ici, quitte à conclure, usant sans malice d'un jeu de mot, qu'il s'agit là d'écoles qui ne font guère école.

On doit regretter que Haïti Littéraire ait eu quant à elle des réserves sur ce point. Osons croire que sa méfiance ne lui a pas été insufflée par cette stupide déclaration de Delacroix, à savoir que « [l]es écoles, les coteries ne sont autre chose que des associations de médiocrités pour se garantir mutuellement un semblant de renommée qui à la vérité est de courte durée mais qui fait traverser la vie agréablement », [23] et que c'est par pur dandysme de l'esprit qu'elle a choisi de ne pas nommer comme il fallait ce mouvement unique où littérature et art, marchant la main dans la main, offrait à la créativité haïtienne la chance de briser le cercle de la routine en l'impulsant d'une dynamique conjuguée. L'histoire d'Haïti Littéraire est en effet inséparable de celle des Galeries Brochette et Calfou, deux balises de la peinture haïtienne à l'un de ses moments les plus productifs. Qu'on imagine alors ce que cette alliance aurait apporté aux deux arts si elle avait duré ! si les artistes et les poètes en question n'avaient pas été forcés de partir en exil ! Une place pour elle au mausolée des victimes du duvaliérisme !

A part quelques nuances plus ou moins négligeables sur le plan théorique et les particularités inhérentes au tempérament des individus — nous parlons d'un temps très long, près de trois décades, et les clivages générationnels sont tout à fait naturels — Spiralisme, Pluréalisme et Surpluréalisme n'ont aucune peine à se reconnaître l'un dans l'autre. On embrasse unanimement le Surréalisme avec enthousiasme et, ajoute Dougé, une piété « filiale ». A noter que c'est de là que ce dernier a tiré le nom de son école. Écoutons-le

---

[23] Delacroix, *Correspondance générale*, tome 3, Paris, Editions Plon, postée sur l'internet au http://membres.lycos.fr/jeca/biblio2.html sous le titre « Extraits choisis de livres proposés dans la bibliographie », 1.

s'expliquer : « Nous pensons [...] au mot 'Pluréalisme', toujours en référence filiale au Surréalisme. Pluréel parce que l'art atteindrait plus profondément le réel et la vie, par suite de la conjugaison de plusieurs sens ».[24]

Mais on ne s'arrête pas là. Allant bien plus loin que l'Haïti Littéraire de 1961, comme le temps le prescrivait alors (et disons-le tout de suite, comme Phelps et Legagneur feront eux aussi à ce moment-là), on place au seuil de la création littéraire la quête tous azimuts du langage. Alix Damour et Saint-John Kauss se promettent, dès les premières lignes du manifeste du Surpluréalisme (« *sur* » parce qu'ils prétendent aller encore plus loin que Dougé dans les profondeurs du réel), de s'attaquer inlassablement à « la question brûlante du langage ». « Pour nous [spiralistes, déclare Frankétienne de son côté], il ne s'agit guère d'inventer, ni de créer (l'écrivain ne peut pas se substituer à Dieu), mais d'agencer librement des éléments du langage en vue de la constitution du texte » (52). Flaubert a dû se retourner mille fois dans sa tombe en entendant dire, et de surcroît par un écrivain qui est à la fois poète et romancier, que les créateurs que sont par essence le poète et le romancier ne sont plus autorisés à exercer leurs prérogatives de démiurges !

Donc, écrire c'est avant tout maîtriser les complexités et les secrets du langage, principe et fin de l'écriture, après en avoir exploré « [l]es structures profondes »,[25] ce en vue de parvenir à une représentation optimale des idées, des sentiments et de tous les phantasmes qui jalonnent l'imaginaire. Imaginaire de l'auteur recoupant celui du lecteur et vice versa car entre les deux il existe une sorte d'osmose : l'un se retrouve dans l'autre, l'un féconde l'autre, capables tous deux de co-exister à l'œuvre où ils se découvrent, ou plutôt se redécouvrent, dans le prolongement mythique de leur être. René Philoctète inscrit cette exhortation en première page de son recueil *Herbes Folles* : « Lecteurs, achevez mon livre / et votre âme ».[26] Tous mettent l'accent sur l'unicité de cette relation triangulaire : auteur-livre-lecteur. Que le lecteur s'en doute ou non, il existe entre lui et l'écrivain, par la médiation du livre, un espace de communion, de convergence identitaire. « Hélas ! quand je vous parle de moi, je vous parle de vous. Comment ne le sentez-vous

---

[24] Voir *Dix Nouveaux poètes et écrivains haïtiens*, 44.
[25] *Poésie vivante d'Haiti*, 20.
[26] Philoctète, René, *Herbes folles*, Port-au-Prince, Nouvelle Collection « Haïti Littéraire », Cahier N° 2, in « Pour un avant-propos », 1.

pas ? Ah ! insensé, qui crois que je ne suis pas toi ! »,[27] proclamait Victor
Hugo déjà en 1856 dans la préface des *Contemplations*. La lecture a pour
vocation de dessiner au devant du lecteur un paysage familier en l'initiant
au secret de s'approprier l'univers de l'autre du fond de son inconscient.
Et si d'aventure l'image projetée sur ce miroir semble ne pas s'accorder
avec votre état d'âme, c'est tout simplement qu'elle a jailli de cet espace
d'ombre que chacun recèle en soi et que le livre a justement pour mission
d'éclairer comme une lanterne. Proust ne dit pas autre chose quand il
déclare dans *Le temps retrouvé* : « L'écrivain ne dit que par une habitude
prise dans le langage insincère des préfaces et des dédicaces, 'mon
lecteur'. En réalité, chaque lecteur est, quand il lit, le propre lecteur de
soi-même. L'ouvrage de l'écrivain n'est qu'une espèce d'instrument
optique qu'il offre au lecteur afin de lui permettre de discerner ce que,
sans le livre, il n'eût peut-être pas vu en soi-même ».[28]

Or, comme c'est une opération qui se déroule essentiellement
dans « l'obscurité de [l]a conscience »,[29] comme aime le rappeler Jean-
Claude Fignolé, il arrive que la communication subisse de sérieux ratés.
La ligne droite n'existe pas ; on ne peut arpenter la spirale de la réalité
qu'en suivant à l'infini l'interminable déroulement de ses spires.
« L'œuvre d'art authentique, » dit Frankétienne, « véhicule un message
en partie ambigu, une pluralité de signifiés coexistant en un seul
signifiant ».[30] Ce qui requiert la mise en œuvre d'« une écriture en
perpétuel éclatement » (51).

Cela étant, il nous sera demandé d'accepter l'hermétisme comme
une fatalité de l'écriture. Pour le spiraliste particulièrement, toute
démarche est bonne qui vise à déstabiliser la structure du syntagme,
accélérant ainsi le procès de déconstruction du langage. Si l'on peut
justement se plaindre des crocs-en-jambe de la prose de Fignolé ou du
vers de Saint-John Kauss, que dire alors de l'impitoyable agression de
l'écriture de Frankétienne ? « J'ai fait l'expérience de la désarticulation du
langage, ce qui en partie a dérouté pas mal de mes lecteurs » (50), confie
le célèbre écrivain à propos de son roman *Mûr à crever*. En partie ! Ah, la
merveilleuse litote ! L'accessibilité des ouvrages de Frankétienne se fait
de plus en plus ardue. Combien de lecteurs ont eu le courage d'aller

---

[27] *Les Contemplations*, Paris, Librairie Larousse, Collection Classiques Larousse, 1949,
17.
[28] *Le temps retrouvé*, 70.
[29] *Vœu de voyage et intention romanesque*, 13.
[30] *Dix nouveaux poètes et écrivains haïtiens*, 101.

jusqu'à la trentième page de *L'Oiseau schizophone* ou de *L'Amérique saigne*, deux livres très volumineux ? Il serait intéressant de le savoir. Du reste, nous faisons cette remarque tout en sachant bien que l'esthétique spiraliste autorise le lecteur à prendre possession du livre dans l'ordre (ou plutôt le désordre) qu'il juge convenable pour lui, au hasard de la page lui tombant sous les yeux. C'est que Frankétienne écrit dans un langage d'une densité d'autant plus vertigineuse qu'il défie, on dirait à cœur joie, tout ce que l'on sait du sens de la mesure. Il n'hésite pas, pour atteindre les horizons « schizophones » de l'être, à s'inventer un véhicule langagier capable d'atterrir au cœur, sinon bien au-delà, du Verbe alchimique.

De Montréal, Jean-Richard Laforest semblait pendant un temps vouloir engager sa poésie sur la même pente de déraison mais, après avoir laissé à son « Aux champs pour Messédé »[31] et, dans une moindre mesure, à son *Le divan des alternances* (1978), liberté pleine et entière d'explorer l'hermétisme jusqu'à son point le plus élevé, il n'a pas tardé à repasser la longe au cou de son écriture tout en lui laissant assez d'espace pour étaler la luxuriance de son arsenal langagier. Avec *Poèmes de la Terre pénible* (1998), on pourrait même dire en effet que Laforest est désormais parvenu, en tant que poète, à cette période de sa vie où le besoin se fait sentir, après — sinon parce — qu'il a longtemps vécu en marge du conformisme, de rassurer la postérité sur l'éthique de ses options esthétiques et idéologiques, et très certainement sur la pérennité de ses qualités de créateur. Le coup a pour sûr réussi.

Centrale, prioritaire : la question du langage l'est, mais elle n'occulte pas l'importance d'autres valeurs mises en relief dans le discours esthétique des trois écoles. Par exemple, Dougé, à qui Kauss et Damour donneront l'accord explicite du Surpluréalisme, énoncera sa théorie sur le « collage » des sensations et le mariage des arts figuratifs et plastiques. « Toute œuvre est incomplète [affirme le fondateur du Pluréalisme] si elle n'est que littéraire, ou que picturale, ou que musicale, car seule, elle ne parvient à frapper directement qu'une seule faculté ou qu'un seul sens à la fois chez l'homme ».[32] Cet art poétique ne s'écarte guère de la notion, chère aux spiralistes, que l'univers est un lieu pluriel. La spirale en effet n'est-ce pas le mouvement en zigzags vers un terme inexistant parce que perdu dans l'espace multidimensionnel de la psyché comme de l'écriture ?

---

[31] Voir *Nouvelle Optique*, Vol. 1, N° 4, Octobre-décembre 1971, 97-118.
[32] *Dix nouveaux poètes et écrivains haïtiens*, 44.

Ce n'est pas la peine de s'attarder à en démontrer l'évidence : aucune de ces théories n'a été inventée en Haïti, même si Dougé croit ne rien devoir, lui, à personne. « Je n'ai voulu ressembler à personne », déclare le poète, « [J]e romps formellement avec toute la poésie traditionnelle. Je repousse les images fanées, les constructions surannées et les clichés d'antan » (37, 40). Or le collage figure avec proéminence dans les théories d'art depuis le tout début du XXe siècle. Les surréalistes qui s'amusaient à pratiquer le collage des consciences élargissaient souvent leur espace de créativité, reposant, comme on le sait, sur l'automatisme de l'écriture, en joignant concrètement à l'expérience de leur plume celle du pinceau des artistes cubistes et surréalistes comme Picasso. En étendant un peu l'empan du phénomène, mais sans vraiment faire d'effort, on pourrait évoquer aussi l'exemple des *Calligrammes* (1918) de Guillaume Apollinaire, l'un des artisans les plus notoires du renouveau de l'art au seuil du XXe siècle. Quant à la relation triangulaire auteur-écriture-lecteur, nous renvoyons à la citation de Proust mentionnée tout à l'heure. En bref, nos théoriciens ne jurent que par les thèses des structuralistes et des sémioticiens, la presque totalité desquelles venant de l'Hexagone. Leurs lectures portent les signatures de Barthes, de Kristeva, de Sollers, de Ricardou, du groupe *Tel Quel*, de Lévy-Brulh, de Michel Butor, de Claude Simon, etc., auxquelles il faut ajouter, il va sans dire, celles de Rimbaud, de Lautréamont et des surréalistes en général. Par décence, sinon par dilettantisme, on ne saurait évidemment ignorer Beckett, encore moins Valéry, Kafka, Joyce et Saint-John Perse. Il est surprenant qu'à l'exception de Phelps et de René Philoctète, aucun d'eux n'ait, à notre connaissance, jamais mentionné le nom de l'Américain Dos Passos.

Lourd bagage dont on se demande quelquefois si à l'enthousiasme qu'il générait il ajoutait le sentiment d'un véritable confort intellectuel. Tout naturellement, c'est René Philoctète, le moins obscur des spiralistes, qui presse sur le bouton d'alarme : « Les discussions des maîtres de la modernité théorique ... m'ont souvent troublé, à la limite désorienté. Trop de mises au point s'entrechoquant, se contredisant. Trop de plans, de structures, de schémas proposés aux auteurs au point que j'arrive à me demander si l'acte d'écrire (dans ces conditions) ne ressortit pas à des formules, n'obéit pas à des systèmes ».[33] Est-ce la destinée de l'écriture du tiers monde de ne

---

[33] « René Philoctète par lui-même », entrevue avec Roland Thadal dans l'hebdomadaire new yorkais *Haïti Progrès*, 8, 14 juin 1988, 24-25.

jamais pouvoir s'élever au niveau de l'universel sans, à son corps défendant, revêtir la livrée de l'eurocentrisme ?

En quête d'un espace d'originalité

L'insistance des écrivains haïtiens de cette génération à sauvegarder leur authenticité identitaire montre qu'ils étaient conscients du danger d'assimilation qui les menaçait. Une autre forme d'assimilation que celle dénoncée par l'Oncle en 1928, car il ne s'agissait plus de bovarysme culturel (on a fait du chemin depuis !) mais de soumission servile de l'écriture au carcan des théories occidentales.

Pour obvier à cela, on décide, si l'on ne peut pas contrôler la nature du signifiant, étant membres à part entière de la communauté intellectuelle mondiale, de tout faire pour récupérer le signifié. Le discours puisera sa matière dans la réalité du vécu, fidèle aux responsabilités qui lui incombent en tant que produit du sud dans un monde subjugué par le nord et rongé à l'intérieur par l'oppression politique et les intolérables privations économiques. Derrière les acrobaties de la syntaxe, on sent clairement la détermination de l'écrivain de ne pas laisser l'écriture dériver dans un formalisme suffisant, sans ouverture sur la vie telle qu'il la voit se dérouler sous ses yeux. C'est ce souci qui a porté le poète Saint-John Kauss à bannir l'automatisme de son écriture à laquelle il tient à garder, paradoxe qui ne semble pas le déranger, une allure essentiellement surréaliste. Réagissant au dessein du Nouveau Roman de chosifier l'humain, Fignolé propose, lui, « de tourner l'univers de Robbe-Grillet, celui des hommes parmi les objets, pour s'imposer le nôtre, celui des objets parmi les hommes. Des objets qui sont des hommes. Pis : des hommes réduits à l'état de zombis ».[34]

Il y a assurément une relation de cause à effet entre la situation du pays sous les Duvalier et la sommation de l'engagement chez Frankétienne, comme si, par un réflexe d'autodéfense, il se sentait condamné à ne jamais enlever le doigt sur la gâchette. C'est pareil, à des degrés divers, pour la plupart de ses collègues de l'intérieur comme de l'extérieur des écoles littéraires. On revendique pour soi, pour ses compatriotes, mais aussi, comme du temps des effervescences du

---

[34] *Vœu de voyage et intention romanesque*, 14.

Réalisme socialiste, pour les autres, d'où qu'ils viennent, quels qu'ils soient, qui vivent dans des conditions similaires aux siennes. C'est ainsi que Saint-John Kauss se sent contraint de réclamer, comme partie intégrante de l'humanité de ses *Territoires* poétiques :

> l'enfant éclopé qui s'éveille   enfants de Sarajevo de Gorée de Burundi
> de Pearl Harbour de la Papouasie et de la Mauritanie   enfants
> moscovites à la cueillette de souvenirs   enfants yéménites... [35]

Enfin, l'homme perçu au prisme de l'imaginaire de ces poètes, compatriotes d'Haïti ou de n'importe quel autre « Territoire » de la misère, se veut une promesse de vie à faire jaillir du miracle de l'écriture. La tâche est énorme, peut-être au-dessus des moyens dont dispose cette dernière ; ou sans doute incompatible avec sa finalité. Le Surpluréalisme s'est peut-être colleté plus intimement que les autres écoles avec ce dilemme pour avoir fait de la libération de l'homme des goulags du XXe siècle la pierre angulaire de sa philosophie de l'engagement. Son manifeste en effet mentionne à plusieurs reprises la présence obsédante au centre de l'espace surpluréaliste de l'homme surpluréaliste. L'homme identifié à l'art, passant de l'état d'objet à celui de sujet de l'art. L'homme et la poésie marchant la main dans la main. L'intention de Kauss est sans aucun doute de faire descendre le rêve de libération sur la terre pour permettre à la mansuétude du poète de conduire sur la voie de la rédemption tous ceux et celles que le désespoir accable. Utopique ? Réactualisation du vieux mythe romantique de George Sand ? La réalité suggère, certifie même, que le voyage ne peut se faire qu'en sens inverse : ce serait plutôt à la terre de monter rejoindre le rêve si elle pouvait au préalable se purger de ses macules. En *surpluréalisant* l'homme, Kauss l'investit du pouvoir de rêver le bonheur auquel il aspire sur terre ; il l'invite à prendre place à ses côtés dans la « Tour d'Ivoire » de sa poésie, arche-*ivre* merveilleusement conçue pour la traversée du déluge qui n'en finit pas de terroriser l'existence, mais où vraiment il n'y a de place que pour lui tout seul. En d'autres mots, il ne peut lui donner que l'illusion de la libération. Et ce n'est pas là un geste gratuit si c'est du Verbe que doit naître l'action de libérer.

C'est sans doute ce que Fignolé avait en tête quand il a proposé de n'assigner à l'œuvre d'art d'autre mission que celle d'accompagner

---

[35] Kauss, Saint-John, *Territoires*, Montréal, Humanitas, 1995, 105.

l'homme sur le chemin de son épanouissement, lui enjoignant du coup de garder une certaine distance par rapport à l'action. Pour « nous autres du Tiers-Monde », dit en effet le romancier spiraliste, « l'œuvre d'art, quelle qu'elle soit, devrait exalter le chant de notre naissance, l'ivresse de la vie nouvelle »[36] « Exalter » la vie en la peignant belle, réinventer la vie telle que le rêve la façonne, sans l'ombre d'aucun nuage à l'horizon, pour qu'elle devienne enfin et vraiment vivable (on croirait entendre Giono lui-même), que peut d'autre le Spiralisme, la tête fumant du rhum de la sémiologie, pris au piège merveilleux du *plaisir du texte*, que peut-il sinon accorder ses instruments pour accompagner musicalement la bataille pour la survie et, ce faisant, empêcher celle-ci de sombrer sans coup férir dans les tranchées du quotidien ? L'écriture, si elle avait une mission autre que de promouvoir les intérêts de l'écriture, ce serait justement cela.

Théorie et réalité

Si, durant le règne des Duvalier, les nuances sont tellement ténues qui distinguent l'écriture d'une école à l'autre ou d'un écrivain à l'autre, quelle raison alors, en dehors de la pulsion narcissique des ego, pourrait justifier un tel encombrement de l'espace théorique ? Simplement, l'interpellation de la *realpolitik*.

Il est clair que ce sont les articulations de la conjoncture qui dictaient le rythme et, jusqu'à un certain point, la nature des fluctuations des choix esthétiques. Comme tout ce qui se passait alors en Haïti, l'écriture, pour survivre, devait apprendre à s'adapter aux sautes d'humeur de la dictature. Et il ne faut pas s'attendre à ce qu'on joue le jeu carte sur table. En effet nul n'affichera ses couleurs, les opposants par instinct de survie, les sympathisants (car il en existait) par pudeur ou par peur d'être frappés d'ostracisme. Et puis, l'ambiguïté n'est-elle pas de mise dans l'esthétique du moderne ? Il n'est donc guère facile de cerner les tenants et les aboutissants d'un discours gardé à dessein en état perpétuel de marronnage, à moins de se servir des clés de l'Histoire. Sous cet éclairage, la démarcation entre les courants esthétiques de l'époque apparaîtra quelquefois moins ténue qu'on ne le croyait.

---

[36] *Poésie vivante d'Haïti*, 22.

Examinons la question à la lumière d'une synthèse autour de quatre moments que l'on peut à juste titre considérer comme des dates charnières de l'histoire de la dictature duvaliérienne : 1958, 1964, 1971 et 1980.

1958

La dictature s'affirme à visière levée. Le 29 juillet 1958, trois anciens officiers de l'Armée d'Haïti, qui vivaient en exil aux Etats-Unis, retournent clandestinement au pays, accompagnés d'un quarteron de mercenaires étrangers, et saisissent les Casernes Dessalines, bâtiment contigu au Palais National. On connaît la suite de l'histoire. L'échec de ce coup de force, le premier d'une longue série d'actions armées dirigées contre le régime du 22 septembre 1957, fournit à ce dernier l'occasion de révéler au monde sa nature totalitaire. Les cagoulards de Clément Barbot n'avaient plus à attendre la nuit pour aller perpétrer leurs crimes. Ils avaient désormais l'aval des institutions de l'État ayant été officiellement reconnus comme des *Volontaires de la Sécurité Nationale* (*tontons macoutes*, préfère les appeler le peuple par dérision) par un parlement-croupion. On opère maintenant en plein jour, sous le couvert de la légalité, et avec l'arrogance du pouvoir absolu.

Il n'est pas question, cela va de soi, de risquer sa tête en tentant le moindre acte de provocation envers un gouvernement qui a prouvé qu'il n'hésiterait pas à emprisonner et à exécuter quiconque oserait s'associer, de loin ou de près, à des actions qu'il juge séditieuses. Nul ne pouvait se permettre d'ignorer le sort qu'ont connu en prison les Serge Alfred, Hamilton Garoute, Roger Aubourg et Antonio Vieux, pour ne parler que de ces cas.

L'écriture alors, prenant peur, gagne le maquis. Ce n'est pas qu'elle ait perdu tout son réflexe de militant. Phelps, par exemple, publie *Eté* en 1960, un recueil de poèmes dont certaines pages entendent ne rien céder en fait de prosélytisme à la rhétorique révolutionnaire du *Minerai noir* de René Depestre. Trois ans plus tard, il renouvelle son allégeance au socialisme avec le « Poème de la montagne ». Ces deux actions auraient pu, à la rigueur par ricochet, être pris pour un pied de nez adressé au *Grand Protecteur de la Nation*, l'*Apôtre indomptable et farouche*[37] de l'anticommunisme, dont la machine de répression venait, en 1961, de procéder à la brutale exécution du dirigeant communiste, Jacques Stephen Alexis, homme de grand renom que beaucoup considèrent comme le plus grand romancier de sa génération et peut-être de toute la littérature haïtienne. Le traitement réservé à la Négritude charrie lui aussi la menace d'un danger potentiel : démasquée et vilipendée sous ses haillons duvaliéristes, elle sera cavalièrement clouée au pilori.

Mais ce n'est pas là le genre d'affront ayant le pouvoir de soulever l'ire du dictateur. Duvalier pouvait aisément prétendre retrouver l'écho de sa propre rhétorique dans le discours idéologique du « Poème de la montagne », en entendant le poète promettre monts et merveilles aux paysans dont nous savons qu'ils figurent avec proéminence dans le secteur de l'arrière-pays, déclaré par le pouvoir, sans preuve à l'appui, bastion du duvaliérisme. Ne parlons même pas de l'impossibilité de prendre au sérieux la généreuse naïveté du poète qui se présente soudainement devant les paysans, se proclame solennellement un des leurs, et, à ce titre, les implore de lui accorder l'insigne honneur de les conduire vers la terre promise. Quant à la Négritude, on est encore loin du temps où son rejet sera clairement présenté, comme le feront un jour Stanislas Adotévi et Max Dominique, comme un acte de défi flagrant au pouvoir de la petite bourgeoisie noire, autocratique et pilleuse, dont le duvaliérisme était alors le symbole en Haïti.

Néanmoins, par-delà toute autre interprétation, ce qu'il y a d'intéressant dans ces actes de bravade à la don Quichotte, c'est qu'ils mettent en branle la stratégie par laquelle l'écriture assumera son marronnage tout au long de la « période de la grande noirceur »[38] quand un simple « bougonnin »,[39] un simple murmure entre les dents, peut vous rendre passible de peines corporelles indicibles : « [s]ouflèt, zoklo, kanmin, kalòt », etc. Pas question alors d'engagement au corps à corps, mais on fera usage d'un langage sophistiqué, chef-d'œuvre de nuances allusives, protégé derrière son écran polysémique. Nul n'a su décrire mieux qu'Anthony Phelps cette tragédie de la parole muselée dans le pays-prison qu'était Haïti à l'âge d'or de la *papadocratie* :

---

[37] Appositions que le dictateur François Duvalier aimait voir placer près de son nom.

[38] Métaphore que Phelps aime utiliser pour stigmatiser l'ère duvaliérienne.

[39] Frankétienne, *Dézafi*, Port-au-Prince, Les Editions Fardin, 1975, (version en langue créole), 120.

> Le langage des yeux s'enrichit chaque jour
> un geste de la main dit plus long qu'un discours ...
> O mon Pays si triste est la saison
> qu'il est venu le temps de se parler par signes.[40]

Signes du langage au second degré dont, malgré leur apparente impénétrabilité, la population n'avait aucun mal à décrypter le code. Langage aussi, parfois, au troisième degré, d'un Davertige ou d'un Dougé par exemple, où le signifié semble défier le lecteur de lui trouver la moindre résonance sur la gamme sémiotique du paradigme de l'engagement[41]. Dans l'un et l'autre cas, on cherche à prendre du

---

[40] *Mon pays que voici*, 34.

[41] Reconnaissons-le toutefois : il est impossible que l'inspiration demeure absolument imperméable à l'influence des facteurs conjoncturels. Et quand cette conjoncture est capable d'engendrer une extrême polarisation des consciences, comme ce fut le cas durant la longue dictature des Duvalier, on ne peut échapper, qui que l'on soit, au besoin irrépressible et obsessionnel de se situer sans cesse par rapport à elle, pour mieux s'en protéger, sachant qu'elle peut vous immoler à tout moment à ses caprices. Bref, il n'est pas d'Haïtiens de cette génération dont la conscience n'ait été marquée par la brutalité de ce régime. Le vécu se déroulait donc sur un fond de frustrations aiguës dont les images allaient naturellement imprégner l'imaginaire. Par conséquent, Bernadette Carré Crosley a raison de souligner que Davertige, poète essentiellement surréaliste, n'était pas du tout déconnecté de la réalité qu'il abhorrait comme tout un chacun. Les références sur lesquelles elle étaie son assertion sont sinon nombreuses dans l'œuvre du poète du moins pertinentes. Là cependant où nous hésitons à la suivre, c'est quand elle essaie de faire passer ce dernier pour « un porte-parole de la classe des opprimés » (*Davertige, Poète haïtien, poète universel*, Paris, L'Harmattan, 2003, 70). Il y a des exclamations à saveur socialisante chez Davertige à côté de timides dénonciations de la répression duvaliérienne. Le poète se serait même trouvé en danger à Port-au-Prince à cause de ses prises de position anti-gouvernementales, si bien qu'il a dû chercher le salut dans l'exil. On le dit, mais il reste à vérifier la véracité du fait. Il ressort plutôt de la biographie du poète qu'il n'y avait rien, absolument rien de révolutionnaire en lui, comme du reste le reconnaît Crosley. Occupé toute sa vie à se chercher sans jamais pouvoir se retrouver parmi la confusion de ses pensées, n'arrivant pas à déterminer où se situer face à l'hostilité, également implacable, de « l'être » et du « non-être » — « Est-ce l'être ou le non-être qui les broie » (*Davertige, Anthologie secrète*, Montréal, Mémoire d'encrier, 2003, 85) — obsession de vide identitaire qui le harcèle constamment, il glisse petit à petit mais inévitablement sur la pente de la déraison jusqu'à ce que finalement le « non-être » l'emporte pour de bon sur l'« être ». Le danger pour la critique consisterait à aborder le discours de Davertige comme s'il s'agissait de quelque chose de cohérent, animé par une conscience bien imbue des tenants et aboutissants de la conjoncture du duvaliérisme et des confrontations idéologiques de l'époque. Quand ce poète déclare : « On a fait de moi ce que je ne suis pas » (85), à qui se réfère-t-il à travers l'impersonnalité du pronom « on » ? Ce n'est

champ par rapport à la réalité. *Présence* (1961) de Phelps indique clairement (et paradoxalement par rapport au titre) un désir de fuite à la recherche des paysages oniriques de l'ailleurs où la jouissance et des sens et de l'esprit fera oublier la géhenne existentielle. Il parlera alors d'un voyage dont, depuis plus d'un siècle, nous connaissions bien le fantastique itinéraire pour avoir vu Baudelaire filer vers le Grand Large en respirant voluptueusement le parfum de ses *Fleurs du mal*, et Rimbaud voguer sur son « Bateau ivre » en dévorant, le regard gonflé d'extase, « des lichens de soleil et des morves d'azur ». Et ce voyage, il en exprimera la soif et la faim avec le même élan que l'ont fait ses deux illustres prédécesseurs, et aussi en se servant presque des mêmes métaphores qu'eux, lors même que son projet à lui, moins ambitieux, n'aspire point à dépasser les confins de l'amour inspiré par la femme idéale, le « demi […] cercle […] retrouvé […] »[42] se soudant au sien « harmonieusement ». Écoutez :

> Et moi je dis qu'il faut tirer la chaîne
> et lever l'ancre et puis
> partir !
> [...]
> Il nous faut supprimer les troublantes amarres
> et partir cap à l'ouest à la recherche du décor ;
> car dans la nuit,
> j'ai suscité un monde à ma propre mesure
> où vivre m'est possible

Mentionnons, en passant, que la tentation du Grand Large, de même que les autres modulations du discours littéraire que nous allons succinctement cerner, continuera d'irriguer l'écriture jusqu'à la fin des années 70, soigneusement entretenue par l'épouvante *jean-claudiste*. « Ma maison est un nid enguirlandé de chimères »[43] (26), écrit Yves

---

pas forcément au démon du duvaliérisme mais, peut-être, à celui de son propre « moi », lequel il a rencontré sur sa route bien avant celui-là, dès le premier instant de sa prise de contact avec le monde, quand ce n'est pas à un âge antérieur à l'existence physique même de l'être, le non-être devenant tout simplement le « non-naître » (84).

[42] Phelps, Anthony, *Présence*, Port-au-Prince, Art Graphique Presse (Collection Haïti Littéraire), 1961, sans numéros de page. Il est important de noter que le poème porte la date de 1949 ; mais si le poète a choisi de le publier en 1961, au moment où la dictature de François Duvalier passait à sa vitesse de croisière, c'est sans doute qu'il y avait trouvé des correspondances certaines avec ses sentiments d'alors.

[43] Cette citation et les suivantes sont tirées de l'*Anthologie de la nouvelle poésie haïtienne* (les numéros de page entre parenthèses après la citation).

Antoine. Et Marie Claude Guichard évoquera ainsi le rêve d'une volupté aux accents profondément baudelairiens :

> J'ai 20 ans
> tout espoir est assassiné …
> Si je pouvais partir
> partir loin d'ici
> loin des affreux cauchemars …
> et goûter les spasmes de l'enfer
> Oh ! Je dissiperai ma chair
> Un beau matin dans une brume imperméable (165).

Une autre stratégie du langage allusif de l'époque consiste à donner une couverture de généralité au discours, lui demandant en quelque sorte de ne pas dire ce qu'en réalité on veut qu'il dise le plus fortement possible. Cette tactique universellement pratiquée au niveau de tous les genres littéraires de l'époque fait des écrivains de véritables marrons de la plume. De grâce, ce n'est pas au gouvernement des Duvalier que s'adresse la critique mais à tel autre gouvernement de la planète aux dirigeants altérés de sang, bourreaux de leurs peuples dont ils n'arrêtent pas de violer les droits humains fondamentaux. Toute ressemblance avec des personnes, des lieux et des événements appartenant à notre espace géographique et historique est purement accidentelle. L'auteur par conséquent décline toute responsabilité dans l'usage qu'en fait le lecteur. Cet avertissement que l'on retrouve au début de certains récits est d'ordinaire un petit jeu amusant auquel s'adonne l'écrivain, un stratagème habile destiné plus à attirer l'attention sur le récit en question qu'à se prémunir contre les représailles d'ennemis réels ou, le plus souvent, imaginaires. Ici, il s'agit d'une précaution de la plus haute importance à prendre et qui, de ce fait, se prend spontanément, sans qu'on ait besoin d'en aviser textuellement le lecteur. L'avertissement en effet, implicite, trône au sommet de toutes les pages, inscrit par une main invisible à une place où, comme on dit, même les aveugles ne pourraient pas ne pas le remarquer.

Parmi les guérilleros de ce que nous venons d'appeler *les marrons de la plume*, une place à part à l'auteur d'*Eté* (1960) et d'*Eclats de silence* (1962), aux romancières Marie-Thérèse Colimon-Hall et Paulette Poujol-Oriol, et enfin à des jeunes poètes de l'ère *jean-claudiste*, dont Christophe Philippe Charles et Marie Marcelle Ferjuste, mais la médaille d'or aux journalistes. Contraints de par leur profession à la pratique quotidienne de l'allusion, ce sont eux qui en ont porté la stratégie à son apogée.

Finalement, pour sortir de l'enfermement de cette réalité « Mac Abre »,[44] les ailes tutélaires de l'amour. Amour délicieux, course éternellement romantique vers le rêve de l'idéal féminin resplendissant dans sa tunique à la blancheur immaculée : l'amant construit un piédestal à l'amante sur les décombres du désir temporairement jugulé. Et c'est *Présence* de Phelps. Et c'est *Gladys* de Gérard Etienne. Et c'est *Margha* de René Philoctète, « Omabarigore » de Villard « Davertige » Denis, « Que tu sois la chose immaculée » de Réginald O. Crosley. Cependant, le désir, qui du reste folâtrait allègrement à l'époque dans la poésie d'une Jeanine Tavernier, ne restera pas longtemps emprisonné. Eclos dans un milieu qui ne reconnaissait pas encore à la libido le droit de se déshabiller en public, il n'aura certes pas l'occasion d'expérimenter la volupté au degré de fusion du « géolibertinage » de l'auteur d'*Hadriana dans tous mes rêves* ou du dévergondage de Dany Laferrière, mais il fera clairement comprendre que, pour lui, la satisfaction est d'abord une affaire de sexe. Voici comment Marie Laurette Destin conçoit l'amour :

> Fais-moi rêver mon amour
> Fais-moi savourer ta douceur
> Si forte et si pénétrante
> Fais-moi mal
> Gifle-moi avec ton amour
> Si fou si pénétrant (113).

On pourrait encore prendre Gérard Pricorne Janvier en exemple :

> Je regarde mon cœur
> tressaillir sur ton corps
> O brève volupté
> O grève !
> Tu te meus effroyablement
> sous l'approche de mes mains
> soupirs houleux …
> Lèvres insatiables
> Grève – monstre sensuel ! (182)

---

[44] Du nom du protagoniste d'*Ultravocal*, roman de Frankétienne.

Mais, doit-on se demander, où est le rapport entre les débordements sexuels et la résistance à l'oppression macoute ? D'un autre côté, quel besoin de venir soigner au grand jour ses fièvres libidinales ? Et puis le sexe en fin de compte ne devrait-il pas être considéré comme une activité tabou, incompatible avec la morale du bon révolutionnaire ? Le même Depestre qui avait, à vingt ans, condamné toute faiblesse de cette nature[45], ne le pense plus, maintenant que son prosélytisme révolutionnaire s'est apaisé avec l'âge. Dans son « Evangile selon Saint-Eros », il proclamera hautement le « droit à l'orgasme » des combattants, quitte à enfreindre la morale du Socialisme qu'il soumet, ce faisant, à un révisionnisme à la fois radical et intentionnellement provocateur :

> Camarade Eros
> Fait l'amour et la révolution ! …
> Camarade Eros a dit au monde :
> « Je ne serai pas un cocu du socialisme
> L'Etat, c'est moi, je baise donc je suis ! »[46]

Et, sur ce point, Depestre peut se targuer de se trouver en bonne et nombreuse compagnie. La veille de son départ pour une mission dont elle n'espérait pas revenir vivante, la militante Maria Dalbaïcin, héroïne du roman *Mourir pour Haïti ou les croisés d'Esther* de Roger Dorsinville, décide, elle qui n'avait jamais eu encore de temps à consacrer au sexe, de passer la nuit à la recherche des voluptés les plus violentes qui puissent exister. Pourquoi cela ? C'était peut-être l'aiguillon divin qui devait la pousser à extraire de son système jusqu'à la dernière goutte de peur. Si Margareth Lizaire est prête, en bonne

---

[45] En effet, dans « Je ne viendrai pas », un des poèmes les plus célèbres de son premier recueil, *Etincelles* (1945), il explique ainsi sa détermination à contrôler son instinct sexuel : car quel sens donner/à nos baisers/à nos étreintes/à ce soir brûlant de fièvre/si notre amour reste indifférent/aux appels désespérés de la souffrance humaine (Georges Castera et al., *Anthologie de la littérature haïtienne, un siècle de poésie : 1901 – 2001*, Montréal, Mémoire d'encrier ; Port-au-Prince, Editions Mémoire, 2003, 118).

Mentionnons, en passant, que, près de trente ans plus tard, le poète Anthony Phelps imposera les mêmes restrictions sexuelles, et pour les mêmes raisons, aux combattants antiduvaliéristes de *Mon pays que voici* : « Ceux qui auront dormi dans les bras de l'amour/à la poursuite vaine de la chair/dans l'ignorance des questions/ne trouveront à leur réveil/que goût de cendre sur leur langue/ car s'accrocher aux rêves du futur/avec au bas de l'aine la turgescence du désir/est impossible sur la couche de la femme/fleurant fleur d'oranger et feuilles de basilic » (24).

[46] René Depestre, *Poète à Cuba*, Paris, Jean P. Oswald, 1976, 94, 95.

merdiste, à dire merde au monde à gorge déployée, elle n'est pas pour cela une anarchiste ni une nihiliste, mais, elle aussi, un soldat engagé dans une lutte mortelle contre l'obscurantisme bourgeois, les injustices de la société, les abus du pouvoir. Elle est prête à faire fi des tabous de la religion et de la morale pour tailler en pièces, du tranchant de sa langue, tous ceux qui se mettent en travers de sa route. Alors :

> Merde à ces voleurs habillés en demi-dieux
> dilapidant le trésor commun
> Merde à ces châteaux de cristal
> toisant les chaumières des malheureux … (246)
> Nous forgerons des lendemains ensoleillés … (247)
> La religion est une absurdité
> Révérend Père parlez-moi du sexe
> je vous comprends mieux
> parlez-moi du sexe en érection
> du coït interrompu …
> parlez-moi encore
> de la misère qui gifle les déshérités du sort (249)

La poétesse établit elle-même pour nous la relation entre sexe et militantisme, telle qu'elle l'a vécue sous la dictature.

1964

En 1964, avec la proclamation officielle de la présidence à vie, l'échiquier politique connaît ce qui devrait être la secousse la plus violente de la présidence de Duvalier père. Mais le choc ne produit pas les vagues auxquelles on s'attendait car, à tout prendre, cette présidence à vie constituait la conclusion logique de la manœuvre entamée depuis 1959. La seule surprise aura été l'ampleur de la farce qu'on a jouée cyniquement aux laissés pour compte de l'arrière-pays, en les amenant de force, par dizaine de milliers, à la capitale, pour ensuite les abandonner à eux-mêmes dans les rues, le ventre et les poches vides, une fois le spectacle achevé. Par leur présence innombrable et bruyante, ces pauvres hères des campagnes reculées, qui ne comprenaient rien ni à la conjoncture politique ni aux discours du Président mais applaudissaient à tout rompre au signal donné, avaient pour tâche de prouver la popularité du régime au monde. La mission accomplie, ils ne représentaient plus qu'une clientèle sans valeur qu'on pouvait impunément jeter sur les trottoirs.

Le moment est quand même, sur le plan historique, de la plus haute importance. *Alea jacta est*, le Rubicon est enfin franchi : la dictature établit les bases de sa pérennité sur les ruines des institutions nationales. L'espoir de voir changer les choses, même dans le temps le plus reculé que l'on puisse envisager, disparaît alors de l'horizon. Rien à faire ! Cette affreuse certitude s'insinue subrepticement dans la conscience des Haïtiens avec d'autant moins de résistance que les tentatives don quichottistes des guérilleros une à une échouent, héroïquement lamentables, sur le sable des invasions.

Haïti Littéraire décimée par l'exil de quatre de ses cinq membres — René Philoctète déclarant : « Je reste / dans la chaude et vivante plénitude de mon Pays »[47], retourne au pays après un bref flirt au Québec avec l'Ailleurs — le moment est prêt pour accueillir le Spiralisme. Les contraintes de même que les sommations de l'écriture n'ont guère changé, il s'agit surtout de rectifier le tir pour mieux s'adapter à la nouvelle donne politique. Sur le plan purement littéraire, on est parvenu à l'âge d'or du Structuralisme sous l'influence de l'équipe de la revue *Tel Quel* regroupée autour des fondateurs Philippe Sollers et Jean-Edern Hallier et qui allait remouler le concept de la création littéraire selon une vision qui n'était rien de moins que révolutionnaire. A cette date, en effet, avec l'adhésion de Roland Barthes en 1963, c'est-à-dire trois ans après la mise en place de l'équipe, *Tel Quel* est prêt à passer à la vitesse de croisière, étant entré dans ce que Michel Beaujour appelle « sa phase sémiologique, révolutionnaire et terroriste ».[48] Le mouvement se sent si solidement posé sur ses assises doctrinales qu'il ne va pas tarder à revendiquer la préséance sur le terrain de la critique avec la publication aux Editions du Seuil, en 1968, de *Théorie d'ensemble*, ouvrage collectif considéré comme son manifeste. On ne pourra plus faire de la littérature comme avant. L'écriture spiraliste, à l'écoute du modernisme international, ne se fera pas prier pour ajouter cette nouvelle arme à sa panoplie. En effet, le Structuralisme s'associera au Cubisme et au Surréalisme pour lui ménager une voie de fuite au cours de ses inlassables incursions de marron.

Un changement visible, s'il en est (mais est-il lui aussi commandé par la nouvelle donne politique ?) : le romancier tient

---

[47] *Herbes Folles*, 43.
[48] Beaujour, Michel « Actualité de Roland Barthes : Barthes et Sollers », article posté sur l'internet au http://www.fabula.org/forum/barthes/22.php (2).

désormais le haut du pavé et s'il n'aura jamais les moyens de réduire le poète au silence, il le relègue clairement au second plan. Frankétienne, René Philoctète et Jean-Claude Fignolé, les deux premiers jusque-là poètes à plein temps, se lancent allègrement dans l'aventure de la création romanesque. C'est que, non seulement l'espace du roman offre un cadre plus large pour débattre de la problématique du vécu en contexte de répression, mais encore, s'étant approprié les nouveaux moyens d'écriture et inspirés par l'audace des tenants du Nouveau Roman, ils découvrent qu'en le soumettant au procès de la déconstruction de l'écriture, ils peuvent y faire entrer, sans s'imposer la moindre restriction, tout ce que leur imaginaire d'Haïtien muselé par la dictature recèle de révolte, de courage et de rêves. Cette forme d'hermétisme extrêmement avancée est arrivée à point nommé. Maintenant ils se sentent bien couverts : nul, à moins de vouloir se faire passer pour obscurantiste, ne peut contester que la linéarité ne soit plus de mise dans l'écriture romanesque ; en fait, il n'est pas jusqu'à la définition du roman elle-même comme une histoire à raconter qui ne soit, aux dires de Robbe-Grillet, sujette à caution. Ceci étant, ils peuvent aisément se cacher derrière l'apparente incohérence du discours pour lancer leurs traits à un gouvernement qui, sous la pression de la guérilla urbaine déclenchée par Gérald Brisson et ses camarades communistes, se fait de plus en plus susceptible, grincheux et sanguinaire au point de faire fusiller dix-neuf des officiers qui l'aidaient aveuglément à accomplir ses sales besognes.

1971

Le dictateur, avant de mourir en avril 1971, a eu le soin de se choisir un successeur en la personne de son fils de dix-neuf ans, Jean-Claude Duvalier. On a fait la gorge chaude à propos de la lourdeur intellectuelle de Baby Doc ; les humoristes s'en sont donné à cœur joie. Cependant, force est de reconnaître que la disparition de Papa Doc de la scène politique haïtienne était le prélude à des changements de tactique, voire de substance, que réclamait incessamment l'environnement géopolitique. La stratégie officielle consistait à mettre emphatiquement l'accent sur les conquêtes économiques afin d'endormir la vigilance des adversaires du régime. « Mon père a fait la révolution politique, je ferai la révolution économique » : tel est le slogan placé dans la bouche du nouveau président à vie. Avec l'aide des puissances étrangères, les Etats-Unis de Nixon en tête, l'effet soporifique du stratagème produisait des résultats on ne peut plus satisfaisants. D'abord en politique où l'atmosphère de détente et d'ouverture démocratiques créait l'illusion d'une certaine décrispation au niveau des relations avec le pouvoir, lequel, ne voyant venir aucun nuage à l'horizon, n'avait vraiment rien à perdre à jouer le jeu de la générosité avec les secteurs d'une opposition menacée de balkanisation, voire déjà gangrenée par des dissensions de toutes sortes, et donc projetant l'image d'une faiblesse pathétique. En littérature ensuite où cette atmosphère de décrispation amenait en corollaire la tentation du désengagement de l'écriture. C'est l'époque du Pluréalisme de Gérard Dougé dont l'œuvre, contrairement à celle de ses confrères du Spiralisme, contrairement aussi à celle des dramaturges de cette époque-là, est fondamentalement dépolitisée.

Quelle lecture faut-il faire de cette attitude ? En tout cas, s'il est vrai que Dougé nourrit des sympathies pro-gouvernementales, comme certaines rumeurs persistent à le laisser entendre, ce n'est pas dans son oeuvre qu'on en découvrira la preuve. Toujours est-il que son discours esthétique affiche une coïncidence douteuse avec le discours du pouvoir, par ses omissions comme par son désengagement au nom d'un esthétisme désossé. Le comble de l'autosatisfaction réactionnaire, *panglossienne*, souligneraient d'aucuns : tout est pour le mieux dans le meilleur des mondes !

1980

Nouveau rebondissement de la situation politique. On commençait à prendre trop au sérieux les promesses de démocratisation du régime qui, lui, attendait le moment opportun pour reprendre du poil de la bête et regagner le terrain perdu sous la pression de la politique des droits de l'homme du président américain Jimmy Carter. La défaite de ce dernier en novembre 1981 aux mains du républicain Ronald Reagan, dont on savait qu'il allait baser sa politique internationale sur une stricte application du principe de la *realpolitik*, sonna le glas de l'expérience démocratique en Haïti. On sait ce qui s'est passé. Peu après l'annonce de la victoire de Reagan, le système répressif réapparaît en force : exil, exécution de journalistes et d'opposants, persécution de dirigeants religieux, etc. Nous voilà revenus au point de départ, à l'âge d'or de la terreur à la Papa Doc.

Dans ces conditions, l'écriture, tout en reconnaissant les valeurs de certaines idées du discours pluréaliste, se voit forcée de se distancer du laxisme politique de ce mouvement. Elle doit absolument retrouver son enthousiasme de marron dont elle s'était pour un moment laissé spolier. A lire le manifeste du Surpluréalisme d'Alix Damour et de Saint-John Kauss, on sait qu'une nouvelle génération d'écrivains, courbée sous le faix des frustrations politiques, venait de voir le jour. A l'esthétisme tous azimuts de l'écriture de Dougé, lequel à certains égards demeure une option valable et acceptable, ils joignent intimement le rêve de changer le monde pour une quête de bonheur total à l'échelle de leur pays en particulier, et du monde en général.

Conclusion

On ne peut pas cerner, dans le cadre forcément limité d'un article de ce genre, la littérature si dense, si diverse et si nuancée de l'époque des Duvalier en prétendant épuiser le sujet. Il s'agit d'une très longue période de trois décades que le hasard de l'histoire, pour compliquer encore davantage la situation, a fait coïncider avec le temps d'un débordement peut-être sans précédent de la pulsion créatrice du peuple haïtien. L'ambition, à la portée du bon sens, serait simplement d'essayer d'en dégager les lignes de force en mettant l'accent sur l'adéquation de ces dernières avec la problématique qui les a sécrétées et qu'à leur tour elles ont pour rôle de mettre en lumière. Mais cela ne suffirait pas. Ce qui donne au discours sa vraie originalité c'est sans doute moins ce qu'il dit que la façon dont il le dit. Sans les moyens techniques mis à leur service par les novateurs du modernisme, nos écrivains n'auraient peut-être pas pu libérer l'écriture de la prison du silence où la dictature avait l'intention de la reléguer à jamais. Si donc il s'avère indispensable, pour bien la comprendre de ne pas la détacher du contexte historique, on ne saurait non plus nier au signifiant la place qui lui revient de droit. Le Symbolisme, le Surréalisme, le Structuralisme et la Sémiologie procurent tour à tour aux écrivains un langage approprié pour dire leurs frustrations en images éblouissantes sans s'exposer à la colère du pouvoir. C'est-à-dire que, grâce à eux, ils se sentent enfin libres de la liberté absolue de vivre à leur manière, en poètes, déments ou messies, la malédiction des jours, de cultiver et de dire sans inhibition aucune, sur le chemin de l'enfer, un rêve de « ciel en équilibre ».[49] Adeptes de l'évasion ou de la révolution, cela importe peu, l'essentiel est qu'à travers les multiples modulations du langage du refus, l'écriture assume son destin de marron. Et quand bien même, invoquant son droit à la souveraineté, elle déciderait de se choisir un autre destin, cela ne saurait en aucune manière diminuer sa splendeur. En son sein, elle prévoit aussi de la place pour un Max Vallès, par exemple, un poète et un dramaturge à la plume fertile, un ancien général des Forces Armées d'Haïti, qui professe ouvertement et fièrement son duvaliérisme, encore que sa littérature se garde, autant qu'elle le peut, d'en agresser le lecteur.

La chute de Jean-Claude Duvalier le 7 février 1986 et le démantèlement subséquent des structures du régime dictatorial ont mis un terme à l'état de siège dont pâtissaient le langage et l'écriture en Haïti. Il est vrai que près de deux décades plus tard la transition démocratique continue de s'enliser dans des querelles intestines, génératrices d'instabilité politique et de marasme économique. « Conjoncture de désastre »,[50] conclut l'historien Claude Moïse qui poursuit ainsi : « Aujourd'hui encore, le pays n'arrive pas à se désembourber, à trouver une voie de sortie garantie par l'ensemble des acteurs et des forces impliqués dans la crise » (12). L'analyse de Georges Anglade est de loin plus angoissante qui prévoit, si l'on ne parvient pas au plus vite à créer un espace de concertation pour résoudre la crise politique et économique, un dérapage potentiel pouvant se solder dès le premier jour par un apocalyptique bilan de cinquante mille morts à Port-au-Prince.[51]

Si le pays survit à ces menaces, le pouvoir ne pourra peut-être jamais se défaire entièrement de son inclination séculaire au totalitarisme, mais une chose paraît certaine : le peuple haïtien n'acceptera pas, sans lutter de toutes ses forces, d'abdiquer le droit à la parole libre gagnée le 7 février 1986. Aujourd'hui, par exemple, le gouvernement du Président Jean-Bertrand Aristide, inauguré sous de si

---

[49] Phelps, Anthony, *Éclats de silence*, Port-au-Prince, Art Graphique Presse, 1962, sans numéros de page (dernier vers du poème intitulé « Jeux d'eaux »). Cette métaphore que Phelps semble avoir beaucoup prisée réapparaîtra textuellement à plusieurs reprises dans *Mon pays que voici*, par exemple aux pages 50, 54, 56 et 65.

[50] Moïse, Claude, *La croix et la bannière : la difficile normalisation démocratique en Haïti*, Montréal, Editions du CIDIHCA, 2002, 11.

[51] Voir l'entrevue intitulée « Deux concepts en bout de piste : Dixième département et Double nationalité » publiée dans le quotidien port-au-princien *Le Nouvelliste* le 7 mars 2002 sous la rubrique « Cahier spécial, Bilan Economique 2001 », 18, 20.

beaux auspices en 1991, à son premier mandat, mais échoué depuis dans la vase de la plus sordide corruption d'un pouvoir pratiquement absolu, quoiqu'il ne cesse de protester de son attachement aux valeurs de la démocratie, comme le veut du reste la conjoncture internationale, ce gouvernement, disons-nous, n'hésite pas à lâcher ses sbires après ses adversaires pour les réduire au silence. C'est peine perdue, le peuple parle, hurle, vocifère, usant de toutes les formes de communication possibles pour se faire entendre. D'aucuns diront avec raison qu'il ne fait pas qu'user de son droit à la parole, il en abuse constamment aux dépens de ses oppresseurs réels ou imaginaires, et ce sans s'inquiéter le moins du monde des conséquences qui pourraient en résulter. Que de différences sur ce point avec les générations précédentes ! Il faut sans doute plus que cela pour arrêter la dérive des premiers deux cents ans de l'histoire nationale, et, cette fois-ci, faire enfin repartir le pays sur un bon pied. Tous les observateurs le soulignent, le pays est au bord du précipice avec ses institutions battues en brèche et sa conscience pervertie, totalement réduite en charpie, de sorte que, pour le sauver, il importe d'abord de résorber la corruption des intérêts égocentriques, c'est-à-dire de reconnaître, comme le dit Claude Moïse, « la nécessité pour les forces vives du pays d'aboutir à un pacte national ou à une entente patriotique portant sur un plan national de développement économique et social, de démocratisation de la société et d'instauration de l'Etat de droit ».[52] Tâche énorme qui prendra du temps à s'accomplir. Par contre, immédiat est l'effet de la conjoncture sur la littérature. Que faut-il alors augurer d'une écriture démuselée pour de bon en Haïti ? Cette dernière ne se porterait-elle pas mieux si, gardée dans les fers, elle se voyait contrainte, comme Sisyphe, de libérer sa créativité par la lutte perpétuelle contre la méchanceté des dieux ? L'avenir le dira.

---

[52] *La croix et la bannière*, 155.

Physical Internment and Creative Freedom: The Spiralist Contribution[1]

Kaiama L. Glover

Résumé : Kaiama L. Glover explique comment l'isolement géographique et l'absence de manifeste théorique ont contribué à l'exclusion du Spiralisme du discours francophone antillais. Elle définit le mouvement spiraliste comme une exploration du paysage d'Haïti et de sa culture populaire destinée d'abord pour le public haïtien, et comme un défi aux conventions littéraires existantes. A l'encontre des autres mouvements antillais, le Spiralisme se concentre sur l'esthétique de l'œuvre plutôt que sur une démarche socio-politique et/ou ethnique. Glover montre que l'intention littéraire des trois spiralistes Frankétienne, Philoctète et Fignolé se fonde intégralement sur la décision de rester en Haïti, c'est-à-dire sur le refus de l'errance/exil physique et littéraire. Ainsi, la fiction des spiralistes se caractérise-t-elle par les tensions entre la réclusion physique imposée par le régime dictatorial des Duvalier et la quête pour la liberté créative.

Summary: Kaiama L. Glover explains how geographic marginalization and theoretical vagueness have contributed to the exclusion of Spiralism from the literary discourse of the Francophone Caribbean. She defines the Spiralist project as both an exploration of Haiti's landscape and its folk culture destined for the Haitian public, and a challenge to the existing literary conventions. Unlike other

---

[1] This essay is excerpted from a forthcoming full-length work on Spiralism. All translations are mine.

Caribbean literary movements, Spiralism privileges an aesthetic perspective, as opposed to a socio-political and/or ethnic agenda. In the works of Frankétienne, Philoctète and Fignolé, Glover shows that the Spiralist novelistic/literary intention is integrally marked by a decision to remain in Haiti and a rejection of physical and literary wandering/exile. Thus, the Spiralists' fictional works reveal the tensions between physical confinement under the stifling Duvalier regimes and the search for creative freedom.

* * *

In 1965, Haitian writers Frankétienne, Jean-Claude Fignolé, and René Philoctète, formulated the concept of *Spiralisme* as a response to philosophical concerns that had originated during a very particular period in Francophone Caribbean history: the period of the late-1920s through the 1940s, when the nationalist and racially oriented discourse of *Indigénisme* determined much of Haitian literary production. Resistant to the limiting localization implicit in *Indigénisme*, Frankétienne, Fignolé, and Philoctète actively sought to produce alternative approaches to creative expression for the Haitian artist and individual. Yet, despite having produced an extensive and varied corpus, the Spiralist authors have long remained ignored in, under appreciated by, and excluded from discussion among Francophonists.

While Frankétienne, Fignolé, and Philoctète began articulating the notion of the spiral as a literary metaphor and aesthetic tool in 1965, at no point thereafter did they outline any specific creative program or manifesto based on this concept. In effect, the Spiralists have consistently avoided excessive theorization of their aesthetic, qualifying *Spiralisme* as more of a guiding principle than a codified movement. Although there does exist a limited number of articles and essays in which the Spiralists specifically talk about their critical ideas, these discussions are by no means simple to comprehend, and have often been accused of a certain impenetrability. Furthermore, as writers in a literary universe dominated by "big voices" from the French overseas department of Martinique, the Haitian-born Spiralists have found themselves at a marked disadvantage. Indeed, though the

Francophone Caribbean as a whole has become increasingly visible on the world stage, the works of Frankétienne, Fignolé, and Philoctète have not yet been given serious and sustained consideration.

Writer and scholar Maryse Condé suggests that this overall absence of critical interest in *Spiralisme* is a direct consequence of the relative lack of precision and sophistication of the Spiralists' ideological constructs. She attributes *Spiralisme*'s "unpopularity" among intellectuals to the reputed vagueness of its theoretical foundations. The discourse of *Spiralisme* lacks coherence, she argues, leaving the critic bewildered, or without much to say.[2] Consequently, the Spiralists' fictional works have been, to some extent, dismissed by the academic machine — suffering the fate of the proverbial baby and its bath water. Taking into consideration, however, the very insular development of the Spiralists' thought, is it not to be expected that their theoretical articulations would lack the formal rigor of their more "cosmopolitan" contemporaries? And while one must certainly question the validity of the Spiralists' theoretical claims, such an interrogation can and should legitimately be kept distinct from the issue of whether or not their fiction merits critical attention. In fact, the question of *Spiralisme*'s value "in theory" versus its value "in practice" is nicely summed up by Charles Arthur and J. Michael Dash in the chapter on literature and language, in their anthology, *Libète*. Writing of the Duvalierian era in Haitian history, Arthur and Dash assert: "Within Haiti the only movement with any literary impact was the ill-defined doctrine of *Spiralisme*, started by Frankétienne."[3]

Indeed, the literary production of the Spiralists is considerable, counting almost ten thousand pages of text written in both French and Creole. Of the three authors, Frankétienne is certainly the most well-known and most readily associated with the Spiralist aesthetic. He alone boasts a list of over twenty-five titles, including works of poetry, plays, "spirals" and novels. Jean-Claude Fignolé is best known for his four published novels, as well as for his theoretical essays. René Philoctète — a founding member of the primarily poetry-oriented early 1960s movement Haïti Littéraire — has penned several collections of poetry as well as three novels and four plays. Notwithstanding this prolificacy, the Spiralist authors have remained engulfed in virtual

---

[2] Comments taken from personal interviews with Maryse Condé.
[3] Arthur, Charles, and J. Michael Dash, eds. *Libète: A Haiti Anthology*, Princeton: Markus Wiener Publishers, Inc., 1999, 292.

silence. Having chosen to stay in Haiti throughout the period of François Duvalier's suffocating dictatorship, the Spiralists have long been isolated, on a very physical level, from the literary "mainstream" of the West Indies. Their texts, only some of which are published and circulated outside of Haiti, are difficult to procure — thus costly — and have barely been commented on.

As it stands now, the majority of the theorists who actually discuss the writings of the Spiralist authors seem to content themselves with such commentary as "toujours à la limite du cri" [always at the edge of a howl],[4] or "un roman [...] qui nous fait passer de l'oralité à l'écriture" [a novel [...] that goes from orality to writing],[5] or even "un 'crypto-language' [qui] ... par sa présence, met en évidence le tragique d'Haïti" [a 'crypto-language' that [...] by its presence foregrounds the tragedy of Haiti,] [6] without then explaining how exactly these notions resonate in the works of the Spiralists. In their anthology, *Poésie vivante d'Haïti*, Silvio F. Baridon et Raymond Philoctète present a helpful general discussion of the evolution of Haitian literature, yet their section on *Spiralisme* does little more than paraphrase the discourse of Frankétienne, Fignolé, and (René) Philoctète, summing up the aesthetic as "un genre 'capable d'appréhender les actuelles révolutions, qui s'amorcent à l'échelle humaine, individuelle, sociale, nationale, planétaire, cosmique'" [a genre "capable of apprehending actual revolutions, that grow to human, individual, social, national, planetary, and cosmic scale"]. They continue, "Frank Etienne et ses amis conviendront de l'appeler Spirale 'à cause des tours, des cercles, des boucles, des zigzags, des entortillements qui semblent affecter le mouvement général de la vie et que devraient saisir plus ou moins la littérature et l'art'" ["Frank Etienne and his friends agree to call it (the movement) Spirale 'because of its turns, circles, buckles, zigzags, windings that seem to affect the general movement of life and that literature and art should capture'"].[7]

Rare is the theorist who, like Leon-François Hoffmann or Régis Antoine, ventures a truly critical approach to *Spiralisme*. And

---

[4] Mouteaud, Yves, "*Ultravocal* de Frankétienne," *Conjonction* 119, février-mars 1973, 94.

[5] Laroche, Maximilien, "*Dézafi* de Frankétienne," *Conjonction* 131, nov 1976, 119.

[6] Paillière, Madeleine "Verbe et dynamisme dans une géographie intellectuelle," *Le Petit Samedi Soir*, 10-24 février 1973, 14.

[7] Baridon, Silvio F., and Raymond Philoctète, *Poésie Vivante d'Haïti*, Paris: Maurice Nadeau, 1978, 23.

even these latter Francophonists have thus far devoted no more than a dozen or so pages to the movement. In *Le roman haïtien*, published in 1982, Hoffmann offers only five very brief references to Franketienne, even though Franketienne's first three novels were published well before the appearance of his study. In *La littérature franco-antillaise*, published in 1992, Antoine devotes only six or so pages of analysis to Franketienne, and completely ignores the published novels of Fignolé and Philoctète. Thus, geographic marginalization, in addition to a rather vague theoretical stance, have led to a near-exclusion of *Spiralisme* from consideration by many theorists of Francophone Caribbean literature.

In addition to these specific obstacles, the Spiralists are hindered by the fact that Haitian literature in general is far less theorized than are the literatures of Guadeloupe and, especially, Martinique. French scholars such as Régis Antoine and Bernadette Cailler insist that twentieth century Haitian literature is marked by an isolating pessimism, relatively unconcerned with insertion into the global literary community. Reducing Haitian literary production to so many hallucinatory and sanguinary accounts of a strictly insular reality, Antoine specifically qualifies Franketienne's work as a "[l]ittérature de terreur et de deuil" [a literature of terror and mourning].[8] Cailler, insisting on the limited/limiting scope of Haitian literature in general, concludes that "la question d'une 'littérature nationale' ne se pose pas tant dans le contexte d'une culture d'Occident à marronner ... que dans celui du cercle-carcan" [the question of a 'national literature' is not raised as much in the context of the subversion of Western culture ... as in that of the *cercle-carcan*].[9]

In effect, a certain number of specific factors have kept Haitian authors as a whole largely on the margins, despite the fact that the island's literary production is at least as consequential as that of the favored Martinique. One of the more significant of these factors is the question of visibility with respect to metropolitan France. Indeed, the European critical machine and, subsequently, the general reading public, have a tendency to become attached to certain "figureheads of *francophonie*." In other words, "big voices" like Aimé Césaire, Edouard Glissant, and the Creolists essentially drown out weaker ones

---

[8] Antoine, Régis, *La littérature franco-antillaise,* Paris: Karthala, 1992, 144.
[9] Cailler, Bernadette, *Conquérants de la nuit nue : Edouard Glissant et l'H(h)istoire antillaise,*Tübingen: Gunter Narr Verlag, 1988, 53.

insofar as earning global recognition is concerned. Whereas there is "room" in a given era for both a Camus and a Céline, both a Sartre and a Robbe-Grillet, generally only a single author or philosophy of the Francophone Caribbean assumes or is granted the role of "representative" at any one time. But a space must be carved out — "room" must be made — for *Spiralisme*'s voice to be heard. For Frankétienne, Fignolé, and Philoctète effectively deconstruct and challenge certain of their contemporaries' most fundamental assumptions, refusing the construction of what amounts to an ideal — as opposed to a real — portrait of the Francophone Caribbean.

The authors' choice of the spiral metaphor ostensibly reflects a dual motivation: the defining of an appropriate perspective from which to grasp contemporary Haitian social reality; and the proposing of a satisfactory aesthetic tool with which to (re)present this reality. The specificity of this choice demands a close inspection of the Spiralists' discourse in order to determine just how the rhetoric of *Spiralisme* finds expression in the actual texts. Through close analysis one can certainly appreciate how the concept of the spiral, much more than a colorful literary metaphor, accounts for the discursive strategies at work in the novels at hand, establishing itself as a distinct and original approach to literary production. Equally important is the manner in which the authors themselves explain the effectiveness of the spiral form in their own writings and in the domain of literature in general.

As Cilas Kemedjio quite rightly points out in his 1995 critical work, *De la négritude à la créolité*, the Francophone Caribbean literary universe is saturated with author-theorists: writers who are as dedicated to composing works of prose and poetry as they are to producing the tools by which such "primary" texts might be evaluated. Responding literarily to the particular socio-political realities of post-colonialism, twentieth century Francophone Caribbean writers have traditionally balanced a creative and a theoretical impulse. In general, the ideological agendas of various authors regarding such issues as Caribbean identity, landscape, and the language of self-representation are explicitly delineated in critical essays and then implicitly (and often not-so-implicitly) confirmed in the context of their poetry or prose fiction.

In an article entitled "Order, Disorder, Freedom, and the West Indian Writer," Maryse Condé describes the phenomenon by which specific directive discourses have, in many respects, supplanted literary tradition in the Francophone Caribbean ever since the birth of both *Indigénisme* and *Négritude* in the late 1920s and 1930s. Kemedjio, too, affirms that in the French West Indies "chaque génération d'écrivains essaie d'imposer un modèle prescriptif dans un contexte institutionnel où la littérature se pense toujours comme composante de la recherche des solutions au malaise socio-politique" [each generation of writers tries to impose a prescriptive model in an institutional context in which literature is conceived as a component of the research for solutions to socio-political ills].[10] Steeped in socialist ideology, *Indigénisme* certainly exemplified this quasi-utilitarian conception of literature. It defined a specific artistic program to which "acceptable" works of Francophone Caribbean literature were more or less expected to adhere. For example, one of Haiti's most influential writer-theorists to embrace an Indigenist philosophy, Jacques Stephen Alexis, insisted that only by integrating the "marvelous" into a social realist context — by placing form in the service of content — might Haitians hope to establish and ensure the survival of a national literary tradition and culture. All formal and aesthetic concerns were to be considered secondary to a given text's "mouvement authentiquement révolutionnaire."[11] To be "acceptable" thus meant to be socio-politically engaged (*engagé*); the text was to be no more than "le véhicule qui permet de faire cheminer le contenu, de le communiquer" [the vehicle that allows for the progression and communication of the content] (Alexis, 261). In effect, *Indigénisme* proposed an oppositional definition of the Caribbean and its inhabitants as a direct response to, on the one hand, racist and exoticist discourse emanating from Europe and, on the other, to what were perceived as assimilationist and alienated formal tendencies in artistic expression produced within the island. Promulgators of the movement endeavored, above all, to reorient the Caribbean individual's conception of his or her historical and national identity; to resist the cultural passivity — the literary "bovarysme" — that had marked much of late nineteenth and early twentieth-century Francophone Caribbean literature.[12] More

---

[10] Kemedjio, Cilas, *De la négritude à la créolité,* Hamburg: LIT, 1999, 11.

[11] Alexis, Jacques Stephen, "Du réalisme merveilleux des Haïtiens," *Présence Africaine*, juin-nov 1956, 261.

[12] "Bovarysme" can be understood as the socio-political and aesthetic phenomenon of complete submission to French cultural standards and values. This form of severe alienation was first identified and condemned in the Francophone Caribbean by Haitian ethnologist Jean Price-Mars.

specifically, this school of thought called for collective investment in an African (as opposed to an exclusively European) cultural model, as well as for an appreciation of the various popular (as opposed to elite) manifestations of this African heritage. Indeed, *Indigénisme* hoped to provide or unearth the foundations upon which an authentic Afro-Haitian aesthetic could be developed. Writers affiliated with this perspective thus embraced what Kemedjio has dubbed a certain "civisme littéraire" (11), postulating a distinct socio-political motivation as a critical standard and making fictional work fundamentally transitive — representative of something outside the text. In such works, the author's chosen political perspective necessarily and very visibly penetrated every aspect of the creative process.

It is important to note, then, that the Spiralists are not mentioned on Condé's list of "rule-makers"; an omission that is perhaps as much a reflection of their overall exclusion from critical discourse as it is a consequence of their refusal to produce a "Spiralist manifesto." In any event, the Spiralists are certainly wary of the inherent limitations of politically inspired aesthetic choices, and consciously aspire to avoid such utilitarianism in their work. The premises of *Spiralisme* are thus quite distinguishable from the Marxist political agenda, strident nationalism, and Africa-oriented impulses that inform *Indigénisme*. Notwithstanding this wariness, however, Frankétienne, Fignolé, and Philoctète recognize the necessity of implicating themselves on a political level, and exhibit a marked commitment to effecting social change through their writings. For the Spiralists, writing in and of the Duvalierian dictatorship and its aftermath, the adoption of an apolitical stance would have been — and, indeed, would be — inconceivable. Indeed, many of the same issues addressed in the "discours ancêtre" of *Indigénisme* influence both the creative and the political sensibilities underlying *Spiralisme* (Kemedjio, 10). It is, therefore, primarily in the specific literary treatment of these preoccupations that the epistemological break between the Indigenist writers and the Spiralists might be detected.

Like *Indigénisme* — and like *Négritude*, *Antillanité*, and *Créolité* for that matter — *Spiralisme* was born of a desire to challenge existing literary conventions in the Francophone Caribbean. Although *Spiralisme*, again like *Indigénisme*, is profoundly committed to an exploration of Haiti's landscape and its folk culture, its practitioners

propose a radical change in the way the novelist attempts the representation of these realities. More specifically, the Spiralist novel
avoids the sweeping ideological pronouncements and overtly political
stance of Social Realism. On the one hand, this seemingly apolitical
perspective is certainly a reflection of the many dangers faced by
intellectuals in Haiti during the period of François then Jean-Claude
Duvalier's dictatorships (1957-1971 and 1971-1986, respectively). It
must be noted, however, that even those Spiralist works published after
the ousting and exile of Duvalier *fils* exhibit a similar abhorrence for
the explicitly ideological. Instead, stylistic considerations take
precedence, and ideology is revealed largely through the formal
strategies at work in a given novel. Indeed, of all the socio-aesthetic
philosophies mentioned above — *Indigénisme, Négritude, Antillanité,
Créolité* — *Spiralisme* is the only one that privileges its aesthetic
perspective, as opposed to its socio-political agenda and/or ethnic
origin, in its very name. Questions of cultural authenticity and identity
construction, cornerstones of Indigenist rhetoric, are never as explicitly
formulated as in the fiction of Roumain, Alexis, or Saint-Amand. The
figure of the messianic savior is absent, and the liberating possibilities
of pure romantic love or even of unbridled eroticism are refused. The
Spiralists suggest that such idealized portrayals of the Haitian
individual and his or her relationship to the community suppose the
existence of unified, unfettered beings, capable of self-affirmation and
coherent political action. The political absurdity and quotidian tragedy
of the Haitian situation render such depictions wholly unacceptable.
Frankétienne explains:

> Faire éclater ce corset, ce ghetto de l'Indigénisme, partir à la
> *recherche* de l'identité haïtienne comme si celle-ci avait été
> enfermée dans une boîte qu'on ouvrait pour dire: 'Voilà l'homme
> haïtien'. Il n'y a pas d'homme haïtien, Il n'y a pas d'homme
> martiniquais, Il n'y a pas d'homme guadeloupéen! Quand on parle
> de *quête* d'identité, on oublie que la *quête* implique une *recherche*,
> une création. Il y a un homme haïtien à créer, il y a un homme
> antillais à créer, et cette création dynamique est inscrite dans
> l'histoire. Cette *quête* va du présent vers l'avenir. Les indigénistes
> sont des passéistes [To explode this corset, this ghetto of
> indigenisme, in *search* of Haitian identity as if it had been shut up
> in a box that we might open and say: 'Here is Haitian man.' There
> is no Haitian man, There is no Martinican man, There is no
> Guadeloupean man! When we talk of identity *search*, we forget
> that the *search* involves a *research*, a creation. There is a Haitian

> man to create, there is a Caribbean man to create, and this dynamic
> creation is inscribed in history. This *search* goes from the present
> to the future. The Indigenists are stuck in the past].[13]

A look at the texts written by Frankétienne, Fignolé, and Philoctète immediately confirms the motivational value of the quest in the construction of identity. Without theoretical absolutes to guide them or predetermined ideals toward which to strive, the Spiralist authors embark on an uncontrolled exploration of the real, using the spiral metaphor as their principal aesthetic tool.

This absence of direct*ive*ness and direct*ed*ness (and perhaps even directness) has served to narrow the distance between the Spiralists and their indigenous audience. Dedicated above all to the processes of challenging, questioning, and searching rather than labeling or defining, the Spiralists' works read as an accumulation of "constructive questions" and "corrective doubts."[14] Thus, while their theoretical tenets are generally less valued by scholars, the Spiralists nonetheless enjoy a certain popular appreciation in Haiti. Frankétienne has staged numerous performances of his plays in Creole, and has recorded certain of his works on audiocassette in order that the largely

---

[13] Chemla, Yves, and Daniel Pujol, "Entretien avec Frankétienne," *Notre librairie* 133, janvier-avril 1998, 115 (emphasis added).

[14] The problem of the Francophone Caribbean writer's distance from his or her audience is one that has long existed. All aesthetic/literary philosophies in the French West Indies have necessarily been the product of an elite, educated class of bourgeois intellectuals — a class that is a definite minority in the islands. The "politically conscious" Francophone Caribbean writer thus finds him or herself trapped in somewhat of an existential quandary. For he or she is, by and large, a member and product of the very bourgeois culture that he or she reviles for having maintained the unjust social realities put in place under colonial rule. In other words, the privileged status that enables the Francophone Caribbean intellectual/activist to attempt a writing of the nation into existence inherently sets him or her apart from the majority of his or her compatriots. Such post-colonial theorists as Gayatri Spivak, for example, have thoroughly discussed this predicament, rejecting pointedly the notion of the liberal intellectual as champion of the alienated and oppressed masses. At the same time, however, Spivak recognizes the fact that the radically marginalized "masses/subalterns" are ill-prepared to speak for themselves and thus necessarily condemned to being represented by others. Spivak suggests that the only possible solution to this seeming paradox is for the intellectual to engage only in the formulation of "constructive questions, corrective doubts." See Gayatri Chakravorty Spivak, *In Other Worlds*, New York: Routledge, 1987, 258.

non-reading Haitian public might have access to his texts.[15] During an interview, for example, Frankétienne recalls a situation where an "illiterate peasant woman" recognized him in the street, stopped him and quoted a line from one of his plays.[16] In a nation where the majority of the population cannot read or write in either French or Creole, such an incident bears enormous significance. The Spiralist authors, although by definition part of the intellectual elite,[17] endeavor above all to reduce the distance between themselves and members of the popular and peasant classes in Haiti. Frankétienne and Jean-Claude Fignolé in particular have explicitly emphasized the enormous cultural wealth to be found in the collective mythology of village life, in the Vodou sensibility of the so-called "uneducated" lower classes, and in the vivid imagery of Creole proverbs.[18] They have been as dedicated to creating and participating in projects for the development of the community as they have been to the more solitary task of creative writing.

Refus de voyage et intention romanesque

The Spiralist project is marked by two main tenets: 1) a profound faith in the space and culture of the homeland as sufficiently rich sources of literary inspiration; and 2) the quest for a literary form with the potential for universal application. According to Frankétienne, Fignolé, and Philoctète, their novelistic/literary intention ("intention romanesque") is integrally marked by a decision to remain in Haiti ("refus de voyage") — a refusal of physical and literary wandering/exile. In his theoretical essay published in 1978, *Vœu de*

---

[15] "Accroché obstinément à son bout d'île [...] publiant régulièrement [...] dans les deux langues des traditions littéraires haïtiennes, jouissant d'une large audience nationale, plus qu'aucun autre, Frankétienne est écrivain haïtien." Jean Jonassaint, "Un Portrait composite," *Dérives* 53/54, 1987.

[16] "Je me suis trouvé sidéré et rempli de joie. Voilà une paysanne analphabète me reconnaît. C'est la plus belle chose qui puisse m'arriver," *Notre Librairie* 133, janvier-avril 1998, 117.

[17] "De par le simple fait de savoir lire et écrire, le romancier haïtien est un privilégié, un membre de l'élite qui contrôle la vie politique et intellectuelle d'Haïti," Léon Francois Hoffman, *Le roman haïtien : idéologie et structure*, Montréal: Éditions Naaman, 1982, 45.

[18] Frankétienne, "Frankétienne," *Callaloo*, vol. 15, no. 2, Spring 1992, 387.

voyage et intention romanesque,[19] Fignolé offers confirmation of the
Spiralist belief in the importance of geo-cultural rootedness for the
Haitian writer. As the very title of his essay would indicate, the notion
of voyage or self-imposed exile is a central concern of Fignolé's. He
discusses at length the reasoning that ultimately leads the Haitian
intellectual to pursue self-actualization on foreign soil. Not only does
the individual do himself a disservice by affirming the notion that all is
better "elsewhere," maintains Fignolé, but he or she also tacitly
abandons the community by failing to engage in the immediate
struggles that need fighting "at home." Fignolé insists that refusing the
voyage necessarily facilitates the expression of an authentically Haitian
authorial intention. For indeed, all three authors claim that *Spiralisme*
is, above all, a literature born of and, to a large extent, destined for the
Haitian public. Virtually all of the Spiralist tales take place within an
allegorical or literal Haitian framework and involve Haitian characters.
Moreover, the idea of the spiral connects to the very foundations of the
Haitian oral tradition in which stories are recounted as a collective and
popular endeavor, unconcerned with any purely narrative structure or
horizontal, linear development, and invariably subject to the frequent
and spontaneous interventions of the public. The Spiralists contend,
therefore, that even if certain of the philosophical and stylistic aspects
of their perspective seem linked to the European avant-garde,
Spiralisme's cultural rootedness always serves as a point of distinction.
Thus the humanist impulse implicit in the very choice of a structure —
the spiral — as guiding principle is tempered by a clearly delineated,
Haitian point of departure.

Franként ienne, Fignolé, and Philoctète claim to have developed
their conception of *Spiralisme* "à la lumière des acquisitions techniques
du Nouveau Roman et du groupe *Tel Quel* tout en tenant compte des
lignes de force de la réalité nationale" [in light of the technical
novelties of the New Novel and of the group *Tel Quel* while taking into
account the power structures of the national reality].[20] They present
their aesthetic as, on the one hand, the universalist and humanist
continuation of Haitian *Indigénisme* and, on the other, as a step toward

---

[19] Fignolé, Jean-Claude, *Vœu de voyage et intention romanesque*, Port-au-Prince: Les
Editions Fardin, 1978.
[20] Philoctète, Raymond, "Qu'est-ce que le Spiralisme?" *Le Petit Samedi Soir*, no.13, 9
déc 1972, 17.

the complete renewal of world literature. Frankétienne attempts to clarify this dialectic of insularity and universality as follows:

> J'ai effectivement vécu un enfermement qui a été source d'angoisse existentielle, une angoisse qui a rejailli sur l'écriture. C'est au moment où je ne pouvais pas laisser Haïti que j'accomplissais des voyages imaginaires non seulement dans l'écriture et dans la lecture mais également dans les rêves [...] J'ai fait tous les voyages parce que l'enfermement était systématique en Haïti. Il y avait cette boulimie de posséder tout ce qui existait sur la planète, de l'intérioriser, de le bouffer [I effectively lived in an imprisonment that was a source of existential anxiety, an anxiety that flowed into my writing. It's when I could not leave Haiti that I undertook imaginary voyages not only into writing and reading, but also into dreams [...] I made all kinds of voyages because imprisonment was systematic in Haiti. There was this boulemia to possess all that existed on the planet, to internalize it and gobble it up] (Chemla, 116).

Frankétienne claims to have lived his confinement in the literal space of Duvalier's Haiti as an opportunity for openness on a creative level. Indeed, such tensions between physical internment and creative freedom strongly mark the Spiralists' fictional productions.

Despite a stated reluctance to produce *romans à thèse*, the elaboration of a theoretical perspective in an ostensibly fictional context is nowhere more evident than in Frankétienne's first novel, *Mûr à crever*.[21] Published three years after Frankétienne, Fignolé, and Philoctète first conceived of the notion of *Spiralisme*, this novel provides some of the clearest explanations of the Spiralists' intentions. Though the text does not function solely as a vehicle for the elaboration of a Spiralist "program," the principal themes of *Spiralisme* are, nonetheless, to be found here explained in detail. Frankétienne himself seems to consider this text as the precedent to his true "Spiralistic" works, explaining: "*Mûr à crever* was...an attempt at renewing the novel genre. This novel is an entanglement of structures, situations, and connections, interrupted by a succession of unexpected breaches – a writing technique, the objective of which was to provoke the reader's thought" ("Frankétienne," 388). In effect, *Mûr à crever* provides a thematic and stylistic blueprint for Frankétienne's subsequent

---

[21] Frankétienne, *Mûr à crever*, Port-au-Prince: Editions Mémoire, 1995.

narratives, and is valuable to readings of Fignolé and Philoctète's prose fiction as well.

The very first page of *Mûr à crever* consists of a presentation of *Spiralisme* in which its aesthetic foundations — and/or pretentions — are announced in four short paragraphs. Passionate and lyrical in tone, the passage is descriptive rather than dogmatic. Characterizing *Spiralisme* as a "Genre Total," the introductory page promises the reader a text that "suit le mouvement au cœur de toutes choses vivantes," and successfully reconciles Art and Life.[22] In addition to submitting these direct claims at the outset, Fran. kétienne weaves an articulation of the Spiralist perspective into the very fabric of his text. *Mûr à crever* depicts three central characters: the despairing and disinherited Raynand, the socially conscious, would-be writer Paulin, and a nameless first-person narrator given to storytelling. It is primarily the character of Paulin that is revealing vis-à-vis the Spiralists' intentions. For indeed, this figure pronounces phrases and formulas throughout *Mûr à crever* that are practically identical to those articulated by Frankétienne in various interviews given during the period of the novel's conception and publication. Author and fictional character follow the same impulses, are consumed by the same visions, seek out the same sensations. Paulin, like Frankétienne and his collaborators, is convinced that:

> La planète est devenue un justaucorps pour la respiration de l'homme. Il lui faut des ailes pour monter. Vaincre les espaces infinis lumineux. Or la littérature, vieillard décrépit, perd son souffle dans la vertigineuse ascension. Et les chutes libres l'effraient [...]. Il s'agit de créer plus que jamais. En attendant le virage certain de la mort. La fascinante époque des acrobaties interstellaires [The planet has become a jerkin for man's respiration. He needs wings to ascend. To vanquish luminous infinity. However, literature, a decrepit old man, loses his breath in this vertiginous ascension. And he is afraid of falling [...]. More than ever there is a need to create. While awaiting to turn the bend of death. The fascinating time of interstellar acrobatics] (115-6).

In creating a character who lives as a politically-minded intellectual and struggles to write a novel entitled *Mûr à crever*, Frankétienne seems to encourage his reader to view Paulin's discourse as a direct

---

[22] Frankétienne, *Mûr*, 13.

reflection of the larger aesthetic philosophy underlying the content of the fictional tale.

In addition to the potential conflation of Frankétienne and Paulin, there exist a number of highly suggestive parallels between Frankétienne and the first-person narrator of *Mûr à crever*. While this first-person narrator never explicitly identifies himself as the Author of the story being recounted on the page, the autobiographical elements of his interventions strongly suggest an association of this narrator with Frankétienne himself, thus allowing the reader to regard the novel, at least to a certain extent, as Frankétienne's appeal to the intellectual to concretize his or her stated intentions. The reader is encouraged to form a connection between this narrator-author and the character of Paulin as well. For the latter's discourse overlaps, repeats, and affirms the position of the former regarding this question of the intellectual's — the individual's — responsibility to himself and to his community. Take, for example, the following declaration extracted from the first-person narrator's second introductory intervention:

> *J'étouffe. J'écris tout ce qui me passe par la tête. L'important pour moi, c'est l'exorcisme. La libération de quelque chose. De quelqu'un. Peut-être de moi-même. La délivrance. La catharsis. J'étouffe. Je ne vois pas de soupirail. Et je force sur les parois de mon asphyxie avec le bélier des mots [...]. Je suis fatigué. Maintenant je frappe aux portes closes. Je piaffe. Je crie. J'appelle. Je hurle. Mes cris d'alarme réussiront-ils à émouvoir quelqu'un? A toucher une cible sensible?* [I am suffocating. I write everything that comes to my head. What's important for me is the act of exorcism. The liberation of something. Of someone. Maybe of myself. Deliverance. Catharsis. I am suffocating. I don't see any windows in my jail. And I push against the walls of my asphyxia with my ram of words [...]. I am tired. Now I bang against closed doors. I stamp my feet. I cry. I call. I holler. Will my cries of alarm manage to move someone? To touch a sensitive target?] (17).[23]

Now compare the above passage with this later extract, in which Paulin explains his literary motivations to Raynand:

> Ce qui m'obsède le plus, ce serait de parvenir à m'évacuer de ce bunker qui emprisonne chacun de nous. Me traduire, en déchiffrant les hiéroglyphes qui encombrent ma vision. Les énigmes qui

---

[23] In italics in the original. Unless otherwise indicated, this essay has faithfully adhered to the chosen typography of the texts discussed.

m'exaspèrent. Réussir à provoquer un déclic dans la pensée du
lecteur. La manipulation par l'écriture pour créer un champ de
communication et forcer les gens à bouger des stéréotypes et de la
normalité [What obsesses me most is to manage to evacuate this
bunker that imprisons each one of us. To translate myself by
decyphering the hieroglyphes that obscure my vision. The enigmas
that exasperate me. To manage to trigger a thought in my reader's
mind. The manipulation through writing to create a field of
communication and to force people to move away from
stereopypes and normalcy] (119).

Paulin's declaration amounts to little more than a rephrasing of the
first-person narrator's statements, statements that echo the discourse of
the Spiralist authors themselves.

It is toward the midpoint of the story, in the longest chapter of
the text, that the reader is provided with the most exhaustive and
theoretical discussion of *Spiralisme*. For it is here that Paulin lays out
his plan to write a Spiralist novel; to abandon himself to an "obsession
du langage" and to thereby turn the word into a true creative act – a
direct expression of his innermost self rather than a crafted description
or explanation of this self. Paulin claims that he will infuse the novel
with "un peu de sang nouveau,"[24] that he will break with tradition by
writing a non-linear, non-narrative text in which the polysemic
potential and the associative value of the word are exploited to the
fullest. Convinced that the form of the spiral perfectly embodies the
vertiginous movement of human existence, Paulin proposes his literary
model as the only written aesthetic that can possibly hope to bridge the
gap between Word and Act. According to Paulin, "le langage spiraliste,
doué de mobilité, capable par sa fonctionnalité de suggérer l'ambiance,
de marquer la température, pourrait, en dynamisant l'intuition,
permettre d'éviter le piège du figuratif stérile" [the Spiralist language,
possessing mobility, capable by its functionality to suggest ambiance,
to mark the temperature, could, by energizing intuition, avoid the trap
of a sterile abstraction] (123).

The creative program that Paulin hopes to promulgate, and that
he calls *Spiralisme*, is determined by a profoundly anti-conformist
poetic and a refusal of the notion that life can be captured and
represented by means of a straight line or vector. Paulin intends, rather,

---

[24] Frankétienne, *Mûr*, 14. This quotation directly contradicts Cailler's comment cited
above (note 9).

to "surprendre à temps quelques boucles de la spirale" [to catch in time some curls of the spiral] (117), insisting that it is solely in the latter form that all the movements of life might be captured. He is not interested, then, in telling a story from beginning to end, nor does he intend to use his novel to articulate a particular political stance. His unique goal is to gain access to the deepest regions of his psyche where he might succeed in discovering the fundamental anguish and torment that unite him with the rest of humanity. He is convinced of the necessity of risking a Cesairean "incursion dans le volcan intérieur, pour appréhender, brûlé de laves, ne serait-ce que le mot le plus simple" [incursion in the interior volcano, to apprehend, burned by the lava, what might only be the simpler word] (116), and is confident that this self-interrogation will enable him to find the courage and the motivation to take concrete steps toward changing the world around him.

Du "vœu" au réel

Indeed, *Spiralisme* was founded on the same sentiment that prevails in modernist consciousness in general, that is, the notion that literature had become increasingly less satisfying in the face of the dramatic changes that marked the whole of society over the course of the twentieth century. In the Franco-European context, this notion was initially codified by the surrealist writers and reached its culminating point with the Nouveau Roman group, the sole established movement with which the Spiralists have ever claimed direct affiliation. The philosophy of the Nouveau Roman writers has principally been characterized by a categorical rejection of traditional forms of the novel and the concerted effort to produce literature that might better account for contemporary reality. These writers affirm that every novel must invent its own form in order to construct an accurate description of the new rapports that exist between the individual and his universe. Frankétienne, Fignolé, and Philoctète share this same preoccupation with formal innovation. Writers in and of a culture that, historically, has found itself profoundly influenced by "traditional" French literature, much to the detriment of its own aesthetic evolution, the Spiralists clearly demonstrate an elevated degree of creative fervor. Much like the partisans of the Nouveau Roman, the Spiralists challenge notions of chronological temporality, verisimilitude, and preestablished literary myths; they celebrate the disintegration of the plot in favor of the development of themes and any possible deviations.

The "new" novel is thus an exploration and interrogation of reality rather than the vehicle for any predetermined message. As such, the Spiralist works demand, to greater and lesser degrees, the reader's collaboration in the act of creation. Frankétienne explains in the preface to his second prose work in French, *Ultravocal*,[25] that "[l]a production littéraire ne vaut que par la lecture créatrice, celle qui a pour tâche d'agencer, à travers une relative ambiguïté, les divers éléments structuraux de l'ouvrage [...]. Le lecteur, investi autant que l'écrivain de la fonction créatrice, est désormais responsable du destin de l'écriture" [literary production has no value but for the creative reading that takes on the task of organizing trough relative ambiguity, the diverse structural elements of the work [...]. The reader, invested as much as the writer with the power of creation, is hence responsible for the fate of the writing].[26] The Spiralist novel aims to operate without absolutes. It proposes an intricately woven web of accumulated images, repeated sequences, and ambiguous characters among which its reader stumbles virtually unguided. Again like the Nouveau Roman writers, the Spiralists emphasize the maze-like quality of their works. Frankétienne conceives of the spiral as:

> [I]ndissociable du labyrinthe — trajectoire au cours de laquelle on périt ou l'on acquiert de la sagesse. A l'intérieur, pas de lumière, ténèbres, de temps en temps seulement, des éclaircies-stimuli pour la force de continuer le voyage. Le voyage labyrinthique rejoint fondamentalement ce voyage fabuleux sous forme d'aventure qui s'appelle la Vie [indissociable from a labyrinth – trajectory during which we die or reach wisdom. Inside, no light, darkness, only occasionally some stimulating intervals of light to give strength to continue the voyage. The labyrinthine voyage is fundamentally linked to the fabulous adventurous voyage that is called Life].[27]

Yet while motivated by certain elements of the theories of the Nouveau Roman movement, the Spiralists have never entirely identified with this Franco-European aesthetic philosophy. On the

---

[25] Frankétienne, *Ultravocal* (*Spirale*), Port-au-Prince, Imprimerie Serge L. Gaston, 1972.

[26] Frankétienne, *Ultravocal*, cover.

[27] Bernard, Philippe, "Notes de lecture," *Notre Librairie* 133, janvier-avril 1998, 125.

contrary, they have explicitly refused what they view as the propensity of the Nouveau Roman writers to throw up their hands in the face of literature's decline. The Spiralists' very faith in their aesthetic and their concentration on the pursuit of new creative inspiration are in fact rooted in the optimistic belief that the spiral can help the individual to survive the labyrinth, to ascend toward the light: "La spirale [...] est un parcours rituel, un guide qui permet, comme le fil d'Ariane, de maîtriser la complexité du labyrinthe, image de la vie de l'homme, et cette spirale est la clé d'or qui te permet de t'évader de l'enfermement qui te brise" [The spiral [...] is a ritual journey, a guide that allows, like Ariadne's clew, to master the complexity of the labyrinth, an image of man's life, and this spiral is the golden key that allows you to escape the imprisonment that breaks you] (Bernard, 125). Products of a non-industrialized culture just beginning to write its own story, the Spiralists claim what amounts to an obligation to resist those aspects of the Nouveau Roman that seem (despite Robbe-Grillet's protestations) to proclaim the death — or the irrelevance — of the individual. Rarely dogmatic in the expression of their ideas, the Spiralists have succeeded nonetheless in communicating their refusal to disregard such elements as the existence of profound human truths. In some ways, and perhaps even despite themselves, the aesthetic heirs of Jacques Stephen Alexis, the Spiralists have expressed a certain guardedness vis-à-vis what they perceive as the Nouveau Roman writers' socio-political neutrality. The Spiralists argue that Haiti is still in the process of being born, of readying itself to assume its "destin de peuple."[28] Haitian literature must, therefore, not only reflect but help facilitate this rebirth and (re)insertion into world culture. As Frankétienne once affirmed during an interview published in *Le Petit Samedi Soir* in 1972, *Spiralisme* rejects all that the Nouveau Roman implies of apoliticisation and the hypervalorization of inanimate objects that result from "la négation de l'être intérieur de l'écrivain et ... le refus des interventions subjectives de l'auteur" [the negation of the writer's inner self and ... the rejection of the author's subjective interventions] (Philoctète, 17). Frankétienne continues:

> Les tenants de ce qu'on appelle aujourd'hui le Nouveau Roman ne
> parviendront guère à sauver le genre moribond frappé de suscipion

---

[28] Fardin, Daniel, "Entretien avec Jean-Claude Fignolé," *Le Petit Samedi Soir*, déc 1972, 27.

> [sic] avec la crise de la société bourgeoise. Sorte de tensiomètre
> qui indiquerait la chute de la barre vers le point zéro de la
> graduation, le Nouveau Roman n'aurait que l'utilité d'établir le
> diagnostique [sic] fatal de l'incurabilité. Le Nouveau Roman, par
> ses descriptions maniaques de l'objet, a accentué le malaise du
> genre en agonie [The followers of what we call today the New
> Novel will not manage to save the moribund genre hit by the
> suspicion of the crisis of bourgeois society. A kind of tensiometer
> that reveals the drop of the gage towards point zero, the New
> Novel is only useful as a diagnosis of an incurable disease. The
> New Novel, by its maniacal descriptions of the object, has
> accentuated the genre's malaise into agony] (Philoctète, 21).

While affirming, like the Nouveau Roman writers, that the novel as a genre has arrived at a point in its evolution where all that remains in its future is the period of painful suffering preceding an inevitable obsoleteness, the Spiralists hope to make the most of this literary crisis by investing themselves in an aesthetic dedicated to furious and unbridled creation. They accept the challenge that the novel presents, not in the false hope of returning the genre to its former splendor, but in the interest of making its death throes gloriously unforgettable.

Frankétienne, Fignolé, and Philoctète have thus applied themselves to the establishment of an entirely original attitude toward artistic creation. Refusing *a priori* the notion of a literary school or of a "system" organized according to specific rules (a refusal that contributes to the difficulty with which one is confronted when attempting to discuss the Spiralist aesthetic, and that is responsible in part for the lack of comprehensive studies on the Spiralist novel), these authors remain deliberately ambiguous. Fignolé asserts that this voluntary lack of clarity serves to prevent theorists and literary critics from focusing on certain of the principles of the aesthetic while relegating others to the background. In his *Voeu de voyage et intention romanesque*, Fignolé does not hesitate to extol the virtues of the Spiralist perspective but is also careful to insist on a rejection of totalizing literary practices.

> Pourtant attention! Que la nouvelle littérature à surgir de
> l'explosion magnifique de ma parole ne s'oblige [...] à
> l'accouchement douloureux en s'imposant tel schéma (tel ghetto)
> dans lequel s'enfermer [...]. Que telle littérature, surgie à l'acte, ne
> ferme la porte à d'autres chants [Nonetheless beware! That the new
> literature to emerge from the magnificent explosion of my words
> doesn't see itself [...] through a painful birth by imposing some

scheme (some ghetto) in which to lock itself [...]. That such a
literature, born from this action does not shut the door to other
songs].[29]

Rather than supply a set of specific standards for what or how literature
should be, the Spiralists prefer "être considérés comme des anarchistes
de l'écriture [...] des démolisseurs de mythes" [to be considered as
anarchists of writing [...] demolishers of myths] (Philoctète, 21).

One must, however, be careful not to confuse this anarchist
intention with a spirit of nihilism. Indeed, the Spiralists promote a
certain questioning of conventions and a potential rejection of
authority. One might even go so far as to say that they seek out and
cultivate the disorder — the anarchy — that results from shaking up
certain governing structures in literature. Nevertheless, at no point do
they deny the importance of "la vérité morale, les valeurs et leurs
hiérarchies" [moral truth, values and their hierarchies].[30] While the
Nouveau Roman writers endeavor to empty literary myths of their
psychological and tragic content, the Spiralists contest the very
assumptions that have lead to the establishment of these myths in the
first place. Frankétienne, Fignolé, and Philoctète are primarily
concerned with interrogating the foundations of modern literature and
society, and with challenging those who impose, often by force, their
own truths on communities of individuals. The Spiralists have set as
their principal objective the production of a fecund disorder, calling
attention to, and even reveling in, the fact of the basic insufficiency of
language – "la possible impuissance de la parole" (Chemla, 117). They
promote an aesthetic that allows for the free discovery of unbounded
truths, and not the orderly and rigorously constructed universe
proposed by the Nouveau Roman writers. It is, in fact, the openness of
this creative attitude that works to counterbalance the pessimism and
the moral disillusionment of which the Spiralists are often accused.

According to Frankétienne, Fignolé, and Philoctète, the notion
of the spiral incarnates a very precise artistic attitude as well as an
essential reality like arithmetic, electricity, or physics, and thus offers a
means of universalizing one's creative perspective, again, without
abandoning the space of the island.

---

[29] Fignolé, Jean-Claude, *Vœu de voyage et intention romanesque*, 104-5.
[30] Nihilisme: "Doctrine qui nie la vérité morale, les valeurs et leurs hiérarchies," *Le Nouveau Petit Robert,* Montréal: DICOROBERT, 1996, 1488.

> In geometry [...] the spiral presents itself like an open curve, made up of a succession of connected arcs. In astronomy, the spiral is found in the structure of the galaxy; nebulae and massive stars are spread along a spiral [...]. In biology, life, whatever its form, develops a spiral structure during its evolution. The phenomena of fertilization, of cellular multiplication and reproduction unfold in the dynamic of the spiral motion [...]. The general impulse of life has an upward nature. This movement does not progress along a straight line which would symbolize death. It is rather a movement in the shape of a spiral which reproduces some aspects of the past but at an infinitely superior level. It is a movement from the bottom to the top, from the simple to the complex. And in each spiral structure, each new turn is deeper and richer than the last one. The spiral defines the perpetual movement of life and of all evolving things; it is the characteristic of dialectic ("Frankétienne," 389-90).

As a phenomenon integrally reflective of the dynamic by which organisms and living systems grow and develop, the spiral provides a very satisfying metaphor for the literature that Frankétienne, Fignolé, and Philoctète hope and intend to produce: the necessary literature of a people trying to write itself into existence. The form of the spiral is therefore to be understood as an organic reality that, once rendered textually, provides a formal strategy capable of sustaining the simultaneous presence of multiple literary genres and forming a literature that encompasses the full range of the individual's — the artist's — creative capacities.

Indeed, the Spiralists insist, not unlike the majority of twentieth-century Francophone Caribbean writers, that every intellectual has both the potential and the obligation to put his or her exceptional creative abilities at the disposal of the collective. Indeed, both of the passages cited above express a belief that, used correctly, the written word might serve as an instrument of revolt, the vehicle for a solitary cry with the power to awaken the collective. This revolutionary impulse is, of course, consistent with the stated intentions of all Francophone Caribbean writer-theorists, be they affiliated with *Indigénisme, Négritude, Antillanité, Créolité*, or no specific perspective at all. The Spiralists, however, choose quite a different manner of communicating these political motivations in their texts. As Frankétienne so eloquently articulates it:

Je reste convaincu – et c'est mon utopie – que si la littérature ne
donne à manger à personne, elle permet d'apprendre à planter un
champ de blé. Le pain viendra après. Malgré le reproche que l'on
me fait d'un certain hermétisme, je reste convaincu qu'un texte
littéraire est une petite étincelle qui permet de retrouver l'Autre,
pas forcément le voisin, mais un autre quelconque sur la surface de
la terre. C'est pour cela que je n'ai d'autre choix que me taire ou
continuer sur la voie de la perversion des mots. Si d'autres sont
capables de tuer, eh bien laissez-moi massacrer les mots. Je n'ai
rien contre ceux qui choisissent la transparence mais pour moi la
littérature est l'affirmation d'une individualité [I remain convinced
– and that's my utopia – that if literature doesn't feed anyone, it
does allow for the teaching of how to plant a field of wheat. Bread
will come later. In spite of the reproach of being hermetic, I remain
convinced that a literary text is a small spark that allows us to find
the Other, not necessarily a neighbor, but another on the face of the
earth. That's why I have no other choice but to continue my
perversion of words. If others are capable of killing, well let me
massacre words. I have nothing against those who choose
transparency, but for me literature is the affirmation of an
individuality] (Chemla, 117).

In effect, the Spiralists attempt a veritable conquering, or at least a re-
appropriation, of the Word, this unit of meaning that effectively stands
between the Francophone Caribbean writer and the non-reading public
by which he or she is often inspired. Frankëtienne, Fignolé, and
Philoctète actively seek a mastery of "les rapports ambigus de la
littérature et du pain ;" they aim to identify "la juste minute où une
seule parole peut valoir mieux qu'un champ de blé" [the just minute
when only words are worth more than a field of wheat] (*Ultravocal*,
38-9). By divesting the word, be it French or Creole, of its absolute
authority, the Spiralists light little fires of inspiration-without-
explanation throughout the fields of (Francophone Caribbean)
literature.

According to Hoffmann, "[l]a question n'est pas de savoir si
Franketienne a élaboré un système universellement utilisable, ni de
déterminer si ce système est cohérent ou entièrement original.
L'intéressant est que Franketienne ait été le premier écrivain haïtien à
avoir voulu créer sa propre structure esthétique, plutôt que d'en adopter
ou d'en adapter une venue d'ailleurs" [the question is not to know if
Franketienne has elaborated a usable system, nor to determine if this
system is coherent or entirely original. What is of interest is that
Franketienne was the first Haitian writer to want to create his own

esthetic rather than to adopt one or to adapt one coming from elsewhere].[31] While the latter part of Hoffmann's statement is quite a reasonable assertion, one might — one should — take issue with his implicit dismissal of questions of relevance and intention. Indeed, such a stance essentially underestimates the theoretical import of *Spiralisme* and overlooks its subversive potential. Less concerned with the conceptualization of the island space and its people than with the immediate — almost urgent — representation of reality, the Spiralists' intentions are present-oriented and concrete. Frankétienne, Fignolé, and Philoctète's fictional works offer direct and unmediated access to individuals and to history, enabling the reader to become "caught up in" the spiralic movement of the world(s) they describe. Constructing the textual universe without judgment or predetermined objective, the Spiralists ultimately paint faithful and profoundly recognizable portraits of their homeland — in all its ugliness and despair; its creativity and passion. Refusing to do battle with what are often perceived as the failings of the Haitian individual vis-à-vis the history and the space of the island, they remain rooted in the *réel*, as opposed to the *vœu*, focused on evoking the real rather than the ideal.

Indeed, the Spiralists make no attempt to deny, compensate for, or escape the discomfort of the unknown or the horrors of the real. With the violence and frenzy of the whirlwind, the spiral incorporates all in its path, without distinction, judgment, or hierarchy. Interested, above all, in the immediate and the experiential, Frankétienne, Fignolé, and Philoctète embrace what fragments of reality they are able to seize, and thus integrate the episodic and the unstable into the very foundations of their works. Questions are constantly posed, yet answers are neither provided nor sought. Speech is literally displayed as the authors exult in the impulsiveness and sincerity of the cry. Indeed, if there are no main characters in Spiralist novels it is at least in part because the language occupies center stage. Frankétienne, Fignolé, and Philoctète still believe that words are so many "armes miraculeuses"[32] with the power to seize and transform the world.

Both Frankétienne and Jean-Claude Fignolé continue to live and publish to this day. Both their theoretical and aesthetic concerns are thus subject to constant change and reevaluation. It is clear, however, that the Spiralists have found in their aesthetic philosophy an

---

[31] Hoffmann, Léon-François, *Littérature d'Haïti*, Vanves: EDICEF, 1995, 215.
[32] Césaire, Aimé, *Les armes miraculeuses*, Paris: Gallimard, 1970.

effective means of writing about the Francophone Caribbean real and, more specifically, of reflecting Haiti's social and literary history. Perfectly comfortable with the "instability" and the "hybrid"[33] of Caribbean reality, the Spiralists do not use their fiction to construct a vision of what could or should be, or to denounce what should not be (Dash, 3). Instead they embrace their at times unsettling reality through the metaphor of the spiral, integrating the broken and the lacking, the confused and the silent into their fictional works. Therein lie the originality and profound acuity of *Spiralisme*'s largely unrecognized contribution to the literature of the Francophone Caribbean.

---

[33] Dash, J. Michael, *Edouard Glissant*, Cambridge University Press, 1995, 3.

D'un exemplaire créateur souterrain : un entretien avec Frankétienne

Jean Jonassaint

Résumé : Au cours de cet entretien, Frankétienne s'entretient de sa production littéraire et picturale, principalement dans le contexte de la dictature des Duvalier père et fils. Il décrit comment le climat de répression, la solitude et l'espace restreint auxquels il s'est trouvé acculé ont tout à la fois nourri et libéré sa créativité. Exilé de l'intérieur, Frankétienne reflète dans sa production littéraire et artistique la « nécessité » inéluctable qui l'a poussé à créer en déjouant le pouvoir par de multiples stratégies de marronage.

Summary: In this interview, Frankétienne discusses his literary and pictorial production, mainly in the context of the dictatorships perpetrated by François Duvalier and his son. He describes how the climate of repression, loneliness, and restricted space to which he was subjected both nourished and freed his creativity. Exiled within, Frankétienne's literary and artistic production reflects the inescapable "need" that compelled him to create by signifying against the powers of repression through the many subversive strategies of marronage.

* * *

Le 4 janvier 1987, je rentrais à Port-au-Prince pour la

deuxième fois depuis mon départ d'Haïti en avril 1972. Je n'avais qu'un objectif pour ce court séjour d'une semaine : préparer un numéro de *Dérives* sur Frankétienne qui devait inclure un long entretien avec ce dernier sur sa poétique. Pour une raison obscure, après une première rencontre de plus de deux heures, le soir même de mon arrivée, Frank refusa de poursuivre le dialogue le lendemain comme il avait été convenu. Il me dira quelques années plus tard, révisant avec lui la transcription de notre conversation pour cette publication, qu'il n'était pas prêt à l'époque. Je n'ai osé demander ni pourquoi ni comment pour ne pas courir le risque d'ouvrir quelques vieilles blessures. Quoi qu'il en soit, quinze ans plus tard, ces propos d'alors restent actuels et constituent un premier jalon pour mieux comprendre son itinéraire d'écrivain, de peintre et de citoyen aux prises avec une dictature qui n'en finissait pas. Ces échanges sont aussi un matériau de première main pour mieux lire ses productions d'avant la chute des Duvalier. Il m'est difficile de reconstituer après tant d'années le climat de cette entrevue. Par contre, je me rappelle que d'entrée de jeu, Frankétienne a tenu à affirmer que sa production, picturale ou littéraire, a été conditionnée par le climat de la répression duvaliériste. Autrement dit, précisa-t-il, avec son assurance habituelle : « J'ai été habité par ma création et ceci à cause même de ce climat ». Et il poursuivit : « A l'encontre du point de vue qui voudrait que la répression, la tyrannie, le totalitarisme tuent et détruisent toute motivation créatrice, moi j'ai vécu le phénomène contraire parce que l'écriture a été pour moi une nécessité. J'ai commencé à écrire au moment où pas mal de mes amis, de mes camarades artistes et écrivains, notamment ceux de Haïti Littéraire et de Calfou (Anthony Phelps, Emile Ollivier, Roland Morisseau, Serge Legagneur, Bernard Wah, etc.), avaient été chassés du pays par la dictature de Duvalier, ou choisi eux-mêmes de partir, toujours à cause de ce climat de répression, et je crois que l'écriture a été, pour moi, une façon de vivre ma solitude ».

Jean Jonassaint : *En fait, l'exil est un des thèmes les plus forts dans ta production. Jusqu'à un certain point, presque tous tes livres sont traversés par cette problématique ?*

Frankétienne : C'est vrai, parce que j'ai été, et le terme n'est pas trop fort, j'ai été un exilé de l'intérieur. Je suppose, je suis même certain que l'exil hors du pays doit être douloureux et terrible. Car, même au pays, tout en bénéficiant de l'espace physique du pays haïtien, j'ai vécu difficilement cette solitude coupé de mes amis, vivant dans un espace tout à fait restreint. Pendant des années, et jusqu'à présent, je n'ai pu participer à quoi que soit, même pas à des mondanités. J'ai vécu complètement replié sur moi-même, et à un moment donné, René Philoctète et moi, nous avons vécu cette solitude ensemble, servant de béquille l'un pour l'autre. Donc, je crois que j'étais un exilé de l'intérieur et ce, pour plusieurs raisons : non seulement pour avoir été coupé de mes amis, mais aussi pour avoir été coupé de ce que j'appelle cette atmosphère, ce climat d'une certaine enfance où j'ignorais (et ça vaut pour presque tous les Haïtiens de mon âge) ce que pouvait être réellement une vraie dictature. On a eu Magloire !... Mais au fond, n'ayons aucune illusion là-dessus, depuis Dessalines le pays a toujours été dirigé par des autocrates, et je crois que c'est important du point de vue qualitatif, de le rappeler. Mais du point de vue quantitatif, quand on pense à cette purge (près de 100.000 personnes disparues ou bien éliminées physiquement, sans compter ceux qui ont laissé le pays), je crois que le régime de Duvalier a porté au paroxysme l'expérience de la dictature qu'a toujours vécue le peuple haïtien depuis 1804.

JJ : *Tu dis que le fait d'avoir été coupé de tes amis à cause de la répression duvaliériste a été un facteur dynamisant dans ta volonté de produire une oeuvre. C'était une sorte de planche de salut, comme dit Roger Dorsinville : Ecrire pour ne pas mourir. Mais tu aurais pu aussi bien écrire sans publier. D'ailleurs, je pense que tu as brûlé ou jeté deux oeuvres, parce qu'il y a aussi des moments où ce n'était pas possible de publier. Tu as peut-être été l'un des rares, sinon le seul au pays, à avoir publié assez régulièrement des oeuvres qui témoignaient de la situation politique haïtienne, ce qui a porté beaucoup de gens à dire : « Frankétienne s'acoquine avec le régime, il a des accointances, voilà pourquoi, il n'est pas inquiété » ou bien « ses oeuvres sont des oeuvres petites-bourgeoises et formalistes, etc. ». Comment as-tu pu négocier avec le pouvoir ? Par exemple,* Visa pour la lumière *et* Lampe-témoin, *deux manuscrits que j'ai connus personnellement, qui ont même été annoncés à la sortie* d'Ultravocal (1972) *ont disparu à jamais de ta bibliographie. Et pendant les quatre années les plus dures de la dictature, tu n'as rien publié, mais tout à coup en 1972 après la mort de Duvalier père, tu sors* Ultravocal, *une œuvre maîtresse qui témoigne à sa manière de la répression extrême de la fin des années*

1960. Tu as dû faire des choix ?

F : La question comprend plusieurs volets et à ce point de vue-là, je crois que la réponse également comportera plusieurs volets. D'abord, le fait de publier a été une nécessité. Je crois qu'une oeuvre terminée doit être automatiquement publiée. C'est peut-être là mon drame : les conditions de publication en Haïti. Economiquement, il y a un problème : comment faire sortir un livre ? Parce qu'une fois qu'un livre est achevé, moi je ne conçois pas qu'il moisisse ou dorme dans les tiroirs. A l'époque, je bénéficiais de maigres ressources. Le coût du papier n'était pas trop élevé, l'impression d'un livre n'était pas trop chère, je me suis donc arrangé pour faire paraître mes premiers recueils. Je ne rejette pas ces livres, parce que je les considère comme des jalons dans ma production, mais, du point de vue esthétique, pour moi, ils sont réellement faibles.

JJ : *Tu parles de tes cinq premiers recueils ou des quatre premiers ?...*

F : Non, je parle des quatre premiers recueils. C'était une période de tâtonnement où, dévoré de l'intérieur mais coupé des recherches poétiques contemporaines, il était question pour moi de publier. A l'époque, je n'étais pas conscient de la faiblesse de ces livres, car je ne les aurais pas publiés, par honnêteté, par exigence. Je crois que ce qui caractérise un artiste, c'est l'exigence envers lui-même. Mais il faut dire que j'ai été motivé par mes contacts avec les écrivains d'*Haïti Littéraire*. J'avais lu tout ce que Legagneur avaient écrit [notamment les textes de la revue *Semences* (1962)], les recueils de Phelps, [*Eté* (1960), *Présence* (1961), et *Eclats de silence* (1962)], et de Davertige, [*Idem* (1962)]. Je les avais lus attentivement, mais je ne crois pas que cela suffisait pour me donner une idée réelle de la production littéraire. J'emploie le mot « production » de manière consciente. Une fois qu'il y a production, il y a non pas des normes, mais du moins tout un mécanisme qui pourrait même frôler, à certains moments, l'artisanat dans la production artistique, le côté métier. J'avais écrit ces textes, il fallait les publier, d'autant plus que je n'étais pas conscient de leurs limites, de leurs faiblesses. Comme l'édition d'un recueil de 60-70 pages n'était pas trop lourde financièrement, je me suis arrangé pour les faire paraître. C'est ainsi qu'en 1964, j'ai publié deux recueils : *Au Fil du temps* et *La Marche*, et un an après, en 1965, *Vigie de verre* et

Mon côté gauche.

JJ : *Ces livres ont été écrits à quel moment ? Pendant tes rencontres avec les gens d'*Haïti Littéraire *ou après leur départ ?*

F : Pendant mes rencontres. Disons que j'ai pris le risque d'écrire des paragraphes, et ensuite des paragraphes qui, par éclatements successifs, donnent un poème, donnent quelques poèmes, et c'est progressivement que je vais vivre la création, non seulement comme une nécessité, je dirais intérieure, mais aussi comme un métier avec toutes ses exigences. C'est bien après la parution de ces quatre recueils, que j'ai été « habité par l'écriture ». Parce que je crois que, fondamentalement, on produit à partir du moment où on se sent habité par l'écriture. Mais écrire réclame aussi une connaissance des œuvres antérieures et contemporaines, que l'on s'y réfère pour les dépasser. La littérature réclame non seulement des procédés, mais tout un processus de travail intellectuel, c'est-à-dire la lecture, l'écriture et l'expérience des écrivains qui nous ont précédés, mais aussi des exigences esthétiques vis-à-vis de soi-même, vis-à-vis de l'œuvre, vis-à-vis de la littérature. C'est après ces quatre recueils, au moment de produire *Chevaux de l'avant-jour* (1967), que j'ai commencé à sentir ces exigences esthétiques. Mais malgré tout, *Chevaux de l'avant-jour* reste encore pour moi un texte mineur.

JJ : *Mais un texte mineur qui contient toute l'œuvre à venir, du moins jusqu'en 1987. Dans* Chevaux de l'avant-jour, *on sent déjà* Ultravocal *(1972) ou même une pièce comme* Kaselezo *(1986), c'est le même souffle ou presque, la même poétique où les frontières entre prose et poésie s'annulent. Ce qui m'a beaucoup frappé en relisant* Chevaux de l'avant-jour *pour préparer l'édition revue et corrigée de 1987, c'est comment l'esthétique de Saint-John Perse a été intégrée dans la problématique haïtienne. C'est le même grand souffle, cette volonté de faire éclater le vers, de faire éclater le texte, et en même temps, il y a quelque chose qui est de l'ordre de la culture populaire haïtienne qu'on va rencontrer continuellement au fil de tes livres, sauf peut-être dans* Mûr à crever *(1968) où l'oraliture haïtienne n'est pas tout à fait présente, du moins est moins évidente dans la forme de l'expression, pour reprendre la distinction hjelmslévienne.*

F : Cela est juste, parce que, à l'encontre des quatre premiers recueils qui sont fragmentés sous forme de textes poétiques titrés, *Chevaux de l'avant-jour*, c'est un ensemble avec des chants où il y a une unité, une atmosphère poétique propre à l'ensemble de l'œuvre. Mais il y a aussi le fait qu'après le départ des amis d'*Haïti Littéraire*, René Philoctète et moi, ainsi que Jean-Claude Fignolé, nous avons beaucoup travaillé théoriquement. C'est à ce moment-là que nous avons même commencé à poser les bases de ce que nous avons jugé bon d'appeler le « Spiralisme ». Donc, il est vrai que *Chevaux de l'avant-jour* marque une rupture du point de vue esthétique, et même du point de vue thématique avec mes premières productions.

Un deuxième volet de ta question : comment j'ai pu, tu as employé l'expression, « négocier avec le régime ? » Je comprends le mot, mais je le récuse, car il n'a pas été question de négociations qui impliqueraient soit une compromission ou un compromis. J'ai peut-être, pas consciemment, pris des risques à un moment où toute parole d'artiste était frappée de suspicion. A posteriori, puisque j'ai commencé à publier en 1964, quand j'essaie d'analyser ou de comprendre les facteurs qui ont dû jouer en ma faveur, je trouve que le mot que j'emploie est juste, je suis un *miraculé*. Parce que je me demande si, replacé dans le même contexte de répression sauvage, avec les mêmes risques, mais aussi coupé de certains facteurs qui, maintenant, peuvent jouer en ma faveur, une certaine reconnaissance internationale, j'aurais publié certains livres ?...

JJ : *Mais, tu n'as pas publié des œuvres très compromettantes sous François Duvalier, sauf* Mûr à crever *qui, selon certaines rumeurs de l'époque, t'avait amené à te cacher quelque temps. Généralement, tu n'as pas été vraiment inquiété sous le régime de François Duvalier ? C'est plutôt sous Jean-Claude, à partir d'*Ultravocal, *que ton travail devient de plus en plus politique, plus engagé ?*

F : Le livre a paru en 1968, six ou huit mois avant ce qu'on appelle le grand *ratiboisage* de Duvalier. Duvalier a *ratiboisé*, comme on dit, les secteurs progressistes, un grand balayage où pas mal de militants rentrés au pays ont été assassinés, fusillés. On a vécu pratiquement l'angoisse quotidienne. Je ne me suis pas caché, du fait qu'à l'époque, le livre n'a pas été perçu par le pouvoir comme une création subversive, peut-être parce que les gens du pouvoir ne s'étaient pas mis en tête, et là on est dans le domaine des hypothèses, qu'il pouvait être possible de jouer avec le feu. C'est peut-être pourquoi le livre a été lu tout à fait au premier degré. On s'est arrêté à l'anecdote, on n'a pas pénétré le texte.

JJ : *Il y a peut-être aussi cette inversion dans la problématique de l'invasion qui a sans doute détourné les esprits et porté à lire* Mûr à crever *dans une optique moins critique. En général, quand on parle d'invasion en Haïti, notamment dans le roman haïtien, et ce depuis le fameux récit de l'invasion de Miragoâne par Hibbert dans* Romulus *(1908), ce sont des « révolutionnaires » qui essaient de libérer Haïti du tyran au pouvoir. Or, dans* Mûr à crever, *l'invasion venait justement des ennemis du pays qui voulaient l'occuper, et c'est peut-être ce rappel (sans la nommer explicitement) de l'historique occupation américaine, ou mieux de la menace américaine que rappelle aussi explicitement Chauvet dans* Amour *publié la même année (1968), qui a sauvé le livre, dans la mesure où l'invasion n'était pas perçue positivement, mais plutôt négativement. Un autre point m'a aussi frappé : la facture formaliste de ce livre. C'est un roman très formel : roman d'un roman, tout à fait gidien jusqu'à un certain point, où la question centrale semble être d'abord comment écrire ? Ce formalisme a peut-être empêché le pouvoir de lire l'ouvrage. D'ailleurs très peu d'Haïtiens l'ont lu.*

F : Je ne sais pas si le pouvoir a lu ou non *Mûr à crever*, mais il y a un ami de l'armée qui m'a rapporté qu'il a vu plusieurs fois le livre sur la table de François Duvalier. Pour revenir sur le contenu du livre, et son aspect formaliste, je suis d'accord avec toi, j'étais fasciné, motivé par les recherches du nouveau roman, par les recherches du groupe *Tel Quel*, les structuralistes. C'était la mode à l'époque. Pour ce qui est du contenu, il y a réellement là-dedans une problématique d'invasion, mais c'est un symbole pour essayer de matérialiser, de rendre présente la menace qui a toujours pesé sur Haïti, d'une intervention de l'impérialisme américain. Cette menace est quotidienne, mais la menace militaire, disons périodiquement, pèse sur le pays, parce que l'Américain a toujours regardé non seulement les Caraïbes, mais en particulier Haïti comme sa chasse gardée.

JJ : *Dans ce sens,* Mûr à crever *ne véhicule-t-il pas à un certain* *discours duvaliériste ? Duvalier a toujours joué quelque peu sur cette menace d'une invasion américaine : ce refus historique de toute ingérence américaine dans les affaires d'Haïti qui se traduit parfois par un certain anti-américanisme. N'y aurait-il pas une certaine résonance de ce discours duvaliérien anti-impérialiste dans* Mûr à crever *?*

F : Oui, de manière démagogique, Duvalier a joué la carte anti-impérialiste, car il y a toujours eu une collusion entre le régime de Duvalier et l'impérialisme américain. N'oublie pas que pendant longtemps, il y a eu le fait cubain. Et Cuba a été la migraine américaine. Toute la mise en place de la dictature de Duvalier n'a été possible qu'avec l'assentiment et la complicité de l'Américain, et Duvalier a été d'une intelligence suffisamment cynique pour poser des actes forts chaque fois que les Etats-Unis avaient des problèmes ponctuels avec Cuba. Nous pouvons jeter un regard rétrospectif pour voir le premier acte posé par Duvalier en 1960, tout au début de la révolution cubaine, d'abord, il y a eu la grève des professeurs qui a été matée sauvagement : arrestations, assassinats ; puis la grève des étudiants en 1960, qui a été étouffée de manière sauvage en 1961, au moment où Cuba a été perçue comme la menace.

En ce sens, je crois qu'il faut reconnaître un certain sens politique à François Duvalier. Il n'est pas question de le juger moralement. Est-ce que c'était bien ou mal de diriger ainsi un pays, nous avons les résultats : ce fut le désastre. S'il faut juger le régime de Duvalier, il ne faudrait pas que ce jugement éthique nous porte à oublier les ressources qu'il a puisées chez lui en fonction d'une certaine réalité ou conjoncture nationale et internationale. Il ne faut pas nier que l'homme était pourvu d'un certain sens politique, qu'on n'a pas retrouvé chez Jean-Claude, son fils. Lui, c'est l'imbécile, le gaga, mais Duvalier faisant partie de l'élite traditionnelle, a utilisé et a porté à ses extrêmes limites toutes les recettes de la politique traditionnelle des gouvernements anti-populaires de 1804 jusqu'à nos jours. La méthode d'approche de Duvalier a été utilisée et usée jusqu'à l'extrême, et puisque le présent nous intéresse beaucoup plus que le passé, une dictature à la Duvalier n'est plus possible aujourd'hui. Je ne dis pas qu'il soit impossible d'installer dans le pays un régime fort, mais il faudrait que les hommes politiques qui voudraient opter pour un système pareil fassent travailler leurs méninges pour créer autre chose,

parce que Duvalier l'a usé à force d'en avoir abusé. Donc, tout ce que
Duvalier a fait à l'époque a été en fonction de la révolution cubaine.
Ensuite, comme acte important, il a prolongé son mandat. Après avoir
éliminé l'opposition, après avoir étouffé l'opposition des intellectuels,
tant du côté des professeurs que des étudiants, il s'est senti plus à
l'aise, au cours de l'année 1961, pour prolonger son mandat. Il a
organisé des élections bidon au moment où il était question pour le
peuple haïtien de réélire des parlementaires. On a été tout à fait étonné
de constater que sur les bulletins figurait le nom de François Duvalier
comme président, pour une prolongation de mandat de six ans. En
1964, non content de cette prolongation illégale, et même aberrante, il
s'est bombardé président à vie. On sait ce que ça a valu au pays. Il y a
eu donc une certaine collusion entre le régime de Duvalier et le
gouvernement américain de l'époque, et l'impérialisme américain a
avalisé la politique de Duvalier, face à la menace castriste. Les
Américains ont donné carte blanche à Duvalier pour arrêter, limiter,
endiguer la menace communiste. Donc, je ne crois pas que le discours
nationaliste de Duvalier puisse être considéré réellement comme un
discours populaire qui avait en vue les intérêts des masses haïtiennes,
au contraire, Duvalier (et c'est ce qu'il a fait aussi pour le vodou) a
battu la grosse caisse autour d'un certain nationalisme de bas étage,
pour écraser les masses haïtiennes, pour les exploiter, et détruire chez
elles toute velléité de soulèvement, pour étouffer toute contestation.

Donc, quand dans *Mûr à crever*, j'ai posé la problématique de
la menace américaine, ce n'était pas une menace contre le duvaliérisme
mais contre le peuple haïtien. Car l'intervention américaine, et quelle
que soit l'époque, que l'on remonte à 1915, qui a été la matérialisation
de cette menace, ou que l'on considère la conjoncture actuelle,
l'intervention américaine ne doit pas être envisagée comme une
menace vis-à-vis des classes dirigeantes qui ont toujours pactisé avec
l'Américain, mais comme une menace vis-à-vis des masses profondes
du pays, de la culture du pays haïtien. Duvalier a utilisé le vodou à une
double fin : d'abord politiquement de manière démagogique (on ne doit
pas commettre l'erreur de confondre le vodou avec le duvaliérisme) ; et
ensuite de manière folklorique, alors qu'il est possible, je crois, de
trouver à l'intérieur du vodou des lignes évolutives et des potentialités
que l'on peut utiliser pour, et en vue, de la libération du peuple : ce que
Duvalier n'a pas fait. Soulouque aussi, avant Duvalier, a utilisé
systématiquement le vodou, et même un discours outrancièrement

indigéniste simplement pour le *lakou*, la galerie. De plus, je crois que dans *Mûr à crever*, il y a aussi des passages où j'ai posé le problème de la misère du peuple haïtien. Dans ce livre, écrit en 1967-1968, il y a un chapitre où il est question des Haïtiens qui laissent le pays, qui vont travailler là-bas, et du rapatriement des Haïtiens qui, en regardant à bord du bateau la configuration lointaine d'Haïti, dans la brume, ont préféré le suicide. Il y en a qui se sont jetés à la mer, qui ont préféré être dévorés par les requins.

JJ : *Oui ! Etant Port-de-Paisien de naissance, ces pages 54 à 61 sont, pour moi, les plus émouvantes du livre : ce retour forcé au pays natal qui débouche sur le suicide collectif. J'ai tant entendu de ces récits d'horreur dans mon enfance que je ne pourrai jamais lire ces pages sans émotion. Mais, revenons au terme négociation que je voudrais préciser. Ce n'est pas dans le sens où il y aurait eu une négociation entre toi et le pouvoir, plutôt je souhaitais comprendre comment tu as pu résoudre la question centrale dans* Mûr à crever : *comment écrire dans ce pays d'Haïti (ce roman étant d'abord le roman d'un roman) ? Et surtout comment as-tu résolu le conflit entre le politique et le poétique qui guette tout écrivain dans un pays comme Haïti ? Plus simplement, en pensant aux deux manuscrits,* Visa pour la lumière *et* Lampe-témoin*, qui n'ont jamais été publiés, je me demandais pourquoi ? Est-ce pour des raisons esthétiques ou politiques ?*

F : Non, je vais te répondre. Ces livres ont été écrits avant *Ultravocal*. Le problème, le voici : à l'époque, il a été question pour un écrivain non inféodé au régime de s'aménager non seulement un espace d'écriture, du point de vue artistique, mais aussi un espace mental. S'aménager un espace physique, c'est ne pas pactiser avec le régime, c'est le fuir et se refermer, se replier sur soi-même et à l'intérieur de l'écriture dans un espace de marronnage rendu possible par l'utilisation des techniques du nouveau-roman. Et ça a été aussi en partie le cas de René Philoctète, dans sa poésie. Mais la poésie, utilisant les images, facilite le marronnage, alors que dans *Mûr à crever* et *Visa pour la lumière*, l'anecdote elle-même comportait déjà un substrat contestataire et anti-duvaliériste. C'est pourquoi je récuse le mot « négociation ».

JJ : *Pour toi, ce serait plutôt ce qu'on pourrait appeler un recours ou un détour formaliste ?*

F : C'est ça !

JJ : *Il y a un autre aspect de ton œuvre qui m'a beaucoup intéressé, c'est le recours constant à la symbolique. C'est aussi dans ce sens-là que je parlais de négociation : tu essaies de dire la réalité haïtienne de façon à ce que le pouvoir ne puisse pas se dire : « mais il nous attaque carrément !...» Tu parles du présent dans une sorte d'atemporalité....*

F : C'est ce que moi j'appelle le marronnage, qui est une constante dans la culture haïtienne, et particulièrement quand on parle de marronnage au niveau de l'écriture, on ne peut pas ne pas rappeler l'utilisation des symboles. Fondamentalement, dans un espace de marronnage, le langage, l'expression, passe par le biais du marronnage, tant au niveau des mots que des situations qui ne sont pas décrites au premier degré, où il y a un travail à faire de la part du lecteur. L'œuvre n'est pas achevée, il y a une interprétation qui n'est possible qu'à partir d'une réflexion. Or, je me demande s'il y avait, à l'intérieur du régime, des exégètes qui pouvaient, à la limite, me lire. Il y a un fait qu'il faut reconnaître, j'essaie de le formuler après coup, certes. Le régime de Duvalier a fonctionné vis-à-vis de la création avec une certaine ambiguïté. Malgré sa suspicion fondamentale vis-à-vis de la production intellectuelle, de la création artistique – parce qu'à partir du moment où tu produis en dehors du régime, tu es frappé de suspicion – le régime ne croit pas à la vertu de la chose littéraire dans ses potentialités. Duvalier a même dit que ses ennemis, il les attend devant le palais, à la rue des Casernes. Donc, tu peux bien te masturber avec ta poésie, tes images, cela ne l'inquiète pas. Peut-être que cela a joué favorablement aussi à ce moment-là.

JJ : *Oui, mais peut-être qu'il avait raison, parce que je me demande si, jusqu'à ce que tu aies fait ce passage au théâtre, les Haïtiens ont pu lire ton œuvre. Parce que le marronnage impose, comme tu le sais trop bien, un double effort d'interprétation. Dans* Ultravocal, *par exemple, il y a cette idée de déchiffrement sur laquelle s'ouvre le texte qui revient fort souvent, comme une obsession même du narrateur. D'ailleurs, Vatel retrouve sur son parcours des fragments de journaux couverts de boue où on ne voit pas tout le texte (entre autres aux pages 165-167, 191-192 et 233-234), ou des pages volantes de livres (comme* *aux pages 222-223) qu'il faut donc déchiffrer. Toujours, le déchiffrement est là posé comme passage obligé, mais peu de lecteurs peuvent y arriver, ou y arrivent. Le déclic entre ton œuvre et les Haïtiens s'est fait seulement avec* Dézafi *(1975) où, pour la première fois, les gens ont dit : « Ah, quel chef-d'œuvre ! », malgré les réserves sur le lexique quelque peu trop recherché pour certains. Cette réception enthousiaste m'avait beaucoup étonné, et continue à me surprendre. Par contre, jusqu'à maintenant, je n'ai pas rencontré beaucoup d'Haïtiens, même parmi les critiques et écrivains, qui aient lu* Ultravocal *d'un bout à l'autre.*

F : Oui, c'est vrai ! Là tu mets le doigt sur la réalité de la production littéraire. Duvalier était conscient du fait que la littérature évolue en Haïti dans un espace réduit. Nous vivons dans un pays de 80 à 85% d'analphabètes. Les gens ne lisent pas, que ce soit en français ou en créole. Aussi, le régime estimait qu'il n'est pas nécessaire de donner de l'importance à un ouvrage littéraire, sauf s'il est écrit au premier degré, où tout est dit de manière claire et précise. Peut-être qu'ils ont dit : « Laissons-les à cet espace de masturbation... ». Au fond, tu produis et l'œuvre retourne à toi-même sans l'impact du public. Il y a une minorité de lecteurs : le livre est tiré à peut-être un millier d'exemplaires, et tu es certain de vendre une centaine d'exemplaires. L'écrivain haïtien, jusqu'à présent, peut-être moins qu'avant, maintenant, est un écrivain sans public. Nous n'avons pas de public. Et c'est là toute la différence entre le théâtre et la production littéraire proprement dite.

JJ : *L'écrivain haïtien étant sans public, alors ce marronnage était finalement gratuit, dans un sens, non ? Si une bonne part de ton travail d'écrivain était d'arriver à une libération de la parole, une libération du peuple haïtien, et qu'en même temps cette parole ne lui parvenait pas, pourquoi avoir continué à écrire et surtout à publier ? Il y a aussi une autre question que je me pose, à savoir si la langue n'a pas été aussi un facteur majeur dans cette non-communication, cette incapacité de lire tes textes. En effet, pourquoi les gens qui ont pu comprendre* Dézafi, *qui est aussi chiffré, aussi codé, n'ont pas pu comprendre* Ultravocal, *qui était un peu plus complexe, certes, car moins anecdotique, plus poétique ? Mais, grossièrement, c'est la même démarche esthétique et éthique qui gouverne les deux textes.*

F : D'abord, je ne crois pas avoir produit ces oeuvres pour « libérer, conscientiser ou motiver ». Je n'ai jamais cru qu'une œuvre littéraire pouvait avoir la vertu immédiate de libérer un peuple. Non pas que l'œuvre en elle-même, ou livrée au public, soit gratuite ; il y a quand même un travail qui se fait et qui réclame peut-être à ce moment-là l'utilisation des médias, surtout dans un pays où les gens ne lisent pas, et les autres ne savent pas lire. L'option du marronnage n'est pas gratuite, car elle a été d'abord pour moi, avant d'être une option politique, idéologique, une option esthétique. Peut-être que, de seconde main, le marronnage revêt aussi un aspect idéologique, politique, pour ne pas froisser le pouvoir, du fait que chez nous, avec cette tradition de la répression séculaire, l'Haïtien vous dit : on ne sait jamais. Mais fondamentalement, ce n'était pas une tactique. Je n'ai pas utilisé le marronnage comme moyen de fuir la répression ; peut-être que cela a joué après, mais fondamentalement, le marronnage, je le vis jusqu'à présent encore comme un parti pris esthétique.

JJ : *Et ce parti pris esthétique, tu le maintiens malgré le départ de Duvalier...*

F : Oui, malgré le départ de Duvalier, et c'est là l'important, parce que si ce n'était qu'à cause du régime, j'aurais pu rendre plus transparente mon écriture, mais mon langage garde encore le même aspect rude, la même opacité.

JJ : *Il y a un fait qui me parait assez troublant. J'ai l'impression que pendant que tu écrivais avec cette stratégie de marronnage (qui est un parti pris esthétique), et éditais systématiquement tes oeuvres, personne ou presque ne publiait régulièrement au pays. Il me semble que René Philoctète, par exemple, qui a été, avec Davertige, le poète haïtien des années 1960, n'a rien publié de significatif dans les années 1970-1980 à part* Le Huitième jour *(1973) et* Monsieur de Vastey *(1975).*

F : Oui, c'est un peu vrai ! Mais revenons aux oeuvres que j'ai détruites. Je ne les ai pas détruites parce qu'elles étaient plus transparentes que *Mûr à crever*, je les ai détruites au moment où je voulais produire en créole. C'était un exorcisme. J'ai détruit ces trois oeuvres (« Lampe-témoin », « Trajectoire » et « Visa pour la lumière »), en février 1975, la semaine même où j'ai décidé d'écrire *Dézafi*. J'ai vécu à ce moment-là l'ambivalence des deux langues utilisées en Haïti : le créole, langue populaire, et le français, langue utilisée par les élites, par une minorité. J'ai vécu cette diglossie comme un drame, et il y a eu un blocage. Je me rappelle, quand il a été question pour moi d'entamer *Dézafi*, j'ai pris une semaine pour écrire la première page, et je n'ai pas pu continuer. Et à tort ou à raison, mais je dis à raison parce que c'est un fait personnel, à caractère tout à fait intime, j'ai senti, j'ai vécu la présence de ces œuvres comme étant la cause de ce blocage. Un exorcisme pour dire : laissez-moi la chance d'entrer, maintenant, dans la langue de mon peuple. Et chose drôle, cela a produit son effet. Après avoir détruit ces oeuvres (je les ai brûlées), j'ai pu écrire *Dézafi* en trois mois. J'ai commencé en février et j'ai terminé au mois de mai. Donc, je n'ai pas détruit ces manuscrits parce que leur publication aurait pu me valoir les rages de Jupiter, ou de ces dieux malveillants de l'époque, mais parce qu'il fallait poser cet acte pour me libérer du poids de la culture occidentale.

JJ : *Tu as écrit* Dézafi *en trois mois, de février à mai, alors comment arrives-tu à aménager ton temps, parce que tu travailles quand même énormément à l'école ? Tu enseignes pratiquement toute la journée...*

F : Ce problème ne se pose pas seulement pour *Dézafi*, il se pose également pour ma peinture, pour mes productions théâtrales. J'ai un horaire très chargé. Toute la journée je travaille à l'école, cela a fait de moi un travailleur nocturne. Toutes mes oeuvres de création sont produites la nuit. Et même pendant mes vacances, quand je dispose de mes journées, je suis toujours disponible pour les amis, c'est la nuit que je produis, c'est resté une habitude indéracinable. Je commence à travailler très tard, aux environs de 10-11 heures, et je continue jusqu'à deux heures du matin. Et quand j'ai abordé la peinture, ce fut encore plus grave, il m'arrivait de travailler deux à trois mois d'affilée sans dormir plus de deux ou trois heures chaque nuit.

JJ : *Parce que tu peignais toute la nuit ?*

F : Oui.

JJ : *Qu'est-ce qui t'a poussé vers la peinture tout d'un coup ?*

F : La peinture est venue après *Ultravocal*, quand j'ai senti comme un essoufflement. C'est peut-être l'œuvre qui m'a le plus marqué. J'ai été systématiquement habité par l'écriture. J'avais toutes sortes de problèmes, existentiels (au niveau du pays, au niveau de la société haïtienne), et des problèmes intimes sur le plan conjugal. Et j'ai vécu *Ultravocal* avec toute l'angoisse de la bête traquée. Avec des crises, où en 1971-1972, au moment où j'ai pris la résolution d'écrire *Ultravocal*, j'étais à deux doigts de laisser le pays. J'ai vécu le déracinement, la solitude la plus profonde, et c'est *Ultravocal* qui a joué, en quelque sorte, un rôle thérapeutique. Donc, après *Ultravocal*, ce fut, en même temps qu'une grande délivrance, le sentiment aussi d'un essoufflement, heureusement passager. Et quand j'ai pris la résolution de rester, je me suis dit : « bon, ce n'est pas maintenant que je vais laisser le pays, François Duvalier est mort ». Mais nous ne savions pas que Jean-Claude allait passer plus de quatorze ans au pouvoir. Nous avions l'illusion. Et cette erreur d'analyse a joué en ma faveur. Je me suis dit, la semaine prochaine il s'en ira, dans six mois, il s'en ira, et c'est ainsi que j'ai pu progressivement me réadapter en face de cette durée qui n'en finissait pas. Il fallait donc produire, car la seule chose que je sache de moi, et ceci, c'est sans forfanterie, sans fausse modestie que je le dis, c'est que je suis fondamentalement un créateur. Je ne sais pas ce que je suis ou ce que je pourrais être d'autre. Et comme la peinture a toujours exercé sur moi un attrait depuis l'école, j'ai toujours été un bon dessinateur, quoique ma peinture ne le révèle pas. Si j'avais choisi de peindre tout jeune à 16-20 ans, quand je pratiquais le dessin, peut-être que ma peinture aurait été tout à fait figurative, plus transparente, mais avec le temps, bénéficiant de mes expériences en littérature, ma peinture a pris un tout autre chemin. Je peux même dire que, tout en étant un petit peu baroque, mon œuvre littéraire est plus transparente que ma peinture. Dans ma peinture, je ne suis pas obsédé par l'aspect communicatif, je me sens beaucoup plus libre que dans mes textes. Je reste encore prisonnier de certains schémas de la production littéraire, ne serait-ce qu'au niveau de la syntaxe. La peinture s'adressant beaucoup plus aux sens qu'à l'intelligence, je me sens beaucoup plus libre dans le domaine pictural. Pour me recycler, comme un lieu de ressourcement, j'ai pris mon pinceau au cours de l'année 1973, et fait ma première exposition en 1974. Mais je ne peux pas pratiquer ces deux formes d'art en même temps. Il y a une véritable rotation. Actuellement, c'est la peinture que je pratique cette semaine, parce que, après avoir produit quatre pièces en 1986 [*Totolomannwèl* (vidéo), *Kaselezo*, *Bobomasouri* (CD), *Minywi mwensenk*], et fait paraître *Fleurs d'insomnie*, je dois changer de médium.

JJ : *Puisque la peinture semble être une pause pour reprendre ton souffle littéraire, peut-on dire pour autant que tu es un peintre du dimanche ?*

F : Non, je ne suis pas un peintre du dimanche, parce que quand je peins, c'est la même fièvre créatrice qui m'habite, au point qu'il m'arrive de passer trois à quatre mois avec deux ou trois heures de sommeil par nuit, peignant chaque jour.

JJ : *Un peintre de la nuit ?...*

F : Je ne suis pas seulement un peintre de nuit, je suis un créateur nocturne.

JJ : *Et la nuit est aussi très présente dans tes œuvres ?*

F : Oui, aussi, je peux employer un terme qui est beaucoup plus significatif, beaucoup plus explicite, je suis un créateur souterrain. Je suis un créateur souterrain comme je fonctionne de manière souterraine, clandestine même, je crois. La nuit est le climat propice à la création pour moi.

JJ : *La production picturale coûte assez cher. Ecrire et publier des livres ne demandent pas forcément une aisance économique, mais certains moyens financiers puisque dans ce pays d'Haïti il n'y a aucune institution qui aide qui que ce soit à faire quoi que ce soit. Comment arrives-tu à financer ta production artistique ?*

F : Bon, c'est peut-être la grande confidence de ma vie... Mon école est à ce point de vue-là la source et la grande pourvoyeuse de mes œuvres. S'il faut faire des confidences, s'il faut dire la vérité, voilà : à part la construction de l'école, qui est un local assez imposant, et celle de la maison, je crois que tout le produit de mon travail a été utilisé, je ne veux pas dire bouffé, mais a été utilisé pour publier mes livres et pour peindre. Cela est d'autant plus vrai que, jusqu'à cette date [janvier 1987], je n'ai jamais vendu mes peintures. C'est à envisager, non pour faire de l'argent, j'aimerais bien, certes, mais je crois entrer, peut-être cette année ou l'année prochaine, dans le circuit commercial à cause de la masse de tableaux accumulés chez moi [...]. Car il y a actuellement pour moi, du point de vue de la masse de tableaux accumulés chez moi [plus de 500 tableaux], puisque je n'ai pas voulu vendre mes peintures, un phénomène d'intoxication. Je crois que pour redémarrer, pour produire aussi, un artiste a besoin que ses œuvres circulent. Donc, ne serait-ce que pour me débarrasser, pas de me débarrasser dans le sens que je ne veux pas de ces œuvres, mais au moins pour me créer un espace de liberté, faire autre chose, parce que je compte entreprendre une autre expérience, passer à un autre volet dans la production picturale, mais il me faut que je me libère de ces œuvres qui m'emprisonnent. Je crois que c'est une urgence pour moi, une nécessité vitale, intérieure, psychique, il faut que je vende des œuvres. Donc, pour te répondre, c'est l'école qui a financé ma créativité.

JJ : *Et c'est l'école aussi, qui t'a peut-être retenu en Haïti, qui t'a empêché de partir, pour garder le contact avec tes étudiants ?*

F : Il y a un contact très étroit avec mes étudiants, parce que je porte les classes sur mes épaules systématiquement. Mais je ne veux pas dire que c'est l'école uniquement qui m'a empêché de partir pendant ces vingt dernières années. Au moment où tous mes amis partaient, j'ai été aussi quelque peu attiré par l'ailleurs. Vouloir laisser le pays, j'y ai pensé plusieurs fois, mais sous François Duvalier, je n'ai pas eu la possibilité, car à l'époque, il y avait le fameux visa, les *non monté, non désan-n*, comme on disait couramment. Et tout cela était très fastidieux, très ennuyeux, et très dangereux aussi parce que certains compatriotes, au moment où ils allaient quitter, ont été cueillis à l'aéroport, puis emprisonnés. Il y a donc tous ces risques qui ont empêché mon départ. Par contre, sous le régime de Jean-Claude, à partir de 1973-1974, j'aurais pu voyager, non pas laisser le pays définitivement, mais j'avais choisi de rester. Il y a eu la petite crise des années 1971-1972, j'ai failli laisser le pays, mais en 1973, je me suis dit : « bon, je reste ». J'aurais pu quand même faire un voyage d'agrément pour voir mes amis, mes parents qui vivaient à l'étranger, mais il y avait cette petite crainte, justifiée ou non, d'être grillé. Autrement dit, arrivé là-bas, je craignais que suite à certains contacts de ne pas pouvoir retourner au pays. Car il y a des gens qui sont partis, qui n'ont pas pu revenir. Je ne voulais pas offrir sur un plateau d'argent cette occasion que guettait le régime de se débarrasser de moi. C'était clair, ce n'est pas de la vantardise, c'est un fait, à partir de 1974, après *Ultravocal*, et surtout à partir de *Dézafi* (1975), j'ai senti que le régime me considérait comme un gêneur, un emmerdeur. S'il pouvait de plein gré partir, ne pas revenir, lui fermer la porte au nez, bon débarras ! Alors, j'ai craint que cela ne se produisît et j'ai choisi de ne pas sortir du pays, me disant que peut-être, après les Duvalier, je pourrai voyager [Effectivement, en été 1987, Franketienne fait son premier voyage à l'étranger].

Par ailleurs, il est important de situer les différentes étapes, les différents moments du pouvoir jean-claudiste. Jean-Claude arrive au pouvoir en 1971. Il y a un premier moment, il a été important pour nous de le comprendre, c'est le moment où il se réclame encore du père ; puis un deuxième moment, qui en est un moment de flottement, où il laisse croire qu'il va libéraliser ; ensuite, un troisième moment, celui de la pseudo-libéralisation ; enfin, un quatrième moment, où il essaie de resserrer les mailles du filet, pour ne pas laisser échapper les petits poissons, il était déjà trop tard. Ce quatrième moment marque la décomposition du régime jean-claudiste. En ce sens, il y a d'abord la censure contre le théâtre, et ensuite le 28 novembre 1980, les journalistes indépendants sont expulsés, cela crée un scandale dans les milieux internationaux qui luttent pour les droits humains. Le régime de Jean-Claude commence à être isolé, d'autant plus que l'Américain a relevé quelques maladresses de la part de son partenaire, se disant qu'on a affaire à un chauffeur maladroit, un chauffeur *mazèt*. Et l'impérialisme américain a pris ses distances vis-à-vis de Jean-Claude non pas pour instituer la démocratie en Haïti, comme on aurait la tentation de le croire. L'Américain a pris ses distances parce que c'était un chauffeur qui manquait d'adresse, qui manquait d'habileté.

JJ : *Etrangement, je me rends compte que c'est à partir de ce flottement du régime duvaliériste que tu commences à avoir un certain public haïtien. D'abord avec* Dézafi *(1975), puis* Troufoban *et* Pèlin-Tèt *(1978) qui a eu un très grand succès, et juste après le départ de Jean-Claude Duvalier il y a* Totolomannwèl, *et surtout* Kaselezo *(1986) qui a eu aussi un très grand succès national et international.*

C'est comme si à chaque fois qu'il y a un mouvement populaire, ou un mouvement de libéralisation, tes œuvres arrivent en même temps (ou même le précèdent), portées par le rythme de l'évolution politique et culturelle.

F : Là, je dois m'expliquer. *Dézafi* a été d'abord pour moi une expérience littéraire esthétique au niveau de la langue créole. *Dézafi*, c'est d'abord le roman de la langue haïtienne. Mais comme une langue est indissolublement liée au devenir, au destin, à la situation vécue d'un peuple, donc ce roman de la langue qui, forcément, devait être aussi le roman du peuple haïtien : le roman de la possibilité, de l'éventualité ou de la probabilité d'une libération. Car *Dézafi* est un roman sur les zombis. A l'époque, internationalement, Haïti était reconnue comme le pays des zombis, le peuple haïtien a été assimilé à des zombis. Bien sûr, c'est discutable, parce que cela pourrait laisser croire qu'il n'y avait pas de lutte. Non, le peuple haïtien n'a jamais baissé pavillon. En plus des masses populaires, beaucoup de militants ont toujours continué la lutte. Parce que dire que c'était la zombification, c'est dire que tout le monde avait plié l'échine, ce que je ne crois pas. Je pense que même la diaspora haïtienne s'est quelque peu trompée sur le compte de ceux qui sont restés en Haïti. Bien sûr, il y a eu non seulement des démissions, mais aussi des compromissions, des revirements, des trahisons. Il faut le reconnaître. Par contre, il y a eu également des sacrifiés, je ne sais pas si l'histoire se rappellera un jour de leur nombre exact, mais ils ont été très nombreux. La machine broyeuse de vies n'a jamais cessé de fonctionner à plein rendement et à plein temps. Bien sûr, pas mal d'anonymes ont péri. Quand un artiste, un écrivain ou bien un professionnel connu est appréhendé, sacrifié ou massacré avec ses parents, sa famille, ses amis, ça fait du bruit. Mais il y a pas mal de gens dans les masses, surtout dans les masses paysannes, qui ont perdu leur vie sur simple dénonciation, bien qu'innocents. Il y en a qui ont lutté et qui ont péri parce qu'ils luttaient, parce qu'ils ont refusé de se soumettre. N'oublie pas ce que j'ai dit avant : le marronage est une dimension de la vie haïtienne, du comportement de l'Haïtien, et ceci est lié au fonctionnement même de sa culture, en particulier le vodou qui a toujours été clandestin.

JJ : *Tu dis que* Dézafi*, c'est avant tout le roman de la langue haïtienne. Pourquoi avoir fait une adaptation française ? Il y a eu* *toutes sortes de rumeurs autour de cette entreprise qui a abouti aux* Affres d'un défi *en 1979* ?

F : L'adaptation française... voilà la raison. D'abord, tu remarqueras qu'elle est venue quatre ans après, et je ne l'ai pas vécue comme une nécessité de création, ni même d'adaptation. J'ai bien dit adaptation, non pas traduction. Peut-être que je me suis soumis aux vœux de certains amis haïtiens et antillais qui m'ont demandé : « pourquoi on ne traduit pas ton ouvrage ? » Ils ne m'ont pas demandé de le traduire moi-même. Mais le problème : qui pouvait, à l'époque, traduire *Dézafi* ? Peut-être qu'il y avait quelqu'un, mais je n'ai pas fait de démarches. Je n'ai pas essayé de trouver.

JJ : *C'est une question tout à la fois de moyens financiers et intellectuels ou plus bêtement linguistiques ? Il y a beaucoup de mots méconnus ou unicités dans ce texte.*

F : Il y a non seulement des mots méconnus, mais encore il y a ceux que j'ai créés de toute pièce. Donc, il aurait fallu que la traduction se fasse avec ma participation. On aurait pu trouver des spécialistes du créole et du français, et de la traduction, pour pouvoir faire ce travail, avec ma participation bien sûr, parce qu'il y a des passages qui systématiquement n'auraient pas pu être rendus sans mon intervention. *Dézafi* a été publié en 1975, bien vite il a été lu en Martinique et en Guadeloupe, et il a été largement, diversement commenté en Haïti et dans la diaspora. En 1976, quand des amis ont pensé qu'il fallait faire une traduction française, je n'y ai pas pensé. J'ai cédé à la tentation de le traduire à un moment de creux. L'œuvre a été traduite après *Pèlin-Tèt* qui a été une expérience théâtrale importante, et il a eu ce creux. Comme je te le disais, il m'arrive souvent d'utiliser la peinture comme moyen de ressourcement, pour me recycler, pour refaire mes émotions. Mais cette fois, je n'ai pas été tenté de peindre, c'est alors que j'ai cédé aux vœux de mes amis. J'ai entrepris l'adaptation de *Dézafi*, *Les Affres d'un défi*. La matrice de *Dézafi* demeure dans *Les Affres d'un défi*, mais fondamentalement, c'est une autre œuvre, c'est une autre expérience. Il est difficile pour un créateur de traduire lui-même son œuvre. Mais l'expérience valait le coup. Au fond, comme on dit, toute traduction est une trahison, mais pour moi, ce fut beaucoup plus qu'une trahison. Au niveau du langage, ce fut une œuvre nouvelle. Alors, pour te répondre, parce que je sais que certains amis me reprochaient d'être encore fasciné par la franco-culture, ce ne fut pas une fascination, c'était simplement un moyen de mettre l'œuvre à la portée des milieux non créolophones. Je voulais donner à l'œuvre une chance d'être lue par des milieux francophones. Au point que si je connaissais le chinois, à l'époque, j'aurais pu moi-même entreprendre la traduction en chinois.

JJ : *Mais il y a un élément qui m'a paru extrêmement différent entre* Les Affres d'un défi *et tes autres œuvres en français. Dans* Les Affres d'un défi, *il y a un lexique à la fin du volume, ce qui implique une posture ethnographante. C'est comme si tu disais voilà la clef du texte (indigène), alors que dans* Ultravocal *ou dans* Mûr à crever, *il y n'a aucun lexique. Pourtant, dans* Ultravocal, *il y a entre autres toutes ces références à la borlette, et même une certaine mythologie vodou, ce sont des références tout à fait haïtiennes, mais il n'y a aucune traduction, il n'y a aucun italique, mais plutôt des parodies de dictionnaires, comme le* bréviaire des rêves *(142-143) ou la* nomenclature des espèces animales *(118-125). Il n'a jamais été question dans ton œuvre de faire un partage entre les langues haïtienne et française, entre ce qui est de la culture occidentale et ce qui est de la culture haïtienne. Dans* Ultravocal, *on passe de la très contemporaine et haïtienne borlette au très classique et antique sphinx (137-139), de l'espagnol au français (108-109), ou même de l'anglais au français (166), sans traduction ni transition...*

F : Oui, c'est juste. La présence de ce glossaire à la fin des *Affres d'un défi* est étroitement liée aux motivations qui m'ont porté à faire l'adaptation du livre : tout simplement je voulais donner une plus grande audience à l'œuvre, une audience au-delà du milieu haïtien. Mais, au fond, en Haïti, ce sont les mêmes lecteurs qui lisent en français et en créole.

JJ : *Il me semble que* Dézafi *a été lu à la radio ?*

F : Des extraits ont été lus à la radio, surtout à Radio-Haïti, qui à l'époque faisait un travail considérable de diffusion, de motivation, de conscientisation. Mais avec l'adaptation, je m'adressais à un public étranger, je voulais toucher le monde, l'espace francophone. Or, puisqu'il y avait pas mal de termes et d'expressions qui étaient tout à fait circonscrits dans un milieu local, régional, l'espace haïtien, il y avait beaucoup de termes que je ne pouvais pas laisser tels quels, il fallait quand même aider le lecteur étranger à lire l'œuvre qui lui était destinée.

JJ : *C'est donc un livre qui a été vraiment conçu pour un public particulier, étranger ?*

F : Oui, je le crois. Cependant, j'ai constaté, après coup, quand j'ai rencontré des amis qui m'ont fait des confidences, qu'il y a pas mal de lecteurs haïtiens qui ont pris connaissance de *Dézafi* qu'à travers *Les Affres d'un défi*. Peut-être qu'ils ne pouvaient pas lire à l'époque le créole, et ne peuvent toujours pas, ou qu'ils refusent systématiquement de lire cette langue, prétextant que la graphie est trop difficile, qu'elle est une aberration, etc.

JJ : *Tu écris pour le théâtre, est-ce là aussi la recherche d'un public, d'un contact plus réel avec le public haïtien ?*

F : C'est une des raisons peut-être, mais le fait est qu'après la parution de *Dézafi*, je me suis rendu compte d'un problème fondamental de l'écrivain haïtien : il est coupé de son peuple. Il est coupé de son peuple, du fait que nous portons le poids d'un analphabétisme chronique. C'est une partie du public francophone qui a encore lu *Dézafi* en créole. Motivé par le directeur du TNH [le Théâtre National Haïtien], François Latour, j'ai été encouragé à écrire pour le théâtre. Latour venait de monter *Bouqui nan paradi* de Franck Fouché [1960], qui a connu un immense succès, et il a senti tout l'impact de la culture orale dans le fait culturel haïtien, il m'a demandé d'écrire une pièce. C'est alors que j'ai écrit *Troufoban*. Et au moment même où on jouait *Troufoban* (1978), on a appris la mort tragique de Franck Fouché au Canada, c'est alors qu'il a insisté, je dois le reconnaître, il a beaucoup insisté pour que je produise des pièces de théâtre, mai en créole, car, à l'époque, il venait de jouer *Monsieur de Vastey,* de René Philoctète, qui est en français, et on a eu l'évidence que le théâtre haïtien d'expression française drainait un public assez restreint, particulièrement au Rex Théâtre. On pouvait rarement dépasser trois ou quatre représentations. Donc, sollicité par Latour, ce ne fut pas commode, mais progressivement j'ai senti, pour moi-même, la nécessité de produire en créole et surtout dans le domaine théâtral, parce que la communication est directe et rentre dans la tradition orale populaire. Mon engagement n'est pas un acte de boy scout. Je suis contre l'engagement mécanique. Faire des textes dits engagés parce que l'engagement serait la voix royale, je n'y crois pas. Mais dans la conjoncture des années 1970-1980, j'ai vécu le fait de produire pour le théâtre en créole comme une urgence. Je l'ai vécu comme une urgence au point que, après *Troufoban*, qui a été jouée, je crois, cinq ou six fois, et qui a eu beaucoup de succès au Rex Théâtre, François m'a demandé de faire une adaptation des *Emigrés* (1975) de Slamowir Mrozek[1], un dramaturge polonais. Quand il m'a apporté le texte, je me suis mis au travail tout de suite. Bien sûr, ce ne fut ni une traduction, ni une adaptation parce que le projet a pris une tout autre orientation après les six ou sept premières pages du texte français des *Emigrés*. Il y a eu un ancrage dans le milieu haïtien. J'ai laissé de côté l'orientation première de Mrozek dans *Les Emigrés*, et j'ai fait le choix d'un enracinement dans la culture populaire. C'est ainsi qu'à partir de la deuxième « séquence » (le texte n'est pas structuré en tableau), au moment où le personnage Piram explique son aventure imaginaire dans le métro, il y a eu une bifurcation. Je me suis senti à l'étroit dans le moule de Mrozek, où tous les fantasmes des exilés (des exilés tout à fait différents du point de vue social, du point de vue de leur formation intellectuelle), s'inscrivent dans le moule de la culture nationale haïtienne. Fondamentalement, et là ce n'est pas que je veuille répondre à certaines critiques quelque peu méchantes de la part de certains intellectuels haïtiens qui ont voulu faire de *Pèlin-Tèt* une plate copie des *Emigrés*. Au contraire, je crois qu'effectivement il y a d'énormes différences et des points de rupture entre les deux oeuvres.

Par ailleurs, j'ai senti que le théâtre haïtien ne pouvait être que d'expression créole. On parle de bilinguisme en Haïti, mais je crois qu'il y a plutôt une situation de diglossie où une langue étrangère est utilisée par une minorité, et une autre langue, la langue nationale, le créole est utilisé par tous les Haïtiens, et de manière uniforme par une bonne partie des Haïtiens (90% de la population ne parle et ne comprend que le créole). Ce sont là les raisons premières, fondamentales qui m'ont porté à écrire pour le théâtre. Une œuvre théâtrale facilement rejoint un millier de spectateurs, alors qu'un

---

[1] Mrozek, Slamovir, *Les Emigrés*, Paris, Albin Michel, 1975.

ouvrage en créole ou en français, n'atteint qu'un public plus restreint, entre deux cent à cinq cent personnes. De plus, la lecture prend du temps, et je crois aussi que l'effet est moindre. Par contre, quand on prend une pièce comme *Pèlin-Tèt*, elle a été jouée plusieurs fois, et n'était-ce certaines circonstances, on aurait pu continuer à la jouer jusqu'à présent. De plus, il y a mon fonctionnement personnel, comme écrivain, mes rapports avec les deux langues. Et il est important pour moi de le situer. Fondamentalement, je n'ai pas de problèmes particuliers face à l'une ou l'autre de ces deux langues, c'est-à-dire qu'il n'y a pas un phénomène de répulsion vis-à-vis du français ou de fascination vis-à-vis du créole. Ce n'est pas là que le problème se pose, d'autant plus comme je te l'ai dit, je crois que l'exorcisme de brûler mes trois manuscrits en français avant la rédaction de *Dézafi* a produit son effet, c'est-à-dire me libérer du poids de la culture occidentale. Je n'ai pas de complexe envers l'une ou l'autre de ces deux langues, et en particulier envers le français, c'est-à-dire que je produis en français et en créole, sans aucun complexe, sans aucun drame, sans aucun traumatisme.

JJ : *Mais, il me semble, que tu avais affirmé après la publication des* Affres d'un défi, *entre autres, dans une entrevue avec Clitandre dans* Le Petit Samedi Soir, *que tu n'écrirais plus en français ?*

F : Oui, je me rappelle l'avoir dit en 1979. Cela relève de ce que j'appelle les coups de tête ou les coups émotionnels des écrivains, des artistes, ce n'est pas un reniement. Je crois qu'il est de la liberté d'un homme de revenir sur ses décisions. Peut-être j'ai vécu un drame tout à fait conjoncturel, c'était le moment où, pris dans le tourbillon théâtral, je me disais, bon maintenant, je me consacre au théâtre. Or, puisque pour moi le théâtre, c'était le théâtre haïtien, et l'authentique théâtre haïtien est en créole, car destiné à un public à 80%, sinon 90% créolophone, donc je m'étais dit que c'était ma dernière œuvre française. Mais il y a une situation peut-être, assez difficile à expliquer, du moins assez délicate, concernant mes rapports avec les deux langues. Quand il s'agit pour moi de rendre un aspect, ou tout un pan de la réalité haïtienne, c'est le créole qui vient à moi tout naturellement. Ne serait-ce qu'à partir de mes limites, au niveau de la description en français. Car on utilise une langue à partir d'une certaine pratique, et cette pratique quotidienne du français, je ne l'ai pas. Je suis conscient de ce fait. C'est pourquoi quand il s'agit d'une œuvre romanesque ou théâtrale, le créole apparaît comme le véhicule naturel, comme l'instrument qui s'offre naturellement à moi, alors que quand je produis dans le domaine poétique, c'est le français qui me vient. Parce que, en produisant en français, je produis à travers et avec tous mes fantasmes d'écrivain petit-bourgeois formé dans le moule occidental. Donc, s'agissant de mon drame personnel, je ne me sens peut-être pas plus à l'aise, mais de manière tout à fait naturelle, j'utilise la langue française parce que ce traumatisme rentre dans un espace culturel qui me permet d'exprimer mes fantasmes, mes frustrations, mon drame de petit-bourgeois écartelé entre le masque de la culture occidentale à travers la langue française, et un vœu d'enracinement. Là je suis ballotté, je suis déchiré, mais ce drame, je ne peux l'exprimer qu'à travers la langue française, car j'ai eu une pratique théorique, une pratique personnelle de cette langue à l'école. Donc, sur le plan poétique j'utilise le français, non comme une décision, mais comme, je dirais une nécessité, disons comme un fait naturel. Par contre, dans le domaine romanesque ou théâtral, c'est le créole qui vient.

Je t'assure, il m'est plus facile de décrire une scène de rue en Haïti en créole. Là, où il y a cet amas de détritus, cet aspect baroque que je ne peux rendre qu'avec les mots de ma langue que j'utilise chaque jour, que j'entends utiliser chaque jour. Faire une description d'une scène aussi vivante qu'une scène de marché, je n'ai pas cette capacité en français. Et j'en ai discuté d'ailleurs avec Emile Ollivier qui a fait dans *La Discorde aux cent voix* [1986] un travail sur la langue française que moi je ne peux pas faire. Je peux très difficilement raconter et décrire en français. Mais mes fantasmes sous forme d'images et de symboles passent en français, parce qu'à ce moment, je dirais que c'est presque la quintessence qui passe. Il y a peut-être une transmutation, une osmose qui se fait à travers mon moi, à travers mon ego, tandis que décrire une scène dans un roman ou bien aménager des dialogues dans le théâtre, c'est par le biais du créole que je le fais car, à ce moment-là, je sens que les autres sont concernés. Tandis que sur le plan poétique, c'est peut-être un point de vue personnel, qui peut ne pas être accepté, partagé par d'autres écrivains, mais je crois qu'en français, c'est mon drame intime, mon drame personnel qui occupe le champs de l'écriture. C'est ce qui explique que j'utilise les deux langues mais dans deux espaces différents.

* * *

    Depuis cette entrevue du 4 janvier 1987, Frankétienne semble avoir transcendé ce partage des langues (haïtien/français). Voix marassas *(1998), étiquetée « spirale francocréolophonique », qui fait alterner dans le même espace du livre fragments en français et en haïtien, est présenté comme « Une spirale polyphonique construite sur deux claviers linguistiques différents, apparemment incompatibles, inconciliables dans leur mode de fonctionnement spécifique, et pourtant pleins d'affinités lexicales, sémantiques, esthétiques : le français et le créole ». De même, dès 1993, le travail artistique de Frankétienne dépassait la dichotomie peinture/écriture. Marqué par sa prise de contact en été 1987 avec l'album du Montfaucon Research Center,* MANU Script *(1981) que j'ai édité avec la complicité de Joëlle de la Casinière — auteur entre autres de l'exceptionnnel* Absolument nécessaire *(1973)[2] — et de Michel Bonnemaison, Frankétienne a intégré d'abord assez timidement le pictural à son écriture dans* L'Oiseau schizophone *(1993, où anagrammatiquement du moins, il m'inscrivait, moi Saint Jean Jonas, comme un personnage de sa fiction, faisant écho, subtilement certes, à ma* Déchirure du (corps)texte et autres brèches *(1984)[3] tout en évoquant le fabuleux récit biblique. Mais, ce n'est que près de dix ans plus tard, dans ce vingt-et-unième siècle, qu'il assumera pleinement et magistralement ce nouveau tournant d'une œuvre totale dans son travail artistique avec* H'éros-Chimères *(2002), son dernier livre, qui est sans nul doute, pour moi, son œuvre la plus audacieuse, et certainement la plus osée de la littérature haïtienne, si ce n'est des littératures américaines tout simplement, allant au-delà du travail pionnier de Georges Castera et de Bernard Wah avec* Konbèlann *et surtout* Le Retour à l'arbre *(1974)[4], et bien sûr au-delà de ce qu'on appelle la poésie concrète ou visuelle dont Emmett Williams édita en 1967 l'une des anthologies les plus achevées,* Anthology of Concrete Poetry.[5]

---

[2] Casinière, Joëlle de la, *Absolument nécessaire*, Paris, Minuit, 1973.

[3] Jonassaint, Jean, *La Déchirure du (corps)texte et autres brèches*, Montréal et Paris, Nouvelle Optique/ Silex, 1984.

[4] Castera, Georges, *Konbèlann* (illustration de B. Wah), Montréal, Nouvelle Optique, 1974 ; Castera, G., et B. Wah, *Le Retour à l'arbre*, s. l., Calfou Nouvelle Orientation, 1974.

[5] Williams, Emmett, *Anthology of Concrete Poetry*, New York, Something Else Press, 1967.

Aujourd'hui, à 66 ans, avec une trentaine d'ouvrages publiés en trente-huit ans, Frankétienne (qui est aussi peintre, chanteur et comédien), est sans doute l'écrivain haïtien le plus important, le seul à bénéficier tout à la fois d'une audience nationale et internationale, populaire et académique. Il est aussi l'un des rares écrivains vivants dont des confrères et collègues de tout horizon reconnaissent l'exceptionnelle force créatrice. Et Dany Laferrière a eu raison de dire à Bernard Magnier dans J'écris comme je vis *(2000)*[6] *:« Que peut-on représenter face à l'auteur de* L'Oiseau schizophone *? Cela ne m'étonnerait pas de me réveiller un matin en entendant le nom de Frankétienne venant de rafler le prix Nobel ».*

Jean Jonassaint, Port-au-Prince, 4 janvier 1987, Montréal et Durham, mai-juin 2002.

---

[6] Laferrière, Dany, *J'écris comme je vis. Entretien avec Bernard Magnier*, Genouilleux, France, Editions La Passe du vent, 2000.

From Confinement to Freedom:
Jan J. [Gigi] Dominique's *Mémoire d'une amnésique*

Irline François

Résumé : Dans cet essai, Irline François montre que *Mémoire d'une amnésique* de Jan J. Dominique résulte de l'expérience traumatique de l'enfance et adolescence de l'écrivaine sous la dictature des Duvalier, de ses divergences d'opinion quant à l'interprétation masculine de l'histoire haïtienne, et de sa relation complexe avec son père. Ces trois expériences, indique François, confèrent au premier roman de Dominique trois niveaux discursifs qui permettent à la narratrice-protagoniste de se libérer du poids de l'oppression, de démanteler le discours de l'H/histoire, et d'y inscrire son propre récit. Dans ce roman, Dominique démontre qu'un écrivain haïtien ne peut se détourner ni du contexte social et politique de son pays ni de son legs historique.

Summary: In this essay, Irline François shows that *Mémoire d'une amnésique* arises from Jan J. Dominique's traumatic experiences as a child and adolescent growing up under the Duvalier dictatorship, her dissatisfaction with the patriarchal discourse on Haitian history, and her complicated relationship with her father. These three factors, François argues, create three stages of development in Dominique's first novel as they posit new ways for the protagonist to liberate herself from the weight of authoritarian oppression, dismantle the state discourse of (his)tory, and inscribe her story in historical texts. Dominique demonstrates that a Haitian writer cannot turn aside from her social and political context or from her country's historical legacy.

* * *

Trois feuilles, trois racines
Jeter c'est oublier
Ramasser c'est se souvenir
[Three leaves, three roots
To throw away is to forget
To collect is to remember.]
Raoul Peck, *L'homme sur les quais*[1]

Les femmes n'ont pas le sens de l'histoire [...] Les femmes n'ont
surtout pas de sens dans l'histoire
[Women have no sense of history [...] Women above all make no
sense in history]
Jan J (Gigi) Dominique, *Mémoire d'une amnésique* (6)

Jan J. Dominique's fiction is engaged in breaking both internally and externally imposed silence, and producing a female subjectivity through the process of writing. Such a project would require for the Haitian female writer to liberate herself from the weight of authoritarian oppression, dismantle the state discourse of history, and to re-inscribe the Haitian woman's story in the Haitian historical narrative. Most significantly, such a project would also require a recovering of female memory and the resistance to conventional female behavioral norms. Haiti's unique history is at the base of Dominique's fiction, as it is for most Haitian writers. As Léon-François Hoffmann has noted in *Le Roman Autobiographique en Haiti*, "One of the most salient characteristics of Haitian literature is a profound engagement with the native country."[2] Maryse Condé has also remarked in *La parole des femmes* that one of the distinctive aspects of Haitian literature, is that "it is almost impossible to separate one's personal life

---

[1] I am indebted to Marie-Agnès Sourieau for bringing Raoul Peck's film, *L'homme sur les quais* to my attention in her essay, "Tactiques narratives dans *Mémoire d'une amnésique* de J.J. Dominique," *The French Review*, 68.4 (March 1995), 694-70.

[2] Hoffman, Léon-François, "Le Roman Autobiographique en Haiti," *Notre Librairie* 118 (juillet-septembre 1994), 81.

from the life of the country."[3] Thus, in her first text, *Mémoire d'une amnésique*,[4] the author offers an indictment of the Duvalier regime, which she views as characterized not only by widespread repression and by its unprecedented violence directed against women, but also as the culmination of the patriarchal structure that has failed to uphold the precious patrimony entrusted to it.

In *Mémoire*, the protagonist is able to overcome many obstacles by drawing on Haiti's unique history. As revealed through the novel's theme and narrative form, this history, which is at once a source of pride and pain, structures both the particular predicament of the protagonist and serves as a counterpart to the difficulties she experiences. As a result, through the act of remembering, the protagonist of the novel, Lili, is able to cope with and transcend the violent sociopolitical reality of her homeland. The act of remembering serves two important functions in this narrative. First, it allows the protagonist to weigh the negative and positive aspects of her country's history, exposing both the violence and the abuse of the Haitian state, and the heroism and the fortitude of its citizens. Second, the act of 're-membering' enables this heroine to place the fragmented parts of Haiti's history into a whole, in her attempt to heal a personal and collective wound. Indeed, concentric circles form the three stages of the protagonist's psychological development. In the innermost circle, Lili is at the center of an enclosure which is at once a confining and sustaining space. This space serves as a façade behind which she has been conditioned to live as a form of survival. At the same time, this enclosure also functions as a protective armor made of layers of assumed roles and evasions behind which the fragile self hides her vulnerability. The second circle represents the protagonist's family, especially her father, with whom she is involved in a constant act of negotiation. Finally, the third circle encompasses her link with Haitian history and the Duvalier regime in the ways they affect Lili and the people around her.

Lili's inner world is defined in the very structure of the narrative. As the title suggests, most of *Mémoire* takes place in an interior monologue in which the protagonist recalls to the conscious mind particular historical events that have been obscured or erased by

---

[3] Condé, Maryse, *La parole des femmes*, Paris: L'Harmattan, 1993, 82.
[4] Dominique, Jan J., *Mémoire d'une amnésique*, Port-au-Prince: Editions Henri Deschamps, 1984.

the Duvalier regime. Throughout the narrative, the protagonist is involved in an act of self-reflection, endeavoring to make sense of her country's past and its present reality. Thus, the structure of the narrative replicates the theme of the novel. Most of the novel is written in non-linear form and is "a-chronological," a form which echoes the act of remembrance itself. Together, theme and structure expose the socio-political reality of Haiti under the Duvalier regime from 1957 to 1971. Indeed, Dominique's narrative structure emphasizes the protagonist's will to "re-arrange" this reality, and ultimately to transcend it.

The cycle of Lili's psychological growth in the novel parallels three stages of socio-political involvement. In the first stage, Lili exposes the violations that have been committed against her country by outsiders and by the Haitian state, specifically the Duvalier regime. In the second state she fights against the violations, seeking to heal the wounds through her own resistance. Finally, the healing takes place in migration, which enables her to come to terms both with her personal and national history and to return to her homeland. Thus, the act of writing becomes in *Mémoire* an act of self-discovery, resistance, and affirmation, as the structure of the novel spirals outwards from private memory to public chronicle.

Exposing the Wound

Born in 1951, Lili is entrusted as a baby to loving relatives by her mother who leaves Haiti to join her father abroad. Lili has the ability to create a rich inner world, and she experiences early years brimming with spontaneity, hilarity and bliss. But at the age of six, in 1957, her universe is shattered due to the chain of events that weave politics and personal life in the narrative. The first of these events involves the father's return to Haiti with a new wife and two new daughters; the second is her father's assertion of guardianship and the ensuing tearful move to a new home. The last event, and perhaps the most significant, is the "election" of François Duvalier on October 22, 1957. These events will bring an end to the girl's inner world of warmth, tenderness and security. Lili's introduction to her new world is a sad and tumultuous one:

> Des inconnus arrivant la nuit. Des inconnus se terrant dans une
> pièce sombre de la maison [...]. Les inconnus se cachaient le jour.

La pièce restait sombre ou fermée. Ces inconnus qui sursautaient au moindre bruit, qui parlaient à voix basse. De ceux qui avaient réussi à fuir. De ceux qui, comme eux, se terraient. De ceux dont on ne savait rien. De ceux dont on savait trop qu'ils ne reviendraient jamais plus [Strangers arriving at night. Strangers burrowed in a dark room of the house. The strangers hid themselves during the day. The room stayed either dark or closed. These strangers who jumped at every little noise, and who spoke softly. Of those who have been able to run away. Of those, who like them, burrowed themselves in. Of the ones one knew nothing about. And of those we also knew that they will never return] (19).[5]

Lili's initial personal memories correspond to the early violent years of Duvalier regime during which those closest to the little girl were affected by terror in every aspect of their lives: the death of a relative whose body was never found, an uncle forced into exile, and the imprisonment of the protagonist's own father, who was "incarcerated for forty days and forty nights" (18, 20). The father's imprisonment, taking on biblical significance in its reflection of the forty days and nights of the Flood in Genesis, clearly exposes the physical and psychological terrorism of Duvalier's regime. Duvalier takes on God-like powers, punishing his enemies and tormenting them with his appropriation of the powers of life and death. However, the victim of Duvalier see him as the antithesis of a God-like power; indeed, the image of the dictator as a potent image of malevolence and death is reinforced in *Mémoire* with Dominique's description of Duvalier as the evil, sinister man in black. Death and violence, of course, are painful realities from which parents often wish to shield children. However, in *Mémoire*, family circumstances prevent Lili's family from effectively shielding her. The family lives in an intense atmosphere of secrecy, intrigue and dread. As Lili tells us:

L'homme en noir était quelqu'un que tout le monde connaissait mais qu'il ne fallait pas nommer, si on en parlait, il fallait faire très attention, toujours en dire du bien, et même pour ceux qui choisissaient de mentir ainsi, ne commettre aucune erreur, personne ne devait s'apercevoir du mensonge. A la petite fille on avait appris à ne rien dire [The man in black was someone that everybody knew but that no one spoke about, and if one did, one should be very careful, to always speak well of him, and for the ones who chose to

---

[5] All translations are mine.

lie, to make sure not to commit an error, no one should be aware of
the lie. To the little girl, no one said anything] (35).

Lili's father, after all, was imprisoned during the early days of
the regime. Haunted by the specter of both a traumatic personal and
historical past that inhabits him and a volatile political reality that he
inhabits, Lili's father socializes his daughter in a climate of heightened
fear and distrust in order to insure her self-preservation. He commands
her not to speak to anyone about anything, because one never knows to
whom one is speaking. Lili later recognizes this as "Paranoia cultivated
by an instinct of survival" (11).

Thus, in order to survive in Duvalier's Haiti where at any
moment and for any reason, anyone is susceptible to arrest,
disappearance, rape, torture, and murder, Lili is forced from a young
age to lead a life of semi-seclusion within a closed circle of her family
where she is taught to avoid eye contact at all times when in the midst
of strangers: "she learned very quickly that just like words, gestures
and even looks betrayed" (35). Thus, on one occasion, when Lili dares
to transgress her father's prohibitions by looking with contempt at a
friend of the family seeking asylum in their house, Lili receives a slap[6]
from her father, "a slap which hurt her body and her heart, a slap to
learn the existence of words that one should not pronounce, of looks
one should conceal" (20).

From her father's perspective, of course, this slap is intended
for Lili's "own good," to protect the reckless daughter from the
inclination to stare at one of Duvalier's *Macoutes*, which could lead to
her death. The slap is a measure of the father's fear. As he contritely
explains to Lili: "Je te demande pardon. Essaie de comprendre si tu
peux [...]. J'ai vu, en une fraction de seconde, que tu regardais un
croque-mitaine de cette façon. Il te tuait. Tu devais être protégée" [I
beg your pardon. Try to understand if you can. I imagined in a fraction
of a second that you were looking at a *Macoute* this way. He would kill
you. You must be protected] (38). From the child's perspective,

---

[6] Although corporal punishment is widely administered to Haitian children (this is the
case in Haiti as elsewhere in the Caribbean), one cannot overstate the importance of the
slap in this novel, as children are rarely slapped in the face (a punishment reserved for
the gravest offenses). Merle Hodge looks at family violence and corporal punishment
in the West Indies, in her essay, "The Shadow of the Whip," ed. Orde Coombs, *Is
Massa Day Dead? Black Moods in the Caribbean*, New York: Anchor Press, 1985,
111-119.

however, the slap is viewed as a violation. Lili is forced to conform to a narrowly sanctioned pattern of behavior as a form of survival, thus perpetuating Haiti's history of oppression.

These violations move from the domestic to the public sphere, and the years spent at school (or in its vicinity) are filled with as much pain and anguish for Lili as her family's history has been. Silence and introversion become thus potent balms that insure her survival in times of conflict. For, not only is Lili forced to censor herself *inside* the school's walls, but she often faces great physical danger *on her way* to school. Two pivotal historical incidents are reconstituted in the text and reveal Lili's alienation, as well as her capacity of resistance even in the most horrific circumstances. The first of these incidents is the public shooting that Lili witnesses on April 26, 1963, in front of the private Swiss Methodist college, *L'école Bird*: "ils sont là, en plein milieu de la chaussée, devant l'école, plusieurs hommes accroupis derrière une longue voiture noire qui tirent sur d'autres hommes" [they are right there in the middle of the sidewalk, in front of the school, several men bent behind a long black car shooting at other men] (53). The actual historic shooting was a failed attempt by Duvalier's opponents to kill two of his children who were students at the school. Instead, the driver and two bodyguards were killed. The children were unharmed. Caught in the crossfire "of an anachronistic western," as the narrator puts it, beset by contradictory reflexes, Lili is unable to move (53). Worse still, looking at the chaotic scene, she is unable to set apart "the good guys from the bad guys" (53). It is precisely the girl's tragic inability to tell this difference, that which encapsulates the oppressive social forces shaping her consciousness.

The second incident that traumatizes Lili takes place on November 12, 1963, when Duvalier carried out a public execution of two of his opponents at the cemetery of Port-au-Prince. He summoned school children, army officers, as well as peasants roused from their beds in the mountains and driven to Port-au-Prince to witness the spectacle. A public holiday was declared, shops were closed and the proceedings were televised and rebroadcast daily for a week. In the novel, Lili says: "Ils ont été convoqués, tout le monde a été convoqué [...]. Paul, lui, avait bravé la peur, défié la loi, gardé sa fille. Il n'y avait aucun appareil de télévision dans la maison verte, car tout était à la television ! Et malgré tout elle se souvient" [They have been summoned. Everybody had been summoned [...]. Paul, however, conquered his fear, defied the law, kept his daughter. There was no television set in the green house, for everything was on television! And still, she remembers] (66, 64).

This passage is fraught with images of disruption and violence. First, the public spectacle of pain and humiliation meted out by the president is intended to do far more than just torture the victims. Duvalier performs an act of collective silencing, so as to violate and control the public imagination and inspire terror in an entire population. The public execution serves as a warning to the crowd and by extension to Lili and her father. It is an exercise of mass behavior conditioning to obey "Supreme Order." What Michel Foucault explains in *Discipline and Punish* about the functions of public executions in nineteenth-century Europe is applicable in Duvalier's Haiti as well:

> Public torture and execution must be spectacular, it must be seen by all almost as [a] triumph. The very excess of the violence employed is one of the elements of its glory [...]. The public execution, then, has a juridico-political function. It is a ceremonial by which a momentarily injured sovereignty is reconstituted. It restores that sovereignty by manifesting it at its most spectacular [...]. [I]t deploys before all eyes an invincible force.[7]

Indeed, Duvalier's "invincible force" is not merely deployed on the bodies of his victims, but it assaults the Haitian collective imagination. For, although Lili is not physically present at the horrifying scene, the recalling of this public execution is so vivid that it remains inscribed in her mind long after she has left Haiti. Erasing these wounds becomes nearly impossible. Remembering this incident in Montreal years later, the protagonist states that "this story is a part of [her] regular nightmares" (66). In Montreal, Lili is left struggling to put together the fragmented parts of her country's socio-political reality in an effort to expose, exorcise and finally come to terms with her personal and national history.

As stated earlier, the structure of *Mémoire* embodies this process of reconstruction. The non-linear, a-chronological narrative structure echoes the process of memory, and of self-reflection. The text is written in both italics and roman type: the sections in Roman type narrate the events of the novel, while the parts in italics reveal Lili's

---

[7] Foucault, Michel, *Discipline and Punish*, trans. Alan Sheridan, New York: Vintage, 1979, 48.

thoughts and reactions to those events. The italicized parts are written in the form of a journal and of letters that remain unanswered. As Elizabeth Wilson has remarked in her introduction to Myriam Warner-Vieyra's novel, *Juletane*, the complex, multifaceted structure of the journal, diary or letter seems to be the preferred vehicle for expressing female or feminist consciousness.[8] At the same time, however, this form of writing could also be viewed as an attempt to control one's reality and to heal one's self from splintering from within.

Indeed, the following incidents forecast the protagonist's ability to heal herself, giving voice to herself and others — specifically women — who have been silenced by the Duvalier regime. Passing by the gates of the National Palace one day on her way to school, Lili comes face to face with her worst enemy, the "*Tonton Macoute*," the age-old "boogieman" of Haitian tales, the one who "eats" little girls. In an attempt to control her rage and fear at the sight of the man in black, Lili keeps her eyes lowered as her father taught her. The slap has effectively taught her to withdraw behind a protective armor, assuming different roles and evasions, as a form of resistance. It is behind this protective armor that she is able to evoke the magical power of the Haitian women storytellers of her early youth as a way to cope but also as a form of retaliation: "Si elle possédait des pouvoirs magiques, comme les femmes des tirer-contes, [...] elle utiliserait pour le transformer en couleuvre, il ne méritait pas autre chose! La petite fille souriait en dedans, pensant que ce serait une bonne action" [If she only possessed magical powers like the women of tales, [...] she would use her magic to turn him into a grass snake. He deserves nothing else! The little girl smiled inside herself, thinking that would be a good action] (35).

In effect, withdrawal becomes a tool of resistance for Lili. And yet, she takes sustenance from the values of a female heritage in order for her to transcend a painful situation. Even as a young child, Lili's ability to project her mind elsewhere — a process known in Haitian culture as *dédoublement* [doubling] — enables her to retain a sense of control over her predicament, thus showing her resistance and inner strength, a strength and resilience that Dominique herself attributes to all Haitian women. In an interview, she states:

---

[8] *Juletane*, London: Heinemann, 1987, xiii.

Traditionnellement en Haïti la connaissance est transmise par les femmes. Et l'existence avait aussi cassé ça […]. Je crois que c'est ça qui était important pour moi, de constater que ces femmes qui traditionnellement sont porteuses de connaissance et qui transmettent cette connaissance aux enfants, ne pouvaient plus le faire. Elles étaient obligées de garder le silence. Et elles devaient garder aussi le silence sur d'autres aspects de la vie [Traditionally in Haiti knowledge is transmitted by women. And the conditions of existence had broken this […]. I believe that what was important for me to show that these women who traditionally are bearers of knowledge and who transmit this knowledge to children could no longer do so. They were forced to remain silent. They were also forced to remain silent on other aspects of life].[9]

Positioning Haitian women's voices in familial, social, and political history becomes in *Mémoire* an act of remembrance, healing, and reparation. Thus, invoking the knowledge of Haitian women's storytelling here becomes an act of defiance aimed at the dictatorial regime that has sought to erase them from public life. Dominique thus makes clear that in order for Lili to heal herself, she must negotiate liberation from within before the middle circle of her family life or the third circle of her nation's history can begin to heal. Concurrently, she must also restore the history of her Haitian foremothers within her own life, in order to remember the past and "re-present" the silenced voices of her female ancestors to future generations of women.

Healing the Wound

Given that under the Duvalier regime, Haitian women suffered under the dual burden of patriarchal and political oppression, it is not surprising that Lili is made more vulnerable by growing up in the Haitian society of the late 1960s. Closely watched by her female entourage from a young age, she is constrained to narrow surroundings. As her father's slap remains a constant reminder that she should not seek to acknowledge her environment, she wears "shoes with bells on so everyone would know of her whereabouts" (27). Clearly, she is prohibited knowledge, but others must know her. Also, family members expect her to be quiet, good and reasonable, as most girl-children are traditionally taught to behave. In fact, we are told that the

---

[9] "Entretien," *The Women of Hispaniola: Moving Towards Tomorrow*, ed. D. Cocco De Filippis, New York: York College/CUNY, 1993, 130.

women in her family lead interchangeable lives distinguished only in their roles of mother, wife and maid. Lili gives the example of her grandmother who raised thirteen children, all subject to oppression of Duvalier's regime. She is a fleeting image, presented as a silent, helpless, suffering, and isolated figure confined to her bed. Lili states:

> Je la vois couchée sur ce petit lit, dans un coin de la chambre rose levant vers mes quelques centimètres, un regard de tendresse. J'allais embrasser cette vieille femme avant de partir en promenade. Elle restait là couchée, toujours couchée, malade, proche de la mort et je ne me souviendrai même pas du jour où elle n'a plus été là [I see her lying on this small bed, in a corner of the pink room, small, shrunken, lifting up towards my few centimeters a look of tenderness. I would go and kiss this old woman before leaving for a walk. She would stay there, lying down, always lying down, sick and close to death and I will not even remember of the day when she was no longer there] (22).

In a sense, the body of Lili's grandmother becomes a text inscribed with the social and political oppression she suffers.

As the narrative progresses, Lili struggles against both cultural and political scripts that have forced her into a life not of her own making. She attempts, in one instance, to subvert the rules. Upon meeting a young intern at her father's clinic, Lili transforms the courtship rituals to please herself. Dominique thus defies and delegitimizes the rules of patriarchy and dictatorship where women are intended to be passive objects. In the interim, the author also provides the reader a glimpse of the impish side of her strong-willed protagonist, harnessed by the constraints of living under authoritarian rule. The idyll is initiated by telephone. It germinates out of long conversations, nourished by the powers of the imagination and cocooned by the complicity of anonymity: "[...] elle prétend s'appeler Patricia, cela faisait partie du jeu. Elle choisit d'être Patricia pour éviter les questions et l'inévitable silence" [... she pretends to call herself Patricia; this was part of the game. She chose to be Patricia, to avoid questions, the inevitable silence] (84).

By changing her name, Lili is allowed momentarily to master a private universe, a personal and social identity free from both, patriarchal and social restrictions. Yet, despite her modest victories over her environment, her camouflage cannot be considered wholly transformative since it is merely an extension of her life-long habit of

296   *François*

hiding, of concealing, and of self-censorship. In public, Lili must continue for her "own good" to play the same roles while yearning to break free from the shackles of an imposed life. She and the intern are forced to control their gestures and body language according to the norms of appropriate behavior assigned to both sexes. Thus, Lili's awakening sexual desire suffers the same fate as her earlier awakening consciousness: "Ils apprendront à marronner le silence obligatoire quand, entourés de tous ces visages hostile espionnant leur sourires, ils devront tout se dire dans un geste de la main" [They will learn to escape the compulsory silence when, surrounded by all these hostile faces spying on their smiles, they will be forced to tell each other everything with a motion of their hands] (87).

Lili then finds herself thwarted in her desire for a spiritual union, and her first pangs of sexual desire must also be restrained:

> Elle ne peut supporter la clandestinité forcée, cette chambre d'un ami où elle sursaute à chaque bruit de pas dans l'escalier. Elle refuse d'apprendre le plaisir à la sauvette, elle se veut au grand jour dans ses bras et préfère attendre [She cannot bear the forced secrecy, this friend's room where she jumps at the sound of each step in the stairway. She refuses to learn pleasure on the run, she wants to be herself in broad daylight in his arms and prefers to wait] (87).

It is through her sexuality that a woman arrives at self-consciousness and frees herself from patriarchal constraints, Lili's recovery of sexual *jouissance* is perhaps to be read as Dominique's vindication of a woman's right to assert herself in her sexual pleasure. However, as discussed throughout this text, for Lili, who lives under political subjugation, such a stance is perilous to her very survival. For, it is precisely through their bodies that women like Lili encounter violence almost at every turn – they have been tortured, raped, mutilated, and at times summarily killed. Faced with such alternatives, Lili chooses to leave Haiti, although she is devastated at the idea of doing so. As the Haitian saying goes, "*li pralé çe coeu'l lap kimbë*" [she is leaving holding onto her heart]. Lili leaves, her body numb, her mind on fire, clinging to her boyfriend and feeling an overwhelming sense of *déracinement* even before she boards the plane.

Walking towards the plane, her face streaked with tears, Lili attempts in vain to find comfort in imagining Montreal as an Edenic space, as a personal universe that will be filled with undiscovered pleasures, including the possibility of sexual intimacy unencumbered by cultural and political restraints. Marie-Denise Shelton is thus partly right when she states in *Haitian Women's Fiction*, "hurled by the logic of [Haiti's reality], Lili ineluctably follows [the path of] migration of Haitians to foreign lands [...] in search of personal salvation."[10] Lili's migration to Canada will turn out to be more than a quest for personal self-fulfillment; in Montreal, she will be able to continue the process of 're-membering' Haiti and of reconstituting herself within the frame of Haiti's history.

Achieving Wholeness

As the narrative progresses it is clear that for Lili, who grew up with a deep sense of Haitian history, the years of exile in Canada offer opportunities to find herself, and more importantly, to come to terms with the violations of that history. When she heals herself, she can face a return home to heal others. Thus, migration is depicted as a painful yet exhilarating experience in *Mémoire*. Much of the exhilaration is a result of the freedom that Lili wins upon arriving in Montreal, but her new surroundings offer a world of possibilities: scholarship, economic independence, travel, and a room of her own to write. Montreal also provides Lili with a network of female friendships that she was denied in Haiti. As Lucy Lequin and Maïr Verthy assert, "Pour certaines femmes la migration est presque bénéfique, car elle leur permet de se libérer d'un carcan traditionnel et culturel trop rigide; elles commencent alors à écrire, à transgresser à se révolter et à se transformer" [For some women, migration is almost beneficial because it allows them to escape from a too rigid traditional and cultural grid; they start then to write, to create, to transgress, to revolt and to transform themselves].[11]

Indeed, from the moment of her arrival in Montreal, Lili is eager to partake in the wealth of possibilities that her new world offers. She is thus initially enthused about her studies at the university because they offer her the possibility to explore knowledge that she had been denied growing up under Duvalier. Lili joins Montreal's various social and political organizations frequented by the Haitian immigrant

---

[10] Shelton, Marie-Denise, "Haitian Women's Fiction," *Callaloo* 5.3 (1992), 776.
[11] Lequin, Lucie, et Maïr Verthuy, *Multi-Culture, Multi-Ecriture : La voix migrante au féminin en France et au Canada*, Paris: L'Harmattan, 1996, 5.

community in search of political knowledge. These gatherings provide Lili with a range of perspectives on Haiti's political history; they also enable her to speak out in an active social scene and exchange political ideas. Finally, these gatherings allow Lili to re-create in exile a Haitian community that had been hidden from her by the Duvalier regime.

Dominique's primary concern in *Mémoire* is to document her protagonist's reactions to a range of experiences that her new world offers. We are not told what books Lili reads at the university or in her spare time; nor are we given details about her field of specialization or the tasks she performs in the office where she works. These details do not seem to matter; what does seem to matter in the novel is that books, paid employment, writing and travel give Lili access to a rich inner and outer world and the opportunity to break free from the constraints of her former life in Haiti. Through the cataloguing of her experiences, Lili comes to develop a keen insight of her rights as a woman, embracing the stance, the logic, and the motivation of a feminist sensitivity. Most significantly, Lili understands how in Haiti, the experience of patriarchy and political oppression alienated her from other women, and by extension from her female self. While she may have lived among women all her life, she did not develop real bonds with them until she met them in Canada. As Dominique states, "Haiti has taught us to detest women, to be rivals. Often friendship is made of frivolities, hairdos, not of their condition not of the things that they would like to change. Thus it was important for me to show that Lili discovers politics for example, to show that women can be friends. It is in discovering women that Lili discovers herself."[12]

Luce Irigaray has shown how under patriarchy, women are deprived of value in and for themselves, and thus unable to be in the position of subjects that exchange, only that of objects of exchange. She asks: "How could this commodity maintain a relation other than one of aggressive jealousy?"[13] As a result, Irigaray concludes, "women are thus unable to relate to each other as subjects nor can they experience desire in their own right. They must exist in a mode of masquerade, experiencing desire only as it is situated by male desire and relating to other women only via men" (33). Irigaray advocates for women "a *parler femme* which will enable women to enter into

[12] Jan J. Dominique in an unpublished interview with the author, May 1997.
[13] Irigaray, Luce, *This Sex Which Is Not One*, trans. Catherine Porter with Catherine Burke, Ithaca: Cornell University Press, 1985, 32.

dialogue as sociological subjects" (42, 52). In *Mémoire*, Dominique shows that Lili can only achieve wholeness through communication with other women: every woman in her life is indispensable to her psychic and emotional well-being: "Avec elles, je découvrais tout à coup la présence des femmes dans ma vie [...] les femmes pour tout: la discussion, les sorties, la tendresse, les colères, le rire, les malentendus, l'amitié, la fidélité, la folie. Les femmes étaient dans ma vie et je les acceptais comme elles étaient" [With them I was suddenly discovering the presence of women in my life, women for everything: discussions, parties, tenderness, anger, laughter, misunderstandings, friendship, fidelity, craziness. Women were in my life and I accepted them as they were] (172-173). This connection is beautifully evoked in the following passage:

> Te parler des femmes [...]. Je ne saurais te parler des femmes, mais plutôt te dire mes femmes, celles qui remplissent mon coeur et ma vie, celles qui, complices, respectent ma force et soutiennent mes pas trébuchants, celles qui copines, celles qui partagent, celles qui maternent et qui me veulent sage, celles folles qui protègent éclats de rire, mes femmes-merveilles que je porte accrochées à mon coeur. [Tell you about women [...]. I could not tell you about women, but rather about my women; those who fill my heart and my life, those who, accomplices, respect my strength and bolster my faltering steps; those, who as friends share, those who nurture and want me wise; and those wild ones who protect my bursts of laughter, my marvel-women whom I wear around my heart] (170).

Lili turns introversion and namelessness into sources of power by embracing the company of women and finding strength in them. Moreover, now that Lili has secured this new strength, she can begin to renew strained family ties. Thus, Lili's renewed relationship with her biological mother, Julie, becomes a caring and supportive one. And even beyond her family, Lili finds sources of renewal in Martine, the companion who sustains Lili's creative endeavors in the theater and in the act of writing and Lucie, Lili's opposite in tastes, temperament and aspirations, but who becomes crucial to the protagonist's self-invention in exile. Finally, with Liza, an ex-lover's girlfriend, the protagonist discovers her *marassa*, that is, according to Haitian culture, her identical twin and soul mate. Indeed, "Liza becomes symbolic of Lili's self-creation as Liza becomes the midwife of Lili's rebirth."[14] Liza becomes an integral part of Lili's strength, much like the power she found within herself, through her Haitian female roots, when as a child she used to evoke Haitian myths to transcend her fear of the men in black.

Her description of the creative stance is thus revealing: "Je vais écrire mes histoires pour Maya, ma fille non encore née" [I am going to write my stories for my yet unborn daughter] (12). Lili's link between creation and procreation is specifically connected to a female posterity and collective, a transformative Haitian history where women's voices would emerge. For example, when imagining the daughter she might have, Lili evokes the powerful, positive image of Haitian female storytellers: "je veux la tendresse pour Maya, je veux la douceur des contes" [I want tenderness for Maya, I want the gentleness of tales] (21). In writing (her)story for Maya, Lili consciously takes on a Haiti's history in order to transcend it. She thus bequeaths to her unborn daughter a matriarchal lineage, while at the same time liberating her self and potentially other women, from Haiti's patriarchal insistence that women pursue only domestic roles and obedient silence.

At the end of the novel Lili returns to Haiti, transformed by the experience of exile because she has successfully journeyed through the various layers of her identity: Haiti's history of violence, the politics of terror of the Duvalier regime, and her relationships with her family and with other women. She has gained an understanding of the specificity of her Haitian female experience, a specificity that encompasses its history, its politics, its culture, its view of the world. Dominique leaves open what this return to the native land will bring for Lili: "J'ignore ce qui m'attend, je ne sais pas ce que je trouverai là-bas, ce qu'il adviendra de moi" [I don't know what is waiting for me, I don't know what I will find over there, what will become of me] (188). Having managed to secure an independent life in Montreal, she is especially anxious at the idea of losing her autonomy, of being bound once again to limiting cultural roles. However, Lili is compelled by a sense of patriotism to return to the country of her birth and to play an active role in its future, "pour le pays... pour les ancêtres..." [for the country...

---

[14] Balutansky, Kathleen M., "Creating her Own Image: Female Genesis in *Mémoire d'une amnésique* and *Moi, Tituba sorcière*," *L'Héritage de Caliban*, ed. Maryse Condé, Pointe-à-Pitre: Jasor, 1992, 40.

for the ancestors...] (180). Thus, her own rebirth becomes the starting point for the rebirth of her family and the whole nation.

Ultimately, exile for Lili represents more than an opportunity to develop particular strengths and abilities or simply to heal from the wounds inflicted by her childhood in Haiti. In exile, Lili finds in Haitian history a double heritage, of pain and of pride. Then she heals and returns, we suspect, to heal others, to renew the fight that the Haitian heroes of Independence began 200 years ago. While Lili seems to be an unlikely redeemer, her apparent meekness, dating back to the diverted gaze of her childhood, turns out to be a potent mask. Thus, Lili has the potential to be both a Haitian and a feminist heroine, for if traditionally, as Dominique has lamented, women have made "no sense in history," then Lili embarks on a future where women once again speak and act for their country, and make sense for their ancestors and for themselves. In Dominique's second novel, *Inventer... la Célestine*, the protagonist explains: "Parce que notre pays est pauvre, parce que la situation politique est compliquée, les écrivains n'ont pas le droit de s'écarter des thèmes socio-politicaux dénonciateurs [Because our country is poor, because the political situation is complicated, writers do not have the right to deviate from denunciatory sociopolitical themes].[15] In *Mémoire*, Dominique offers a vivid portrayal of the paradoxical nature of Haiti's history. While Haiti's violent political history and patriarchal norms have deeply wounded the Haitian psyche, it is also Haiti's history of resistance — of slaves against masters and women against their invisibility — that have given contemporary Haitian women the power to resist and imagine change in their still-oppressive world. Dominique's later fiction will interrogate the creative process and explore the fine line between fiction and reality. However, in *Mémoire d'une amnésique* she demonstrates that a writer cannot turn aside from her social and political context or from her country's legacy.

---

[15] *Inventer... la Célestine*, Port-au-Prince: Editions des Antilles, 2000, 130.

"No Giraffes in Haiti":
Haitian Women and State Terror

Myriam J. A. Chancy

Résumé : Dans cet essai, Myriam Chancy lie les textes qui sont allés au-delà d'une vision stéréotypée et ceux des activistes sociales féministes en Haïti et aux Etats-Unis qui cherchent à représenter la réalité de l'asservissement des femmes haïtiennes. Chancy souligne particulièrement l'œuvre de Marie Chauvet qui dans les années 1960 a dépeint d'une façon qui demeure sans égale jusqu'à aujourd'hui, les effets du Régime Duvalier sur la réalité quotidienne des femmes. En contrastant ses textes avec ceux que les activistes et les journalistes de Port-au-Prince ont produits dans les années 1990, l'essai rend hommage à Chauvet tout en montrant que la condition des femmes des dix dernières années de l'an deux mille est aussi menacée que dans les pires années du régime Duvalier.

Summary: In this essay, Myriam Chancy links texts that have attempted to go beyond stereotypical depictions with texts by social and feminist activists in Haiti and the United States who seek to represent the confined reality of Haitian women's lives. In particular, the essay highlights the work of Marie Chauvet, whose fiction in the 1960s represented the effects of the Duvalier regime upon women's lives in a way that has not been matched. In contrasting her work with that produced in the 1990s by feminist activists and journalists based in Port-au-Prince, the essay renders homage to Chauvet while highlighting the fact that women's lives have been as threatened in the last decade of the Twentieth Century as in the worst years of the Duvalier regime.

* * *

In considering how to represent Haitian women's struggle with state terror in this essay, I found myself wanting to excavate memory. For even as the work of Haitian women has gained in prominence in the last several years, it remains true that very little is known about Haitian women's role in history, especially at the time of the Haitian Revolution. We remain in the shadows of Haitian nationalist and Pan-Africanist discourses. Most of us are familiar with the names of Boukman, Toussaint Louverture, Jean-Jacques Dessalines, Henry Christophe, Alexandre Petion, and the list could go and on, but how many of us are familiar with the names of Defilée, the woman who put the remains of Papa Dessalines to rest after his assassination, of Dessalines' wife, Marie-Claire Heureuse Felicité Bonheur Dessalines, who taught him to read and participated in the writing of amendments protecting the rights of children in the 1805 Haitian constitution? How many of us know the names of Cécile Fatiman (mambo), Marie-Louise Coidarid (wife of Henry Christophe), Sanite Belair (who took up arms), Catherine Flon (who made the first Haitian flag), Toya (companion in arms of Dessalines: his Aunt), and Suzanne Louverture, who was tortured for years after her husband's death in France and who died, completely broken in Jamaica in 1846, at sixty-seven years of age? I admit that these are names, if not entirely new to me, whose stories I am just beginning to excavate. I conjure them here to foreground the ways in which the history we have been given has limited our understanding of women's contributions to the character and culture of Haiti. My essay, then, is aimed to contribute to the effort of regaining memory, to halt the process of amnesia, which, under the Duvalier regime, was the surest means to survival for most Haitians. As a literary scholar, I have attempted to alleviate such amnesia by highlighting advances made by Haitian women writers in this last century, beginning with Cleanthe Desgraves in 1929 and finding its continuation in the so-called "10th department" with writings by Haitian/American writers Edwidge Danticat and Anne-Christine d'Adesky, and still others whose voices have not yet reached the surface. Here, I want to go further, to create a bridge between texts and reality which might allow us to have clearer images in our minds of Haitian women and of the issues of struggles still facing them both within and outside of Haiti; I want to bridge theory with praxis and perhaps be a bridge myself.[1]

As a Haitian woman born in Port-au-Prince, raised in Canada, and now a resident of the United States, I see my own "exiled" state as one which both frees me and one which entails great responsibility. I see my work as an extension of the lives of Haitian women who have far fewer options than I, if any. It is to each of them that I must answer if I fail to reveal the complexities involved in being both Haitian and female at this end of a century. Some might contend that having lived most of my life outside of Haiti negates my ability to shed light on the realities lived by Haitian women today. I contend, to the contrary, that it allows me more access to both women in Haiti and to others, like myself, living in the Haitian Diaspora. Certainly, being part of both worlds has taught me to see more than I believe I could have, had I the choice to remain in only one or the other group. I refuse to believe that, to quote Gayatri Spivak, "the subaltern cannot speak." My task as scholar and artist is to listen, then to give voice.

"There are no giraffes in Haiti"

I take the title for this essay from an article by Marian Shaw Lipschutz, a commentary on "The World of Haitian Art," in which the author describes viewers' reactions to Edenic and colorful Haitian paintings which would seem to reveal very little of the on-going hardships suffered by Haiti's populace:

> Is Haiti like this? The answer is complicated, but is certainly both yes and no.... But why does Edgar Brierre paint sensuous, Eden-like landscapes which give no hint of the poverty and disease which afflict nearly all Haitian peasants? "There are no giraffes in Haiti. I've been there, I know." This comment I overheard at a California exhibit. "So what are they doing in the paintings?" It is true that there are no jungles in Haiti, but they do exist in Haitian myths and legends. *By Day Very Small In The*

---

[1] Different versions of this essay have been presented at invited addresses from 1999-2003.

Evening Larger Than A Tiger: in this tale the timid hero, Bouqui, has an encounter with four tigers instead of the small ox he planned to kill for his supper. Snakes, although there are very few in Haiti and none poisonous, appear regularly in both tales and paintings suggesting that Haitian art, like the voodoo [sic] religion is a link with the past.[2]

As I thought more about this essay, it seemed to me that the response, "There are no giraffes in Haiti" was an adequate metaphor for the ways in which the female population of Haiti has been made invisible even as its collective members are so highly visible in the market places. To look at the dearth of published materials on and by Haitian women, someone unfamiliar with Haiti would have to exclaim that there are no women in Haiti! Yet, they too surface in paintings, sometimes in exotic association with the produce of the land.[3] More often, however, they are depicted as links to a persistently acute African past, to the ancestors.

The most popular of these depictions are associated with female representations in Vodou iconography, of Erzulie, or La Sirene who emerges from Congo mythology. These two figures are imaged differently but often symbolize the same forces of love and passion, and are associated with water, the colors blue, pink and red. Erzulie is typically depicted as a mulatto whose coquettish ways wins her the gifts of mortal men who devote themselves to her while La Sirene is more often depicted as a darker-hued woman, 'protectress' of children, thus associated with Metres Agwe or Ogun. These images, however, are limited in scope for they reveal neither the realities of women's lives nor do they, in the Vodou context, demystify the ways in which Vodou society promotes and maintains women's equality within the hierarchy of the religion.[4] To think of the Haitian woman solely in terms of the most popular forms of visual representation is to contribute to her on-going silencing and marginalization in a society which already forcefully and violently occludes her full participation in the workings of a country to which she loses her sweat and blood on a

---

[2] Lipschutz, Marian Shaw, "The World of Haitian Art," *Black Art*, Jamaica: NY 2 (4), 1978, 4-19.

[3] See Castera Bazile's *Femme aux Fruits*, among others, in Jean-Marie Drot's *Haiti : Art Naif/Art Vaudou*, Galeries Nationales du Grand Palais: Paris, 1988.

[4] See Desmangles, Leslie G., *The Faces of the Gods: Vodou and Roman Catholicism in Haiti*, Chapel Hill: The University of North Carolina Press, 1992.

daily basis. Thus, in this essay, I am intent in forging a link between written texts which have attempted to go beyond stereotypic depictions and those by social and feminist activists in Haiti and the United States which seek to represent the reality of Haitian women's lives lived under states of siege. In particular, I want to highlight the work of Marie Chauvet whose work in the 1960s documented the effects of the Duvalier regime upon women's lives and very bodies in a fashion unparalleled since. In contrasting her work with that being produced in the 1990s by feminist archivists and journalists of women's organizations such as *Enfofanm* based in Port-au-Prince, Haiti, I am seeking to render homage to Chauvet as well as to highlight the fact that women's lives in more recent history have been as threatened as in the worst years of the Duvalier regime.

Can the Subaltern Speak?

To work on revealing facets of Haitian women's lives, then, is to be confronted, almost immediately, with a thick wall of silence. Silence typifies the Haitian women's experience, whatever her class, racial makeup, and occupation. In her 1988 article, "Can the Subaltern Speak," Gayatri Spivak explored the question of whether or not postcolonial subjects could know and speak their conditions.[5] Although Spivak asserted that the intellectual, especially the female intellectual, has a "circumscribed task which she must not disown with a flourish" (104), that is, the task of representing the (female) subaltern, she also asserted that, in the end, the subaltern has no control (or agency) over their representation and, therefore, has no real voice to speak of. I agree with Ania Loomba's assessment of Spivak's work – when she asserts "that the possibility of collectivity is persistently foreclosed through the manipulation of female agency"[6]– as complicit with hegemonic discourses that chain the identity of the oppressed to their position as subjugated objects. As Loomba points out, "women who are trying, precisely, to record such voices within colonial and postcolonial history

---

[5] See, Spivak, Gayatri Chakravorty, "Can the Subaltern Speak?" *Colonial Discourse and Post-Colonial Theory*, eds. Patrick Williams and Laura Chrisman, New York: Columbia University Press, 1994.

[6] See Loomba, Ania, "Overworlding the 'Third World'," *Colonial Discourse and Post-Colonial Theory*, eds. Patrick Williams and Laura Chrisman, New York: Columbia University Press, 1994, 78.

do not indicate the epistemic wasteland Spivak implies" (318). In the Haitian context, it is the very silence that surrounds the female experience which has prevented the emergence of clear assessments of the features of that experience. For, it is not only the Haitian women living in the "Haitian diaspora" who suffer exile; those remaining within Haiti experience exile within Haiti itself.

Within Haiti, the Haitian woman is alienated from the means to assert at once feminine and feminist identities at the same time as she experiences the colonial domination endured by her male counterparts. When one considers that Haiti's feminist movement arose in reaction to American imperialism as well as in reaction to patriarchal suppression in 1934 and then was brutally suppressed with the advent of the Duvalier regime in 1957, to re-emerge thirty years later in 1987 only to be momentarily paralyzed by the military regime of 1991-1994, it becomes clear that women's ability to organize and mobilize for change has been clearly curtailed. Literary expressions of Haitian women's perspectives have been severely limited both due to the conflation of Haitian male identity with nationalist agendas which made women's perspectives tangential or unimportant to the larger political thrust for independence and to the overall patriarchal repression of women's voices. This textual ellipsis is beginning to be remedied, returning to Haitian soil its missing layer of lived experience. The "missing link" suggested by the French word "lacune"[7] is different in each locale: for Haitian women in the diaspora, it is clearly the absence of the homeland, the rupturing of family ties and the isolation that exile entails; for Haitian women remaining in Haiti it remains the absence of social and political equality in daily life. These various features of silence are explored in Haitian women's literature from its beginning, most potently in the work of Marie Chauvet who wrote (and was exiled) during the years of the Duvalier dictatorship.

---

[7] See my *Framing Silence: Revolutionary Novels by Haitian women* for a discussion of how the concept of "lacunes" or what I term a "culture-lacune" operates in the Haitian context with regard to women.

The Cost of Bearing Witness[8]

Although all of the works authored by Haitian women writers are in some way undergirded by the political conditions of the nation, the work of Marie Chauvet stands alone in its explicit and often bitter portrayal of the abuses suffered by Haitian women under the Duvalier dictatorship. She was rewarded for this courage with imposed political exile to New York where she died, prematurely, of an aneurysm while her most incendiary work, *Amour, colère, folie* was banned in Haiti and the rights of translation withheld by her husband's family.[9] For those immune to the form that human rights abuse takes when focused on women, Chauvet's work is shocking, perhaps even unbelievable; but it is only a shadow of what was experienced in those times and is still lived by women in Haiti. By refusing to distance her readers from the horrors of sexual violence, Chauvet, unlike her male counterparts, refused to collapse her female character's violations with metaphoric "rapes" of the nation. In writing, she gave voice to a suppressed reality of gendered violence and documented unrecoverable historical occurrences. Her trilogy is a rewriting or re-visioning of history, explicitly demonstrating the need for the *dechoukaj*, or uprooting, of the *duvalierist* terrorism in Haiti.

Chauvet's female protagonists live in an insulated, horrific world in which women are denied access to the means by which they might control their own destiny. In *Amour* and *Colère*, her central characters, Claire and Rose respectively, attempt to empower themselves, but each is limited in her success by her class and by the political climate of Haiti at that time. Those scholars who have attempted to examine Chauvet's political and feminist work in terms of her female characters have bridged the gap between the knowable and unknowable by transforming her characters into incarnations of the Vodou goddess, Erzulie (or Ezili); although such analysis are useful, they also demonstrate the extent to which women's lives in Haiti remain invisible. Chauvet, who voices the concerns of mixed-race and middle to upper class women, appeals to the readers' sense of historicity. Her stories are contextualized in terms of inner Haitian politics post-U.S. Occupation, up through the first phases of the

---

[8] Much of the following analysis is taken from my *Searching for Safe Spaces: Afro-Caribbean Women Writers in Exile*, Temple University Press, 1997.

[9] Shelton, Marie Denise, "Haitian Women's Fiction," *Callaloo* 15.3, Summer 1992, 770-777.

Duvalier regime (1940s-1960s). In the stories, women's lives are given center stage in the absence of accurate records to corroborate their experiences. Thus, though Chauvet's female characters may be said to embody some aspects of Erzulie, the fact that they represent countless numbers of Haitian women whose stories have not been told should also be taken seriously. Yet, Chauvet's terms are political and feminist in ways that cannot be understood, it seems, through the mere association of her characters with the Vodou goddess. Her vision has a depth charged with a realism that cannot be dismissed or subsumed under an analysis that merely shifts the ground from character to god, or from story to myth. In this aspect, Chauvet's characters can be said to be explicitly feminist incarnations whose purpose is to render the real lives of Haitian women more visible, without romanticizing or mythologizing them.

For these reasons, Chauvet's story "Colère" is particularly difficult for readers to process outside the Haitian context. In it, Rose, the daughter of a middle-class Haitian family, makes a bargain with a lawyer who is acting on behalf of a corrupt government to oppress the people of Haiti — whatever their class background. She gives up her body in return for her father's land, which has slowly been disappearing piece by piece, as men dressed in black, soldiers of the government (the notorious secret Duvalier militia, the *Tontons Macoutes*), have begun to subdivide it, apparently for redistribution. The family's parish priest calls for passivity on the part of the parishioners, saying: "Il nous faut apprendre à nous soumettre [...] il nous faut apprendre à nous résigner, car rien ne se fait sur terre sans la volonté de Dieu" [We must learn to submit [...] we must learn to resign ourselves, for nothing is done on earth without the will of God] (220).[10] Most of the members of Rose's family reject the priest's claim, but few are in a position to change their decline from the middle class. Rose, at twenty, attempts to buy back her family's land with her body; with her father's silent approval she submits herself to the lawyer's sexual demands for a month's time in exchange for the return of land they no longer control.

Chauvet describes the first day of Rose's rapes with unsentimental clarity, conveying the horror of Rose's abuse with words that cannot be minimized. Her rapist tells her: "Tu es vierge, n'est-ce

---

[10] All quotations are taken from Marie Chauvet and her *Amour, colère, folie*, Paris: Gallimard, 1968. All subsequent translations are my own.

pas? Tu ne m'as pas menti? Je vais te faire mal, très mal, mais tu ne diras pas un mot, tu m'as compris? Pas un mot." [You are a virgin, aren't you? You didn't lie to me? I'm going to hurt you, very badly, but you will not say a word, you understand? Not a word] (284). Chauvet has Rose tell her story in her own words so that her oppression is somewhat subverted. She tells us: "Il s'enfonca en moi d'un seul coup terrible, brutal, et aussitot, il râla de plaisir. Je mordis mon poing, de souffrance et de dégoût." [He drove himself into me in one dreadful blow, brutal and, immediately, grunted with pleasure. I bit my fist, out of pain and disgust] (284). The next day, as the lawyer calls her his saint, he tells her he will open her until he can ram her with his fist. Rose's reaction is to play dead; she separates herself from her body in an act of unnecessary martyrdom. Rose's attempt to recover her family's land only forces her into further collusion with her own oppressors: she in no way frees herself from her repeated sexual violations, and the land, as one might expect, is never returned to her father. Rose has made a poor choice: she resists oppression only to be brutally violated in an effort to maintain her family's class status. She suffers in part because she is not attempting to undo the harms of the dictatorship but because she attempts to safeguard her privileges under it; in doing so, she loses everything, including her self-respect. At the end of the story, Rose's grandfather and little brother are gunned down in their back yard. Rose, after another night's violent humiliation, comes home to die. "Colère" is as much about one family's struggles under dictatorship as it is the story of those who have come into power and misuse it: on both sides, vengeance is the catalyst for resistance. Chauvet conveys a feminist analysis of the political climate by focusing on Rose's experiences at the hands of the new dictators; she reveals Rose to be limited by her class privilege at the same time that she conveys that the atrocities committed on her young body are hateful and irreversible. This sets into motion a new cycle of anger and violence, which is entrenched in age-old struggles over power and prestige. The players may change but the stakes remain very much the same.

In "Amour," the story that has received the most attention of the trilogy, Chauvet presents a character that does not suffer but witnesses the cruelties inflicted on women's bodies, across class, by the regime. The story is set during the final years of the President Stenio Vincent's dictatorship (1939-40) but this serves as a cover for its critique of the Duvalier regime under which it was written. The story's main character is ironically named Claire, since she is the dark-skinned oldest of three girls in a middle-class family. In this milieu, she is made to suffer for the color of her skin. As she tells her own story, Claire expresses the middle ground she is made to inhabit and remembers a childhood in which her color made her appear out of place in the social circles her parents frequented (10). Her father, in particular, tries to keep Claire from forming friendships with girls of her own color, most often from the lower classes. In one incident, Claire is beaten for playing with Agnes, a working-class girl who spends much of her time at the home of an older man named Tonton Mathurin. Unfounded, vicious rumors circulate about the old man and the young girl, and Claire is compelled to befriend them both. She is punished severely for wandering out of her own class. After beating her, her father says: "j'inculque des principes et j'entends être obéi [...]. C'est une race indisciplinée que la nôtre, et notre sang d'anciens esclaves réclame le fouet, comme disait feu mon père" [I am instilling principles and I expect to be obeyed [...]. Our race is undisciplined, and our blood of ancient slaves demands the whip, like my father used to say] (110). Claire's father acknowledges his African heritage only to demean it, except when it comes to his land ownership, which he believes is protected by the offerings he makes to the *lwa* his grandmother once worshiped; he expects Claire to follow in his footsteps. Filled with imposed self-hatred, Claire cannot accept the worship of the Vodou gods. She tells her father that she will never serve her grandmother's *lwa* and he responds by threatening to beat her. Claire grows increasingly isolated in her own home, without friends or suitors, convinced of her ugliness.

Chauvet presents Claire's isolation as the source of her ultimate power. In many respects, her isolation is a form of exile, as she suffers from racism/colorism, sexism, and the legacy of her father's class prejudices. Claire, age thirty nine, is very much aware of the political climate in which she has grown up, and which has not turned on her and those of her class. For eight years, they have been subject to the whims of Calédu, a particularly brutal commander who raids their homes and kills indiscriminately (as did Duvalier's secret police). Claire wonders how many people Calédu has killed, for many have disappeared without a trace; in her is born the impulse to resist. She says: "La révolte gronde en moi. Déjà je haïssais mon père de foutre pour rien les fils de fermiers" [Rebellion rumbles in me. Already I hated my father for whipping the sons of farmers without reason] (15). For Claire, the inhuman treatment Haitians are made to suffer under Calédu is no different from the acts her father has committed against individuals of the lower classes. Chauvet makes clear that one major difference between the father's class-motivated hatred and Calédu's lies in whom they attack. Although, on the surface, it appears that Calédu has taken it upon himself to disrupt the privileges of the higher classes, he attacks women more viciously and terrorizes the dispossessed.

Protected by the blinds of her bedroom, Claire observes Calédu firsthand, watching him shoot several peasants in the streets. Amongst those of her class, she observes the battering and mutilation of a number of women with whom she grew up. She overhears her family doctor, who has treated them all, say to her brother-in-law: "Nous avons affaire à un sadique qui se venge peut-être de son impuissance sur les femmes [...] il est aussi un aigri qui fait payer aux autres sa condition sociale" [We're dealing with a sadist who is perhaps avenging his powerlessness on women [...] he is also an embittered man who is making others pay for his station in life] (69). Calédu's viciousness is born of his own past oppression: now risen from the lower classes to assume a role of power as a commander of the state's police (as many of Duvalier's *Macoutes* did), he turns on those he sees as the purveyors of class inequities. Still, Calédu's acts of vengeance are not limited to those who formerly oppressed him and seem to center on those who remain *powerless* whatever their class; he thus targets men of the lower classes on strike for fair wages inasmuch as he targets women in the middle and upper classes without male protection in their own classes. Claire's childhood friends, Dora Soubiron and Jane Baviere, single and without families, have no such "protection" and fall subject to Calédu's violence.

Through Claire's involvement with Dora and Jane, Chauvet presents her character's growing feminist consciousness. Dora and Jane are attacked by Calédu because of their class status but also because of their politics (or lack thereof); Dora has no political consciousness and is flogged for her haughty disdain for the likes of Calédu, while Jane, a seamstress, is closely watched for seeming to conspire with political dissidents. Claire seeks out both women, even though they have been shunned by members of their class. A neighbor tells Claire about Dora's misfortunes as part of class gossip:

> Il paraît qu'ils l'ont estropiée. Tu l'as vue? J'attends encore que les choses se tassent. Eugenie Duclan, elle, l'a vue. En cachette, mais elle l'a vue. Elle n'a plus rien, là [...]. Ça doit être terrible. Elle a raconté à Eugenie avoir vu sa chair voler en éclats tandis que Calédu la cravachait, couchée sur le dos, les jambes ouvertes, maintenue dans cette position par quatre prisonniers, quatre mendiants pouilleux à qui il l'a ensuite livrée [...] J'ai soixante-quinze ans [...] jamais je n'ai senti comme aujourd'hui planer autant l'horreur et la malédiction sur cette ville. [It seems that they've crippled her. Have you seen her? I'm still waiting for things to calm down. Eugenie Duclan has seen her. Secretly, but she saw her. She has nothing left, there [...]. It must be terrible. She told Eugenie that she saw her flesh fly in pieces as Calédu flogged her, flat on her back, legs open, kept down in that position by four prisoners, four dirty beggars to whom he then surrendered her [...]. I'm seventy-five years old [...] never have I felt so much horror and malediction hover over this city as today] (42).

Claire does not wait for time to pass, nor does she see Dora secretly. As she sees Dora stumble in the streets one day, Claire descends from her lookout spot to extend a helping hand, even though Calédu is passing in the street at the same time. Dora warns her to stay away, but Claire insists that she will visit her every day. Surprised at her own daring, Claire asks herself why she feared Calédu before this moment with Dora. She begins to acknowledge that she has the power to take control of her life and, through it, the ability to watch over those women whose fates have been decided by Calédu's own cowardice.

Chauvet presents the sexual crippling of Dora as a question of power — on who holds power and why. Calédu's internalized colonial mentality, his misogyny and his thirst for vengeance are all turned against the powerless: Dora is chosen as one of his victims because she is a single woman. Claire recognizes this imbalance in power and is thus better equipped than Dora (who, like Rose in the other story, clings to her privilege) to bring the hold of that power to an end.

Jane, on the other hand, has been ostracized from Claire's class, long before Calédu's ascension, for giving birth to a son out of wedlock. For this, Eugenie Duclan, the true gossip among them, has called her a criminal (44); others think that she is a prostitute and confirm this image they have of her because of the men they see congregating in her house late at night. As Jane grows more unpopular with those of the frightened middle-class, Claire decides to befriend her. She finds in her a compelling ally and learns from her the courage of leading an independent life whatever the consequence. Jane also warns her about Calédu and his men, asking her never to return, as this would put them both in danger. Claire, despite this new alienation, gains strength from this alliance. It is for these women, as well as for those whom she hears being dragged through the streets by Calédu in the middle of the night, that she will later assassinate Calédu. Plunging her dagger into Calédu's flesh, she exacts revenge for herself and for the greater Haitian population held hostage to the violence of the regime. In so doing, she releases herself and women like Dora and Jane from the subjugation and violence of patriarchal and colonial domination.

As convincing and inspiring as are Chauvet's heroines, Claire in particular in the above trilogy, very few Haitian writers since have been able to write as forcefully about the atrocities committed by the Duvaliers against women in particular, even less about those that have continued to be exacted against women since, including rape, torture and immolations. Women's organizations, however, on the rise since the departure of the Duvaliers in 1986, have steadily broken that silence, speaking out against violations of women's rights and documenting abuses. This movement towards documentation was particularly acute during the early 1990s under the military junta.

Women and Violence: The Effects of Militarization

The stories that have trickled to the surface of human rights abuses since 1986, especially against women, reveal that Haitian women are the victims of extreme violence — much of which has occurred during periods of high militarization — but all of which results from a society that systematically undervalues and devalues women as a group. Some of the reports made to Haitian and human rights officials during the years of the military junta (1991-1994) have been collected by *Enfofanm*, a women's organization based in Haiti, dedicated to the collection of material on and by Haitian women. Two representatives of the organization, Marie Agnant and Colette Lespinasses, write in their article "September 29, 1991: A massacre of the People" that women's testimony during this time demonstrates that "the traditional injustice where women have always been held in contempt made the violence even more severe" (38-39).[11] The collected reports of cases involving the violation of Haitian women's human rights from 1993 to 1995 confirm this observation. What we must keep in mind, however, when considering these cases, is that the violation endured by Haitian women because of their sex predate these years and continue today. What the cases expose, however, as Clorinde Zephyr has observed, is the narrow relationship between militarization and patriarchal domination.[12] She notes in particular a horrific case in which Dyana Laguerre, a woman who had decided to leave her companion, a man in the military, was killed while waiting for a bus: she was stabbed with a sword, introduced into her vagina and rubbed in until it killed her. Following are some other examples of cases reported and printed in *Enfofanm*'s *kreyòl* publication, *Ayitifanm* from 1994-1995 (a lengthy list is contained in *Haitian Women Between Repression and Democracy*). I reproduce them here lest we minimize, or worse, forget, the nature of the violence perpetrated against Haitian women on their own soil:

- February 23, 1994: "part of a woman's body was displayed on Boulevard La Saline; she was a resident of Cité Soleil. Stray pigs had already devoured a part of the woman's body which had been left out in the sun for more than a day. During the night, the military had conducted a search for weapons at Cité Soleil and many residents were arrested."
- March 20, 1994: "According to the Civil Mission, during the month of January, 32 cases of rape perpetrated against women were registered [...] twelve [...] related to members of grassroots organizations and residing in Port-au-Prince's low-income neighborhoods;" Note: children were not spared.
- April 8-9, 1994: "At Ravigne Trompette in Borgne, the military raped several young women and young girls. It was the beginning of a campaign of terror against the activists of the area, many of whom were arrested. The women were forced to walk down the streets naked in order to lead the way to the activists' hiding places."
- November 16, 1994: "In Saint-Marc, Cayes, Gonaïves, Cap-Haïtien and Port-au-Prince, and according to several

---

[11] In *Haitian Women between Repression and Democracy/Las Mujeres Haitianas entre Represion y Democracia,* Port-au-Prince: Enfofanm Editions, 1995.
[12] See her work in *Haitian Women between Repression and Democracy/Las Mujeres Haitianas entre Represion y Democracia,* Port-au-Prince: Enfofanm Editions, 1995.

corroborating sources, US soldiers sexually abused several Haitian women from all walks of life. After having sex with them, they introduced oversized dildos in their victims."

- December 21, 1994: "During a freshman initiation party at the School of Medicine some male students held a young girl, their classmate, and poured oil paint into her vagina;" the young woman was hospitalized fifteen days for sever inflammation of her reproductive organs.

- March 15, 1995: "In Delmas 75, an armed bandit killed Cleance, a 45 year old woman who left two children. The neighborhood vigilantes killed the murderer;" this is one of the few recorded instances of community resistance although groups of women have been known to assist women attacked by their husbands report domestic violence to the police even in cases in which the police were known to be ineffective.

- May 4, 1995: "According to the *Nouvelliste* . . . girls 15 and younger are being severely harassed by foreign soldiers in some areas [...] Gelane Binette, a 15 year old second year student [...] was viciously attacked and raped by a member of the UN peace-keeping forces."

- June 3, 1995: "In Corail, in the Grande Anse area, a scandal broke out between thugs from Port-au-Prince and the people living in the area. One of the thugs died [...] six people were wounded among them Zet Pierre, a seventh-month pregnant woman. They cut off her arm."[13]

This final example brings to mind the violence perpetrated against Alerte Balance in 1992 by the military who hacked off both her arms and left her for dead. Anne-Christine d'Adesky, a Haitian-French staff reporter for the Los Angles Times, has written of this courageous woman who now speaks out on behalf of Haitian human rights as a result of her ordeal. D'Adesky wonders at Balance's courage and laments her losses: "I imagine there are moments when her brain cannot accept her loss of limb...and she may suffer from phantom pains for decades."[14] Through her acts of speech, however, Balance regains self-respect, courage, and humility. In reproducing an image of Alerte Balance superimposed upon a drawing of "La Espanola" in 1492, depicting the Spaniards' methods of punishment – hacking off the limbs of their prisoners – the women's organization shows that

---

[13] All quotations are from *Haitian Women Between Repression and Democracy*, 175-196.

[14] D'Adesky, Anne-Christine, "The Nightmare That Is Haiti: Gunshots in the Quiet of the Night," *Los Angeles Times*, 18 Sept. 1994: M1, M6; "As Tension Swirls in Haiti, Just What Is the U.S. Role?" *Los Angeles Times*, 9 Oct. 1994: M1, M6.

such contemporary methods of suppression are rooted in the colonial era and the militarization it employed to enforce imperialism. Though the military junta of 1991-1994 was particularly horrific; its models emerged not only from the European colonial system but from neo-American imperialism.

A report made in 1927 by the United Nations Women's International League for Peace and Freedom revealed, for instance, that US troops occupying since 1915 had been responsible up to the date of the report for innumerable "war crimes" against women, including execution by machine gun, beatings, torture, and burning at the pyre. It is not surprising, then, that Haitian women's organizing began during this state of repression, only to be almost utterly silenced under the Duvalier regime. It was also the US military that trained and armed the army which ousted Jean-Bertrand Aristide in 1991 and terrorized the country until 1994 when they were replaced by US and UN personnel, some of whom, in turn, violated the female population.

The military openly supports violence as a means of domination; it is also clearly patriarchal in its structure. As Zephyr writes: "When we think that military coups, massacres, repressions and the whole string of violations of children's and women's rights would not be possible without weapons, we can easily understand how the international militarization system is responsible for the ills of our societies and what the role of the military is in the future of these societies"(51). She points out that military dependency harms the productivity of Third World countries: "the money which should normally be invested for the creation of civilian technology, social ventures, health care, and education is less available" (53). Since women are always at the bottom of the economic scale, especially women of African descent, they suffer disproportionately under such a system. Conquest, militarization, violence and poverty: these have been the lasting consequences of colonialism in the Caribbean basin. This does not mean that there is no way out for Haiti's poor and for its women.

Organizations like *Enfofanm*, *Kay Fanm*, and SOFA, continue to actively work on behalf of women and women's causes. *Enfofanm*, through its newspaper, publicizes events concerning Haitian women and takes part in building coalitions with Latin American women's organizations, notably in the Dominican Republic and Cuba. The Cuban encounter was organized to coincide with the 50th Anniversary of the Universal Declaration of Human Rights in December 1998 and *Ayiti Fanm* notes that despite the decline of the Cuban economy, Cuban women have enjoyed advantages far ahead of those available to Haitian women in terms of access to education and professional avenues. Cuba serves as a model for the future. The notable *encuentro* with representatives from the Dominican Republic resulted in the formation of a platform having for purpose the solving of major issues such as problem of violence against women in both countries, the exploitation and poor health of Haitian working in the *bateyes,* and the rights of women forced into prostitution on both sides of the border. SOFA, established since 1987, has worked more specifically on the issue of violence against women to try to create change in the laws of the country, especially concerning marriage law. They have also made health a major issue, establishing their own clinic in Carrefour in 1998; the clinic, however, has been excessively scrutinized and was raided by the police under the pretense that it was a front for arms smuggling in 1998. After this incident, SOFA took the police to court; they were able to obtain a partial public apology from the police but this did not solve the problem of replacing the much needed supplies and medicine destroyed in the process of the raid.

What remains absent in Haiti is a viable economic and social infrastructure, one that would enable these organizations to do their work with the most success, and to do that work arm in arm. Some groups (like SOFA) are labeled reactionary, while others (usually called "women's organizations") are tolerated because they are associated with the educated, with the elite. Class imbalance contributes enormously to the inability of Haitian women to secure a stronger voice within Haiti itself. Beverly Bell notes in her anthology, *Walking on Fire: Haitian Women's Stories of Survival and Resistance,* that "according to the United Nations Development Program, Haitian women rank last in a gender development index of countries in the Western Hemisphere, while they rank 150 out of a total of 174 countries in a total of 174 countries surveyed."[15] This means that structural changes will be crucial in determining the future for Haitian women, structural changes which are already being implemented by grassroots organizations whereby "the movement for transformation is struggling to create models of horizontal power in a multitude of ways,

---

[15] Bell, Beverly, *Walking on Fire*, Ithaca & London: Cornell University Press, 2001, 18.

from peasants having an equal chance at elective office to workers controlling their own means of production. And reaching beyond class and national and international systems, women in the popular and feminist movements are attempting to force the boundaries of change to encompass gender as well" (194). Women, in fact, especially from the more disenfranchised classes in Haiti, are at the forefront of agitating for a participatory democracy, making use of traditional "women's spaces" to mount a persistent resistance against what Bell terms "centuries-long state-sponsored violence." She notes, citing the work of Claudette Werleigh, that "women have used their time together at the village pumps, collecting water, to exchange news. Other women have reported how they do laundry side-by-side — beating clothes in rivers with sticks and laying them on rocks to dry — for the same reason, to strategize in periods of repression." She goes on to relate how Alerte Balance,

> during the coup [...] took advantage of the public space of the market, another woman's domain and one of the few places were citizens could gather at that time, to whisper news of political developments. In those days too, women used the marketplace to pass clandestine messages back and forth on notes scribbled on the ragged orange gourde bills they exchanged for goods (98).

Things have changed since the era of the Duvaliers. The most dispossessed have grown in the security of their voices and alliances. Where once the populace was terrorized by the sight of the tortured and executed in front of the National Palace and the airport, "protests in recent years have taken such forms as a sit-in in front of the National Palace, complete with a row of empty cooking pots" (102). Public spaces are being actively reclaimed as sites of insurrection.

In the end, remarkably, it appears that perhaps the most 'stable' element of Haitian society resides in the groups of women in the market places who manage to subsist from day to day. These are the women who are the unacknowledged backbone of Haiti. In neglecting the ways in which Haitian women are subjected not only to physical and sexual violence but the violence that results from depravation and unequal access to education and employment, we are neglecting the very spine of our society. For what these women deserve who endure the impossible and still continue, because they have no choice, because they must, is the opportunity to stand tall against the blue sky they rise to meet every day; to smile not for the camera's eye, but in knowledge that their day of reckoning has come, a day when their labors will have been recognized. Everything must be done to safeguard the dignity of Haitian women's endurance – so that they may continue to do more than endure, so that they may live more productive and happier lives, lives lived not "under siege" but freely.

The End of the Committed Intellectual:
The Case of Lyonel Trouillot[1]

Marie-José N' Zengou-Tayo

Résumé : La représentation littéraire de l'intellectuel engagé a changé depuis la fin de la dictature Duvalier. Depuis ses origines jusque dans les années 1980, la littérature haïtienne impartissait à l'intellectuel le rôle d'observateur critique de la société et de guide éclairé. Mais à partir des années 85, face à la détérioration des conditions socio-économiques, les écrivains commencent à douter de leur pouvoir comme agent de changement. En examinant les romans de Lyonel Trouillot, Marie-José N'Zengou-Tayo montre que *Les fous de Saint-Antoine* et *Rue des pas perdus* annoncent non seulement la fin du rôle traditionnel assigné à l'intellectuel, mais sa marginalisation de la société conduisant à l'élimination de sa parole. Le grand projet d'Histoire collective a été remplacé par le récit individuel de l'intellectuel s'efforçant de survivre.

Summary: The literary representation of the politically committed intellectual has changed since the end of the Duvalier dictatorship. From its origins to the early 80s, Haitian literature expressed faith in the intellectual's capacity to lead the country and be a critical observer of society. But in the mid-eighties, in the face of deteriorating socio-

---

[1] A shorter Version of this paper was presented at the 13th Annual Conference of the Haitian Studies Association, October 11-13, 2001, Saint Michael's College, Winooski Park, Colchester, Vermont and a section was presented at the CIEF annual conference in Abdjan, Cote D'Ivoire, June 2002.

political conditions, writers began to express doubts about the power of the intellectual as an agent of change. Examining Lyonel Trouillot's fiction, N'Zengou-Tayo shows that *Les fous de Saint-Antoine* and *Rue des pas perdus* signal not only the end of the leading role assigned to the intellectual but *his* marginalization from society leading to the obliteration of *his* voice. The great collective project that was to be part of History has given way to the story of the individual trying to stay alive.

                                    * * *

        From its inception, Haitian literature has been a politically committed literature. Some of its writers have held ministerial positions, such as Vastey in the Christophe government, and the Ardouin Brothers and Demesvar Delorme in the Salnave government; other writers have set for themselves the task of defending Haitian independence and the "Black race."[2] Closer to our own time, we have to remember that before becoming a dictator, Francois Duvalier was a member of "Les Griots," the Haitian Negritude group, and many of his ministers were intellectuals belonging to that group. The fact that he persecuted intellectuals or sent into semi-exile (as ambassadors) those who had campaigned for him is just one example of the risks taken by Haitian intellectuals and writers when they committed themselves to political effort. As mentioned by Danticat in "Women Like Us," the epilogue to her short story collection, *Krik! Krak!*, for the ordinary women of her family to write was a dangerous act:

> In our world, writers are tortured and killed if they are men. Called lying whores, then raped and killed, if they are women. In our world, if you write, you are a politician, and we know what happens to politicians. They end up in a prison dungeon [...].[3]

The role of the intellectual in Haitian politics has changed over the years, and the end of the Duvalier dictatorship signaled this

---

[2] Louis-Joseph Janvier, Hannibal Price, Anténor Firmin, for instance.
[3] Danticat, Edwidge, *Krik! Krak!*, New York: Vintage Books-Random House, 1996, 221.

transformation. This paper seeks to analyze this change through an examination of the representation of intellectuals in the Haitian novel. Particular attention will be given to Lyonel Trouillot's novels, *Les fous de Saint-Antoine* (1989) and *Rue des pas perdus* (1996). As far as artistic production is concerned, Trouillot's fiction is emblematic of the doubts affecting contemporary Haitian writers in the face of the current living conditions in Haiti.

Early Haitian novels show the emergence of the enlightened intellectual as a critical observer of the Haitian society (for instance, Gérard Delhi and Claude Sartène in Fernand Hibbert's novels). With the politically committed writers of the 1940s (Roumain, Lespès and Alexis, among others), the character of the intellectual changes and he becomes a potential leader or someone who brings political awareness to his community (Pierre Roumel and Jean-Michel in Alexis's *Compère Général Soleil*). With Jean-Michel, the medical student of *Compère Général Soleil* (1955), the committed intellectual comes from the middle-class and tries to educate his less fortunate companions. A sequence in *Compère Général Soleil* shows the distance between the literate and the illiterate, along with the efforts made by Jean Michel not only to educate Hilarion but also to encourage his confidence in his own intellectual capacities (94-97). In *Les arbres musiciens* (1957), J. S. Alexis creates Carles Osmin, a low-middle-class black intellectual oscillating between denunciation of exploitation and collaboration with the upper class and political elite. Carles Osmin is presented as an embittered intellectual:

> [...] il y avait belle lurette que Carles avait décidé de jouer le rôle du bohème sarcastique, cynique et ne croyant à rien. Il voulait rendre mépris pour mépris à cette "société." Il n'avait accepté de venir là que pour ricaner en secret du spectacle, pour les défier. Avec l'injuste partisanerie des aigris, il niait qu'il pût exister le moindre bourgeon verdoyant dans le désert brillant du beau monde. [It had been a long time since Carles had decided to play the part of the cynical and sarcastic bohemian who believes in nothing. He wanted to respond with contempt to the contempt of this "society." He had agreed to come there only to laugh secretly at their show, to defy them. With the unfair partiality of those embittered by life, he denied the existence of the tiniest green bud in the bright desert of the upper crust].[4]

---

[4] Alexis, Jacques Stephen, *Les arbres musiciens*, Paris: Gallimard, 1984 [1957], 97. All translations are my own unless otherwise indicated.

In spite of his rejection of the bourgeoisie, he will marry a member of this class and accept a post as a diplomat (360). In this novel, Alexis points out the inability of the intellectuals to communicate with the urban working class and the peasants:

> A la vérité, les intellectuels ne faisaient rien pour se lier au peuple et tous les pieux efforts, toutes leurs discussions théoriques demeuraient lettre morte et le resteraient tant qu'ils n'accepteraient les dures conditions de lutte du pays. Pouvaient-ils trouver l'organisation qui correspondait à la situation tant qu'ils n'abandonneraient les hauteurs embaumées des quartiers bourgeois ? Ils devaient se résoudre à s'enfoncer dans les dédales tortueux de "La cour Bréa", de "La cour Fourmies", de "Trou Cochon" et de "Bolosse". Seul le travail dans les conditions concrètes des quartiers populaires pouvait être réaliste. [...] La pensée voguait donc de son côté et le peuple du sien, en attendant les hasards des rencontres fortuites [To say the truth, intellectuals did nothing to relate to the people, and all the pious efforts, all the theoretical discussions went unheeded and would remain so as long as the intellectuals did not accept the harsh conditions of the struggle in the country. Would they be able to find the organization that would fit the situation when they would not leave the fragrant heights of the bourgeois areas? They should reconcile themselves to walk down through the sinuous maze of "La cour Bréa," "La cour Fourmies," "Trou Cochon," and "Bolosse." Only concrete work carried on in the popular areas could be realistic. [...] In the meantime, ideas were drifting one way and the people another, waiting for chance encounters] (289-290).

In spite of the persecution of intellectuals and the failure of their attempts at overthrowing the Duvalier dictatorship, up to the 1980s Haitian fiction expresses faith in the intellectual's capacity to lead. For instance, in her posthumous novel *Les Rapaces* (1986), written in the early 1970s,[5] Marie Vieux Chauvet creates a character who is convinced that his writing will help to change the political reality of his country:

> Les mains de l'écrivain brûlaient. Il les sentait sur le cahier comme deux torches vivantes. La vérité entrait en lui. Là, dans ces mornes, était la vie du pays, la force intacte qu'il fallait électriser pour

---

[5] Even though the official date for *Les Rapaces* is 1969, references made in the novel allow for a later date (the gust of wind at François Duvalier's funeral in April 1971 and the blood and corpse trafficking.)

accomplir le miracle. Travail difficile et qui réclamait un courage
surhumain. Ils avaient tous atteint les bas-fonds. [...]
       Malgré tout, le poète était plein d'espoir. Ce livre qu'il
écrivait allait tirer le peuple de sa torpeur. Il retrouverait en lui le
souvenir de son glorieux passé et se dresserait en justicier, face au
tyran.
[The writer's hands were burning. He could feel them on his
notebook like two living torches. Truth was getting into him. Here,
in the mountains, lay the life of the country, the untouched force
one would have to ignite to achieve the miracle. This was hard
work, which required a superhuman courage. They all had reached
the bottom of the pit.
       The poet was nonetheless very hopeful. The book he was
writing was going to awake the people from their lethargy. They
would find deep within themselves the memory of their glorious
past and they would stand up for justice against the tyrant].[6]

Through Michel, the gifted poet, Chauvet expresses her faith in
the role of the intellectual and poet as an agent of change:

Tant de livres avaient déjà été écrits en pure perte ! [...] Pour
cingler l'espoir, il se persuadait d'avoir, le premier, trouvé la clef
magique des consciences. Oui, il se sentait capable de remuer le
monde. C'était lui le prédestiné. L'enfant noir, au front ceint de
lauriers, chargé de transmettre à son peuple le message miraculeux
[So many books had already been written for a dead loss! ... To
raise up hopes, he had convinced himself that he was the first to
find the magic key that opened the people's consciences. Yes, he
felt he was able to move the world. He was the chosen one. He, the
black child with his crown of laurels, was entrusted with the
miraculous message for his people] (30).

One must note that Chauvet still keeps the figure, introduced by Alexis
in *Compère Général Soleil*, of the black leader and intellectual coming
from a poor background: Michel's mother was a laundress, who
sacrificed herself to have her son highly educated.[7] Michel, in *Les
Rapaces*, resembles the narrator-poet portrayed in the third novella of
Amour, colère, folie (1968). Both have the same background: they are
from the proletariat and gain access to education through the sacrifice
and efforts of their mother.

---

[6] Chauvet, Marie Vieux, *Les Rapaces*, Port-au-Prince: Editions Henri Deschamps,
1986, 28-29.
[7] Alexis, Jacques Stephen, *Compère Général Soleil*, Paris: L'Imaginaire-
Gallimard, 1982, 32-33.

In later fiction, the figures of the upper-class-yet-committed intellectual as well as the poor middle-class intellectual have disappeared, to be replaced by that of the poor semi-educated unionized worker like Dorismé in Clitandre's novel, *Cathédrale du mois d'août* (1980).[8] Clitandre shows the workers' attempt at unionization and clandestine struggle against state terror.

> Les ouvriers virent rentrer quelques minutes plus tard Passiona, accompagnée du paysan Bienvenu. Cette longue nuit ponctuée par les aboiement de chiens, les scintillements des étoiles, John, Dorismé et leurs camarades devaient reconnaître que Bienvenu était un frère de pauvreté. Ils se serrèrent la mains à la lueur de la lampe et leurs souffles firent danser la flamme qui projetait des clartés et des ombres sur les pans de mur de la petite pièce (184).
> [After nightfall, in the little room, the others watched Passiona come in, bringing the countryman Bienvenu. During that long night, punctuated by the barking of dogs, under the twinkling stars, John, Dorismé and their comrades came to see that Bienvenu was their brother. They clasped hands together in the lamp light and their breathing made the flame dance, casting light and shade over the walls] (Tr., 144).

In Clitandre's novel, the intellectual arrives towards the end, through the character of Professeur Belbonjour, a school teacher who has previously been arrested and now lives in the slum trying to write about its reality. When he meets Passiona, a member of the clandestine group trying to organize the slum struggle, Professor Belbonjour confesses:

> [...] J'ai été persécuté, amis, rien ne peut m'empêcher de me pencher sur le sort des exploités. Je me reproche vivement de m'être isolé du bidonville à chaque représaille. J'avais peur. J'ai vu des gens mourir et j'ai eu honte de moi-même. Cependant, j'ai continué à écrire... Regardez, j'ai commencé un livre sur la situation du bidonville, qui peut guider [...] (91).
> [I have been persecuted, but nothing can stop my feelings for the oppressed. Each time violence comes, I reproach myself for being cut off from the people. I was frightened, I saw people die and I was ashamed of myself. And yet, I went on writing[...]. Look, I've begun a book on the situation which might show how[...] (Tr., 150).

---

[8] Clitandre, Pierre, *Cathedrale du mois d'août*, Paris: Syros, 182, 130-132. Also, Clitandre, Pierre, *Cathedral of August Heat*, trans. Bridget Jones, London: Readers International, 1987.

Clitandre redefines the role of the intellectual in the social struggle of the workers through Dorismé's response to Belbonjour.

> Quand il [Belbonjour] termina sa lecture, Dorismé lui dit : "Vous ne connaissez pas ce qui se passe à l'intérieur des grandes bâtisses [...]. De même que vous ne savez pas ce qui se passe en dehors de la ville, [...]. De même que vous ne dites pas quels sont les chemins à prendre pour sortir de là, de cette misère. Vous êtes un homme de science, Belbonjour, vous n'êtes pas un homme de lutte." (192). [When he [Belbonjour] had finished, Dorismé said: "You don't know what goes on in the big sheds. I spend a whole chunk of my life in there. Same way you don't know what the country is like. Brother Bienvenu can tell you about that. Same way you don't say what we can do to get out of here, out of this poverty. A man of book-learning, Belbonjour, is no man for the struggle] (Tr., 150).

However, Dorismé does not totally dismiss Belbonjour. He foresees that the intellectual will be needed after the victory of the revolution: "L'autre analyse, c'est pour le lendemain de la victoire. Nous aurons besoin de vous, Belbonjour."(192) [We not reading book, we getting our men together. The morning after we win, is then we need you, Belbonjour (Tr.,151)]. But when the crowd is gathered at the Cathedral square, the professor is present on the makeshift platform and it is *his* discourse that "lights up" the people:

> ... sur un échaffaudage de maçon, Dorismé, Passiona, Bienvenu et Belbonjour devant une foule si immense qu'on croyait que tout le pays écoutait les profondes paroles du professeur. [...]
>   La foule illuminée par ces paroles, porta son regard devant la direction où Belbonjour avait pointé le doigt, [...] (199).
> [...on a mason's scaffolding, with Dorismé, Passiona, Bienvenu and Belbonjour facing such an enormous crowd, it seemed as if the whole nation were listening to the professor's words.
> The crowd, enlightened by these words, turned and looked toward the place where Belbonjour had pointed his finger ...] (Adapted from translation, 158).

Clitandre's novel offers a redistribution of roles in the social and political struggle against the Duvalier dictatorship. The traditional political class is kept out of the picture. Clandestine organization and protest come from the working class's progressive awareness through unionization. The intellectual still has a part to play, however minimal, in this struggle. He is no more at the forefront; he is needed in order to assist the reorganization of the political landscape.

In his first novel, *Les fous de Saint-Antoine* (1989), written nine years after Clitandre and three years after the Duvalier dictatorship was overthrown, Lyonel Trouillot offers a variation on the political function of the intellectual.[9] This new version marks a change in the perception of the intellectual in Haitian society and adds a twist to his literary prepresentation. In *Les fous de Saint Antoine,* Trouillot tells about the childhood of a middle-class intellectual (a school teacher) growing up in a middle-class area, which is declining in social standing because of the arrival of rural migrants and the emigration of its original population. Unable to leave, Antoine stays in his degraded environment and tries to assist the newcomers. The mystery surrounding Antoine's involvement in this dilapidated area is suggested by his lover, Dominique:

> Elle ne parvenait point à saisir le lien entre Antoine et ce coin de terre oublié, cette terre carrée sans devenir. Le matin il enseignait dans un collège privé. Il prenait à coeur son métier d'instituteur. Il aurait pu se faire une place dans l'enseignement secondaire et quitter ce quartier. Pourquoi s'acharnait-il à faire corps avec cette rue sans ambition, sans fortune ancienne ? [She could not figure out what was binding Antoine to this forgotten piece of land, this square land without a future. In the mornings he taught in an elementary school. He took seriously his job as a school teacher. He could have made his way through secondary school teaching and left the area. Why did he strive to be one with this futureless street, which had no past glory?] (61).

As a poor middle-class intellectual living in a deprived area, Antoine's function is redefined as that of a public writer, counselor, and librarian:

> [...] on frappait à la porte. Dis, Antoine, j'aimerais enregistrer la dernière chanson de Coupé-Cloué. Dis, Antoine, y a mon frérot qu'aimerait que tu lui passes un manuel d'histoire général. Dis, Antoine, tu veux bien corriger cette demande d'emploi [...] [People knocked at the door. Please, Antoine, I would like to record Coupé Cloué's last hit. Please, Antoine, my young brother would like to borrow a history textbook. Please, Antoine, could you revise this job application] (66).

---

[9] Trouillot, Lyonel, *Les fous de Saint-Antoine,* Port-au-Prince: Les Cahiers du Vendredi, Editions Henri Deschamps, 1989.

There is no reference to an eventual struggle. The atmosphere of the novel is that of an oppressive fear of repression, the impossibility of privacy and intimacy. Antoine is at the service of his neighbors but he is not a leader; he has no political project:

> Aujourd'hui, elle [Dominique] découvre la gratuité des promesses, Antoine jamais plus, ni possesseur, ni conquérant, timide comme les pauvres, disponible et sans exigence [Today, she [Dominique] discovers that promises are made for free: Antoine will never be a proprietor or a conqueror; he is shy like those who are poor, always available without demands] (77).

Unable to change the conditions of the people, deprived of any goal, abandoned by his mother and sisters and by Dominique, Antoine gives up and feels the urge to "leave quickly"(meaning, to die):

> Antoine voulut s'en aller au plus vite, où il n'est point de mémoire, de solitude, de Dominique [Antoine wanted to leave as quickly as possible for a place where there is no memory, no solitude, no Dominique] (97).

In poignant terms, Trouillot expresses the overwhelming and depressing feeling of uselessness, mediocrity and emptiness that leads to suicide:

> On a chacun sa Carmencita dans la tête, ça vous prend vers les trois heures du matin, la lune plus haute ou plus basse qu'à l'ordinaire, intouchable, à portée de la main, folle attirante et indisponible dans son inutile gambade ; ça vous prend vers les trois heures du matin quand on en a marre de ruser avec son ombre, d'inventer de l'espace dans ce quartier sans espace, dans le souvenir d'autres temps, dans l'espérance molle du riz et pois du lendemain, les joies inventées des chambres de prostituées dont la crasse tue le plaisir ; ça vous prend vers trois heures du matin quand on hésite à boire le verre du départ, le dernier, politesse à rendre au quartier par l'intermédiaire de Willy et Mario. Boire un coup avec eux. Juste un coup. Vengeance et acceptation. Mourir, c'est déjà transgresser les interdits. Mais boire le coup de l'étrier avec des voyous, [...] [Everyone dreams of his Carmencita: it happens around three in the morning, when the moon is either higher or lower than usual, outside or within your reach, an attractive madwoman or unavailable as she leaps about aimlessly. It happens around three in the morning when you are tired of trying to outsmart your shadow, inventing space in this area without

space, remembering old days, impassively hoping for tomorrow's rice and peas, inventing moments of joy in the bedrooms of prostitutes, the dirt of which kills pleasure. It happens around three in the morning when you pause before drinking that last drink for the road, the last one to be polite to the neighborhood through Willy and Mario. Have a drink with them, just one. Revenge and acceptance: to die is to break the taboos already. Yet, to drink the last one for the road with louts [...] (97).

With the suicide of Antoine, Trouillot marks in *Les fous de Saint-Antoine* the end of the leading role usually assigned to the politically committed intellectual in Haitian literature. It also introduces a divergence from the pre-Occupation and Occupation representations of the embittered and disenchanted intellectual. In his novel Trouillot captures the depressing and stifling atmosphere of the Duvalier era, the impact of mass exodus on the ones left behind, and the overwhelming presence of the rural migrants.

The figure of the powerless intellectual must be associated with the 1986 events. In the movement that overthrew Jean-Claude Duvalier and the *Macoutes*, intellectuals were left on the sidelines. In spite of the efforts made by intellectual circles to take over the movement, various political events since 1986 showed that they had no control over the masses. What could be called the isolation of the intellectual or his dismissal is once more forcefully illustrated in Trouillot's third novel, *Rue des pas perdus* (1996).[10] In this latter work the intellectual is marginalized in the account of a petty postal civil servant, a "contestataire paresseux" (a lazy rebel, 15), who is a narrative voice among others (the old madam, the old taxi driver).

It is particularly interesting to analyze the distribution of these narrative voices in the story since it is part of the effort to dismiss the traditional image of the intellectual as the guide or the knowledgeable one. *Rue des pas perdus* is divided into small sections, each with a different narrator. The alternating voices create a counterpoint in the text. An attempt at identifying these voices shows that three main narrators all share the responsibility for telling the story. A brief voice is heard, that of a street urchin named Létoilé (Star-crossed), who takes responsibility for the story on page 127. However, Létoilé takes over

---

[10] Trouillot, Lyonel, *Rue des pas perdus*, Port-au-Prince: Editions Mémoire, 1996. This novel seems to recount the night of September 30, 1991. However, some accounts seem to mix events that took place on February 7, 1986.

the account of events within the taxi driver's narration of the terrible night of September 30, 1991. One could assume that Létoilé encroaches on the taxi driver's speaking time: hence my classification of his sequence as 3' in the appended table. A grouping of sequences according to the narrators brings forth the following observations: of thirty-six alternating sequences, fourteen are told by the Old Madam [OM], twelve by the petty postal Civil Servant [CS], nine by the taxi driver [TD], Ducarmel Désiré, and one by Létoilé [SU]. Since the intellectual's presence is mediated through the civil servant narrative, it is clear that his weight in the story is first diminished by the distribution of the narrative sequences. I tried to reconstruct a rhythmic pattern (see table) of these alternating voices, following the principles used for establishing rhyming pattern in a poem (i.e. use of the alphabet to represent a rhyme). This technique allowed for the identification of thirteen groups, and definition of the following pattern:

> (1, 1, 2) A / (1, 2) B / (1, 2, 3) C // (1, 2, 3) C / (1, 2) B / (1, 2, 3) C
> // (1, 3, 2) D / (1, 2, 3) C / (1, 3, 2) D // (1, 2, 3) C / (1, 2) B / (1, 3',
> 3, 2) E / (1, 3) F

This pattern may seem arbitrary, and yet it is induced by the author's initial choice of three narrators. Therefore, through the schematic representation of the novel's structure, it is possible to visualize the disruption in the narration toward the end of the novel (the irruption of a fourth voice changing the establish binary/ternary pattern). The change of pattern corresponds to the panic that overcomes the final part of the novel, with the taxi driver trying to escape the bullets of soldiers who are running amok in the streets of the city, and, with a wounded leg, trying to survive his fall into a gully full of refuse.

The distribution of sequences among the narrators and some additional narrative strategies signal the author's deliberate eviction of the heroic intellectual from his story. For instance, the petty postal civil servant is the only character who interacts with intellectuals (André, his childhood friend, and Gérard, his old teacher cum mentor). He is only responsible for twelve sequences out of the thirty-six. The most powerful voice is that of the Old Madam (fourteen sequences out of thirty six); she is the one who opens the story. The third voice, which appears only in sequence eight, is that of the taxi driver, the only narrator with a full name, Ducarmel Désiré (29). Apparently less important than the two others, he is however the one who is able to give a 'first hand' account of the events (the night of September 30, 1991), and who 'justifies' the title of the book (44). He is also the one whose narration concludes the story (after October 1994, with the return of Aristide). As a taxi driver, he is the one crisscrossing the city and connecting his story to the postal civil servant's. In one sequence, he transports two passengers whom the reader recognizes as the second narrator and Laurence, his colleague (seq. 7, 28 and seq. 22, 89-90) and in another sequence, the figure of Gérard / a mad man (44).[11]

The intellectual activist is present in the background with the character of André, an old-school friend of the postal employee:

> Dans la matinée André était passé à la maison, ne sors pas ce soir, il se passera des choses. Petit père des peuples. Vertu cornélienne. [...] Avec lui le matérialisme historique s'installait dans le post-mortem. [...] André était un homme de foi, de la race des moines qui guerroient contre l'impureté du système social et des sentiments, sans repos ni arrière-pensées. [...] Sa militance s'affirmait partout. Il suffisait de le regarder marcher ou de l'entendre demander l'heure pour savoir qu'il était de l'opposition. [...] J'étais le seul infidèle qu'il fréquentait. Une amitié de collège [In the morning, André had stopped by my house: don't go out tonight, there is something up. Little Father of the people. Cornelian virtue [. . .]. With him, historic materialism was settling into the *post mortem* stage [...]. André was a man of faith, from the race of monks battling against the impurity of the social system and personal feelings without resting or afterthoughts. He asserted his activism everywhere. Just by looking at him as he walked or by listening to how he asked for the time, you would know that he was an opponent of the regime. I was the only heathen he would visit. Our friendship dated from high school] (24).

Yet, André's presence is mediated through the civil servant's references to him. We never see him acting or speaking for himself, like Gérard, the narrator's old mathematics teacher and mentor, who represents the other figure of the intellectual in the novel:

---

[11] It is possible to recognize in the taxi driver the figure of Legba as he limps (he lost his leg) and in a way becomes the master of crossroads through his job of taxi driver. He is asked by clients to drive them to non-existing roads: "rue morte" (31, Dead Street) or "rue des pas perdus" (31, Lost Steps Street). It is easy to see the symbol of Charon when he says in sequence 11: "tu l'as enfin trouvée la rue des pas perdus, course simple - tarif régulier, tous les chemins mènent à la mort." (46) [You have found it, at last, the Lost Steps Street, easy run - regular fare, all roads lead to death].

Un peu comme tout le monde, il avait fait de la prison sous le
règne du grand dictateur Décédé-Vivant-Éternellement, puis il
avait passé le grand test de l'exil. Mais il ne parlait jamais de lui-
même. Il n'y avait dans son langage ni les complaintes du martyr
ni les certitudes du héros [Like everybody, more or less, he had
done some time in prison under the regime of the great dictator
Deceased-Eternally-Alive, then, he had gone through the big test
of exile. However, he never spoke voluntarily about it. In his
language there was no room for the martyr's laments or the hero's
certainty] (39).

Representative of an older generation, he underwent a mutation after
his imprisonment and his exile. His existence has organized itself
around the word, the logos:

[...] la justification par le verbe de l'existence du sujet parlant.
N'était-ce pas là l'origine des *Milles et Une Nuits* comme de *La
Légende des siècles* ? Variations en spirale sur le thème de la mort
négociée. Différer le deuil de soi-même. [...] Se signer et se
signifier par exorcisme permanent. Je parle donc je suis. C'était
donc la nouvelle fonction de Gérard ! Petit à petit il s'était mué en
conteur pour adultes désoeuvrés, moitié père noël, moitié croque-
mitaine [The word as justification of the speaking subject. Wasn't
it the origin of the *Arabian Nights* as well as the *Legend of the
Centuries*? Spiral variations on the theme of negotiated death. To
postpone one's mourning... To cross oneself and bear meaning by
permanently exorcising oneself. I speak therefore I am. So this was
Gérard's new job. Little by little, he had turned into a story-teller
for idle adults, half Santa Claus, half Bogeyman] (40).

The powerless intellectual has transformed himself into a
gossip columnist reporting the events taking place in the society.
Inactive, he can only spread the news with a morbid complacency.
Trouillot suggests the image of a ghost:

Entre deux conversations, Gérard nous donnait des nouvelles. Il
semblait prendre goût à ce jeu malsain de colportage maison. [...]
On dirait un fantôme. Je ne lui avais jamais vu cette tête
d'archange de la morbidité même lorsqu'il prédisait les pires
calamités. [...] Un fantôme ! Voilà bien ce qu'était Gérard, pas un
oracle ni un devin, rien qu'un souvenir qui nous précède, une vaine
tentative de signal d'alerte au passé [Between two bits of
conversation, Gérard brought us the news. He seemed to enjoy this
unhealthy game of house gossip [...]. He looks like a ghost. I had
never seen this face of morbid archangel even when he predicted
the worst disaster [...]. A ghost! This is what Gérard was, not an

oracle or a soothsayer; he was just a remembered ectoplasm walking ahead of us, a pointless attempt to send a warning to the past] (51-52).

Unable to participate in the action, he is left to tell the story and, according to Trouillot, this narrative function is what legitimates his existence (59). In addition, the geographic location of his house (Gérard lives at the top of a hill, 76), isolates and protects Gérard and his guests from the violence of the political groups. The narrator pinpoints the ambiguity of Gérard in the following terms:

> L'isolement protégeait de la ville. Être dedans sans être dedans. Avoir son coin à soi [Its remoteness was a protection against the city. To be inside yet not quite within. To have one's own place] (76).

Gérard has no illusion about himself: "Je suis un vrai fantôme et la réalité une fausse vérité. Merci d'être venus. Dehors je ne peux plus être utile."(85) [I am truly a ghost and reality is a false truth. Thank you for coming. I can't be useful outside anymore.] Gérard confesses his feeling of inadequacy as the reason for his early retirement. Denial of reality is what is left to him (84). Through Gérard, Trouillot dismisses an entire generation of intellectuals: those whose formation predated the Duvalier era.

Contrasting with this earlier generation is a new breed of intellectual (Marxist?) activist represented by André, the other friend of the civil servant. Though André is known only through the narrator's comments, he is a strong presence in the sequences that feature the narrator. Caught between the "ghost" (Gérard) and the activist (André), the anonymous narrator (the postal service employee) refuses any commitment. He can only recognize the impossibility for a generation of Haitians to build their personalities as individuals:

> De dictateur en dictateur. De prophète en prophète. Qui avait jamais eu le temps de devenir un individu ! La république te suit partout, elle se couche dans ton lit, chasse tes rêves. Dans ce merdier, quelle serait jamais la part du je ? [From one dictator to the other; from one prophet to the other. Who ever had the time to become an individual! You are followed everywhere by the Republic, she even sleeps in your bed and chases your dream away. In this mess, where is the portion for the I?] (75-76).

Trouillot clearly blames the Duvalier regime for the intellectual and moral deliquescence of the Haitian as an individual. His protagonist therefore claims the right not to choose any political side (76). His ambiguity is expressed on pages 101-103 when he thinks about the "purging" plans of the opposition movement:

> Il [André] m'avait offert le poste de sous-directeur du service postal le jour où ils prendraient le pouvoir. Il te faudra révoquer tous ceux qui ont pactisé avec le régime du grand dictateur Décédé-Vivant-Éternellement. Les lâches qui n'avaient pas pris position. Les timorés et les sceptiques qui ne comprendront pas nos actions [He (André) had offered me the post of deputy director at the General Post Office for the day they would seize power. You will have to fire all those who colluded with the regime of the great dictator Deceased-Eternally-Alive. They were cowards who did not take a stand, timorous and skeptical people who will not understand our actions] (102).

The anonymous narrator is put off by André's fiery revolutionary activism. He is not convinced by the program offered by André's "Prophet" because he anticipates the Haitian political elite's inability to change:

> Comment ne pas être sceptique ? Ici la terreur se perpétue, change de camp, de cible, de vitesse. Avec des périodes d'accalmie qui font rêver de sa fin. Et puis elle nous revient en force, une nuit, un matin, une nuit qui peut durer des jours, des années, toute une vie. Contre elle, je n'avais pas la prétention de réagir [How to avoid skepticism? Here terror perpetuates itself, changes its side, its target, its speed. There are periods of lull during which people dream of its end. Then, it returns forcefully, one night, one morning, one night that lasts for days, years, one's life. I was not conceited enough to react against that] (103).

In the face of the continuing violence that has marred Haitian history the postal civil servant rejects political activism. He prefers to assert a deliberate passivity. He has the feeling that once in power the opposition will behave exactly like the dictator's supporters did:

> Peut-être l'état-major du Prophète proposerait-il d'autres modes ? Les modèles viendraient de San Francisco, de la vieille Havane ou du vieux Montréal. Mais les maisons seraient aussi grandes. Ils n'en auraient pas conscience. L'aveuglement du convaincu fait son bonheur moral. [Maybe the Prophet's advisors will suggest other

> forms? The models will come from San Francisco, Old Havana or
> Old Montreal. The houses, however, will be as big. They would
> not be aware of it. The blindness of the firm believer is what makes
> him morally happy] (102).

The narrator is not only weary of the new political elite; he also
worries about its radicalism and the absolute righteousness they would
bring to the ruling of the country. To the violence surrounding him, he
is able to respond only by making love to Laurence, an upper middle
class old maid, thus identifying the sexual act as the means of
challenging history and undermining the political power.

> Nous avons fait l'amour cette nuit-là. Il importe que nous l'ayons
> fait pour opposer à la mort le défi d'une contre-histoire. Un petit
> mépris sans relief qui n'a certes rien d'exemplaire, mais sur lequel
> personne ne viendrait construire une geôle, une loi, un pouvoir.
> Une révolte privée qui ferait rire André [We made love that night.
> It does matter that we did it to challenge death with the dissent of a
> counter-history. It was a small form of contempt without any
> effects and which of course is not exemplary. However, nobody
> would build a jail, laws or power above it. It was an intimate
> revolt, which would make André laugh] (109).

The political value of the sexual act is marked by the allusion to André
at this very intimate moment. This act becomes the way to express the
rejection of political involvement while acknowledging the desultory
nature of this form of rebellion: "Il nous convenait d'être absent du
débat, de prétendre ainsi à d'autres espaces, de formuler d'autres
prières." [It suited us to be out of the discussion so that we could aspire
to other spaces, mouth other prayers] (109).

The power of love-making against violence is questioned since
in the following section, the episode is denied ("Nous n'avons pas fait
l'amour cette nuit-là." [we did not make love that night], 121), then
doubted ("Avons-nous fait l'amour cette nuit-là ? [Did we make love
that night?], 131). The last section of the book, devoted to the
anonymous narrator, questions the meaning of life at a time when death
is always a threat (Qu'est-ce que vivre quand la mort met la vie en
demeure ? [What is living when death sends its notice to life?], 131-
134). The last line of the section asserts the importance of the
individual over the group: "André dirait que cela n'a point
d'importance, que l'histoire n'a pas le temps de s'arrêter à ces détails.
Mais nulle histoire humaine n'est une petite histoire." [André would

say that it is not important, that history does not have time to pay attention to such trifles. However, no human story is minor in history.], (134).

Compared with earlier Haitian novels (more particularly with Marie Chauvet's 1970s *Les Rapaces*, Trouillot's protagonists (Antoine in *Les fous de Saint-Antoine*, Gérard and the anonymous postal civil servant in *Rue des pas perdus*) have lost their faith in political commitment. More strikingly, the civil servant rejects the great collective historical project ("l'histoire" [history]) for the benefit of the individual ("une histoire humaine" [human story]).

Trouillot's novels exude a melancholic pessimism about political involvement and the possibility for political change in Haitian society. Through his characters, he claims the right to personal choices and non-involvement in politics. This goes against a long tradition in Haitian literature which links politics and literature (a "natural" relationship according to Fleischmann, 1981, 125), and from which the Haïti Littéraire Group was trying to break away when the Duvalier government started to persecute its members, forcing them into exile.[12] In a country in which literature has sometimes been the ladder to political position, Trouillot's work could be considered a promising new trend in spite of its dark tone.

It must be said that this rejection of commitment is not specific to Trouillot. It seems to be a characteristic of recent Haitian fiction written in Haiti. In their most recent novels published between 1990 and 2002, other writers have expressed their doubt about the role of the writer. For instance in her novel *Inventer... la Célestine*, Jan J. Dominique shows a group of middle-class Haitian intellectuals questioning the eventual part a writer could play in society, and the value of his commitment.[13] Similarly, Jean-Claude Fignolé in his novel, *La dernière goutte d'homme*, seems to question the value of political commitment for the artist in general.[14] Pierre Clitandre's most recent novel, *Vin de soleil*, is more centered on the personal development of the protagonist and more concerned with the family

---

[12] Lahens, Yanick, *L'exil : entre l'ancrage et la fuite. L'écrivain haïtien*, Port-au-Prince: Editions Henri Deschamps, 1990, 52

[13] Dominique, Jan J., *Inventer … la Célestine*, Port-au-Prince: Editions des Antilles S. A., 2000.

[14] Fignolé, Jean-Claude, *La dernière goutte d'homme*, Montréal: Ed. Regain & Ed. CIDHICA, 1999.

story/history than with political commitment.[15] However, Trouillot is
the most extreme of them since he brutally rejects the heroic figure of
the intellectual/writer. In his most recent novel, *Les enfants des héros*,
he portrays a semi-literate adolescent from the slums, who expresses
his rejection of the artist/writer in brutal terms:

> L'inscription en dessous du buste indiquait que Carl Brouard avait
> été un grand poète. **Je les emmerde, les poètes.** Celui-là n'était
> même pas foutu d'avoir une belle place à son nom. (Emphasis
> mine) [The inscription under the bust of Carl Brouard said that he
> had been a great poet. **Fuck the poets!** That one couldn't even
> have a nice square named after him].[16]

Trouillot's masochistic discourse on the intellectual/artist does not
mean that he turns a blind eye on the social, political and economic
reality of Haiti. On the contrary, his novels show an acute awareness of
the degrading and critical situation of the country. However, again and
again, he indirectly advocates the writer's right to stay clear of political
involvement.[17] He is therefore emblematic of the new position of the
intellectual/artist in contemporary Haiti. Trouillot's stand on this matter
seems to bring an answer to the questions Yanick Lahens was raising in
1990 at the end of her essay on exile, *Entre l'ancrage et la fuite* (72).
In her essay, Lahens was asking whether Haitian literature could offer a
space where individual and collective destinies were not mutually
exclusive. In view of the current globalization of economy and culture,
Lahens saw *métissage* and [cultural] synchretism as a way to take the
lead. She concluded her essay by asking whether Haitian writers will
be able to open their imaginary by assimilating the changes taking
place in the world and accepting, first, the "alien other" in themselves
(72). Trouillot's stand on political commitment seems to bring an

---

[15] Clitandre, Pierre, *Vin de soleil*, Port-au-Prince: Editions Mémoire, 2002.

[16] Trouillot, Lyonel, *Les enfants des héros*, Arles: Actes Sud, 2002, 99.

[17] According to Denis Essar, Trouillot has openly stated this position at public lectures,
thereby provoking the anger of his audience. (Paper presentation at the CIEF
conference, Abidjan, Côte d'Ivoire, June 2002). Similarly, the Haitian critic Max
Dominique was very critical of Trouillot for this. Dominique was of the view that in a
country like Haiti, a writer does not have the choice of whether or not to become
politically involved. (Paper presented at the H.S.A. conference, St. Michael's College,
October 2001.)

answer to these issues.[18] He is therefore emblematic of the new position of the intellectual/artist in contemporary Haiti.

---

[18] Not necessarily in line with Lahens' expectations.

APPENDIX

Lyonel Trouillot. *Rue des pas perdus*, Port-au-Prince: Editions Mémoire, 1996.

Distribution of Narrative Voices and Rhythmic Pattern
Symbols:
OM: the Old Madam = 1st voice
CS: the Civil Servant = 2nd voice
TD: the Taxi Driver = 3rd voice
L: Létoilé, the Street Child
Alphabetical letters from A ... to F are used to mark the rhythm, like for rhymes in verses.

Seq.	Narr.	Pattern	Rhythm
1	OM	1	
2	OM	1	A
3	CS	2	
4	OM	1	B
5	CS	2	
6	OM	1	
7	CS	2	C
8	TD	3	
9	OM	1	
10	CS	2	C
11	TD	3	
12	OM	1	B
13	CS	2	
14	OM	1	
15	CS	2	C
16	TD	3	
17	OM	1	
18	TD	3	D
19	CS	2	
20	OM	1	
21	CS	2	C
22	TD	3	
23	OM	1	
24	TD	3	D
25	CS	2	

26	OM	1	
27	CS	2	C
28	TD	3	
29	OM	1	B
30	CS	2	
31	OM	1	
32	TD/L	3'	E (D')
33	TD	3	
34	CS	2	
35	OM	1	F
36	TD	3	

III. Ecrire l'exil/ Writing Exile

Introduction

Français : Les textes de cette section traitent d'auteurs qui ont fui Haïti dans les premières années du régime Duvalier. Christiane Makward se penche sur Mimi Barthélémy, conteuse, actrice, écrivaine et metteuse en scène, exilée à Paris. Makward montre que semblablement à ses compatriotes masculins exilés, l'œuvre de Barthélémy est empreinte du trope central de la mémoire et de la réalité douloureuse d'Haïti. Dans l'entrevue de Ginette Adamson avec Jean Métellus, l'auteur retrace son parcours de Jacmel à Paris, et explique les raisons de son exil. Il exprime également ses pensées sur les conséquences du départ forcé de Jean-Bertrand Aristide, en février 2004. Héloïse Brière, Mark Andrews et Dennis F. Essar examinent des écrivains qui ont choisi de s'exiler à Montréal. L'essai de Brière révèle que pareillement à de nombreux écrivains haïtiens de sa génération qui ont cherché refuge à Montréal, l'œuvre d'Emile Ollivier est hantée par la problématique du déracinement, de l'acculturation et de la nécessité de recréer le monde d'origine au sein de l'espace de l'exil. Brière explique comment cette trajectoire contribue à la « tropicalisation » de la littérature québécoise. De même, la fiction de Gérard Etienne qu'examine Andrews comprend ces composantes mais exprimées de façon provocatrice et souvent agressive. Ancré dans son attitude de révolte, l'écrivain entend conserver son indépendance pour mieux dénoncer les injustices et le totalitarisme. Essar, quant à lui, analyse l'œuvre de Dany Laferrière sous un angle qu'il est facile d'ignorer étant donné les revendications acharnées d'individualité de l'auteur. Dans son essai qui examine l'ensemble de l'œuvre de Laferrière, Essar montre comment l'écrivain exprime, en dépit de lui-même, son lien viscéral au pays qu'il a dû fuir par une esthétique de la couleur spécifiquement haïtienne, similaire à celle des peintres haïtiens dits de

« l'école primitive ». Selon Essar, cette esthétique révèle que l'écriture de Laferrière demeure assiégée. Finalement, Helen Scott, se penchant sur *Breath, Eyes, Memory* (*Le cri de l'oiseau rouge*) d'Edwidge Danticat, ajoute une dimension historique et politique aux perspectives féministes et psychanalytiques souvent évoquées. Scott démontre que le roman a pour contexte précis la période historique dans laquelle il a été écrit, soit cette époque d'espoir, à la fin du régime Duvalier, pour un changement politique malheureusement tôt évaporée. Pourtant, Scott souligne que le roman réussit à transmettre l'espérance pour un avenir meilleur à travers le portrait affectueux de plusieurs générations de femmes haïtiennes.

Les analyses critiques de ces trois sections trouvent leur aboutissement et leur ouverture vers un avenir peut-être libéré dans l'essai de Sarah Davies Cordova. Dans son panorama du rôle de l'allégorie et de la mémoire dans la littérature haïtienne contemporaine, Davies Cordova souligne l'émergence de voix multiples tentant d'effacer les silences du passé assiégé.

English: The essays in this section focus on the works of writers who left Haiti in the early years of Duvalier's regime. Christiane Makward introduces Mimi Barthélémy, who chose Paris as her home in exile. Makward shows that, as in the works of her male compatriots in exile, memory is a central trope for Barthélémy, and it is Haiti's painful reality that emerges from her work. In Ginette Adamson's interview with Jean Métellus, he retraces his journey from Jacmel to Paris, and explains the reasons for his departure from Haiti. He also shares his thoughts on the aftermath of Jean-Bertrand Aristide's forced exile, in February 2004. Eloise A. Brière and Dennis F. Essar focus on writers who chose exile in Montreal. Brière's essay shows that, like the works of many of the writers of his generation who sought a haven in Montreal, Emile Ollivier's work focuses on his uprooting from Haiti, the erasure of migration, and the need for Haitian writers to recreate their world within their new spaces. Brière shows that this trajectory contributes to the "tropicalization" of Quebec literature. In his essay Mark Andrews shows that Gerard Etienne's work, as the author himself claims, is provocative and even aggressive. Anchored in this attitude of dissidence, the writer maintains his independence and takes the offensive in denouncing injustice and totalitarianism. In his essay

Essar examines the work of Dany Laferrière and shows us a side of the author that is easy to overlook, given his ferocious claim of individuality. In this essay, which considers the bulk of Laferrière's work, Essar focuses on the writer's intimate connection to the country he had to flee as a young man and shows the writer's development of a purely Haitian esthetic of color, similar to those used by the defining painters of Haiti's "primitive school." This, Essar argues, shows that Laferrière is still writing under siege. Adding a historical and political dimension to the well-known feminist and psychoanalytic perspectives on Edwidge Danticat's work, Helen Scott focuses on *Breath, Eyes, Memory* to show that the novel expresses the historical period in which it was written, a moment when the hopes for a political alternative in Haiti raised by the end of the Duvalier regime were quickly evaporating. Scott shows how the novel manages to keep hope alive for the future through its loving portrayal of generations of Haitian women.

Sarah Davies Cordova's essay explores a vision beyond the critical analyses that these three sections present. In her panorama of the role of allegory and memory in contemporary Haitian literature, Davies Cordova highlights the emergence of multiple voices that seek to erase the silences of the besieged past.

Oyez Ayiti ! de Mimi Barthélémy

Christiane Makward

Résumé : Sur la base d'observation de spectacles, d'entretiens, et de lectures de textes variés, Christiane Makward présente la création très diversifiée de Mimi Barthélémy, conteuse, actrice, écrivaine et metteuse en scène. Cet article vise à analyser les sources créatives de Barthélémy, sa voix, son jeu théâtral, sa langue et son écriture. Sous des motifs les plus divers, c'est toujours Haïti qu'elle fait entendre. La conteuse après avoir débloqué le registre naturel de sa voix — s'être libérée de l'assimilation culturelle forcée et des souvenirs qui l'entravaient — peut enfin dire la vérité de sa terre douloureuse et glorieuse.

Summary: Christiane Makward examines the theatrical productions, talks, and various texts of Mimi Barthélémy to present her multifaceted creation as narrator, actress, écrivaine and producer. In this essay Makward analyzes the sources of Barthelemy's voice, her theatrical style, her language, and her writing to show that behind most of her themes, Barthélémy is always revealing Haiti. Having found her own voice — released from the forced cultural assimilation and the memories that blocked it — Barthélémy can finally tell the truth of her sorrowful and glorious country.

* * *

La sexagénaire, accablée sous le poids des souvenirs, s'est affalée avec tous ses oripeaux…. Elle est tombée sur une carte du monde ouverte, posée sur le sol. Sous son ventre disparaît tout un archipel, le sien. Son pubis cogne contre une île montagneuse qui lui est chère … Le cœur de la femme bat à la croisée de plusieurs continents.[1]

Le texte 'auto-fictionnel' daté de mai 1999, « Rêverie d'une conteuse », peut tenir lieu d'autoportrait dans une oeuvre qui aboutit souvent à l'imprimé mais ne se définit pas pour lui. Mimi Barthélémy se dit « conteuse francophone ». Il faut l'entendre, la voir sur une scène, sur le plancher d'une salle des fêtes, l'estrade d'un amphithéâtre, d'une salle de classe ou sur la piste exiguë d'une boîte de nuit – elle vient tirer un conte pour soutenir un jeune groupe d'artistes – pour comprendre que son travail s'étoile en divers modes d'expression. Ils vont du dit primordial qu'est le conte traditionnel au spectacle 'pauvre' mais très sophistiqué, en passant par l'édition de textes illustrés pour enfants et la création en collaboration avec des professionnels du théâtre ou de la musique populaire. C'est toujours Haïti qu'elle fait entendre, même sans la nommer, comme dans les contes d'inspiration traditionnelle.

Mimi Barthélémy, née à Port-au-Prince en 1939, est issue de la bourgeoisie haïtienne : un grand-père président pendant l'occupation états-unienne, un père gynécologue ('scandale' tragique, sa mère mourra en couches), une grand-mère juive portugaise, et une tradition d'envoyer les enfants faire des études à Paris ou à Londres. Mimi est bien-aimée mais se souvient marginalisée par son esprit vif, indépendant et peu studieux. Longtemps elle se proclame 'crétine' à ses amies d'enfance. A treize ans, la mort de sa mère, mezzo-soprano accomplie, impose une coupure avec une enfance haïtienne exceptionnellement heureuse, avant l'ère Duvalier. Elle garde de chatoyants souvenirs d'une Haïti prospère — à ses yeux d'enfance — autour de l'Exposition Internationale de 1949 à Port-au-Prince. Bientôt elle fera un mariage avec un diplomate français de famille bourgeoise et pieuse (on n'ose pas paraître en manches courtes à table), dont sont issus quatre enfants. La profession de son mari lui donne la chance de découvrir les cultures les plus diverses mais elle passe seule une année auprès des Garifunas, indiens caraïbes noirs du Honduras. Ce séjour l'a

---

[1] Barthélémy, Mimi, « Rêverie d'une conteuse », dans *Finisterres du soleil*, Saignelégier, Suisse, Editions de la Vouivre, 2001.

particulièrement marquée dans sa vocation théâtrale selon son entretien avec Alvina Ruprecht.[2] Elle a vécu aussi en Colombie, au Maroc et au Sri Lanka. Coupée longtemps de son pays, elle y retourne désormais régulièrement, en particulier pour effectuer les recherches nourrissant son art dramatique. Ayant approfondi sa compétence en créole, elle le lit facilement mais ne le parle guère. Ce n'est qu'en 1958 qu'un décret de Duvalier institue le créole comme langue officielle. Ce bilinguisme qui pouvait être une ouverture, s'accompagnera, en fait, d'une idéologie 'noiriste', une perversion de Négritude néfaste et tragique, et une marginalisation des mulâtres qui précipitera de nombreux exils.

En 1980, après avoir mis quatre enfants au monde et pris la mesure de la planète terre, elle reprend des études formelles. Suite à une maîtrise de Lettres Espagnoles elle prépare un doctorat d'études théâtrales à Paris VIII avec André Veinstein (1984). Elle travaille longuement sur sa voix, avec thérapie orthophonique car elle qui adora chanter (comme sa mère) a perdu une partie de son registre vocal aigu et doit mettre à jour en elle « la voix de sa mère ». Elle parvient à se dégager du milieu contraignant de sa première jeunesse (c'était un étouffement) et elle se rapproche de la communauté haïtienne de Paris. Elle devient conteuse, poursuit des recherches sur les contes haïtiens qu'elle réécrit et intègre à ses spectacles, et elle crée sa propre compagnie, « Ti Moun Fou » (« les enfants fous »), appellation qui reflète son émerveillement perpétuel devant la vie de l'imaginaire — la sienne comme celle du peuple — et la joie de son enfance. Elle épouse en secondes noces un exilé politique cubain, ferronnier d'art, (c'est « le beau Cubain » de certains récits) et elle vit dans le célèbre quartier de « la Goutte d'or » au dessus de Barbès, au pied de la butte Montmartre, mais son jardinet est dominé par la majestueuse présence d'une ferraille sculptée monumentale d'Erzulie sous son incarnation de « Reine des poissons ». Mimi Barthélémy collabore souvent avec l'une ou l'autre de ses filles, en particulier Clémentine pour les costumes ou les illustrations, Elodie[3] pour la scénographie et les dessins. Dans une création collective qui tourne encore, elle travaille avec cinq autres conteuses pour donner *Ainsi soient-elles* (1998) et joue le rôle de Marie

---

[2] Je remercie Alvina Ruprecht de m'avoir communiqué son entretien inédit avec Mimi Barthélémy, réalisé en 2002.
[3] La revue *Lunes* (No. 11, Avril 2000) a consacré un dossier au travail d'Elodie Barthélémy, plasticienne.

dans *Mistero Buffo Caraibe*, d'après Dario Fo (adaptation et mise en scène de Dominique Lurcel, 1999).

Mimi Barthélémy participe à de nombreux jurys dans le domaine du conte. Elle crée et anime en 1987 « Le petit Contoire » (Cité Véron) qui présente de grands conteurs aux Parisiens. Elle préside le Jury des conteurs aux 3èmes Jeux de la Francophonie de Madagascar. Elle présente des spectacles de contes dans d'innombrables lieux, des bords de Seine aux lycées de province, d'une auberge suisse à telle université états-unienne et, précise-t-elle ailleurs, dans « des centres culturels, des appartements, des bibliothèques, des prisons et des hôpitaux ». En mars 2002 elle était invitée par l'Ambassade d'Haïti à Washington et a donné *Soldats-Marrons* devant un public « de rêve », celui de la diaspora haïtienne de la côte américaine orientale, qui a savouré avec émotion la moindre nuance de son travail de mémoire culturelle et linguistique. Enfin, elle dirige une collection de livres pour enfants, « Les Petites Histoires de Mimi », pour les éditions Vents d'Ailleurs (Châteauneuf-le-Rouge) dont sont parus plusieurs volumes.

« Rêverie d'une conteuse », cité en exergue, est un exemple exceptionnel d'écriture parmi les textes disponibles car la belle sexagénaire est praticienne de théâtre et conteuse réécrivant les données de traditions orales vivantes. Cependant, en 1999, elle se trouva invitée à méditer la question de la distance (nous ne parlons plus guère d'exil) et des limites du monde ou « finisterres ». Elle évoque ici la multiplicité des espaces traversés par elle en insistant sur leur qualité de « coin perdu », qu'ils soient dans Paris, la campagne française, les petites îles de l'Atlantique ou de l'Océan Indien. Quels qu'ils soient, les « finisterres » de Mimi Barthélémy convergent en une terre douloureuse et glorieuse dont la paradoxale « Goutte d'Or », son quartier à Paris, est un reflet microcosmique : Haïti, *le* pays. Ce texte émouvant évoque en clôture un rituel magique : la narratrice « brûle » des souvenirs qui l'entravent, elle s'en lave et n'en garde qu'une pincée de cendres qu'elle absorbe afin de se refaire des boyaux neufs, un nouvel espace intérieur, « son nouvel univers qu'elle pourra, d'une façon éphémère, raconter à ceux qui voudront l'écouter » (« Rêverie », 66).

Elle écrit bien « d'une façon éphémère ». C'est l'essence du vécu, du temps, et du travail spectaculaire. Jamais ce drame de l'éphémère au théâtre ne sera pour la spectatrice plus poignant, plus magique que dans « Une très belle mort »[4] où deux femmes officient (rappelons que 'mage' vient du persan pour 'prêtre') : mère et fille dans la vie dite réelle, l'une actrice, l'autre plasticienne, l'une parle de la voix, joue de tout son corps, l'autre parle d'une main, elle trace des dessins de sable blanc sur la scène et n'émet que des bruits de gorge. C'est une délicate cérémonie où s'élabore une fresque dont on s'aperçoit bientôt qu'elle épouse la parole et la nourrit ; l'iconographe inscrit certains motifs du discours de l'actrice qui bientôt s'y trouve encerclée, comme au centre d'une zone du zodiaque, d'un ventre, au cœur d'une Haïti symbolique et vivante.

Dans ce duo de la parole et du dessin, les traces de sable blanc qui s'agencent sur le plateau noir s'inspirent des *vèvès* (tracés magiques de la cérémonie vodou) mais ils apparaissent aussi selon l'inspiration au sens spirituel, ils émergent parce qu'Elodie Barthélémy a consacré de longues études aux écritures diverses des origines de l'humanité : pictogrammes mayas ou pétroglyphes arawaks, calligraphie persane et hiéroglyphes africains bien entendu. Et cette création vivante, jamais identique, sera littéralement balayée à la fin du spectacle. Elodie confie que son travail vocal — limité aux bruits de glotte africains ou à des grognements participatives au discours de l'actrice (pensons aux manifestations du public des veillées de contes ou des congrégations noires dans la tradition baptiste américaine) — a été conçu par le metteur en scène, Nicolas Buenaventura Vidal, fils du Colombien Enrique Buenaventura, créateur du Teatro Experimental de Cali (Ruprecht). Il a aussi créé le jeu de l'accessoire traditionnel des magiciens : le voile de soie. Dans les doigts de la conteuse ce tissu se transforme en vêtements divers mais aussi en toit, en mur ou en tapis volant. Elle conte et chante, et danse, et apostrophe les esprits d'en haut et communie sans y paraître avec l'artiste sans visage accroupie à ses pieds, laquelle figure aussi l'auditoire dans le noir de la salle.

« Une très belle mort » est un exemple très accompli du travail de Mimi Barthélémy. Minutieusement 'scénographié' par Elodie, le discours est un montage de trois contes (en)filés sur le prétexte qu'est la curiosité d'un centenaire : il veut savoir comment ses vieux amis sont morts. Il s'enchante en particulier du récit de mort sereine et

---

[4] « Une très belle mort » (inédit), mise en scène de Nicolas Buenaventura Vidal, spectacle créé à Paris, au centre Mandapa en juin 2000, repris en Avignon en juillet 2001 (Chapelle du Verbe Incarné, théâtre d'Outre-Mer), puis au théâtre de l'Epée de Bois, Cartoucherie de Vincennes, septembre 2000 et septembre 2001.

délibérée ('à la Papet' dirai-je en hommage à Montand et Pagnol), suite à la dégustation d'une ultime tasse de chocolat (détail véridique) de la mort du Dr Armand, père de la conteuse.[5] Ce fil narratif évolue en fantasme du retour au pays sous forme animale. Comme dans les contes pour enfants, les personnages s'appelleront Agouti, Flamant Rose ou Vieux Caïman. Le jeu est interrompu par des interventions de l'au-delà : des esprits familiers se manifestent, le père de la narratrice insiste par exemple pour qu'elle raconte une anecdote de son enfance (son désir de pénis).

Les contes et anecdotes sont 'joués' : mime, danse, chant interviennent à la différence de ce qui peut se passer dans d'autres spectacles où la conteuse est strictement en solo sans support théâtral ni musical, tel le spectacle « Contes d'amour », observé à la Mairie du 18e arrondissement, le 10 août 2001.

> « Une très belle mort » est l'histoire d'une vieille iguane qui entreprend le grand retour vers sa terre natale pour y vivre, évidemment sans qu'elle le sache, ses derniers moments. Les personnages qu'elle croise sur sa route lui ouvriront les yeux sur sa mort inéluctable et naturelle, qu'eux-mêmes côtoient quotidiennement... [les fils vont se croiser constamment pour] la 'texture' de ce spectacle : le voyage initiatique de la Vieille Iguane et des personnages qu'elle rencontre, et que le sable écrit sur scène ; les Morts qui interviennent … les contes de la tradition populaire qui viennent faire miroir et donner un autre regard, une autre approche (dossier de presse).

L'un des contes insérés, « Bellone » est une illustration ironique du complexe d'Oedipe et une explication du bonhomme dans la lune : Bellone n'a jamais réussi à enterrer, c'est-à-dire à se séparer du corps de sa mère, qu'il porte donc à jamais sur son dos. Le conte de « Tortue et Papabondié » est philosophique : pour obtenir le droit (divin) de donner la vie, Tortue accepte la mortalité qui devient la loi de la nature (la pierre faisant exception) : « Et Tortue a eu tout plein d'enfants. Pas elle seulement non, tout *pie bwa*, *raje*, *bèt*, *moun*. Tous ont eu des enfants et tous ont connu la mort » (inédit). Le troisième conte illustre sur un mode légèrement paillard le prototype de la 'vieille

---

[5] Le dossier de presse cite le texte sur ce point : « Papa a vécu pourtant toute sa vie avec un masque, pour cacher, sans doute, son identité juive et nègre. Les deux étaient lourds à porter, et le masque et l'identité… ».

fille' dont l'éducation reste à faire ; il est, exceptionnellement, d'origine guadeloupéenne.

De texture comparable, le spectacle *Soldats-Marrons*[6] est une autre pièce majeure du répertoire de Mimi Barthélémy. Ici, le lien narratif a la forme d'une évocation de son enfance en Haïti. La dimension autobiographique discrète dans d'autres spectacles est plus importante mais toujours ludique et fragmentaire. Ce montage de contes et de souvenirs est soutenu par le musicien guadeloupéen Serge Tamas dont le manouba (caisse de résonance garnie de lames de fer du type 'piano à pouce' africain) sert à la fois de siège, de tambour et de contrebasse au guitariste. Celui-ci devient donc homme-orchestre et donne à l'occasion la réplique à la protagoniste, pour tel poème 'écholalique' en créole qui ouvre le spectacle, par exemple, ou pour poser les questions (potentielles) de l'auditoire.

Spectacle et pédagogie vont ici de pair car la conteuse présente son pays au monde extérieur. Redevenue fillette, elle évoque ses jeux et punitions d'écolière chez les religieuses (elle est enfermée au cabinet noir). Elle récite une leçon d'histoire nationale qu'elle reprend et médite dans sa voix d'adulte, faisant ainsi alterner le cocasse et le tragique (mort de Toussaint au *Fort de Joux*). Chansons, contes, souvenirs, comptines, interludes avec le musicien, gestes rituels vodou (invocation à Dessalines, cercle de craie), gestuelle ou pas de danse populaire (marche patriotique) assurent un rythme énergique et souple à un spectacle tout public. Le texte est ponctué de brefs segments en créole (dont le texte publié fournit la traduction), mais compréhensibles, grosso modo, pour les auditoires non créolophones.

Mimi Barthélémy donne et tonne de la voix avec un plaisir évident dans ses spectacles. Recherche centrale dans son travail de conteuse, elle s'achemine vers une nouvelle forme symbiotique du conté et du chanté, considérant que le chant fait progresser le récit de façon spécifique. Longtemps – nous l'avons déjà remarqué – elle s'est trouvée incapable de chanter, bloquée d'une partie de son registre naturel, minée intérieurement, comme paralysée en France par son parler 'exotique' et par le bain d'assimilation forcée dans lequel elle

---

[6] *Soldats-Marrons*, 1ère édition dans *Théâtre-s en Bretagne* no 4 et 5, 1ère partie, 4ème trim., 1999, 29-32 ; 2ème partie, 1er trim., 2000, 33-36. Mise en scène de Mimi Barthélémy, avec le musicien Serge Tamas. Créé en 1989, le spectacle a eu plusieurs reprises (Pointe-à-Pitre, 1994, Washington, D. C., 2002). A paraître aux Editions Mémoire en version bilingue (français/créole).

trempait. Elle avait, dit-elle, « avalé sa voix » de jeune fille. Il lui faut un long travail sur ce blocage vocal et culturel (de 35 à 45 ans) pour s'émanciper de son passé et mettre au jour la conteuse jubilante que nous connaissons : celle qui a recouvré la voix de sa mère en disant son pays et ne cesse d'approfondir sa connaissance de cet héritage. Créer, écrire, faire des spectacles, ce sera accoucher de soi-même en cherchant sa langue d'écrivaine qui, comme le spectacle, veut marier de façon heureuse le créole et le français dans une langue neuve, une langue propre à partager son bonheur d'exprimer et de rappeler. « Je n'ai pas tété le créole » dit-elle, mais « ma langue, c'est le français francophone d'Haïti et de toutes les autres rencontres... ». Ainsi son but est de donner aux créolophones l'impression qu'ils lisent ou entendent du créole tout en se faisant « entendre » par tous.[7]

Interrogée sur les sources des contes qu'elle met en forme pour ses spectacles, Mimi Barthélémy fait la part du hasard ponctuel (tel envoi d'une prisonnière, tel récit d'un vieux prêtre de Guadeloupe) mais elle cite entre autres les travaux et recueils de Michaelson Hippolyte, Mme Sylvain-Comhaire, Antonio Rivals, Diana Volstein ou Claude Dauphin. Elle explique aussi que parfois ce sont des images restées de l'enfance ou encore trois lignes chez Zora Neale Hurston (*Tell my Horse*) qui ont déclenché une création poursuivie en diverses étapes. Elle rêve par exemple de composer une pièce qui développerait l'étrange histoire de « Faustin, roi de Gonâve » qui n'est actuellement qu'un petit conte : « L'île de la Gonâve » dans *Haïti, la perle nue*.[8] A cette histoire de baleine porteuse d'une divinité endormie (avec un message secret des dieux d'Afrique dans son poing fermé) se grefferait le récit véridique d'un blanc américain qui fut accueilli – aux temps de l'occupation états-unienne – en tant que roi par les Congos de la Gonave. Vivant en société de type matriarcal mais, convaincus par une prédiction, ils adoptèrent cet homme aux côtés de leur reine comme chef, jusqu'à son départ. L'intéressé rédigea par la suite son histoire.

La hantise de l'exotisme habite l'artiste[9], exotisme défini comme de tout ce qui se rapprocherait d'un stéréotype quelconque sur

---

[7] Entretien inédit avec Christiane Makward, Paris, Juin 2002.

[8] Avec Gérard Barthélémy, *Haïti, la perle nue*, Châteauneuf-le-Rouge, Vents d'Ailleurs, 1999.

[9] Pour la conteuse, la nostalgie n'est pas un sentiment à cultiver, même si l'on s'en défend mal parfois, lorsque je l'interroge par exemple sur l'absence de 'l'hymne' populaire « Haïti Chérie », banni de son spectacle *Soldats-Marrons*. Elle le chantonne en créole, s'arrête parce que l'émotion l'étrangle justement, et m'explique l'idéalisme

Haïti, sur l'incontournable question du vodou, du charme de la femme antillaise 'oiseau des îles', de l'art naïf, des fruits, des épices, etc. Autre 'art naïf' et sans doute moins qu'il y paraît, le conte doit être conçu comme un discours rituel qu'aurait le peuple pour sauver son âme en se représentant l'autre monde, celui où existent amour et justice, où les petits font tomber les géants et les dieux, et où, surtout, il n'y a pas de frontière entre vivants et morts, où l'on survit donc, si on le mérite. Mimi Barthélémy remarque :

> Il y a un rapport énorme entre la peinture naïve et mes contes. Ça ce n'est pas de l'exotisme. C'est rêver un pays alors qu'il est en même temps une catastrophe, mais le rêver merveilleux, alors que ce pays est dans la fange. C'est pour moi une façon de survivre, c'est une démarche personnelle, je ne le fais pas pour nourrir mon public … j'ai besoin de mes fantasmes pour vivre en tant qu'Haïtienne mais pas pour nourrir mon public » (Makward, 2002).

La nécessité de l'invisible, du 'merveilleux' spirituel pour survivre est tout à fait centrale dans un texte signé par Claude Alranq, *La cocarde d'ébène*[10] dont l'avant-propos précise qu'il s'agit d'une création collective, et qu'il procède à l'origine de « Bleu, Blanc, Noir », élaboré à Bamako, au Mali, au Festival International des conteurs (inédit, 1989). La matrice du texte paru était donc un montage dramatique et musical sur la traite et la révolte de St-Domingue :

> Rencontrer Mimi, c'était découvrir Haïti, c'était en même temps partager l'universalité de sa cause : celle d'un peuple en guerre permanente avec son destin. C'était aussi s'émouvoir de ses contes, comprendre à travers eux comment un peuple se fabrique un imaginaire, une religion, une culture pour échapper au malheur. … J'ai écouté Mimi pendant des heures et des jours se raconter et raconter son pays. Nous avons confronté ce vécu à celui d'Anne Clément, à ses expériences de comédienne occidentale. J'ai réagi en mâle, en intello, en paysan. Nous sommes ressortis pêle-mêle avec trois personnages : la prêtresse vodou, la reine libertine, le savant démocrate … (5-6).

---

ou l'exotisme du texte : tout est parfait dans ce pays perdu (« bon soleil, belle rivière, bon breuvage … »). Nous comparons avec « Adieu foulards » (entretien, juin 2002).

[10] *La cocarde d'ébène* de/avec Claude Alranq, Lezignan-Corbières, Editions Avant-Quart, 1989. Création au Printemps des Comédiens de Montpellier.

Les personnages secondaires comptent un zombi (mort-vivant privé d'âme) dans le rôle d'intendant de plantation et l'invisible Cédoine, musicien-poète « blanchi »[11], fruit d'amours interraciales authentiques et catastrophiques, vingt ans plus tôt, entre la prêtresse et le savant (l'Haïtienne et le Français). Musique, danse, motifs et scènes de possession au plus près de la tradition du vodou font de la pièce une oeuvre très ambitieuse, une véritable 'initiation' au second degré sur la culture d'Haïti et — on s'en doute — une exploration douloureuse des rapports entre dominant et dominé lorsque ces rôles perdent soudain leurs contours à cause de l'amour. Le désarroi politique et métaphysique des protagonistes (celui de Pauline la « reine » perverse est ironique, comme une icône du *Balcon* de Genet) est incommensurable, l'action étant située quelques jours après l'assassinat et le morcellement de Dessalines (octobre 1806).

Autre travail de collaboration et s'enracinant dans la période de crise et de quête de la voix propre évoquée plus haut, « Ma'déa » est signé par Eduardo Manet.[12] Ici, aussi, la schizoïde haïtienne et le vodou (chant, incantation, tambours, rituels) ont le beau rôle. Le personnage éponyme a été conçu pour Mimi et composé avec elle. Pour cette réécriture du mythe de Médée, la fable est située autour de1920, pendant l'occupation états-unienne d'Haïti (1915-1934). Mais le double de l'histoire est le drame privé de la protagoniste qui domine, un 'privé' terriblement 'public' et politique, et symbolique du pays. En voici l'argument à lire simultanément comme métaphore des enjeux socio-politiques de la Caraïbe — car Eduardo Manet, écrivain francophone, est aussi un Cubain en exil — et comme intrigue emblématique de la féminité universelle. Ma'déa, belle jeune fille riche a déjà perdu sa mère ; elle n'aime que son frère mais celui-ci se consacre à la résistance anti-américaine larvée. Après l'avoir remplacé dans la gestion des intérêts familiaux et vécu comme une sauvageonne, Ma'déa est foudroyée d'amour par un « dieu-soleil » américain blond, et elle « trahit ». Son frère est tué, son père meurt, ses biens sont légués à son seigneur et maître, et elle connaît quinze années de bonheur mais reste sans enfants, en la seule compagnie intime de sa nourrice-

---

[11] L'implication est indéterminée : on peut penser à 'ébouillanté' ou 'écorché' (ce que suggère le détail de « cocarde d'ébène » sur la poitrine du protagoniste invisible) mais il peut s'agir d'un fantasme populaire.

[12] « Ma'déa » dans Eduardo Manet, *Un balcon sur les Andes, Mendoza, en Argentine, Ma'dé*, Paris, Gallimard, 1985. Création au Théâtre de Poche Montparnasse, 1983-84.

gardienne et initiée. Après un voyage prolongé du mari, Ma'déa se voit trahie à son tour : il a lui-même été frappé d'amour pour une Algérienne pauvre qu'il ramène en Haïti, qu'il séduit non sans résistance et engrosse. Tout en reconnaissant l'identité de leur situation de dominées victimes du « dieu-soleil » blanc et blond, Ma'déa se résout à enchanter sa rivale : elle laisse sa nourrice l'empoisonner afin que soit détruit le sang de l'étranger ; c'est ainsi qu'elle obéit aux voix de ses morts et de la vengeance.

Travaillant derechef le thème de l'identité féminine antillaise, et de l'identité créole (au sens des créolistes qu'elle lit et cite) Mimi Barthélémy a écrit un monologue 'métissé' de petits contes, de récits enchâssés (de mythes amérindiens de création de l'homme, de la différence sexuelle) et de citations (Chamoiseau). Ici le fil narratif est le prolongement d'un texte dramatique de Jonier Marin, traduit de l'espagnol, et resté inédit : « La dernière lettre de l'Amiral ».[13] Quelques années plus tard, le texte de Mimi, intitulé « Le conte de Caribana »[14] manifeste le cheminement du travail de la conteuse vers un nouveau mode d'écriture. Après avoir retrouvé sa voix, elle cherche une voie vers l'écriture pour ne pas en rester à une identité d'artiste et conteuse désormais bien établie. Ce texte comporte des éléments autobiographiques poétisés : la fillette « farfadet » ou Ti Moun atteinte de somnambulisme, s'attribue ici une mère arawak. La fille découvre une lettre qu'elle avait autrefois déchirée, que sa mère a enterrée comme talisman maléfique. Cette lettre rapiécée et expliquée donne à l'enfant la clé de son identité. Elle-même fille d'un nègre martyr des colons, elle découvre avec compassion l'erreur commise par sa mère en son premier amour : sauver de la mer, aimer sans le connaître, un étranger. L'Indienne avait reçu cette lettre, prémonitoire de la destruction que l'Occident (Colomb) apportait avec ses vaisseaux et ses canons. C'est donc à nouveau la faute de l'amour pour l'étranger qui constitue une trahison originelle et qui doit cesser d'être vécue comme tare aliénante. Il n'est pas indifférent d'entendre Mimi confier son horreur panique des coques de navire, vision primordiale liée à l'histoire du Titanic et du film (1ère version) vu dans son enfance.

---

[13] « La dernière lettre de l'amiral » (inédit), création au Centre culturel de Chevilly-la-Rue en 1991 ; présenté au Théâtre des Cultures du Monde (Paris) en 1992, et dans la Caraïbe et en Amérique latine en 1993.

[14] « Caribana » (inédit), mise en scène d'Emmanuel Plassard, créé pour le Festival Contes d'hiver de Dinan en 1999 [suite à « La dernière lettre de l'Amiral »].

Au-delà de la recherche des contes et le travail de réécriture et de montage narratif impliqué, l'avenir de Mimi Barthélémy est riche de projets : recherches du côté de l'écriture (dont « Rêverie » semble être un exemple) et dans les traditions populaires de la période de son adolescence (avant Duvalier) et de l'occupation américaine. Elle redécouvre actuellement, grâce à de récents travaux d'ethnologues, la chanson populaire du début du siècle passé. Elle envisage pour le bicentenaire de l'Indépendance un travail d'amour et d'humour : célébrer la veine de la satire politique dans la voix du petit peuple, rappeler par exemple par la chanson les traces de l'après-guerre sous le Président Estimé (1946) ou ce moment glorieux de l'Exposition Internationale en Haïti, qui coïncide avec les plus belles années de son enfance. Enfant fougueuse, « garçonnière » et adorée par son père, dans une famille heureuse et protégée, Mimi Barthélémy croit toujours à la capacité d'émerveillement de l'être, son travail s'en soutient. Sortie de son purgatoire depuis bientôt vingt ans, celle qui, enfant « yayoute », voulait devenir « héros de la nation » comme Toussaint Louverture se fait entendre désormais, voix pleine, magnifique et grave, comme messagère héraldique du pays : « Onè, respè ! ».

Jean Métellus ou l'écrivain en partage : Une esthétique de vie et d'écriture

Ginette Adamson

Résumé : Dans cet entretien qui a lieu chez le Docteur Jean Métellus à Bonneuil sur Marne le 30 mars 2004, l'écrivain révèle d'abord son parcours de Jacmel à Paris, expliquant la raison pour laquelle il a quitté Haïti. Il donne sa perception de la gravité de la situation actuelle en Haïti suite au départ forcé de Jean-Bertrand Aristide. Tout en condamnant certaines attitudes de la France et des Etats-Unis qui ont pu, à travers l'histoire, empêcher Haïti de progresser, Jean Métellus exprime son optimisme pour l'avenir de son pays. Puis, le dialogue se poursuit autour de sa contribution d'écrivain engagé et de sa pratique d'écriture qui fait de ses romans des champs d'observations de la vie en Haïti. Alliant science et intuition, ses personnages offrent des modèles de vie dont on pourrait tirer des leçons pour reconstruire le pays. Sont prises en compte les œuvres les plus récentes : *Haïti, une nation pathétique, Sous la dictée du vrai, Toussaint Louverture, L'Archevêque,* et *La Vie en partage.*

Summary: In this interview, which took place in the home of Doctor Jean Métellus in Bonneuil Sur Marne on March 30, 2004, the writer reveals initially his trajectory from Jacmel to Paris, explaining the reason for his departure from Haiti. He gives his perception of the gravity of the current situation in Haiti, in the aftermath of Jean-Bertrand Aristide's forced departure. While he condemns various French and American approaches that, through history have prevented

Haiti from progressing, Jean Métellus expresses his optimism for the
future of his country. Then, the dialogue continues around his
contribution as a committed writer and his writing practice, both of
which craft novels that are the locus of observations about life in Haiti.
His characters combine science and intuition, and offer models of life
from which one could draw lessons on how to rebuild the country. The
discussion focuses on his most recent works: *Haïti, une nation
pathétique, Sous la dictée du vrai, Toussaint Louverture,
L'Archevêque,* and *La Vie en partage.*

* * *

« Je me refuse pourtant à désespérer. Je suis de façon inconditionnelle
un optimiste »

Sous la dictée du vrai, 35

*Peu de temps après que les auteurs de ce projet de livre m'ont
demandé cet entretien avec le Docteur Jean Métellus, la crise en Haïti
atteint son paroxysme. Le 29 février 2004, elle conduit à la destitution
du président Jean-Bertrand Aristide, obligé de quitter le Palais
national de Port-au-Prince pour l'Afrique du Sud. Dès lors, comment
pourrais-je envisager de m'entretenir avec un auteur, dont l'œuvre
presque entière parle des héros qui ont tissé la trame de l'histoire
politique du pays, sans l'interroger sur la situation actuelle ? Pour que
l'histoire d'Haïti reste imprégnée dans la mémoire collective de ses
compatriotes haïtiens, pour qu'elle revienne à l'esprit de ses
concitoyens européens d'adoption, pour qu'elle éveille la conscience
de ceux qui ont participé au génocide de ses ancêtres les Indiens et
ceux qui ont initié la traite des Noirs d'Afrique lui apportant son
troisième complément d'origine, pour rappeler à ses lecteurs et
lectrices qu'Haïti existe, Jean Métellus a consciemment choisi de
prendre pour héros de ses œuvres ceux-là mêmes qui ont transformé
son pays, de Christophe Colomb et Anacaona à Toussaint Louverture,
Dessalines et Pétion.*

*Aujourd'hui, en ce moment critique, Jean Métellus est appelé
à jouer un rôle d'interprète, de déchiffreur de la situation actuelle
d'Haïti pour la presse qui ne cesse de l'interroger. On le voit à la*

télévision (LCI, Télé 5). *On le lit* (Le Monde, Le Figaro, L'Humanité, France-Soir, Marianne). *Il devient un passeur de connaissances d'Haïti en France et ailleurs en Europe. Jean Métellus venait tout juste d'émerger de son travail pour une meilleure connaissance de Toussaint Louverture dont on commémorait en 2003 le 200ème anniversaire de la mort et en l'honneur de qui il a écrit une pièce de théâtre* Toussaint Louverture *(2003) lorsqu'il s'est retrouvé confronté à cette nouvelle crise en Haïti. L'ensemble de l'œuvre littéraire de Jean Métellus*[1] *trouverait ainsi son pendant dans la toile intitulée « Les Quatre Généraux », conçue par la peintre Clarisse, personnage fictif de* La Vie en partage (2000), *où figurent Dessalines, Christophe, Pétion et Toussaint Louverture. Ainsi, y lit-on,* « Clarisse, sans doute animée par une étonnante faculté d'analyse et de synthèse, une perception à la fois profonde et aiguë des choses, des hommes et des événements, n'avait pu s'empêcher de rassembler sur une seule toile tous ceux par qui Haïti devint la première nation noire et libre du monde » (154-155). *L'œuvre de Jean Métellus peut être envisagée dans sa totalité comme une large fresque dans laquelle l'artiste consacre une place à tous ces hommes et à toutes ces femmes de l'histoire, aux compatriotes de toutes les couches sociales qu'il dessine ici et là sur fond de paysage de son pays natal, plus précisément de Jacmel, sa terre d'origine à laquelle il revient toujours dans ses écrits.*

Entretien avec Jean Métellus

G. A. : *Nous nous trouvons en ce moment dans une période assez difficile qui est celle de notre pays d'origine, Haïti. Il est bien évident que nous ne pouvons pas nous empêcher d'en parler. Mais avant de nous pencher sur ce sujet, j'aimerais que tu dises au lecteur qui est Jean Métellus. Même si tu es un personnage très connu, un écrivain lu dans tous les pays francophones et ailleurs puisque ton œuvre est traduite dans plusieurs langues. Te présenter toi-même aidera le lecteur, nous aidera à entrer au cœur des divers sujets de cet entretien.*

---

[1] Pour l'ensemble de l'œuvre, voir Françoise Naudillon, *Jean Métellus*, Paris, L'Harmattan, 1994 ; Sur le théâtre : Ginette Adamson, « L'engagement dans le théâtre haïtien : l'œuvre dramatique de Jean Métellus », *Theater Research International*, Vol. 21 N°. 3, Oxford University Press, 1996. Sur la toile, les sites www.lehman.cuny.edu/ile.en.ile/paroles/metellus.html et www.jeanmetellus.com conduisent vers une richesse de possibilités de lectures critiques complémentaires.

Alors, qui est Jean Métellus ?

J. M. : Et bien, je vais dire qui je suis. Je suis haïtien, originaire de Jacmel. Je suis né en 1937 et dans cette ville-là. C'est une ville qui me tient beaucoup à cœur et à laquelle je consacre beaucoup de textes, des romans et des poèmes. Je suis donc un jacmélien. J'ai fait mes études primaires et secondaires dans ma ville natale et après mes études secondaires j'ai été nommé professeur de mathématiques au lycée Pinchinat de Jacmel parce que j'étais un très bon élève dans toutes les matières et notamment en mathématiques. J'étais professeur pendant deux ans dans ce lycée de 1957 à 1959, date à laquelle j'ai dû partir car j'étais responsable de la section jacmélienne de l'UNMES, le syndicat de l'Union nationale des membres de l'enseignement secondaire. Comme Duvalier ne voulait pas de syndicat et que je me suis vraiment senti menacé, je suis parti en juin 1959. Je suis venu à Paris où j'ai fait mes études de médecine et aussi de linguistique. Je suis devenu médecin neurologue et en même temps linguiste. J'ai enseigné pendant neuf ans la linguistique à la Sorbonne Nouvelle, à l'Institut de phonétique et de linguistique précisément. Et puis j'ai mené de pair ma vie de médecin neurologue hospitalier — je n'ai jamais exercé en cabinet privé — et ma vie de linguiste. J'ai toujours eu des élèves travaillant sur le langage normal et pathologique et j'ai enseigné pendant longtemps le langage normal et pathologique, la mémoire, les activités gestuelles, c'est-à-dire praxis, geste, à des générations d'orthophonistes et de psychologues. J'ai créé beaucoup de choses dans ce domaine-là et les orthophonistes et les psychologues le savent bien et puis pendant vingt ans, j'ai organisé un congrès annuel de neuropsychologie à l'hôpital Emile Roux et chaque année je recevais à peu près 300 à 400 personnes qui venaient de partout, du continent ou d'outre-atlantique également. J'ai eu plusieurs conférenciers et auditeurs canadiens et québécois qui sont venus parler à l'hôpital et j'ai tissé un réseau de relations dans le domaine de la neuropsychologie à travers toute la France et à travers toute l'Europe. Je crois qu'il n'y a pas une seule ou un seul orthophoniste européen qui ignore mon existence.

G. A. : *C'est vrai. J'ai vu la liste de tes publications dans ce domaine-là. C'est très impressionnant !*

J. M. : J'ai beaucoup fait.

G. A. : *Tu viens de décrire un parcours assez succinct de ton histoire, mais qui donne une assez bonne idée de ce que tu as réalisé depuis Jacmel jusqu'à maintenant en France. Mais comment es-tu devenu écrivain ?*

J. M. : C'est probablement sous l'influence de plusieurs événements. D'abord un environnement culturel à la Maison Suisse (à la Cité Universitaire Bd Jourdan à Paris) où j'ai lu un livre de Starobinski sur Rousseau La Transparence et l'obstacle[2]. Grâce à ce livre, je suis entré en contact avec Starobinski car j'ai appris que cet écrivain était aussi médecin, s'intéressait à l'histoire de la médecine — plus tard comme j'écrivais sur l'histoire de l'aphasie, j'ai eu une longue correspondance avec lui — malheureusement j'ai égaré cette correspondance qui a été éparpillée, dispersée puis perdue au gré de mes déménagements successifs. Le cheminement de cet homme m'a probablement fait voir qu'un médecin peut aussi être un écrivain. Le deuxième facteur c'est la rencontre, toujours à la Cité, avec Claude Mouchard[3] qui lisait beaucoup et m'encourageait dans ma découverte de Balzac dont Roland Chollet me donnait généreusement les différents ouvrages car il préfaçait alors toute l'œuvre de Balzac pour les Editions Rencontre de Lausanne, je lisais en même temps Rousseau, tout cela a eu des prolongements imprévus dans ma vie jusqu'à mon roman *Une Eau-forte* situé en Suisse, à Môtiers où Rousseau a vécu en exil de 1762 à 1765.

G.A. : *Parlons d'Haïti. On dit ces jours-ci dans la presse qu'Haïti n'est pas une nation, qu'il n'y a pas d'Etat.*

J. M. : Haïti est bien une nation et c'est poignarder le pays que de dire qu'il n'y a pas eu de révolution mais une insurrection d'esclaves ; c'est une révolution non seulement nationale mais internationale, c'est pour cela que l'abbé Grégoire a pu écrire d'Haïti : « une république noire au milieu de l'Atlantique est un phare élevé, vers lequel tournent leurs

---

[2] *La Transparence et l'obstacle, suivi de sept essais sur Rousseau*, Paris, Gallimard, 1958.
[3] Mouchard, Claude, « Jean Métellus, écrivain », *Le Journal de Chaillot* 37 (janvier 1988).

regards les oppresseurs en rugissant, les opprimés en soupirant »[4]. Et toutes les nations qui sont arrivées à l'indépendance après Toussaint Louverture se tournent vers ce phare. Donc l'Abbé Grégoire avait raison. C'est pour cela que je soutiens qu'Haïti est un grand pays, un phare qui a fait une révolution non seulement nationale mais internationale. Haïti a inauguré le processus de « désesclavagisation » dans le monde. Le processus de la libération des peuples, c'est Haïti qui l'a inauguré.

G. A. : *C'est le pays modèle qui a eu des malheurs, qui n'a jamais pu sortir de ses problèmes, qui n'a jamais pu être dirigé comme il le fallait.*

J. M. : Grâce — si j'ose dire — aux grandes puissances qui n'ont jamais voulu que le pays existe. Toutes les conditions ont été réunies pour empêcher le pays de respirer. Ces grandes puissances se sont arrangées pour qu'Haïti n'existe pas à tel point qu'un grand ami d'Haïti qui vient de passer quelques années en Haïti, un Européen vient d'écrire un livre intitulé *Haïti n'existe pas*. Je ne le soupçonne pas de racisme. Il a dit qu'Haïti n'existe pas, c'est une sorte de provocation. Je le comprends très bien, mais mon propos c'est, les temps prochains, de montrer qu'Haïti existe bien malgré toutes les difficultés qu'elle rencontre.

G. A. : *Je pense justement que le titre de Christophe Wargny[5] est tout à fait provocateur et qu'il veut surtout réveiller la conscience de chacun et rappeler l'existence de ce pays, qui existe bel et bien, mais dont on ne parle pas.*

J. M. : Justement.

G. A. : *On n'en parle que dans les moments de crises. Autrement, elle n'a aucune place dans le monde.*

---

[4] *De la noblesse de la peau ou du préjugé des blancs contre la couleur des Africains et celle de leurs descendants noirs et sang-mêlé*, texte présenté par Alain Gresh, Grenoble, Jérôme Millon, 2002, 77.

[5] *Haïti n'existe pas. 1804-2004 : deux cents ans de solitude*, Paris, Autrement, 2004.

J. M. : Et même sur une carte du monde. Et cela a commencé avec Bonaparte. C'est Napoléon qui a décidé d'effacer Haïti progressivement de l'histoire de France. Alors que, pendant toute la deuxième moitié du XVIIIe siècle, Haïti faisait vivre un Français sur huit. C'est-à-dire que la canne à sucre, le coton, le cacao, les bois de teinture et bien cela rapportait. Ça, on n'en parle pas. Et il y a des choses que je ne reproche pas à Chateaubriand, mais Chateaubriand a pu acheter ses châteaux en France grâce à l'argent et à la fortune que son père avait faite dans les colonies. Bon, on peut passer là-dessus, mais quand on sait l'amitié que Haïti a suscitée de la part de grands écrivains comme Victor Hugo qui a dit « Haïti est une lumière », comme Lamartine qui a dit de Toussaint que « cet homme fut une nation », comme Michelet qui appelait Haïti « la France noire ». Et bien, on peut pardonner les châteaux de Chateaubriand.

G. A. : *Qu'a-t-on fait de toutes ces idées phares, de toutes ces lumières. Qu'en a-t-on fait ?*

J. M. : Et bien, la France a passé l'éponge là-dessus, a essayé d'effacer tout cela de la mémoire des Français.

G. A. : *Par exemple, Anténor Firmin qui a laissé un texte valable, qu'en est-il de ses écrits en France ?*

J. M. : Firmin a laissé un texte valable, malheureusement Firmin n'est pas connu même des Haïtiens. Alors, ça c'est la faute des Haïtiens. Mais il n'est pas du tout connu en France, alors que son œuvre, le texte qu'il a écrit en 1885[6] contre le racisme de Gobineau[7], a été publié en France. Il n'est connu ni en Martinique, ni en Guadeloupe, ni en Guyane, ni en Afrique. En 1885 on a tout fait pour mettre sous le boisseau les grandes lumières d'Haïti pour que Haïti n'existe pas.

G. A. : *Donc, tu penses que cela a été fait de façon volontaire.*

J. M. : Volontaire et raisonnée.

---

[6] Firmin, Joseph Anténor (1850-1911), *De l'Égalité des races humaines*, Port-au-Prince, 1885 (Une nouvelle édition présentée par Ghislaine Geloin vient de paraître, Paris, L'Harmattan, 2004.

[7] Gobineau, Joseph Arthur, *Sur l'inégalité des races humaines* (1853-1855).

G. A. : *Justement, dans ton texte encore inédit intitulé « A propos de la dette ou de l'exceptionnel devoir de la France » que tu as présenté en décembre 2003 devant la « commission Debray » sur le rapport de la France et Haïti, tu t'exprimes de la manière suivante :*

> Toujours dans le domaine culturel qui ne cesse de m'obséder, je ne comprends pas que la France ait occulté au point de les rendre inexistants de grands penseurs haïtiens du calibre d'Anténor Firmin [...]. Il y a là une réparation à faire d'autant que le Grand dictionnaire universel de Pierre Larousse s'était attaché à « prouver la supériorité de l'espèce blanche sur l'espèce noire », alors qu'un Louis J. Janvier[8] glorifiait Haïti « Le soleil qui se lève à l'horizon » dans un ouvrage paru chez Flammarion à la fin du XIXe siècle. Même des Français éclairés ne connaissent ni le nom d'Anténor Firmin, ni celui de L. J. Janvier ; certains même ignorent le nom d'Haïti si volontiers confondu avec Tahiti[9].

J. M. : Oui, je l'ai dit. J'ai aussi ajouté que si le nom de Toussaint Louverture commence à être connu en France, si celui de Dessalines reste pratiquement inconnu, l'histoire de Saint-Domingue devenu Haïti mérite d'être enseignée aux jeunes Français.

G. A. : *Etendons-nous un peu plus sur ta conception de la nature de la dette de la France dont on parle beaucoup depuis que l'ex-président Aristide en a demandé la restitution à la France. Je pense que tout le monde a entendu parler de ce rapport de M. Régis Debray à M. Dominique de Villepin (janvier 2004). La dette de la France envers Haïti, la considères-tu comme une dette monétaire importante, ou bien est-ce qu'il n'y en aurait pas une autre encore beaucoup plus importante ? Si oui, en quoi consisterait-elle ?*

J. M. : La dette monétaire est certainement importante, mais c'est une dette secondaire dérisoire par rapport à celle qui consiste à mettre le pays sous le boisseau vraiment de façon définitive, à l'ignorer, à faire qu'actuellement ce qui est connu au sujet de l'île se limite presque uniquement à la République Dominicaine. C'est comme si cette île que nous partageons avec la République Dominicaine qui doit d'ailleurs à

---

[8] Louis Joseph Janvier, écrivain et diplomate haïtien (1855-1911).
[9] Ce texte inédit sera bientôt mis en ligne sur http://www.lehman.cuny.edu/ile.en.ile/paroles/metellus.html

Haïti son indépendance, car c'est Toussaint Louverture qui a aboli l'esclavage sur toute l'île et c'est ainsi que la République Dominicaine est devenue libre, avait été rayée de la carte. Maintenant on parle de la République Dominicaine comme si Haïti n'existait pas.

G. A. : *Il y a donc une responsabilité qui n'a pas été assumée, ni du côté des colonisateurs, ni de la part des colonisés. On peut dire qu'Haïti non plus n'a pas assumé son rôle, n'a pas aidé à faire connaître toute sa richesse, toute cette lumière dont parlait Victor Hugo.*

J. M. : Haïti n'a pas pu le faire parce qu'on a eu des satrapes comme chefs d'Etats, des gens qui ne sont pas fréquentables, mais ceux-là qui étaient fréquentables, ceux-là qui étaient valables ont été interdits de se présenter à la présidence. Un homme comme Rosalvo Bobo, le docteur Rosalvo Bobo[10], un élève d'Anténor Firmin, on lui a interdit simplement de se présenter à la présidence. Un ambassadeur américain lui a dit « Monsieur vous ne pouvez pas vous présenter comme président de la république, vous êtes un ennemi des Américains et les Américains ne veulent pas de vous ». Il a été mis sur un bateau et il n'a jamais pu être président de la république. Or, cet homme était demandé par le peuple. Ils ont fait la même chose avec Firmin et avec toutes les lumières. Ils n'ont laissé comme chefs d'état en Haïti que des satrapes. Chaque fois qu'il y a eu une sorte de satrape comme candidat, il a été élu avec l'aide de toutes les puissances, notamment avec l'aide des Américains. Les hommes de bien n'ont jamais pu gouverner.

G. A. : *Alors, il me semble que toi, tu es un porte-parole extraordinaire pour Haïti. Tu assumes ce rôle. On ne te l'a pas imposé.*

J. M. : Pas du tout. C'est le patriote qui parle.

G. A. : *En fait, depuis que tu écris tu parles d'Haïti, tu fais connaître Haïti. Il suffit de parcourir ton énorme production littéraire pour se rendre compte qu'Haïti en fait l'objet. Mais il me semble qu'il y a*

---

[10] Le docteur Rosalvo Bobo (1873-1929), politicien qui a joué un rôle important en Haïti jusqu'à l'occupation américaine en 1915. Le chef reconnu de la révolution qui avait renversé le président Sam, il était le favori pour le remplacer lorsque l'amiral William Caperton, chef des troupes d'occupation, le déclara ennemi des Etats-Unis.

plusieurs choses de nouveau, consciemment conçues et qui me paraissent comme formant un grand projet qui est celui de remettre en valeur l'histoire de ton pays d'origine. D'abord, pour l'anniversaire de la découverte de Christophe Colomb tu t'es fait le devoir de faire la part des choses sur le comportement de Christophe Colomb et de sa troupe débarquée à Quisqueya. Donc, c'était de l'histoire d'Haïti avec celle de l'Europe, au sein de l'Europe dont il a été question. Tu avais déjà parlé d'Anacaona la première reine d'Haïti et donc, tu avais fait là aussi la part des choses entre les Espagnols et les Arawaks. Ensuite, un autre fait historique s'est déroulé, c'est la célébration du bicentenaire de la mort de Toussaint Louverture. Tu t'es fait à ce moment-là aussi le porte drapeau d'Haïti, en France d'abord, mais aussi en Europe pour faire connaître Toussaint Louverture. Les Français et les Européens sont allés au Fort de Joux visiter l'endroit (et l'on espère aussi méditer) où Toussaint avait été jeté en prison par Napoléon Bonaparte et où il a trouvé la mort peu avant la déclaration de l'indépendance qu'il avait vaillamment orchestrée. Tu as donc mis Toussaint Louverture à la portée de tout le monde, des élèves car ta pièce Toussaint Louverture *(2003), écrite à cette occasion, a paru dans une édition dont les élèves peuvent facilement se procurer, comme d'ailleurs tu l'avais fait pour celle d'*Anacaona *(1986). Et voici que nous sommes entrés dans la période post-Aristide, une phase qui, bien qu'elle soit encore une fois ensanglantée, ouvre de nouvelles portes. J'entrevois quelque chose qui va se passer dans ton itinéraire d'écrivain et d'intellectuel haïtien. Tu es sollicité de part et d'autre pour prendre la parole, pour écrire dans les journaux. Tu ne fais pas du littéraire lorsque tu parles d'Haïti ces jours-ci, tu entres dans le domaine des faits. Je pense que tu vas te faire le héraut, celui qui va essayer de remettre les pendules à l'heure, qui va mettre les points sur les i dans la situation d'Haïti, pour la presse qui parfois dit n'importe quoi.*

J. M. : Oui, pour la presse qui dit n'importe quoi, pour les Haïtiens aussi, ceux qui ne connaissent pas bien leur histoire.

G. A. : *Tu as écrit une phase qui me semble symbolique : « Notre pays n'a plus d'arbres. Il ne reste plus que les mots » (* Sous la dictée du vrai, *13). Ces mots, tu les as ramassés comme les feuilles qui sont tombées des arbres de ce pays déboisé — disons bien pourquoi, c'est* *pour allumer le feu, pour manger. Donc, toi, tu ramasses leurs feuilles devenues des mots que tu cueilles pour essayer de reboiser Haïti, de lui redonner ses feuilles en parlant de son histoire. Mais, ce faisant, tu dis ce qui doit être entendu, ce qu'il faut pour faire repousser l'arbre de la liberté afin qu'Haïti ait une chance de se remettre sur ses pieds. Quel est donc le mode d'emploi à suivre ? Tu présentes déjà quelques pistes dans certains romans et dans des essais aussi, mais ne peut-on pas croire que tu vas t'y mettre encore plus intensément en sortant les faits oubliés et ensevelis dans de vieux classeurs. Ne peut-on pas parler d'un nouveau tournant dans ton œuvre depuis cette nouvelle ère politique post-Aristide ? Te dis-tu « comment vais-je parler d'Haïti maintenant ? ».*

J. M. : Et bien, je vais continuer à en parler de plusieurs manières. Je dois t'avouer que j'ai au moins deux livres en chantier. J'ai plusieurs poèmes à corriger. J'ai des textes sur Haïti même en tant que nation à terminer. J'ai tout cela en chantier. L'ordre dans lequel je vais le faire ? Je ne sais pas. Mais je dois te dire que je conserve mes habitudes de réveil très matinal, même en ayant pris ma retraite comme médecin, pour que la journée ne soit pas trop courte. Je vais faire beaucoup encore si Dieu me le permet. Je dois cela à mon pays. L'existence me doit encore des années de bonne santé pour que je puisse mener à bien tout ce que je porte en moi.

G. A. : *En tout cas, je compte sur toi pour mener cette barque parce qu'elle est lourde. Tu as une bonne façon d'envisager l'avenir en retournant vers le passé, en réveillant les morts pour qu'ils aident à mieux comprendre les enjeux qu'il faut maîtriser. En quoi et comment peut-on parler d'avenir pour Haïti, comment peut-on construire, reconstruire ? Voilà un mot que tu emploies bien souvent dans tes livres. Peut-on reconstruire Haïti ?*

J. M. : On peut reconstruire actuellement grâce à un des aspects de la mondialisation. Je ne suis pas du tout un mondialiste. Mais on peut essayer d'établir un contrat de confiance avec le monde. Mais il faut que les grandes puissances, tous ceux qui ont fait le monde, qui ont fait du monde ce qu'il est maintenant, tous ceux-là nous parlent très sincèrement pour que nous puissions avancer avec confiance, car s'il n'y a pas de la confiance, on ne peut rien faire. Or, jusqu'ici nous avons été habitués à être trompés. Les Français l'ont fait, les Américains l'ont fait. Toutes les grandes puissances ont trompé Haïti. Mais maintenant, et c'est un effet positif de la mondialisation, il y a un tribunal pénal international. Il y a eu le tribunal Russell quand même qui n'est pas si vieux que cela. Si nous passons un contrat avec le monde devant cette grande instance qui s'appelle la Cour Internationale de Justice de La Haye, si nous passons un contrat avec confiance et si nous aussi nous avons confiance en nous, nous pourrons redémarrer. Le pays ne peut pas mourir comme ça de façon définitive. Le pays a beaucoup de choses malgré l'absence de richesses de son sous-sol. Il ne faut pas oublier que les Espagnols ont pris 15.000 tonnes d'or dans le sous-sol d'Haïti entre 1492 et 1503. Nous n'avons pas de pétrole. Nous n'avons plus d'arbres. Le pays a été déboisé en partie pour faire des meubles, du charbon de bois. Mais il reste encore la bonne humeur, il y a la créativité en peinture, en sculpture. Nous avons des kilomètres et des kilomètres de plages, nous avons des gens inventifs, nous avons des musiciens, des chanteurs, des conteurs, nous avons beaucoup de choses à offrir au monde entier, des choses que le monde entier n'a plus à sa disposition.

G. A. : *Je suis tout à fait d'accord avec toi. Mais il y a une question qui me préoccupe. A quel prix peut-on réaliser cette nouvelle Haïti qui attirerait le monde ? Toi et moi, nous sommes contents du départ d'Aristide, mais il s'est produit dans des conditions discutables. Ce sont encore une fois les grandes puissances qui reviennent. Le départ d'Aristide dans ces conditions provoque une sorte de malaise. On voulait tous, à l'exception de ceux qui en profitaient, qu'Aristide parte, mais il y a un malaise.*

J. M. : Je ne suis pas du tout atteint par ce malaise pour la simple raison que quand Aristide est arrivé au pouvoir en quatre-vingt-dix, il était très populaire. Tout le monde était content. On a salué ce courant populaire qui l'a porté au pouvoir. Puis il a été victime d'un coup d'état neuf mois plus tard. Et je pense que les gens qui ont organisé ce coup d'état avec la participation, avec la complicité de la société civile, ces gens peut-être avaient vu venir les choses, quoique je sois résolument hostile à ce type d'action violente. Parce que déjà après six mois de gouvernement, il parlait du père Lebrun, ce supplice du pneu enflammé autour du cou, et il appelait le peuple à en faire usage. Les gens qui ont vu que le peuple commençait à utiliser le pneu pour tuer les opposants avaient bien compris qu'Aristide ne pouvait pas être chef d'état, c'était un chef de bandes, un bandit. Ils avaient bien vu. Aristide est allé aux Etats-Unis. Il y est resté en exil trois ans ; mais il ne faut pas oublier que quand Aristide est revenu en 1994, il est revenu avec 20.000 marines américains. On l'a mis dans une cage de verre. Il a été protégé. Les Américains l'ont ramené d'une certaine manière en 1994, les Américains nous l'ont imposé. Bon, maintenant, les Américains sont mécontents de son comportement, les Américains le font partir. On peut dire, en parodiant Job, les Américains nous l'ont ramené, ils nous l'ont repris. Moi, je ne suis pas mal à l'aise.

G. A. : *Maintenant qu'on s'en est débarrassé. Pensons à l'avenir. Est-ce que la reconstruction d'Haïti peut être envisagée sans la crainte d'une occupation ? Une collaboration entre la France, les Etats-Unis et le Canada pourrait-elle sans risque d'une nouvelle domination, se mettre en place pour recréer le pays, faire revivre la terre, les arts, la musique, la peinture pour ce qui a trait à la distribution puisque la création artistique est restée vivante ? La littérature, elle, fait relativement bien son chemin. Tu te demandes toi-même dans* Sous la dictée du vrai *« Comment se fait-il qu'un pays qui souffre aussi cruellement dans son sang, sa chair, son souffle et sa terre arrive à créer avec autant d'impétuosité ? » (15). Il faudrait juste un petit coup de pouce, recréer un centre touristique. Aujourd'hui, tout le monde va à Cuba, pourquoi pas en Haïti ? Est-ce que cette mise en œuvre peut se faire sans le sentiment qu'on est en train de nous envahir ?*

J. M. : Oui, oui, c'est tout à fait possible. On peut accepter toutes ces aides complexes et sans la moindre peur d'être recolonisé. Et je pense que nous avons solidifié suffisamment notre colonne vertébrale pendant les deux siècles durant lesquels on a voulu nous faire replier la tête. Nous avons les reins suffisamment solides pour continuer à être le nègre vertical, debout sur les champs de batailles et comme sur les champs de cannes.

G. A. : *« Debout dans le vent, debout et libre »*, ainsi que le disait Aimé Césaire. *Alors, je pense que nous pouvons maintenant passer à la littérature proprement dite. D'ailleurs, tout ce que tu dis dans tes essais, dans des articles de presse, dans tes nombreux débats sur Haïti,* *se retrouve dans ton œuvre littéraire, dans la poésie, comme dans le théâtre et dans les romans. Tu as déjà évoqué comment tu es arrivé à la littérature. C'est un parcours qui me paraît assez intéressant, en somme le même que Césaire a pu avoir, lui aussi, l'atmosphère universitaire de Paris avec les étudiants.*

J. M. : Lui, il était à l'Ecole normale, il avait beaucoup d'amis qui faisaient des lettres mais qui ne sont pas devenus écrivains comme lui. Mais il y avait Senghor qui était avec lui. Il y avait aussi des hommes qui vont devenir des hommes politiques comme Pompidou. Donc, il a bénéficié avec plus de chance, plus de bonheur et moins de douleur que moi, d'un entourage intellectuel extrêmement riche. Mais nous avons certainement connu quelques expériences douloureuses similaires.

G. A. : *Tu as mentionné Rousseau tout à l'heure. Rousseau se retrouve souvent dans tes romans. Dans ton dernier* La Vie en partage *(2000), par exemple, Tirésias Sénex, c'est le rousseauiste local qui incite sa femme Clarisse (le nom de sa femme est tout aussi révélateur) à peindre la nature « Ah, Clarisse, lui disait-il, il faut admirer la nature, capable de guérir maux et malheurs, véritable pharmacie universelle. Sa mémoire implacable nous livre, si nous savons l'interroger, les mystères inscrits dans nos cœurs et notre chair [...], c'est un Maître suprême qu'il faut vénérer » (17). Tirésias demande aussi à sa femme d'habituer leur fils « à de grandes promenades pour éveiller ses sens » (18).*

De même, le Rousseau de ton roman L'Archevêque *(1999), c'est Jérémie qui avait pour la nature « un respect quasi religieux » (163). Le narrateur explique qu'à « sa manière, il était fils de Rousseau » et qu'il « avait voulu devenir naturaliste » (165). Il est intéressant d'observer dans ce roman le processus de la métamorphose de Jérémie Saint-Soleil, l'homme resté au pays, et celle de Soline Vortex, l'Haïtienne de la diaspora revenue au pays, justement pour le transformer, le moderniser. Dans un passage remarquablement baudelairien qui décrit le jardin de Jérémie dans lequel les couleurs, les mouvements et les bruits correspondent merveilleusement bien, tu as su montrer comment ces deux personnages, en communion avec la nature, sont parvenus à conjuguer leurs divergences (168).*

Cette manière d'harmoniser les divergences ne découlerait-elle pas de tes lectures ? Car, d'un côté, tu as reçu l'influence de

Rousseau provenant des livres de ton père, et de l'autre, tu as eu celle de la lecture de La Bible *et aussi des magazines de ta mère,* Historia *et* Femmes d'aujourd'hui *par exemple. Il y a un bon mélange de sources et, tu as fait de surcroît, des études de mathématiques. Ton parcours littéraire était déjà un peu tracé, en quelque sorte dessiné, parce que tu t'alimentais de lectures qui t'embarquaient dans la direction de ta vie d'homme de lettres, aussi bien d'ailleurs que celle du penseur, du scientifique que tu es devenu.*

J. M. : Ces lectures, je les trouvais à la maison même. Et ma femme est un peu étonnée de voir que quand j'aborde certains sujets sur Haïti, par exemple Anténor Firmin, elle est étonnée de voir que la plupart de mes condisciples, de mes amis qui ont le même âge que moi, qui ont fait les mêmes études que moi, ne connaissent pas Firmin. Ils ne connaissent pas Janvier non plus. Mais je n'ai pas appris Firmin ou Janvier à l'école. On ne me les a pas enseignés. C'est mon père qui m'a donné des livres de Firmin et de Janvier. J'avais aussi un vieil oncle curieux, très cultivé, il était citadin et il s'était réfugié à la campagne avec tous ses livres. Il parlait grec et latin et lui, il avait des ouvrages d'Hannibal Price[11], de tous les grands Haïtiens. C'est dans ma famille que j'ai trouvé tous ces livres qui faisaient l'éloge des Noirs, d'Anténor Firmin et Janvier. Et c'est dans ma famille aussi que j'ai lu beaucoup de choses concernant Littré que tu vois ici. J'ai lu dans *Historia* un article sur Littré fait par un académicien, je suis « Littréiste » si tu veux depuis cette époque-là. J'ai une grande admiration pour lui.

G. A. : *Tout cela se confirme en te lisant. Mais tu as aussi parlé dans ton essai* Sous la dictée du vrai *(1999) de ton maître Joseph Zobel (15).*

J. M. : J'ai connu Zobel très tard, il y a dix ans seulement, dans un salon du livre qui a eu lieu du côté de Lyon et on s'est rencontré là mais je connaissais déjà les œuvres de Zobel et j'avais vu le film *La Rue Cases-Nègres* qui m'a beaucoup touché. Chaque fois que je vois ce film, je pleure et toujours au même endroit. Je ne sais pas pourquoi je pleure, mais je pleure et toujours au même endroit. Je me suis dit que Zobel a dû toucher à quelque chose et j'en ai parlé avec lui la seule fois où je l'ai rencontré. Cette rencontre a duré un jour et une nuit, le temps

---

[11] Price, Hannibal (1841-1893), *De la réhabilitation de la race noire par la République d'Haïti*, Port-au-Prince, Imprimerie J. Verrollot, 1900.

du salon du livre et puis on logeait dans le même hôtel et le lendemain matin on a discuté et il m'a dit qu'il a un fils qui pleure exactement au même endroit que moi en voyant le film.

G. A. : *Est-ce peut-être l'endroit où l'enfant va à l'école et a si bien écrit sa rédaction qu'on l'accuse de plagiat ? Cette partie me touche, moi aussi chaque fois que je relis le livre ou que je revois le film.*

J. M. : Peut-être. Je pense que c'est là. Il m'a dit que son fils pleure au même endroit. Et chaque fois, je suis obligé de sortir.

G. A. : *Bon. Alors, je vois Joseph Zobel et je vois Balzac aussi.*

J. M. : Balzac, c'est très vieux comme relation. Cela remonte à la cité universitaire quand j'ai rencontré Roland Chollet, le Balzacien. C'est très vieux comme connaissance.

G. A. : *Je vois un parallèle entre toi et Balzac. Je pense que, comme lui l'avait fait, tu es en train de construire une sorte de grande fresque qu'on pourrait peut-être appeler « la saga de la condition haïtienne ».*

J. M. : C'est ce que je voudrais faire, c'est mon but. C'est pour cela que je suis très content d'être à la retraite et de pouvoir m'y consacrer, sauf que j'ai encore beaucoup d'ambition sur le plan de la pensée neurologique. Je voudrais encore faire beaucoup dans ce domaine.

G. A. : *La pensée neurologique s'intègre bien dans ton œuvre de fiction, en particulier dans* La Vie en partage.

J. M. : J'ai aussi écrit en collaboration avec B. Sauvageot un livre sur la dyslexie (*Vive la dyslexie*, 2002) qui vient de sortir.

G. A. : *Tout se mélange complètement. Tu prends un sujet scientifique et tu l'intègres merveilleusement bien dans ton roman et il en devient le squelette. Nous allons y revenir parce que c'est très intéressant. Mais il faudra parler d'abord dans le sens de la thématique du livre auquel cet entretien est destiné, c'est-à-dire, l'idée de « l'écriture assiégée ». Qu'est-ce que cela évoque pour toi une écriture assiégée ? Ton écriture a-t-elle été sous l'emprise d'un pouvoir, d'une puissance* *quelconque qui l'assiégeait ?*

J. M. : Non, pas du tout. Cette conceptualisation de l'écriture me semble infernale ou satanique ; une écriture qui serait assiégée indiquerait tout de suite la fin du monde ou d'un monde donné.

Non, une écriture ne peut pas être assiégée ; l'écrit peut être rendu inaccessible du fait des hommes, d'un pouvoir, d'une tyrannie, mais l'écriture, je veux dire la production qui émane de l'écrivain a toujours respiré, peut toujours respirer même en cas de dictature. Et c'est dans ces moments-là qu'on se rend compte de la formidable capacité d'évasion de l'écriture.

On a toujours arrêté, enfermé, emprisonné des hommes, des écrivains, des poètes, des philosophes, des penseurs et cela continuera car l'homme a une grande capacité de nuisance, de rage, de haine, de jalousie, mais la production dans le domaine intellectuel ou plutôt dans le cadre de la création littéraire jamais ne connaîtra les malheurs d'un état de siège, sauf si l'écrivain lui-même veut obstinément se taire, alors c'est un acte volontaire.

Il ne faut pas confondre le discours sur un pays assiégé avec un discours assiégé. Il est certain qu'Haïti connaît un état de siège intertropical depuis sa venue au monde, mais ses créateurs qui ont produit des textes et de l'écriture depuis bien avant l'indépendance n'ont jamais produit à ma connaissance une écriture assiégée. On pourrait à la limite penser à l'inventeur d'une cryptophasie pour déjouer les bourreaux et là non plus, on ne pourrait pas parler d'écriture assiégée ni même d'écriture confisquée. En fait, pour moi, une écriture assiégée, c'est une écriture qui ne peut pas naître, donc qui n'existe pas. Car dès que l'écriture accède à la connaissance d'autrui, elle ne peut pas être considérée comme assiégée. Interdite ? Oui, peut-être ! Exclue aussi, mais assiégée non.

L'écriture de l'Haïtien est obligée de se pencher sur un peuple meurtri, malheureux, affamé et démuni, mais elle peut malgré cela rayonner. Dire les malheurs et les misères n'est pas forcément pleurer, la littérature mondiale serait dans un océan ou un univers de larmes et de sanglots.

Tous les poèmes que j'ai écrits depuis le début de mon entrée en littérature — si on peut pointer avec précision ce début, ce que je ne crois pas — concernent Haïti, les hommes, les femmes de toutes les couches de la société et aussi la terre haïtienne avec tous ses paysages et toutes ses productions. Mais ils concernent aussi mon passé et le passé de tous les Haïtiens, de ceux qui ont vécu sur cette terre et de ceux qui en ont été déracinés. Rien de ce qui concerne Haïti ne m'est étranger : ni ses dieux ni ses démons. Et j'ai parlé dans mes poèmes aussi bien de Duvalier que de Toussaint Louverture.

Tous mes romans — sauf trois jusqu'ici — concernent Haïti et les Haïtiens. *Une Eau-forte* (1983) consacrée à la genèse et à l'extension de la création se passe certes en Suisse mais aurait pu être située en Haïti où d'ailleurs nous avons beaucoup de créateurs brusquement freinés dans leurs productions. *La Parole prisonnière* (1986) est manifestement un clin d'œil aux prisons d'Haïti, même s'il s'agit d'un roman qu'on pourrait assimiler à une simple histoire de famille et qui se situe dans l'est de la France. Tous mes autres romans concernent de près ou de loin mes propres racines et celles de mes compatriotes, ma vie, même *Charles Honoré Bonnefoy* (1990).

Tout mon théâtre, jusqu'ici, concerne Haïti, ses origines et mes origines.

J'ai écrit un essai sur le langage normal et pathologique appelé : *Voyage à travers le langage* (1996), un essai sur Haïti appelé *Haïti, une nation pathétique* (1987, 2003).

J'écris en français parce que j'ai été alphabétisé dans cette langue mais j'utilise le créole dans mes relations avec mes compatriotes.

G. A. : *Je comprends ta réaction à l'idée d'une écriture assiégée. Ta carrière d'écrivain a vu le jour en France, tu as toujours pu écrire en tant qu'homme libre « sous la dictée du vrai ». Tu ne t'es jamais senti sous l'emprise d'écrire à propos d'un sujet prescrit, ni sous le diktat d'une formule qui t'aurait été imposée. Si je comprends bien, seule une voix intérieure, une mémoire de ton passé, de tes origines te mènent irrémédiablement, semble-t-il, à parler d'Haïti, de cette « nation pathétique », ainsi que tu la nommes dans ton essai de 1987 et qui vient d'être réédité. C'est de son histoire, de ses héros, comme de ses bourreaux, de ses échecs comme de ses réussites, de son déboisement comme de ses reconstructions, de ses prouesses artistiques comme de ses pratiques religieuses bref, de tout ce que ces « hommes [et ces femmes] de plein vent » ont en partage que tu te fais le porte-parole. Parlons donc de cette grande fresque que tu es en train de construire. Il me semble que c'est toute la famille Vortex qui est au centre de cette* *œuvre, même si elle vit tantôt en Haïti, tantôt en Europe. Elle constitue la charnière de ton œuvre romanesque et te permet de présenter toutes les facettes, toutes les couches de la société haïtienne. Lorsque tu campes ces personnages en train de vaquer à leurs occupations de tous les jours, tu invites le lecteur à pénétrer dans une sorte de laboratoire.*

J. M. : Absolument. C'est ce que j'avais voulu qu'ils soient.

G. A. : *Donc, pour parler de la structure de tes romans, on peut prendre la métaphore du laboratoire dans lequel, à travers une loupe, on observe comment fonctionne une famille, des familles haïtiennes vaquant à leurs occupations quotidiennes. On regarde le pays et comment les gens y vivent, ce qui s'y passe dans toutes les couches de la société, les rapports des citadins entre eux et avec les paysans, les religions qui se mêlent. Les enjeux de toute tentative de modernisation surtout par des Haïtiens de l'extérieur, de cette diaspora qui revient s'y installer en voulant changer le mode de vie habituel. Soline Vortex dans le roman* L'Archevêque *(1999) en est le prototype. Elle a voulu qu'Ida modernise sa boulangerie (sans doute un clin d'œil sur celle que possédait ta famille). Tu as su montrer comment une bonne idée et une bonne intention peuvent mal tourner si les hommes et les femmes ne s'entendent pas pour analyser les faits, pour reconstruire ensemble avec solidarité sans tuer les plus démunis, et s'ils n'oublient pas leurs petits règlements de compte. D'où le discours de Monseigneur Vortex qui sert de clôture à la fois à l'enterrement suite au bain de sang de Saint Soleil et au roman :*

> Ni lynchage, ni vengeance,
> Non point oubli, non point pardon,
> Cessons d'endeuiller le pays
> Solidaires les uns des autres
> Bandons nos énergies
> Dressons des chapiteaux
> Au lieu d'ébranler les fondations
> Reverdissons les plaines
> Reboisons mornes et collines
> Pour y loger l'avenir
> Rafraîchir les cœurs.
> Et souder les hommes
> Dans la justice et la fraternité *(202)*.

J. M. : Oui, c'est ce que j'ai essayé de montrer. Je ne sais pas si j'y suis arrivé. C'était une de mes ambitions et si je suis arrivé à faire passer cela c'est que je n'ai pas perdu mon pari.

G. A. : *Prenons* La Vie en partage *dans lequel tu as tout de suite ciblé l'idée de la perte de la mémoire.*

J. M. : C'est la perte de la mémoire du langage.

G. A. : *Le neurologue que tu es en a fait une métaphore de la maladie qui mine Haïti. Une indifférence, un manque de prévoyance, un laisser-aller qui n'arrangent pas la situation socio-économique. Comme un médecin, tu as immédiatement analysé les problèmes du malade. Concrètement, ce malade est Léopold, fils de Tirésias et de Clarisse Sénex, métaphoriquement, c'est Haïti. La perte de la mémoire est celle du passé, celle du futur aussi parce qu'on ne peut pas accéder au futur si le passé est oublié. On ne guérit pas de la maladie dont on souffre sans cette mémoire, sans entremêler « mémoire du passé et vision de l'avenir » (*La Vie en partage, 181).

J. M. : C'est cela.

G. A. : *C'est d'ailleurs le Docteur Raphaël Bienaimé qui le rappelle dans le roman : « Si la maladie peut détruire, l'esprit peut construire et c'est sans doute son rôle fondamental que de rassembler tout ce que les dommages peuvent disperser » (138).*

J. M. : Oui, moi je le signe de nouveau. Je l'écrirais encore de nouveau. Je crois dans la puissance de l'esprit, dans sa capacité de reconstruire ce qui a été détruit.

G. A. : *Cela rejoint exactement ce que tu exprimes aussi bien dans tes essais, certes dans* Haïti une nation pathétique *(1987 et 2003) et dans* Sous la dictée du vrai *(1999). Mais, revenons aux romans. Voyons un peu l'usage des métaphores dans ces deux romans. Il y en a partout. Il a déjà été dit qu'ils se construisent comme des laboratoires. Dans* La Vie en partage, *tu as volontairement créé un déséquilibre en inventant l'accident qui a causé la perte de la parole à Léopold, déjà déséquilibré parce qu'il est gaucher comme tous les membres de sa*

famille. Ce, afin de permettre au savant (le Docteur Bienaimé), comme
au Houngan (Borromée Guérité), d'éplucher la situation, d'analyser
les faits scientifiquement, naturellement et philosophiquement, dans le
dessein de rétablir le malade, c'est-à-dire, de reconstruire le pays,
Jacmel, prototype d'Haïti. Il y a un état de crise pour Léo comme pour
Jacmel. On pourrait ajouter, comme pour Haïti en ce moment même.
Comment peut-on s'en sortir ? Tel est le point essentiel vers lequel tout
converge dans ce roman métaphorique.

J. M. : Si Léo a pu s'en sortir, le pays peut s'en sortir aussi.

G. A. : *Tu as bien montré que cela se faisait par l'effort, le travail, le*
rassemblement des forces celles des religions, du catholicisme comme
du vodou, des connaissances du médecin, comme de celles du
Houngan *: toutes les forces se mettent de la partie pour arriver à*
résoudre les problèmes.

J. M. : Oui, on finira par tout reconstruire. C'est ainsi que Léo est
arrivé à vivre une vie tout à fait normale. Parce que toutes les forces se
sont mises ensemble.

G. A. : *Il faut espérer qu'Haïti aura compris le message de Léo :*

> L'isolement dans lequel m'a tenu l'absence de langage m'a permis
> de comparer, d'associer, d'opposer, bref de méditer. Je crois que le
> langage n'est pas seulement un instrument de communication, il
> est beaucoup plus que cela, il est le concentré même de la vie.
> Avec le langage, on peut tout construire, créer. « Et le verbe s'est
> fait chair. » Voilà ce que j'ai appris durant cette longue épreuve
> *(178).*

J. M. : C'est ce que je crois pour Haïti aussi.

G. A. : *A ces éléments tu en ajoutes un autre qui provient de ta passion*
pour la peinture et qui vient apporter un complément à ce laboratoire.
Dans ce laboratoire, lieu d'initiation à une amélioration de la vie que
les habitants de Jacmel ont en partage, Clarisse, par ses tableaux
« offre aux regards un pays remembré, ouvert sur le monde »,
expliquant que la frénésie qui l'habite « préfigure peut-être l'issue des
crises convulsives que vivent le pays et les hommes » (180).

J. M. : En effet, on le sait très bien maintenant, la peinture est le plus ancien et le plus naturel langage des hommes. Comme nous sommes, nous Haïtiens, jusqu'ici un peuple handicapé par le nombre important d'analphabètes, la peinture est probablement cette école naturelle qui permet au peuple de s'exprimer naturellement et qui peut l'aider à poser naturellement ses revendications à l'intérieur et vers l'extérieur. Avec la peinture, on accède immédiatement à l'univers de l'homme, surtout de l'homme encore emmuré dans l'analphabétisme aveugle aux signes graphiques conventionnels de la lecture et de l'écriture, mais particulièrement sensible aux formes et aux couleurs, aux mouvements, aux gestes et à leur stylisation grâce aux tableaux, aux sculptures et il ne faut pas oublier que les premiers occupants de l'île, les Indiens Arawaks ou Taïnos, étaient habiles en sculpture, avaient comme les Africains qui sont venus les remplacer sur cette terre, une conception rythmique de la nature, un goût des couleurs brillantes. Et nos peintres naïfs haïtiens sont bien de notre terre ensoleillée et sont les héritiers d'un courant populaire qui remonte à 1804 et même bien avant. Les Indiens excellaient dans le travail du bois. Dans la seule région de l'Arcahaie on trouve des traces de la période indienne. Le rôle de la peinture dans ma vie, c'est un peu le rôle de la respiration dans le corps de l'homme ou de la musique dans les temples du vodou.

G. A. : *Le langage sous tous ses aspects te préoccupe en tant que neurolinguiste.* La Parole prisonnière *en 1986,* Voyage à travers le langage *en 1987,* Vive la dyslexie *que tu as publié en 2002 et toutes tes conférences et tes ateliers attestent de ce fait. Il est en outre évident que sur le plan littéraire et artistique, tu fais appel à toutes sortes de langages, comme celui de la nature, celui de la musique et celui de la peinture auxquels tu as recours pour composer cette fresque que tu es en train de construire. Ne pourrait-on pas affirmer que* La Vie en partage*, cette vie qui sollicite toutes les forces, est aussi le symbole de cet « homme de plein vent », de tous les vents, qu'est Jean Métellus ?*

J. M. : Oui *La Vie en partage* est le symbole de cet homme de plein vent, de tous les vents. C'est exactement le recours à toutes les potentialités, à tous les pouvoirs de l'être humain pour construire et reconstruire ce qui a été fracturé par les circonstances, la vie, la mauvaise foi, l'imprévision ou l'imprudence. Cette vie en partage permet de prolonger la présence de l'Afrique sur cette terre et de partager aussi avec le monde entier les miracles et les signes de l'univers, d'assumer son exil et de revendiquer par le chant, le verbe, le geste et la danse sa part d'universel. Car au début coexistaient le verbe et le geste, car le verbe n'a jamais été seul, il a toujours été accompagné, soutenu et irrigué par le geste. On ne trouve pas l'un sans l'autre. Le verbe et le geste se sont toujours partagé ce que certains appellent le grand tout, la totalité de la vie sous toutes ses formes et tous les sens ont contribué à amadouer, capter, captiver et capturer les énergies de l'univers qui doivent être au service de l'homme. Car l'homme, en dernière instance, doit rester le gardien, l'ordonnateur de toutes choses créées s'il écoute la voix de la sagesse, de la raison et du cœur ensemble.

G. A. : *Je crois que Clarisse, c'est un peu toi. Lorsqu'elle est en train de peindre sa dernière fresque, elle ressent quelque chose de très fort :* « *Une inspiration cosmique et joyeuse guidait sa main, exaltant la vie, l'amour, l'harmonie. Une profusion de formes, une richesse extraordinaire de couleurs, de nuances traduisaient son bonheur intime. Devant ses toiles, certains se surprenaient à chantonner, d'autres invoquaient les esprits et priaient* » *(183).*

J. M. : Oui, Clarisse, c'est moi. Je pense que les tableaux de Clarisse peuvent donner à certains la conscience de leur identité, peuvent leur permettre de réaliser leur renaissance.

G. A. : *On peut dire que Clarisse réalise par la peinture et par l'image ce que la reine Anacaona accomplit par le verbe et la poésie dans ta pièce de théâtre* (Anacaona, *1986 et 2002*). *C'est aussi ce que produit la paysanne, la femme noire de* Au Pipirite chantant *(1978) :*

> [...] une accouchée d'hier
> Les douleurs l'ont surprise à la cueillette du café
> Là sous le caféier sur la veste de son mari, la tête
>   contre un palmier,
>   les pieds plantés dans la terre, elle a poussé
>   son enfant *(41).*

Elle accouche en plein champ, en faisant produire la terre. C'est-à-dire que Clarisse réussit, comme Anacaona, comme la paysanne, grâce à ses talents de créatrice, à la parole retrouvée de son fils et de celle de son pays, à communiquer avec les gens de sa terre, à les faire chanter des hymnes « célébrant l'espérance et le renouveau » (184). Clarisse est donc tout entière habitée par sa peinture, « tout entière habitée par son pays » (184). Elle est donc comme toi car il est évident que tu es, toi aussi, entièrement habité par Haïti. Tu nous montres comment Clarisse peint. Tu dis qu'elle « emplissait ses toiles d'images et de paysages qui exaltaient le souffle soyeux des sources, l'odeur apaisante des campagnes fertiles ». C'est donc là une Haïti reboisée.

J. M. : Haïti régénérée

G. A. : *Chez toi, la femme, quasiment toutes les femmes, semblent avoir une vie professionnelle et en même temps une force vitale de création. Même la paysanne qui est en train d'accoucher, accouche au moment où elle accomplit son travail de la terre. Anacaona est reine, administratrice, responsable du Soleil et en même temps elle est mère et elle est poète et il lui arrive d'avoir à choisir entre les rôles.*

J. M. : Elle mène tout le monde. Absolument, la femme joue un rôle important. C'est parce que c'est comme ça que je vois la femme et c'est ce que je souhaite pour la femme haïtienne.

G. A. : *La place que tu accordes à la femme est un élément qu'on devrait étudier davantage dans ton œuvre. Tu nous expliques que Clarisse « rassemblait, grâce aux couleurs, les fragments éparpillés d'une terre écartelée entre abondance et carence, entre poussière et marbre, désert et déluge » (184). Et toi alors, peux-tu me dire comment tu écris ?*

J. M. : Tu me demandes comment j'écris. Quand j'écris, par exemple, un roman, je pense, j'imagine un personnage central. Chaque fois que j'imagine un personnage central, chaque fois que je l'invente, j'essaie de voir un être entier avec son côté droit et son côté gauche, ses bons et ses mauvais côtés. Et à partir de là j'essaie non pas de faire une caricature d'un être humain mais un véritable être humain qui comme moi a un côté droit et un côté gauche, des défauts et des qualités, des élans de bonté et parfois de la rancœur. C'est un être humain qui n'est pas quelque chose d'éthéré. Dans la mesure du possible que toutes mes créatures soient des êtres vivants réellement.

G. A. : *Donc, tu vois d'abord le personnage.*

J. M. : Le personnage et l'environnement.

G. A. : *Est-ce que dans tes romans tu veux démontrer quelque chose, ou est-ce que tu te dis, j'écris une histoire ?*

J. M. : Et bien, dans *La Famille Vortex* (1962), j'ai voulu montrer l'émigration de la famille Vortex. Oui, j'ai toujours voulu indiquer quand même quelque chose. Par exemple, avec *La Parole prisonnière* (1986) c'était le problème des bègues. C'est mon métier, mais je crois qu'il y a toujours un projet. Je ne sais pas si j'accomplis toujours le projet initial, mais il y a toujours un projet au départ.

G. A. : *Donc, ce n'est pas l'écriture pour l'écriture.*

J. M. : Non, non, j'ai quelque chose à dire.

G. A. : *Le quelque chose à dire est évident. Est-ce qu'il y a un quelque chose à faire ? Je parle ici strictement sur le plan structurel. Est-ce que l'écriture, en tant qu'associations de mots et de sons, s'impose à toi d'abord ? Est-ce qu'il y a une force de l'écriture elle-même qui peut te dicter ce qu'elle veut faire ?*

J. M. : L'écriture par elle-même ne peut pas dicter sauf peut-être à de rares occasions, à l'occasion d'un poème très très court, mais quand le poème commence à prendre de la dimension, il faut qu'il soit soutenu par un projet.

G. A. : *Donc, l'écriture pour toi est vraiment au service d'un projet.*

J. M. : Au service d'un projet, toujours.

G.A. : *Dans ce projet, il me semble qu'il y a toujours un souci d'établir un équilibre, quelque chose de symétrique, non pas seulement dans l'écriture, elle-même toujours mesurée, mais aussi dans les éléments qui composent chaque livre. Dans* L'Archevêque *et dans* La

Vie en partage *par exemple, tu mets en contraste entre autres les oppositions suivantes : l'homme – la femme ; les gens du pays – les gens de la diaspora ; les paysans – les citadins ; le côté droit – le côté gauche du cerveau ; la religion catholique – la religion protestante ; les ressources humaines – les ressources matérielles ; le visible – l'invisible ; les croyances pieuses – le savoir scientifique ; les pauvres – les riches ; la terre fertile – la terre désertique ; les mornes – la plaine ; le soleil – la pluie, etc. Tout est mis en équilibre, une sorte de balance permettant de produire une unité et un partage. Dans tes romans, on retrouve cette balance. Mais comment envisages-tu la structure de tes livres ? Quel est ton schéma d'écriture ?*

J.M. : Je vois très bien ce que tu veux dire. Il y a effectivement beaucoup d'oppositions dans ces deux romans, mais elles existent dans tout ce que j'écris ou fais, mais ce que tu y vois ne me dicte pas un schéma d'écriture, c'est la fin, l'aboutissement et le résultat de la création. J'écris d'un lieu donné, assis ou perché sur un rocher, à l'écoute ou à l'affût de signes, de paroles, de gestes et de symboles, mais toujours en proie aux problèmes et aux soucis du monde, de l'univers. Je pourrais peut-être me considérer d'une certaine manière comme le gardien de ce qu'il y a de plus précieux sur la terre et dans l'univers, je m'efforce d'être vigilant dans ce métier de dépositaire et de sentinelle des biens de ce monde, de mon pays ou de mon peuple et, espérons-le, de moi-même. Je n'agis pas en écrivain qui utilise une stratégie d'écriture. Je pense que toutes les stratégies sont factices, même si elles réussissent. Car ce qui est vrai, valable, juste, ce qui mérite de l'attention, c'est tout simplement ce que nous avons tous en nous de plus précieux, c'est la vie, je n'ai ni tactique ni schéma d'écriture.

G. A. : *Lorsque j'essaie de te situer dans le cadre de tes contemporains haïtiens. Il est une chose que je ne retrouve pas dans ton œuvre lorsque je contemple l'ensemble de la production littéraire haïtienne des années soixante-dix, ce sont les traces du Réalisme merveilleux.*

J. M. : Non, mais je dois te dire sincèrement, ce n'est pas une chose à laquelle j'ai jamais adhéré.

G. A. : *Il est évident que cela n'y est pas du tout. Donc, si on voulait te situer dans l'histoire de la littérature haïtienne, il me semble que tu n'appartiendrais pas à une école littéraire haïtienne, mais plutôt au grand mouvement d'une littérature engagée, comme celle qui existe au niveau de la littérature mondiale et que tu prends pour sujet Haïti.*

J. M. : Exactement.

G. A. : *On ne peut donc pas essayer de te situer en tant qu'écrivain haïtien qui appartiendrait à une école précise, ni même à un développement précis de la littérature haïtienne.*

J. M. : Je ne le pense pas.

G. A. : *En tout cas, tu as quitté Haïti avant d'avoir eu l'occasion d'appartenir aux mouvements comme* La Ruche *et d'autres revues et organismes littéraires.*

J. M. : Non, *La Ruche* était antérieure à moi. Lorsque j'ai quitté Haïti à l'âge de vingt-deux ans, je n'avais qu'une certaine connaissance des réalités du pays ; j'étais professeur et non seulement professeur de mathématiques, mais aussi responsable de la branche jacmélienne du syndicat de l'UNMES. A cet âge-là, je pensais devenir un grand mathématicien. Mais je connaissais aussi la vie des ouvriers de mon père, de tous les exclus du système.

G. A. : *Tu as beaucoup dit sur le passé et le présent. Et l'avenir alors ?*

J. M. : Je vais continuer. J'ai beaucoup de projets.

G. A. : *Ces projets restent centrés autour d'Haïti ?*

J. M. : Autour d'Haïti et du cerveau.

G. A. : *Donc, tu pourrais devenir le cerveau d'Haïti ?*

J. M. : Je ne sais pas. En tout cas, je n'ai pas du tout d'ambition politique.

G. A. : *Jean, je te remercie pour cet entretien que tu as bien voulu m'accorder alors que tu es interpellé de plusieurs endroits en ce moment précis de l'histoire d'Haïti. Si tu le veux bien, j'aimerais évoquer, en guise de conclusion, ces quelques phrases que l'on trouve dans ton plaidoyer pour Haïti* Sous la dictée du vrai *(1999), un texte d'une actualité, d'une acuité d'esprit et dont l'argumentation semble encore plus pertinente aujourd'hui, quatre ans après sa publication. Il donne à réfléchir davantage sur le climat de cette année doublement marquante du bicentenaire de l'indépendance et du départ forcé de Jean-Bertrand Aristide :*

> Haïti est une terre qui, depuis sa mise au monde, n'a jamais connu de paix. C'est pour cela que je parle de malédiction. A cause de tout ce sang d'Indiens et de Noirs.
>
> Un seul homme ne peut rien faire. Ce n'est pas une entreprise individuelle qui peut redresser le pays. En tant qu'individu je peux apporter ma participation. Elle est nécessairement faible. Je suis un sur six millions d'Haïtiens. Je tente de contribuer à relever cette malédiction en l'analysant, en la dénonçant, et en proposant des images positives d'Haïti. Mon but est de donner voix aux sans-voix de mon pays (25-26).

Writing Memory in Alien Places:
Becoming a (Quebecois?) Subject

Eloise A. Brière

Résumé : Eloise Brière montre que l'œuvre d'Emile Ollivier tourne autour du thème de l'immigré haïtien déraciné, invisible et sans voix dont l'H/histoire est absente du discours occidental. En échappant à la dictature de Duvalier, Ollivier a contribué à une nouvelle trajectoire historique, celle de la "tropicalisation" de la littérature du Québec. Brière examine l'impact de l'œuvre d'Ollivier sur la scène littéraire québécoise ainsi que son évolution dans l'espace transculturel de l'immigration. Si au départ cet espace est celui de l'aliénation totale, il évolue plus tard en lieu d'échange et de dialogue, illustrant ainsi comment la condition liminale de l'exil peut conduire à la formation du sujet.

Summary: Eloise Brière shows that the work of Emile Ollivier revolves around a few central themes: the immigrant's deracination and the silencing of his story as well as Haitian history by Western discourse. Fleeing the Duvalier dictatorship places Ollivier on a new historical trajectory contributing to the "tropicalization" of Quebec literature. Brière examines how Emile Ollivier's oeuvre impacts on the changing Quebecois literary landscape as well as how it evolves in the transcultural space of immigration. First comes a locus of total alienation. This space later evolves toward exchange and dialogue, illustrating how the liminality of exile can lead to subject formation.

* * *

It is in the nature of the colonial experience to produce strange bedfellows. As Glissant tells us, colonization set in motion the unpredictable principle of "relation" producing incongruous, once unthinkable relationships.[1] It would have been difficult to predict that in the course of the twentieth century, the northern and southern realms of France's eighteenth-century colonial empire would meet on Canadian soil. But, as Emile Ollivier's protagonist in *Passages* exclaims when the incredulous U.S. immigration officer sees the maple leaf on his passport, "L'histoire, voyez-vous monsieur, a de ces petites coquetteries" [You see, sir, history has its own strange ways].[2] Haitian writing has increasingly become part of Quebec's cultural landscape and is responsible for what the critic Pierre Nepveu calls the "tropicalization" of Montréal.[3] Dislocated initially by the Middle Passage, Haiti, in the course of the twentieth century has continued its Atlantic errancy. Like the rhizome fundamental to Glissant's concept of "relation," Haitians travel from the depleted South to the wealthy North, bypassing the "root" of the old European *métropole*, negotiating with the host culture to create transcultural tropicality within Quebecois literary discourse.[4]

The newness of the literary experience in Quebec itself is partly accountable for the relatively quick rise to prominence of Haitian writers within the Quebecois literary establishment. It is also related to the Quiet Revolution of the 1960's which ushered in sweeping changes that transformed the province from a postcolonial, alienated society to one with a modern, clearly defined Quebecois identity.[5] During this time literature became an important tool for identifying Quebec's colonized status and mentality. Michèle Lalonde's poem, "Speak

---

[1] Britton, Celia, *Edouard Glissant and Postcolonial Theory*, Charlottesville, VA: University Press of Virginia, 1999, 13.
[2] *Passages,* Paris: Le Serpent à Plumes, 2001, 51. All subsequent translations are mine.
[3] Nepveu, Pierre, *Intérieurs du Nouveau Monde,* Montréal: Boréal, 1998, 337.
[4] Deleuze, Gilles, and Felix Guattari, *Kafka : Pour une littérature mineure*, Paris: Eds de Minuit, 1975, 29.
[5] In "Les Canadiens Français sont-ils des colonisés?" Albert Memmi acknowledges in 1967 that the situation of the French Canadian people shares many of the characteristics of colonized societies.

White," is a case in point. It illustrates the new consciousness of the subaltern Quebecois people who understand the causes of their lack of agency. The poem also shows solidarity between the French-Canadian underdog and the rest of the world's oppressed or colonized "others."[6] Indeed, it would be only a few short years before these "others" would begin to migrate northward to Canada. Leaving the oppressive Vietnam or Saint-Domingue that Lalonde evokes in her poem, such postcolonial "others" landed squarely on Quebec's very doorstep, changing the Province's economic and cultural landscape.

New immigration policies favoring Francophone immigrants ushered in a major social transformation. Immigrants replaced Quebeckers in the work force, enabling Quebec's middle class to expand while nationalism developed around the Parti Quebecois and language rights. The new Quebec that emerged from the Quiet Revolution faced the challenge of integrating thousands of immigrants into its own quickly evolving society. Exemplifying this new development, the protagonist in Ollivier's 1971 novella "Le vide huilé" wanders through Montreal, conscious of the essentializing white Western gaze that surrounds him. He knows that passers-by see him only as a blank page on which Western desire for the exotic can be written:

> Des [...] yeux qui nous lèchent, nous pourlèchent, nous auscultent et nous prospectent: Nous habitons le Congo et le Chili, le café brésilien et la canne antillaise: Pauvres petits yeux qui se penchent pour nous regarder, nous sommes des ventres vides pour tes désirs [...].
> [Eyes that pore over you again and again, that penetrate and scrutinize: We're from the Congo and Chili, Brazilian coffee and Antillean sugar cane. Poor little eyes that look down on us, we are the empty stomachs of your desire].[7]

Then as the protagonist boards a bus, the driver tells of the trip he has just taken to a Caribbean island: "une belle place pour passer des vacances [...]. La mer, le soleil, la noix de coco, la pêche sousmarine, le temps de vivre et un bon Coke, les femmes à la peau couleur de tan, les culottes courtes et les lunettes fumées" [a beautiful place to

---

[6] Gaston Miron's famed "Le Damned Canuck," written earlier, also evokes the Quebecois' subaltern situation.
[7] "Le vide huilé," in *Paysage de l'aveugle*, Montréal: Pierre Tisseyre, 1977, 118.

spend the vacations [...]. The sea, the sun, coconuts, underwater fishing, time to live and a good Coke, tanned women, with shorts and sunglasses] (111.) As the driver describes his Caribbean vacation, the narrator is remembering something quite different. In his mind's eye he sees images of smoke, fumes from tear gas, flying rocks and glass, signs that say "Yankee Go Home" and "Death to the America of the Big Famines" (111). Traveling together in the same vehicle, the bus driver and the immigrant constitute a metaphor for the new Quebec as it encounters the third world within its borders. Quebec cannot but essentialize the immigrant's place of origin while the immigrant is unable to suppress the images burned into his memory by dictatorship. Despite Quebec's ethnocentric blindness, the center/periphery model that had conditioned the Quebecois view of the world was being transformed. However, it would take decades before the Quebecois would be sufficiently aware to perceive this "tropicalization" that the third world presence had introduced into Quebecois consciousness.

The Making of a "Border Writer"[8]

The brutal repression by François Duvalier of dissenting voices is largely responsible for the existence of a world diaspora of Haitian writers and intellectuals. The first Haitian writers to arrive in Canada, came to Montreal starting in the 1960s, as the Duvalier régime stepped up its persecution of students and intellectuals.[9] In the early 1960's, as a result of his work with l'Union Nationale des Etudiants Haitiens, Emile Ollivier was tortured and incarcerated in the regime's dreaded Fort Dimanche. This would send the future writer into exile, first to France, then to Quebec where he has resided since 1966 and where he taught sociology at the University of Montreal. Today Ollivier, along with a number of diasporic writers, is considered to be part of the Quebecois literary institution. "Neo-Quebecois" writing has contributed to the dismantling of the 'inward-turning' model of culture that Quebec developed for itself during the Quiet Revolution. Such writing is part of

---

[8] In the essay *Repérages*, Montréal: Leméac, 2001, Emile Ollivier calls himself "un écrivain de frontières" (75).

[9] Opposition to oppression became particularly intense in Haiti during what amounted to re-colonization by the United States in 1915. Such opposition has become a characteristic of Haitian writing since the time of the Indigenist school.

the debate that seeks to define Quebecois identity in the twenty-first century.[10]

The transcultural nature of the literature produced by Haitian writers such as Ollivier, while it illustrates the problematic of writing memory in new contexts, simultaneously transforms its host culture. In the following pages I shall focus on how Emile Ollivier's writing reflects the development of a transcultural self in dialogue with the memory of home. Migrancy, the experience of leaving home and the creation of a new identity is at the heart of Ollivier's writing.[11] The memory of Haiti looms large in all his works, as he proceeds with his project to address the 'dictator-created' aporias in Haiti's historical consciousness. But it is when the writer's pen shuttles back and forth between his homeland and North American sites, as in *Paysage de l'aveugle*, *Passages* and *Regarde, regarde*, that we most clearly see the relationship between writing the memory of Haiti in alien places and the enhanced consciousness of liminality that this "entre-deux" produces. The "tropicalization" that Ollivier brings to Quebec literature is therefore not the incorporation of exotic clichés, warm tropical breezes and sunny skies, but rather a new exogenous consciousness. Moreover the "border" writer's liminality uniquely positions him to become a cultural mediator, recognizing the liminality of the Quebecois themselves.[12]

Paysages de l'aveugle: Endless Retellings vs. Erasures

Like others belonging to the first generation of Haitian writers in Quebec, Ollivier focused his early works on the Duvalier

---

[10] A recent lead article in *Réseau* asks whether "Homo Culturus Quebecensis" is not a species that is about to become extinct. Carole Shinck et al "Homo Culturs Quebecensis: une espèce en voie de disparition?" *Réseau*, (Summer 2002), 11-17.

[11] Ollivier tells Jean Jonassaint that this process took him 15 years: "ça m'a pris 15 ans pour retomber sur mes pattes, refaire ma faune et ma flore." *Le pouvoir des mots, les maux du pouvoir. Des romanciers haïtiens de l'exil,* Paris/Montréal: Arcantère/PUM, 1986, 82.

[12] Ollivier reflects on the nature of exogenous contributions to Québécois literature: "l'écrivain-migrant représente une chance pour les écrivains québécois qui vivent objectivement dans une société en crise et qui sont subjectivement des gens en crise [...] Qui mieux qu'un migrant, cet être dont le ressort premier est de chercher le mouvement de la vie, peut comprendre les processus de scission, de conflit, de déchirement, de séparation [...] bref, tout ce qui fait le tragique de l'histoire québécoise?" (*Repérages*, 120).

dictatorship.[13] However, while most of these writers have moved in other directions, Ollivier's writing continues to hover about a few central obsessions. Echoing the narrator in *Paysages de l'aveugle* ("Blind Man's Landscapes"), Ollivier's stories are endless variations on the same themes:

> Cette histoire, cela fait des années que je me la raconte chaque jour. Cette histoire, elle est celle de mes revirements, de mes morts successives et de mes illuminations incessantes [I've been telling myself that story every day for years. It is the story of my reversals, my successive deaths and of my unremitting illuminations] (70).

In the prophetic conclusion to his first short story, also called "Paysage de l'aveugle," Ollivier's narrator proffers the names of unfamiliar characters, characters not having had a role in the story, and alludes to their future roles:

> Mais c'est une autre histoire; une bonne fois, je vous la conterai et vous verrez, pèlerins, c'est pareil [But that is another story; sometime later I'll tell it to you and you'll see, fellow travelers, it is identical] (71).

We can safely say that as Ollivier's pen has moved back and forth between Haiti and North America for nearly forty years, he has been re-telling variants of the initial story he wrote in 1971, and its counterpart "Le vide huilé," both published in the volume *Paysages de l'aveugle*, in Montreal in 1977.[14] Central to the re-tellings is Ollivier's fear of annihilation and its attendant silencing not only of individuals but also of cultures. History: what it suppresses and what it retains is at issue here. For two hundred years Haitians did not — could not — write their own history. When they did, after the war of liberation, the

---

[13] Examples include: Gérard Etienne, *Un Ambassadeur macoute à Montréal* (1979); Anthony Phelps, *Mémoire en colin-maillard* (1976); and the poetry of Claude Pierre, *Tourne ma toupie* (1974).

[14] See Véronique Bonnet's discussion of the obsessive presence of Haiti in Ollivier's work as a figure of damnation that the writer cannot exorcise in "Emile Ollivier: La passion du pays natal ou l'écriture du deuil inachevé," *Etudes francophones* XIV: 1, (printemps 1999), 67. Léon-François Hoffman suggests that the various reprises that characterize Ollivier's work from one novel to the next constitute an "oeuvre" rather than discrete novels in "Emile Ollivier, romancier haitien", *Penser la créolité*, eds. Maryse Condé and Madeleine Cottenet-Hague, Paris: L'Harmattan, 1995, 212.

world could not hear because the stereotypes about Haiti were already well-entrenched. Ollivier writes against the tide of Western discourse that has portrayed Haiti in ways that served imperial interests.[15] This oppositional writing is suffused with the consciousness that liminality is a two-edged sword, that it can easily slip into annihilation just as it can lead to the enlightenment born of greater consciousness.

In the following pages I will examine continuity and change in Ollivier's treatment of erasure. The erasure of history and home, the erasure by totalitarian dictatorship, the erasure caused by migrancy: these are some of the early themes present in *Paysages de l'aveugle* ("Blind Man's Landscapes") that have continued to haunt Ollivier's subsequent works, albeit in a variety of configurations. Like other exiled writers who must exorcise the terror of life under dictatorship, such as Gérard Etienne in *Un Ambassadeur macoute à Montréal* or Anthony Phelps in *Mémoire en colin-maillard*, Ollivier places the portrayal of dictatorship in the foreground of his first work. The allegorical characters of *Paysages de l'aveugle*, the dictator/slave-driver, Adémar Badegros, his stooge Heronymus and the blind narrator, Iris-Without-Sleep live, in an absurd world. Adémar, the tyrant who holds court under a mythic tree, brings untold suffering to those who live in this nightmarish world. Iris, the narrator, contemplates leaving the "tree" when Adémar's progressive stifling of the people becomes unbearable:

> Prendre la route? Partir? M'en aller où? Partir? Ce sera toujours pour revenir la queue entre les jambes. Je n'ai qu'une vie. Une seule. Je la vivrai sous cet arbre [Take off? Leave? To go where? I will always have to return with my tail between my legs. I have only one desire. Only one. I will live it out under this tree] (38).

Resisting the Erasure of History

Resisting the desire to flee Ademar's régime, Iris of *Paysages* decides to remain where the roots of memory run deepest, giving meaning to his own life: the massacre of the Arawak Indians, the

---

[15] See J. Michael Dash's important contributions to the analysis of this erasure: *Literature and Ideology in Haiti* (1981), *Haiti and the United States: National Stereotypes and the Literary Imagination* (1997), *The Other America: Caribbean literature in a New World Context* (1998).

middle passage, and the liberation of Haiti by the slaves, these are the fundamental elements of Iris' history, even if they have been silenced by the West. Unlike the fate of those who live in exile, he embraces his history, the only history in which he is both spectator and actor: "Il y a cette histoire dans laquelle je suis à la fois spectateur et acteur" (50). Iris stays on the island, in contrast to his exiled friend, Herman Pampyhle, who writes to him from Montreal.[16] Iris' decision not to leave is validated when an apocalyptic revolution engulfs the tyrant, ending the oppressive régime that caused him to consider exile.

In *Mère-solitude* ("Mother Solitude"*)*, his next novel, Ollivier continues to deal with history by taking up the idea of resistance and revolution, but introduces major stylistic shifts as he abandons the Joycean dialogue and allegorical mode used in *Paysages*. Ollivier moves from allusion to the portrayal of action, from the symbolism of Iris' blindness to the realism of resistance actions taken by the Morelli brothers and sister. Here multi-dimensional characters inserted in time and place oppose the regime: Noémie seeks revenge for the political persecution of her brothers by conducting a suicide mission against the régime's chief henchman. Unknown, such opposition constitutes the silenced portion of history, the mystery that the protagonist, Narcès, the last of the Morelli line, must try to elucidate. He must unravel his maternal legacy, the tangled skein of his family's history, and its relationship to his nation's history. This knowledge will enable him to constitute his own identity.

In Trou Bordet (Port-au-Prince of the Duvalier régime) subversion and resistance seem to be the only equivalents to revolution that so conveniently toppled Ademar in *Paysages*. As Narcès fills in the aporias of his family and Haiti's history, he does find the key to self-knowledge. In this way Ollivier, not unlike Césaire in *Cahier d'un retour au pays natal*, validates the legacy of slavery, tyranny and resistance, but his stance contrasts with Césaire's romanticized view of that history's possible outcome. For Ollivier, there is no guarantee that Negritude will rise again, that resistance will lead to positive change,

---

[16] Herman Pamphyle's letter to Iris is the only link between the two novellas in *Paysages de l'aveugle*.

yet resistance and consciousness are the only means to counter the threat of the erasure of history.[17]

The Erasure of Exile: From One Dictatorship to Another

"Le vide huilé" is the first of the many representations of exile that characterize Ollivier's oeuvre. Predating Ollivier's early portrayal of immigrant errancy in Montreal, the figure of the alienated French-Canadian, lost in what was then an "English" metropolis, often in search of work, was a familiar theme in twentieth-century Quebec literature.[18] Just as this figure reflected the transition of the rural French-Canadian to a new, urban milieu, the proliferation of nomadic immigrant figures in late twentieth-century Quebec literature marks the transition of Quebec from a monocultural society to one that is increasingly diverse and open.[19] Montreal in Ollivier's novella is the immigrant's semiotic enigma, a familiar trope in such neo-Quebecois works as Marco Micone's Le figuier maudit or in Régine Robin's La Québécoite.[20]

As Herman takes in scenes of the city, he cannot make sense of his new environment. To render the immigrant's confusion palpable, Ollivier's narration is interspersed with a collage of bold-faced excerpts from street signs, billboards, newspaper headlines, and an array of official notices and documents required of immigrants. Herman cannot understand the "terra incognita "of his exile, just as the Québécois bus driver vacationing in Haiti is incapable of reading the signs of dictatorship. Spoken language is just as impenetrable despite the use of French. Like the signs he reads, the fragments of language that Herman hears on the radio or television and as he wanders through

---

[17] Véronique Bonnet suggests that Ollivier's lucidity regarding Haiti comes from his training as a sociologist ("la clairvoyance du sociologue.") in "Emile Ollivier: La passion du pays natal ou l'écriture du deuil inachevé," 70.

[18] The French-Canadian is a stranger in the city in Gabrielle Roy's Bonheur d'occasion (1945), as in Gaston Miron's "Monologues de l'aliénation délirante" in L'homme rapaillé (1970), and in Roch Carrier's Il est par là le soleil (1970). It appears as early as 1938 in Ringuet's Trente arpents.

[19] Some novels of urban errancy: Gérard Etienne, Une Femme muette (1983); Régine Robin, La Québécoite (1983); Marco Micone, Le figuier maudit (1992).

[20] See Joëlle Vitiello's comparison of Robin and Ollivier's treatment of exile and nomadism in "Itinéraires spatio-temporels : exil, nomadisme, diaspora chez Nancy Huston, Régine Robin et Emile Ollivier" in Présence francophone 558 (2002), 9-19.

the city constitute a background noise devoid of overarching meaning. He concludes: "au fond la rue [...] est devenue aujourd'hui une machine de circulation avec son mode d'emploi: réglementations, interdits, directions obligatoires" [after all the street [...] has become a vehicle for circulation with its own rules: regulations, interdictions, obligatory directions] (115). Unable to crack the "code" of this new environment, Herman feels as though he is living in yet another dictatorship. The absence of free choice is compounded by the media's constant enticements to consume.

Since communication is no longer meaningful, Herman must resort to talking to his television. As he makes dinner he carries on a conversation with the evening news. His comments on the news are interspersed with rap-like wordplays as he echoes the vacuous commercials that reflect the commodification of North American life, the new dictatorship under which he lives:

> Le lait de coco est un laxatif qui purge purge urge urge (Mettons que je n'ai rien dit) : Du beau, dubon, dubonvin d'Italie ou de France sur une terrasse à midi [...]. Rancis comme de l'huile de ricin ricin rince rince rince ma bouche ou mon ciel d'errant [...]. Pschitt! Un comprimé d'Alka-Seltzer : j'ai le hoquet: de seconde en seconde, ils nous vendent la nécessité d'être beau au volant d'une Camaro: de ne pas puer grâce à Noczechose, de se gaver de meatballs [Coconut milk is a laxative that purges purges urges urges (let's say that I said nothing): *Du beau, dubon, dubonvin* of Italy or France on a terrace at noon [...]. Pschitt! An Alka Seltzer: I have the hiccups: from one second to another, they sell you the need to be handsome at the wheel of a Camero: to not stink thanks to Noczechose, and to stuff yourself with meatballs] (102-104).

Immigrant Opiates and Zombification

In Montreal the *Hara-kiri* bar is the only place where immigrants can find respite from the dictatorship of consumerism and the city's semiotic confusion. Herman finds comfort in this microcosm of Haiti where the familiar old codes still work. But the bar's name, *Hara-Kiri,* suggests there is something deadly about the familiar Haitian migrant milieu. The *Hara-Kiri* is a dangerous place, a place of self-immolation on the altar of dreams of return, where everyone is "fils de rois et neveux de présidents [...] millionnaires et dons juans. Ils vivent dans le spectacle. Ils brûlent leur vie dans des décors imaginaires" [sons of kings and nephews of presidents [...] millionaires and Don Juans.

They live in the theatre. They burn their life in imaginary decors] (135). The endless repetition of dreams of home and success is the immigrant's opiate, imprisoning him in a no-man's-land, where he can neither integrate into his new milieu nor return to his homeland.

Ollivier's meditation on deracination evolves further in *Passages* with the portrayal of Normand Malavy. A Haitian intellectual who was part of the "terrible saignée" (85), the exodus of an entire generation of Haitians abroad, Normand lives in Montreal but he is imprisoned in a mental space that is neither Haitian nor Canadian. This no-man's-land is sustained by two myths: the return home and writing. Like the *Hara-Kiri* in "Le vide huilé," Montreal's Haitian "ethnospaces" abound, attracting exiles like Normand. Continually making the rounds of such spaces, he momentarily escapes from exile and the impossibility of returning home.[21] Like him, the cronies he meets in the city's bars and cafés dream of recovering their homeland and the revolutionary energy of their lost youth. Together they give their lives meaning by writing: creating short-lived journals with titles like *Semences, Jonction, Poteaux*. On the pages of these writerly "ethnospaces" they hatch plots about returning home and endlessly revisit the events that led to their exile. They are just as frozen in the memory of the past as in dreams of the future.[22] Thus, Normand is sustained by the illusion of being a writer who will one day write the book of Haitian collective memory: "il n'arrêtait pas de répéter qu'il écrirait un livre sur ce passé" [he continually spoke about the book he was going to write on the past] (144).

Why does Normand fail to write the Haitian masterwork he dreams of? The answer lies in the memory of his father's death and the pain that still haunts him. This is what accounts for Normand's inability to live and act in the present. Like those of a zombie, his actions are masterminded from beyond the grave, and present time is only an empty shell that contains a repeating past. Because the present was once too painful for him to bear, Nomand seeks refuge in

---

[21] "Entre ses séances à l'hôpital et son errance dans Montréal, il vivait une vie de solitude radicale, perdu dans le néant, l'obscur labyrinthe de l'ennui quotidien" [from the appointments at the hospital and his wandering in Montreal, he lived a life of radical solitude, lost in nothingness, the obscure labyrinth of daily life] (58).

[22] Anne Malena makes a similar point in *The Negotiated Self*, NY: Peter Lang, 1999, 145. She quotes Stuart Hall who notes that the return to the past is impossible if "the ancestral past [...] [has not been] re-experienced through the categories of the present" (143).

Montreal's various "ethnospaces," rather than coming face-to face with the reality of immigrant life. Thus, he remains in the grip of the past even when he travels to Miami. Though he is in the most "Haitian" of North American cities, Normand misses a key opportunity to re-connect with Haitian present time: fast asleep in front of the television, he is oblivious to the overthrow of *Bébé* Doc, as the evening news broadcasts images on of the deposed dictator's demise. Sadly, Normand cannot interact with the present: "Normand était resté emmuré dans ce souvenir et toutes ses nuits depuis furent peuplées par des cris de suppliciés" [Normand had remained imprisoned in this memory and since then all his nights were filled with the screams of the tortured] (163).

The vision of his assassinated father, lying in a pool of blood will not let go of Normand, forever reminding him of the event that shattered the ideal space of his childhood. This metaphor of the loss of paradise and the end of innocence illustrates how the death of a father condemns the son to a life of zombification.

Chewing on Exile

In *Paysages* Herman longs for the day when the marginalization and frustration of exile will end, when he will be "born" again: "Ah! Cyclones, tempêtes, bourrasques, grands vents, ne pouvez-vous point rompre la poche des eaux? Je n'ai nulle peur du trauma de la naissance [...]" [O Cyclones, storms and great gusts of winds, can you not break my waters? I do not fear the trauma of birth [...]] (126). When the police finally take Herman away, the narrator tells us he at long last understood what the immigrant should have heeded: "l'urgente nécessité de manger, avec ses mêmes dents fragiles, le côté cornu de l'exil, pour libérer le côté ailé du retour au pays natal et alors, seulement alors, il entendra sonner, à toute volée les cloches de Pâques" [the pressing need to chew, with the same fragile teeth, on the diabolical side of exile to free the winged return to the homeland, because then and only then would he hear the pealing bells of Easter] (142). Whatever Ollivier means by "chewing on the diabolical side of exile with the same fragile teeth", it stands in opposition to the escapist route that leads to the dead end of the *Hara-kiri* bar. Clearly, chewing on exile is a way of overcoming marginalization and lack of agency, leading to a metaphorical return home and rebirth.

There will be no such homecoming for Herman who cracks under the strain of immigrant life and commits murder. His misperception of the new society leads him to believe that a relationship with a white woman would lead to his acceptance:

> Blanche! Blanche Merveille! C'était vers toi que je marchais, mon merveilleux, mon tendre, mon inestimable amour [...]. Blanche, tu marches à ma rencontre [...] [Blanche! Wondrous Blanche! Towards you I walked, my marvelous, my tender, my priceless love [...]. Blanche you walk towards me [...] (119).

Stunned when Blanche demands payment, he realizes that their meeting is nothing more than another aspect of the commodification he encounters everywhere. It leads him to murder her. In an early fictional representation of a scenario that has become familiar in recent years, a standoff between the Black immigrant and the police ensues.[23] The police surround his apartment building, easily felling the incoherent Herman who is taken away in a stretcher. The erasure of exile is complete when he wakes up not only in prison, but unable to move, his limbs restrained by a strait jacket. This final immobilization, both social and physical, is yet another form of immigrant zombification, of total lack of agency.[24]

Seeing Beneath the Lion's Suit

Ollivier's latest collection of short stories emphasizes the motif of looking and seeing, which contrasts with the blindness prominent in *Paysages*. The lions in *Regarde, regarde les lions* refer to a short story in which two Haitian immigrants work in a circus, performing as fake lions. In this allegory for the new Quebec, Ollivier uses the lions to suggest that the invisibility of immigrants is part of the hidden cost of creating a dynamic new society.[25] Like Herman in prison, these immigrants are forced to leave their human identity at the entrance of

---

[23] One of the most vivid in recent years was the police slaying of the Guinean immigrant, Amadou Diallo, in New York.

[24] Interestingly enough, this is the same fate that befalls the protagonist of "Une Nuit, un taxi" published thirty years later in Ollivier's collection of short stories, *Regarde, regarde les lions*.

[25] Quebec's world-famous Cirque du Soleil has revolutionized circus performance, taking it to new standards of creativity and excellence. It is a symbol of the new Quebec.

the circus tent. In this situation, however, lions' suits, not Herman's straitjacket, conceal and restrict their identity. Such restrictions might suggest that because immigrant life is unintelligible for the host community it is therefore exploitable and finally, expendable. However, for the first time in Ollivier's work a new type of character emerges. He is capable of making things intelligible because he sees what others might miss: the humanity beneath the lion suits. On the other hand, previous characters such as Iris, Herman, Narcès or Normand were "blind." They were reduced to solipsistic blathering, making the rounds of "ethnospaces" like the *Hara-Kiri* bar or were forced to resort to murder.

Ollivier's portrayal of an older, well-integrated immigrant narrator in "Une nuit, un taxi," "La Répétition" and other stories, takes up where "Le vide huilé" leaves off, illustrating a new facet of Ollivier's analysis of exile. This new facet develops only when the immigrant and the host are sufficiently capable of "reading" each other:

> J'ai ... mis du temps à connaître Montréal, cette ville aujourd'hui mienne, car le jeu de l'appartenance se joue à deux et tant que les joueurs ne se reconnaissent pas comme partenaires du même jeu, qu'ils ne le lisent pas mutuellement dans leur regard, ils demeurent des étrangers. [It took me a while to get to know Montreal, which is my city today, because the game of belonging must be played by two players and until they realize that they are partners, playing the same game, until they see this in each other's eyes, they will remain strangers] (112).

Like Ollivier himself, over the years this character has paid his dues to exile. Highly-educated, trusted and respected on all sides, he is considered to be a perfect example of the well-integrated citizen (36). His path will cross with that of a Haitian taxi driver, Lafcadio Larsène who has lived in Montreal for many years and who, like Herman of the earlier work, resorts to murdering a woman under the strain of exile. Ollivier repeats the motif of the straitjacket and imprisonment to signify Lafcadio's complete lack of agency. However, in this case there seems to be a way out: the authorities call in a fellow countryman the "highly educated model citizen" who acts as a cultural go-between and usually advises the Quebec authorities in cases that defy their understanding. Unable to understand the new cultures flowing into Montreal, the authorities feel as though they are walking on eggs (35). The imprisoned Lafcadio pleads with him: "Peux-tu m'aider à voir clair?" [Can you help me see clearly?] (37). The mediator knows precisely where blind spots lie on either side of the cultural divide. He knows the authorities cannot possibly fathom the extent to which traditional vodun beliefs control Lafcadio's actions just as he knows that he must help Lafcadio. He must help him understand that it is the stress of immigrant life, not dead spirits that caused his mind to snap.

For nearly forty years the liminality of life, whether it be at home under dictatorship or in exile, has been the wellspring of Ollivier's work. His characters struggle with dehumanizing forces that threaten Haitian men and women at home and abroad. Seduced by exile, they often end up prisoners of illusion and isolation. Ollivier's work is an elegant and complex search for a way out of the dilemma of exile. The figure of the cultural mediator suggests that liminality joined to consciousness and art can indeed make exile a place to call home.

L'écriture aux abois : assiègement et résistance dans l'oeuvre de Gérard Etienne

Mark Andrews

Résumé : Dans cette étude, Mark Andrews montre que l'écriture de Gérard Etienne est ancrée dans une attitude de dissidence, par laquelle l'écrivain maintient son indépendance et sa liberté d'expression dans et par le combat, en prenant l'offensive pour dénoncer toute injustice commise à des fins totalitaires. Andrews montre que dans la production romanesque autofictive d'Etienne, les protagonistes masculins tombent le plus souvent victime d'une oppression qui les oblige à traverser un monde cauchemardesque ou carcéral où la paralysie et l'affolement les attend. Andrews retrace l'itinéraire de deux personnages haïtiens qui habitent le paysage urbain de Montréal. Pris dans un engrenage de fuite et de poursuite qui s'articule autour de l'apparition de Erzulie Fréda, Déesse vodou, les déplacements de ces protagonistes assiégés par des forces émanées de leur passé éveillent une résistance de la part des personnages féminins qui les entoure. D'après Andrews, l'écriture étiennienne demeure suspendue entre la souffrance délirante d'une part et la fermeté clairvoyante de l'autre ; prise dans un tournoiement oppositionnel qui s'intensifie jusqu'au moment paroxysmique de la rupture libératrice.

Summary: In this essay, Mark Andrews shows that the writing of Gerard Etienne is anchored in an attitude of dissidence through which the writer maintains his independence and his freedom to denounce any injustice meted out by totalitarian regimes. Andrews shows that in Etienne's "auto-fictive" work, male protagonists are victims of an oppression that forces them to traverse a nightmarish and imprisoning world in which panic and paralysis await them. Andrews examines in particular the trajectory of two of Etienne's characters living in the urban landscape of Montreal. Caught in an escape and pursuit mechanism that is articulated around the appearance of Erzulie Fréda, a Vodou *lwa*, the flight of these protagonists besieged by forces from their past causes the resistance surrounding the female characters. According to Andrews, Etienne's writing remains suspended between a delirious suffering on the one hand, and a prescient resolve on the other; a writing caught in an oppositional cycle that keeps intensifying until the paroxysm of a liberating rupture.

* * *

L'écriture de Gérard Etienne, de son propre aveu, se veut une provocation, voire une agression. Ancré dans une attitude de dissidence, l'écrivain maintient son indépendance et sa liberté d'expression dans et par le combat, en prenant l'offensive pour dénoncer toute injustice commise à des fins totalitaires.[1] Cette forme incorruptible d'engagement acharné puise sa conviction et ses énergies dans une expérience du monde qui a valu à l'auteur, au fil des années, de souffrir les affres de l'oppression politique exercée par des régimes autoritaires voués au culte du pouvoir, de l'argent et de la personnalité. Pour avoir laissé leurs traces indélébiles sur sa personne, les traumatismes vécus par Gérard Etienne au nom de la résistance intellectuelle n'ont fait qu'attiser sa volonté de révolte. Il s'élève contre

---

[1] Voir Gérard Etienne, *L'Injustice ! Désinformation et mépris de la loi*, Montréal, Humanitas, 1998, 13 : « Après tout, depuis l'âge de 15 ans, je ne cesse de payer en souffrances, en emprisonnements, en torture, en humiliations, ma dissidence. Dissidence par rapport aux régimes despotiques de mon pays. Dissidence par rapport aux psychopathes qui, par soif de pouvoir absolu, sont aujourd'hui responsables de l'occupation militaire d'un pays souverain. Dissidence, enfin, au nom des principes démocratiques qui s'opposent au culte de la personnalité ».

les abus, s'insurge contre l'amnésie, se rebelle contre le mutisme de manière infatigable. Le devoir de tout intellectuel est de se faire entendre, selon son credo moral et politique, en témoignant en faveur des êtres dépossédés de leur droits et libertés fondamentaux : « Cependant, l'une des tâches de l'intellectuel consiste à se faire le témoin, pour l'histoire, des faits qu'on voudrait garder sous silence en vue de créer une espèce d'amnésie collective » (*L'Injustice*, 13).

La présence du cauchemar et de la souffrance conditionne l'univers romanesque de Gérard Etienne. C'est dans un monde carcéral, vide de sens, et habité par le délire obsessionnel, que les personnages se frayent un chemin tortueux vers la libération de l'esprit, ou bien vers la folie. Dans l'avant-propos à *La Charte des crépuscules*, Etienne nous révèle que l'une des clefs de voûte de sa création artistique est bien la mise en scène de la situation de la femme noire haïtienne, « la femme du peuple doublement oppressée, en tant que noire et refoulée sociale ».[2] Derrière elle se laisse profiler le tyran, celui qui maintient le peuple sous le joug de l'asservissement, « sous les traits d'un Seigneur féodal dont la baguette vodouesque met Port-au-Prince aux verrous » (7-8).

Transplanté dans le contexte haïtien-québécois, le drame social et politique de la femme noire se déroule sur un plan familial dans deux romans d'Etienne que dix-sept années séparent. Le premier, *Une Femme muette*, paraît en 1983 et retrace les infortunes de Marie-Anne, femme de Gros Zo, arriviste vodouisant dont les ambitions le poussent à se défaire de la femme noire qui le retient.[3] Le deuxième, *La Romance en do mineur de Maître Clo*, paru en l'an 2000, raconte le désarroi de Maître Clo, un avocat haïtien nouvellement débarqué sur le sol québécois.[4] Son obsession du Loa qui personnifie l'amour dans le panthéon vodou, Erzulie Freda Dahomey, le lance à la poursuite d'une jeune Québécoise blonde qui ressemble étrangement à cette divinité. Les extravagances invraisemblables de la conduite de Maître Clo menacent la stabilité précaire de la communauté haïtienne de Montréal et réduisent progressivement sa sœur, Adrienne, à l'état d'un zombi.

Dans son travail théorique, comme dans son œuvre romanesque, Etienne se préoccupe du dilemme de la représentation de

---

[2] Etienne, Gérard, *La Charte des crépuscules*, Moncton, Editions d'Acadie, 1993, 7.
[3] Etienne, Gérard, *Une Femme muette*, Montréal, Nouvelle Optique, Paris, Silex, 1983.
[4] Etienne, Gérard, *La Romance en do mineur de maître Clo*, Montréal, Balzac (Montréal-Paris), 2000.

la femme noire dans la littérature haïtienne. Son livre, *La Femme noire dans le discours littéraire haïtien*, paru en 1998, s'interroge sur l'impasse dans laquelle s'est trouvée la représentation de la femme noire, et le sort avilissant qu'on lui réserve au niveau de la description.[5] Etienne examine des ouvrages et journaux coloniaux, des « Histoires de vie » orales recueillies au cours de conversations avec une cinquantaine de femmes noires, et une centaine de romans et nouvelles haïtiens dont la production recouvre une période de soixante-dix ans, de 1890 à 1960, l'année qui marque le début de sa propre carrière d'écrivain. Le choix d'ensemble est motivé par une interrogation intertextuelle de l'ostracisme de la femme noire en Haïti, par le biais d'une étude sémiologique des codes et fonctions qui délimitent ou font communiquer les trois types de discours littéraire. Ce livre poursuit la thèse d'une première étude du même nom paru dans *Présence francophone* en 1979.[6] Il fait pendant, aussi, à un livre sur la représentation raciale et raciste dans le roman québécois.[7] L'image de la femme noire dans la littérature haïtienne serait prise en otage par une parole répressive qui la dévalorise et la réduit à l'insignifiance : « la présence littéraire [de la femme noire] s'est constituée sur la pollution de son espace et sur tout un jeu complexe d'attitudes, que signent des conventions féodalo-bourgeoises » (*La Femme noire*, 11). La représentation de la femme noire s'inscrirait ainsi en porte à faux avec la réalité historique et sociale de sa praxis.

Etienne s'étonne de repérer, dans les romans et textes haïtiens qu'il analyse, la prépondérance écrasante d'une représentation négative et d'une attitude hostile envers la femme noire. Celle-ci se laisse caractériser comme l'objet d'une répulsion et d'un rejet obsessionnels, et ceci malgré le rôle historique essentiel qu'elle a joué auprès des marrons et malgré la valorisation de l'être noir qui est l'un des moteurs du mouvement contemporain de la Négritude. Dans un livre paru en 2001, intitulé *La Femme noire dans le roman haïtien*, Elvire Jean-Jacques Maurouard entreprend une étude parallèle à celle d'Etienne. Elle arrive à des conclusions analogues et fait aussi remarquer cette

---

[5] Etienne, Gérard, *La Femme noire dans le discours littéraire haïtien*, Montréal, Balzac/Paris, Le Griot éditeur, 1998.
[6] Etienne, Gérard, « La Femme noire dans le discours littéraire haïtien », dans *Présence francophone*, printemps 1979, no 18, 109-126.
[7] Etienne, Gérard, *La Question raciale et raciste dans le roman québécois*, Montréal, Balzac, 1994.

même contradiction chez les romanciers contemporains du mouvement de la Négritude.[8]

Déjà dans sa première étude, Etienne avait remarqué l'avilissement de la femme noire au sein d'une expression artistique toujours empreinte d'un racisme esclavagiste anachronique. Il ne s'attendait pas à repérer une déchirure profonde identitaire chez l'écrivain haïtien, dont l'attitude serait qualifiable d'hystérie et même de schizophrénie (*La Femme noire*, 287-288). Les évidences indiquent, selon Etienne, que la femme noire est surtout perçue comme le bouc émissaire d'une culture noire et amputée d'un imaginaire qui lui soit propre. Etienne se penche sur l'exemple fourni par le personnage de Lola dans le roman *Mimola ou l'histoire d'une cassette* par Antoine Innocent afin de préciser la nature de ce phénomène.[9] L'effort de la part d'Innocent de faire apprécier la culture haïtienne à ses lecteurs en la déplaçant vers le modèle de l'antiquité européenne entraîne nécessairement une dévalorisation proportionnelle du référent haïtien selon laquelle le couple du pays natal et la femme noire, en particulier, subissent une rupture. L'écart qui s'installe entre terre et mère haïtiennes implique le rejet de l'image de la femme noire : « l'agent de culture féodale, pour ne pas freiner ses pulsions quant à sa référence à l'ailleurs blanc comme porteur de vérité et de beauté, accorde un traitement négativisé au référent identitaire du personnage de Lola » (*La Femme noire*, 132). Il s'agit, en effet, d'un effacement systématique des qualités humaines de la femme noire jusqu'au plus profond de son identité féminine en faveur du portrait d'un être monstrueux et subordonné.

La « Conclusion » de l'essai d'Etienne fait état de la correspondance entre une parole raciste et la négation identitaire de la femme noire : « Qu'il s'agisse de laideur, de puanteur, de bestialité, d'animalité, de domesticité etc., la même configuration de signifiants racistes recoupe les énonciations ou l'autre est perçu comme une chose non marquée » (288). Etienne rend explicite l'opération circulaire de l'inconscient selon laquelle la femme noire en tant que « matrice reproductrice » (289) se révèle à l'écrivain noir comme une fonction

---

[8] Voir Elvire Jean-Jacques Maurouard, *La Femme noire dans le roman haïtien : noires, métisses, (presque) blanches. Penser la discrimination intra-communautaire*, Paris, Écrivains, 2001, 147.

[9] Innocent, Antoine, *Mimola ou l'histoire d'une cassette*, Port-au-Prince, Imprimerie E. Malval, 1906.

génératrice dont l'activité signifiante ne fait que confirmer sa couleur et par là son statut d'infériorité par rapport à la mulâtresse, à la femme blanche, etc. : « le défoulement des signifiants engendrés par sa propre couleur sera structuré par un mode d'écriture où l'imaginaire fabriquera une négresse en tous points inférieure à la non-négresse » (289). La femme noire figurerait alors une mère coupable d'avance de la transmission de la couleur de sa peau à ses enfants. En associant le sème de la noirceur à celui de la subordination, l'écrivain noir rejetterait la charge de son propre sentiment d'infériorité sur la figure de la mère. Porteuse de signes lourds de conséquences pour la condition haïtienne, la situation de la femme noire demeure sans appel. Dans la « Conclusion » de son étude, Etienne signale, en plus, l'intérêt de *Une Femme muette* pour une étude de la situation de la femme noire dans le discours littéraire. Le roman serait en quelque sorte le prolongement de son premier essai publié en 1979 en ce qu'il révèle la préoccupation de l'écrivain avec la problématique de la représentation artistique de la femme noire. Sa démarche romanesque dans ce roman invite à une analyse de la perception du protagoniste face au monde, en produisant ou en permettant une reconnaissance sur le plan phénoménologique.

Marie-Anne reconstitue douloureusement son moi à partir d'un autre « féodal » qui envahit son être-au-monde et déforme son réel autour d'une projection fantasmatique du pouvoir masculin. La reconnaissance de son être authentique s'effectue par plusieurs étapes grâce à une figuration de sa condition qui s'apparente à l'opération de la métalepse au sens où Gérard Genette entend ce terme dans *Figures III*, et telle que Pascal Mougin reprend le concept dans son étude, *L'effet d'image*.[10] La métalepse chez Genette indique le passage d'un niveau diégétique à un autre, et de manière plus générale, la transgression de la frontière entre deux mondes. Chez Mougin, la figure se laisse caractériser par une rhétorique de capture et de libération de deux mondes adverses. Marie-Anne arrivera ainsi à

---

[10] Genette, Gérard, *Figures III*, Paris, Seuil, 1972, 245, cité dans Pascal Mougin, *L'effet d'image : essai sur Claude Simon*, Paris, L'Harmattan, 1997, 26 : « […] ce qu'on propose d'appeler ici, après G. Genette, un cas de *métalepse* : le passage d'un niveau diégétique à un autre, le franchissement de la frontière entre deux mondes, 'celui où l'on raconte, celui que l'on raconte'. La notion de métalepse peut s'étendre aux autres cas de figure pour peu qu'on la définisse comme franchissement d'un niveau de représentation ».

franchir le seuil entre deux mondes, celui où elle se retrouve, et celui qu'elle se raconte, grâce à sa remémoration du passé haïtien.

Ecrit en 1983, *Une Femme muette* retrace les aventures d'une jeune haïtienne frappée d'aphasie après avoir été séquestrée et droguée par son mari à Montréal. Il s'agit pour le mari de se débarrasser de celle qui s'est déjà sacrifiée pour lui en la poussant au désespoir et au suicide. Marie-Anne, nous apprend le narrateur, avait ouvert la voie du succès à Gros Zo en payant ses études de médecine. Elle avait travaillé « pendant dix ans dans des manufactures aux Etats-Unis pour payer les études de Gros Zo à l'Université de Harvard, après avoir forcé son père à vendre trois hectares de terre à la plaine du Cul-de-Sac pour payer les voyages de Gros Zo » (*Une Femme muette*, 27). En tant que femme noire, Marie Anne tombe victime, comme l'affirme Etienne dans son essai relatif à la « phénoménologie raciste », de l'homme noir haïtien jouissant d'une réussite professionnelle et d'un standing social (*La Femme noire*, 288).

Marie-Anne se voit agressée sur le plan figuratif par une image d'elle-même qui sort de l'imagination tyrannique nouvellement acquise par Gros Zo. Si elle arrive à s'évader physiquement de sa cellule de l'hôpital psychiatrique, elle reste enfermée dans le mutisme. Les images étrangères qui circonscrivent étroitement son existence jouissent d'un statut discursif ambigu. Elles n'ont pas d'existence littérale et elles ne sont pas entièrement figuratives, mais elles frappent Marie-Anne d'une apraxie verbale. En lui ôtant la capacité de communiquer sa condition, les images opèrent une capture d'ordre métaleptique, faisant coïncider l'identité de Marie-Anne à celle de la femme noire, déchue de ses forces et de sa dignité humaine :

> Marie-Anne ne voit pas comment elle pourra se libérer du réseau d'images qui la torturent. Pour comble de malheur, elle s'aperçoit que sa langue devient paralysée au fur et à mesure que monte sa fièvre, que se désagrège son corps comme un coquillage de mer jeté dans une cuvette d'acide (*Une Femme muette*, 13).

Marie-Anne sort du dédale des rues qui entourent le parc Joyce à Outremont pour tomber aux mains, ou plus exactement aux « tentacules » (27), d'une pieuvre humaine, collègue de son mari, le docteur Hippolyte, dont les instruments médicaux sont les chaînes et la camisole de force. Le déroulement du récit des souffrances et des errances de Marie-Anne passe donc par les détours d'un ensemble d'images tentaculaires et labyrinthiques. Il s'agit là d'un imaginaire dont la spécificité haïtienne, comme la lecture anthropo-sémiologique d'Etienne le démontre, ne serait qu'une extension d'un système féodal et d'une vision raciste plus vaste, mis au service de la classe dominante en Haïti et aussi, dans le cas d'*Une Femme muette*, en diaspora.

Le caractère diasporique du drame vécu par Marie-Anne offre pourtant une issue possible au dilemme spécifiquement haïtien auquel elle se heurte. L'espace qu'elle parcourt n'est ni celui de l'ailleurs ni celui de la patrie. Il ressemble à plusieurs égards à l'espace troué des troglodytes et forgerons analysée par Deleuze et Guattari dans *Mille plateaux*.[11] Il s'agit d'un espace qui permet une communication insoupçonnée entre existences opposées. En s'échappant à l'influence maléfique de son mari, Marie-Anne se replonge dans un monde d'errance et d'exil. Sa course ne se laisse pas définir, pourtant, par l'incohérence de sa condition intérieure, qui fait apparaître le dédale urbain de Montréal comme l'espace lisse et sans repères d'un nomadisme involontaire. Elle ne se laisse pas guider non plus par les repères qui l'entourent, par l'espace strié qu'elle arpente, celui, bien balisé, de la topographie de la ville. Elle occupe plutôt un espace perméable permettant de faire communiquer deux réalités, celle de la résistance héroïque de la femme noire haïtienne aux temps passés avec celle de la défaite et de la fuite éperdue de Marie-Anne au moment présent.

Etienne ouvre ainsi un horizon d'espoir pour son protagoniste muet, en lui ménageant la possibilité de s'identifier intégralement au paysage montréalais. En tant que femme haïtienne, « cette espèce de femme qu'on ne voit ni n'entend » (*Une Femme muette*, 54), Marie-Anne se retrouve dans un premier temps devant la nécessité de trouver un terrain favorable pour la lutte qu'elle va entreprendre, dans l'impossibilité où elle se trouve d'émettre autre chose que des grognements. En abandonnant le quartier élitiste d'Outremont pour les alentours populaires de Plateau de Mont-Royal, Marie-Anne fait un premier pas vers sa propre libération du monde étroitement circonscrit où elle vit terrorisée, en état de siège.

Afin de pouvoir emprunter les chemins de la résistance, Marie-Anne devra à son tour opérer une capture de type métaleptique en imaginant revêtir les contours du parc où elle s'abrite : « Elle grossirait

---

[11] Voir Gilles Deleuze et Félix Guattari, *Mille plateaux*, Paris, Minuit, 1980, 514-517.

à la dimension du parc, elle se déplacerait de tous les côtés, à droite, à gauche, au centre que personne ne la verrait » (54). En s'assimilant au profil du parc Lafontaine, Marie Anne regagne un peu de sa présence d'esprit, assez pour former un projet de révolte calquée sur le modèle du marronnage :

> Pourtant, elle doit se faire violence, comme l'esclave marronne d'hier, dans un espace caché, une forêt hantée, dans les cases du maître où elle semait le poison. C'était ainsi qu'elle devrait arpenter les rues pour aboutir au carrefour du dragon tenant l'âme de Gros Zo (54).

Au sortir du parc, Marie-Anne est suffisamment consciente de son état de nudité pour chercher abri à nouveau, cette fois chez une boutiquière dont le prénom Hélène évoque automatiquement chez le lecteur la perspective de cette beauté féminine qui aurait provoqué la chute de la ville antique d'Ilion. Le sème de la beauté autorise la transformation métaleptique d'Hélène, toute québécoise qu'elle est, en la maîtresse Erzulie aux yeux de Marie-Anne. L'image « quasi-parfaite » (59) de la déesse blonde éveillera dans un premier temps son ressentiment.

Nous apprenons plus loin la beauté étonnante de « cette femme-esprit, épouse en premières noces de tous les nègres d'Haïti » (75), lors d'une conversation entre Gros Zo et Penny, l'infirmière qu'il a l'intention d'épouser après le suicide attendu de Marie-Anne. Marie-Anne semble d'abord partager la conviction de son mari sur la maîtresse Erzulie : « 'Tous les nègres d'Haïti, dit Gros Zo, voient cette femme blonde dans leurs rêves. Elle est si différente des négresses aux cheveux crépus, aux lèvres épaisses !' » (75). Marie-Anne acquiesce parce que zombifiée par Gros Zo qui l'a persuadée qu'elle est possédée par les mauvais esprits, elle a perdu sa voix et une grande partie de sa raison. Son mutisme est à la fois le symptôme de son mal et sa seule manière de tenir tête aux soins menaçants du docteur Hippolyte.[12] Dans la mesure où Marie-Anne fait un effort de ne pas parler, sa condition aphasique n'indique pas une soumission de sa part, mais plutôt un

---

[12] Voir l'analyse du mutisme de Marie-Anne dans l'allocution de Joëlle Vitiello, « La fonction du cri dans les romans de Gérard Etienne », prononcée au *Congrès Mondial du Conseil International d'Etudes Francophones*, Québec, 13 avril 1994 : « La bête qui habite Marie-Anne est cette persistance intériorisée du pouvoir des forces maléfiques. Le silence qui l'enferme est aussi une forme de résistance ».

durcissement de sa volonté de résistance passive. Assiégée par les combines de Gros Zo, elle cherche à lui faire obstacle en refusant de se plier aux intentions malfaisantes de son mari. Tant qu'elle ne parlera pas, son traitement ne pourra pas se poursuivre.

On s'imagine aisément que Gros Zo se fait le porte-parole d'une dépréciation de la femme noire, d'une dévalorisation qui, comme le constate Etienne, traverse le discours littéraire haïtien. En tant que miroir de l'âme de Marie-Anne, le regard d'Hélène se révèle subversif par rapport aux idées reçues de Gros Zo sur la femme noire. Marie-Anne se laissera progressivement convaincre de sa propre beauté devant l'admiration manifeste d'Hélène. Marie-Anne renonce à contraster la beauté d'Hélène à sa propre laideur pour prendre conscience de la complémentarité esthétique de leurs deux corps. Dès leur première rencontre, Hélène se rend compte de la perfection du corps de Marie-Anne :

> Sous le déshabillé de la jeune femme, Hélène perçoit un corps sur lequel elle hésite à mettre une couleur tant la poésie de ce corps fait penser à l'harmonie du crépuscule et de l'aube. A ses yeux le corps de Marie-Anne est un monument qui rêve. Dans sa nudité d'automne. Dans sa douceur un peu sauvage. Elle explore ce corps comme on explorerait un paysage au formes discontinues, un champ d'herbe tropicale qui frissonne sous la pluie (*Une Femme muette*, 57).

Le paysage tropical évoqué par Hélène est associé indirectement à celui d'Haïti. Marie-Anne contemple la beauté d'Hélène, qui se métamorphose sous son regard en revêtant d'abord la forme d'une des sirènes forestières dont Marie-Anne a entendu parler en Haïti, puis en prenant l'aspect de maîtresse Erzulie, Loa haïtien. En plaçant Hélène dans un contexte explicitement haïtien, la description réussit, grâce à des métalepses successives, à opérer un renversement au niveau de la représentation. La beauté monumentale de la femme noire se trouve alors célébrer à travers la contemplation admirative du Loa, la mulâtresse blonde. La réciprocité du regard des deux femmes menace ainsi de déjouer les complots de Gros Zo.

Pour que Marie-Anne participe à cette vision poétisée de la femme noire et du pays qu'elle incarne, il faudrait qu'elle reconnaisse ses propres qualités. Dans une deuxième étape de sa guérison, Marie-Anne sera portée à reconnaître et à mobiliser l'image spéculaire de sa beauté. En même temps que d'autres personnages se mettent à louer les proportions ravissantes de Marie-Anne, celle-ci effectue une deuxième capture métaleptique de la ville, en y projetant une image d'Haïti. Cette image ne figure plus une association du paysage haïtien au corps blanc de la maîtresse Erzulie, elle module, au contraire, la description du corps de Marie-Anne même, celle qu'en avait fait Hélène. En plaçant le paysage sous le signe du corps noir, Marie-Anne revendique son appartenance à son pays et aussi l'appartenance d'Haïti à la femme noire. La rue montréalaise se laisse transformer sous le regard de Marie-Anne en la splendeur matinale du paysage haïtien, celui que l'imagination d'Hélène avait libéré sur le corps de Marie-Anne : « Elle reconstruit le paysage [de la rue] à sa propre mesure en superposant la limpidité de la rosée faisant sa révérence sur les plaines d'Haïti à la magie de ce matin orné de grisaille et de rêves » (201).

Si la figure de l'espoir plane sur *Une Femme muette*, c'est en grande partie grâce à la plasticité topographique de la ville de Montréal, dont les contours souriants moulent fidèlement la perception de Marie-Anne, facilitant la reconnaissance de son être authentique. Dans *La Reine soleil levée*, il s'agit d'une situation inverse. En proie à un désespoir gagnant, la ville haïtienne assombrie dévoile un aspect menaçant et un potentiel explosif. L'atmosphère de tension et de paralysie sert de toile de fond pour la révolte aussi tenace que désespérée de la protagoniste Mathilda, dont la description fait étrangement écho par moments à celle de Marie-Anne. La résistance héroïque de la bande de Mathilda sera brisée par un escadron de la mort en même temps qu'une foule déchaînée fera voler en éclats le quartier de Sans-Fil à Port-au-Prince : « Rien n'est laissé aux lutins cachés derrière les arbres, bouts de fer, morceaux de tôle arrachés aux cases, bâtons de chaise, blocs de ciment, débris de bouteille ».[13] A la différence de Marie-Anne, le destin de Mathilda est scellé. Elle entre dans la légende en se sacrifiant pour l'avenir du pays. Son martyre préfigure la révolution future dont elle incarne la lutte sanguinaire, selon la perspective offerte par Etienne lors d'un entretien sur Radio-Canada en 1988.[14] Sa mort prématurée coïncide avec l'inscription sur son corps des signes de sa propre négation en tant que femme noire. Elle perd non seulement sa capacité de résister mais aussi sa beauté :

---

[13] Etienne, Gérard, *La Reine soleil levée*, Montréal, Guérin littérature, 1987, 194-195.
[14] Voir l'entretien de Gérard Létourneau à *Radio-Canada Atlantique*, 21 avril, 1988, publié dans Gérard Létourneau, « Gérard Etienne fait le point sur *La Reine soleil levée* », *Haïti Progrès*, 4 au 10 mai, 1988, 25 (24-25).

« Méconnaissable, Mathilda. Jambes broyées, mains coupées, face défigurée. Baignant dans son sang, elle parvient cependant à ouvrir les yeux, à demi » (195). Sur le plan intertextuel, *La Reine soleil levée* sert de leçon d'histoire qui met en rapport la résistance, le marronnage, et l'héritage africain de la femme noire. Mathilda, comme Marie-Anne, évoque la présence altière d'une femme de sang royal : « La manière de s'asseoir, de se camper, de parler fait penser à une princesse de l'ancien royaume du Dahomey » (*La Reine*, 146). La description physique des deux femmes les ancre dans une réalité historique qui révèle leur ascendance, et fait valoir leur rôle essentiel au sein de la communauté. Grâce à cette association, les deux femmes renouent les liens, dans des contextes symétriquement opposés sur le plan symbolique, avec tout un imaginaire de la femme noire haïtienne, celui qui avait été occulté dans les textes qui font l'objet de l'analyse d'Etienne dans *La Femme noire*.

En faisant l'éloge de la femme noire dans son oeuvre, Etienne reconnaît son héroïsme, et mesure toute l'étendue de son sacrifice. Pour Marie-Anne comme pour Mathilda, l'espoir qu'elles figurent et portent en elles, demeure étroitement lié à l'imaginaire du pays d'Haïti et à la figure métaleptique de l'aurore, cette image privilégiée de l'inspiration libératrice chez Etienne. Pour sa part, Gros Zo digère mal sa défaite. Il meurt, en effet, en avalant de travers un morceau de viande. Il râle de rage face à l'indifférence de celle qui devait être sa victime. Au fur et à mesure qu'il perd son emprise sur Marie-Anne, il suffoque devant la perspective de sa propre impuissance ; il étouffe de sa défaite même. Cependant, il est forcé de reconnaître le besoin fondamental chez lui de la présence maternelle : « Il haïssait la négresse. Il voulait la tuer ainsi que la terre qui l'a produite. Mais la mère chez la femme noire continue à bouleverser ses entrailles » (*Une Femme muette*, 227). La scène de la mort de Gros Zo met en parallèle le spectacle de sa déchéance et celui de sa goinfrerie frénétique. La description ne laisse aucun doute que, conscient de l'intervention volontaire de sa femme dans sa défaite, celle-ci lui reste fatalement en travers de la gorge. La tentative meurtrière de Gros Zo se retourne contre lui de manière dramatique et conclusive, sans pour autant nous révéler le fond de sa condition pathologique.[15]

---

[15] Pour une discussion plus complète du rôle de la nourriture, voir l'analyse d'Isabelle Gros, « La Femme et la nourriture dans l'œuvre de Gérard Etienne », *Mots Pluriels*, no 15, septembre 2000, repris ensuite dans un article plus développé, Isabelle Cata (Gros),

Si la représentation de la condition féminine et plus spécifiquement la dénonciation de la répression honteuse de la femme noire occupe une place majeure dans l'œuvre de Gérard Etienne et s'associe étroitement aux thèmes de l'injustice et de la révolte qui traversent toute son œuvre, Etienne lui-même se rend compte qu'il s'agit en même temps d'approfondir le portrait d'un comportement masculin à caractère pulsionnel et hystérique visant le refoulement définitif de la femme noire en tant qu'objet répulsif dénué de toute possibilité de transcender sa condition abjecte. Selon la « Conclusion » de *La Femme noire dans le discours littéraire haïtien* citée plus haut, la pratique littéraire étiennienne s'organiserait selon une logique de dépassement intertextuel ayant pour effet de libérer la description de ses entraves racistes, ouvrant ainsi le discours littéraire haïtien vers une évolution salutaire. Dans les notes du premier chapitre de cet ouvrage, Etienne interpelle l'intertexte futur d'un roman en voie de préparation. Le contexte est celui d'une discussion du rôle catalyseur joué par le panthéon vodou, spécifiquement par la maîtresse Erzulie, dans la désintégration des rapports entre l'homme noir et la femme noire. Le mécanisme en question se laisse déclencher grâce à une cérémonie nuptiale entre la divinité et le vodouisant, selon le résumé que fait Etienne de la situation de l'homme noir serviteur d'Erzulie Fréda :

> Le drame est d'autant plus manifeste qu'il n'a pas le droit d'épouser une femme réelle avant un mariage symbolique avec la maîtresse Erzulie, cette mulâtresse aux yeux bleus qui, dès les premières manifestations phalliques, refoule l'image de la Noire comme déchet du champ affectif de l'individu. Nous reviendrons sur cette question dans la partie analytique du travail. Mais cette problématique est le noyau de mon roman, *La Romance en do mineur de Maître Clo* (roman à paraître) (*La Femme noire*, 59).

D'après le témoignage de Marie-Thérèse dans l'une des « Histoires de vie » recueillies par Etienne, le monde noir et le monde mulâtre mènent des existences séparées. Il y a « le monde noir qui travaille la terre et le monde clair qui, lui, vend des bagues en or » (111). Marie-Thérèse est fière de son mari, mais manifeste une inquiétude mal dissimulée à l'égard de son service au culte de la maîtresse Erzulie. Selon elle, le travail et le vodou demeurent

---

« La Nourriture dans l'œuvre de Gérard Etienne », dans *L'Esthétique du choc : Gérard Etienne ou l'écriture haïtienne au Québec*, Frankfurt, Peter Lang, 2003, 133-152.

incompatibles ; on ne peut pas besogner le jour et veiller toute la nuit. Le protagoniste de *La Romance en do mineur de Maître Clo* se détourne du monde du travail intellectuel et des femmes noires qui l'entourent, à cause de son mariage à la déesse vodou. Il s'engage dans la même impasse sur le plan existentiel que celle vécue par l'époux de Marie-Thérèse. Une fois arrivé à Montréal, Maître Clo devient obsédé par une jeune femme blonde de la maison d'en face de celle de sa sœur. Par une opération syncrétique et caricaturale, Maître Clo croit en l'apercevant que cette femme blanche n'est autre que le Loa Erzulie Fréda, qui l'aurait suivi d'Haïti pour lui assurer sa protection. Il se voue à la poursuite amoureuse de cette apparition. Afin de mieux maintenir la séparation entre le comportement délirant de Maître Clo et la sobriété travailleuse de sa sœur, Etienne confère un caractère parodique à l'intrigue dominante à travers le comportement exagéré des personnages. Le lecteur vit dans l'attente de l'échec imminent de Maître Clo, réfugié vodouisant et exalté, frère de la jeune immigrée noire, Adrienne. Il en va de même pour le prétendant de celle-ci, le révolutionnaire parasitique, mouchard et gourmand, Jacques Valbrun, dont les projets invraisemblables sont à la taille de sa vantardise et de sa lâcheté.

En parallèle avec les aventures rocambolesques de Maître Clo, la sous-intrigue d'Adrienne se tisse sous le signe de la frugalité prévoyante, celle-ci assume le rôle d'une mère de famille pour son frère, sa cousine, son neveu et son prétendant, en plus de son propre bébé. Il n'y a rien de parodique ou dérisoire dans le traitement d'Adrienne. Femme modèle, d'une patience et d'un courage à toute épreuve, elle est dotée d'une vénusté extraordinaire selon un autre soupirant, Michel Georges, qui voit en elle « une beauté qu'elle semble avoir dérobée aux Vénus noires, qui s'approprient les campagnes d'Haïti, avec leur peau perlée, leurs cheveux hérissés quoique frisés[,] avec leurs lèvres ainsi que le regard baignés de poésie » (*La Romance*, 124-125). Il s'agit bien d'une beauté noire qu'elle partage avec celles qui habitent les plaines d'Haïti, et que son frère sera incapable d'apprécier à la suite de son initiation à l'amour entre les bras de sa marraine mulâtresse, sosie et vase d'élection de la maîtresse Erzulie :

> Voilà que la femme noire se dresse devant lui, venue d'un monde qu'il juge infernal, celui de la brousse. Il notera pour la première fois, chez la femme noire, des traits physiques qui lui répugnent : lèvres épaisses, dents fêlées, seins énormes (63-4).

Adrienne n'échappe pas pour autant à l'influence nocive de Maître Clo. En tant que femme noire et mère de famille, Adrienne fait l'objet d'un mépris et d'une exploitation dictatoriale de sa part. Au fur et à mesure que celui-ci sombre dans la démence, la santé et les facultés d'Adrienne dépérissent, sa beauté se fane, ses forces s'usent, et elle finit par ressembler à « une zombie égarée » (106) aux yeux de son frère. Valbrun, pour sa part, remarque qu'elle tremble et perd la capacité de s'exprimer. Elle est tombée malgré elle sous l'influence de son frère, « qui la tournait en bourrique en la rendant complice de ses folies de grandeur » (144).

Sur le plan intertextuel l'image de Gérard Etienne, essayiste, et de son personnage Maître Clo, écolier, lecteurs tous les deux de Jean-Baptiste Cinéas, se laisse profiler pour confirmer l'écart catégorique entre le discours romanesque d'Etienne et celui qu'il dénonce sans ambages dans *La Femme noire dans le discours littéraire haïtien*. Nous découvrons que l'ouvrage de Cinéas, *L'Héritage sacré*, étudié par Etienne afin d'en dégager la tension oppositionnelle qui existe entre la description de la noire répulsive et celui de la mulâtresse exquise, est le même texte que Maître Clo, un jeune intellectuel idéaliste à l'époque, avait brûlé dans une classe de rhétorique à cause du portrait déshonorant que fait Cinéas de la race noire.[16] La transformation de Maître Clo en raciste délirant à son tour sera entièrement due à l'influence néfaste du vodou, dont la cérémonie d'initiation sexuelle servira à modifier sensiblement la perception du jeune garçon. La mue de sa vision du monde condamne Maître Clo à une existence irréelle et romancée, et l'empêche de se construire un avenir en Haïti comme au Québec. La chute de son protagoniste permet à Etienne de faire l'anatomie de l'une des composantes majeures du mal haïtien prise dans ses manifestations les plus hallucinantes et schizophrènes.[17]

---

[16] Cinéas, Jean-Baptiste, *L'Héritage sacré*, Port-au-Prince, L'Imprimerie Henri Deschamps, 1945.

[17] Pour une lecture deleuzienne de la condition schizophrénique de maître Clo dans *La Romance en do mineur de maître Clo*, voir l'article de Nora Cottille-Foley, « Comment démantibuler la machine : le dédoublement comme opposition et création dans *La Romance en do mineur de maître Clo* de Gérard Etienne », dans *L'Esthétique du choc : Gérard Etienne ou l'écriture haïtienne au Québec*, Frankfurt, Peter Lang, 2003, 87-98. De manière intéressante pour la présente étude, Cottille-Foley tire la conclusion que la parole délirante de maître Clo produit un effet déstabilisateur sur l'équilibre social, et finira par déclencher un mouvement de transcendance libératrice au sein de la

Le culte de la maîtresse Erzulie aurait ceci de particulièrement séducteur pour l'homme noir en ce qu'il lui ouvre la perspective d'une médiation vodouesque entre deux morphologies distinctes ; il se marie d'abord avec la déesse blonde et ensuite avec la femme noire. Si, comme le suggère Etienne dans son essai sur la femme noire, le rejet d'une identité de colonisé aurait entraîné inconsciemment chez l'homme noir le rejet morphologique d'éléments sémiques associés à sa description dans la parole colonisatrice, tels que celui de l'épaisseur des lèvres, il s'ensuivrait qu'une logique perverse de substitution pousserait l'homme à refouler la femme noire, celle qui lui ressemble sur le plan morphologique et dont il n'arriverait pas à se différencier. L'homme se libérerait ainsi d'une morphologie compromise par la description coloniale grâce à un acte sous-raciste, en attribuant des traits répulsifs à la femme noire et en identifiant la beauté canonique à un modèle non noir qu'il épouse symboliquement en premières noces. De surcroît, cette démarche, nous affirme Etienne, « ne présente aucune disjonction entre les figures non noires des religions catholique et vodouesque et la Brune/Mulâtresse » (*La Femme noire*, 169).

Le culte d'Erzulie devient ainsi le point focal de la critique élaborée par Etienne du sous-racisme haïtien dans son dernier roman. La configuration triangulaire de la femme blonde, la femme noire et le Noir vodouisant se répète dans d'autres ouvrages d'Etienne où la femme occupe une position centrale, et lui permet de dénoncer une attitude masculine destructrice, comme le dit Ginette Adamson à propos de *Une Femme muette* : « Le sexuel et le racial en question dans *Une Femme muette*, font l'objet d'un règlement de comptes avec les hommes de son pays ».[18] Cette volonté d'exposer le racisme de l'homme noir contre la femme noire et de révéler les structures cachées du vodou prises dans leur relation avec celles du pouvoir dominateur constitue un élément essentiel de l'activité romanesque d'Etienne, comme il le constate dans une interview dans *Callaloo* en 1992.[19]

---

communauté : « Le délire schizophrène qui fait imaginer le discours de la déesse est un flux qui sape tous les rapports de force, libérant non seulement Adrienne de son exploiteur Valbrun, mais encore Beausoleil et, derrière lui, tous les contestataires de la communauté haïtienne décrite dans le roman », 96.

[18] Adamson, Ginette, « *Une Femme muette* de Gérard Etienne : un plaidoyer pour la femme noire », *LittéRéalité*, vol. 10, no 1, 1998, 98.

[19] Voir l'entretien de Charles Rowell, « The Literature and Culture, Gérard Etienne », Amos McRae, Jr. (trad.), *Callaloo*, vol. 15, no 1-2, 1992, 500 (498 – 500).

Mais le projet littéraire d'Etienne est plus ambitieux. Il cherche dans ses romans à neutraliser l'activité sémiologie et raciste qui met en opposition deux groupements d'unités sémiques générées par la description des négresses et des mulâtresses. Il revalorise la beauté noire dans son œuvre, mais sans déprécier pour autant celle de la mulâtresse ou de la femme blanche, ce qui ne ferait que perpétuer le geste raciste sous une autre forme. Dans *Une Femme muette*, par exemple, si Hélène représente bien « l'image quasi-parfaite de Maîtresse Erzulie » (*Une Femme muette*, 59) aux yeux de Marie-Anne, celle-ci se verra ensuite grâce aux soins d'Hélène comme « l'image de la négresse pimpante dans le matin des dieux » (61). Cette logique de complémentarité et d'inclusion a pu éveiller un échange critique à plusieurs voix autour de la question de la présence ou absence d'une madone noire dans l'œuvre romanesque d'Etienne.[20] Il nous semble que le rapprochement de la figure de femme noire de celle d'une Vénus noire, d'une princesse dahoméenne ou de la Reine Anacoana chez Etienne signifie l'ouverture productive de l'espace intertextuel ainsi que le rejet de l'hégémonie néfaste du texte colonial. D'une manière analogue, l'association d'ordre métaleptique de la maîtresse Erzulie à la blonde québécoise, une Hélène ou une Mademoiselle Desmarais, rompt le cercle fermé de l'identification de ce Loa avec la Vierge des sept douleurs et avec la mulâtresse aux yeux bleus en la mettant hors de l'atteinte du vodouisant.[21]

Dans son livre intitulé *Countermodernism and Francophone Literary Culture*, Keith Walker met en rapport les analyses de la

---

[20] Voir à ce propos les articles suivants : Dominique LeRumeur, « La femme dans l'univers romanesque de Gérard Etienne », *Francographies*, no spécial II, 1993, 14-15 (5-15) ; Ginette Adamson, « *Une Femme muette* de Gérard Etienne : un plaidoyer pour la femme noire », *LittéRéalité*, vol. 10, no 1, 1998, 98 (97-105) ; Mounia Benalil, « Gérard Etienne et le carnaval : pour une esthétique de la révolte au féminin », *Québec Studies*, vol. 27, 1999, 40-41 (24-45).

[21] Voir dans ce contexte l'article de Leah Hewitt, « La Créolité, Haitian Style », dans *Penser la Créolité*, eds. Madeleine Cottenet-Hage et Maryse Condé, Paris, Karthala, 1995, 244. Hewitt trouve curieux qu'Etienne choisit de reconstruire l'identité de la femme noire dans *Une Femme muette* grâce à l'intermédiaire de la femme blanche. Sa critique se base surtout sur la notion qu'Adrienne, incapable de s'exprimer oralement ou par écrit, serait donc incapable d'intervenir pour elle-même, et resterait ainsi prisonnière de la narration dont elle fait l'objet. Hewitt suggère que l'identification d'Hélène à Erzulie représenterait un danger de concurrence entre Marie-Anne et Hélène, une rivalité potentielle qui est surmontée par la réciprocité admirative de leur regard.

maîtresse Erzulie et la préoccupation de la représentation de la femme noire dans la production romanesque et théorique d'Etienne.[22] Il constate qu'Etienne prend ses distances par rapport à la tradition littéraire haïtienne en évitant le piège des fantasmes humiliants à caractère binaire qui juxtaposent une image dégradante de la femme noire à celle, idéalisée, de la femme blanche. Nous aimerions conclure en suggérant que la pratique intertextuelle chez Etienne offre au lecteur la perspective plurielle d'une tentative de repenser les catégories identitaires de fond en comble, une entreprise romanesque qui résiste aux oppositions binaires du texte colonial dont Etienne cherche à transformer les séquelles discursives dans ses écrits.

Assiégée, zombifiée, réduite au mutisme, Marie-Anne et Adrienne parviennent néanmoins à se rebeller contre le refoulement de leur être. Elles arrivent à se libérer de l'étreinte discursive de la parole vodouisante en reprenant un imaginaire qui leur revient de droit. Elles en dévoilent le potentiel libérateur en assumant pleinement l'attitude et l'aspect des femmes noires du passé qui œuvraient pour la libération d'Haïti, et dont les formes resplendissantes faisaient miroiter les contours épanouis des paysages qu'elles habitaient. Gros Zo et Maître Clo paraissent, par contre, incapables de reconnaître la volonté tyrannique dont ils sont à la fois l'instrument et la victime. L'un suffoque de rage et de gloutonnerie, l'autre finit dans un lit d'hôpital en proie à une démence accablante. Leur sort lance implicitement un appel à l'intertexte futur sous la forme d'un roman qui approfondirait le dilemme existentiel de l'homme noir, il s'agira, en l'occurrence, du roman *Vous n'êtes pas seul.*[23]

---

[22] Voir Keith Walker, *Countermodernism and Francophone Literary Culture*, Durham, Duke University Press, 1999, 251.

[23] Etienne, Gérard, *Vous n'êtes pas seul*, Montréal/Paris, Balzac, 2001.

Dany Laferrière, "Primitive" Writer:
A Haitian Esthetic

Dennis F. Essar

Résumé : Dans cet essai qui traite de l'ensemble de l'œuvre de Laferrière, Dennis Essar explique le rapport intime de l'écrivain au pays qu'il a dû fuir dans sa jeunesse, et comment ce lien se manifeste à travers une esthétique purement haïtienne de la couleur, similaire à celle des peintres dits de « l'école primitive »d'Haïti. Essar montre que quoi qu'accusé de s'être distancé des réalités haïtiennes, Laferrière, le plus jeune des exilés à Montréal de la génération Duvalier, manifeste par sa vision esthétique son obsession de la situation tragique de son pays natal. Faisant la distinction entre les livres 'durs' et les livres 'tendres', Essar analyse comment les couleurs distinctes qui structurent l'imaginaire de l'écrivain reflètent un large éventail d'émotions, d'expériences et d'idées qui assiège la mémoire d'Haïti.

Summary: Examining Laferrière's entire oeuvre, Dennis Essar focuses on the writer's intimate connection to the country he had to flee as a young man and shows the writer's development of a purely Haitian esthetic of color, similar to those used by the defining painters of Haiti's "primitive school." Essar shows that although Laferrière has been accused of distancing himself from Haiti's realities, the youngest of the Duvaliers' exiled generation of Haitian writers in Montreal manifests through his esthetic vision his obsession with the tragic situation of his native land. Essar, who makes a distinction between the "tough" and "tender" books, shows how the use of discrete colors informing the images of Laferrière's fiction reflect a wide range of emotions, experiences, and ideas that besiege his memory of Haiti.

* * *

Voilà, c'est ça, j'ai trouvé. Je suis un écrivain primitif.
Dany Laferrière (*Pays sans chapeau*, 15).

The Narrative Spectrum of *Une autobiographie américaine*

Despite the fact that Dany Laferrière has lived 27 of his 50 years outside of Haiti, his writing reveals a continuous preoccupation with his country of origin and the consequences of departure from it. From a stylistic point of view, Laferrière's two intimate, nostalgic novels describing his childhood in Petit-Goâve (*L'odeur du café*,[1] *Le charme des après-midi sans fin*[2]) contrast markedly with the sexually and culturally aggressive rhetoric of his three North-American novels (*Comment faire l'amour avec un Nègre sans se fatiguer*,[3] *Eroshima*,[4] *Cette grenade dans la main du jeune Nègre est-elle une arme ou un fruit?*[5]). However, the continued presence of a Haitian-centered esthetic in the latter works, hinted at by Laferrière when he declares "Je suis un écrivain primitif" [I am a primitive writer],[6] even though this approach is more clearly visible in the novels of childhood, may be cited as an indication that his preoccupation with Haiti goes beyond mere recollection and thematic association. Rather it underlies his manner of perceiving the world and portraying it in his fiction. The expression "writing under siege" aptly describes the situation of Haitian authors who have continued to write without leaving the homeland, despite the risks. But it also applies to Laferrière and to other Haitian-born writers of the Diaspora who, despite having chosen to distance themselves from imminent danger, still bear the indelible stamp of their cultural

---

[1] *L'odeur du café*, Montréal: Typo, 1999 [1991].
[2] *Le charme des après-midi sans fin*, Outremont: Lanctôt, 1997.
[3] *Comment faire l'amour avec un Nègre sans se fatiguer*, Montréal: VLB, 1985.
[4] *Eroshima*, Montréal: Typo, 1998 [1987].
[5] *Cette grenade dans la main du jeune Nègre est-elle une arme ou un fruit?*, Montréal: VLB, 1993.
[6] *Pays sans chapeau*, Outremont: Lanctôt, 1996, 15.

origins. In this sense, *Haïtianité* manifests itself in their work through the persistence of a certain esthetic vision, rather than as an act of overt resistance. It goes beyond mere thematic resonance and touches on the ultimate specificity of each creative imagination.

Dany Laferrière has most certainly (and successfully) striven to create a jocular image of himself, paradoxically as an invitation to penetrate through it and reach an intellect of deadly seriousness. From his earliest years, he was directly affected by the course of political events in Haiti. His father, a union activist and journalist, had been an opponent of President Magloire in the 1950s, siding with François Duvalier when the latter ran for president in 1957. After a brief period of political prominence, the elder Laferrière fell from favor and left the country in 1959, first to take up diplomatic posts and later as an exile in the United States. Laferrière has written about the suffering his father's departure caused the family.[7]

Sent in 1957 to live in Petit-Goâve with his maternal grandmother Da for the sake of greater security,[8] Laferrière remained there until 1964, at which time he returned to Port-au-Prince. The painful separation from Da, a seminal event in the author's life evoked at the end of *Le charme des après-midi sans fin*, became necessary in part because of the worsening political situation in the rural town (173).

Back in the capital, the adolescent Laferrière completed his secondary education, began a promising career, and witnessed further instances of the tyrannical excesses of the two Duvaliers, father and son. Their tyranny finds its way into both *Le goût des jeunes filles*[9] and *La chair du maître*.[10] The young Laferrière, like Vieux, his narrator, learned to live close to danger.

Having associated himself with a group of journalists involved in political and cultural reporting in the mid-1970s, Dany Laferrière felt particularly vulnerable when his friend and colleague Gasner Raymond was assassinated by government agents on June 1, 1976. Fearing that he too would be struck down, the young writer opted to leave the country like his father before him (*Cri*, 263). Nine years of difficult life in Montreal followed, during which he took up the short-term low-end jobs that are often the lot of the immigrant poor. No

---

[7] See *J'écris comme je vis*, Outremont: Lanctôt, 2000, 25-9.
[8] *Le cri des oiseaux fous*, Outremont: Lanctôt, 2000, 49-50.
[9] *Le goût des jeunes filles*, Montréal: VLB, 1992.
[10] *La chair du maître*, Outremont: Lanctôt, 1997.

wonder, then, that when *Comment faire l'amour avec un Nègre sans se fatiguer* burst upon the literary scene in 1985, his Haitian experience seemed to have been pushed into the background, with questions of racial and class differences in North America coming to the fore. Despite this apparent distancing from Haitian realities, Laferrière would not have written the North-American novels had he not felt forced to flee his homeland, and if political realities in Haiti had been other than what they were. Haitian politics and culture are never very far apart, either in the country itself or in the diaspora, and Laferrière's writing has been continuously shaped by the close links between the two.

The fact that Laferrière has chosen to devote six of the ten volumes of the *Autobiographie américaine*[11] to events in Haiti clearly emphasizes the importance the mature writer has continued to accord to his homeland. While *L'odeur du café* and *Le charme des après-midi sans fin* describe the narrator's childhood in Petit-Goâve, *Le goût des jeunes filles* and *La chair du maître* concentrate on the years of adolescence and young adulthood in Port-au-Prince. *Le cri des oiseaux fous* centers on the events surrounding his departure from Haiti in 1976, while *Pays sans chapeau* recounts his return in glory to the family twenty years later, a return thanks to which the narrator finally comes to terms with the tragedy and heartbreak of his past.

Laferrière's continued obsession with Haiti over time is further revealed by the order of composition and publication of his books.[12] The volumes of the *Autobiographie*, far from having been composed in the chronological order of the narrator's peregrinations, switch back and forth with some regularity between Haiti and elsewhere. Two initial books set in North America (*Comment, Eroshima*) were followed by two devoted to Haiti (*Odeur, Goût*), and in turn two more once again depicting events in North America (*Grenade, Chronique de la dérive douce*[13]). The last four volumes of the *Autobiographie* (*Pays, Chair, Charme, Cri*), published between 1996 and 2000, are all set in Haiti, although as has been noted they were not composed in the chronological order of the events depicted. Finally, Laferrière's last

---

[11] See Coates, Carrol F., "An Interview with Dany Laferrière," *Callaloo* 22.4, (1999), 915; Essar, Dennis F., "Time and Space in Dany Laferrière's Autobiographical Haitian Novels," *Callaloo* 22.4 (1999), 931; *J'écris*, 191, 231-41.
[12] See Essar, 932-5.
[13] Montreal: VLB, 1994.

two books (*J'écris, Je suis fatigué*[14]), not part of the *Autobiographie* but rather devoted to self-reflective comment on his life and career, make up a self-critical subsequence that once again veers away from Haiti. The first appears as an interview with Bernard Magnier in France in 1999 (thus lying totally outside the American universe), while the second is fictionally set in the Square Saint-Louis in Montreal in 2000 (a return to the point of departure of the author's writing career evoked at the end of *Chronique de la dérive douce*), (136). Alternating regularly between works of the Haitian sequence and those set elsewhere, the writer returns obsessively to the homeland as a source of narrative material.

In addition to this thematic oscillation, Laferrière's fiction exhibits a range of narrative modes reflecting widely divergent approaches to his subject matter. *Comment faire l'amour* and *Eroshima* define a genre by portraying the highly extroverted, irresistible narrator in dynamic interaction with a varied social environment. In the first book, he exercises his formidable powers of attraction, while at the same time, the analogical treatment of the thematic fields of sex and literature creates a unifying center of interest. The man at the center of the vortex is primarily neither a rake nor a refugee, but rather a writer. Although humor is an important element, Laferrière has pointed out its ironic quality. Behind it lies "extreme despair" (Coates, 911) occasioned by the narrator's triple alienation of expatriation, racial difference, and poverty. Fundamentally, the aim of the work is to shock, amuse, and ultimately throw existing thought patterns into question. Laferrière has stated: "That smile is at the heart of the subversive intention" (Coates, 912). The formula was a winning one and of course catapulted Laferrière to fame with his first book. When *L'odeur du café* appeared in 1991, however, this third novel astonished readers because of the profound differences it presents in subject matter, style, and typographical organization. Set out in short, titled paragraphs the novel is made up of remembered fragments of a childhood past, static images delicately recounted. It describes in pictorial style the narrator's intimate, often motionless world in his grandmother's house and her small Haitian rural community in the 1960s (Essar, 935-6).

---

[14] *Je suis fatigué*, Outremont: Lanctôt, 2001 [2000].

   In his interview with Carrol F. Coates, Laferrière characterizes
the novels composed in what Coates terms the more continuous style of
Comment faire l'amour as "tough" books ("les livres durs") (Coates,
914), whereas those exhibiting a "fragmented or 'paragraphed' style"
(913), such as *L'odeur du café*, are described as "tender" (914). The
works thus designated lie, it seems to me, at the two extremes of a
narrative spectrum along which all of the author's other books may be
situated. Since certain further comments made by Laferrière about
L'odeur du café in the same interview are of importance in the
development of my argument regarding the *écrivain primitif*, it is
important to explore further this notion of a narrative spectrum.

   From the point of view of content and emotional atmosphere,
other "tough" books include *Cette grenade dans la main du jeune
Nègre est-elle une arme ou un fruit?*, which follows *Eroshima* both
thematically and chronologically, and *Le goût des jeunes filles*, where
for the first time in the life of the narrator sex and violence touch him
directly. In terms of its "rapid, lively rhythm," Laferrière has classified
the latter novel alongside *La chair du maître* (Coates, 917), a book in
which sexual material is again of central importance. A further work to
be classified in the "tough" category is *Le cri des oiseaux fous*, because
of all Laferrière's books, this is the most deadly serious, and the one he
found the most difficult to write (*J'écris*, 99). All these books are in
fact characterized by longer narrative and descriptive sequences.

   At the other end of the spectrum, in addition to *L'odeur du
café*, Coates classifies *Le charme des après-midi sans fin* and *Pays sans
chapeau* (913). To these "tender" Haitian novels should, in my view,
be added *Chronique de la dérive douce*, not only because of its extreme
typographic fragmentation, but also because it deals with the first year
after the narrator's arrival in Montreal in 1976, a period of time in
which he adjusts slowly to the shock of the new climate and society
and gradually rebuilds the self-confidence that will allow him to
embark on a writing career. Against the six "tough" novels, then,
composed in longer, more or less continuous segments of prose, are set
out the four "tender" ones, in which the fragments are much shorter
and constitute at best a discontinuous narration. In the latter works the
style is more referential than narrative, and synecdoche is the dominant
mode.

   A calculation of the size of the textual segments in each
volume of *Une autobiographie américaine* yields figures that confirm

this somewhat subjective distribution.[15] The following table lists the ten books in increasing order of text fragment size (pages per segment):

"Tough" books		
	Comment	5.11
	Cri	4.75
	Chair	4.49
	Eroshima	4.43
	Grenade	3.98
	Goût	3.58
"Tender" books	*Charme*	1.69
	Pays	1.43
	Odeur	0.79
	Chronique	0.34

The dividing line between "tough" and "tender" books is thus clearly discernable, with the average number of pages per segment in the first category being 4.39, and 1.06 in the second. It may be noted that Laferrière's two remaining books, not part of the *Autobiographie* but rather explicative of it, in fact fall at the lower end of the "tough" category. They are introspective and reflective rather than more dynamically self-confident and interactive, like the "tough" books, without being as whimsical and poetic as the "tender" books. *J'écris comme je vis* has 3.81 pages per segment, while *Je suis fatigué* has 3.30, the average of these two figures being 3.56.

The role played by *Comment faire l'amour* and *L'odeur du café* in defining the two extremes of Laferrière's narrative spectrum draws our attention to a comment he made about the latter book during the Coates interview: "*L'odeur du café* is a primitive picture (or a series of primitive pictures) [...]. [I]t was the painter who was at work, not a writer. I was a landscape painter in the grand Haitian tradition. I paint the décor with my heart" (Coates, 917). A key to understanding what Coates calls Laferrière's "verbal painting" (917) in this novel of Haitian childhood is thus of paramount importance for an appreciation of the persistence of a trans-generic Haitian esthetic in his writing, even after many years of exile.

---

[15] For these calculations I have excluded title pages, epigraphs, etc. In determining the number of segments in each book, I counted sections bearing either titles or section numbers (except for the first part of *Eroshima* and pages 19-25 of *Grenade*). Typographical ornaments and blank spaces in narrative sequences were not considered to initiate new segments.

Primitive Art

The Dany Laferrière of published interviews is clearly impatient with efforts to fit his work into existing critical categories, particularly when they are based on criteria of geographic, linguistic, or ethnic origin (*J'écris*, 104-5, 116). Elsewhere, Laferrière calls into question the very process of objective categorization itself. For example, in response to Magnier's question whether Laferrière is a Haitian, Québécois, Canadian, Caribbean, American, or French writer, the author replies: "Je suis du pays de mes lecteurs. Quand un Japonais me lit, je deviens un écrivain japonais" [I am of the country of my readers. When my reader is Japanese, I become a Japanese writer] (9).[16] This categorical slipperiness takes into account reader reaction to the text and calls attention both to Laferrière's postmodern streak and to the anti-racist agenda of personal and collective liberation that underlies all his work. He plays with critical categories, declaring that his ambition is to be known as a *writer*, and refusing any qualifying adjective other than "good" or "bad" (*J'écris*, 105). He rejects inclusion in known categories, then sweepingly includes himself in them all, and finally, with a flourish, taxes all efforts at categorization with subjectivity.

It is all the more important, then, when Laferrière ingeniously places himself in a new category of his own fabrication, one that allows us to discern deeper structures proper to his creative dynamic. At the end of the opening segment of *Pays sans chapeau*, he calls forth a scene swarming with activity, full of the odors, sounds, and colors of his mother's quarter in Port-au-Prince: "J'écris à ciel ouvert au milieu des arbres, des gens, des cris, des pleurs. Au cœur de cette énergie caraïbéenne" [I write under the open sky, in the midst of trees, people, cries, and tears. In the heart of this Caribbean energy] (14). As the sensations rain down, they trigger a frenzied writing process, underscored by the use of anaphor and repetition: "J'écris tout ce que je vois, tout ce que j'entends, tout ce que je sens. Un vrai sismographe. Subitement, je lève la Remington à bout de bras vers le ciel net et dur de midi. Écrire plus vite, toujours plus vite" [I write all that I see, all that I hear, all that I feel. A real seismograph. Suddenly I raise my Remington towards the clear and hard noon sky. To write faster, always faster] (14). This priestly gesture makes sacred the act of

---

[16] All translations are my own.

writing and leads to a creative paroxysm in which all individuality, all personality is lost, and in which a mystical, total transparency prevails in the creative process. Words serve as direct, unmediated signs of distinct parcels of reality: "Hey, a bird traverses my line of sight. I write: bird. A mango falls. I write: mango. The children play ball in the street among the cars. I write: children, ball, cars. Like a primitive painter. That's it, I've found it. I am a primitive writer" (15).

This scene, surely one of the most striking in all Laferrière, encapsulates a number of important components: first, his ultimate dependence upon Haitian reality as a source of sensation translated into words; second, the sacred, paroxysmal character of the creative process; and third, the displacement of the writer's being and personality into oblivion as he becomes a pure medium for the translation of reality perceived through sensation. All three of these characteristics are shared by Laferrière, as he points out, with Haitian primitive painters.

Laferrière's acquaintance with Haitian primitive art dates from childhood. His grandmother owned paintings by Wilson Bigaud and Pétion Savain (J'écris, 126). Further, he met many painters during these early years (J'écris, 126) and watched them work (Coates, 917). At the root of this adoration (J'écris, 127) lies the relationship of immediacy established in Haitian primitive art between the artist and the observer. By simply looking at the painting, the observer relives the experience of the artist. This kind of immediacy, and the self-effacement of the artist that generates it, attracts Laferrière as an esthetic strategy: "I really like that manner of discovering the painter's vision in the heart of the person looking at the canvas. It's the spectator who finds that vision. And I try to write that way" (Coates, 917).

Primitivism in art is a poorly defined concept. On the one hand the term evokes parallels between certain forms of contemporary creation and the art of so-called primitive societies, considered to be undeveloped, immature, and innocent. The African art critic Frank Willett prefers to limit the term to art executed outside documented Western and Oriental traditions.[17] From another perspective, the label is used more or less interchangeably with parallel terms such as "naïve," "unschooled," or "untrained," all of which draw attention to the artists' lack of formal academic education in the Western realist

---

[17] Willett, Frank, *African Art: An Introduction – Revised Edition*, London, New York: Thames and Hudson, 1993, 28.

style. Eva Pataki credits this ignorance, which she considers a positive attribute, with a number of vaguely characterized qualities: "[The Haitian primitive's] total freedom from conventional artistic rules resulted in great originality, vitality, sincerity and charm in painting."[18] More specifically, with respect to the use of perspective in Haitian primitive art, she notes the presence of spontaneous, unplanned distortion (15). Ute Stebich draws attention to the elusive character of such terminology, and stresses the freshness and spontaneity of a genre that expresses original, fundamental human nature.[19] For his part, Maurice Merleau-Ponty compares primitive art, which draws on direct observation of nature and employs spontaneous, non-reflective expression, to traditional, formulaic composition, based on culturally conditioned vocabulary and syntax.[20] Merleau-Ponty goes further in his characterization of primitive art when he investigates children's drawing, a form which, he suggests, can be "deliberately recaptured by an artist in a genuinely creative [rather than imitative] gesture."[21] He contrasts the "human view of the world" (149) of primitive art with the constrained "prosaic objectivity" (152) of two-dimensional perspective. In the latter case, he suggests, "knowledge [...] obtained from a human viewpoint" (149-50) is captured by a god who constructs "an 'objective' emblem of the spectacle" (150) based on "numerical relations true for any and all perceptions of the object" (150). Primitive art, on the other hand, seeks to portray "the secret substance of the object" (150), "the secret resonance through which our finitude opens up to the being of the world" (151). It thus transcends time and space by representing the broad vision of the artist, freed from the obstacles of objective chronology and finite perception.

This impression of undisciplined, unfettered wildness in Haitian primitive painting is reinforced by its association with Vodou religious art and practice, Vodou itself being widely perceived in the Western world, particularly at the time of the emergence of this art in

---

[18] Pataki, Eva, *Haitian Painting: Art and Kitsch*, Jamaica Estates, NY: E. Pataki, 1986, 2.

[19] Stebich, Ute, ed., *Haitian Art*, New York: Brooklyn Museum, 1978, 18-19.

[20] Merleau-Ponty, Maurice, "Cézanne's Doubt," *Sense and Non-Sense,* trans. Hubert L. Dreyfus, and Patricia Allen Dreyfus, Evanston: Northwestern University Press, 1971, 13.

[21] Merleau-Ponty, Maurice, "Expression and the Child's Drawing," *The Prose of the World*, ed. Claude Lefort, trans. John O'Neill, Evanston: Northwestern University Press, 1973, 151.

the late 1940s and 1950s, as a violent, savage belief system characterized by delirium, madness, blood sacrifice, and magical practices intended to work evil on unwary victims. The fact that a number of early artists were known to be Vodou practitioners and even *oungan* could hardly lessen its appeal. More objectively, however, Haitian primitive art invites definition in terms of its preferred subject matter (exotic landscapes, village and urban life) and particular use of color and perspective. Such definition leads cozily to Eva Pataki's perceptions of "vitality, sincerity and charm" (2). But beyond that, this art invites the Western observer, through its symbolism, distortions, and non-pictorial representation, into an unknown universe, an abyss of destabilizing strangeness.

In Haiti as in Africa, painting was practiced to a limited extent in strictly traditional forms associated with religious ceremonies and places of worship.[22] However, Haitian art moved into a more highly visible, even commercial sphere with the establishment of the Haitian Art Center in Port-au-Prince by DeWitt Peters in 1944. Having discovered a number of remarkable artists whose names have now become legendary, Peters encouraged, protected, and housed the artists and marketed their works. Shortly thereafter, the best of these pioneer artists were invited to paint murals in the Episcopalian Sainte-Trinité cathedral in the city.[23] This stunningly harmonious display blends with the architecture of the building to produce a veritable temple of Haitian primitive art.

The catalogue of Haitian painters of repute, both within and without the confines of the "primitive" category, is extensive and continues to grow. Haitian art of distinctively high quality graces the collections of major museums throughout the world, and of course fetches handsome prices on the art market. But Haitian painting is perhaps best known to most observers, to casual visitors to the country, and probably to most Haitians themselves, through the innumerable cheap canvases offered for sale at roadside stands or in more

---

[22] See Robert Farris Thompson, "From the Isle beneath the Sea: Haiti's Africanizing Vodou Art" (92) and Elizabeth McAlistair, "A Sorcerer's Bottle: The Visual Arts of Magic in Haiti" (310), published in *Sacred Arts of Haitian Vodou*, ed. Donald Cosentino, Los Angeles: UCLA Fowler Museum of Cultural History, 1995.

[23] Michèle Grandjean provides the following list: Wilson Bigaud, Castera Bazile, Rigaud Benoit, Philomé Obin, Préfète Duffaut, Gabriel Lévêque, Adam Léontus, Jasmin Joseph (in *Artistes en Haïti : Cent parmi d'autres*, Marseille: Art et cœur, 1997, 9-10).

specialized locales such as the *Marché en fer* in Port-au-Prince and the curio market in Cap-Haïtien. Most of the art thus produced, although pleasing, is only a pale imitation of the best work, created by artists of repute. However, even the roadside variety celebrates the themes of the better art: market scenes, village life, and urban settings, as well as the ceremonies, visions, and spirits of Haitian Vodou.

As has been noted, most well-known Haitian primitive artists do not practice Western techniques of perspective. They thus set themselves apart from traditional realist style, relying on other means, as will be seen, to create impressions of spatial depth and expanse. A typical pseudo-realistic landscape, for example, shows a background of mountains and clouds, with a naïve representation of their diminishing size as they fade into the distance. In the foreground, human figures, buildings, animals, and plants are arranged along the base of the picture, as on a stage. Perspective is thus visible in the background, but in the important part of the work, where the action is, the lines of representation do not emanate from a vanishing point. Other compositions, of spiritual beings or supernatural geographies, stray even further from the classical line.

Dany Laferrière expresses his full consciousness of this fundamental difference in an important passage of *J'écris comme je vis*:

> I made a small discovery that I'm quite proud of. In most Western paintings, the vanishing point is at the back of the painting. Like an invitation to penetrate into the painting. We thus enter the painter's universe, and we study, look, and wander. But as all is on the same plane in most primitive paintings, we end up asking ourselves where the vanishing point is. I looked for it until I discovered that it was my solar plexus that served as the vanishing point. That's why I was never able to penetrate into the painting. It was the painting that had to penetrate into me (128).

The viewer-centeredness of Haitian paintings goes beyond the matter of individual interpretation. Rather, it propels the vanishing point from which the composition radiates to a location that lies, according to Laferrière, within the individual viewer. At this point in *J'écris comme je vis*, Magnier poses a perceptive question: "You wouldn't be defining your own work?" (128). Laferrière replies that he indeed intends, in a similar way, to impose himself on the reader's consciousness: "Primitive Haitians painters have given me my greatest lesson in esthetics [...] When I write, I try to do as they do, [...] I try to intoxicate the reader so that he cannot think of any universe other than the one I offer him. I invade him. I install myself inside him like something evident" (128).

Even a casual perusal of a restricted display of Haitian paintings (e.g. Grandjean) strikes the observer by the richness, brilliance, and variety of colors used. In landscapes the blue of the distant sea and the sky is frequently isolated at the top of the painting by means of a horizontal green band of lush tropical vegetation. In the foreground, various fruits are colored red or yellow; these colors, together with blue and white, are used for clothing. Black frequently appears in outlines, shadows, and of course human complexions. These colors have strong Vodou associations, as any visitor to a Vodou temple knows. Simply stated, the limited but exuberant polychromatic palette of Haitian primitive artists is thus closely associated with, and reminiscent of, both the natural environment and indigenous culture.

The choice of white, red, yellow, green, blue, and black by Haitian artists is of course not surprising for other reasons. Both theoreticians of chromatic esthetic experience and academic painters themselves have long been aware that the use of these colors creates a harmonious and balanced visual effect. However, as compared to the esthetically powerful organization of space, in the case of painting, and sound, in the case of music, color choices in painting submit less readily to objective analysis and the elaboration of rules.

Citing studies of the range of color words in various languages, Rudolf Arnheim observes that "the basic color names, relatively few in number, are common to all languages."[24] However, he continues, "they cover different ranges of hues and [...] not all languages possess all these names." The most elementary chromatic lexicons include words that designate only darkness and lightness, but when a language has a third color name, it is always red (331). When the list of color names grows, green or yellow are added next (332). And finally, languages having names for six colors invariably designate dark and light, red, yellow, blue, and green (332).

In his search for an explanation of these universal color preferences, Arnheim rejects simplistic hypotheses linking red, for example, with powerfully affective entities such as fire or blood. He

---

[24] Arnheim, Rudolf, "Color," *Art and Visual Perception: A Psychology of the Creative Eye – The New Version*, Berkeley, etc.: University of California Press, 1974, 331.

moves us closer, however, to an explanation of why Haitian (and indeed all) painters prefer yellow, blue, and red when he discusses the particular qualities of these fundamental primaries. Numerous color triads may be employed to generate the full range of hues. However, only the three primaries stand apart in their purity, containing no element of other colors: "The pure hues can never serve as [...] transitions. They are the poles. They stand isolated, or appear at the beginning or end of a sequence of color values; or they mark a climax at which the sequence turns in another direction" (352). The three fundamental primaries thus make up the only triad in which each element totally excludes the other two: "There is nothing yellow in the pure blue, nothing blue in the pure red, and so on" (357). And yet, in a visual composition, the presence of the three primaries is required, "like the three legs of a stool" (357), in order "to create complete support and balance" (357).

These fundamental primaries combine to make up the so-called complementary colors of the classic color circle: orange, green, and purple. The presence of one of these complementaries, green for example, calls for the presence of the missing primary (in this case red) to provide what Arnheim, in a later study, calls a satisfying relation of contrast:

> In its elementary form, contrast sets a pure fundamental against a composite of the other two; thus blue against orange, red against green, yellow against purple. At the same time it supplies the satisfaction of completeness [i.e. the presence of all three primaries] by the most economical means. This is what we have in mind when we say that the colors of a contrasting pair of hues are complementary. They call for each other.[25]

It may be, then, that the unexplained primacy of red among the fundamentals ensures pride of place to green among the three secondaries, and this may explain why, in six-color languages, green always appears along with light, dark, and the three fundamentals.

In a classic study of the psychology of esthetic imagination, Anton Ehrenzweig declares the physiological basis for such color choices: "[I]n painting the color receptors in the retina respond to complementaries in a particular way. In juxtaposition they tend to

---

[25] Arnheim, Rudolf, "The Rationalization of Color," *New Essays on the Psychology of Art*, Berkeley, etc.: University of California Press, 1986, 210.

sizzle and dazzle; after-images tend towards the complementary color. Color interaction will also turn colors towards the complementary color."[26] The human eye and nervous system are thus constructed to favor the use of certain colors and combinations of colors. The impression of stability, harmony, balance, and completeness that we experience before a well-wrought painting, it is suggested, has its basis in certain elements of our universally shared human nature.

The prestigious role played by the primaries in creating an impression of chromatic balance results in their impressing themselves upon spatial representations as well. Indeed, Ehrenzweig states that "[f]orm cannot fail to affect color and vice versa" (152). According to Arnheim, the three unalloyed hues constitute the basis of the painter's color system, and provide the painting "with places of rest, with keynotes, serving as a stable frame of reference for mixtures" ("Color" 352). Indeed, their presence is required in order to generate what Arnheim terms "a classicist stability" (353). The striking simultaneous presence of the three primaries in Haitian primitive painting may, at least to a degree, stand behind the pleasing effect of this art, even in its less expert manifestations.[27]

I have already suggested that some of the color choices in Haitian landscapes are made in accordance with the physical location of the elements depicted. White clouds occur at the top of the picture, along with blue sky, and often an expanse of blue water. Then, green vegetation, forming an intermediate background, separates the beyond from the multi-colored foreground, where all six favored colors punctuate the scene. The colors thus arrange themselves in a particular Haitian spectrum composed of white, blue, green, yellow, red, and black, with the later colors in the sequence occurring in the painting closer to the viewer.

It may be suggested that Vodou cosmology provides a parallel with this color sequence. White, associated with height and distance in the painting, recalls *Bondyè*, inaccessible and aloof in the manner of the traditional African godhead. Blue symbolizes the waters that

---

[26] Ehrenzweig, Anton, "Training Spontaneity through the Intellect," *The Hidden Order of Art: A Study in the Psychology of Artistic Imagination*, Berkeley, Los Angeles: University of California Press, 1969, 153-4.

[27] It may simply be that the poverty of many Haitian painters requires them to use as few colors as possible. They may buy only black, white, and the primaries, with the intention of producing other tones such as green by combination. If this is the case, the presence of pure blues, yellows, and reds in their work is hardly surprising.

separate the immediate, real world, from *Ginen*, the abode of the *lwa*. Green, intersecting with blue, represents the natural tropical environment. Red and yellow, the hottest and liveliest of colors, represent facets of human passion, which in turn relate to the cosmic passions of the *lwa*. Black, finally, evokes universal humanity (skin is black), earth, and death (e.g. the costume of *Bawon Samdi*). Ranging thus from serene white to earthy black, the spectral range of colors recalls the whole of existence in space and time, real and supernatural, as well as the relationship of passionate human beings to their universe. Red and yellow, of all the colors those most sparingly used in the painting, radiate heat and light from restricted points in the composition. Blue and green, cool colors, denote, intermediate planes, while white and black are reserved for extremes.[28]

Words and Things: A Question of Style

As we have seen, Laferrière refuses all attempts to classify him and his writing. Further, he refuses commitment to political, social, and ideological causes; his literary task is his only project: "Pour ma part, j'ai déjà une cause. Elle occupe tout mon esprit. C'est le style. Ou plutôt parvenir à l'absence de tout style. Aucune trace. Que le lecteur oublie les mots pour voir les choses. Une prise directe avec la vie. Sans intermédiaire" [As for me, I already have a cause. It occupies my spirit entirely. It's style. Or rather to reach a total absence of style. Not a trace. The reader must forget words in order to see things. A direct relation to life. Without mediation] (*J'écris*, 54). He proposes to banish the text, leaving himself as the generator of ideas at one extreme, and the reader, as their receiver, at the other. What amounts to a form of stylistic nihilism, unattainable in reality, thus appears to the writer as a temptation.

In *J'écris comme je vis*, the author relates an adolescent experience that gave birth to an obsessive fear lest he possess an intimate knowledge of words without corresponding acquaintance with

---

[28] For extensive explanations of Vodou cosmology see Leslie G. Desmangles, *The Faces of the Gods: Vodou and Roman Catholicism in Haiti*, Chapel Hill, London: The University of North Carolina Press, 1992 and Karen McCarthy Brown, "The Art of Transformation: An Exploration of Vodou Cosmology and Vodou Aesthetics" in *Tracing the Spirit: Ethnographic Essays on Haitian Art*, ed. Karen McCarthy Brown, Davenport, Iowa: Davenport Museum of Art, 1995, 12-35.

the things they represent. While in the company of his sister during a trip through Port-au-Prince, the young Laferrière pronounces as a French word an English name appearing on a commercial sign. His ignorance of the referent and even of the correct pronunciation of the word provokes in his sister a reaction of derision, of "fou rire" [wild laughter] (53). He takes the point. His error lies, he affirms, in assigning to the word a life of its own, unconnected with "ce qui bouge sous [l]a main" [what moves under the hand] (54). And in order to avoid repeating the humiliating mistake, he resolves to extend his contact with the concrete. In so doing, of course, he reasserts the primacy of sense experience: colors, sounds, odors, tastes.

Paradoxically, as the narrator of *Le cri des oiseaux fous* informs us, the temptation remains to assign to words their own vitality and dynamism, their own music, which combine to open up potentially, between signifier and signified, a chasm of ambiguity: "Je n'accepte pas l'idée qu'on puisse définir les mots. J'ai recopié ceux que j'aime dans un cahier et je leur ai donné, à chacun, un sens personnel" [I don't accept the idea that one can define words. I copied those that I like in a notebook and I gave to each one of them a personal meaning] (66). Words, thus endowed with the youthful author's own personal meaning, do not, however, remain buried away in his notebook. On the contrary, they emerge from it to take their place at the center of the mature writer's creative activity: "Le problème, c'est que je n'aime que les mots, pas autre chose. Pas les phrases, ni les histoires. Un mot dit tellement plus qu'une phrase ou une histoire" [The problem is that I only like words, nothing else. Not sentences or stories. A word conveys so much more than a sentence or a story] (67). Linked to real phenomena by virtue of their objective signification, words are paradoxically also the bearers of the writer's subjectivity. This portion of supplementary meaning, subjectively determined, underlies to an important degree the word's expressive power.

In fact, for Laferrière, this theory of words should be termed a theory of nouns and adjectives, for in all the examples supplied by the author, the intimate, personal universe revealed by his writing comes into being through the name of an object or of a quality possessed by the object. We are reminded once again of the powerful scene at the opening of *Pays sans chapeau*, leading to the narrator's affirmation of the "primitive" quality of his writing. Elsewhere, he explains further the physically dynamic character of this verbal explosion: "La musique des mots. Je fais danser les mots sur la piste de la page blanche. C'est vrai que je joue de la musique en écrivant. Je souris. Je bouge. J'écris. Je suis chez moi. Je mène la danse" [The music of words. I make words dance on the blank page. It's true that I play music when I write. I smile. I move. I write. I am at home. I lead the dance] (*J'écris*, 122). Music and dance, melody and motion, these are living, vibrant verbal qualities, and it is on the basis of concrete, elementary qualities, objectively perceived, that the dynamic sinuosities of the text, its living element, are born.

A parallel is to be drawn here between, on the one hand, the absence of perspective and the particular use of color in Haitian painting examined above, and, on the other, Laferrière's stylistic musings. It is all very well to suggest that the vanishing point of the painting lies in that vulnerable solar plexus of the observer, the part of our anatomy where a sharp blow literally takes our breath away. However, something discernable in the painting has to administer that crucial blow, so distressing and physical. This requirement is fulfilled by the primitive artist's use of color, and the adaptation of the technique in a verbal sense by Laferrière. Colors give expression in the scene to primary elements of the human condition, which in turn take their meaning from their association with cosmic structures. The artist's spectral palette, be it chromatic or verbal, associates the banal with the transcendent.

Color Images: The "Tough" Books

As we have demonstrated, the length of narrative segments alone may be used to distinguish Laferrière's "tough" books from the "tender" series. However, it also happens that in the two series, color images play a quite different role. Even within the "tough" cycle, a difference may be discerned between the ways color words are used in the three North-American novels *(Comment, Eroshima, Grenade)* as compared to the three volumes set in Haiti *(Goût, Chair, Cri)*. Among the "tender" books, the two works depicting the mature narrator *(Chronique, Pays)* again use color images differently from those in which his childhood is portrayed *(Odeur, Charme)*.

Comment faire l'amour avec un Nègre sans se fatiguer is of course predicated on the sexual, racial, and class tensions that exists between immigrant Black men and the White women they court in

Montreal. Very early in the book, however, he broadens the field to include two more races: Orientals ("Jaunes" 17) and North-American indigenous peoples ("le Rouge" 18). These distinctions, using color words ("Nègre," "Blanche," "Jaune," "Rouge") mark out the racial camps whose relationships Laferrière explores in this work.

While the question of Black-White liaisons in Laferrière has been extensively studied,[29] the technicolor coupling of "la Blanche" with "le Rouge" and "le Jaune" has attracted less scrutiny, and of "le Nègre" and "la Jaune" even less. The lifeless, dispassionate men of the English-speaking White upper class are absent from the picture, and are referred to as lacking in color: "Les universités reprirent leur train-train quotidien, gris, blême, sans issue" [The universities returned to their daily routine, grey, pale, dead-end] (18). As a consequence, White women seek diversion, excitement, and erotic fulfillment in relationships with men of other races. For Laferrière, this shifting of preference takes place in an underworld of raw desire that lacks a public face. Chaos reigns in this pre-HIV universe, and individuals are drawn into a maelstrom of frenetic, ephemeral relationships. Laferrière refers to the unpredictable circularity of this frantic existence using the image of a roulette wheel of alternating colors: "Le casino de la baise. Rien à redire. ROUGE, NOIR, JAUNE, NOIR, JAUNE, ROUGE, JAUNE, ROUGE, NOIR. La roue du temps occidental" [The casino of sex. Nothing to add. RED, BLACK, YELLOW, BLACK, YELLOW, RED, YELLOW, RED, BLACK. The wheel of Western time] (19).

The theme of inter-racial mixing is explored further in the other two books of the sub-group "North-American Tough." In *Eroshima*, Black meets Yellow as the narrator links up with Hoki, his Japanese lover in Montreal. Interest in other races is present as well, for Hoki has just abandoned her "Peau-Rouge" lover (14). However, here it is the innovative mix of Black and Yellow that obsesses the narrator. In *Cette grenade*, the third book in the subgroup, the same mingling of races engenders commentary by the itinerant narrator: "[J]e suis allé un peu partout en Amérique du Nord. J'ai regardé vivre les Noirs, les

---

[29] See Essar, 932. Subsequent studies include Pascale De Souza, "Comment écrire un roman sans se fatiguer : stratégies perlocutoires d'un best seller chez Dany Laferrière," *Québec Studies* 27 (1999): 62-69; Frieda Ekotto, "Shamelessness as a Creative Mechanism in Jean Genet's *Notre-Dame-des-Fleurs* and Dany Laferrière's *Comment faire l'amour avec un Nègre sans se fatiguer*," *Esprit créateur* 39.4 (1999): 80-89; and Anne Marie Miraglia, "Dany Laferrière, l'identité culturelle et l'intertexte afro-américain," *Présence francophone* 54 (2000): 121-39.

Blancs, les Rouges, les Jaunes" [I have gone just about everywhere in
North America. I have watched the way Blacks, Whites, Reds, and
Yellows live] (16).

The obsessive iteration of these four colors, white, red, yellow,
and black, sets out with luminous clarity the zones into which
Laferrière classifies North-American humanity. In particular, the
narrator's erotic interest in Oriental women, and his delight at
inaugurating the new Black-Yellow dimension in inter-racial
relationships, complements his habitual association of the color yellow
with episodes of memorable sensual revelation characterized by
surprise and a feeling of destabilization. If red is the color of emotional
and sensual heat, the more penetrating and durable aspect of passion,
yellow is the color of *coup de foudre*, of the blinding flash of revelation
and that moment of special vision in which a world-view is eternally
altered. In *J'écris comme je vis*, speaking of Vava, the girl he loved as
a child, the author describes the origin of his particular interest in this,
the most visible of colors: "Vava fut le grand soleil rouge de mon
enfance. Mon premier amour. J'avais dix ans, mais il n'y a pas d'âge
pour aimer. Elle arrivait toujours dans mon dos, dans cette robe jaune
qui est devenue depuis ma couleur fétiche" [Vava was the big red sun
of my childhood. My first love. I was ten years old, but there is no age
for love. She always came up behind me, wearing a yellow dress, the
color that since then I've fetishized] (215).

Yellow objects, including the famous yellow dress, are present
in all three North-American "tough" novels. They manifest themselves
as accessory elements particularly in erotic situations, linking a whole
panoply of experiences related to the sensuality of the narrator. In
Comment faire l'amour, a yellow dress is worn by Miz Littérature (37),
while Valerie Miller (67) chooses yellow and green. Further on, Miz
Chat has a yellow divan in her apartment, along with a collection of
literary erotica (127). And finally, the cover of *Paradis du dragueur
nègre*, the novel the narrator is writing, combines red and yellow (140).

In *Eroshima*, Hoki owns a yellow Volkswagen which the
narrator dubs "un véritable BAISODROME" [a veritable
SEXODROME] (29). At the apartment of Hoki's friend Kero, visitors
sit on minuscule yellow silk cushions (67). One guest, Gloria Mailer, is
wearing a sensuous green and yellow dress, that, says the narrator,
"transpire un érotisme humide, impudique" [exudes a humid and
shameless eroticism] (68). Other colors are important as well in this

novel. Hoki herself wears a black dress (14), which of course contrasts with her skin color, and subtly draws attention to it. But her color specificity becomes uncertain as the erotic effect of her presence makes itself felt on the narrator. She resembles a "flamme bleue" [blue flame] of uncertain hue (14). She rubs herself with a cream containing alcohol, which threatens to burst into flame, before they spend 72 hours making love (17). After her departure, the narrator sustains himself with leftover cake and the residues of alcohol in what is left of an old bottle of cognac (17). Particularly in this episode, nascent sexuality is associated with alcohol; as such, it readily erupts into flame (blue, yellow, red). Bachelard reminds us that in alchemy, "le feu [...] est le principe mâle qui informe la matière femelle. Cette matière femelle, c'est l'eau" [fire [...] is the male principle that informs female matter. This female matter is water].[30] Alcohol, according to the same analysis, is "l'eau de feu," "la communion de la vie et du feu" [fire water, the communion of life and fire] (145). Materializing the link between fire and water, it represents the flammability of desire and manifests itself visually in the vivid colors of Laferrière's account.

In *Cette grenade*, Laferrière introduces a nuance into the color relationship between Black and White, since "[l]a blonde représente la plus-que-blanche" [the blond woman represents the more-than-white] (83). In *Eroshima*, alcohol, the fire-water of desire, bursts into flame, but in *Cette grenade*, the blond woman meeting a Black man becomes "[u]ne bombe qui explose" [a bomb that explodes] (83). The color of the Oriental woman's skin is here transferred to the hair of her White counterpart, with the same explosive results seen in *Eroshima*.

In the three Haitian "tough" books (*Goût*, *Chair*, *Cri*), color references to racial differences are much less frequent, and assume a far less important role. Here, we enter a Haitian fictional sphere where differences in skin color are of little importance. However, various thematic fields associated respectively with earth, fire, air, and water — the four traditional elements — align themselves through color references to specific zones of experience. In addition, the association of certain colors with particular objects continues to manifest itself in an obsessive fashion.

The opening pages of *Le goût des jeunes filles* is set in Florida, where the narrator in his bath imagines a film depicting his adolescent

---

[30] Bachelard, Gaston, *La psychanalyse du feu*, Paris: Gallimard, 1989, 92.

experience in Port-au-Prince, the weekend before the death of François Duvalier in April 1971. Curled up in fetal position, the narrator is protected by maternal waters from time and the miseries of life (27). As befits the North-American world where strained encounters between Black and White are daily occurrences and where passions are held in check by social convention and the hard realities of earning a living, the colors evoked are plain: Aunt Raymonde has a black and white television set, reads *Ebony* and *Free Black Press*, and drinks coffee (12); the dresses she wears are of monotonous white and gray (14). However, when the narrator's mother sends him a volume by the Haitian poet Magloire Saint-Aude, he plunges back through memory into an impassioned, youthful world where flashes of color punctuate the scenes. This is the stuff of the scenario of the imagined film. For example, a prostitute in the hellish Macaya Bar wears "[u]ne minuscule robe de soie jaune" [a minuscule yellow silk dress] (77), which contrasts with the fiery points of passionate red that mark her person: "Tout ce rouge. La bouche, les joues, les ongles. Rouge, rouge, rouge" [All this red. The mouth, the cheeks, the nails. Red, red, red] (77).

    In *La chair du maître*, the narrator speaks of himself at the age of fifteen as being "en feu" (11), and it is this adolescent sensual fire that penetrates into the pages of the stories in the collection. A private school principal wears a yellow dress (21), as does a forty-year-old blond British woman out to "reconnaître les lieux" [check out the place] (98). In a scene evoking a resort hotel, three dominant colors of the Haitian natural environment are highlighted: "Bleu (la mer), blanc (le sable), vert (les arbres) sont les couleurs chantantes de la vie" [Blue (the sea), white (the sand), green (the trees) are the singing colors of life] (209). It may be noted that in this collection, with the longest narrative segments in all of Laferrière's books, color symbolism plays the least important role. It is the least "primitive" of the set.

    In *Le cri des oiseaux fous*, the joys, discoveries and awakenings of the narrator's childhood and adolescent world are swept away by the murder of his friend and his flight into exile. This is a somber book, taking place mostly at night, in gloomy, threatening surroundings. Yellow and red are present here, but associated with death: "Je frissonne rien qu'en pensant au baiser jaune de la mort rouge. La mort est blanche et froide dans le Nord. Elle est rouge et fumante dans le Sud" [I shiver just to think of the yellow kiss of red death. Death is white and cold in the North. She is red and smoking in the South] (102). Entering a bar at 3:42 a.m. (263), the narrator perceives "une robe de mariée [...] exposée dans une très large armoire aux portes vitrées" [a wedding dress [...] displayed in a large armoire with glass doors] (265). He notes the color of the dress: "[C]ette robe de mariée commence à jaunir, signe qu'aucun tonton macoute ne l'a jamais offerte à une prostituée" [This wedding dress is beginning to turn yellow, a sign that no *Tonton Macoute* has ever offered it to a prostitute] (265). Later on, commenting on the dress again, he witnesses the bloody result of violence, "un tonton macoute tenant par le cou un homme couvert de sang" [a *Tonton Macoute* holding by the neck a man covered with blood] (278). And at the radio station, he sees the guard smile at an officer "aux dents jaunies par le tabac et aux yeux rougis par l'alcool et le manque de sommeil" [with teeth yellowed by tobacco and eyes reddened by alcohol and lack of sleep] (285). The colors in this sequence lose all their positive attributes of surprise, pleasure, and emotional intensity. They are degraded into the somber tones of hellish torment.

On a brighter note, in the same novel, the narrator's mother's home and that of the mother of his beloved Lisa, are surrounded by colored fences. His mother's is green (58), symbolic of calm and security, while the other is predictably red and yellow (120), reflecting the sensuality of his interest in Lisa and her association in the narrator's imagination, as he points out, with Vava, the first childhood love: "Lisa n'est peut-être que le prolongement de Vava. On aime toujours la même personne" [Lisa may only be the extension of Vava. We always love the same person] (132).

As has been noted, color words are used throughout the "tough" cycle in connection with particular emotional states. Although powerful and expressive, like touches of color in a primitive painting, they play a supportive and illustrative role rather than a generative one. If yellow symbolizes the surprise of love, red represents the enduring heat of passion, as the first flash of recognition fades. Green associates itself habitually with yellow, but remains separate from it, a cooler, more passive and enduring element of the somber décor. Blue is scarcely hinted at in this cycle, but, as will be seen, in the "tender" series it beckons up to the distant sky or into the depths of the sea, remote, transcendent worlds beyond the realm of the living, peopled by gods and spirits.

Color Images: The "Tender" Books

We have noted that in the four books of the "tender" series, narrative segments are shorter. The narrator is less expansive than in the "tough" books. At the same time, color images grow in importance and power, evolving from their ancillary, almost incidental role in the "tough" series, towards a new, generative one. Color words dominate the scenes in which they occur, extending their aura over the entire textual segment, and bearing with it the emotional tonalities occasioned by the events being described. As the narrator comes closer to recounting his earliest recollections, these incandescent color words assume even greater power.

In *Pays sans chapeau*, the "tender" novel that depicts the most recent events in the narrator's life, he returns to Haiti after a long absence. As we have seen, the mature author is overcome by the sensual richness of this Caribbean environment and affirms the "primitive" character of his art. The sensations that rain down upon him include heat, odors, sounds, and of course colors evoked in such details as "feuilles jaunes," [yellow leaves] "les mouches tantôt noires, tantôt bleues" [flies sometimes black, sometimes blue] (34), and a cup of black coffee poured out in libation to the ancestors. The importance of this heightened sensual awareness is emphasized later in the book when the narrator returns from *Ginen*, the land of the dead. When he protests to the ethnologist Jean-Baptiste Romain that he is disappointed with what he has seen, the professor replies: "[L]à-bas, au moins, ça vit, les sentiments sont poussés à l'extrême [...], les couleurs sont aussi très vives (le noir, le rouge, le violet et le blanc étincelant)" [Down there, at least, there is life, feelings are pushed to extremes [...], colors are also very powerful (black, red, violet, and sparkling white)] (217). Colors brighten and sensations intensify in this special land of dream-like experience.

Such heightened acuity persists throughout the book. A poor woman wants to give him her beautiful daughter, dressed, predictably, in yellow (72). Elsewhere, when he encounters a girlfriend of earlier days, he recalls the moment long past when he looked upon her with different eyes: "A un moment donné, je me suis retourné et je l'ai vue. Comme je ne l'avais jamais vue auparavant. Comme je ne verrai jamais plus une femme. Elle était là dans cette robe jaune. On était en avril. Tout était parfait" [At one moment I turned and saw her. As I had never seen her before. As I will never see any other woman. She was there in that yellow dress. It was April. Everything was perfect] (190-1). Again, yellow combines sensual awareness with surprise, renewed vision, sharp realization, epiphany.

Chronique de la dérive douce is a book very different from *Pays sans chapeau*, thematically, stylistically, and typographically. The narrative segments are very short (0.34 pages on average), grouped in six sections of unequal length corresponding to the unrolling of the seasons. Some sections consist of short poems in free verse, while others appear as longer continuous paragraphs. As has been noted, the book deals with the narrator's first year in exile in Montreal. Much surprises the narrator, from the moment of arrival. It is a time of discovery and realization. Although the themes of racial difference and rivalry are present, they are downplayed. The narrator does not yet possess the cocky self-confidence of *Comment faire l'amour*, the book he prepares to write as he sets himself up in the park at the end of *Chronique de la dérive douce*.

Stylistically, color words are used in a manner that has not been seen in the other books of the *Autobiographie* examined up to this point. In the poetic, whimsical, impressionistic segments of *Chronique de la dérive douce*, color images, often incisively reinforced by a color word inserted at the end of the segment, play a pivotal role in the development of the thought in the segment. They literally color the whole section, a flash of light illuminating an otherwise darkened scene. This important characteristic is shared, as will be shown, with both *L'odeur du café* and *Le charme des après-midi sans fin*.

At the beginning of the book, the narrator steps from the aircraft and is immediately struck by the sight of a couple kissing in public, a cultural difference charged with sensual power, punctuated by the perception of a highly visible and suggestive color: "Un couple en train/ de s'embrasser/ à l'aéroport./ Un baiser interminable./ La fille est en/ minijupe rouge" [a couple/ kissing / in the airport/ An endless kiss/ The girl is in/ a red miniskirt] (11). The following segment culminates in the same color word "rouge," but this time the color is transferred from the miniskirt to the kiss itself (perhaps in association with red lips): "Je suis seul à m'intéresser/ à ce baiser rouge" [I alone am interested/ in this red kiss] (12). Red has been seen to symbolize the enduring heat of passion rather than the flash and surprise of *coup de foudre*. Since the narrator discovers here the relative freedom enjoyed by these lovers in North America, red seems to be the appropriate color.

After an initial period of disorientation and bewilderment in which color images are absent (12-39), the narrator quickly regains a sense of equilibrium, and adopts a more interactive attitude. He moves to new lodgings, expands his circle of acquaintances, meets attractive young White women, and begins his more aggressive exploration of the city and society. When he looks for a new apartment, the sign on the lawn is red (43). Once inside, he notes the walls are yellow (44). He notices a girl and follows her into a park. She wears "une courte robe jaune" [a short yellow dress] (57), as does in a later scene his boss's secretary (91). The sun glows red on this occasion (94), and the secretary (whose neck turns red when she hears the boss joking about sex [79]), gives him a red scarf as protection against the oncoming cold (109). When the boss's blond daughter arrives on the scene, the narrator notes her red lips (115); she leaves with his Indigenous colleague in a red convertible. When summer returns, another young woman in a red miniskirt passionately kisses her companion in public. The narrator cannot bear the tension created: "Je passe sans m'arrêter" [I walk by without stopping] (129). He is attracted to his young female neighbor, who wears a yellow dress (124). However, she turns out to be lesbian; her passions are reserved for another.

While yellow and red dominate these multiple, repetitive scenes of observation, desire, discovery, and involvement, the colors associated with the narrator's other lovers complete the spectrum. Nathalie, whom he loves for sex (84), wears a black dress (76), while Julie, "si sérieuse" (133), dresses in cool blue (133). The generous and practical fat woman from the laundry is characterized by white (skin [51], sheets [52]). Green is present here only in the description of the tree the narrator sees outside his apartment window (71). The lush greens of Haiti are far away, and the colors of surprise and passion dominate.

It is to the novels of childhood, *L'odeur du café* and *Le charme des après-midi sans fin*, however, that we must turn for the special presence of color images visible in *Chronique de la dérive douce* to become pervasive. It seems that the closer the narrator takes us to his beginnings, to the primordial simplicity of childhood, the more these special colors take on importance. Although odors and sounds are important, they fade in comparison to the brilliance of color in these two Haitian novels.

As the first book composed in the "tender" sequence, *L'odeur du café* set the scene for the type of short-segmented writing typical of the series. The text is organized as a series of flashes or sensory impulses (odors, colors, tastes) around which the textual fragments crystallize. These head-centered perceptions reveal a somewhat passive but acutely aware and observant youthful witness, remarkably sensitive to impressions, and equipped with the extraordinary memory required to resurrect the scenes when as an adult he will commit them to written form. It may be noted that sounds are of lesser importance in this regard. This is a silent world: Petit-Goâve is a sleepy town without much noise, where not a lot happens.

In the opening pages of the novel, sensory impulses predominate. The first segment, "L'été 63," retraces the route leading to Petit-Goâve, and as we enter the town, the "jaune feu" [fire yellow] (13) of the barracks building colors the scene. Da and the narrator, the principal characters of the story, and the veranda of the house, the center of the action, are then set in place. In the third segment, "Le paysage," an explicit comparison is made between what meets the narrator's eye and a typical primitive landscape, complete with the use of simple perspective in the background: "On dirait un dessin de peintre naïf avec, au loin, de grosses montagnes chauves et fumantes" [You might say a drawing by a primitive painter, with big bald and smoking mountains in the distance] (14). Fire ("feu," "flamme"), evocative of yellow and red, is mentioned four times in the scene; black smoke rises to meet the "bleu clair" [light blue] of the sky. In segment 4, the "soleil rouge" [red sun] plunges into the "mer turquoise" [turquoise sea], framed by the coconut palms behind the aforementioned yellow barracks (15). The peasant women selling charcoal wear black dresses (15); one of them stops to urinate, emitting "un puissant jet de liquide jaune" [a powerful spurt of yellow liquid] (15) that the narrator duly records.

Following these scene-setting passages, Vava appears, wearing the prototypical yellow dress: "Vava habite en haut de la pente. Elle porte une robe jaune. Comme la fièvre du même nom" [Vava lives on top of the hill. She wears a yellow dress. Like the fever of the same name] (17). The infatuated narrator gazes at her, dizzied, and compares himself to a soaring kite on an invisible string. Attention shifts to the street again. It is teeming with life and activity, like a painting of a market place or village square. Da greets the actors in this life theater with her specialty, "un café très noir" [very black coffee] (18). Da's coffee is of no ordinary sort. It comes from Les Palmes, the family's ancestral village high in the mountains to the south. It represents paradise to Da, like *Ginen*, the place of origins and an ultimate destination, unattainable and magical: "[J]'ai demandé à Da de m'expliquer le paradis. Elle m'a montré sa cafetière. C'est le café des Palmes que Da préfère" [I asked Da to explain paradise to me. She showed me her coffee pot. Da prefers the coffee from Les Palmes] (19). The magical, mystical aroma of this coffee throws the narrator into fits of dizziness.

Tobacco is smoked in red pipes (19), guests are offered coffee in a special blue cup (19), the veranda is paved with yellow brick (20) traversed by columns of red and black ants (20), green flies dwell in the communal livestock enclosure (21), a white dog follows Gédéon, who has been dead for a month, through the darkened streets ("Il fait presque noir" [The darkness is almost complete] [22]). Obsessive colors illuminate these scenes, freeze-framing them into timeless, motionless images: "Da boit son café. J'observe les fourmis. Le temps n'existe pas" [Da drinks her coffee. I watch the ants. Time does not exist] (24).

The predominance of color images in the opening chapter of *L'odeur du café* persists throughout the book, in references to color-specific objects already mentioned as well as new ones. Da's house, for example, already partially described, returns to the foreground in chapter III: "C'est une grosse maison de bois peinte en jaune avec de grandes portes bleues" [It's a big wooden house painted yellow with big blue doors] (30). Its corrugated metal roof reflects the sunlight and blinds the truck drivers: "Da pense la faire peindre en noir. J'aimerais mieux rouge" [Da intends to have it painted black. I would prefer red] (30). The sacks of coffee are tied with yellow ribbon (31), the same that is used to tie together the toes of his dead grandfather, already prepared for burial dressed in a blue suit and sporting a red rose (44-5).

A curiously powerful color image is associated with the grandfather's aborted attempt to acquire an American tractor for his wholesale coffee business. He had ordered one from a manufacturer in Chicago, but bankruptcy intervened before he could take possession of it (40). By a happy oversight, the grandfather continued to receive calendars from Chicago bearing photographs of the machines. These yellow tractors resurface in Laferrière's writing on many occasions, and speak of ancestral dreams of modernization, grandeur, power, and success.[31]

Two other memorable episodes in this book make extensive use of color images. In chapter IX, "Le sexe," the narrator is led by his friend Auguste one Saturday into a deserted school. Bored by the childish game of imitating students and teachers, the two characters move to more mysterious pursuits. With Auguste taking the lead, they disrobe, lie down on desks, and plunge their penises into open inkwells. The narrator urinates, creating a blue puddle. Auguste, infuriated, first tries to stop him, and then explains their bizarre action to the puzzled narrator: "Auguste m'apprend que c'est comme ça qu'on fait avec les filles. Le sexe des filles: un trou noir avec du liquide à l'intérieur. Un liquide bleu" [Auguste informs me that that is how it's done with girls. A girl's sex: a black hole with liquid inside. A blue liquid] (84). The link between sex and writing sketches itself out in the narrator's pre-adolescent consciousness. Writing is a sexual act, orgasmic and uncontrolled, and linked, through the powerful symbolism of the color blue, with a striving for transcendent knowledge and ecstatic understanding.

Irrational, delirious, chaotic experience associates itself with heavy doses of strong color in another passage, dealing this time with the delirium experienced by the narrator as he suffers an attack of malaria. Da gives him camphor to sniff, and the strong odor propels him toward some unfathomable destination at the center of which lies his color of predilection: "[J]e ferme les yeux pour voir les lueurs jaunes [...]. Je veux toucher la source de la lumière jaune. Je m'enfonce de plus en plus. La lumière jaune m'attire [...] je veux [...] [a]tteindre le cœur du jaune" [I close my eyes to see the flashes of yellow [...]. I want to touch the source of the yellow light. I plunge

---

[31] I recall from my boyhood on the Canadian prairies that some farmers preferred yellow Minneapolis Moline machinery to Massey-Harris or Cockshutt red, Ford blue, or John Deere green and yellow. A web site for restorers of Minneapolis machinery lists the factory colors used by the company. Originally called Prairie Gold, the eloquent name Power Yellow was employed from 1956 until the 1960s (the period referred to in Laferrière's novel). Described as "a darker, more orange Prairie Gold," Power Yellow was renamed Energy Power Yellow in 1962-63. See John McLucas, "Minneapolis Moline paint numbers," Internet site: http://jetstar.minneapolis-moline.com/paint/html. Posted November 5, 2001, accessed January 8, 2003.

deeper and deeper. The yellow light attracts me […]. I want […] to reach the heart of the yellow] (99). Swiftly, the attractive yellow color associates itself with the Vava of the yellow dress, and the heat of passion adds its discomfort to the descent: "Je continue ma route vers le septième cercle. Cela devient insupportable. Je vais me brûler. Le feu jaune. La robe de Vava. Les grands yeux noirs" [I continue my way to the seventh circle. It becomes unbearable. I am going to burn myself. The yellow fire. Vava's dress. The big black eyes] (99). Vava's frightening eyes, however, are then shown to be impassive, indifferent, and therein lies for the narrator the great tragedy of these twilight years of childhood: "Le centre de la lumière est un trou noir très froid" [The center of the light is a cold black hole] (100). Herself cold and unfeeling, but robed in the hot yellow of the narrator's passion, Vava occupies the forbidden center of his longing. His passion persists unabated: "J'ai mal au cœur. Noir. Rouge. Je choisis le jaune" [I am heartsick. Black. Red. I choose yellow] (100).

Despite its formal resemblance to *L'odeur du café*, the next novel in the chronological sequence, *Le charme des après-midi sans fin*, differs from the earlier work in important ways. The writing is more narrative in character, less pictorial; the narrator tells more stories. Predictably, the narrative segments are substantially longer. Nor is Vieux Os as sweet, innocent, and refreshingly naïve as in the earlier book. He is a year older. Mortal danger proliferates in the town, and the specter of the narrator's ultimate departure from Petit-Goâve rises in his consciousness. Blue skies (29) and the famous blue coffee cup (51), red bicycles (35), green flies (64), red sun (109), and yellow tractors (182-3) continue to proliferate in these pages, with the same power to color the scene and channel emotions. Vava still haunts the narrator with her yellow dress (81) and enormous, cold black eyes. But in this novel, the action leads more purposefully towards the ultimate exile of the narrator from the town, from his grandmother's nurturing influence, and from the marvels of childhood.

Color erupts in the first page of the novel. The mother of the narrator's friend Rico sews multicolored dresses for sale in the market, "de jolies robes, simples et colorées" [pretty dresses, simple and colorful] (13). She does not hesitate to add flashes of incongruously contrasting colors to the mix: "Il lui arrive aussi de faire une robe avec cinq morceaux de tissus de couleurs différentes, souvent des couleurs très vive [sic]" [Sometimes she makes a dress with five pieces of fabric of different colors, often very bright colors] (13).[32]

Black and yellow, already seen as signifiers of fundamental humanity and change respectively, acquire a new and sinister significance in the opening pages, as the fear of Da's eviction from her house arises. Ominous black clouds gather over Jacmel, and Da receives a mysterious yellow envelope (23). She realizes that the house had been mortgaged by her husband to Bombace, the coffee merchant (27), who now reclaims his property (49). The sole source of reassurance in the face of this impending tragedy is Da's remarkable coffee, whose comforting color takes on the tragic hue of the clouds of impending disaster: "Da se verse une tasse de café. Elle regarde d'un œil méfiant le gros nuage noir suspendu au-dessus de Jacmel" [Da pours herself a cup of coffee. She looks with suspicion at the big black cloud hanging over Jacmel] (23). The colors, like the coffee, assume new and disquieting significance as the narrator is drawn out of the protected world of childhood.

The sense of foreboding associated with the fatal yellow envelope surfaces in other contexts in the ensuing episodes of the novel. Vieux Os visits the children's cemetery with his friend Frantz (64). The fly-infested corpse of a dead dog lies nearby, and significantly, it is the color of these flies, "mouches aux reflets verts" [flies of shimmering green] that attracts his attention rather than the smell of decay. Frantz listens as the narrator speaks of death: "Des fois, je pense à la mort [...]. Des fois, je vois quelque chose" [Sometimes I think about death [...]. Sometimes I see something]. When Frantz asks what he sees, the narrator replies, "Jaune... La mort est jaune" [Yellow... Death is yellow] (64). He then explains that the color is indelibly associated in his mind with the feverish visions he experienced during his illness the preceding year, the time evoked in *L'odeur du café*. He recounts to Frantz how with his high fever everything turned yellow (64). At this moment of deadly distress, he relates, the doctor arrived, and with death but minutes away, he was saved by an injection (65). Clearly, yellow takes on a new subtlety in this scene, as the narrator grows older and the ambiguities of strong emotional experience begin to make themselves felt.

---

[32] Multicolored clothing of this sort sold in Haiti is called *rad penitans*. Exhibiting the colors associated with different *lwa*, the clothing is worn to reconcile the adept with the members of the pantheon after transgression has taken place. See Thompson, 92.

In another episode, Vieux Os attends a party one afternoon at the home of his friend Nissage. He is called to the garden to meet Vava, who confides, "Tu me fais souffrir" [You make me suffer] (79). This unexpected revelation transforms the very stuff of reality: "La couleur de l'après-midi change brusquement" [The color of the afternoon suddenly changes] (79-80). He seeks refuge, significantly, in the library room, where he relives the overwhelming color-coded experience of discovery: "[Vava] m'attend dans la cour. La robe jaune sous le manguier" [Vava waits for me in the yard. The yellow dress under the mango tree] (81). He finds a bottle of cherries marinating in alcoholic *tafia*, sips hesitantly, then deeply: "Je bois du feu. Feu liquide. Mon estomac devient aussi rouge qu'une forge" [I drink fire. Liquid fire. My stomach becomes as red as a forge] (82). He sees Vava's big black eyes, a strange crowd, then, a funeral cortege in the street outside; "L'amour. L'alcool. La fièvre" [Love. Alcohol. Fever] (82), all combine in drunken confusion as the reality of death imprints itself on his fading consciousness (82). Flashes of color thus punctuate this moment of supreme realization: love and death are one. Feverish imaginings (yellow) combine with cherry cocktail (red) in an instantaneous, passionate vision of transcendent reality.

Finally, near the novel's conclusion, Vieux Os has an extraordinary dream of living in a town beneath the waters. Vava appears, wearing a small yellow dress (180). Climbing a spiral staircase in the tower of the church, she bursts into flame: "Un curieux bruit sec. Subitement, Vava est en feu. Les flammes jaunes" [A strange cracking sound. Suddenly, Vava is in flames. Yellow flames] (180). When asked to interpret the dream, Da explains that while fire signifies evil, water denotes good; the presence of both in the dream, is puzzling: "On dirait la vie et la mort en même temps" [It looked like life and death at the same time] (181). Here again, colors and natural elements combine in an instant of recognition of these most mystical and puzzling of human experiences.

Writing under Siege

The opening scene of *Je suis fatigué*, which the narrator declares to be his last book, shows him sitting on a bench in the Square Saint-Louis in Montreal about to embark on this ultimate volume of reflections on his writing career. It is the very spot, he says, where he first decided to become a writer (13). We recall, once again, the point of authorial departure referred to at the end of *Chronique de la dérive douce* (136), coincidentally located scant yards to the south of the apartment that the narrator of *Comment faire l'amour* shares with Bubu. Indeed, it is perhaps the very site of the now legendary photograph in which a barefoot Laferrière sits on a park bench, his typewriter on his knees, with the Rue Saint-Denis ("Ma rue fétiche" [The street I have fetishized] [27]) and the Rue de Malines behind him. The ten-volume chronicle of a creative life occupies the space between these two scenes, the one marking the onset of the regenerative quest, the other its apparent conclusion.

In the opening passages of *L'odeur du café*, what the narrator recalls of arrival in the town so many years before differs little, qualitatively speaking, from what strikes the narrator of *Je suis fatigué* at this moment of return to the focal point of his early creative life:

> Here I am sitting quietly sitting on this bench, with my back to the rue Saint-Denis. I look like I'm watching people, but in reality I only see vague silhouettes. Only the powerful primary colors manage to reach me: the green of the trees, the red lips of the young girls who dance past, the yellow of the dresses in summer (14).

The circle is complete, but in the meantime a life has been written. The aura remains the same, with color retaining pride of place in the depiction of the semi-fictional universe of *Une autobiographie américaine*.

Laferrière has spoken at length of the important creative role played by Matisse's late painting *Grand intérieur rouge* during the composition of his first novel: "J'avais placé une reproduction du tableau de Matisse just en face de moi et, quand j'étais un peu fatigué, je plongeais dans l'univers de Matisse. Il y a les couleurs vives, des bouquets de fleurs dans de petits pots et des peaux de bêtes sauvages" [I had placed a reproduction of Matisse's painting right in front of me and, when I was a little tired, I plunged into Matisse's universe. There are vivid colors, bunches of flowers in little pots, and skins of wild animals] (*J'écris*, 130). These qualities in the painting in fact find their way onto the pages of *Comment faire l'amour*, for the novel contains a long, detailed description of the canvas in which the violent, vocal primary colors are seen to engender the strident sexual content of the canvas (*Comment*, 44-45). In particular, as Laferrière has remarked later, it is the red in the painting, referred to in its title, that overwhelms by its sheer sexual power: "[L]e titre *Grand intérieur rouge* est terrifiant: sexe, sexe, sexe. Grand vagin rouge!" [The title, *Great Red Interior,* is terrifying: sex, sex, sex. Huge red vagina] (*J'écris*, 129). Other powerful colors (black, yellow, blue)[33] in the painting as well as the absence of perspective cause him to associate it with the great Haitian primitives (129). Thus, in composing the first novel of the "tough" series, Laferrière takes inspiration from the exultant colors and lines of Matisse's work, inextricably linked in the author's mind with both the substance of his novel and the pictorial art of his lost homeland.

A similar role is played in the genesis of the first of the "tender" novels, *L'odeur du café*, by a framed image that is strikingly elementary. The author says he knows little of Miami, his adopted city, with one exception: "Tout ce que je sais de Miami, depuis dix ans que j'y vis, c'est l'arbre toujours vert qui se trouve dans l'encadrement de ma fenêtre" [All I know of Miami, from the ten years that I've lived here, is the always-green tree that is framed by my window] (59). He recounts how the vision of this hitherto unnoticed tree, at the end of a prolonged period of writer's block, liberates his creative powers once again: "Je suis allé chercher immédiatement ma vieille Remington et l'ai placée sous la fenêtre. Brusquement, le chant m'était revenu. J'ai écrit *L'odeur du café* en un mois. C'était comme un orgasme ininterrompu" [I immediately went to get my old Remington and I placed it beneath the window. Suddenly, the song returned to me. I wrote *L'odeur du café* in a month. It was like an uninterrupted orgasm] (60). Again, a strikingly framed image placed before the writer, colored this time in a cooler green, powers and directs the creative impulse.

In these two important instances, Laferrière the exiled artist is overwhelmed by two provocative framed *tableaux* that recall basic elements of Haitian pictorial art. Emerging from the adventure as the author of semi-fictional autobiography, he resurrects a homeland lost. The red of "tough" and the green of "tender," along with cool blue, distant white, fundamental black and the brilliant yellow of surprise and revelation, imprint themselves on his creative consciousness and

---

[33] White appears as the background color in one of Matisse's compositions along with green in small patches of foliage. The six colors of Laferrière's pictorial spectrum are thus all present in *Grand intérieur rouge*.

structure the proportions of his story. The Haiti he has left behind molds his perception, shapes his quest, continues to besiege him, and ultimately lives again in the colors of his art.

Ou libéré? History, Transformation and the Struggle for Freedom inEdwidge Danticat's *Breath, Eyes, Memory*

Helen Scott

Résumé : Helen Scott montre que le roman d'Edwidge Danticat, *Breath, Eyes, Memory* [*Le cri de l'oiseau rouge*], publié en 1994, reflète la période historique d'Haïti au cours de laquelle l'espoir d'une alternative politique qu'offraient le mouvement Lavalas et le "déchoucage" (*dechoukaj*) du régime Duvalier, s'est une fois de plus évanoui. Selon Scott, les actes de résistance qui structurent le récit apparaissent plutôt comme des moyens de survie et, souvent même, d'autodestruction. Pourtant, à travers la représentation de plusieurs générations d'Haïtiens, l'espoir pour un avenir meilleur sans pauvreté ni répression demeure. De la narration s'élève une voix collective, vibrante et courageuse, prête à mobiliser le peuple pour la liberté.

Summary: Helen Scott shows that Edwidge Danticat's 1994 novel *Breath, Eyes, Memory* expresses the historical period in which it was written, a moment when hopes for a political alternative in Haiti, so recently opened up by the Lavalas movement and the uprooting (*dechoukaj*) of the Duvalier regime, have been once more shut down. Scott argues that while the novel is saturated with acts of resistance that are mostly remembered as individual acts of survival, or more often, of self-destruction, the novel nonetheless keeps alive hope for the future through its loving portrayal of generations of Haitians yearning for something other than poverty and repression. Through its rendition of a collective Haitian voice, the novel represents a vibrant tapestry of characters willing to struggle for freedom.

* * *

The period of time covered by Edwidge Danticat's novel *Breath, Eyes, Memory*[1] was one of tumultuous upheaval in Haiti. More than a decade of neoliberalism overseen by Jean-Claude "Baby Doc" Duvalier had precipitated the decline of the peasant system of agriculture, causing thousands to flee rural poverty only to end up in urban slums. But despite ruthless repression, the contradictions of a society in which an enriched minority continued to flaunt its extravagancies while the majority was squeezed and battered could not be suppressed. In the late 1980s a mass movement brought down the Duvalier regime and began a process of *dechoukaj* – or uprooting –of the entrenched structures of power. As part of this process, "(w)omen marched to demand their rights for the first time in Haitian history"[2] in scenes such as this:

> Thousands of peasant women wearing plastic sandals, baggy dresses and brightly colored headscarves swarmed past the palace's [the National Palace in Port-au-Prince] iron gates to gather on the manicured lawn of the forbiddingly elegant presidential mansion, a relic of the nineteen-year-long U.S. occupation that many Haitians fear and despise as a symbol of the ruthless Duvalier dictatorships.[3]

Eyewitness accounts capture the pervasive mood of elation:

> As the news of Duvalier's exile spread throughout the country, throngs took to the street, stripping trees of their branches and hoisting them high in the air as symbols of renewal. Crowds sang the French version of Burns's "Auld Lang Syne," a song of parting

---

[1] Danticat, Edwidge, *Breath, Eyes, Memory*, New York: Vintage, 1994. All other references to this novel are to this edition.
[2] Chamberlain, Greg, "Up by the Roots: Haitian History Through 1987," in NACLA, *Haiti: Dangerous Crossroads*, Boston: South End Press, 1995, 19.
[3] Slavin, J. P., "Aristide: Man of the People," in NACLA, 47.

that takes on sarcastic overtones when bidding farewell to a
humiliated or despised ruler.[4]

But the hopes of this movement were crushed, by the coup that
overthrew Aristide, by the U.S. invasion that superseded Haitian self-
determination even while claiming to "restore democracy," and by the
reestablishment of national and global structures of inequality and
domination. *Breath, Eyes, Memory* tells of a past and present where
Macoutes have the power to threaten and destroy innocent lives, it is
haunted by the recent lifting and reimposition of a state of siege, and
yet it holds out hope for a future free of these realities.

History is a living presence in *Breath, Eyes, Memory*, a
palpable force that shapes the present and may either sustain or destroy
the living. The novel is clearly situated in the particular historical
moment, the narrative present running from the mid-1980s to the mid-
1990s. At the point of the twelve year old protagonist Sophie's
departure from Haiti for the United States, students are protesting at the
Port-au-Prince airport, which has been renamed to "what it was before
François Duvalier was president" (33), telling us that this is after the
1986 ouster of François' son and successor Jean-Claude. The novel
covers the next twelve years of Sophie's life, and allusions to current
events keep us grounded in the specific period: Haitians in America
debate the prospect of a new U.S. military intervention (54) and
Sophie's grandmother supports "that young priest. The one they call
Lavalas" (167).

Interwoven with these references, from the start of the novel,
which opens in the village of Croix-des-Rosets, we hear stories of the
past: Sophie's grandfather died suddenly while laboring in the cane
fields (4); in olden times villagers would combine into voluntary work
collectives, or *konbits,* to farm the land (11); long, long ago people
from Guinea, "the people of creation," were appointed the task of
carrying the sky due to their immense strength (24-5). History endures
also in the names of characters: Sophie's family name is "Caco,"
recalling the rebel Cacos who, among other things, resisted the U.S.
American occupation of 1915-1934; a man killed by the *Macoutes* is
called "Dessalines," after the slave revolutionary Jean-Jacques
Dessalines, who named the newly independent nation from the

---

[4] Averill, Gage, *A Day for the Hunter, A Day for the Prey: Popular Music and Power
in Haiti*, Chicago: University of Chicago Press, 1997, 160.

Amerindian word for mountainous land, *Ayti*, and tore the white from
the French Tricolor to produce the Haitian flag. The novel thus
demonstrates how "a living history" is "powerfully embodied in
Haitian culture."[5] Mary Renda, in her history of the U.S. American
occupation, draws attention to the "significance of history and of
ancestors in the daily life and culture of Haitians" (45). This is
dramatized in *Breath, Eyes, Memory* by the omnipresence of various
lwa — Vodou spirits — that carry rich layers of signification. Renda
explains, "(a) full appreciation of the importance of historical memory
in Haiti would require a subtle understanding of the spiritual world of
Haitian religion and its diverse cultural manifestations secular as well
as sacred" (45). Renda's understanding here parallels what Joan Dayan
refers to as the "historical functions of Vodou — its preservation of
pieces of history ignored, denigrated or exoticized by the standard
'drum and trumpet' histories of empire."[6] Both see Vodou spirits "as
deposits of history, and as remnants of feelings that cannot be put to
rest" (Dayan, xviii).

        While the novel remains alert to "the continued presence of the
Revolution in the emotional lexicon of Haitian culture" (Renda, 45),
collective resistance to oppression is figured as something remembered
rather than experienced; the only forms of struggle ultimately available
in the narrative are those of the individual. The question for the central
characters is whether they will survive and heal themselves, or be
destroyed by the ghosts of the past and the pressures of the present. As
the story continues we are repeatedly reminded of the weight of
"historical memory," of things that refuse to be forgotten and things in
danger of being forgotten. Hearing that Sophie's mother Martine has
written to Atie from New York City, women from the village,
expecting Atie to leave, demand, "Will you remember us?" (13);
anticipating Sophie's departure to join her mother, Tatie tells her "You
must never forget this [...]" (24); soon after her arrival in New York
City Sophie realizes that to her mother she was "a living memory from
the past" (56). When her mother begins the traumatic practice of
"*testing*" her daughter's virginity, Sophie "tried to relive all the
pleasant memories I remembered from my life [...]" (84) and later

---

[5] Renda, Mary, *Taking Haiti: Military Occupation and the Culture of U.S. Imperialism
1915-1940*, Chapel Hill: The University of North Carolina Press, 2001, 45.
[6] Dayan, Joan, *Haiti, History, and the Gods,* Berkeley: University of California Press,
1995, xvii.

Sophie becomes alienated from the foods of her childhood because they are too fraught with "memories of a past that at times was cherished and at others despised" (151). These insistent calls to remember, and, conversely, warnings of the horror of not being able to forget, remind us of historical continuities — this is a land long dominated by the legacy of forced labor, dictatorial domestic rule, external domination, revolutionary struggle and the ever present sugarcane[7] — but also alert us to the effects of change. The characters of this novel are living under the shadow of neoliberalism and have to withstand the fallout from the "Puerto Rico model" of development — based on domestic structural adjustment and incentives for foreign investment — championed by Jean-Claude Duvalier. From the 1970s,

> Haitian labor and U.S. capital together were to spark an 'economic revolution.' Alas, the rapid spread of light assembly industries, subcontracting work from U.S. firms, simply reinforced the urban-rural polarization. The already huge gap between the haves and the have-nots widened at frightening speed.[8]

These developments accelerated erosion of the independent subsistence farming fiercely defended for generations after slavery, while producing only the low wage jobs described in the novel: "in Croix-des-Rosets, most of the people were city workers who labored in baseball or clothing factories and lived in small cramped houses to support their families back in the provinces" (11). Economic change and insecurity are mirrored by the political instability of the period,[9] making survival contingent upon the mutability emblematized by the European daffodils loved by Sophie's mother: "they grew in a place they were not supposed to [...]. A strain of daffodils had grown that

---

[7] Sugar cane production fueled the slave economy of Saint-Domingue and continued to dominate Haitian life after independence. The novel reminds us of this when it notes that "there were only sugar cane railroads that ran from the sugar mill in Port-au-Prince to plantation towns all over the country" (77). Transportation routes are indicative of a society's official priorities. One legacy of the U.S. American occupation of Haiti was the development of an extensive network of roads designed to facilitate American economic penetration of the country. See Renda (116-117) on the development of Haiti's infrastructure for the benefit of international capitalism.

[8] Trouillot, Michel-Rolph, *Haiti, State against Nation: Origins and Legacy of Duvaliers,* New York: Monthly Review Press, 1990, 17.

[9] The period after the 1986 removal of Jean Claude Duvalier up to 1995 saw eleven governments and three coups in Haiti (See Kim Ives, "The Lavalas Alliance Propels Aristide to Power," in NACLA, 41-45).

could withstand the heat, but they were the color of pumpkins and golden summer squash, as though they had acquired a bronze tinge from the skins of the natives who had adopted them" (21). People, like the hardy daffodils, must know how to adapt to hostile environments and transform themselves in order to survive.

Images of attempted, thwarted, terrible or beautiful transformations recur throughout the novel. The albino lottery agent Chabin — "yellow like an amber roach" — is said to be able to change into a snake at will (50); Martine applies cream to lighten her skin (58); Sophie sees herself as a "new person" when she journeys to the USA (49) and tries to lose her Haitian accent in order to sound "completely American" (69); Haitians in the cold of Northern America are turned into "ghosts" (160); cane workers sing of a mermaid who becomes human (229); folk tales describe a "little girl who was born out of the petals of roses, water from the stream, and a chunk of the sky" (47) and women who remove their skin at night or become butterflies or tears (150, 234). And again and again bodies, especially women's bodies, are assaulted, mutilated, become diseased, and die. J. Michael Dash has identified the "stigma of bodily malfunction"[10] as one trope in the lexicon of dominant U.S. representation of an alien Haiti pathologically antithetical to democratic civil society: "Images of the rebellious body, the repulsive body, the seductive body and the sick body constitute a consistent discourse that has fixed Haiti in the Western imagination: the 'Haitianizing' of Haiti as unredeemably deviant" (137). He argues that at the end of the Duvalier regime, American writers such as Wade Davis contributed to a "revival of the image of rural Haiti as haunted by irrationality and superstition just when Haitians were making an enormous physical sacrifice in their attempt to destroy the Duvalierist state" (142). *Breath, Eyes, Memory* takes these images of sick and dying bodies but instead of using them to establish Haiti's irredeemable alterity, encourages empathetic identification with the subjectivity of those who are suffering and invites exploration of the causes of Haiti's crises.

The contrast between superhuman and enervated women forms an enduring figurative thread. On the one hand are the "people of Guinea who carry the sky on their heads [...]. Strong, tall, and mighty people who can bear anything" (25) and enslaved ancestors who

---

[10] Dash, J. Michael, *Haiti and the United States: National Stereotypes and the Literary Imagination,* Second Edition, New York: St. Martin's, 1997, 141.

"walked to Africa" (99). Women vendors carry heavy loads (96) and we are repeatedly reminded that Haitian women are "strong as mountains" (27, 28) and that "(o)nly a mountain can crush a Haitian woman" (198). In a childhood poem Sophie envisions her mother as "a daffodil, / limber and strong as one. / [...] in the wind, iron strong" (29). Later, looking back, she recalls picturing her mother as the Vodou spirit Erzulie:

> The mother I had imagined for myself was like Erzulie, the lavish Virgin Mother. She was the healer of all women and the desire of all men. She had gorgeous dresses in satin, silk, and lace, necklaces, pendants, earrings, bracelets, anklets, and lots and lots of French perfume. She never had to work for anything because the rainbow and the stars did her work for her. Even though she was far away she was always with me. I could always count on her, like one counts on the sun coming out at dawn (59).

Erzulie, or *Ezili*, carries with her multiple layers of association.[11] Joan Dayan describes her as the embodiment of slavery and sexual domination but also a figure that deconstructs the false antinomies of bourgeois morality:

> Recognized as the most powerful and arbitrary of gods in Vodou, Ezili is also the most contradictory: a spirit of love who forbids love, a woman who is the most beloved yet feels herself the most betrayed. She can be generous and loving, or implacable and cruel [...] (59).

The different versions of this spirit (Ezili Freda; Ezili-je-wouj; Ezili-kokobe), while in some ways radically dissimilar, share certain characteristics, such as the *veve* (symbol) of a heart pierced by a dagger. *Ezili* "dramatizes the cult of mystification: the splitting of women into objects to be desired or feared" (59); she also dissolves the virgin/whore dichotomy by personifying both, and while usually seen as parallel to the Virgin Mary, she is significantly not a mother.

It is thus apt that Sophie's mother, Martine, variously represents Erzulie and her antithesis. Most dramatically, Erzulie's immense strength and longevity is replaced by images of weakness and vulnerability: When Sophie first arrives in New York City at the

---

[11] Haitian orthography varies from writer to writer: Danticat's "Erzulie" also often appears in the *kreyòl* form "Ezili."

airport, Martine "stumbled under my weight" (41, 42) and when Sophie sits on her lap back home, "(h)er knees seemed to be weakening under my weight" (46). Far from being the dependable maternal rock of Sophie's imagination, Martine is unstable and herself in need of nurture. Late in the story Martine says to Sophie "'you think it's unhealthy, don't you? My sudden dependence on you'" (204). Martine's association through daffodils with the color, yellow, that pervades the opening period of the novel, also suggests ambiguity and contradiction: yellow symbolizes life, sunshine, warmth, joy and hope, but also jaundice, cowardice, anxiety and deceit.

Juxtaposed impressions of strength and weakness surround not only Martine but all the women of the family. When Sophie brings her own daughter, Brigitte, to Haiti, Tante Atie holds her and says: "'Makes me think back to when you were this small and I had you in my arms. Feels the same too. Like I am holding something very valuable. Do you sometimes think she is going to break in your hands?'" but Sophie replies "'She is a true Caco woman; she is very strong'" (102). After a meal with Martine and her partner Marc, Sophie recalls that "Tante Atie always said that eating beets and watermelon would put more red in my blood and give me more strength for hard times" (56). Yet, all of the central women are sick in one form or another: Grandmè Ifé talks of "chagrin" which "was a genuine physical disease. Like a hurt leg or a broken arm" (24). Martine, Atie and Grandmè Ifé all have tumors (113, 148); Sophie develops bulimia (179). The novel is saturated with images of blood and bleeding women, in particularly intense form in the folk tales of the woman who cannot stop bleeding until she is transformed into a butterfly (87-8), and the bride who bleeds to death at the hands of her new husband (154-5).

The malaise of each individual is deeply embedded in socio-historical causes. The weight of women's oppression gives rise to the virginity testing that drives the plot. Women, as carriers of culture, pass on the lessons of womanhood, defend the double standard that simultaneously sexualizes women and prohibits their sexual activity, and bear the burden and the pain of doing so. When asked by Sophie why she perpetuated the practice of virginity testing, Grandmè Ifé explains: "From the time a girl begins to menstruate to the time you turn her over to her husband, the mother is responsible for her purity. If I give a soiled daughter to her husband, he can shame my family, speak evil of me, even bring her back to me" (156). Women are objects whose bodies belong to men and are simply taken care of by women in the interim. The cult of virginity is epitomized in the folk tale of the rich man who marries a "poor black girl" and in an attempt to produce proof of an intact hymen cuts her with a knife and causes her to bleed to death: "during her funeral procession, her blood-soaked sheets were paraded by her husband to show that she had been a virgin on her wedding night. At the grave site, her husband drank his blood-spotted goat milk and cried like a child" (155). Martine's death later in the novel is linked to this tale through the image of bloody sheets, and the actions of the murderous loving husband are placed in the context of the pain and damage inflicted by loving mothers on their daughters through testing.

The cult of virginity itself is located in a broader gender system that devalues women, who are responsible for domestic labor that is neither waged nor socially esteemed. In Haiti women are also traditionally responsible for the toils of petty market trade, selling food products for local markets or export crops to the *spéculateurs*, the middlemen who deal with the merchants. This economic activity, while crucial to subsistence, is not an adequate means of support for an entire family. As Kathy McAfee explains in her study of the impact of neoliberalism on the Caribbean, women's work in the informal economy, while "essential to the sustenance of the family" is "not recognized in official production statistics."[12] While Export Processing Zones from the 1970s in Haiti as elsewhere have disproportionately employed women, the work is characterized by "sub-poverty wages and dangerous working conditions" (88) and tends to perpetuate rather than challenge women's subordinate role. Because women's productivity, while crucial, is unable to provide economic security, girl children are perceived as a burden, of less value than boy children. Even though chronic high unemployment limits male workers' earning power, when available, "men's work" such as sugar cane production, migrant agricultural and construction labor is of higher monetary value. These factors are embedded in Tante Atie's observation about the different reception of male and female children: a boy's birth is greeted with lamplight and the nightlong celebration and vigil of the father; a girl's by darkness and the mother's loneliness (146). Furthermore,

---

[12] McAfee, Kathy, *Storm Signals: Structural Adjustment and Development Alternatives in the Caribbean*, Boston: South End Press, 1991, 89.

women continue to be defined in terms of their role as domestic drudge. Tante Atie explains that each of a woman's ten fingers has a purpose:

> It was the way she had been taught to prepare herself to become a woman. Mothering. Boiling. Loving. Baking. Nursing. Frying. Healing. Washing. Ironing. Scrubbing. It wasn't her fault, she said. Her ten fingers had been named for her even before she was born. Sometimes, she even wished she had six fingers on each hand so she could have two left for herself (151).

As this piece of folk wisdom makes clear, in the ideal scenario women's bodies are not their own.[13] On the eve of Sophie's departure for the U.S.A. Tante Atie tells her: "'Your mother and I, when we were children we had no control over anything. Not even this body.' She pounded her fist over chest and stomach" (20). The alienation experienced by the adult Sophie — stemming from the trauma of dislocation as well the testing that is handed down through generations of women — can be seen as a variant of this generalized gendered condition: "I hate my body" she tells her aunt and grandmother, "I am ashamed to show it to anybody, including my husband. Sometimes I feel like I should be off somewhere by myself" (123).

In Haiti (as is true everywhere) women's oppression is compounded by poverty. In the novel we see that more than anything else the women in rural Haiti are ground down by the relentless toil of subsistence: carrying heavy loads to the market, walking "long distances, on foot or on mare, to save the car fare to Port-au-Prince" (152); preparing meals from scratch with scant resources and fetching water "from long distances" (14). Women have primary responsibility for children, an especially formidable task in a country with one of the world's highest child mortality levels.[14] The burdens of urbanization

---

[13] Joan Dayan links the Vodou model of spiritual possession — whereby a spirit mounts and temporarily inhabits a human's body — to the historical expropriation of individuals' bodies under slavery: "The dispossession accomplished by slavery became the mode for possession in Vodou: for making a man not into a thing but into a spirit" (36). A similar parallel could be traced between the Vodou concept of possession and Haitian women's alienation from their own bodies through women's oppression.

[14] Infant mortality was at a stunning 114 per 1000 live births in 1991 (McAfee, 17). Michael Hooper elucidates this in another way: "In 1987, one Haitian child died every five minutes from malnutrition, dehydration and diarrhea" ("Model Underdevelopment," in NACLA, 134).

and structural adjustment (the changes alluded to at the opening of *Breath, Eyes, Memory*) are heavier for women, who

> make up for the loss of public services by increasing their own labor in nurturing the sick and educating the young, at the same time that they and their sisters must seek wage labor or increase their export crop production to keep up with the rising costs of food, transport and taxes (McAfee, 117).

We are given a taste of this compulsion when Atie prepares for Sophie's departure by working even harder than usual: "Tante Atie left for work before dawn and came home very late at night [...] 'I know I have not been here all week,' Tante Atie said. 'I wanted to work extra hours to get you some gifts for your trip'" (26-7). When survival is a full time job, unexpected needs can only be met with drastic measures.

The cult of virginity is also clearly enmeshed in economic compulsions: in the folk tale a rich husband marries a poor girl. The implication is that women have a greater chance of upward mobility through marriage, and the prospects of an advantageous marriage are higher if they remain virgins. This story also reflects the way that members of the next generation are invested with the hopes of the present. Sophie thus carries the weight of generations. When she first arrives in New York City her mother makes this point explicitly: "'You have the chance to become the kind of woman Atie and I have always wanted to be. If you make something of yourself in life, we will all succeed. You can *raise our heads*'" (44).

If individual women's trials and tribulations are embedded in broader socio-economic conditions, they are compounded by the threat and reality of state violence. *Tonton Macoutes* silently set in motion the plot: Sophie learns that she is the result of Martine's rape by an anonymous *Macoute*. Even before she realizes this, Sophie's subconscious associates her mother with violent abduction: she dreams that her mother "opened her arms like two long hooks and kept shouting out my name. Catching me by the hem of my dress, she wrestled me to the floor" (28). In both the past and present of the novel the *Macoutes* pose a tangible threat and we see the extent to which the Duvalier regime created a "'climate of terror'" under which everyone was a potential victim and "women were sometimes treated the same as men, often worse" (Trouillot, 167). Sometimes the *Macoutes* are simply present, as when Sophie returns to Haiti with her baby: "A few

Tonton Macoutes climbed into the van and settled in the empty seats to eat their lunch [...]. They laughed loudly as they threw pieces of grilled meat and small biscuits at each other" (97). Other times their presence is overtly sexualized and intimidating. The same *Macoutes* form a group close to the food stand of Atie's friend Louise when Sophie is passing with her grandmother: "One of them was staring at me [...]. He stood on the tip of his boots and shoved an old man aside to get a better look. I walked faster. He grabbed his crotch with one hand, blew me a kiss, then turned back to the others" (117). Moments later this *Macoute* accuses the coal vendor, Dessalines, of stepping on his foot, and pounds his gun butt into the man. As her grandmother fearfully pulls her away, Sophie looks back: "The coal vendor was curled in a fetal position on the ground. He was spitting blood. The other *Macoutes* joined in, pounding their boots on the coal seller's head. Every one watched in shocked silence, but no one said anything" (118).

After we learn of Dessalines' death at their hands, Sophie reflects on the myth and reality of the *Tonton Macoutes* and her mother's brutal rape as a sixteen year old (138-140). In the course of this passage Sophie recalls the saying *"Who invented the Macoutes? The devil didn't do it and God didn't do it."* Often in dominant U.S. American representations of Haiti the *Macoutes* are mystified as just one more manifestation of Haitian exceptionalism and pathology. Yet, this particular form of state terror has its roots in Haiti's history, which has always been inextricable from global structures. As Michel-Rolph Trouillot argues, "studies [...] that cannot see the Duvalierist state as an outcome – albeit not an inevitable one – of that nation's historical evolution fall short of the mark" (15). Trouillot explains that Haiti's independence after the successful revolution was from the beginning constrained by the hostility of the world's superpowers, and its developing state was characterized by the "unpredictability and instability inherent to peripheral capitalism (stemming) from dependency" (22). While throughout the nineteenth century the state was mediated and modified by the countervailing forces of civil society,

> the 1915-34 occupation of Haiti by the United States removed those counterweights and aggravated an already explosive situation in two ways. First, it heightened the economic irrationality of the system by increasing both the forced contribution of the peasantry to the state and the dependency on a mono crop. Second, it

worsened the political panorama by centralizing the state apparatus (especially the army) and by disarming the provinces, both militarily and economically [...]. The U.S. trained army led the way to totalitarianism when the crisis reemerged in the late 1950s (Trouillot, 16).

As the narrator of Danticat's short story "1937" puts it: "The Americans taught us how to build prisons. By the end of the 1915 occupation, the police in the city really knew how to hold human beings trapped in cages."[15] Mary Renda's study of contemporaneous Haitian and U.S. American documentation finds that the occupation also sexualized repression, generating a sex industry and an environment that commodified and objectified women: "U.S. marines raped and sexually harassed Haitian women during their tenure in the Caribbean" and even those who did not, "colluded in a collective project: the discursive construction of the Haitian woman as exotic and promiscuous" (Renda, 234). The forces that became Duvalierism thrived in this climate and also were sustained by direct support from Haiti's powerful northern neighbor.[16]

The novel remembers not only this history of repression, but also the parallel sphere of resistance. Cacos who waged opposition to the U.S. occupation were, during one stage, famously led by Charlemagne Péralte, who organized a provisional government in the North and was followed by thousands before he was captured and shot and his body paraded as a warning by the marines. This history is invoked in the novel when Tante Atie walks with Sophie around the local cemetery:

> She stepped around the plots where empty jars, conch shells, and marbles served as grave markers.
> "Walk straight," said Tante Atie, "you are in the presence of family."
> She walked around to each plot, and called out the names of all those who had been buried there. There was my great-grandmother, Beloved Martinelle Brigitte. Her sister, My First Joy

---

[15] Danticat, Edwidge, *Krik? Krak!*, New York: Soho, 1995, 35.

[16] François Duvalier became an invaluable bulwark against communism and an important counter to Cuba for the U.S. government during the cold war, and also gave favorable treatment to American capital. His son Jean-Claude was equally valuable during the neoliberal phase of American imperialism, opening up the economy to export processing and following the structural adjustment requirements of the IMF and World Bank.

Sophilus Gentille. My grandfather's sister, My Hope Atinia Ifé and
finally, my grandfather, Charlemagne Le Grand Caco (149-150).

Much like the recited lists of names in *Krik? Krak!* (92, 94), this one
reminds us of the ancestors who paved the way for the current
generation. The conch shell heightens the significance of the scene:
Maroons — escaped slaves — communicated with each other by
blowing on conch shells, which became symbols of resistance to all
forms of domination and were taken up again by the Cacos during the
American occupation. On the eve of the revolution, "[i]n the summer
of 1791, in the woods of northern Haiti, the sound of the conch horn
was heard, and slaves and ex-slaves gathered for secret Vodou services
that nurtured the will to rebel" (Renda, 43). As Mary Renda explains,
in Port-au-Prince "stands a statue, known as 'neg maron.' It is a
towering representation of a maroon — an escaped slave — blowing a
conch shell [...]. The proud history embodied in that statue was
embodied earlier in the conch itself and in its use by Caco rebels and
ordinary peasants" (43). The cemetery scene thus links the women of
the novel to a long history of rebel ancestors, and also specifically to
the Cacos and their martyred leader Charlemagne. As Tante Atie
explains to Sophie: "Our family name, Caco, it is the name of a scarlet
bird. A bird so crimson, it makes the reddest hibiscus or the brightest
flame trees seem white. The Caco bird, when it dies, there is always a
rush of blood that rises to its neck and the wings, they looked so bright,
you would think them on fire" (150). Renda tells a similar tale about
the association between the rebels and the bird: "The taco, a small but
fierce bird native to the island of Hispaniola, probably inspired the
name of the tradition. 'God feeds the little birds' became the motto of
some Cacos, including Charlemagne Péralte" (140). The passage
invokes the fire, flight and color imagery that are figurative expressions
of resistance in *Krik? Krak!* and brings heightened symbolic
significance to the pervasive references to blood and redness
surrounding Sophie's mother, Martine. It is known that the rebels wore
"red hatbands and pieces of cloth" (Renda, 144), which even U.S.
marines sometimes understood as emblems of resistance: one, Faustin
Wirkus, co-author of the 1931 book, *The White King of La Gonâve,*
wrote "'[t]he red badge is in itself a declaration of a holy war against
wrong and oppression'" (quoted by Renda, 145). Martine is thus linked
to the rebels not only by her name but also by her penchant for the
color red.

Breath, Eyes, Memory marks a point in time when a mass movement for justice and equality briefly provided continuity with these historic struggles for liberation but was then crushed. The association between the women of *Breath, Eyes, Memory* and movements for liberation is thus a distorted one: the willingness of the Cacos to fight to the death for the liberation of all Haitians is transformed in the person of Martine into grotesque self immolation. This act, which forms the climax of *Breath, Eyes Memory*, is part of a recurrent motif in Danticat's work. Several stories in *Krik? Krak!* center on individuals killing themselves. In "Children of the Sea" a woman in a boat fleeing the brutal coup regime throws herself into the water after giving birth to a stillborn baby. Demoralized by a life of grinding poverty and demeaning labor, in "Wall of Fire Rising" a weary man steals a hot air balloon and flies away, only to hurl himself to his death. In a later story we learn that his widow kills herself in grief. Each of these moments of individual despair simultaneously evokes a history of collective opposition: "Children of the Sea" represents not only the punitive measures of the coup regime but also the defiant bravery of the Lavalas movement that toppled the Duvalier dictatorship; "Wall of Fire Rising" shows us the living memory not only of slavery but also of the slave revolutionaries that defied the combined armies of Europe and established the world's first independent black nation. Standing over the body of his dead father, the son recites the lines of slave revolutionary Boukman: "'I call on everyone and anyone so that we shall all let out one piercing cry that we may either live freely or we should die'" (80).

In *The Farming of Bones*[17] we are also given a scene where death is equated with defiance: The Haitian Odette, persecuted by the Dominican state at the time of the 1937 massacre, resolutely chooses to say the *kreyòl* word *pèsi* instead of the Spanish *perejil* and thus seals her fate. As Helen Pyne-Timothy notes, "[f]or many it was better to choose death than to submit to the tearing away of the bulwarks of identity; This is why Odette, at the point of death, utters *pèsi*."[18] Her decision evokes the many Haitian myths telling of slaves who die and are reborn in Africa. The same paradoxical relationship between death and freedom also appears in an oral song about the demise of

---

[17] Danticat, Edwidge, *The Farming of Bones*, New York: Soho, 1998.
[18] Pyne-Timothy, Helen, "Language, Theme and Tone in Edwidge Danticat's Work," *Journal of Haitian Studies* 7.2, 135.

Dessalines discussed by Dayan: "Pito m'mouri passé m'couri" translates as "better to die than to run away" (31). In the song Dessalines is described as "démembré," which means "dismembered." The Haitian tale, in giving us "a Dessalines who is battered and powerful, dead and living" illustrates the quintessentially dialectical proposition that a "person or thing can be two or more things simultaneously" (33), and far from being diminished, Dessalines is imbued with power as a result of his violent death.

Marie Ketsia Théodore-Pharel illustrates the continuation of this paradox when she recounts the suicide by fire of a Haitian in Boston. She translates the message left by the man on a large placard at the scene: "'I want to offer myself in holocaust for the complete liberation of my country [...]. May Haiti live for the new liberation.'"[19] Théodore-Pharel draws out the implications:

> Like the heroes of centuries past, like Boukman, Toussaint, Christophe, and Dessalines, and all the others who had given their lives fighting for the "liberation" of our country, Mr. Thurel had made the ultimate sacrifice.... In a foreign country, on foreign soil, Antoine Thurel had given his life for a never-ending quest for freedom, not only his own but all of ours (83-4).

Such suicides thus present a conundrum: each one is linked to a history of defiant struggle, but each is also an utterance of despair: "I will fight to the death for freedom" becomes "it is not possible to be free and therefore I must die."

Breath, Eyes, Memory is littered with references to actual and metaphorical death, which is often figured as an escape from suffering. Right at the beginning we learn one of Atie's favorite verses: "Death is the shepherd of man and in the final dawn, good will be the master of evil" (5). After they learn of Dessalines' murder by the *Macoutes*, Sophie overhears Atie talking to Louise about Martine's rape: "It is the calm and silent waters that drown you. 'I never thought it would make me so sad to look in Sophie's face [...]. Maybe a good death would save me from all this'" (140). These sentiments are echoed later when Joseph describes Negro spirituals: "'[...] most had to do with freedom, going to another world. Sometimes that other world meant home,

---

[19] Théodore-Pharel, Marie Ketsia, "Haiti: a Cigarette Burning at Both Ends" in *The Butterfly's Way: Voices from the Haitian Dyaspora in the United States*, ed. Edwidge Danticat, New York: Soho, 2001, 83.

Africa. Other times, it meant Heaven, like it says in the Bible. More often it meant freedom'" (215). In response, Marc makes explicit the connection between African-American traditions and those of Haiti: "'it sounds like a *vaudou* song [...]. He just described a *vaudou* song. *Erzulie, don't you weep*'" (215). This in turn foreshadows Martine's suicide.

Throughout the novel Martine is cursed by her inability to free herself from the past. When she becomes pregnant, the memories of her rape and previous pregnancy overpower her and she is increasingly unable to hold herself together. Marc's allusion to Erzulie in the context of spirituals figuring death as freedom is picked up soon after, when Sophie chooses to clothe her dead mother in a red dress, to make her resemble Erzulie as she used to in her childhood imagination:

> It was too loud a color for a burial. I knew it. She would look like a Jezebel, hot-blooded Erzulie who feared no men, but rather made them her slaves, raped them, and killed them. She was the only woman with that power. It was too bright a red for burial. If we had an open coffin at the funeral home, people would talk. It was too loud a color for burial, but I chose it (227).

The dead woman in her red dress — symbol of the sexual woman — defies the restrictive and contradictory rules of gendered morality. When Marc sees her he remarks "'Saint Peter won't allow your mother into heaven in that [...].'" and Sophie replies "'She is going to Guinea [...] or she is going to be a star. She's going to be a butterfly or a lark in a tree. She's going to be free'" (228). Yet the two images that suggest Haitian women's strength — "only a mountain can crush a Haitian woman" and "we shall be strong as mountains" — are transposed in Marc's description of Martine's death scene: "'She was lying there in blood [...] she had a mountain of sheets on the floor'" (224).

Significantly, in her defiant decision to dress her mother's body in inappropriate red Sophie repeats the expression that the color is "too loud," and thus emphasizes the way that women are silenced by the material and cultural forces that restrict them. The main women of the story precariously balance between survival or defeat, voice or silence. The stories told by the older women to the young underscore these oppositions. The tale of the woman killed by her husband on her wedding night is balanced by that of the clever girl who outsmarts the voracious lark (125) and by the bleeding woman who is transformed in to a butterfly (86-8). Significantly we hear the latter story just at the moment that Sophie uses a pestle to break her own hymen and therefore cease the dreaded *testing*: "My flesh ripped apart as I pressed the pestle into it. I could see the blood slowly dripping onto the bed sheet. I took the pestle and the bloody sheet and stuffed them into a bag. It was gone, the veil that always held my mother's finger back every time she *tested* me" (88). The description of Sophie's action is linked graphically to Martine's suicide as recounted by Marc: "She had a mountain of sheets on the floor. She had prepared this […]. She stabbed her stomach with an old rusty knife. I counted, and they counted again in the hospital. Seventeen times" (224). When no other options seem possible, the Caco women turn their latent power against their own bodies. They take foreign objects – which are also symbols of domesticity – and assault their flesh with them: Sophie to forestall her mother's invasive and degrading *testing*; Martine to end the incessant nightmares which are "like getting raped every night" (190). Both are experienced as acts of liberation: Sophie says that breaking her hymen "was like breaking manacles, an act of freedom" (130); after her mother's suicide she declares that "(s)he's going to be free" (228). Suicide is also seen as a possible way out by Sophie, who says "I sometimes want to kill myself" (203), and by Atie when she reflects that "Maybe a good death would save me from all this" (140).

Yet, suicide does not reflect "freedom" but rather is an act of desperation indicative of the failure to survive intolerable pressures. Written at a moment when historical alternatives — so recently opened up — are again being shut down, the novel grapples with hope and despair, survival and death. Snapshots of Haiti bookend the narrative in the form of descriptions of the airport. When Sophie first leaves for the U.S.A., we hear that "(t)hey are changing the name of the airport from François Duvalier to Maïs Gaté, like it was before François Duvalier was president" (33); soldiers are battling student protesters, and as Sophie looks back she sees Atie, out of place in this urban world of "smiling well-dressed groups on their way to board the planes" and "jeans-clad tourists whom the panhandlers surrounded at the gate" (36). Despite Atie's surmise that "(m)aybe the world, it is ending" (34), when Sophie returns for her mother's funeral with Marc the world looks essentially the same as before the protests:

> [Marc] was observing, watching for changes: In the way the
> customs people said *Merci* and *au revoir* when you bribed them
> not to search your bags. The way the beggars clanked the pennies
> in their tin cans. The way the van drivers nearly killed one another
> on the airport sidewalk to reach you. The way young girls dashed
> forward and offered their bodies (228).

Conditions for the majority are still the same; hope for change has
faded.

Insofar as we do see progress and transcendence, it is at an
individual level. Martine's choice, suicide, is not followed by the other
central characters, even though most of them at some point
contemplate the possibility. Atie doesn't kill herself, but rather starts
expressing herself in writing: "'I always felt, I did, that I knew words
in my head. I did not know them on paper. Now once every so often, I
put some nice words down. Louise, she calls them poems'" (103).
Sophie, now part of the world of the U.S. American middle class, talks
to her therapist and support group, confronts the past, expresses her
anger and her fears and begins to heal. Collective resistance is thus
mutated into individual survival, as one would expect in a time of
political defeat. And yet the novel does not end there, but in a myriad
of ways broadens out to suggest greater possibilities. The opening and
closing of the novel explicitly draw us toward collective struggle for
freedom. The dedication is "(t)o the brave women of Haiti,
grandmothers, mothers, aunts, sisters, cousins, daughters, and friends,
on this shore and other shores. We have stumbled but we will not fall."
At Martine's funeral the mourning is collective; the refrain of the
funeral song is "In heaven we unite" (232). Sophie sees herself in terms
of the larger population — "part of this circle of women from whose
gravestones our names had been chosen" (233) — and, as Sophie
pounds the cane stalks at the sight of her mother's rape, her aunt and
Grandmother exchange the call and response: "'Ou libéré?' 'Ou
libéré!'" (233). The closing lines of the novel further accentuate the
ongoing hope for freedom:

> There is always a place where, if you listen closely in the night,
> you will hear your mother telling a story and at the end of the tale,
> she will ask you this question: "Ou libéré? Are you free, my
> daughter?"
> My grandmother quickly pressed her fingers over my lips.
> "Now," she said, "you will know how to answer (234).

Breath, Eyes, Memory both expresses the lost hopes of the mid 1990s and at the same time articulates continued desire for something more than individual solutions, as it utters a counter-narrative to the dominant U.S. American representation of Haiti as pathological other, offering instead a portrait of ordinary Haitians as inheritors of a proud cultural and political tradition of resistance against domestic and foreign domination. Helen Pyne-Timothy identifies this "collective voice" of the novel:

> Within the spoken voice [...] [Danticat] incorporates the collective wisdom of Haitian proverbs, song and story; of Haitian sayings; of Haitian strategies for survival; and investigates their understanding of the universe in which they live. It is an extraordinary *tour-de-force* that the voice that emerges is the collective voice of the Haitian people, the peasants who are revealed as "iron strong," despite the daunting complexities of Haitian life (129).

This is the voice that keeps alive the spirit of resistance and hope for Haiti's future even during a tragic time of shattered expectations.

De la littérature haïtienne : travers de mémoire ou allégorie contemporaine[1]

Sarah Davies Cordova

Résumé : Sarah Davies Cordova montre que l'isotope de la mémoire auquel s'attache un grand nombre de textes contemporains d'auteurs haïtiens (et qui souvent paraît dans le titre de leurs œuvres) revendique la politique de la sensibilité mobile de l'allégorie. L'allégorie contemporaine serait cet « autre parler » auquel son étymologie fait appel. Juxtaposition de langues, de voix, le fragmentaire y prime. Ces cumuls de souvenirs, d'images et de points de vue multiples désignent le palimpseste comme paradigme de l'allégorie. La mémorisation se conjugue non pas pour commémorer mais pour colporter des vécus en verbe. Ce transport – métaphore filée – opère à travers et en travers du palimpseste comme un *palé andaki* pour ajourer dans la littérature haïtienne contemporaine une polyvocalité textuelle qui donne voix aux passés sous silence.

Summary: Sarah Davies Cordova shows that the relevance of the isotopy of memory to many contemporary texts written by Haitian

[1] Je remercie Thomas Pavel et Michel-Rolph Trouillot de m'avoir invitée à participer à l'University of Chicago, en octobre 2000, à la journée « Outre-France : Writing in French in the Caribbean » au cours de laquelle j'ai bénéficié des apports des participants. En particulier, je tiens à rendre hommage à Emile Ollivier, qui nous a quittés en décembre 2002, et à souligner combien j'ai été touchée par sa générosité intellectuelle.
Je remercie le Center for Latin American and Caribbean Studies de l'University of Wisconsin-Milwaukee et Marquette University pour leur soutien.

authors (as the very use of the term in their titles indicates) makes manifest the politics of allegory's mobile sensibility. 'Other talk' defines this contemporary allegory as the trope's etymology makes clear. With its accumulation of memories, images and multiple points of view, allegory's paradigm appears as the palimpsest. Remembering becomes not a commemoration but a means of 'trans-lating' happenings into words. This transport — as extended metaphor — operates through and across the palimpsest as *palé andaki* (a Haitian sort of double-speak) to bring to light a textual polyvocality which, in contemporary Haïtian literature, gives voice to passed-over silences.

* * *

> On sacrifie toujours à une géographie ; l'astuce est de savoir laquelle, de découvrir son chemin propre, la première pierre, son vin de baptême.[2]

Travers
❑   Du lat. *transversus*, oblique.
➤   I. n.m. 1. Etendue d'un corps considéré dans sa largeur ou son épaisseur.
       2. Bizarrerie (de l'esprit, de l'humeur) ; réaction qui s'écarte de ce qui est considéré comme normal.
             Direction perpendiculaire à celle suivie par le navire.
➤   II. Loc. adv. et prép. à travers ; au travers (de) ; en travers (de) ; de travers.

Stéréotypes et allégories
La mémoire et le souvenir historiques, culturels et personnels traversent l'histoire dans tous les sens. Traditionnellement, ils participent à la mélancolie des temps révolus mais ils se retrouvent souvent prisonniers de méthodologies catégorisantes. Annulant l'espace du déplacement, de telles systématisations temporelles, matérielles et géographiques règnent en gardiennes des cultures, des religions, des ethnies, des femmes et des hommes. Perturbés, transformés, nommés, transposés, coupés, imprégnés et re-nommés, les espaces et les êtres ne sont, ni cependant, ni simplement, des *lieux de mémoire* pour citer et re-situer le titre de la collection de re-

---

[2] Trouillot, Lyonel, « Tractation d'un aveugle », dans *A peine plus qu'un cyclone aux Antilles*, Cognac, France, Le Temps qu'il fait, 1998, 105.

mémoration de Pierre Nora.[3] Les déterminer ainsi amoindrit la polyvalence de leur représentation, et la réception de leur expression souffre de l'évincement de leur complexité et de la multiplicité mémorielle. Leur re-production se rapporte alors au stéréotype. Les littératures, elles aussi, participent à ce travers, car elles s'inscrivent souvent, soit par suite à un manifeste, soit par l'effet du moment historique de production, dans les prises d'un 'isme' ou en réponse à un autre. Je pense ici au Romantisme, au Surréalisme, à l'Indigénisme, au Réalisme (social et merveilleux/magique), au Spiralisme, parmi tant d'autres dont les productions littéraires deviennent ensuite lieux de mémoire statufiés, érigés en arbre généalogique et hiérarchique qui décline leur position et les stéréotypifie.

Forme de répétition — de répétitions victorieuses — le stéréotype, comme son étymologie l'indique, se caractérise par son caractère itératif et fonctionne pour définir les limites de l'identité du réifié.[4] Comme l'archétype, le *stéréo*-type unifie l'impression de son Signe univoque. Le topos humain ou géographique appréhendé par le langage se rend au champ sémiotique qui le tient idéologiquement en place. Défini par le retrait — un genre d'*abbreviatio* — le *type* en *stéréo*, en tant qu'apotrope, s'exécute à distance pour soumettre et cerner son objet. Il est identité, terme au singulier qui efface toute pluralité au profit du binaire, du mimétisme, et de la dualité de l'opposition.[5] En effet, selon Craig Owens dans « The Allegorical Impulse : Toward a Theory of Postmodernism »[6] le stéréotype

---

[3] Nora, Pierre, *Lieux de mémoire*, 7 Vols., Paris, NRF-Gallimard, 1984. La mémoire est « par nature, multiple et démultipliée, collective, plurielle, et individualisée ». L'Histoire cependant « appartient à tous et à personne, ce qui lui donne vocation à l'universel » (vol. 1, xix). Les deux notions sont en compétition quant à l'interprétation du passé. L'Histoire critique la mémoire et voudrait la détruire, l'anéantir (vol. 1, x).

[4] Voir Mireille Rosello, *Declining the stereotype: Ethnicity and representation in French Cultures*, Hanover & London, UP of New England, 1998, surtout son premier chapitre « Stereotypes and Iterativity » et sa discussion du *Plaisir du texte* de Roland Barthes (29-31). Voir aussi Sander L. Gilman, *Difference and Pathology: Stereotypes of Sexuality, Race, and Madness*, Ithaca, Cornell UP, 1985.

[5] Ainsi l'image d'Haïti aux Etats-Unis découle très largement du roman de Graham Green, *The Comedians*, comme J. Michael Dash l'indique dans *Haiti and the United States: National Stereotypes and the Literary Imagination*, London, McMillan Press, 1988, 106-110.

[6] Owens, Graig, *Beyond Recognition: Representation, Power, and Culture*, Berkeley, U of California P, 1992, 48-59. Pour Owens, le stéréotype objectifie son sujet, lui assigne une place et promeut sa passivité.

désavoue son immixtion ('agency') en démantelant le corps en tant que locus d'action pour le reconstruire en une série de poses et de gestes discontinus. Il serait, d'après la théorisation foucauldienne, l'exercice d'un pouvoir qui a pour but l'immobilisation du corps social. Par ce geste qui a valeur d'arme, le sujet est réifié, emprisonné, subjugué.[7] Fonctionnant moins par le biais de la persuasion et plus par la dissuasion, cette violence symbolique encourage la réceptivité, l'inactivité ou, en d'autres termes, des corps dociles.

Pour être efficace, le stéréotype doit circuler. Il imprime l'image directement sur l'esprit sans avoir à être décodé. Comme les *Lieux de mémoire* de Nora avec leurs *templa*, le stéréotype cherche à arrêter le temps pour bloquer le travail de la mémorisation.[8] Dans *Declining the stereotype: Ethnicity and Representation in French cultures*, Mireille Rosello explique comment la simplicité apparente du stéréotype fait qu'il se pose comme un don qu'il est difficile de refuser tant il séduit (13-15). Ainsi, la chose stéréotypée est perçue nostalgiquement et construite romantiquement — pour devenir symbole d'un passé perdu — et son actualité en est vite oubliée.[9]

Dans la littérature haïtienne, les stéréotypes peignent souvent l'île et ses attributs.[10] Celle-ci apparaît en tant que jardin paradisiaque du continent noir ou avec l'attribut d'une sexualité volatile et imprévisible. En partie concession au lectorat et aux éditeurs occidentaux (et en particulier de la Métropole), ces stéréotypes mettent à la portée du lecteur un exotisme topographique et végétal érotique qui se décline souvent avec une représentation burlesque vodouisante ainsi

---

[7] Voir *Le Plaisir du texte* de Barthes pour les caractéristiques littéraires et formelles des stéréotypes et de leurs rôles dans la littérature.

[8] D'après Nora, *Les Lieux de mémoire* suivent un « parcours logique du simple au compliqué » et se situent « entre mémoire et histoire », c'est-à-dire entre « la mémoire vraie » (sociale et « spontanée actualisatrice ») et l'histoire (reconstruction géométrique, prosaïque, laïcisante) du « savoir de la société ». Cette « étude de cas » – de *templum* (I, xli), de « signes à l'état pur », « saisissables dans leur empiricité la plus immédiat » – installe « une vérité purement symbolique » et demande « une lecture innocente » (Vol 1, vii-xlii, je reprends la terminologie de Nora).

[9] Voir « Memory and Identity: The History of a Relationship » de John Gillis, cité dans *Framing Silence: Revolutionary Novels by Haitian Women* de Myriam J. A. Chancy, New Brunswick, NJ, Rutgers UP, 77.

[10] J'entends par « littérature haïtienne » tous textes littéraires écrits aussi bien par les écrivains haïtiens vivant en Haïti que par ceux de la diaspora, résidant en France, au Canada, aux Etats Unis ou ailleurs.

qu'une pulsion de mort.[11] Les romans des années 1920 qui satirisaient la complaisance à la présence américaine sur le sol haïtien alors que d'autres recherchaient l'âme afro-latine d'Haïti avec une intensité émotionnelle, utilisaient 'spontanément' un mode d'expression qui reprenaient les stéréotypes déjà en place. Ils situaient l'Haïtien dans la perspective du danseur et du musicien pour présenter un matérialisme débilitant et un monde sensuel organique dans lequel les intrigues mélodramatiques tournaient autour de la difficulté de marier deux cultures et deux classes.[12] C'est ce que Jean Price-Mars a appelé « le bovarysme collectif » haïtien. Dès les années 1930, une nouvelle identité à base de valeurs populaires nourrit l'œuvre de Jacques Roumain, par exemple.[13] Celle-ci, par son retour aux racines, à la source de la vie, situe la quête parmi les topoi végétaux. Mais mon propos n'est ici ni de juger ni d'absoudre le stéréotype, qu'il provienne de la vision orientaliste occidentale, exotisante, raciste et/ou sexiste ; ou de la conception d'Haïtiens dotant l'île d'attributs féminins fécondants ; ou encore de l'idée qui légitime le mythe de l'identité haïtienne — sa spécificité — e/ancré dans le martyre masculin. Mon propos est de suivre (à) la trace de la présence du stéréotype et de cerner comment sa récupération s'effectue dans la littérature contemporaine haïtienne.

Rosello indique comment, en tant que moyen d'utiliser le langage, le style du stéréotype est beaucoup plus problématique que le continu qu'il véhicule et que l'on contesterait (16). Elle définit le stéréotype non pas comme l'opposé de la vérité mais comme une narration possible. Il représente la vérité que le récit dominant du moment veut imposer (17). Dans son « Manifeste pour une poésie impure », Joël Des Rosiers, réfutant « l'affaiblissement d'une vision unique et centralisatrice », somme la poésie de saper « l'opulence

---

[11] Voir par exemple René Depestre, *Alleluia pour une femme-jardin*, Paris, Gallimard, 1981, et *Hadriana dans tous mes rêves*, Paris, Gallimard, 1988.

[12] Voir en particulier Jacques Stephen Alexis, *Le Nègre masqué* (1938) ; Léon Laleau, *Le Choc* (1932) ; ou encore Virgile Valcin, *La Blanche négresse* (1934), et la discussion de J. Michael Dash, *Haiti and the United States*, 38-40.

[13] *Gouverneurs de la rosée* (1944) de Roumain illustre à la fois sa spécificité haïtienne et sa recherche d'un public plus large par son incorporation d'éléments exotiques. Pour un public haïtien, la quête de l'eau est un retour aux racines, à la source de la vie ; alors que le lectorat francophone y comprendra un symbolisme et une allégorie révolutionnaire qui met en jeu les structures du pouvoir. Voir Belinda Jack, *Francophone Literatures: An Introductory Survey*, Oxford, Oxford UP, 1996, 140-41.

d'une pensée qui prétendait tout embraser, tout conquérir, tout maîtriser d'un point de vue unique ».[14] Selon Roland Barthes dans *Leçon*, le stéréotype peut être trompé et détourné par un langage subversif, non-conformiste qui évite la pétrification, la solidification et l'insouciance,[15] et qui reconnaît expressément les travers de la mémoire. De telles esquives permettent des navettes et des arabesques qui relient le banal et l'extraordinaire, le reconnu et l'inconnu,[16] la surface et les strates pour constituer l'allégorie contemporaine.

Traditionnellement, d'après Quintilien, l'allégorie serait métaphore filée, rébus, participant ainsi à la forme et au contenu. Mais son étymologie grecque — *allo* = autre et *agoreuei* = parler/dire comme à l'agora — indique que l'allégorie est un parler autre, un autre dire.[17] Son appellation signifie, comme Walter Benjamin l'a développée, qu'elle rend publique quelque chose située au-delà d'elle-même. Le rôle prépondérant de l'allégorie dans la littérature haïtienne relève de l'engagement politique du genre romanesque depuis l'avènement de la modernité. Cette brisure épistémique aux Amériques découlerait d'après Paul Gilroy[18] de la traite des négriers qui a engendré la translation créolisante de l'Africain. Dans le cas particulier d'Haïti, la supercherie napoléonienne envers Toussaint Louverture et son peuple viendrait se superposer à la première dislocation, ouvrant la voie aux més-ententes et mé-compréhensions intentionnelles répétées

---

[14] Des Rosiers, Joël, *Théories caraïbes*, Montréal, Les Editions Tryptiques, 1996, 67.

[15] Cité dans *Declining the Stereotype*, 128.

[16] Pour décrire l'allégorie contemporaine, je reprends la définition énoncée par Owens selon laquelle il s'agirait d'une figure dont les éléments seraient l'appropriation, l'impermanence, l'accumulation, la discursivité, et l'hybridité (58). J'emprunte aussi les termes de Rosello (131), qu'elle (re)trouve dans le language des textes francophones. L'allégorie d'après Owens a toujours fonctionné dans l'abîme entre le présent et le passé pour refigurer le vécu. Elle traverse et confond les limites esthétiques et les genres (53). Je conçois l'allégorie contemporaine comme différente de l'allégorie post-coloniale (A. Ahmad, F. Jameson, S. Slemon) qui est une lecture contestataire de l'allégorie coloniale ou impérialiste déterminant l'Histoire du colonisé.

[17] Owens reprend ici « The Origin of the Work of Art » de Heidegger: « The art work is, to be sure, a thing that is made, but it says something other than that the mere thing itself is, *allo agoreuei*. The work makes public something other than itself; it manifests something other; it is an allegory » (61). Angus Fletcher définit le mot « allégorie » étymologiquement à partir du grec, où *allos* = autre + *agoreuein* = parler à l'agora/la place publique, dans *Allegory: The Theory of a Symbolic Mode*, Ithaca & London, Cornell UP, 1964, 2.

[18] Gilroy, Paul, *The Black Atlantic: Modernity and Double Consciousness*, Cambridge, Mass, Harvard UP, 1993.

qui continuent jusqu'à ce jour à perpétuer l'injustice et la corruption nuisantes.

L'allégorie traditionnelle a servi à débusquer par sa référence historique 'réaliste' ou 'merveilleuse' les adversaires politiques de l'égalité et surtout de la liberté en Haïti. Ainsi, les actes perpétrés par la République Dominicaine qui témoignent de son appréhension envers les Haïtiens sont représentés dans *Compère Général Soleil* (1955) de Jacques Stephen Alexis, et plus récemment dans *The Farming of Bones* (2000) d'Edwige Danticat, ainsi que brièvement dans un passage de *Dans la maison du père* (2000) de Yanick Lahens. Mais aussi les contes et légendes, qui (re)constituent la tradition orale musicale et corporelle de l'art haïtien, rejoignent le politique tout en lui ajoutant des dimensions particulières, y compris un merveilleux proverbial qui, par son double-entendre, fait apercevoir le jeu analogique de l'allégorie. A partir des années 1970, « et comme conséquence de l'explosion de violence duvaliériste, naît une littérature de retrait et d'abstraction, une remise en cause de l'existence des contenus, un moment ... poétique de l'allégorie.... »[19]. Puis, dès les années 1980 et surtout dans les années 1990, un mouvement vers la spécificité se dessine qui semble se distancer du politique. Cette spécificité qui rapporte une multiplicité de strates et de voix transforment l'allégorie du rébus en palimpseste temporel, topographique et corporel. Telle quelle, cette allégorie promeut la relation contentieuse de la littérature haïtienne de la fin du vingtième siècle avec la modernité.

Travers de mémoire

Ce sont les traits de cette allégorie en tant que forme d'écriture qui démontent le pouvoir unitaire du stéréotype que Craig Owens reprend et élabore dans ses articles reproduits dans *Beyond Recognition*. L'allégorie se constituerait de l'appropriation ou de l'emprunt, de la spécificité du site et de la spatialisation topographique, de l'impermanence ou du déracinement, de l'accumulation, de la discursivité, et du métissage. Ces éléments amorcent un supplément plurivalent que l'espace entre les axes spatiaux et temporels de l'allégorie engendre (Owens, 194). L'allégorie est alors mouvance par sa projection, son inscription et sa description. Elle bouscule et rend

---

[19] Régis, Antoine, *La littérature franco-antillaise*, Paris, Karthala, 1992, 135-136.

caduque le stéréotype. Composé de références concrètes à travers lesquelles le passé, le présent, et le futur se faufilent, le représenté dans l'allégorie est hiéroglyphe. Juxtaposition de langues, d'images, de voix incorporées-corporéalisées, le fragmentaire prime. Les emprunts, transcriptions, translations ou la juxtaposition de genres avec des bandes dessinées et des références textuelles et imagées de toutes sortes entraînent une représentation qui échappe à l'unicité.[20] Cette intertextualité mine les conventions littéraires et les signifiés des représentations antécédentes et crée un imaginaire iconographique, mental et corporel où les motifs de l'errance s'entrechoquent avec des fragments mémoriels disparates. Qu'ils soient souvenirs, images et/ou points de vue multiples, ces cumuls fragmentaires désignent le palimpseste comme paradigme de l'allégorie.

L'allégorie se mue par l'incorporation des *travellings* de mémorisation entre passés, présents, futurs. Ses tactiques dépendent d'infractions au temps, de détournements de la géométrie chronologique pour y gagner une préhension des passés-sous-silence. Instaurant instabilité, fêlures et rumeurs au sol rivé, des textes d'apparence très divergente se meuvent tout en transgressant les tracés traditionnels. Ainsi, se caractérisent *Evasion* de Jan J. Dominique, *Krik ? Krak !* d'Edwige Danticat, *Rue des pas perdus* de Lyonnel Trouillot, *Tante Résia et les Dieux* et *La petite corruption* de Yanick Lahens, *Mère-solitude* et *Mille Eaux* d'Emile Ollivier, *Vétiver* de Joël Des Rosiers, et les tableaux de Jean-Michel Basquiat. Ces oeuvres tout à la fois se départent du linéaire et se dégagent des lieux de mémoire pour donner un relief à l'ombre des diverses épopées au « son coupé », au corps absent, au « regard interdit ».[21]

Ruse de l'allégorie, la multiplicité s'oppose au regard figeant du stéréotype.[22] Sur la toile, à travers les pages et entre les lignes, la distribution du renvoi des silences, l'écoute, la corporéalisation, et la revendication du regard soulignent la politique de cette sensibilité mobile. Ainsi, le narrateur de la *Rue des pas perdus* exhorte :

---

[20] Nicholas Mirzoeff examine les juxtapositions de bandes dessinées et de références historiques, imagées et textuelles ainsi que contemporaines de l'œuvre de Jean-Michel Basquiat dans *Bodyscape: Art, Modernity and the Ideal Figure*, London, Routledge, 1995.

[21] Les syntagmes « regard interdit, son coupé » appartiennent au titre de la postface dans *Femmes d'Alger dans leur appartement* d'Assia Djebar, Paris, Des femmes, 1983.

[22] Persée a mal identifié Méduse et a cru au stéréotype du regard féminin comme étant castrateur et dangereux.

> Ecoute, dans ce mélange baroque de magie médiévale, de sociologie empirique et d'anarcho-lyrisme, ne compte pour Gérard que le débit, la précipitation des sons produits, la symbolique de la phrase avec périodes et digressions, la justification par le verbe de l'existence du sujet parlant. N'était-ce pas là l'origine des *Mille et Une Nuits* comme de *La Légende des siècles* ? Variations en spirale sur le thème de la mort négociée. Différer le deuil de soi-même. Etablir une fois pour toutes et toutes les fois que nécessaires la primauté de l'expression. Se signer et se signifier par exorcisme permanent. Je parle donc je suis.[23]

L'allégorie surgit d'effacements et de cris, de gestes et de non-dits s'inscrivant entre, et le long des antécédents que la mémoire couve sélectivement. D'après le vécu de Toni Morrison tel qu'elle le décrit dans « Site of Memory », les images flottent autour des gens qui l'entourent. Les aperçus qui restent, pour ainsi dire, au site archéologique, remontent à la surface de manière tellement frappante que l'auteure les reconnaît comme une voie vers la reconstruction d'un monde, vers l'exploration d'une vie intérieure et la révélation d'une sorte de vérité.[24] Ainsi, le narrateur de *Mille Eaux* sait aussi que

> lorsqu'on croit évoquer le passé, il n'y a qu'un pour cent de véritable évocation : le reste n'étant que fantaisie. Toutefois, ce résidu suffit à justifier, s'il en était besoin, l'existence, la réalité du souvenir.[25]

De manière analogue la vieille femme qui tient son bordel depuis 20 ans dans *Rue des pas perdus* décrit comment sa mémoire lui révèle une vérité :

---

[23] Trouillot, Lyonel, *Rue des pas perdus*, Port-au-Prince, Editions Mémoire, 1996, 40. Les citations que j'incorpore sont sous forme d'*amplificatio* et d'*exempla*. Elles amplifient mon propos et servent à illustrer le point en question simultanément. Consciente du fait que je choisis l'exemple, et donc le décontextualise du moins en partie, je voudrais néanmoins faire parler les textes eux-mêmes.

[24] Morrison, Toni, « The Site of Memory », dans *Inventing the Truth: The Arts and Craft of Memoir*, William Zinsser (réd.), Boston, Houghton Mifflin, 1987, 115. Léon-François Hoffmann dans « Emile Ollivier, romancier haïtien » souligne comment le thème de la mémoire individuelle et collective « orchestre » toute l'œuvre d'Ollivier et en particulier *Mère-solitude*, dans *Penser la créolité*, Maryse Condé et Madeleine Cottenet-Hage (réd), Paris, Karthala, 1995, 214-215.

[25] Ollivier, Emile, *Mille Eaux*, Paris, Gallimard, 1999, 16.

> Les jours, les années se brouillent dans mon esprit. Je me souviens
> de tout en même temps. Nous les vieux, ce que nous nous trompons
> facilement de lieu, d'action, de souvenir ! Nous habitons une
> longue nuit qui ne fait point obligation de voir les choses dans leurs
> détails, les mots et les actes ne cessant de se métamorphoser en
> d'insaisissables bruits et couleurs. Notre nuit se prolonge, se
> déroule dans l'indéfini, vaste hors champ moqueur et mélancolique
> de toute contrainte chronologique, chaque fait constituant une
> particule mobile. Les vieux ont une façon particulière de célébrer
> l'éternité de la matière par l'art du bricolage, toute plaie sans cesse
> refermée, ouverte. Le pathétique des grâces ultimes et peines
> capitales n'ayant plus ni charme ni gloire, l'honnêteté de la
> vieillesse, c'est le brouillage lucide des valeurs relatives (12).

L'effort de se souvenir crée la navette imaginaire entre la
particule mobile de la mémoire et la re-connaissance. Ce va-et-vient de
questions, de « pas perdus » traduit la poétique allégorisante. Sa
narration et son énonciation signifient un parler autre.[26] Dans *Mille
Eaux*, il s'agit d'un :

> [r]écit de l'impossible accommodation à l'ordre rationnel, à l'ordre
> temporel, à l'ordre rythmique. Récit qui se meut dans une zone
> d'incertitude, zone de limbes, de lumière fugace, de scintillements
> évanescents. Récit de la délitescence d'un temps que je visite à pas
> de chapardeur. Comment capter la lumière réfractée par le prisme
> irisé des souvenirs d'une époque révolue ? Comment parvenir à
> reconstituer, à travers les brumes du passé, la carte de l'enfance ?
> Comment dire le flou des couleurs, le demi-jour d'images qui
> s'effacent, le déferlement des sensations d'antan ? (15)

Esquiver le stéréotype comprend l'aiguillage des codes. Se
servir des stéréotypes et ne pas s'en servir, dit Rosello, devient un
langage d'oscillation constante qui passe de l'inclusion à l'exclusion
pour faire détonner les échos de la mémoire (*Declining*, 133).

Gains de mémoire pourrait-on dire — les titres en parlent
*Mémoire d'une amnésique, Mémoire d'une affranchie, Breath, Eyes,
Memory, Mémoire ensanglantée, Les Blancs de mémoire* — alors que

---

[26] Voir dans l'ouvrage de Sigrid Weigel, le chapitre intitulé « The 'other' in allegory: A
prehistory of the allegory of modernity in the Baroque » dans *Body-and Image-Space:
Re-reading Walter Benjamin*, London, Routledge, 1996, 95-108. Avec les qualités
« baroques » du réalisme magique ou de ce que j'appellerais dans la littérature
haïtienne contemporaine, littérature allégorique, l'allégorique exprimerait en effet la
multiplicité du « double speak » ou du *palé andaki*.

les narrations passent en revue événements et pensées, doux et magnifiques, crus et horribles, rêvés et cauchemardesques, ainsi que les décrit la narratrice de « Berceuse » :

> Il sera une fois la Terre. Et sur la terre, les animaux, les arbres, les fleurs, les vraies maisons et les humains. Et dans la Terre, les plantes qui auront germé pour nourrir les hommes et les bêtes. Et tout autour, il y aura des rivières, des champs à perte de vue, des océans au loin. (Qu'en sais-tu ?, dit-elle) J'ai oublié l'ordre, mais je sais qu'il sera une fois tout cela et bien plus encore.[27]

Sans quitter l'espace de l'Histoire avec une H majuscule, l'allégorie conteste les sutures de la convention et de l'idéologie de façon à les rendre invisibles selon l'image des stéréotypes[28] qui sert à cacher comment le sens est donné, comment l'ordre et la société sont construits, comment le roman réaliste assure un ordre social selon des catégories fixes. Le titre de la collection *Beyond Recognition* d'Owens intime que l'allégorie va au-delà de ce qu'on reconnaît, de ce dont on se souvient. Elle parlerait d'autre chose, tout en touchant aux questions d'identité, de pouvoir et d'autorité,[29] au-delà de la mémoire et des faits documentés qu'un historien accepterait comme étant objectifs :

> Au cours d'une journée du mois d'août 1963 se produiront précisément ces faits insaisissables qui ont pris définitivement possession de ma mémoire.[30]

reprend la narratrice de « La Chambre Bleue » alors qu'elle avait débuté son récit en affirmant :

> Je suis certaine d'avoir été cette petite fille de six ou sept ans. Je ne saurais dire avec précision comment se produisit cet événement qui est mieux qu'un souvenir. C'est une lueur vacillante dans ma

---

[27] Dominique, Jan J., « Berceuse », *Evasion*, Port-au-Prince, Edition des Antilles S.A., 1996, 93.

[28] Voir Linda Hutcheon, citée par M. Chancy, 79.

[29] Edward Said insiste dans « Invention, Memory and Place » sur le fait que la mémoire et ses représentations touchent de manière significative aux questions d'identité, de nationalisme, de pouvoir et d'autorité (*Critical Inquiry*, 6 : 2, Winter 2000, 176-192).

[30] Lahens, Yanick, « La Chambre bleue », *Tante Résia et les Dieux,* Paris, L'Harmattan, 1994, 66.

> mémoire. Une image évanescente qui miroite quelquefois d'une
> rive lointaine à la surface de l'eau (63).

Minant le concept de la neutralité optique du Réalisme, l'archéologie de l'allégorie rend intenable la position de l'observateur ou du spectateur impartial qui voit d'une distance raréfiée : « C'est à dater de ces événements que commence l'histoire et que je m'engage heure après heure au plus profond de ce souvenir » (« La Chambre Bleue », 66).

Cet acte subjectif de se rappeler ce qui n'aurait pas dû être oublié repose sur ce qui n'est pas connu généralement et qui sera oublié socialement.[31] Le narrateur de *Mille Eaux* dit avoir :

> beaucoup hésité avant d'entreprendre [le] récit. Je savais de façon
> obscure qu'en me mettant à repasser par mon enfance, à regarder
> ma vie de cette rive lointaine et, du coup, à raconter des tranches
> d'Histoire de ce minuscule pays qui est le mien, j'allais réveiller de
> multiples histoires, les unes plus douloureuses que les autres,
> histoires pleines de vicissitudes, histoires à pleurer, mélopées
> lugubres (99).

Mais cette mémorisation se conjugue non pas en commémoration mais pour colporter le vécu en verbe. Le métatexte qui accompagne ces récits par le biais des narrateurs multiples ou par un dialogue entre un 'je' racontant et une voix à la troisième personne simulant l'objectivité rend manifeste le précaire de la connaissance et du savoir. Un des narrateurs de *Rue des pas perdus* trouve qu'il ne se souvient pas clairement : « les souvenirs se brouillent dans ma mémoire, et j'ignore des deux fins laquelle correspond à la réalité » (132), mais il se rend compte et exprime que « nulle histoire humaine n'est une petite histoire » (134).

Quant au narrateur de *Mille Eaux* qui tient en héritage de son père, une plume Parker, pour écrire, et de sa mère des pieds poudrés, pour parcourir ses souvenirs, se demande : « Arriverai-je à libérer un flux d'énergie qui détacherait chaque atome et rendrait aux êtres que j'ai connus et côtoyés leur poids de singularité et de vérité ? » (99).

Par l'accumulation, ces textes transmutent le désir de se souvenir en archives d'existence. Donner une envergure au souvenir amène sa transformation. Images, sons, mouvements, sensations se

---

[31] Voir notamment M. Chancy, 76.

placent dans la mémoire en travers, de travers, par le travers. Et l'acte de se rappeler traverse la mémoire en long et en large, de haut en bas, en diagonale et en vrac, par bonds intuitifs. Vifs et fades, entiers et coupés, clairs et flous, les travers de la mémoire se superposent et leur excavation amène une interrogation de la réalité et de la vérité du vécu, une co-naissance.[32] Ainsi se termine la « Berceuse » de Dominique :

> Je vais te raconter une histoire. Il sera une fois la Terre... Non dit l'enfant aux yeux tristes, je n'aime pas le commencement de ton histoire. Dis-moi, comment veux-tu que je te l'invente ? Tu le sais, dit mon fils de sa voix fatiguée, commence par le commencement. Commence en racontant il est une fois la Terre. Pour ne jamais oublier (94-95).

Lutte contre la raison, avec les travers de la mémoire, la page devient site du présent de témoignages, de désirs, et d'interrogations comme l'exprime Des Rosiers dans sa narration poétique :

> je désirais repeupler la mer étale
> y convoquer
> tous ceux que je n'avais pas connus
> ou encore qui avaient péri noyés
> personne jamais ne réapparaissait sur ces fonds ardents
> du grand large me pourchassaient
> les fantômes de l'imagination
> que je confondais avec ceux de la raison[33]

Les récits s'assemblent soit en recueils de nouvelles, soit en ouvrages composés de chapitres extrêmement courts — des *clips* presque — dans lesquels l'alternance des voix prime par-dessus le déroulement narratif. (Dé)sorganisés, tout en brisant la chronologie linéaire, leurs enfilages forment ce que j'appellerais des récits-roman.[34] Arrangés en recueils de six, dix, dix-sept récits ou nouvelles, en récits à

---

[32] Co-naissance, l'homonyme de connaissance, est le terme que Catherine MacGillivray utilise pour parler de la pratique textuelle d'Hélène Cixous dans sa préface à sa traduction de *Jours de l'an*, *First Days of the Year* (xxi). J'adapte son interprétation de la relation des deux lexèmes pour indiquer que la connaissance de quelque chose serait une naissance à cette chose et de la chose même et plus tard, pour penser à la naissance (*marassa* — voir la note 42) et au savoir (*palé andaki*) doubles.

[33] Des Rosiers, Joël, *Vétiver*, Montréal, Les éditions Tryptique, 1999, 58.

[34] Daniel Maximin appelle les textes tels que *Traversée de la Mangrove* des conte-romans.

chapitres numérotés, encadré et intercalé de poèmes de registres différents, comme *Mille Eaux* ou en un texte comme *Rue des pas perdus* composé de voix multiples qui tour à tour prennent la parole, disparaissent, reviennent au cours de trente-quatre *clips*, ces récits-romans rendent compte du déplacement du narrateur central. Ces nouvelles rapides et courtes, comme les oeuvres de Basquiat, relatent les polyvalences et la polysémie d'un monde réel et imaginaire en éventail. A travers diverses voix narratives féminines et masculines — à la troisième personne et/ou à la première de 'je' différents — le récit-roman s'autographie comme Dominique l'indique au verso d'*Evasion* :

> *Evasion* est un recueil de textes de *pure fiction*, écrits entre 1970 et 1985, avant, pendant, et après *Mémoire d'une amnésique*. A l'origine de chaque texte un rêve, une colère, un espoir, un moment d'émotion, une seconde de rage. *Ce sont donc des textes authentiquement autobiographiques* (je souligne).[35]

Cette marginalisation du narrateur central révèle la partialité de l'histoire dite complète. Se projetant sur l'axe temporel de la lecture, la succession d'histoires souvent sans liens directs et explicites, courtes comme s'il y en avait de trop à raconter et qu'il en manquait des parties, assure une tension. Instances de tactiques, elles font actes de résistance. L'absence de liens — ces ellipses textuelles — articulent ce silence que le mode narratif du stéréotype, par sa vision unitaire, occasionne. Par ces entorses, le récits-roman se lit comme palimpseste du non-dit, des histoires de l'aperçu interdit, du silence.

La tactique de la mobilité et du fluctuant de l'allégorie scande le chronotope et permet ainsi l'émergence de réalités alternatives qui rendent le caractère polymorphe propre à chaque histoire, grande ou petite.[36] Véritable métier à métisser, pour reprendre un titre de René

---

[35] Alors que la cassure du pacte autobiographique de Philippe Lejeune se rapporte généralement à la question de vérité et de la construction textuelle du personnage par rapport au narrateur ou à la narratrice, chez Dominique, elle se situe sous l'effet de l'effacement et de la perte instauré par l'image de l'amnésique. Voir « Le Pacte autobiographique », *Poétique* 14, 1973, 137-162.

[36] La tactique initie au niveau local des actions qui participent à une stratégie. Le caractère imprévisible des tactiques produit des interruptions, des dislocations et/ou des ruptures qui néanmoins servent (bien ou mal), implicitement ou explicitement, une stratégie. J'envisage l'allégorie telle que je la trouve dans ces textes de mémorisation en tant que stratégie et la mise sur page de ces histoires en tant que tactiques. Les

Depestre, liant en déliant, l'allégorie fait figure de Mètis. Reprenant la voie de l'étymologie, j'aimerais donner au vocable 'mètis' non pas son origine dans le latin qui se référait au mélange de lin et de coton qui constituaient la chaîne et la trame du métier à tisser, et qui, dès le XII$^\text{è}$ siècle en France, aurait signifié « de basse extraction, de sang mêlé »[37], mais son usage homonymique déterminé par la mythologie grecque. Mètis, nom propre d'une déesse,[38] aurait été une « puissance aquatique, fluide, polymorphe, aux vertus fécondantes et nourricières » (Toumson, 131), capable de métamorphose. Première femme de Zeus, et /ou mère d'Eros, douée d'intelligence rusée, de « prudence avisée », de « réflexion subtile » (131) et d'esprit fertile, Mètis « tisse, tresse, combine et noue les fils dont l'entrecroisement fait le tissu du devenir, liant ensemble en une même trame . . . la suite des générations et des événements » (132). On lui attribue avec Phanès la création de la lune d'où le lien avec l'instrument de la mètis qui permet au paysan de « repérer l'ordre des saisons », et au marin de « déchiffr[er] dans les astres, [. . .] la direction des vents et les routes de sa navigation » (134). Ainsi, par extension, la mètis, en tant que nom commun, indique un instrument de navigation à dimension intellectuelle, c'est-à-dire un genre de stratagème pour se sortir d'une aporie.

En effet les saisons, les mois, la mer et le vent figurent souvent en tant qu'actants dans les récits-romans. Par exemple, ceux de Trouillot commencent souvent par un grand coup de vent :

> Voilà. Monsieur, cela commença par un grand coup de vent. Forcément. Toutes nos histoires commencent par des coups de vent comme en un tourbillon de légendes paresseuses. Amoncellement d'oiseaux oisifs, nous sommes les nains du mémorable, les meilleurs artisans de la contre-façon. Un coup de vent par ci, un coup de vent par là, nous procédons par divination, cumul de bribes incantatoires (*Rue des pas perdus*, 7).

Ce vent, éparpillant les pages du discours d'un ministre de l'information parlant sur la place publique, secouerait les graines en

---

travaux d'Edouard Glissant, de Michel de Certeau et de Deleuze et Guattari sur ces modes d'actes sont à la base de cette délinéation-ci.

[37] Toumson, Roger, *Mythologie du métissage*, Paris, PUF, 1998, 87.

[38] Voir en particulier de Marcel Détienne et Jean-Pierre Vernant, « La mètis orphique et la seiche de Thétis » dans les *Les Ruses de l'intelligence. La mètis des Grecs*, Paris, Flammarion, 1974, 127-164. Il faut signaler l'accent grave que la translation du grec nous donne. Pour l'aporie, voir pages 146-147.

attente pour « donner le change au néant, faire peau d'île d'âne sur la carte » (7). Mais ce vent balayeur et déboussoleur est cliché, image stéréotypée, comme le récit nous en avertit lorsqu'il nous signale que le vent n'existe là ni plus ni moins qu'autre part. Tandis qu'il sert métaphoriquement en tant qu'embrayage pour débuter un récit, le cliché de changement, venant en coup de vent qui n'a pas lieu, fait bascule, et cette évacuation explicite ou tactique déstabilise l'énonciation amenant ainsi un autre dire. En tant que mètis de ces récits-romans, cet autre-dire prismatique s'oppose au stéréotype immobilisant, tout en l'incorporant. Il agit avec *techne*, et se projette en pluralité pour ne pas être subsumé par un système identifiable de dichotomies diamétralement opposées.[39] Il met en cause les questions d'identité et de langage qui expriment ce qui a besoin d'être dit, la difficulté de parvenir à une histoire qui ne ferait de mal à personne, ainsi que ce qui permettrait de comprendre les silences et non-dits.

Dans *Framing Silence: Revolutionary Novels by Haitian Women*, Myriam Chancy détermine que le roman de Danticat, *Breath, Eyes, Memory*, parle *andaki*. La définition du *palé andaki*, que Chancy reprend du sociologue culturel Ulrich Fleischmann, indique que ce parler comprend un usage diligent de références explicites et implicites contradictoires (130). Le narrateur de *Mère-solitude* y fait référence lors de la conférence d'Edmond Bernissart :

> lui, il continuait à parler avec sérénité de formes de vie éteintes depuis des millions d'années. Mais, plus il avançait, plus ses propos renvoyaient à l'actualité la plus immédiate. Cet homme qui semblait toute sa vie avoir vécu sourd (mais dans la surdité la plus totale) à la rumeur publique ne se doutait-il pas que celle-ci, dans son langage codé, se servait du mot dinosaure pour identifier les sbires d'un gouvernement en place depuis plus d'un quart de siècle ?[40]

---

[39] Voir Françoise Lionnet, *Autobiographical Voices: Race, Gender, Self-Portraiture*, Ithaca, Cornell UP, 1989. Lionnet approprie le terme métis/Mètis à des fins féministes en soulignant le lien fortuit entre la représentation grecque du pouvoir subjugué de la femme et le champ sémantique indécidable du mot *métis* en français. Elle détermine que *mètis* serait la « figure allégorique d'une fonction ou d'un pouvoir » qui opposerait la transparence à la métaphysique de l'identité. C'est un savoir-faire qui résiste à la symbolisation puisqu'elle a/est le pouvoir qui défait la logique et la clarté des concepts (14-15). Ainsi son art transforme et transmute, et permet, par son esthétique de la ruse, aux subjugués de survivre en échappant au système qui cherche à les détruire (18).

[40] Ollivier, Emile, *Mère-solitude*, Paris, Le Serpent à Plumes, 1999 [1983], 21.

Le *palé andaki* est ruse d'allégorie. Hybride de la métaphore et de la métonymie et donc tactique d'autre dire, elle permet à plusieurs énoncés de poindre à travers la translation de la mémorisation et la transcription du souvenir.

Les représentations amenées à figurer en énoncés et à traiter de récits, toutes discutables, souvent inventées, témoignent aussi de leur textualisation. Forme d'intratextualité, ce parler autre est métatextuel, ainsi que le confie le narrateur de *Mille Eaux* :

> Je ne sais plus où j'en suis dans ses entrelacs de récits boiteux et tronqués au fil desquels je m'échine à rétablir une cohérence de façade alors que je mesure à chaque pas combien ma vie est soumise au seul principe du hasard (98).

Historicités et textualités plurielles se racontent et se rencontrent pour tisser avec la trame des voix multiples et la chaîne des travers de mémoire ces récits-romans. Comme des *marassa* — des jumelles — ils se reflètent en s'élaborant. Florence Bellande-Robertson conceptualise la complémentarité des *marassa* en termes de créolisation. L'association métaphorique d'éléments divergents, contrastés, rivaux et fragmentaires, représentée par les *marassas* et le dossou/la dossa figure, pour l'auteure, un concept de *marassa*, un concept de co-existence et de collaboration qui aurait comme base la compréhension et le respect des différences. Parties prenantes et miroitements les unes des autres, autre-dire et parler-autre permettent au mouvement du texte de se dérouler et d'inscrire l'extériorisation de l'archéologie vivifiante en soi, de soi, de vécus et du processus pour métamorphoser le palimpseste des mémoires en allégorie.[41] Déjà en 1983, le narrateur de *Mère-solitude* l'exprimait[42] :

---

[41] Voir Florence Bellande-Robertson, *The Marassa Concept in Lilas Desquiron's Reflections of Loko Miwa*, Dubuque, Iowa, Kendall/Hunt Publishing Co., 1999. Bellande-Robertson indique, en reprenant des explications de Maya Deren, la signification symbolique du concept de 'marassa', qui provient du vodou, dans la culture haïtienne. Le terme 'marassa' se réfère à deux ou plusieurs enfants — fille ou garçon — du même ou de sexes différents, né(e)s simultanément de mère commune. Biologiquement ces personnes seraient des jumelles. Particulièrement lié aux *marassa*, est l'enfant qui les suit. Un garçon serait un 'dossou' ; une fille, une 'dossa'. Cette configuration de deux jumeaux avec un(e) dossou/dossa forme une unité nommée 'marassas trois' (4). Alors que des atouts magiques plus puissants appartiennent au dossou/à la dossa, en tant que complément aux *marassa*, ceux-ci sont aussi inégaux. Ainsi, l'idée de suprématie se confond à celle des jumeaux sacrés. Les ancêtres

Tout ici, tourne court. Et, quand tu crois découvrir le fond du sens, aussitôt tout se défait ; toute affirmation l'instant d'après se soupçonne. Les fils dans cet espace-labyrinthe, filets serrés et remaillés avec un cortège de nouements et de dénouements, conduisent immanquablement à des simulacres de portes, à de fausses sorties. Que faire ? Marquer le pas, rester sur place, oui ce serait peut-être une façon de s'en tirer si, sous tes pieds, tu ne sentais le terrain glisser, le sol se fendiller. Tu es parti à la quête de la signification de la mort de ta mère, Noémie Morelli. Cette quête a débouché sur une métaphore de toi-même ; oui Narcès et Noémie se sont regardés dans un même miroir, se sont allumés de feux réciproques. Ah ! Quel bel exemple de dialogue muet avec une morte qui réclame son dû.... [La quête] m'a amené à découvrir

---

marassa et les vivants sont vénérés selon des rites explicites car, dans la cosmogonie du vodou, ils sont considérés comme étant les premiers enfants de Dieu, l'enfance de la race, et donc plus forts que les *lwas*. En tant qu'enfants de Dieu, ils sont aussi parents de leur progéniture et affirment ainsi la multiplicité de la trinité *marassa* (20). Ils incarnent la notion de la fragmentation d'une totalité cosmique originaire qui doit regagner son unité. Leur culte représente une célébration de la nature double de l'être humain: mi-matière/mi-métaphysique ; mi-mortel/mi-immortel ; mi-humain/mi-divin (5). Par ailleurs, les *marassa* symbolisent l'abondance, la pluralité, le tout, la guérison, la nouveauté et l'innocence, d'où leurs représentations en enfants. On les appelle aussi 'calfou marassa' car associés au Lwa Legba, ils/elles sont gardien(ne)s des carrefours (6).

[42] En reprenant le concept de « counter-discourse » de Richard Terdiman, Stephen Slemon suggère que la littérature post-coloniale s'écrit à partir du discours préfiguratif colonial dont l'allégorie serait le mode de représentation. L'allégorie serait alors le site manifeste d'une lutte culturelle pour renverser l'appropriation colonialiste/ impérialiste. Elle opérerait en tant que « contre-discours » à partir de la trace d'une/de la différence abolie dans le discours dominant, pour relever l'hétérogénéité que ce dernier ne pouvait concevoir structurellement, c'est-à-dire dans la lignée du « writing back ». Voir « Monuments of Empire: Allegory/Counter-Discourse/Post-Colonial Writing » dans *Kunapipi*, Aarhus, Denmark, Dangaroo Press, 1987, 1-16. Mais cette interprétation de l'allégorie la replace dans un discours binaire ou de dédoublement ré- actionnaire et lui ôte sa pluralité énonciatrice. Cette immobilisation de l'allégorie emprisonne la littérature dite post-coloniale dans une dialectique infernale dont elle ne peut se sortir — un retour ou plutôt une continuation en d'autres termes des structures coloniales — alors que l'allégorie contemporaine serait une figuration littéraire de la créolisation. Cilas Kemedjio analyse les stratégies de résistance aux forces dominantes présentes dans *Texaco* et *Solibo Magnifique* et repère chez les raconteurs l'élément masqué et l'effort didactique compris dans leurs pièges digressifs qui déroutent la politique française départementale. Cette stratégie implique la communauté qui y participe et, en reprenant les préceptes de *L'Eloge de la créolité*, ramène au « counter- discourse » terdimanien. Voir « Performance, Departmentalization, and Detour in the Writing of Patrick Chamoiseau » dans *French Cultural Studies: Criticism at the Crossroads*, Le Hir et Strand (réd.), Albany, SUNY P, 2000, 185-204.

l'histoire de ma famille et, par delà, chose encore plus grave, l'histoire de mon pays, ce rocher chauve, cette terre de montagne avec sa pierraille, ses alluvions, sa mort à petit feu. Tout cela, Noémie Morelli, transcende nos modestes personnes pour scander le devenir de six millions d'hommes. Tout cela − ô miracle − se présente finalement non pas comme une fiction, mais comme la vibration même de la réalité (171-172).

Contre-histoire et méta-histoire, l'allégorie (contemporaine) s'insinue ainsi dans l'inconnu ou dans la peur pour faire ressortir l'*agape* de l'éros du thanatos.[43]

Avec sa géographie de carrefours, comme les *marassa* — elles-mêmes gardiennes de carrefours — la mémorisation trace l'a-géométrie des méandres sans queues ni têtes de la mémoire. L'articulation des chemins empruntés rapporte les diversions de la métaphore filée de passés présents, et de futurs antérieurs. Aux carrefours, l'allégorie cumule des souvenirs d'une époque sans mémoire certaine, réimpliquant l'individu dans la question du rapport entre le personnel et la culture. Sa polyvalence actualise des passés et, désengageant le politique de l'écriture tout en l'impliquant par les retours au passé, elle construit les non-dits du passé silencieux.

En traitant (de) l'Histoire, les généalogies, l'autobiographie, il y a gain de mémoire. Sans faire acte de commémoration, et donc loin du travail des *Lieux de mémoire*, les écrivains haïtiens mémorisent la collectivité d'histoires en récits-romans. Bien que l'exil n'ait pas constitué le topos de la littérature haïtienne,[44] l'errance a libéré, avec ses déviations et disruptions, les oppositions et séparations stables du binarisme national tout en indiquant des chemins à emprunter pour marquer la géographie de la douleur mémorielle.

Alors que l'allégorie nationale a duré depuis l'indépendance d'Haïti jusqu'au début des années 1980, le caractère transgressif de

---

[43] Ce commentaire s'adresse autant au dénouement de *Mère-solitude* qu'au fonctionnement de l'allégorie contemporaine. A la fin du roman, par amour pour sa famille, Noémie Morelli assassinera Tony Brizo ('brise-os') pour ses meurtres arbitraires, après s'être donnée à lui dans la peur de ce qu'elle était sur le point de faire. L'émerveillement du narrateur face au dénouement de sa quête, de ce « dialogue muet » au cours duquel le son coupé et le regard interdit reprennent voix et vue figure l'agapè qui remplace l'éros du thanatos, c'est-à-dire le fétichisme du stéréotype à la base de l'allégorie traditionnelle.

[44] Propos tenu par Lyonel Trouillot lors du colloque « Outre-France: Writing in French in the Caribbean » à l'Université de Chicago, Chicago, 21 octobre 2000.

l'allégorie, telle qu'elle se fait voir dans la littérature haïtienne des dix (voir des vingt) dernières années du XXe siècle, débouche à la conjonction du discours romanesque et de la littérature nationale pour saper l'opulence de la pensée dominante de la modernité. Ré-vision d'anciens stéréotypes, le récit-roman explore le scepticisme et le relativisme culturel pour rendre une impression de l'être à identités multiples, post-nativiste qui existe au-delà de l'enfermement des individus et des cultures par des frontières artificielles. Fragmenté, sans témoin ni prophète, le sujet raconte, pour sa part, l'éclatement du temps et du lieu en *ex-île*[45] à travers le palimpseste allégorique. La perte du lieu stable et des sources susceptibles de création renvoie dès lors à l'hiéroglyphe de l'engagement personnel.

Histoires dites et parlers construits, traversant le temps et l'espace de l'Histoire sans pour autant discourir pour ou sur un sujet, les récits-romans se constituent en allégorie contemporaine. *Dossa* de *marassa*, dont l'identité est fragmentée par l'incompatibilité et la multiplicité, l'allégorie parait dans l'agora, la place publique, où la vibration de la mémoire effectue un *palé andaki* qui diffuse sons coupés, et regards interdits.[46] Au travers de l'éclatement multiplicateur des passés présents évanescents, la dossa saisit des histoires individuelles qui corporéalisent l'espace des *marassa*, de la co-(n)naissance.

Cet espacement de la naissance multiple avec la venue littéraire au *palé andaki* textualise le fragmentaire et la multiplicité au travers de l'aporie post-révolutionnaire haïtienne à l'heure de la mondialisation. Le *palé andaki* des voix narratives *marassa* entretient une allégorie dossa qui s'écarte de l'allégorie nationale pour s'ouvrir sur un présent temporel (et non pas immémorial). Avec sa mètis à la main pour détourner le fétichisme des stéréotypes à la base de l'allégorie traditionnelle, la *dossa* des *marassa* au *palé andaki* décline sur la page

---

[45] La formulation est de Joël Des Rosiers dans *Théories caraïbes* et joue avec les notions d'exile et d'ex-île. Dans le contexte de la mondialisation et de la diaspora ou ce que le poète appelle « métaspora » (voir note 47), Haïti n'est plus demi-île, mais ex-île.

[46] Cette allusion à la diffusion implique, d'une part, l'idée de faire connaître de manière moins opaque le passé et le présent en Haïti et, d'autre part, reprend l'autre sens du terme, c'est-à-dire la mise en circulation du récit/des histoires et du livre lui-même. Cette question tourmente surtout les écrivains vivant en Haïti qui veulent y développer l'édition mais qui sont confrontés par un public créolophone largement analphabète et un petit lectorat francophone. L'option de l'édition au Québec ou en France résout la question de la diffusion générale sans cependant résoudre celle en Haïti.

la fin de la nostalgie pour un passé révolu. En état de *métaspora*,[47] les récits-romans de l'ex-île haïtienne font co-(n)naître un parler autre, un autre dire, une allégorie contemporaine des passés-sous-silence.

---

[47] Terme emprunté à Joël Des Rosiers qui l'a énoncé lors de son intervention sur Lautréamont à la conférence du Congrès International d'Etudes Francophones à Abidjan, Côte d'Ivoire, juin 2002.

Bibliographie

Jacques Stephen Alexis

Romans

Les arbres musiciens, Paris, Gallimard, 1957, 1984 ; Port-au-Prince, Les Editions Fardin, 1986.

Compère Général Soleil, Paris, Gallimard, 1955, 1982 ; *General Sun, My Brother*, translated by Carrol F. Coates, Charlottesville: University Press of Virginia, 1999.

L'espace d'un cillement, Paris, Gallimard, 1959, 1983 ; *In the Flicker of an Eyelid*, translated by Carrol F. Coates and Edwidge Danticat, Charlottesville: University Press of Virginia, 2002.

Nouvelles

« L'Amourette », *Le Nouvelliste*, Port-au-Prince, 23 déc. 1959.

Romancero aux étoiles, Paris, Gallimard, 1960.

« L'inspecteur d'apparences », *Anthologie du fantastique*, Roger Caillois (réd.), Paris, Gallimard, 1966, Tome 2, 287-311.

Articles sélectionnés

« Contribution à la Table-Ronde sur le folklore et le nationalisme », *Optique* (juin 1956), 25-34.

« La culture haïtienne », *Les lettres françaises* (27 septembre-3 octobre 1956).

« Du réalisme merveilleux des Haïtiens », *Présence Africaine* 8-9-10 (juin-novembre 1956), 245-271.

« Modern Haitian Thought », *Books Abroad* 30 (Spring 1956), 261-265.

« La Belle Amour humaine », *Europe* 501 (janvier 1957), 20-27.

« Où va le roman ? » (Débat autour des conditions d'un roman national chez les peuples noirs), *Présence Africaine* 13 (avril-mai 1957), 81-101.

Préface, *La Montagne ensorcelée* de Jacques Roumain, Paris, Les Editeurs français réunis, 1972.

Préface, *Gouverneurs de la rosée* de Jacques Roumain, Port-au-Prince, Les Editions Fardin, 1999.

Entretien

Brueil, Sophie, « La Rose des yeux, interview avec Jacques Stephen
  Alexis », *Les lettres françaises*, 14-20 fév. 1957, 658.

Georges Anglade
Lodyans
Les Blancs de mémoire, Montréal, Boréal, 1999.
Leurs jupons dépassent, Montréal, Editions du CIDIHCA
  (Bibliothèque haïtienne), 2000.
Ce pays qui m'habite, Outremont, Québec, Lanctôt, 2002.
Essais
L'espace haïtien, Montréal, Presses de l'Université du Québec, 1974.
Mon pays d'Haïti, Montréal, Presses de l'Université du Québec, 1977.
Espace et liberté en Haïti, Montréal (Centre de recherches Caraïbes),
  Université de Montréal, 1982.
Atlas critique d'Haïti, Montréal (Centre de recherches Caraïbes),
  Université de Montréal, 1982.

Mimi Barthélémy
Théâtre
« Ma'déa », dans *Un balcon sur les Andes, Mendoza, en Argentine,
  Ma'déa,* Eduarto Manet (réd.), Paris, Gallimard, 1985 ;
  Création au Théâtre de Poche Montparnasse, Paris, 1983-84.
« Bleu, Blanc, Noir » (inédit), création collective, Centre culturel
  français de Bamako, Mali, 1989.
La cocarde d'ébène de/avec Claude Alranq, Lezignan-Corbières,
  Editions Avant-Quart, 1989 ; Création au Printemps des
  Comédiens de Montpellier, 1989.
La reine des poissons, présenté au Festival d'acteurs francophones à
  Evry avec le musicien Amos Coulanges (Livre-cassette), 1989.
« La dernière lettre de l'amiral » (inédit), création au Centre culturel de
  Chevilly-la-Rue, 1991 ; présenté au Théâtre des Cultures du
  Monde, Paris, 1992 ; dans la Caraïbe et en Amérique latine,
  1993.
« Tendez chanter l'amour », création au centre culturel de Chevilly-la-
  Rue, 1996 ; présenté au Théâtre des Halles, Avignon 1996.

« Caribana » (inédit), mise en scène d'Emmanuel Plassard, création pour le Festival Contes d'hiver de Dinan (suite à « La dernière lettre de l'Amiral »), 1999.

Soldats-Marrons, Théâtre-s en Bretagne, no 4 et 5, 1ère partie, 4ème trim. 1999, 29-32 ; 2ème partie, 1er trim. 2000, 33-36 (mise en scène de Mimi Barthélémy et musique de Serge Tamas) ; Création, 1989, nombreuses reprises (Pointe-à-Pitre, 1994, Washington, D. C., 2002). A paraître aux Editions Mémoire en version bilingue (français / créole).

« Iles animales » (contes-mythes des grandes Antilles), création 2000, dans *Vieux caïman*, Paris, Editions Lirabelle, 2002 (avec disque compact).

« Une très belle mort » (inédit), mise en scène de Nicolas Buenaventura Vidal, création au centre Mandapa, Paris, juin 2000, repris à la Chapelle du Verbe Incarné, Théâtre d'Outre-Mer, Avignon, juillet 2001, repris au Théâtre de l'Epée de Bois, Cartoucherie de Vincennes, Paris, septembre 2000 et septembre 2001.

Contes

Le monstre Bagay, Paris, L'Harmattan / Quatre Vents, 1989.

La reine des poissons, ill. Clémentine Barthélémy, Paris, Vif Argent, 1993.

Tézin le poisson de rivière, Paris, L'Harmattan / Quatre Vents, 1994.

Malice et l'âne qui chie de l'or, Paris, Syros / Paroles de Conteurs, 1994.

Contes diaboliques d'Haïti, Paris, Karthala / Contes et Légendes, 1995.

Tout un monde à raconter, Québec, Editions Québec-Amérique, 1996.

Géant poilu velu, Orange, Grandir, 1996.

Kangio la tortue chanteuse et autres contes d'animaux, Paris, Syros, 1996.

Anïs et Bovi, gravures J.-P. Blanpain, Orange, Grandir, 1997.

L'écorchée marraine, Châtenay-Malabry, Acoria Editions, 1998.

Haïti, la perle nue, avec Gérard Barthélémy, Châteauneuf-le-Rouge, Vents d'Ailleurs, 1999.

Le chasseur et l'oiseau, Orange, Grandir, 2000.

Le mariage de Pucette, Paris, La Découverte & Syros, 2001.

Cabri, Cheval et Tigre, Editions Vents d'ailleurs / Les petites histoires de Mimi Barthélémy, 2001.

« Rêverie d'une conteuse », dans *Finisterres du soleil* (collectif), Saignelégier, Suisse, Editions de la Vouivre, 2001.

Vieux caïman. Contes des grandes îles de la mer caraïbe, Paris, Editions Lirabelle, 2002 (avec disque compact).

Audio-Cassettes (titres épuisés pour la plupart)

La reine des poissons, livre-cassette, Paris, Editions Vif Argent, 1990.

Le mariage d'une puce, Lyon, Editions Octogone, s.d.

Contes d'Haïti, livre-cassette (chansons et comptines d'Haïti), Paris, Editions Vif Argent, 1992.

Légendes du monde entier (collectif), Paris, Nathan / Musilivres, 1992.

Disques compacts

Chantez dansez Haïti Guadeloupe, avec Serge Tamas (guitare) et Serge Marne (percussions), Paris, Editions Enfance Musique, 1996.

Tendez chanter l'amour, Paris, Ti Moun Fou, 1996.

La belle Siwa, contes d'Haïti, Paris, Editions Enfance Musique, 2000.

Vieux caïman. Contes des grandes îles de la mer caraïbe, Paris, Editions Lirabelle, 2002.

Marie Chauvet

Romans

Fille d'Haïti, Paris, Fasquelle, 1954.

La Danse sur le volcan, Paris, Plon, 1957 ; Paris, Maisonneuve & Larose, 2003 (Préface de Catherine Hermary-Vieille).

Fonds des Nègres, Port-au-Prince, Editions Henri Deschamps, 1960.

Amour, colère et folie, Paris, Gallimard, 1968.

Les Rapaces, Port-au-Prince, Editions Henri Deschamps, 1986.

Théâtre

La Légende des fleurs, Port-au-Prince, Editions Henri Deschamps, 1947.

Plume Colibri, Fille d'Haïti, Paris, Fasquelle, 1954.

Nouvelle

« Ti-Moune nan bois », *Optique* 7 (septembre 1954), 57-60.

Edwidge Danticat

Romans

Breath, Eyes, Memory, New York: Soho Press, 1994; New York:
    Vintage Books, 1995; *Le cri de l'oiseau rouge*, Nicole
    Tisserand (trad.), Paris, Pygmalion, 1995; Paris, Pocket, 1997.

The Farming of Bones, New York: Soho Press, 1998; Penguin, 1999;
    La récolte douce des larmes, Jacques Chabert (trad.), Paris,
    Grasset, 1999.

Récit

After the Dance: a Walk through Carnival in Jacmel, Haiti, New York:
    Crown, 2002 ; *Après la danse*, Jacques Chabert (trad.), Paris,
    Grasset, 2004.

Nouvelles

The Dew Breaker, New York: Alfred K. Knopf, 2004.

Krik? Krak!, New York: Soho Press, 1995; New York: Vintage Books,
    1996; *Krik? Krak! Récits,* Nicole Tisserand (trad.), Paris,
    Pygmalion, 1996; Paris, Pocket, 1998.

"A Rain of Daffodils," *Seventeen* 53.4 (1 April 1994), 152; *Literary
    Cavalcade* 52.6 (March 2000), 4-9.

Anthologies

*The Butterfly's Way: Voices from the Haitian Dyaspora in the United
    States*, edited by Edwidge Danticat, New York: Soho Press,
    2001.

*The Beacon Best of 2000: Great Writing by Women and Men of All
    Colors and Cultures*, edited by Edwidge Danticat, Boston:
    Beacon Press, 2000.

Littérature pour la jeunesse

Behind the Mountains: The Diary of Celiane Espérance, New York:
    Orchard Books, 2002.

Articles sélectionnés

"Hanging With The Fugees," *Essence* 27.4 (1 August 1996), 85-86.

"Forward," *The Magic Orange Tree and other Haitian Folktales*,
    edited by Diane Wolkstein, New York: Random, 1997, vii-viii.

"The Book of the Dead", *The New Yorker* 75.16 (21 June 1999), 194-
    200.

"Bonjour Jean", *The Nation* 272.7 (19 February 2001), 20-22.

"Forward", *Walking on Fire: Haitian Women's Stories of Survival and
    Resistance*, edited by Beverly Bell, Ithaca: Cornell U. Press,
    2001.

Traductions

In the Flicker of an Eyelid (*L'espace d'un cillement*) by Jacques-Stephen Alexis, translated with Carrol F. Coates, Charlottesville: University of Virginia Press, 2002.

René Depestre
Poésie
Etincelles, Port-au-Prince, Imprimerie de l'Etat, 1945.

Gerbe de sang, Port-au-Prince, Imprimerie de l'Etat, 1946.

Végétation de clartés (préface d'Aimé Césaire), Paris, Seghers, 1951.

Traduit du grand large, Paris, Seghers, 1952.

Minerai noir, Paris, Présence Africaine, 1956.

Journal d'un animal marin, Paris, Seghers, 1964.

Un arc-en-ciel pour l'Occident chrétien, Paris, Présence Africaine, 1967.

Cantate d'octobre (édition bilingue), La Havane, Institut du Livre et Alger, SNED, 1968.

Poète à Cuba (préface de Claude Roy), Paris, Oswald, 1976.

En état de poésie, Paris, Les Editeurs français réunis, 1980.

Au matin de la négritude (préface de Georges-Emmanuel Clancier), Paris, Euro-éditeur, 1990.

Journal d'un animal marin (choix de poèmes 1956-1990), Paris, Gallimard, 1990.

Anthologie personnelle, Arles, Actes Sud, 1993.

« Adieu à la Révolution » et « En fils créole de la francophonie » dans *Ecrire la « parole de nuit » ; la nouvelle littéraire antillaise,* Paris, Gallimard (folio, essais), 1994, 53-55 ; 56-57.

Prose
Pour la révolution pour la poésie (essai), Montréal, Leméac, 1974.

Le mât de Cocagne (roman), Paris, Gallimard, 1979 (folio, 1998).

Bonjour et adieu à la négritude (essai), Paris, Laffont, 1980 (1989).

Alléluia pour une femme-jardin (récits), Paris, Gallimard, 1981 (folio, 1986, 1990).

Hadriana dans tous mes rêves (roman), Paris, Gallimard, 1988 (folio, 1990).

Eros dans un train chinois (nouvelles), Paris, Gallimard, 1990 (folio, 1993).

« Les aventures de la créolité, lettre à Ralph Ludwig », *Ecrire la « parole de nuit » ; la nouvelle littéraire antillaise,* Paris, Gallimard (folio, essais), 1994, 159-170.

« La mort coupée sur mesure », *Noir des Îles* (collectif), Paris, Gallimard, 1995, 95-126.

« Vive la lecture », *En quête du livre* (collectif), Paris, Paroles d'aube, 1997.

Ainsi parle le fleuve noir, Paris, Paroles d'Aube (Inventaire), 1998.

Le métier à métisser (essai), Paris, Stock, 1998.

Comment appeler ma solitude, Paris, Stock, 1999.

Traductions par René Depestre

Guillén, Nicolas, *Le Grand Zoo*, Paris, Seghers, 1966.

Poésie cubaine, 1959-1966, anthologie Heberto Padilla (édition bilingue), La Havane, Institut du Livre, 1967.

Fernández Retamar, Roberto, *Avec les mêmes mains*, Paris, Oswald, 1968.

Fernández Moreno, César, *Un catalogue de vieilles automobiles*, Paris, Saint-Germain-des-Prés/Unesco, 1988.

Entretiens

« Parler de Jacmel », Propos recueillis à Montréal par Etzer Depestre (mars 1989), Edité à Port-au-Prince, 1989.

« France Reads Haiti: An Interview with René Depestre », entretien avec Joan Dayan (trad., J. Dayan), *Yale French Studies* 83 (1993), 136-153.

« Deux fers au feu », Entretien avec Lise Gauvin, *L'écrivain francophone à la croisée des langues*, Paris, Karthala, 1997, 71-95.

« Quel nom donner à ma solitude ? », Entretien avec Camille Paulet et Vincent Grégoire, *Dérades* (Guadeloupe), juin 1998.

« Lire la Caraïbe », Propos recueillis par Michel Sender, *Espaces Latinos* (Lyon) 157, octobre 1998.

Joël Des Rosiers

Poésie

Métropolis Opéra, Montréal / La Tronche (France), Triptyque / Vague à l'âme, 1987.

Tribu, Montréal, Triptyque, 1990.

Savanes, Montréal, Triptyque, 1993.

Vétiver, Montréal, Triptyque, 1999.

Essais

Théories caraïbes : poétique du déracinement, Montréal, Triptyque, 1996.

Entretiens

Houyoux, Suzanne, « Joël Des Rosiers », translated by Carrol F. Coates, *Callaloo* 15.2 (1992), 427-30.

Le Pelletier, Catherine, « Avec des auteurs haïtiens... » dans *Encre noire ; la langue en liberté*, Paris, Ibis Rouge Editions, 1998, 31-39.

Sroka, Ghila B., « Joël Des Rosiers : Le XXIe siècle sera tribal », *Tribune Juive* 11.6 (avril 1994), 20-23.

Jan J. Dominique

Romans

Mémoire d'une amnésique, Port-au-Prince, Imprimerie Henri Deschamps, 1984.

Inventer... la Célestine, Port-au-Prince, Editions des Antilles, 2000.

Nouvelles

Evasion, Port-au-Prince, Editions des Antilles, 1996.

Roger Dorsinville

Romans

Kimby, ou la loi de Niang, Paris, Présence Africaine, 1973 ; Port-au-Prince, Editions Henri Deschamps, 1990.

L'Afrique des rois, Paris, Union générale d'éditions, 1975 ; Port-au-Prince, Editions Henri Deschamps, 1990.

Un Homme en trois morceaux, Paris, Union générale d'éditions, 1975 ; Port-au-Prince, Editions Henri Deschamps, 1990.

Mourir pour Haïti, ou Les croisés d'Esther, Paris, L'Harmattan, 1980.

Renaître à Dendé, Paris, L'Harmattan, 1980.

De Fatras Bâton à Toussaint Louverture, Alger, Enal, 1983.

Marche arrière (Mémoires), *Collectif Paroles*, 1986.

Accords perdus, Max Dorsinville (réd.), Montréal, Editions du CIDIHCA, 1987.

Ils ont tué le vieux blanc, Port-au-Prince, Editions Henri Deschamps, 1988.

Une Haïtienne à New York, Port-au-Prince, Editions des Antilles, 1991.

Les Vèvès du Créateur, Max Dorsinville (réd.), Montréal / Port-au-Prince, Editions du CIDIHCA / Editions Henri Deschamps, 1989 ; Montréal / Port-au-Prince, Editions du CIDIHCA / Mémoire-Regain, 1999.

Rites de passage (œuvres littéraires complètes), 11 volumes, Max Dorsinville (réd), Port-au-Prince, Editions Henri Deschamps, 1990.

Marche arrière II (Mémoires), Port-au-Prince, Editions des Antilles, 1991.

Essais

Toussaint Louverture, ou La vocation de la liberté, Paris, Julliard, 1965 ; Montréal, Editions du CIDIHCA, 1987.

Dans un peuple de dieux : mythologie de l'hinterland libérien, Monrovia, 1968 ; Alger, Société nationale d'édition et de diffusion, 1971.

Jacques Roumain, Paris, Présence Africaine, 1981.

« Lili Marlene : Voyage en Yougoslavie », *Africa* 144, 1982.

L'Homme derrière l'arbre : un Haïtien au Libéria, (avec Jean-Jacques Mandel ; photographies de Roger Dorsinville), Paris, L'Harmattan, 1991.

The Collected Edition of Roger Dorsinville's Postcolonial Literary Criticism in Africa, (en français), Vol. 1, 1976-1981 ; Vol. 2, 1982-1986, Max Dorsinville (réd.), Lewiston, N.Y., Mellen Press, 2003.

Nouvelles

Les Contes de la forêt atlantique, Alger, Entreprise nationale du livre, 1986.

Gens de Dakar, Dakar, NEA, 1978 ; Port-au-Prince, Editions Henri Deschamps, 1990.

Le mâle de l'espèce, Port-au-Prince, Editions Henri Deschamps, 1990.

Poésie

Pour Célébrer la terre, Port-au-Prince, Presses Libres, 1955.

Le Grand Devoir, Madrid, Taller Gráfico CIES, 1962.

Théâtre

Barrières, pièce en 3 actes, Port-au-Prince, Editions Henri Deschamps, 1946.

Entretiens

« Entretiens avec Cary Hector », *Collectif Paroles* 15 (1981-82), 18-31.

« Interview », *Callaloo* 15.2 (Spring 1992), 542-545.

« Les Retrouvailles africaines », *Le Pouvoir des mots, les maux du pouvoir* de Jean Jonassaint, Montréal, P.U.M., 1986.

« Roger Dorsinville : Une vie, un exemple », entretien avec Pierre-Raymond Dumas, *Conjonction* 170-171 (juillet-décembre 1986).

Gérard Etienne

Romans

Le Nègre crucifié, Montréal, Editions Francophone et Nouvelle Optique, 1974 ; Genève, Metropolis, 1990 ; Montréal/Paris, Balzac, 1994.

Un Ambassadeur macoute à Montréal, Montréal, Nouvelle Optique, 1979.

Une Femme muette, Montréal/Paris, Editions Nouvelle Optique/Silex, 1983.

La Reine soleil levée, Montréal, Editions Guérin-Littérature, Montréal, 1987 ; Genève, Metropolis, 1989.

La Pacotille, Montréal, l'Hexagone, 1991.

La Romance en do mineur de Maître Clo, Montréal/Paris, Balzac, 2000.

Vous n'êtes pas seul, Montréal/Paris, Balzac, 2001.

Au coeur de l'anoréxie, Montréal, Editions du CIDIHCA, 2002.

Nouvelles

Le Bacoulou, Genève, Editions Métropolis, Genève, 1998.

Poésie

Au milieu des larmes, Port-au-Prince, Togiram Press, 1960.

Plus large qu'un rêve, Port-au-Prince, Editions Dorsainvil, 1960.

La raison et mon amour, Port-au-Prince, Les Presses Port-au-princiennes, 1961.

Gladys, Port-au-Prince, Editions Panorama, 1963.

Lettre à Montréal, Montréal, Editions L'Estérel, 1966.

Dialogue avec mon ombre (chant littéraire), Montréal, Editions francophones du Canada, 1972.

Cri pour ne pas crever de honte (chant littéraire), Montréal, Nouvelle Optique, 1982.

« Les Yeux de Natania, poésie par Gérard Etienne », *Muse en île* 3 (avril 1992), 1-2.

La Charte des crépuscules, oeuvres poétiques (1960-1980), Moncton, Editions D'Acadie, 1993.

« Embargo », Numéro spécial « Présence d'Haïti », *Sapriphage*, 22 (été-automne 1994), 47-49.

Essais

Essai sur la négritude, Port-au-Prince, Editions Panorama, 1962.

Le Nationalisme dans la littérature haïtienne, Editions Lycée Pétionville, 1964.

« La vie et l'œuvre de Franck Fouché », *Présence francophone* 16 (printemps 1978), 191-99.

« La Femme noire dans le discours littéraire haïtien », *Présence francophone* 16 (printemps 1978).

« Le vaudou centrons le ballon selon les règles du jeu », *Haïti-Progrès* (13-19 février 1985), 11-18.

La Question raciale et raciste dans le roman québécois (essai d'anthroposémiologie et sémiotique appliquée), Montréal, Editions Balzac, 1995.

La Femme noire dans le discours littéraire haïtien, éléments d'anthroposémiologie (avec François Soeler), Montréal/Paris, Editions Balzac/Le Griot, 1998.

L'Injustice ! Désinformation et mépris de la loi, Montréal, Humanitas, 1998.

Entretiens

Jonassaint, Jean, *Le pouvoir des mots, les maux du pouvoir*, Paris-Montréal, Editions de l'Arcantère / Les Presses de l'Université de Montréal, 1986, 59-76.

Rowell, Charles « The Literature and Culture, Gérard Etienne », translated by Amos McRae, Jr., *Callaloo* 15.2 (Spring 1992).

Jean-Claude Fignolé

Romans

Les Possédés de la pleine lune, Paris, Seuil, 1987.

Aube tranquille, Paris, Seuil, 1990.

Hofuku, Paris, Seuil, 1993.

La dernière goutte d'homme, Port-au-Prince, Editions Mémoire, 1999.

Essais

Etzer Vilaire, ce méconnu, Port-au-Prince, Imprimerie Centrale, 1970.

Pour une poésie de l'authentique et du solidaire : « ces îles qui marchent» de René Philoctète, Port-au-Prince, Les Editions Fardin, 1971.

Sur Gouverneurs de la rosée *: hypothèses de travail dans une perspective spiraliste*, Port-au-Prince, Les Editions Fardin, 1974.

Voeu de voyage et intention romanesque, Port-au-Prince, Les Editions Fardin, 1978.

Frankétienne

Théâtre (en *kréyol*)

Pèlin-Tèt, Port-au-Prince, Editions du Soleil, 1978.

Troufobon, Port-au-Prince, Imprimerie Les Presses port-au-princiennes, 1979.

Bobomasouri, Port-au-Prince, Koleksyon Espiral, 1986.

Kaselezo [version française de Frankétienne, J.-P. Bernay et Jenny Leignel], *Dérives* 53/54 (1986/1987), 125-163.

Romans

Dézafi, Port-au-Prince, Les Editions Fardin, 1975.

Ajanoumelezo (Espiral), Port-au-Prince, Imprimerie des Antilles, 1987.

Romans (en français)

Au Fil du temps, Port-au-Prince, Imprimerie des Antilles, 1964.

La Marche, Port-au-Prince, Editions Panorama, 1964.

Mon côté gauche, Port-au-Prince, Imprimerie Serge L. Gaston, 1965.

Chevaux de l'avant-jour, Port-au-Prince, Imprimerie Serge L. Gaston, 1965.

Vigie de verre, Port-au-Prince, Imprimerie Serge L.Gaston, 1965.

Mûr à crever (*Genre total*), Port-au-Prince, Presses port-au-princiennes (coll. "Spirale"), 1968.

Ultravocal (*Spirale*), Port-au-Prince, Imprimerie Serge L. Gaston, 1972 ; Rééd., Port-au-Prince, L'Imprimeur II, 1975.

Les Affres d'un défi (roman), Port-au-Prince, Imprimerie Henri Deschamps, 1979 ; Rééd., Paris, Jean-Michel Place, 2000.

Fleurs d'insomnie (*Spirale*), Port-au-Prince, Imprimerie Henri Deschamps, 1986.

Chevaux de l'avant-jour (poésie), [Version revue et corrigée du recueil de 1967], *Dérives* 53/54 (1986/1987), 41-86.

L'Oiseau schizophone (spirale), Port-au-Prince, Editions des Antilles, 1993 ; Rééd., Paris, Jean-Michel Place, 1998.

L'Amérique saigne (*Gun Bless America*) (roman), Port-au-Prince, s.n.,1995.

La nocturne connivence des corps inverses, Port-au-Prince, Spirale, 1996.

La méduse orpheline, Port-au-Prince, Spirale, 1996.

Une étrange cathédrale dans la graisse des ténèbres, Port-au-Prince, Spirale, 1996.

Clavier de sel et d'ombre, Port-au-Prince, Spirale, 1997.

Les échos de l'abîme, Port-au-Prince, Spirale, 1997.

Et la voyance explose, Port-au-Prince, Spirale, 1997.

Voix marassas (Spirale francréolophonique), Port-au-Prince, Spirale, 1998.

H'Eros chimères, Port-au-Prince, Spirale, 2002.

Miraculeuse : fragmentaire I, Port-au-Prince, Imprimerie des Antilles, 2003.

Nouvelles

« Tout jeu. Tout vice. Mort raide. Point de faire part », *Le Petit Samedi Soir* 78-79 (1974-1975), 11-13.

Entretiens

Chemla, Yves, et Daniel Pujol, « Entretien avec Frankétienne », *Notre Librairie* 133 (janvier-avril 1998), 113-117.

F. Etienne, « Spiralisme et Vision », *Le Nouvelliste* (26 novembre 1968).

Philoctète, René, « Le Spiralisme, une nouvelle école littéraire », *Le Nouveau monde* (29 mai 1972).

Laferrière, Dany, et Pierre Clitandre, « D'*Univocal* à la peinture, une certaine continuité », *Le Petit Samedi Soir*, 77 (1974), 6-8.

Fleischmann, Ulrich, « Entrevue avec Frankétienne sur son roman Dézafi », *Dérives* 7 (1977), 17-25.

Clitandre, Pierre, « Franck Etienne n'écrit plus en français », *Le Petit Samedi Soir*, 294 (1979), 25-26.

Fanon, J., « Frankétienne : la passion d'Haïti », *Demain l'Afrique* 30 (1979), 75, 78, 79, 82.

Berrouet-Oriol, Robert, et R. Fournier, « Imaginaires et parcours poétiques », *Poétiques et Imaginaires. Francopolyphonie littéraire des Amériques* (sous la direction de P. Laurette et H.-G. Ruprecht), Paris, L'Harmattan, 1995, 47-68.

Yanick Lahens

Romans
Dans la maison du père, Paris, Le Serpent à Plumes, 2000.

Essais
L'exil : entre l'ancrage et la fuite, l'écrivain haïtien, Port-au-Prince, Editions Henri Deschamps, 1990 ; « Exile. Between Writing and Place », Cheryl Thomas et Paulette Richards (trad.), *Callaloo* 15.2 (1992), 441-444.

Nouvelles
Tante Résia et les Dieux, nouvelles, Paris, L'Harmattan, 1994.
La petite corruption, Port-au-Prince, Editions Mémoire, 1999.
« Bain de lune », dans *Amérique* (récits et fictions courtes, série no. 2), Paris, Le Serpent à Plumes et Philippe Starck, 1998.
« La folie était venue avec la pluie », *Une enfance outremer*, Leïla Sebbar (réd.), Paris, Seuil, 2001.

Articles sélectionnés
« Afterword », *Caribbean Creolization: Reflections on the Cultural Dynamics of Language, Literature, and Identity*, Kathleen M. Balutansky and Marie-Agnès Sourieau (réd.), Gainesville, U. Press of Florida, 1998.
« Notes sur le marronnage », *Dérades* 4 (1999).

Entretiens
« Haitian Literature after Duvalier. An Interview with Yanick Lahens », Propos recueillis par Clarisse Zimra, *Callaloo* 16.1 (1993).
« Parcours et regards. Entretien avec Yanick Lahens », Propos recueillis par Rodney Saint-Eloi, *Notre librairie* 142 (octobre-décembre 2000).

Jean Métellus

Romans
Jacmel au crépuscule, Paris, Gallimard, 1981.

La Famille Vortex, Paris, Gallimard, 1982 ; *The Vortex Family*, translated by Michael Richardson, London & Chester Springs, PA: Peter Owen ; Paris: UNESCO Publishing, 1995.

Une Eau-forte, Paris, Gallimard, 1983.

La Parole prisonnière, Paris, Gallimard, 1986.

L'Année Dessalines, Paris, Gallimard, 1986.

Les Cacos, Paris, Gallimard, 1989.

Charles-Honoré Bonnefoy, Paris, Gallimard, 1990.

Louis Vortex, Paris, Messidor, 1992.

L'Archevêque, Pantin, Le Temps des Cerises, 1999.

La Vie en partage, Paris, Desclée de Brouwer, 2000.

Poésie

« Comme deux fantômes », poèmes, *Les Lettres Nouvelles* (juin-juillet 1969).

« Poèmes », *Les Temps Modernes* (juin-juillet 1969).

« Les zombis », poèmes, *Présence Africaine* 71 (3ème trimestre 1969).

« Poèmes », *Intégral* (janvier 1974).

Au Pipirite chantant, Paris, Maurice Nadeau, 1978.

Tous ces chants sereins, Mareil-sur-Mauldre, Qui Vive, 1980.

Jacmel (édition bilingue, français-espagnol), Paris, Orénoque, 1991.

Au Pipirite chantant et autres poèmes, Paris, Maurice Nadeau, Lettres Nouvelles, 1995.

Hommes de plein vent, Paris, Silex, 1981 ; Paris, Nouvelles du Sud, 1992.

Voyance, Paris, Hatier, 1984.

Voix nègres, Solignac, Le Bruit des Autres, 1992.

Filtro Amaro (*Philtre amer*), édition bilingue, français-italien, Turin, La Rosa, 1996.

Les Dieux pèlerins, Paris, Nouvelles du Sud, 1997.

Voix nègres, voix rebelles, Pantin, Le Temps des Cerises, 2000.

Théâtre

Anacaona, Paris, Hatier, 1986, 2002 ; Lecture au Théâtre National de Chaillot, 1985 ; représentée au Théâtre National de Chaillot, 1988 ; représentée à la Maison du Théâtre et de la Danse à Epinay-sur-Seine, 1995.

Le pont rouge, Paris, Nouvelles du Sud, 1991.

Colomb, Case Pilote, Martinique, De l'autre-mer, 1992 ; Lecture sur France Culture par les Comédiens de la Comédie française,

1992 ; représentée à la Maison du Théâtre et de la Danse à
  Epinay-sur-Seine, 1995.
Toussaint Louverture, Paris, Hatier International, 2003.

Essais

Haïti, une nation pathétique, Paris, Denoël, 1987 ; Paris, Maisonneuve
  et Larose, 2003.
Voyage à travers le langage, Isbergues, Ortho-Edition, 1996.
De l'esclavage aux abolitions : XVIIe - XXe siècle (avec Marcel
  Dorigny), Paris, Cercle d'Art, 1998.

Articles sélectionnés

« Pour une juive », *Les Lettres Modernes* (juin-juillet 1969), 140-142.
« Hommes de plein vent », « Pour situer Haïti », « Essai d'analyse
  structurale : contes et réalités haïtiennes », *Europe* (janvier
  1971).
« Une affaire réglée », *Acoma* (4-5 avril 1973).
« Sartre et la Négritude », *Obliques* (numéro spécial 1978), 287-290.
« Tuer la bête qui mange le soleil », *La Quinzaine Littéraire* 312
  (1979).
« Le futur français s'écrit à Haïti », *Libération* (19 mars 1987), 27.
« Le futur français s'écrit à Haïti », *Le Messager européen* 4
  (Gallimard) 1989, 93-96.
« Complainte du vieillard », *Poèmes sur le temps qui passe*
  (anthologie), Michel Allard (réd.), Paris, Le Cherche midi,
  1996, 234-235.
« La citadelle exemplaire », *Comédie-Française* 192 (juin 1991).
« L'abolition de l'esclave, 150 ans plus tard », *L'Humanité* (24 avril
  1998), 13.
« De Lisbonne à Madrid », *Le Nouvel Observateur* (22-28 juin 2000),
  111.
« L'Europe est multiple », *Le Nouvel Observateur* (29 juin-5 juillet
  2000), 49.
« Entre opulence et esclavage », *Le Nouvel Observateur* (6-12 juillet
  2000), 71.
« La fête à Kalinigrad », *Le Nouvel Observateur* (13-19 juillet 2000),
  32.
« L'Europe à fond de train », *Le Nouvel Observateur* (20-26 juillet
  2000), 51.

Entretiens

« Ayti : l'île oubliée », Propos recueillis par Laure Lasfargues, *Différences* 76 (Mars 1988).

« L'épopée d'Anacaona, reine du Verbe », Propos recueillis par Christian Leblé, *Libération* (9 mars 1988).

« Jean Métellus : Interview with Carrol Coates », translated by Mohamed B. Taleb-Khyar, *Callaloo* 15.2 (Spring 1992), 338-341.

« Jean Métellus : qu'est-ce qu'un intellectuel ? », *Haïtiens Aujourd'hui* (décembre 1997-janvier 1998), 11-26.

Sous la dictée du vrai, Entretiens avec J.J. Hubert de Poncheville, Paris, Desclée de Brouwer, 1999.

Salien, Jean-Marie, « Autour du roman *Les Cacos.* Un entretien avec Jean Métellus », *Mots Pluriels* 12 (1999).

Emile Ollivier

Romans

Mère-solitude, Paris, Albin Michel, 1983 ; Paris, Le Serpent à Plumes, 1994.

La Discorde aux cent voix, Paris, Albin Michel, 1986.

Passages, Montréal, l'Hexagone, 1991 ; Paris, Le Serpent à Plumes, 2001.

Les Urnes scellées, Paris, Albin Michel, 1995.

Mille Eaux, Paris, Gallimard (Haute Enfance), 1999.

Essais

1946/1976 : Trente ans de Pouvoir Noir en Haïti, (avec Cary Hector et Claude Moïse) Montréal, *Collectif Paroles*, 1976.

Haïti, quel développement ? (avec Charles Manigat et Claude Moïse), Montréal, *Collectif Paroles*, 1976.

Analphabétisme et alphabétisation des immigrants haïtiens à Montréal, Montréal, Librairie de l'Université de Montréal, 1981.

Penser l'éducation des adultes, ou fondements philosophiques de l'éducation des adultes. (avec Adèle Chené), Montréal, Guérin, 1983.

La Marginalité silencieuse (avec Maurice Chalom et Louis Toupin), Montréal, Editions du CIDHICA, 1991.

Repenser Haïti ; grandeur et misères d'un mouvement démocratique (avec Claude Moïse), Montréal, Editions du CIDIHCA, 1992.

Repérages, Montréal, Leméac, 2001.

Nouvelles

Paysage de l'aveugle, Montréal, Pierre Tisseyre, 1977.

Regarde, regarde les lions (avec des photographies de Mohror), Paris, Myriam Solal, 1995.

« La supplique d'Elie Magnan », dans *Nouvelles d'Amérique*, Maryse Condé et Lise Gauvin (réd.), Montréal, Hexagone, 1998, 153-162.

« Port-au-Prince ma ville aux mille visages », dans *A peine plus qu'un cyclone aux Antilles*, Bernard Magnier (réd.), Rochefort, Le temps qu'il fait, 1998, 45-56.

Regarde, regarde les lions, Paris, Albin Michel, 2001.

Articles sélectionnés

« Lire Paolo Freire », *Nouvelle Optique* 1.6-7 (avril-septembre 1972), 187-193.

« Dans les retraites de l'inconscient, ou Lecture de la question de couleur en Haïti », *Collectif Paroles* 2.3 (janvier 1980), 19-25.

« Un paradoxal labeur ou la nécessité de civiliser l'Occident », *Collectif Paroles* 2.7 (juillet-août 1980), 34-36.

« Trois points de repère pour la formation d'alphabétiseurs », *Alpha 82* (Jean-Paul Hautecoeur, réd.), Québec, Ministère de l'Education du Québec, 1982, 327-344.

« Un travail de taupe : écrire avec un stigmate de migrant », *Possibles* 8.4 (été 1984), 111-118.

« Marie-Ange ou la vie d'écriture », *Revue Internationale d'Action Communautaire* (1984), 20-25.

« L'exemple Borges », *Tribune Juive* 4.2 (1986), 6-8.

« La cuisine transculturelle d'Esaü à nos jours », *Vice Versa* 15 (mai-août 1986), 22-24.

« Québécois de toutes souches, bonjour », *Vice Versa* 1990, 47-48.

« La pédagogie entre le savoir et le pouvoir », *Vice Versa* 33 (mai-juillet 1991), 9-11.

« Désensabler le débat », *Liberté* 203 (1992), 76-79.

« Améliorer la lisibilité du monde », dans *Penser la créolité*, Maryse Condé et Madeleine Cottenet-Hage (réd.), Paris, Karthala, 1995, 223-235.

« Et me voilà otage et protagoniste », *Les écrits* 95 (avril 1999), 161-173 ; *Boutures* 1.2 (février 2000), 4-7.

« Parcours », *Les écrits* 99 (août 2000), 121-130.

« Le souci de la Cité », dans *L'écrivain/e dans la Cité ?*, Jean Royer (réd.), Montréal, Triptyque, 2000, 11-20.

« Autoportrait en cheval fou », *Lettres Québécoises* 102 (été 2001), 7.

« La lutte contre le racisme au fondement de la perspective interculturelle », *Possibles* 24.6 (Automne 2000), 26-36.

« L'enracinement et le déplacement à l'épreuve de l'avenir », *Etudes littéraires* 34.4 (été 2002), 87-97.

« L'internationalisme de Jacques Roumain et ses zones d'ombre », dans Jacques Roumain, *Oeuvres complètes*, Léon-François Hoffmann (réd.), Madrid / Paris, ALLCA XX- UNESCO, 2003, 1297-1314.

Enregistrements sonores (disques compacts)

Pierrot Le Noir (avec Jean-Richard Laforest et Anthony Phelps), Production Caliban, 1970.

Quatre poètes d'Haïti Littéraire (avec Anthony Phelps), Production Caliban, 1982.

Direction de recueils

Sociologie de la formation des adultes. Matériaux pour un enseignement, Montréal, Librairie de l'Université de Montréal, 1981-1982.

« Education permanente en mouvement » (avec Gaston Pineau), *Revue Internationale d'Action Communautaire,* numéro spécial, (printemps 1983).

« Migrants : trajets et trajectoires » (avec Fernand Gauthier, Serge Larose et Creutzer Mathurin), *Revue Internationale d'Action Communautaire* 141/54, numéro spécial, (automne 1985).

Anthony Phelps

Poésie

Eté (Couverture et illustrations de Grace Phelps en collaboration avec l'auteur), Port-au-Prince, Imprimerie N. A. Théodore (Collection 'Samba'), 1960.

Présence (Illustrations de Luckner Lazard), Port-au-Prince, Haïti-Littéraire, 1961.

Eclats de silence, Port-au-Prince, Art graphique presse, 1962.

Points cardinaux, Montréal, Holt, Rinehart et Winston, 1966.

Mon pays que voici et *les Dits du fou-aux-cailloux*, Honfleur, France, P. J. Oswald, 1968.

Motifs pour le temps saisonnier, Paris, P. J. Oswald, 1976.

La Bélière caraïbe, La Habana, Cuba, Casa de las Américas, 1980 ; Montréal, Nouvelle Optique, 1980.

Même le soleil est nu, Montréal, Nouvelle Optique, 1983.

Orchidée nègre, Montréal, Triptyque, 1987.

Les doubles quatrains mauves, Port-au-Prince, Editions Mémoire, 1995.

Immobile Voyageuse de Picas et autres silences, Montréal, Editions du CIDIHCA, 2000.

Romans

Moins l'infini, Paris, Les Editeurs français réunis, 1973.

Mémoire en colin-maillard, Montréal, Editions Nouvelle Optique, 1976 ; Montréal, Editions du CIDIHCA, 2001.

Haïti ! Haïti ! (avec Gary Klang), Montréal, Libre Expression, 1985.

Théâtre

Le conditionnel, Montréal, Holt, Reinhart et Winston, 1968.

Une quinzaine de pièces radiophoniques, Radio Cacique, Haïti, 1961-64.

Contes pour enfants

« Moly, le petit poisson rouge » ; « La poupée à la chevelure de soleil » ; « Et moi, je suis une île » ; « La roue vagabonde » dans *Et moi, je suis une île*, Montréal, Leméac (Collection Francophonie vivante), 1973.

Films et vidéos

Aube noire, film, 20 minutes, Montréal, Productions InformAction, 1980.

Planète créole, Vidéo, 30 minutes (Série 1366 N° 004), Montréal, Radio Québec, 1980.

Planète créole, Vidéo, 30 minutes (Série 1366 N° 006), Montréal, Radio Québec, 1980.

Et négriers d'eux-mêmes, Film, 57 minutes, Montréal, Productions Pierre Nadeau, 1981.

Mercenaires en quête d'auteurs, Film, 87 minutes, Montréal, Productions InformAction, 1981.

Zone de turbulence, Film 80 minutes, Montréal, Productions InformAction, 1985.

Spécial Anthony Phelps, Vidéo 60 minutes, Télé nationale d'Haïti, Septembre 1986.

Les îles ont une âme, Film, 29 minutes, Montréal, Productions InformAction, 1988.

L'homme qui plantait des arbres, Film d'animation de Frédéric Bach, 29 minutes, Productions ONF/Radio Canada. s.d., 1990 ; Version créole, Montréal, Productions InformAction, 1990.

Jacques Roumain
Romans

Les Fantoches, Port-au-Prince, Imprimerie de l'Etat, 1931 ; Port-au-Prince, Les Editions Fardin, 1977.

La Montagne ensorcelée, Préface de Jean Price-Mars, Port-au-Prince, Imprimerie E. Chassaing, 1931 ; Paris, Les Editeurs français réunis, 1972 ; Port-au-Prince, Les Editions Fardin, 1976.

Gouverneurs de la rosée, Port-au-Prince, Imprimerie de l'Etat, 1944 ; Paris, La Bibliothèque Française, 1946 ; Paris, Les Editeurs français réunis, 1961 ; Paris, Club français du livre, 1964 ; *Masters of the Dew,* translated by Langston Hughes, Westport / London: Heinemann, 1978, 1999 ; Pantin: Le Temps des Cerises, 2000.

Poésie

Bois d'ébène, Port-au-Prince, Imprimerie Henri Deschamps, 1945 ; *Bois d'ébène*, suivi de *Madrid*, Montréal, Mémoire d'encrier, 2003.

Essais

Contribution à l'étude de l'ethnobotanique précolombienne des Grandes Antilles, Port-au-Prince, Imprimerie de l'Etat, 1942.

Nouvelles

La Proie et l'ombre, Port-au-Prince, Editions La Presse, 1930 ; Port-au-Prince, Les Editions Fardin, 1977.

Jacques Roumain, *Oeuvres complètes*, édition critique, Léon-François Hoffmann (réd.), préface de René Depestre, ALLCA XX - UNESCO et Agence universitaire de la Francophonie, Madrid /Paris, 2003.

Lyonel Trouillot

Poésie (en *kreyòl*)

Depale, (en collaboration avec Pierre Richard Narcisse), Port-au-Prince, Editions de l'Association des écrivains haïtiens, 1979.

Zanj nan dlo, Port-au-Prince, Editions Mémoire, 1995.

Romans (en français)

Les fous de Saint-Antoine : traversée rythmique, préface de René Philoctète, Port-au-Prince, Editions Henri Deschamps, 1989.

Le livre de Marie, Port-au-Prince, Editions Mémoire, 1993.

Rue des pas perdus, Port-au-Prince, Editions Mémoire, 1996 ; Arles, Actes Sud, 1998 ; *Street of Lost Footsteps*, translated by Linda Coverdale, Lincoln: U. of Nebraska Press, 2003.

Thérèse en mille morceaux, Arles, Actes Sud, 2000.

Les enfants des héros, Arles, Actes Sud, 2002.

Bicentenaire, Arles, Actes Sud, 2004

Nouvelles

Les dits du fou de l'île, Port-au-Prince, Editions de l'Ile, 1997.

Poésie

La petite fille au regard d'île, Port-au-Prince, Editions Mémoire, 1994.

« menm zwazo a mouri levi... » (le même oiseau meurt et renaît...), *Conjonction* 195 (juillet-septembre 1992), 54-5 ; *Notre Librairie* 133 (janvier-avril 1998), 5.

Article

« Haïti 90 : l'esthétique du délabrement », *Notre Librairie* 133 (janvier-avril 1998), 22-25.

Biographie des contributeurs

Ginette Adamson enseigne les littératures françaises et francophones à Wichita State University et à l'Institut International d'Etudes Françaises, Université Marc Bloch, Strasbourg. Elle est ancienne présidente et directrice générale du Conseil International d'Etudes Francophones et exécutrice testamentaire de l'œuvre de Pierre Emmanuel. Ses articles ont paru dans des revues américaines, québécoises, anglaises et françaises. Elle est l'auteur de *Le procédé de Raymond Roussel* (1984), *Bibliographie de Pierre Emmanuel* (2004), co-auteur des *Œuvres poétiques complètes de Pierre Emmanuel* (2002 –2003, 2 vols.), co-éditrice de *Francophonie Plurielle* (1995), et de *Continental, Latin-American and Francophone Women Writers* (1987-1997, 4 Vol.). Dans le domaine de la littérature haïtienne, ses publications comprennent des études sur Jean Métellus, Yanick Lahens, Gérard Etienne, Joël Des Rosiers, Jacques Roumain et Michèle Cazanove, et Marie Chauvet.

Mark Andrews enseigne le français à Vassar College. Ses articles sur la littérature française moderne et sur la littérature caribéenne anglophone ont été publiés en Amérique du Nord et en Europe. L'un de ses derniers articles, « 'Le vent nous conte ses flibustes…' : l'effet de souffle chez Saint-John Perse » a paru dans *Imaginaires du vent,* éd. Michel Viegnes (Paris, Imago Editions, 2003). A l'heure actuelle, ses recherches se concentrent sur les écrivains antillais d'expression française, et en particulier sur l'œuvre de Gérard Etienne. Son article « Pour une poésie de la rédemption : L'invention ténébreuse de Gérard Etienne » vient de paraître dans *L'esthétique du choc* (Peter Lang, 2003).

Georges Anglade est ancien professeur de l'Université du Québec à Montréal et ancien ministre d'Haïti des mouvements démocratiques. De la chute des Duvalier en 1986 jusqu'à 1996, il a milité activement en politique et a animé à partir de Montréal le MHS, Mouvement Haïtien de Solidarité. Auteur du Manifeste « La Chance qui passe » des mouvements démocratiques qui seront portés au pouvoir le 16 décembre 1990, Georges Anglade a été Conseiller aux Cabinets privés des deux présidents Aristide et Préval et Ministre en charge des Infrastructures (travaux publics, transports et communications) en 1995. Depuis 1996, il se consacre au métier d'écrivain. Il est l'auteur de deux ouvrages d'audience : *Leurs jupons dépassent* (CIDHICA, 1999) et *Les Blancs de mémoire* (Editions Boréal, 1999). En 1999, il reçoit, la « Mention d'Honneur du Prix International José Marti de l'UNESCO » pour ses contributions scientifiques, politiques et littéraires, et son action de rapprochement des peuples latino-américains.

Kathleen M. Balutansky enseigne la littérature antillaise et postcoloniale de langue anglaise à Saint Michael's College. Elle est directrice du programme multidisciplinaire de spécialisation d'Etudes de la Mondialisation, et présidente de l'Association des Etudes Haïtiennes. Auteure de *The Novels of Alex La Guma: The Representation of a Political Conflict* (Lynne Rienner, Three Continents Press Series, 1990), elle a aussi publié de nombreux articles, traductions, entretiens et chapitres de livre sur les écrivains de la Caraïbe. Co-rédactrice avec Marie-Agnès Sourieau d'une anthologie d'essais d'écrivains antillais de langue anglaise, espagnole, française et néerlandaise, *Caribbean Creolization : Reflections on the Cultural Dynamics of Language, Literature, and Identity* (University Press of Florida, 1998), ses recherches actuelles, en vue de la publication d'un livre, portent sur l'histoire et la mémoire à partir de trois sites historiques sur la côte nord d'Haïti.

LeGrace Benson est directrice du Arts of Haiti Research Project et rédactrice du *Journal of Haitian Studies*. Elle a publié des articles et des chapitres dans des journaux et dans des anthologies, sur l'éducation, l'environnement, et les arts, des Antilles en général et d'Haïti en particulier. Benson a enseigné l'histoire de l'art à Cornell University et Wells College. Elle a dirigé le programme intitulé Arts, Humanities and Communications au centre des études de distance de l'Empire State College.

Eloise A. Brière enseigne les littératures francophones à l'Université d'Albany (SUNY). Elle enseigne particulièrement les littératures d'Afrique noire, du Québec, et d'Haïti. Elle a publié *Le*

Roman Camerounais et ses discours (Paris, Nouvelles Editions du Sud, 1993) et de nombreux articles, notamment dans *Notre Librairie :
Nouvelles écritures féminines,* Nos 117-118 (1994) ; « Antonine Maillet and the Construction of Acadian Identity » dans *Postcolonial Subjects : Francophone Women Writers* (Univ. Of Minnesota Press, 1996) ; « Mongo Beti et le Postcolonialisme » dans *Fictions Africaines et le Postcolonialisme*, (Samba Diop, ed. L'Harmattan, 2002) ;
« Quebec and France : La Francophonie in a Comparative Postcolonial Frame », dans *Postcolonialism and Francophonie*, (Ann Donnadey and Adlai Murdoch, eds. University Press of Florida, 2004).

Myriam J. A. Chancy enseigne dans le département d'anglais à Arizona State University. Elle est l'auteure de deux romans, *Spirit of Haiti* (Mango Press, 2003) et *The Scorpion's Claw* (Peepal Tree Press, 2004), et de deux ouvrages de critique littéraire *Framing Silence : Haitian Women's Literature of Revolution* (Rutgers University Press, 1997) et *Searching for Safe Spaces : Afro-Caribbean Women Writers in Exile* (Temple University Press, 1997). Ce dernier a reçu en 1999 le Outstanding Book Award de Choice. Ses poèmes, nouvelles, mémoires et essais critiques ont paru dans de nombreuses revues internationales, dont la revue canadienne *Fireweed*, la revue de NYU *Black/Renaissance/Noire*, *Hayden's Ferry*, *The Louisville Review*, and Dresden's *Litspeak*. Un de ses récents essais fait partie de *The Butterfly's Way*, un collectif rédigé par Edwidge Danticat. Elle est actuellement rédactrice en chef de *Meridians : feminism, race, transnationalism*, revue basée à Smith College où elle occupe le poste de Professeur Intermédiaire d'Etudes Féministes.

Carrol F. Coates est professeur de français et de littérature comparée à Binghamton University (SUNY). Il a publié de nombreux articles sur la littérature française du dix-neuvième siècle et sur les littératures antillaises et africaines d'expression française. Il est directeur de la série « CARAF Books » (Caribbean & African Literatures in translation) publiée par la University of Virginia Press. Traducteur de nombreux auteurs africains et antillais, dont René Despestre et Ahmadou Kourouma, il a récemment publié la version anglaise de deux romans de Jacques Stephen Alexis, *General Sun My Brother* (1999, *Compère Général Soleil*) et *In the Flicker of an Eyelid* (2002, *L'espace d'un cillement*), ce dernier en collaboration avec

Edwidge Danticat. Il prépare actuellement la traduction avec commentaires d'un autre roman d'Alexis, *Les arbres musiciens*.

Sarah Davies Cordova enseigne au département de langues et littératures étrangères à Marquette University. Elle se consacre à l'étude de la danse au dix-neuvième siècle et à la littérature antillaise contemporaine. Après avoir retracé la chorégraphie textuelle des scènes de bal dans les romans du dix-neuvième siècle dans *Paris Dances : Textual Choreographies in the Nineteenth-Century French Novel* (International Scholars Publications, 1999), elle a publié plusieurs articles sur la littérature antillaise dont « Krik ? Krak ! Palé andaki : Sens en mouvement de l'identité dans l'ère / l'aire caribant-îllaise » avec Eddy Souffrant, (*La Revue française* 10, Décembre 2000). Elle prépare actuellement un travail interdisciplinaire sur les ballets romantiques ainsi qu'une série d'articles qui articulent la 'corporéité' en tant que forme et fond de la littérature antillaise.

Max Dorsinville est spécialiste de littérature comparée et enseigne au département d'anglais de McGill University les littératures antillaises, postcoloniales et contemporaines. Auteur de plusieurs ouvrages de critique littéraire, il a traduit et édité l'ensemble des oeuvres de Roger Dorsinville en six volumes, publiés par Mellen Press. Il a aussi écrit deux romans *James Wait et les lunettes noires* (1995) and *Erzulie Loves Shango* (1998). Son ouvrage à paraître prochainement, *Understanding Contemporary Cuba in Visual and Verbal Forms* (2004), combine son intérêt pour les arts et la critique littéraire.

Dennis F. Essar enseigne le français et les littératures d'expression française à Brock University au Canada. Ses recherches actuelles portent sur les littératures antillaises et africaines de langue française, et sur les auteurs antillais vivant et écrivant au Canada, particulièrement les écrivains haïtiens. Il a publié des articles dans *Callaloo*, *Canadian Literature* et autres revues littéraires. Il a enseigné à Brandon University, à l'Université du Swaziland, à la Faculté des sciences de l'éducation Regina-Assumpta, au Cap-Haïtien, en Haïti, et récemment à l'University du Ghana. Ses publications comprennent aussi des articles sur d'Alembert et le cartographe français du dix-septième siècle, Guillaume Le Vasseur de Beauplan.

Joseph J. Ferdinand enseigne le français et les littératures d'expression française à Saint Michael's College dans l'État du Vermont. Auteur de nombreux articles sur la littérature de la diaspora haïtienne, il a aussi publié deux ouvrages de critique littéraire : *Giono Panthéiste, la re-création de l'homme par Jean Giono* (Editions Naaman, 1987) et *Regnor C. Bernard au naturel* (Les Editions du CIDIHCA, 2000).

Irline François enseigne les études féministes à Goucher College, et particulièrement l'écriture postcoloniale des femmes, la littérature antillaise, la théorie féministe internationale et l'activisme des femmes latino-américaines. Elle a publié récemment deux articles, l'un sur Jamaica Kincaid dans *Ma Comère : the Journal of Caribbean Women Writers and Scholars*, l'autre sur Jean Rhys dans *Transatlantiques : Atlantic Cross-Currents*. Actuellement, elle travaille sur le manuscrit d'un livre portant sur le rôle des régimes politiques et de l'identité sexuelle sur l'émigration et l'exil dans les littératures de langue anglaise, espagnole et française des femmes écrivains antillaises. De plus, elle est en train d'achever la traduction en anglais de *Mémoire d'une amnésique,* le livre de Jan J. Dominique.

Kaiama L. Glover enseigne à Barnard College dans les départements de français et d'études pan-africaines. Spécialiste du roman antillais francophone auquel elle a consacré sa thèse de doctorat, ses recherches actuelles portent sur la littérature haïtienne, principalement la représentation de la violence dans la fiction contemporaine. Rédactrice d'un numéro spécial de la *Romantic Review* (janvier 2004) portant sur l'œuvre de Maryse Condé, elle prépare actuellement un ouvrage critique sur l'esthétique du Spiralisme.

Jean Jonassaint enseigne les littératures francophones au département d'Etudes Romances de Duke University. Il est membre des comités de rédaction des revues *Etudes francophones* et *Nepantla : Views from South*. Outre ses articles récents, « For a Caribbean Intertext : On Some Readings of Maryse Condé's *Crossing the Mangrove* », dans *French Civilization and Its Discontents* (Lexington Books, 2003) ; « Sur un champ miné de bonnes intentions :

Francophone Postcolonial Studies (réponse à Sam Haig) »,
Francophone Postcolonial Studies (2003) ; « Of Literatures in the
Francophone Caribbean », *Yale French Studies* (2003); « Haitian
Literature in the United States, 1948-1986 », in *American Babel*
(Harvard University Press, 2002), il a publié trois livres majeurs dont
Des Romans de tradition haïtienne. Sur un récit tragique (2002) que
Claudine Potvin dans *Lettres québécoises* souligne qu'il « renouvelle
[non seulement] les études haïtiennes et les études caraïbéennes, mais
permet de jeter un nouveau regard sur la francophonie en général ».

Renée Larrier enseigne les littératures d'expression française à
Rutgers University. Elle est l'auteure de *Francophone Women Writers
of Africa and the Caribbean* (University Press of Florida, 2000) and co-
rédactrice avec E. Anthony Hurley et Joseph McLaren de *Migrating
Words and Worlds : Panafricanism Updated* (Africa World Press,
1999). Elle a publié de nombreux articles et essais dans des anthologies
et des revues littéraires telles que *L'Esprit créateur, French Review,
Journal of Haitian Studies, International Fiction Review, Studies in
Twentieth Century Literature, Contemporary French Civilization.*

Franz-Antoine Leconte enseigne les littératures françaises et
francophones à Kingston College, City University of New York, et est
membre de CUNY Academy for the Humanities and Sciences. Il se
consacre particulièrement à promouvoir la littérature haïtienne. Il est
l'auteur de *La tradition de l'ennui splénétique en France* (1995). Ses
publications subséquentes ont toutes pour thème l'histoire et la culture
d'Haïti et des Antilles ; elles comprennent *1492 : Le viol du nouveau
monde* (Les Editions CIDIHCA, 1996), *La République* (Les Editions
du CIDIHCA, 1998), *En grandissant sous Duvalier* (L'Harmattan,
1999) et *Haïti : le Vodou au 3ᵉ millénaire* (Les Editions du CIDIHCA,
2002). Il prépare actuellement un ouvrage collectif sur Jacques
Roumain.

Christiane Makward enseigne la littérature contemporaine et
les études féminines francophones à Penn State University. Elle est
rédactrice de BREFF (1976-1983) et du Bulletin Franco-Femmes de
Présence Francophone (1992-1997), auteure de nombreux articles, co-
auteure de *Women's Drama from the French* (avec Judith Miller,
Michigan University Press, 1994), de *Corinna Bille : Le Vrai Conte de*

ma vie (Lausanne, Empreintes, 1992) et d'un *Dictionnaire littéraire des femmes de langue française, de Marie de France à Marie NDiaye* avec Madeleine Hage (Khartala, 1996). Elle a rassemblé et présenté les inédits dramatiques de Corinna Bille (*L'Oeuvre dramatique complète II : Les Etranges Noces et autres inédits*, Lausanne, L'Age d'Homme, 1996). Elle a aussi publié une étude sur Mayotte Capécia (Khartala, 1999) et co-traduit un choix de nouvelles de Corinna Bille (à paraître). Elle prépare un livre sur la créativité chez Corinna Bille ainsi qu'un collectif sur la femme créole sous l'esclavage.

Mac-Ferl Morquette est fondateur et directeur du Collège Nicolas Copernic de Port-au-Prince où il enseigne les lettres et l'histoire. Diplômé de l'Ecole Normale Supérieure et de l'Ecole Nationale des Hautes Etudes Internationales, il a vécu au Gabon où il a enseigné les lettres pendant quatre ans (1974-1978). De retour en Haïti depuis 1978, il s'adonne à l'enseignement et aux activités littéraires et intellectuelles. Il a publié de nombreux articles de presse et un essai politique, *Les Nouveaux Marrons* (Imprimerie II, 1999). Il a été député de la 45ème législature haïtienne (1990-1994), après la chute de Jean-Claude Duvalier.

Marie-José N'Zengou-Tayo enseigne le français, les littératures d'expression française et la traduction à la University of the West Indies, Campus de Mona, à Kingston, en Jamaïque. Elle se spécialise dans la littérature comparée des Antilles de langue française. Ses publications les plus récentes portent sur la représentation littéraire des immigrés haïtiens (« La Migration populaire haïtienne au théâtre Pèlin Tèt de Frankétienne et D.P.M. Kanntè de Jean Mapou » dans *Les Théâtres francophones et créolophones de la Caraïbe*, 2003, Alvina Ruprecht, réd.), la littérature haïtienne (« Haitian Literature. Origin and Development », *Wadabagei*, 2002), et les écrivains du Mouvement de la Créolité (« The Martinican Writers of the Créolité Movement and History : Giving Back a Voice to The Disenfranchised », dans *The Francophone Caribbean Today: Literature, Language, Culture*, 2003, Gertrud Buscher & Berverly Ormerod, réd.). Elle travaille actuellement sur la représentation littéraire des travailleurs émigrés haïtiens.

Helen Scott enseigne au département d'anglais de la University of Vermont où elle se spécialise en littérature antillaise et postcoloniale de langue anglaise et en critique littéraire. Originaire d'Angleterre, elle y a commencé ses études littéraires qu'elle a poursuivies à Brown University. Elle a publié des articles sur la théorie raciale, le multiculturalisme, les écrivains africains et sur l'œuvre de Jamaïca Kincaid et Edwidge Danticat. Elle termine actuellement un livre sur les femmes écrivains des Antilles dans le contexte de la mondialisation économique et l'impérialisme postcolonial.

Marie-Agnès Sourieau enseigne le français et la littérature française à Fairfield University, et dirige le programme des études latino-américaines et caribéennes. Elle est l'auteure de nombreux articles et essais sur la littérature francophone, et particulièrement sur les Antilles de langue française. Elle a co-rédigé avec Kathleen M. Balutansky une anthologie d'essais d'écrivains antillais de langue anglaise, espagnole, française et néerlandaise, *Caribbean Creolization : Reflections on the Cultural Dynamics of Language, Literature, and Identity* (University Press of Florida, 1998). Ses dernières publications comprennent la Postface à la traduction en anglais du roman de Gisèle Pineau, *L'exil selon Julia* (*Exile according to Julia*, U. of Virginia Press, 2003), et « Dramaturgie et histoire : La construction de Dessalines de Vincent Placoly » dans *Les Théâtres francophones et créolophones de la Caraïbe*, Alvina Ruprecht, réd. (L'Harmattan, 2003).

Joëlle Vitiello enseigne les études françaises à Macalester College. Elle a publié de nombreux articles sur l'amitié féminine, sur Andrée Chedid, Colette Nys-Mazure, et sur la littérature haïtienne dans de nombreuses revues professionnelles dont *WIFStudies, Symposium, La Revue Générale, LittéRéalités, Etudes littéraires* et *Présence francophone*. Elle a co-édité avec Susanne Rinne le recueil *Elles écrivent des Antilles (Haïti, Guadeloupe, Martinique)*. Ses dernières publications, parmi d'autres, comprennent une préface au recueil de Yanick Jean, peintre et écrivaine haïtienne, « La fidélité non plus... », un article sur Emile Ollivier (*Etudes littéraires*), un essai autobiographique sur la francophonie, 'Passer pour...' dans *La culture française vue d'ici et d'ailleurs*, Thomas Spear, réd. Elle a co-rédigé, avec Dana Strand, les actes de la première conférence de *Women In French, At the Threshold of the XXIst Century : Historical and Contemporary Perspectives* (2003).

The illustration used on the cover of this book is from a painting by Bertelus Myrbel entitled "L'union fait la force" (2003). It is made available courtesy of Laetitia Schutt and the Haitian Arts Research Project.

About the Myrbel Painting on the Book Cover

LeGrace Benson

Bertelus Myrbel's 2003 work, *L'union fait la force* (Unity makes strength), is a weave of politics, religions, history, and legend stemming directly from the artist's participation in Haitian life today. Setting aside the charming, colorful scenes of an invented Haitian landscape so often characteristic of Haitian paintings, Myrbel chooses colors that are, in some places, subtle and tender and, in others, aggressively acidulent. He draws his symbolic references from the heroes of Haitian independence, from folkways of honoring the dead, from events remembered and supposed, from Vodou and Christianity.

The artist has explained certain symbols used in his work. The large eye with the "Mission de la Paix" banner over it is the eye of God. This symbol comes into Haiti via the Masons as well as the Jesuits, and also appears in Vodou banners and paintings. The large dove beside it is the dove of peace as well as the dove of the Holy Spirit. The myriad angels hovering in the sky may look as though they have red stingers, but Myrbel tells us that these are flames of the Holy Spirit coming from their mouths.

On the left is the largest of many skulls. It signifies the presence of the *espri Desaline* (Spirit of Dessalines) beside which is written "*Moun gen yon siprise pou nou ; chok*" (A man has a surprise for us; shock). The string of skulls below says: "*Nou tout se nènnèn racine*" (We are all godmothers of the roots), an intensified way to say that "We are your forebears, your ancestors." Each wears a blue and red headband, and the topmost one bears two banners, one the original blue and red flag of Dessalines, the other the black and red of his later battle flag. The large helmet with USA inscribed on it represents the US with its arms and army. Beneath it is a dark place, signed as "*du lamo*," that is, "of death."

Below are huge bones, also bound in red and blue, out of which pour streams of water. These are the dry bones of the revolution that magically refresh the streams with living water. Rays from the eye of God descend to the bones, enabling them to give the water. On the bones is written, "*Se Kou pou nou tout*" (It is a blow to us all). Water from the bones pours into the stream, on either side of which are traditional candle and ribbon offerings as prayers for peace. In the stream the flowers bloom with the red and blue of Haiti's flag over them. On some rocks is written *drapo bikolo* (the two colored Haitian flag – bicolor in contrast to the French tricolor or the U.S. red, white and blue), and below that the motto from the flag, "*L'union fait la force*" (Unity makes strength).

Above the stream on the right is an eye peering out of a dark rock. A sign points to it, "*Licife*" (Lucifer). Above that some ordinary angels without the fires of the spirit hover over the skulls of some "*Bokò cimitiè*" (Bokor of the cemetery) who are evildoers. Their banners are all red, indicating aggressive Petro spirits. A jar containing spirits and three more skulls with Haitian colors lie beside a cross and an electricity pole. Bead strings and colored scarves are on the cross and standards with colored banners lie on the ground nearby. These call upon various Vodou *lwa* (spirits) to come into the community to help them win the peace. Mrybel explained that there is an electricity pole beside the cross because we live in modern times. Electricity is what brings us most of our messages, so the message of peace needs the telephone and light pole to come to the people. This visual poem brings you the artist's message of hope.

Bertelus Myrbel, a young artist from Milot and Cap Haitien, has studied in Port-au-Prince and with the artists of the extended circle of the late Philomé Obin in Cap Haïtien. His works are in collections in Haiti, the United States, Germany and France, and have been featured in group exhibitions throughout the United States.

Harriet Wilson's *Our Nig*
A Cultural Biography of a "Two-Story" African American Novel

R.J. Ellis

Amsterdam/New York, NY 2003. XII, 216 pp.
(Costerus NS 149)
ISBN: 90-420-1157-2   € 47,-/US$ 59.-

Addressed to all readers of *Our Nig*, from professional scholars of African American writing through to a more general readership, this book explores both *Our Nig*'s key cultural contexts and its historical and literary significance as a narrative.

Harriet E. Wilson's *Our Nig* (1859) is a startling tale of the mistreatment of a young African American mulatto woman, Frado, living in New England at a time when slavery, though abolished in the North, still existed in the South. Frado, a Northern 'free black', yet treated as badly as many Southern slaves of the time, is unforgettably portrayed as experiencing and resisting vicious mistreatment.

To achieve this disturbing portrait, Harriet Wilson's book combines several different literary genres – realist novel, autobiography, abolitionist slave narrative and sentimental fiction. R.J. Ellis explores the relationship of *Our Nig* to these genres and, additionally, to laboring class writing (Harriet Wilson was an indentured farm servant). He identifies the way *Our Nig* stands as a double first: the first separately-published novel written in English by an African American female it is also one of the first by a member of the laboring class about the laboring class. This study explores how, as a result, *Our Nig* tells a series of disturbing two-stories about America's constitutional guarantee of 'freedom' and the way these relate to Frado's farm life.

 *Rodopi*

USA/Canada: One Rockefeller Plaza, Ste. 1420, New York, NY 10020,
Tel. (212) 265-6360, Call toll-free (U.S. only) 1-800-225-3998,
Fax (212) 265-6402
All other countries: Tijnmuiden 7, 1046 AK Amsterdam, The Netherlands.
Tel. ++ 31 (0)20 611 48 21, Fax ++ 31 (0)20 447 29 79
Orders-queries@rodopi.nl   **www.rodopi.nl**
Please note that the exchange rate is subject to fluctuations

A Pepper-Pot of Cultures.
Aspects of Creolization in the Caribbean.

Edited by Gordon Collier and Ulrich Fleischmann.

Amsterdam/New York, NY 2003. L, 550 pp.
(Matatu 27-28)
ISBN: 90-420-0928-4   Bound € 140,-/US$ 175.-
ISBN: 90-420-0918-7   Paper € 60,-/US$ 75.-

The terms 'creole' and 'creolization' have witnessed a number of significant semantic changes in the course of their history. Originating in the vocabulary associated with colonial expansion in the Americas it had been successively narrowed down to the field of black American culture or of particular linguistic phenomena. Recently 'creole' has expanded again to cover the broad area of cultural contact and transformation characterizing the processes of globalization initiated by the colonial migrations of past centuries.

The present volume is intended to illustrate these various stages either by historical and/or theoretical discussion of the concept or through selected case studies. The authors are established scholars from the areas of literature, linguistics and cultural studies; they all share a lively and committed interest in the Caribbean area – certainly not the only or even oldest realm in which processes of creolization have shaped human societies, but one that offers, by virtue of its history of colonialization and cross-cultural contact, its most pertinent example. The collection, beyond its theoretical interest, thus also constitutes an important survey of Caribbean studies in Europe and the Americas.

USA/Canada: One Rockefeller Plaza, Ste. 1420, New York, NY 10020,
Tel. (212) 265-6360, Call toll-free (U.S. only) 1-800-225-3998,
Fax (212) 265-6402
All other countries: Tijnmuiden 7, 1046 AK Amsterdam, The Netherlands.
Tel. ++ 31 (0)20 611 48 21, Fax ++ 31 (0)20 447 29 79
Orders-queries@rodopi.nl   www.rodopi.nl
Please note that the exchange rate is subject to fluctuations

Bidding for the Mainstream?
Black and Asian British Film since the 1990s

Barbara Korte and Claudia Sternberg

Amsterdam/New York, NY 2004. VIII, 274 pp.
(Internationale Forschungen zur Allgemeinen und Vergleichenden
Literaturwissenschaft 73)
ISBN: 90-420-1038-X   € 65,-/US$ 81.-

This book looks at a sector of black and Asian British film and television as it presented itself in the 1990s and early 2000s. For this period, a 'mainstreaming' of black and Asian British film has been observed in criticism and theory and articulated by an increasing number of practitioners themselves, referring to changing modes of production, distribution and reception and implying a more popular and commercial orientation of certain media products. This idea is a leitmotif for the authors' readings of recent films and examples of television drama, including such diverse products as *Young Soul Rebels* and *Babymother*, *East Is East* and *Bend It Like Beckham, The Buddha of Suburbia* and *White Teeth*. These analyses are supplemented with a look at earlier landmark productions (like *Pressure*) as well as relevant social, institutional and aesthetic frameworks. The book closes with a selection of statements by black and Asian media practitioners who operate from within Britain's cultural industries: Mike Phillips, Horace Ové, Julian Henriques, Parminder Vir and Gurinder Chadha

USA/Canada: One Rockefeller Plaza, Ste. 1420, New York, NY 10020,
Tel. (212) 265-6360, Call toll-free (U.S. only) 1-800-225-3998,
Fax (212) 265-6402
All other countries: Tijnmuiden 7, 1046 AK Amsterdam, The Netherlands.
Tel. ++ 31 (0)20 611 48 21, Fax ++ 31 (0)20 447 29 79
Orders-queries@rodopi.nl   **www.rodopi.nl**
Please note that the exchange rate is subject to fluctuations

Africa and Its Significant Others.
Forty Years of Intercultural Entanglement.

Edited by Isabel Hoving, Frans-Willem Korsten and Ernst van Alphen.

Amsterdam/New York, NY 2003. 208 pp.
(Thamyris Intersecting Place, Sex and Race 11)
ISBN: 90-420-1029-0   € 40,/US$ 50.-

When did the intimate dialogue between Africa, Europe, and the Americas begin? Looking back, it seems as if these three continents have always been each other's significant others. Europe created its own modern identity by using Africa as a mirror, but Africans traveled to Europe and America long before the European age of discovery, and African cultures can be said to lie at the root of European culture. This intertwining has become ever more visible: Nowadays Africa emerges as a highly visible presence in the Americas, and African American styles capture Europe's youth, many of whom are of (North-) African descent. This entanglement, however, remains both productive and destructive. The continental economies are intertwined in ways disastrous for Africa, and African knowledge is all too often exported and translated for US and European scholarly aims, which increases the intercontinental knowledge gap.

This volume proposes a fresh look at the vigorous and painful, but inescapable, relationships between these significant others. It does so as a gesture of gratitude and respect to one of the pioneering figures in this field. Dutch Africanist and literary scholar Mineke Schipper, who is taking her leave from her chair in Intercultural Literary Studies at the University of Leiden. Where have the past four decades of African studies brought us? What is the present-day state of this intercontinental dialogue?

USA/Canada: One Rockefeller Plaza, Ste. 1420, New York, NY 10020,
Tel. (212) 265-6360, Call toll-free (U.S. only) 1-800-225-3998,
Fax (212) 265-6402

All other countries: Tijnmuiden 7, 1046 AK Amsterdam, The Netherlands.
Tel. ++ 31 (0)20 611 48 21, Fax ++ 31 (0)20 447 29 79

Orders-queries@rodopi.nl   www.rodopi.nl

Please note that the exchange rate is subject to fluctuations

Rodopi

Africa's Quest for a Philosophy of Decolonization.

Messay Kebede

Amsterdam/New York, NY 2004. XIII, 256 pp.
(Value Inquiry Book Series 153)
ISBN: 90-420-0810-5   € 52,-/ US$ 68.-

This book discovers freedom in the colonial idea of African primitiveness. As human transcendence, freedom escapes the drawbacks of otherness, as defended by ethnophilosophy, while exposing the idiosyncratic inspiration of Eurocentric universalism. Decolonization calls for the reconnection with freedom, that is, with myth-making understood as the inaugural act of cultural pluralism. The cultural condition of modernization emerges when the return to the past deploys the future.

"If you have time to read only one book to learn about the intricacies of African philosophy, then read *Africa's Quest for a Philosophy of Decolonization.* The beauty of this volume is Kebede's clear presentation and thoughtful evaluation of each of the main schools in African Philosophy".
Joseph C. Kunkel
University of Dayton

USA/Canada: One Rockefeller Plaza, Ste. 1420, New York, NY 10020,
Tel. (212) 265-6360, Call toll-free (U.S. only) 1-800-225-3998,
Fax (212) 265-6402
All other countries: Tijnmuiden 7, 1046 AK Amsterdam, The Netherlands.
Tel. ++ 31 (0)20 611 48 21, Fax ++ 31 (0)20 447 29 79
Orders-queries@rodopi.nl   **www.rodopi.nl**
Please note that the exchange rate is subject to fluctuations

African Diasporas in the New and Old Worlds

Consciousness and Imagination.

Edited by Geneviève Fabre and Klaus Benesch.

Amsterdam/New York, NY 2004. XXI, 358 pp.
(Cross/Cultures 69)

ISBN: 90-420-0880-6   Bound   € 80,-/US$ 100.-
ISBN: 90-420-0870-9   Paper   € 36,-/US$ 45.-

In the humanities, the term 'diaspora' recently emerged as a promising and powerful heuristic concept. It challenged traditional ways of thinking and invited reconsiderations of theoretical assumptions about the unfolding of cross-cultural and multi-ethnic societies, about power relations, frontiers and boundaries, about cultural transmission, communication and translation. The present collection of essays by renowned writers and scholars addresses these issues and helps to ground the ongoing debate about the African diaspora in a more solid theoretical framework. Part I is dedicated to a general discussion of the concept of African diaspora, its origins and historical development. Part II examines the complex cultural dimensions of African diasporas in relation to significant sites and figures, including the modes and modalities of creative expression from the perspective of both artists/writers and their audiences; finally, Part III focusses on the resources (collections and archives) and iconographies that are available today. As most authors argue, the African diaspora should not be seen merely as a historical phenomenon, but also as an idea or ideology and an object of representation. By exploring this new ground, the essays assembled here provide important new insights for scholars in American and African-American Studies, Cultural Studies, Ethnic Studies, and African Studies. The collection is rounded off by an annotated listing of black autobiographies.

USA/Canada: One Rockefeller Plaza, Ste. 1420, New York, NY 10020,
Tel. (212) 265-6360, Call toll-free (U.S. only) 1-800-225-3998,
Fax (212) 265-6402
All other countries: Tijnmuiden 7, 1046 AK Amsterdam, The Netherlands.
Tel. ++ 31 (0)20 611 48 21, Fax ++ 31 (0)20 447 29 79
Orders-queries@rodopi.nl   **www.rodopi.nl**
Please note that the exchange rate is subject to fluctuations